고객 중심의 상품기획과 프로젝트 관리

고객 중심의
상품기획과
프로젝트 관리

소동

상품기획과 프로젝트 관리의 신구 이론을 한 권에

소프트웨어 산업은 1990년대 후반부터 약 10년 주기로 큰 혁신이 있었습니다. 1990년대 후반 인터넷의 확산, 2007년 애플 아이폰의 출현, 2010년대 후반 AI·클라우드·빅데이터로 대표되는 4차 산업혁명이 그것입니다. 2020년 이후에는 디지털 전환의 영향으로 거의 모든 업종에 소프트웨어 개발이 확산되고 있습니다.

소프트웨어 기술만 혁신한 것이 아닙니다. 소프트웨어 상품을 기획하고 프로젝트를 관리하는 방법론에도 큰 변화가 있었습니다. 상품기획 측면에서는 전통적 마케팅 기법을 보완하기 위해 적은 비용으로 고객가치를 검증하는 린 스타트업 방법론이 등장했습니다. 프로젝트 관리 측면에서는 전통적인 폭포수 방법론의 단점을 보완하는 애자일 방법론이 소프트웨어 업계를 넘어 금융권까지 확산되고 있습니다.

상품개발 엔지니어링 신기술은 예전의 기술을 대체해도 상품기획과 프로젝트 관리 분야는 전통적 이론과 최신 이론이 공존합니다. 상품의 특성, 조직의 문화, 상품개발 팀의 역량에 따라 전통적 이론과 최신 이론을 적용하는 비중이 달라질 뿐입니다. 필자는 이번 책에서 상품기획과 프로젝트 관리의 전통적 이론과 최신 이론을 한 권에 담았습니다. 이렇게 광범위한 주제를 한 권으로 출간한 이유는 다음과 같습니다.

신상품 개발과 관련된 입문서 또는 교과서를 만들고자 했습니다.

소프트웨어 신상품 개발과 관련된 이론 분야는 마케팅, 린 스타트업, 애자일, 전통적 프로젝트 관리 등입니다. 소프트웨어 신상품을 개발하는 현장에서는 정도의 차이는 있지만 이 네 가지 이론이 모두 필요합니다. 경영학과 신입생이 인사, 재무, 생산 등 기업 경영에 필요한 여러 주제들의 기초를 경영학 원론에서 학습하듯이, 주니어 상품관리자와 주니어 프로젝트 관리자가 상품기획과 프로젝트 관리의 기초 지식을 한 권의 책으로 모두 학습할 수 있는 교과서 또는 입문서를 만들고자 했습니다.

상품관리자와 프로젝트 관리자가 서로의 업무를 이해하는 데 도움이 되고자 했습니다.

상품관리자는 문제를 정의하고 프로젝트 관리자는 문제를 해결하는 솔루션을 개발합니다. 문제를 정의하는 사람은 해결 가능한 문제를 정의해야 하고, 솔루션을 개발하는 사람은 문제를 정확하게 이해해야 합니다. 상품관리자와 프로젝트 관리자가 서로의 업무를 이해하고 협업할수록 상품개발의 낭비가 줄어듭니다. 그러자면 상품관리자는 프로젝트 관리 내용을, 프로젝트 관리자는 상품기획 내용을 이해해야 합니다. 이 책은 그 마음을 담아 상품기획과 프로젝트 관리의 내용을 통합하여 정리했습니다. 상품관리자와 프로젝트 관리자가 함께 책을 읽고 토의하는 것도 권장합니다. 스타트업 또는 소규모 조직에서 간단한 상품을 개발할 때처럼 상품관리자와 프로젝트 관리자 역할을 한 사람이 수행하는 경우에도 이 책의 내용은 업무에 많은 도움이 될 것입니다.

현실에서 상품기획과 프로젝트 관리의 유용한 지혜는 많은 대가를 치뤄야 체득할 수 있습니다. 그러나 경험으로만 지혜를 배우려면 많은 시행착오를 겪어야 하기 때문에 시간이 오래 걸립니다. 필자는 여러 전문가들의 교훈과 고민을 정리하여, 지혜를 효율적으로 습득하는데 도움이 되고자 했습니다.

이 책의 전체를 관통하는 핵심은 '고객 중심'입니다. 고객 중심의 신상품 개발에 적용할 아이디어를 찾는 데도 이 책이 도움이 되길 바랍니다.

많은 사람들의 도움과 격려가 있었기에 이 책을 출간할 수 있었습니다. 무엇보다 삼성SDS의 상품관리자, 프로젝트 관리자들에게 감사의 뜻을 전합니다. 그들과 함께 일하고 대화하면서 경험한 내용은 이 책의 골격을 구성할 때 큰 도움이 되었습니다.

오랫동안 필자를 격려해준 아내 재경, 취직 준비를 하며 도서관에서 함께했던 아들 동현과 딸 가현은 힘든 시간을 견디는 데 많은 도움이 되었습니다. 필자에게 삶의 에너지와 즐거움을 제공해 주는 친구 건훈, 동철, 병준, 상훈, 정규, 형재도 시간이 지날수록 고마움을 느낍니다. 언제나 달처럼 한결같이 지냅시다. 필자의 잦은 변심을 좋은 책을 위한 거름으로 보고 편집해준 소동출판사에도 감사의 뜻을 전합니다.

끝으로 직장 생활을 하면서 공부하고 책을 집필하느라 고생한 나도 칭찬합니다.

김병호

《고객 중심의 상품기획과 프로젝트 관리》 활용 방법

이 책은 3부로 구성됩니다. 1부는 개요, 2부는 상품기획, 3부는 프로젝트 관리입니다. 독자에 따라 이 책은 다음과 같이 활용할 수 있습니다.

상품기획과 프로젝트 관리를 담당하는 상품관리자

스타트업의 상품관리자는 상품기획과 프로젝트 관리를 모두 담당할 수 있습니다. 이 분야에 경험이 많지 않은 독자에게는 이 책이 큰 도움을 줄 수 있습니다. 이 책의 처음부터 순서대로 학습하길 권합니다. 이해하기 어렵거나 실무에서 수행하지 않는 내용들은 건너뛰어도 무방합니다.

상품개발 경험이 부족한 주니어 상품관리자

상품관리자를 희망하는 취준생 또는 상품개발 경험이 부족한 사회생활 초년생들은 이 책을 순서대로 읽되, 시간이 없다면 11장부터 15장까지는 생략해도 좋습니다.

상품개발 경험이 있는 주니어 상품관리자

상품개발 개발 경험(디자이너, 개발자, 품질관리자, 프로젝트 관리자)이 풍부한 독자가 상품관리자로 직무전환을 하기 위해 상품기획을 학습한다면 1부와 2부만 학습해도 무방합니다.

상품개발 경험이 있는 주니어 프로젝트 관리자

상품개발 경험이 있는 사람이 프로젝트 관리자로 직무전환을 하는 경우에는 3부를 중심으로 학습하되 2부의 내용 중 4장과 5장은 읽어 보길 권합니다.

PMP 수험을 준비하는 수험생

이 책은 PMP 수험을 위한 보조 교재로 활용할 수도 있습니다. PMP 수험 준비를 위해서는 1장, 3장, 6장, 7장, 16장은 학습하지 않아도 됩니다.

1부 개요

- 1장 신상품 개발 프로세스 개요
- 2장 신상품 개발의 역할자
- 3장 프로젝트 관리 개요

2부 상품기획

- 4장 스타트업 신상품 개발 프로세스의 특징
- 5장 고객가치 정의와 고객가치 개발
- 6장 마케팅 전략 수립 및 사업성 분석
- 7장 상품기획 수립

3부 프로젝트 관리

- 8장 애자일 방법론 개요
- 9장 신상품 개발 계획수립
- 10장 요구사항 관리
- 11장 일정관리
- 12장 품질관리
- 13장 상품개발 팀 관리
- 14장 의사소통 관리
- 15장 위험관리
- 16장 상품출시

훌륭한 상품관리자가 가지는 상품에 대한 열정은
부모가 자식을 사랑하는 마음처럼 숨길 수 없다.

Part 1

개요

Product Manager + Project Manager

1

신상품 개발
프로세스 개요

1장은 신상품 개발 프로세스의 개요를 다룬다. 상품관리 경험이 있는 상품관리자는 1장을 건너 뛰어도 무방하지만 〈1.4 신상품 개발의 성공 및 실패 원인〉은 읽어보길 권한다. 신상품의 성공과 실패 요인은 상품의 기획과 개발 과정에서 찾아야 하는데 결과를 보고 역으로 짜맞추는 경우가 많다. 상품관리자가 기획하는 상품의 성공 가능성을 높이기 위해서는 언제 올지 모르는 행운을 맞이할 준비를 평소에 해야 한다.

1.1 신상품의 유형

신상품의 유형에 따라 개발 프로세스, 마케팅 전략, 개발 전략을 차별화해야 한다. 기존 시장에 없는 신상품을 개발할 때와 기 출시된 상품의 기능 개선은 많이 다르다. 이번 섹션에서는 상품의 정의, 상품의 분류체계, 신상품의 유형에 관해 설명한다.

1) 상품, 제품, 서비스의 차이
'상품'은 고객 욕구를 충족시키는 유형의 제품 또는 무형의 서비스이다. 책에 따라 상품과 제품을 구분하거나 한 가지 용어를 사용한다. 이 책은 박찬수의 《마케팅원리》(2018)와 같이 유형의 상품을 '제품'으로 정의하고 무형의 상품은 '서비스'로 정의한다. 필자는 '상품'을 주로 사용하되 필요시 '제품'과 '서비스'를 구분하여 사용할 것이다. 많은 상품들이 제품과 서비스 요소를 동시에 가진다. 예를 들어 가전제품은 제품이지만 AS는 서비스다.

이 책에서는 소프트웨어 상품의 기획과 프로젝트 관리에 관해 주로 설명한다. 다음은 소프트웨어 정책 연구소에서 분류한 소프트웨어 상품의 예이다.
- **게임 소프트웨어** 온라인 게임, 모바일 게임
- **패키지 소프트웨어** 운영체계, 시스템 관리, 데이터 처리, 데이터 분석
- **응용 소프트웨어** 일반 사무용, 콘텐츠 관리, ERP, CRM, SCM, 협업 소프트웨어
- **산업특화 소프트웨어** 금융, 제조, 에너지, 유통, 미디어, 의료, 건설, 교육
- **IT 서비스** 주문형 소프트웨어 개발, 시스템 구축 통합(SI)
- **포털 및 인테넷 정보매개 서비스** 웹 정보검색, 인터넷 검색, 결재, 커뮤니케이션, 인증

2) 상품의 분류 기준(상품믹스)
기업에서 판매하는 상품들의 집합을 상품믹스라 한다. 상품믹스는 '상품계열의 개수(width)' '상품계열의 길이(length)' '상품계열의 깊이(depth)'의 세 가지 차원으로 분류한다.
- **상품계열의 개수** 특정 기업이 판매하는 상품계열의 개수 (삼성전자의 스마트폰, TV, 냉장고, 에어컨, 청소기 등)
- **상품계열의 길이** 특정 상품계열 내 상품 브랜드의 개수 (갤럭시 S, 갤럭시 노트, 갤럭시 A)

- **상품계열의 깊이** 특정 브랜드 내 상품 품목의 개수 (갤럭시 S의 S22, S22 Ultra)

상품계열의 폭이 변하거나, 상품계열의 길이와 깊이가 추가되는 것은 모두 신상품 개발과 관련 있다.

3) 신상품의 유형

신상품을 분류하는 두 가지 기준은 '기업 관점에서 상품의 새로운 정도'와 '소비자 관점에서 상품의 새로운 정도'다.

표 1.1은 부즈 알렌 해밀턴(Booz Allen Hamilton)이 정의한 신상품의 유형이다. 기업에 따라 비용 절감이나 재포지셔닝(repositioning)은 신상품으로 분류하지 않기도 한다. 신상품 개발의 대표적인 유형은 다음과 같다.

- **신상품 개발의 대표적인 유형**
- **상품계열 확장** 소비자에게는 익숙한 상품이지만 기업에게는 완전히 새로운 신상품 (예: 샤오미의 스마트폰)
- **기존 상품계열 추가** 기존 상품계열 내 상품 품목을 추가 (예: 삼성전자의 폴더블 폰)

구분		소비자 관점의 새로움		
		낮음	중간	높음
기업 관점의 새로움	높음	상품계열 확장 20% (New to Company)	N/A	혁신 상품 10% (New to World)
	중간	상품 개선 26% (Product Innovation)	기존 상품계열 추가 26% (Additioons to Existong Product lines)	N/A
	낮음	비용 절감 11% (Cost Reduction)	상품 재포지셔닝 7% (Product Repositioning)	N/A

표 1.1 신상품의 유형 분류(출처: 《New Product Management for the 1980s》, 1982)

- **혁신 상품**

기업 관점에서 신상품은 혁신 상품과 기존 상품 개선으로 구분할 수도 있다. 둘의 차이는 표 1.2와 같다. 소프트웨어 상품은 기술발전 속도가 빠르고 상품 수명주기가 짧아서 혁신 상품이 많다.

	혁신 상품	기존 상품 개선
목적	기존의 가체제안과 비즈니스 모델에서 파생할 수 있는 잠재적 제약과 무관하게 새로운 가치제안을 설계	기존 비즈니스 모델에 근본적인 변화를 가하거나 영향을 주지 않고 기존 가치제안 개선
개발배경	판도를 바꿀 첨단기술, 규제 등의 출현 경쟁업체의 파격적 가치제안 대응	잠재이윤 또는 비용구조 개선 지속적 성장, 고객불만 해결
재정목표	최소 50% 이상의 연간 매출 성장	0~15% 의 매출 증대
위험부담	높음	낮음
고객지식	적거나 부재	많음
비즈니스 모델	근본적인 조정과 변화 필요	약간의 변화
실패에 대한 태도	학습 및 반복 프로세스의 일부	실패란 있을 수 없음
사고방식	새로운 가능성을 탐색하는 열린 사고	하나 또는 몇 가지 측면개선에 초점
주된 활동	조사, 테스트, 평가	개선, 계획, 실행
사례	아마존 웹 서비스	아마존 프라임

표 1.2 신상품과 기존 상품 개선의 구분(출처: 《밸류 프로포지션 디자인》, 2016)

'룬샷(loonshot)'은 우주선을 달에 보내는 것과 같은 야심찬 프로젝트인 '문샷(moonshot)'에 비유한 단어로, '터무니 없고 다들 무시하는 프로젝트'를 의미한다(loon은 미치광이를 의미한다). 구글에서는 통신용 중계기를 단 열기구를 띄워 아프리카와 같은 세계 오지에 무선 인터넷을 무료로 제공하는 '룬 프로젝트'를 2021년 1월까지 진행했었다.

과학자의 시각에서 신상품의 성공과 실패에 대한 이야기를 다룬 《룬샷》(2020)에서는 혁신 상품을 다음과 같이 구분한다.

● **제품형 룬샷** 기술혁신에 기반한 신상품 개발 (예: 전기 자동차)
● **전략형 룬샷** 혁신적 기술의 활용 없이 비즈니스 모델을 혁신하는 신상품 개발 (예: 우버, 페이스북, 에어비앤비)

1.2 신상품 개발 프로세스

신상품 개발의 구체적인 프로세스는 신상품의 유형과 업종에 따라 다르지만 '상품기획 → 상품개발 → 상품출시'의 세 단계는 공통적으로 수행한다. 이번 섹션에서는 신상품 개발 단계, 신상품 개발 프로세스를 적용할 때 유의할 사항을 설명한다.

1) 신상품 개발 단계

신상품 개발 단계는 학자에 따라 차이가 있다. 신상품 개발 단계의 대표적인 유형은 표 1.3과 같다. 상품생산, 자재 구매, 판촉활동 등은 운영업무이며 신상품 개발 프로세스의 범위가 아니다.

학자	상품기획	상품개발	상품출시
필립 코틀러	아이디어 창출 → 아이디어 심사 → 상품 콘셉트 개발 및 테스트 → 마케팅 전략 개발 → 사업성 분석	상품개발	시장 테스트 → 상품화
로버트 쿠퍼	아이디어 창출 → 아이디어 심사 → 사업성 분석	상품개발	시험 및 검증 → 출시
박찬수	아이디어 창출 및 심사 → 콘셉트 개발 및 테스트 → 마케팅 믹스 개발 → 사업성 분석	시제품 생산	시장 테스트 → 출시
박흥수 외	아이디어 관리 → 콘셉트 개발과 테스트 → 마케팅 전략 수립과 사업성 분석	상품개발	시장출시

표 1.3 신상품 개발 프로세스

시중에 출간된 마케팅 도서의 신상품 개발 프로세스는 대부분 필립 코틀러 (Philip Kotler)의 신상품 개발 단계를 따른다. 마케팅 도서에서는 프로젝트 관리에 관한 내용을 거의 언급하지 않지만, 이 책은 프로젝트 관리에 대한 내용도 상품기획과 비슷한 비중으로 다룬다. 필립 코틀러의 신상품 개발 프로세스는 다음과 같다.

❶ 아이디어 창출

신상품 아이디어를 창출하고, 수집하는 활동이다. 상품기획을 총괄하는 상품관리자는 기업 내부뿐만 아니라 기업 외부(유통, 공급업자, 경쟁사)에서도 신상품 아이디어를 수집한다. 최근에는 크라우드소싱을 통해 신상품 아이디어를 수집하기도 한다.

❷ 아이디어 심사

아이디어 심사는 수집된 신상품 아이디어를 심사하여 상세기획을 진행할 대상을 선정하는 단계이다. 아이디어를 심사할 때에는 사전에 정해진 평가항목(수익성, 개발 용이성, 사업전략 적합성 등)을 활용한다. 아이디어 심사 단계에서는 구체적인 정보가 부족하기 때문에 좋은 아이디어를 기각하거나 실패할 아이디어를 선정하는 오류가 많이 발생한다.

❸ 상품 콘셉트 개발 및 테스트

상품 콘셉트는 상품기획 아이디어를 고객 관점에서 정리한 것이다. 고객이 구매하는 것은 상품의 가치이기 때문에 상품 콘셉트를 개발할 때는 고객에게 제공하는 가치(편익, 효용)를 구체화하는 것이 중요하다. 상품 콘셉트 테스트는 상품을 출시했을 때 얼마나 많은 고객이 지갑을 열 것인지 사전에 검증하는 활동이다. 상품 콘셉트는 문서로 정의할 수도 있고, 시제품(목업(mock up), 프로토타입(prototype))의 형태로 구체화할 수도 있다. 상품 콘셉트를 테스트하기 위해서는 문서보다 시제품을 활용하는 것이 바람직하나 시간이 없고 시제품 제작기간이나 비용이 많이 들어간다면 문서를 활용할 수도 있다.

❹ 마케팅 전략 개발

상품을 출시하고 판매하기 위한 전략을 개발하는 프로세스로 4P 믹스(Product, Price, Promotion, Place)와 STP(Segmentation, Targeting, Positioning)의 내용을 구체화한다.

❺ 사업성 분석

신상품의 매출, 신상품 개발 및 판매를 위한 예산, 시장점유율, 수익성 등을 분석한다. 사업성은 불확실한 고객의 반응과 경쟁사의 대응을 감안하여 분석해야 한다. 상품을 기획하는 입장에서는 사업성을 좋게 포장해야 개발승인을 얻을 수 있기에 상품관리자의 자기왜곡이 발생하기도 한다.

❻ 상품개발

상품 콘셉트를 구체화하여 개발하는 단계이다. 아래와 같이 상품의 유형에 따라 개발 내용이 많이 달라진다.

- **하드웨어 제품** 하드웨어 분석 및 설계, 시제품 개발, 테스트, 제품 양산 검증
- **소프트웨어 제품** 소프트웨어 분석 및 설계, 코딩, 테스트
- **서비스** 서비스 상세 프로세스 및 매뉴얼 작성, 서비스 인프라 준비, 인력 준

비 및 교육

❼ 시장 테스트

상품출시 전에 실제 시장에서 마케팅 전략을 최종 검증하는 단계이다. 특정 지역, 특정 고객을 대상으로 상품을 시범 판매하여 결과를 분석하기도 한다. 페이스북은 신상품의 글로벌 출시 전에 특정 국가(예: 뉴질랜드)에 먼저 출시하여 시장 테스트를 하기도 한다.

❽ 상품화(Commercialization)

상품을 출시하는 단계이다. 상품출시를 위해 필요한 인프라 구축, 마케팅 활동 수행, 출시 지역과 출시 일정 결정 등을 수행한다. 하드웨어 상품은 상품화 단계에서 양산을 하기 때문에 이 단계에서 많은 비용이 발생한다. 반면 소프트웨어 상품은 개발이 완료된 상품에 대한 별도 양산비용이 없기에 상대적으로 출시비용이 적다.

2) 신상품 개발 프로세스 적용시 유의사항

신상품 개발 프로세스를 적용할 때는 다음과 같은 특성을 고려해야 한다.

● **신상품 개발 프로세스는 깔대기(funnel)를 적용하는 과정이다.**

기획하는 과정에서 많은 신상품 개발이 중단된다. 왜냐하면 신상품 개발은 리스크가 높고 적지 않은 투자를 수반하기 때문이다. 상품개발 각 단계에서 상품기획의 가설을 검증하지 못하면 상품개발을 중단해야 한다. 특히 아이디어 생성, 심사, 콘셉트 개발 및 테스트 과정에서 많은 신상품 개발이 중단된다. 대부분의 기업들은 신상품 개발의 다음 단계 진행을 위한 심의를 수행한다. 이러한 활동('게이트 리뷰' 또는 '단계별 검토')은 신상품 개발 위험을 필터링하는 깔대기 역할을 한다. 신상품 개발을 중단하는 것을 주저해서는 안되고 오히려 장려해야 한다. 신상품 개발을 중단하지 않는(또는 못하는) 조직일수록 신상품 개발 성과가 좋지 않다.

쿠퍼에 의하면 아이디어 심사를 통과한 열세 개의 아이디어 중 세 개의 아이디어만 개발에 착수하게 되고 그 중 1.3개가 출시되어 한 개의 성공적인 제품이 된다고 한다.

● **단계별 검토를 잘못 운영하면 승인을 위한 문서 작성에 집중하기 쉽다.**

신상품 개발의 목표(숲)는 잊어버리고 작은 규칙(나무)에 집착하는 기업은 혁신적인 상품보다 중요도 낮고 위험이 작은 다수의 신상품 개발에 집중한다. 그 결과 개발 인력이 부족하여 중요한 프로젝트의 납기가 지연되기도 한다.

● 신상품 유형에 따라 집중할 신상품 개발 프로세스가 다를 수 있다.

표 1.4와 같이 신상품 개발의 투자규모, 신상품의 혁신성(불확실성) 정도에 따라 신상품 개발에서 유의할 내용이 달라진다. 예를 들어 혁신 상품은 상품개발 전에 상품 콘셉트 개발과 테스트에 많은 시간과 자원을 투입해야 실패비용을 줄일 수 있다. 반면 기존 상품 개선을 위한 명확한 VOC(Voice Of Customer)가 있다면 상품개발 초기 프로세스를 가볍게 진행할 수 있다. 신상품 개발의 위험이 작다면 신상품 개발 프로세스는 통합하여 진행하거나 생략할 수도 있다.

	소규모 투자	대규모 투자
혁신 상품	빠른 실행과 데이터 중심의 고객가치 학습을 강조하는 린 스타트업 방법론 적용 (사내 벤처 또는 창업)	출시 전 다양한 검증 활동 콘셉트 테스트, 사용성 테스트, 시장 테스트가 중요 (기업의 성장 엔진을 찾기 위한 전략적 투자)
기존 상품 개선	명확한 VOC가 있는 경우 상품기획보다 품질관리에 중점 (기존 상품 불편사항 개선)	경쟁분석, 시장 테스트가 중요 (신규 상품라인 추가, 대규모 투자)

표 1.4 신상품 유형에 따라 달라지는 신상품 개발의 유의사항

● 신상품 개발 프로세스는 순차적인 활동이 아니라 반복적인 활동이다.

앞서 설명한 신상품 개발 프로세스는 일회성의 순차적인 활동이 아니라 반복적인 활동이다. 상품 콘셉트 개발, 콘셉트 테스트, 마케팅 전략 수립, 사업성 분석은 상품출시 전까지 지속적으로 보완해야 한다. 예를 들어 마케팅 전략을 검토 후 상품개발을 승인했지만, 상품개발 도중 새로운 정보를 파악하 거나 외부 환경이 변화했을 때 마케팅 전략(예: 가격)을 변경할 수 있다.

● 다음 현상이 자주 발견되면 신상품 개발 프로세스를 개선할 시점이다.

● 신상품 개발을 위한 부서별 산출물이 많아질 때.
  부서별 작성 산출물이 많아지면 이관비용이 증가하여 신상품 개발기간을 지연시킬뿐 아니라 재작업 가능성도 높아진다.

● 시장 및 고객 검증 활동이 줄어들 때.

● 성공을 위한 노력보다 신상품 개발을 중단하지 않기 위한 노력이 많아질 때.

● 신상품 개발 의사결정시 데이터보다 경영층 의견을 우선 반영할 때.

1.3 상품 수명주기

상품은 출시 이후 단종까지 '도입 → 성장 → 성숙 → 쇠퇴'의 수명주기를 거치며, 수명주기별로 마케팅, 상품개발 전략이 달라진다. 이번 섹션에서는 상품 수명주기의 내용과 상품 수명주기에 따라 신상품 개발시 고려할 사항을 설명한다.

1) 상품 수명주기(product life cycle)란?

사람의 일생을 '유소년기 → 청년기 → 장년기 → 노년기'으로 구분하듯이 상품의 일생도 최초 출시 이후 단종까지 '도입기 → 성장기 → 성숙기 → 쇠퇴기'를 거친다. 이를 상품 수명주기(또는 상품 생애주기)라고 한다. X축을 시간, Y축을 해당 시점의 매출액으로 하는 그래프로 상품 수명주기를 표현하면, 대부분의 상품이 그림 1.1과 같은 S 모양을 그린다.

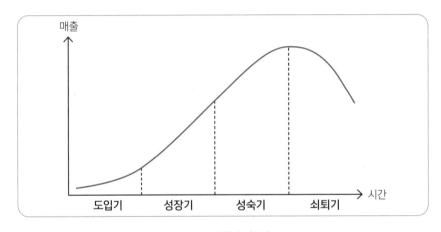

그림 1.1 상품 수명주기

미국의 정보기술 연구 및 자문 회사인 가트너(Gartner)가 2013년 개발한 하이프사이클(hype cycle)은 신기술의 수명주기를 설명한다(그림 1.2). 신기술의 수명주기는 '기술 촉발 → 부풀려진 기대의 함정 → 환멸의 꼴짜기 → 계몽의 언덕 → 생산성의 고원'을 거친다. 신기술의 성장 과정은 다음과 같다. 신기술 중에서 일부는 기업과 언론의 관심을 받아 기대치가 한껏 높아진다. 버블이 생성되는 시점이다. 대표적인 것이 1999년 말 닷컴 열풍, 2020년 AI로 대표되는 4차 산업혁명이다. 그러나 신기술을 상품에 적용하면서 기술의 민낯이 드러나고 '환멸의 꼴짜기'로 빠진다. 환멸의 꼴짜기를 넘은 기술들은 '계몽의 언덕'에서 더 향상된 기술을 적용한 상품을 출시하고 마지막 '생산성의 고원'에서는 기술이 대중화된다.

가트너는 매년 다음의 그래프를 활용하여 신기술들이 어떤 단계에 있는지를 설명한다. 2020년 9월 가트너가 발표한 AI 기술들의 하이프사이클을 보면 자연어 처리, 머신 러닝, 챗봇과 같은 기술들이 '부풀려진 기대의 함정'의 꼭대기를 찍고 환멸의 골짜기로 내려오고 있다.

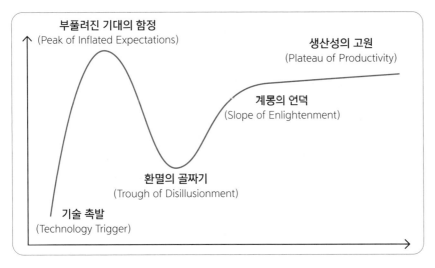

그림 1.2 하이프사이클

1991년에 제프리 A. 무어(Geoffrey A. Moore)는 고객이 신기술을 수용하는 단계(기술수용주기, technology adoption lifecycle)를 지질학의 용어인 캐즘(chasm)을 활용하여 설명한다. 캐즘은 땅이나 얼음에 만들어진 깊고 넓은 간격으로, 제프리 무어는 상품의 초기 시장에서 주류 시장으로 넘어가기 전 판매가 저조한 힘든 기간을 설명하기 위해 캐즘이라는 용어를 사용했다.

초기 시장의 얼리어답터가 상품을 구매하는 이유와 주류 시장의 다수 수용자들이 상품을 구매하는 이유는 다르다. 얼리어답터는 혁신성을 중시하고 일반 사용자들은 실용성을 중시한다. 혁신 상품이 초기 얼리어답터의 구매 이후 일반 사용자 대상으로 판매를 확대하지 못하거나 수요가 정체되는 기간이 길어지면 상품은 실패하기 쉽다. 많은 스타트업의 상품이 캐즘을 넘지 못하고 실패한다(그림 1.3). 얼리어답터는 혁신적인 기술에 열광하여 기술지원, 품질, 가격을 문제삼지 않는 경우가 많다. 그러나 주류 시장의 다수 수용자들은 다르다. 다수 수용자들을 공략하기 위해서는 기능, 품질, 가격, 기술지원 등에 문제가 없어야 한다. 따라서 캐즘의 시기에서는 제품의 혁신성이 아니라 시장에 집중해야 한다. 그것도 작은 시장에 집중해야 캐즘을 빨리 극복할 수 있다. 작은 시장에서 의미있는 성과(예 시장점유율 50%)를 달성하면 주류 시장 진입을 위한 교두보가 마련된 것이다. 그 교두보를 기반으로 인접시장으로 판매를 확대하여 전체 고객의 3분의 2에 해당하는 전기 다수 수용자와 후기 다수 수용자를 공략해야 한다.

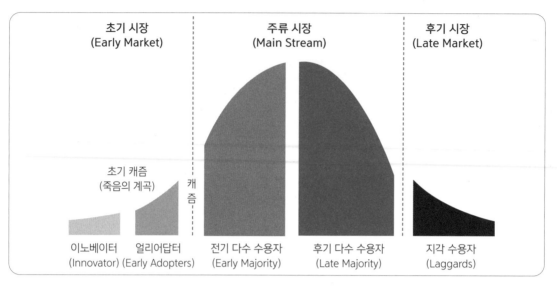

그림 1.3 제프리 무어의 기술수용주기 이론(출처: 《캐즘 마케팅》, 2002)

2) 상품 수명주기의 단계별 특성

상품 수명주기별 주요 특성을 정리하면 표 1.5와 같다. 표 1.5는 상품수명이 짧을수록 잘 적용된다. 상품 수명주기는 특정 기업의 특정 브랜드를 대상으로 하는 것이 아니라 사회에서 인지하는 상품 범주를 대상으로 적용한다. 예를 들어 갤럭시의 상품 수명주기가 아니라 스마트폰의 상품 수명주기가 분석대상이다.

	도입기	성장기	성숙기	쇠퇴기
매출	낮음	급격한 성장	최대점 도달	감소
이익	적자 또는 낮은 이익	점차 증가	높은 이익	감소
경쟁자	없거나 소수	증가	많음	감소
마케팅 목표	상품인지도 향상	시장점유율 확대	이익 극대화	비용 절감, 철수
가격	고가(또는 저가)	시장 침투 가격	경쟁사 대응 가격	저가 전략
유통	선택적 유통	집약적 유통(확대)	집약적 유통(최대)	선택적 유통(철수)

표 1.5 상품 수명주기별 특성(출처: 《마케팅원리》, 2018)

인간은 보통 정해진 수명 내에 비슷한 수명주기를 겪지만 상품의 수명주기는 다음의 차이점이 있다.

● 상품은 출시 이후 판매된 기간만큼 앞으로 생존할 기간이 길어진다. (인간은 살아온 만큼 살 기간이 짧아진다)

> 침대, 식기, 테이블과 같이 오랫동안 인류와 함께한 상품은 지난 기간만큼 앞으로도 살아남을 것이다. 오래 살아남은 상품은 시간을 견뎌낸 이유가 있기 때문이다. (《안티프래질》, 2013)

필자가 좋아하는 비틀즈의 음악이 나온지 60년이 지났으니 클래식의 기준이 되는 100년 동안은 사람들이 즐겨 들을 것이라 기대한다.

● 상품의 수명주기는 거꾸로 가기도 한다.

인간의 수명주기는 비가역적이지만 상품은 LP처럼 쇠퇴기를 넘긴 상품이 다시 판매되기도 한다.

3) 상품 수명주기를 고려한 신상품 개발

신상품을 개발할 때 상품 수명주기별로 유의할 내용은 다음과 같다.

● 도입기의 상품개발은 매출확대 가능성을 검증하는 데 집중한다.

도입기의 상품은 매출확대가 가능한지 검증해야 한다. 출시 후 고객의 VOC를 분석하여 필요하면 상품 콘셉트를 변경해야 한다. 도입기의 상품은 스타트업처럼 작게 개발하고, 시장에 대해 민첩하게 대응하는 것이 중요하다.

● 성장기의 상품개발은 엄격한 상품관리 프로세스를 적용한다.

성장기의 상품개발은 유통 경로, 마케팅, 상품 기능을 확대하는 시기이다. 본격적인 투자확대에 앞서 엄격한 상품관리 프로세스를 적용해야 한다.

● 성숙기의 상품개발은 기존 제품 개선에 집중한다.

성숙기의 상품개발은 고객 VOC에 기반하여 상품의 품질, 성능, 디자인, 기능 개선에 집중한다. 큰 투자는 없는 시기이다. 소프트웨어 상품은 지속적인 업그레이드를 하는 시점이다. 신상품 개발과 유지보수(운영)의 경계가 모호해 운영 조직에서 상품 개선을 수행하기도 한다.

● 쇠퇴기의 상품개발은 파괴적 기술의 출현에 유의한다.

쇠퇴기에는 시장점유율 유지를 위해 성숙기와 마찬가지로 성능 향상 및 기능 추가에 집중하는 경우가 많다. 이 시기에 중소기업들이 파괴적 기술을 활용하여 새로운 시장을 만들기도 하는데 이러한 변화를 무시하는 기업은 사라지기도 한다. 코닥은 1975년 세계 최초로 디지털 카메라를 개발했음에도 불구하고 자기상품 잠식(cannibalization)을 우려하여 디지털 카메라 출시를 미루다 회사가 몰락했다.

상품개발의 성공을 어떻게 정의하느냐에 따라 달라지겠지만 실제 상품개발의 결과는 큰 성공도 큰 실패도 아닌 그저 그런 결과로 끝나는 경우가 많다. 실패하지 않는 것이 성공이 아니듯, 성공하지 않는 것 또한 실패가 아니다. 그러나 실패하지 않은 상품개발을 성공한 척하는 사례가 많다. 상품을 출시한 뒤에 적자만 나지 않으면 성공이라고 위로할 수는 있겠지만, 적자만 나지 않으려고 상품을 개발하는 것은 아니다. 다음의 성공 및 실패 원인은 큰 성공과 큰 실패를 염두에 두고 작성하였다.

대부분의 신상품 성공과 실패 요인 분석은 사후 결과에 신상품 개발 과정을 짜맞추어 분석하기 때문에 정확하지 않은 경우가 많다. 또한 신상품 개발 환경, 상황이 모두 다르기 때문에 특정 신상품에 딱 맞는 성공 및 실패 요인도 없다. 그러나 신상품 성공의 가능성을 조금이라도 높이기 위해 성공과 실패 요인을 참조할 수 있다. 이번 섹션에서는 신상품의 성공 및 실패 원인 분석시 유의사항, 성공 요인과 실패 요인을 설명한다.

1) 신상품 성공 및 실패 요인 분석시 유의사항

신상품의 성공 및 실패에 대한 원인분석은 오래된 연구 주제이다. 신상품의 성공 및 실패 원인을 분석할 때 유의할 사항이 있다. 성공 및 실패는 사전이 아니라 사후에 분석하기 때문에 분석하는 사람의 성향이나 관심을 반영하기 쉽다는 것이다. 그 예로 소프트웨어 상품개발 중 애자일을 적용한 사례를 찾아보면, 대부분 성공했다는 사례의 이야기다. 애자일을 적용하여 실패한 사례도 많지만 일반적으로 스포트라이트를 받는 사례는 성공 사례이기 때문이다.

다른 상품의 성공 요인을 참조할 필요는 있겠지만, 그것이 성공을 보장하는 것은 아니다. 그런 성공 요인이 있다면 상품출시 전에 성공과 실패를 예측할 수 있어야 한다. 그러나 대부분의 상품은 영화와 같이, 출시 전에 고객의 반응을 예측하기 힘들다.

우리가 상품의 성공 요인에 관심을 가지는 이유는 지금 우리가 개발 중인 상품의 성공 가능성을 높이기 위함이다. 그러나 다른 기업의 신상품 성공 요인을 그대로 따라해도 실패할 수 있다. 조직의 문화, 환경, 상품관리자의 역량, 신상품 개발 팀의 팀워크 등을 고려할 때 성공 요인은 유니크하기 때문이다. 모든 상황에 적용 가능한 성공 요인은 없다. 과거 상품의 성공 사례에서 미래 상품의 성공 가능성을 높이는 방안을 찾아야 한다.

상품출시 후 결과를 본 뒤 짜맞추기 식의 사후평가는 쉽지만 개발 과정에서 실수나 실패를 발견하여 예방하기는 쉽지 않다. 코닥이나 노키아가 몰락한 뒤 실패 원인을 말하는 사후 분석가는 많았지만 코닥이나 노키아의 전성기에 기업의 몰락을 예견하고 경고했던 학자는 찾기 어렵다.

다음 문구들은 신상품의 성공 및 실패 원인 분석을 신중하게 해야 하는 이유를 보여준다.

> 잘 팔리는 소설이 잘 쓰여진 소설은 맞지만, 잘 쓰여진 소설이 잘 팔리는 소설은 아니다.
> 《행운에 속지마라》, 2010)

> 똑같이 하고도 실패한 상품은 사라지기에 성공 요인으로 포장될 수 있다. 성공 요인에 대한 사후 합리화와 함께.《행운에 속지마라》

> 성공의 이유는 상황이 벌어진 뒤에야 비로소 이해할 수 있다. 기억상실증 증세가 있는 테크 언론계는 기업이 어떻게 그런 성공에 이르게 되었는가에 관한 화려한 가짜 스토리를 지어낸다. 이렇게 되면 반쯤 장님인 이가 저지른 성공 확률이 희박한 '도박'이 확신 가득한 선지자가 실천한 당연한 '혁신'으로 탈바꿈한다. 《카오스멍키》, 2017)

신상품 개발은 실패한 것처럼 보여도 실패가 아닐 수 있고, 성공한 것처럼 보여도 실패한 것일 수도 있다. 제대로 된 교훈을 얻는 것이 중요하다.《룬샷》은 기업들의 신상품 성공 요인을 분석할 때 유의할 사항을 다음과 같이 제시한다.

● **가짜 실패에 유의한다.**

호기심을 가지고 실패에 귀기울여야 한다. 실패의 참원인을 파악하면 사장될 수 있는 신상품 아이디어를 살릴 수 있다. 물론 실패의 참원인을 분석하는 끈기와 실패를 인정하지 않는 고집은 다르다. 그 경계는 잘라 말하기 힘들지만 적어도 표면적인 실패 이유를 바로 받아들여서는 안 된다.《룬샷》에서는 가짜 실패의 두 가지 사례를 든다.

● **소셜 네트워크 (페이스북)**

피터 틸(Peter Thiel)은 소셜 네트워크가 그토록 짜증스럽게 먹통이 되는 데도 사용자들이 페이스북에 얼마나 오래 머무는지 알고 충격을 받았고, 마크 저커버그(Mark Zuckerberg)에게 50만 달러짜리 수표를 써주었다. 8년 뒤에 틸은 자신의 지분 대부분을 페이스북에 팔고 그 대가로 대략 10억 달러를 받았다.

● **심장마비 치료제 (스타틴 신약)**

심장마비 치료제는 나쁜 콜레스테롤 지수를 낮추는 것이 중요하다. 쥐를 대상으로 하는 첫 번째 임상실험에서 스타틴은 효과가 없었다. 보통 그러한 결과가 나오면 연구를 중단해야 했다. 그렇지만 일본 미생물학자 아키라 엔도(遠藤章)는 왜 효과가 없을까라고 고민하다 우연히 닭을 대상으로 실험할 수 있는 기회를 얻었다. 실험의 결과는 대성공이었다. 나중에 밝혀진 것이지만 쥐에게는 나쁜 콜레스테롤이 거의 없어 신약의 효능을 검증할 수 없었다. 이 신약은 많은 사람들의 생명을 구했으며 신약을 개발한 머크사에게는 300조 원의 매출을 안겨주었다.

● **결과보다 의사결정의 과정을 중요시한다.**

야구를 보면 타구의 질은 좋았지만 운이 나빠 수비수에게 잡힐 때도 있고, 반대로 타구의 질은 좋지 않았지만 운이 좋아 수비수가 공을 놓치거나 누구도 잡기 힘든 지역에 공이 떨어지기도 한다. 중요한 것은 결과가 아니라 타구의 질이다. 타구의 질이 좋은 타자는 평균 타율이 높을 수밖에 없다. 신상품 개발에서도 마찬가지이다. 결과가 실패라고 해서 의사결정이 나빴다고 판단해서는 안된다. 결과는 나빴으나 의사결정은 훌륭할 수 있고 반대로 의사결정을 잘못 내렸는데 우연히 결과가 좋을 수도 있다. 신상품의 성공에 도취하지 않고 상품개발 과정을 냉철하게 분석해야 한다. 성공의 참원인을 알지 못하고 과거의 방식으로 중요한 의사결정을 하면 낭패를 볼 수 있다.

2) 신상품 개발의 성공 요인

상품관리자에게 출시할(출시된) 상품은 자기 자식과 같은 존재다. 부모가 자식의 성공을 위해 헌신하듯이 상품관리자도 상품의 성공을 위해 많은 노력을 기울인다.

그러나 상품관리자 혼자 성공적인 상품을 만들 수 없다. 상품의 성공은 조직의 구조, 조직의 문화, 경영층의 역량, 시장의 상황(행운) 등 복합적인 요인의 결과이다. 상품관리자가 속한 조직의 문화나 구조가 신상품 성공에 적합하지 않다면 상품관리자가 신상품 성공을 위해 할 수 있는 일은 제한적이다. 다음에 인용하는 신상품 개발의 성공 요인은 현실과는 거리가 먼 교과서 속 이야기처럼 느껴질 수 있다. 그러나 신상품 개발의 성공 요인 중 몇 가지라도 실행하면 크게 성공하기는 어렵지만, 큰 실패를 예방하는 것에는 도움이 된다.

성공한 모든 신상품은 고객이 원하는 '가치'를 제공했다. 큰 성공을 거둔 상품이 고객에게 제공하는 가치는 기술혁신 또는 비즈니스 모델 혁신에 기반한다. 고객에게 제공하는 가치가 크면 경쟁사 대비 가격이 조금 비싸도, 조금 늦게 출시되어도 성공할 수 있다. 신상품 성공 요인은 고객에게 제공하는 가치를 중심에 두고, 어떻게 하면 그러한 가치를 보다 싸고, 빠르게 제공할 것인가와 관련있다.

신상품 성공 요인에 관한 대표적 전문가인 로버트 쿠퍼(Robert Cooper)는《신상품 개발 바이블》(2016)에서 신상품 개발의 일곱 가지 결정석 성공 요인을 다음과 같이 정리 했다.

- **독특하고 우수한 상품** 독특한 효익(benefit)과 설득력 있는 가치제안을 하는 차별화된 상품
- **고객의 목소리(VOC) 중시** 시장 중심, 고객 중심의 신상품 개발 과정 구축
- **프로젝트 사전 조사** 상품개발을 착수하기 전 철저한 실사는 성공의 열쇠
- **명확한 상품/프로젝트 정의** 범위추가와 불안정한 요구사항 최소화
- **시제품을 활용한 고객 검토** 만들고 시험하고 피드백 받고 수정하는 나선형 개발
- **적절한 출시 준비** 철저한 마케팅 계획은 출시의 심장
- **속도가 생명** 품질의 희생이 없는 개발 프로젝트 가속화

《커넥트 에브리씽》(2016)에서는 카카오톡의 성공 요인을 아래 'SPORTS'로 요약했다.

- **Speed(속도)** 빠른 몸짓으로 황금 타이밍을 잡아라.
- **Platform(플랫폼)** 이용자와 파트너사를 동시에 움직여라.
- **Open(개방)** 오늘의 1달러를 참으면 내일의 잭팟이 터진다.
- **Reliable(믿을 수 있는)** 적자가 나도 품질을 놓치지 말라.
- **Target(맞춤)** 단톡방과 캐릭터로 한국인 취향에 적중하다.
- **Sympathy(공감)** 고객이 쓰는 서비스는 고객 의견으로 만든다.

필립 코틀러는 신상품 성공을 '기술적 성공(0.5) × 상용화 성공(0.65) × 수익화 성공(0.74)'으로 구분하여 세 가지 모두 성공할 확률을 24%(0.5 × 0.65 × 0.74 = 0.24)로 제시하고 있다. 신상품 개발에 착수한 프로젝트를 기준으로 했을 때 수익화까지 성공하는 상품이 1/4 정도라고 기억하자(신상품 성공률에 대한 정확한 데이터는 파악하기 힘들고 업종마다 다르다). 실리콘밸리의 스타트업 성공율이 1%

수준으로 알려져 있는데, 24%와의 차이는 스타트업 시기를 견뎌낸 기존 기업의 역량이다.

3) 신상품 성공을 이끄는 행운의 관리방법

2020년 2월 우아한형제들의 김봉진 의장이 세계 부자의 기부클럽인 '더기빙플레지'를 통해 재산의 절반을 사회에 환원하겠다고 서약했다. 다음은 서약 선언문의 일부이다.

> 대한민국에서 아주 작은 섬에서 태어나 고등학교 때는 손님들이 쓰던 식당 방에서 잠을 잘 정도로 넉넉하지 못했던 가정형편에 어렵게 예술대학을 나온 제가 이만큼 이룬 것은 신의 축복과 운이 좋았다는 것으로밖에는 설명하기가 어렵습니다.

소프트웨어 상품은 기술 진입장벽이 상대적으로 낮아 행운이 작용을 하는 경우가 많다. 우버, 에어비엔비, 페이스북, 구글 모두 태풍의 길목(기적과 같은 사건이나 상황들)을 만났다.

IBM이 마이크로소프트사에게 PC 운영체계(MS-DOS) 개발을 의뢰하지 않고 직접 개발했더라면 오늘날의 마이크로소프트가 있었을까? 스마트폰이 없었다면 오늘날의 페이스북이 있었을까?

샤오미의 레이쥔 회장은 "돼지도 태풍을 만나면 날 수 있다"며 운의 중요성을 강조했다. 큰 성공을 위해서는 운이 필요하지만 모든 사람들이 운을 만나 성공하는 것은 아니다. 운을 성공으로 연결하기 위한 역량이 필요하다. 이것이 '행운의 수익률'이다. 신상품의 성공 가능성을 높이기 위한 활동들을 지속적으로 수행할 때 '행운의 수익률'을 높일 수 있다.

《위대한 기업의 선택》(2012)에서는 행운을 관리하기 위한 네 가지 핵심을 다음과 같이 정리하고 있다.

첫째, 행운이나 불운이 왔을 때 알아챌 수 있게 '줌 아웃(멀리 보기)'하는 능력을 키워야 한다.

둘째, 운에 따라 계획을 수정할 수 있는 지혜를 개발해야 한다.

셋째, 피할 수 없는 불운이 닥쳤을 때 견딜 수 있도록 대비해야 한다.

넷째, 행운이나 불운이 왔을때 운 수익률이 플러스여야 한다. 운 자체는 전략이 아니지만 운 수익률을 올리는 것은 전략이다.

4) 신상품 개발의 실패 원인

톨스토이는 "행복한 가정은 모두 엇비슷하지만, 불행한 가정은 불행한 이유가 제각기 다르다"고 했다. 이를 신상품 개발에 비유하면, 신상품 성공의 요인은 모두 엇비슷하지만, 신상품 실패의 원인은 제각기 다르다. 신상품 개발을 성공하기 위해서는 앞서 설명한 성공 요인들을 어느 정도 갖추어야 하지만, 그 중에 하나라도 안되면 실패할 수 있다. 따라서 신상품 실패 원인은 신상품 성공 요인의 반대인 경우가 많다. 로버트 쿠퍼의 신상품 성공 요인을 뒤집어서 실패 요인을 살펴보면 다음과 같다.

- 기존 상품을 모방하거나 지루하거나 싫증나거나 평범한 상품
- 약한 전반부의 해결 (부실한 시장분석, 기술평가, 재무분석)
- 상품개발 관련 가정은 많은데 확실한 정보는 부족
- 고객이나 사용자에 대한 정보와 통찰 부족
- 불안정한 상품사양과 프로젝트 개발범위 증가
- 제 기능을 발휘하지 못하는 프로젝트 팀과 부서 간 장벽
- 동시에 너무 많은 신상품 개발 프로젝트를 수행

스타트업이 창업에 실패하는 원인은 신상품 개발의 실패 원인 분석시 참조할 가치가 높다. 아래 내용은 《어느 창업가의 고백》(2018)에 있는 창업 실패 원인 중 일부를 발췌한 것이다.

- 고작 100명에게 물어보고 90%가 긍정적이라고 생각했기 때문에
- 실제 고객의 마음속을 아직도 모르고 있기 때문에
- 내 아이디어가 지구상에 존재하지 않는다는 믿음 때문에
- 이건 하면 무조건 대박이라는 환상 때문에
- 객관적 사실이 아닌 추정 자체가 문제인 걸 몰랐기 때문에
- 작은 목표도 없는데 큰 청사진만 그렸기 때문에
- 첫 구매자를 VIP로 인식하지 못했기 때문에 (상세 인터뷰를 했어야 한다는 의미)
- 흘린 땀이 아까워 방향전환을 못했기 때문에
- 한두 명의 구매자가 남긴 애정어린 답변에 가능성이 있다는 상상이 들었기 때문에

1.5 상품 포트폴리오 관리

상품 포트폴리오 관리는 조직의 제한된 자원과 예산을 활용하여 최적의 상품을 구성하는 전략적인 활동이다. 포트폴리오 관리를 잘하는 조직은 위험에 취약하지 않다. 이번 섹션에서는 상품 포트폴리오 관리의 중요성, 상품개발 프로젝트를 중단하기 힘든 이유, 잘못된 상품 포트폴리오 관리의 결과에 대해 설명한다.

1) 상품 포트폴리오 관리가 중요한 이유

상품 포트폴리오는 조직 내 모든 상품의 집합이다. 포트폴리오 관리의 핵심은 조직 내 상품계열(product line)의 길이(신규 상품 추가)와 깊이(기존 상품 개선)를 관리하는 것이다. 이를 위해서는 신상품의 추가와 중단을 위한 기준과 방법론이 필요하다. 포트폴리오 관리는 그 중요성에 비해 대부분의 기업에서 취약한 부문이기도 하다. 일반적으로 기업의 규모가 커질수록 포트폴리오 관리가 어려워진다.

포트폴리오 관리가 중요한 이유는 다음과 같다.
- 조직의 전략에 부합하는 신상품을 선정하고 개발한다.
- 중요하지 않은 프로젝트를 줄여 개발 조직의 부하를 줄인다.
- 불필요한 상품을 최소화하여 핵심상품에 조직의 역량을 집중한다.

신상품 개발의 후반부로 갈수록 상품(아이디어)당 개발비용이 증가한다. 코틀러는 표 1.6과 같이 아이디어 창출 단계의 개발비용보다 출시 단계의 개발비용이 5,000배가 된다고 하였다.

단계	아이디어 수	통과율	아이디어 개발비용(1개당)	총비용
아이디어 관리	64	1:4	$1,000	$64,000
콘셉트 개발 및 테스트	16	1:2	20,000	320,000
사업성 분석과 마케팅 전략 수립	8	1:2	200,000	1,600,000
상품개발	4	1:2	500,000	2,000,000
상품출시	2	1:2	5,000,000	10,000,000
			5,721,000	13,984,000

표 1.6 신상품 개발 단계별 통과율과 투자비용 (출처: 《신상품 마케팅》, 2019)

2) 상품개발 프로젝트를 중단하기 어려운 이유

야생의 동물들이 자연에서 버티지 못하는 새끼들을 버리듯이 신상품 개발 단계별로 우선순위가 낮거나 가설검증이 미흡한 상품은 중단해야 한다. 하지만 현실에서 이를 실행하기는 쉽지 않다. 신상품 개발 과정에서 프로젝트를 중단하기 어려운 이유는 다음과 같다.

● 신상품 개발 팀과의 이해관계

신상품 개발 중단을 주장할 수 있는 이해관계자와 신상품 개발 팀과의 관계 때문에 중단을 결정하기 힘든 경우가 많다. 대부분 프로젝트 중단보다 계획을 변경하는 조건으로 프로젝트를 지속시킨다.

● 중단 결정에 대한 근거

신상품 개발을 중단할 수 있는 정량적인 기준이 불명확하거나 명확한 데이터가 없다면 중단 결정이 쉽지 않다. 반대로 상품개발 팀은 개발을 지속해야 하는 타당성과 기대효과를 제시한다.

● 매몰원가의 함정

상품개발을 위해 기존에 투입한 자원이 아까워 중단하지 못한다.

● 다다익선에 관한 믿음

많은 수의 상품이 좋다는 믿음이 있다. 그러나 메뉴가 많은 식당치고 맛있는 곳은 잘 없다.

3) 잘못된 포트폴리오 관리의 부작용

프로젝트를 줄이지 못하고 투입 자원을 아껴 여러 프로젝트를 수행하면 중요한 프로젝트에 필요한 자원을 투입하지 못한다. 중요하지 않은 소규모 프로젝트들 때문에 중요하고 혁신적인 프로젝트가 희생될 수 있다. 신상품 개발을 위한 자원이 부족하면 다음과 같은 부작용이 발생할 수 있다.

- 출시가 목적이 되어 중요한 활동을 생략하거나 부실하게 수행
- 자원의 적기 투입이 지연되어 실행시간보다 대기 시간이 길어짐
- 소규모, 저위험의 프로젝트만 양산하여 혁신적인 상품개발 기회 상실
- 납기 지연 프로젝트 증가로 인한 책임공방 및 팀 사기 저하
- 인공 호흡기에 의존하여 생명을 연명하는 프로젝트 증가 (자원 투입이 작아 행 정적인 업무만 수행)

잘못된 포트폴리오 관리의 결과를 요약하면 그림 1.4와 같다.

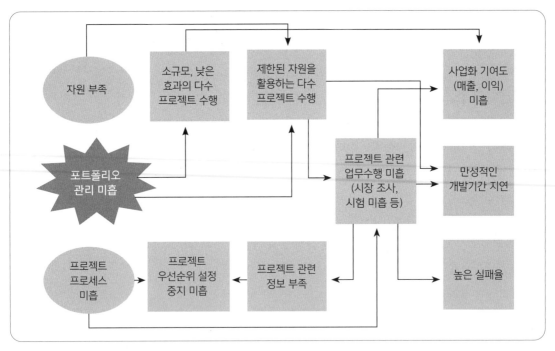

그림 1.4 잘못된 상품 포트폴리오 관리의 결과(출처:《R&D 경영의 황금률》, 2002)

1장 핵심요약

1.1 신상품의 유형
- 기업에서 판매하는 상품목록은 상품계열의 개수, 길이, 깊이로 분류한다.
- 기업에서 개발하는 신상품은 '기업 관점에서 상품의 새로운 정도'와 '소비자 관점에서 상품의 새로운 정도'로 구분한다.

1.2 신상품 개발 프로세스
- 신상품 개발의 여덟 단계는 '아이디어 창출 → 아이디어 심사 → 상품 콘셉트 개발 및 테스트 → 마케팅 전략 개발 → 사업성 분석 → 상품개발 → 시장 테스트 → 상품화'이며 크게 상품기획, 상품 개발, 상품출시로 구분힐 수 있다.

1.3 상품 수명주기(Product life cycle)
- 각 상품은 최초 출시 이후 단종까지 '도입 → 성장 → 성숙 → 쇠퇴'의 수명주기를 거친다.
- 도입기의 상품개발은 지속적인 매출확대 가능성 검증에 집중한다. 특히 혁신 상품에서 흔히 볼 수 있는 캐즘(얼리어답터가 주도하는 도입기에서 성장이 정체되는 기간)을 극복해야 한다.
- 성장기의 상품개발은 엄격한 상품관리 프로세스를 적용한다.
- 성숙기의 상품개발은 기존 제품 개선에 집중한다.
- 쇠퇴기의 상품개발은 파괴적 기술의 출현에 유의한다.

1.4 신상품 개발의 성공 및 실패 원인
- 큰 성공을 위해서는 운이 필요하지만 모든 사람들이 운을 만나 성공하는 것은 아니다. 운을 성공으로 연결하기 위해서는 역량도 필요하다.
- 신상품 성공 및 실패의 요인은 결과만 보고 판단해서는 안 된다. 결과 못지 않게 과정도 중요하다.
- 신상품이 성공하기 위해서는 공통적인 성공 요인들을 어느 정도 갖추어야 한다. 그 중에 하나라도 안 되면 실패의 가능성이 높아진다.

1.5 상품 포트폴리오 관리
- 상품 포트폴리오 관리는 조직의 제한된 자원과 예산을 활용하여 최적의 상품을 구성하는 전략적인 활동이다.
- 프로젝트를 줄이지 못하고 투입 자원을 아껴 여러 프로젝트를 수행하면 중요한 프로젝트에 투입되는 자원이 부족해진다.

2

신상품 개발의 역할자

2장은 신상품 개발 과정에서 등장하는 여러 역할자들의 업무를 설명한다. 조직에 따라 역할자의 명칭이 다를 수 있고, 여러 역할자의 업무를 한 명의 역할자가 수행할 수도 있다. 역할자의 명칭이 무엇이든 신상품을 기획하고 출시하기 위해서는 '상품을 정의하는 사람' '상품을 개발하는 사람' '상품을 고객에게 알리는 사람' '이를 지원하는 사람' 들이 필요하다. 현재 상품관리자인 사람은 2장을 읽어보면서 본인의 역할과 역량에 관해 다시 생각해보는 기회가 되었으면 좋겠다. 신상품을 개발하는 과정에서 발생 가능한 모든 일을 정의할 수 없다. 문서화된 책임과 역할에 따라서만 일을 하려고 하면 경계가 모호한 사각지대가 많아져 서로에게 미루는 일이 많아진다. 그 결과 개인 간의 갈등은 많아지고 업무 스피드는 느려진다. 기본적인 역할은 정의하되, 상품관리자는 상품출시까지 거의 모든 일에 관여해야 한다. 특히 아무도 하지 않으려는 일은…….

2.1 신상품 개발의 역할자

신상품 개발을 위한 역할은 신상품 개발 조직의 규모, 신상품의 업종에 따라 달라진다. 이번 섹션에서는 소프트웨어 상품 개발을 예시로 상품기획, 상품개발, 지원으로 나누어 신상품 개발의 역할자를 설명하겠다.

1) 상품기획 역할

상품을 기획하는 사람은 상품관리자와 마케팅 관리자로 구분된다. 상품개발 규모와 상품유형에 따라 1인이 모든 역할을 할 수도 있고, 가격책정, 채널 관리, 시장분석, 상품기능 정의 등 세분화된 역할자를 지정할 수도 있다.

● **상품관리자**

상품관리자는 많은 업무를 마케팅 관리자와 협업하며, 조직에 따라 상품관리자의 업무를 마케팅 관리자가 수행하기도 한다. 상품관리자는 상품을 정의하는 사람으로 다음의 역할을 수행한다.

❶ **고객분석/시장분석/경쟁분석**

- **고객분석** 고객 세분화, 목표고객군 선정, 고객 성향과 행동 분석
- **시장분석** 목표시장의 규모, 성장 가능성 등 시장매력도 분석
- **경쟁분석** 목표시장 내 경쟁사 경쟁전략 분석, 경쟁상품 분석 (가격, 점유율, 상품기능, 품질)

❷ **상품정의**

- **상품기능 정의** 고객의 불편사항을 해소하거나 고객에게 편익을 제공하는 상품 콘셉트 정의
- **고객가치 검증** 상품 콘셉트 테스트, 사용성 테스트, 출시 전 시장 테스트

● **마케팅 관리자**

마케팅 관리자는 상품을 고객에게 알리는 사람으로 다음의 역할을 수행한다.

❶ **마케팅 전략 수립**

- **상품 포지셔닝(Product positioning)** 고객에게 전달하고자 하는 상품의 핵심가치와 차별화 요인 정의
- **가격책정** 상품의 포지셔닝, 경쟁전략, 수익극대화를 고려한 가격책정
- **사업성 분석** 상품의 매출, 원가 추정을 통한 수익성 분석

❷ **영업 지원, 판촉, 출시전략 수립**

- **상품소개 자료 작성** 상품의 기능과 가치를 설명하는 브로셔, 사용자 매뉴얼

작성 (작성 도구는 파워포인트, 동영상(유튜브용), 시연 시스템 등)

- **출시(릴리즈) 전략 수립** 출시 시기, 출시 지역(국가) 결정, 출시 전 테스트 (예: A/B 테스트)●
- **영업사원 교육** 상품의 가치, 경쟁사 대비 차별화 포인트 등을 교육 (B2B상품에 해당)
- **채널 관리** 판매를 담당할 채널 확보, 채널 교육, 인센티브 방안 수립
- **상품 홍보** 온라인, 오프라인의 광고, 판촉활동 기획과 실행

2) 상품개발 역할

상품개발 역할은 엔지니어링 영역이라 상품의 종류에 따라 차이가 크다. 소프트웨어 상품개발을 위해서는 다음의 역할자가 필요하다.

- **프로젝트 관리자** 상품개발의 예산, 일정, 품질에 대한 총괄적 책임을 지는 사람
- **UX 디자이너** 상품을 사용하는 고객들이 편의성을 느끼고 긍정적인 감성을 경험하도록 디자인하는 사람. 화면설계(예: 아이콘 위치)뿐만 아니라 고객이 상품을 사용하는 순서 또는 프로세스도 정의한다.
- **아키텍트** 소프트웨어 상품의 하드웨어/소프트웨어/데이터 아키텍처를 설계하는 사람
- **개발자** 소프트웨어 코딩을 하는 사람
- **테스터** 요구사항 문서에 따라 소프트웨어가 작동하는지 검사하는 사람

3) 지원 역할

지원 역할은 상품기획과 개발을 지원하는 다음의 업무를 수행한다.

- **법무** 상품의 특허권 침해 검토, 특허 취득, 개인정보 보호, 제조물 책임(product liability), 컴플라이언스(compliance) 이슈 검토
- **구매** 상품개발을 위한 소프트웨어 또는 하드웨어 구매
- **인프라** 소프트웨어 상품 개발을 위한 인프라 제공 (개발 플랫폼, 클라우드 등)

상품개발을 위한 업무별 주요 역할을 정리하면 표 2.1과 같다. 표 2.1에서 정리한 역할은 정답이 있는 것은 아니며 조직의 상황에 따라 달리 적용할 수 있다.

구분	상품관리자	프로젝트 관리자	UX 디자이너	마케팅 관리자
상품 로드맵	결정 및 업데이트			시장정보 제공
개발 우선순위 결정	결정 및 업데이트	개발 일정 제공	디자인 일정 제공	시장정보 제공
고객 인터뷰	주도	가급적 참여	참여	
화면 디자인	상품 요구사항 제공	개발 의견 제공	결정 및 업데이트	
스크럼 회의	참여	수도	참여	
스프린드 계획 및 리뷰	참여	주도	참여	가급적 참여
경쟁상품 분석	주도 및 종합 정리	경쟁상품 기능 분석	경쟁상품 디자인 분석	경쟁상품 마케팅 전략 분석
상품가격 정책	사업성 분석 정보제공			주도
상품홍보				주도
유통 정책				주도
사업성 분석	주도			가격 정책 제공
고객지원 체계	고객대응 매뉴얼 제공	기술이슈 해결		주도
출시 후 이슈 대응	주요 의사결정(예: 롤백)	기술이슈 해결		

표 2.1 상품개발 업무별 역할

2.2 상품관리자의 역할

앞에서는 상품기획 업무를 중심으로 상품관리자의 역할을 정리하였지만, 현실에서 상품관리자는 상품기획, 상품개발, 상품출시까지 모두를 관장하여 상품의 성공과 실패를 책임진다. 현장에서 상품관리자는 서비스 기획자, 상품기획자, 솔루션 기획자, 프로덕트 오너와 같이 다양한 명칭으로 불린다.

상품관리자는 상품 개발의 각 역할자들이 업무를 제대로 수행할 수 있도록 계획하고, 조정하고, 지원한다. 현실에서 상품관리자의 역할이 어디까지인가에 대한 이슈가 많은데, 상품의 기획부터 출시까지 구멍난 일은 모두 상품관리자가 관여해야 한다. 코딩을 제외한 모든 일을 상품관리자가 할 수 있다고 해도 과언이 아니다. 그러나 상품관리자가 중요도 낮은 지원 업무를 많이 수행할수

그림 2.1 상품관리자의 역할

록 본연의 업무에 집중하기 힘들기 때문에, 어느 정도는 상품관리자의 책임과 역할을 명확하게 하는 것이 바람직하다.

상품관리자는 마케팅 관리자, 프로젝트 관리자, UX 디자이너 역할의 접점에 있으며 조직의 정책이나 상품관리자의 역량에 따라 접점의 크기가 달라진다(그림 2.1).

1) 상품관리자의 전반적 역할

상품관리자의 전반적 역할은 두 가지 관점에서 설명할 수 있다.

첫째, 상품관리자는 상품개발의 모든 단계에 관여한다. 상품관리자는 상품기획을 리딩하고 상품개발과 상품출시를 지원한다. 상품관리자는 본인이 기획한 상품이 잘 팔릴 것이라는 가설을 이해관계자들에게 설득하고, 상품개발 과정에서 부딪히는 난관들을 해결해야 한다.

둘째, 상품관리자는 상품개발의 모든 업무에 관여한다. 상품 콘셉트 정의와 상품기능 정의는 상품관리자 본연의 업무이며 디자인, 마케팅, 상품개발 업무는 상품관리자가 정보를 제공해야 일을 시작할 수 있다.

상품관리자를 '미니 CEO'라고도 하지만 책임에 비해 권한은 없다. 상품관리자는 마케터, 디자이너, 개발자에 대한 평가권한이 없다. 평가권한이 없다는 것은 작업 지시 권한이 약하다는 것을 의미한다. 따라서 대부분의 사람들이 상품개발 또는 상품출시 직후 문제가 생기면 상품관리자를 찾지만, 상품관리자는 평가권한이 없기 때문에 책임지고 문제를 해결하기에는 한계가 있다. 상품관리자는 사실에 근거한 합리성, 상품에 대한 열정으로 다른 사람들을 움직인다.

페이스북 상품관리자의 경험이 담겨있는 책《카오스멍키》(2017)에서는 상품관리자의 일상을 다음과 같이 묘사하고 있다.

상품관리자라면 그날 첫 미팅이 열리기 전 15분 간 이메일을 확인하면서 우걱우걱 밥을 밀어넣는다. 하루에도 6~12건의 미팅이 계획되어 있고, 당일에도 갑작스레 2~3건의 미팅이 잡히기 때문이다. 마이크로소프트 캘린더는 회사에서 지급한 아이폰을 통해 알림음을 울려대서 나와 동료들의 삶을 지배했다. 캘린더의 빈자리를 놓고, 사람들은 1차 대전 도중의 무인지대를 두고 싸우듯 치열하게 경쟁을 벌였다.

다음은 T사 Digital Bank 부문의 Product Owner(상품관리자)의 채용안내 공고이다(2021년 12월).

합류하시면 함께할 업무입니다.
· 담당 제품과 관련한 모든 사안에 대해 최종 의사결정 권한을 가지고, 개발, 디자인, 마케팅 등 전반에 걸쳐 제품을 주도하는 역할을 합니다.
· 시장의 비효율, 고객의 pain point, 잠재적 사업 기회 등을 파악하여 풀어낼 만한 가치가 있는 문제 또는 사업 영역을 정의하고, 실행의 우선순위를 결정합니다.
· 유효한 기설을 수립하고, 실험을 통해 도출된 data insight를 기반으로 가설을 검증하며, 끊임없는 iteration을 통해 product-market fit을 찾고, 제품을 고도화합니다.

이런 경험을 가진 분을 찾습니다.
· 3년 이상 모바일 제품에 대한 개발, 디자인 또는 PM을 해본 경험이 필요합니다.
· 데이터 기반으로 다양하고 복잡한 문제를 해결하는 analytic mindset이 필요합니다.
· 궁극의 고객 경험과 시장을 혁신하는 제품을 발굴할 수 있는 역량이 필요합니다.
· 실패를 두려워하지 않고, 어떻게든 성과를 만들어내는 grit이 필요합니다.
· 스스로 목표와 전략을 설정하고, 논리적인 커뮤니케이션을 통한 협업이 가능해야 합니다.

이런 경험이 있다면 더 좋습니다.
· 한정된 자원과 시간 속에서 최고의 성과를 만들어내는 lean startup 및 agile 조직 경험이 있으신 분이면 좋습니다.
· 사업/제품 기획부터 조직 운영까지 스타트업의 A to Z를 다뤄보신 창업 경험이 있으시면 좋습니다.
· 다양한 기술과 산업의 특성을 파악하여 최적화된 솔루션을 도출하는 역량이 뛰어난 산업공학 관련 학위 소지자 또는 소프트웨어에 대한 이해도가 높은 컴퓨터공학 관련 학위 소지자를 선호합니다.

2) 상품관리자와 마케팅 관리자

상품이 1이라면 마케팅은 0이다. 0은 1이 있을 때 가치가 있고 1은 0이 있어야 커질 수 있다. 상품관리자는 개발할 상품을 정의하는 사람이고 마케팅 관리자는 개발된 상품을 고객에게 알리는 사람이다. 정의는 간단하지만 현실에서는 어디까지가 상품정의인지 명확하지 않고 구체적인 역할은 조직에 따라 다르다. 특정 상품의 마케팅을 담당하는 사람을 XX상품 마케터(XX product marketer)라고도 한다.

3) 상품관리자와 프로젝트 관리자

상품관리자는 상품을 정의하고 프로젝트 관리자는 정의된 상품의 개발을 책임진다. 개발 팀은 신상품을 개발할 때 상품관리자가 가장 많이 의사소통하는 조직이다. 상품관리자는 상품 요구사항 정의, 개발 일정 계획수립, 개발 결과 리뷰를 개발 팀과 협업한다. **훌륭한 소프트웨어 상품은 비즈니스를 잘 이해하는 상품관리자와 기술을 잘 아는 프로젝트 관리자의 합작품이다.**

상품관리자가 프로젝트 관리자와 협업할 때 유의할 사항은 다음과 같다.

- 상품관리자는 What을 정하고 프로젝트 관리자는 How를 정한다. When은 상품관리자와 프로젝트 관리자가 협의해서 결정해야 한다. 개발 일정은 상품관리자가 일방적으로 요구해서도, 개발 팀의 일정을 무조건 수용해서도 안 된다. 출시 일정과 개발 내용을 협의하여 절충안을 결정해야 한다.
- 상품관리자는 상품개발의 우선순위를 정하고 상품개발 과정에서 지속적으로 업데이트해야 한다. 모든 것이 똑같이 중요하다는 식으로 의사소통해서는 안 된다.
- 상품관리자는 고객을 대표하여 개발 팀이 완성한 결과물을 검토해야 한다. 품질부서에서는 사양대로 작동하는가를 중심으로 테스트하지만, 상품관리자는 고객 요구사항에 부합하는가를 확인해야 한다.
- 개발 팀은 상품관리자의 아이디어를 구현한다. 상품관리자는 개발 팀이 상품개발에 집중할 수 있도록 불필요한 업무를 막아주는 우산 역할을 해야 한다.
- 상품관리자는 개발 팀을 평가할 권한이 없다. 상품관리자는 개발 팀원으로부터 상품관리자의 공식·비공식적인 권위를 인정받을 수 있도록 노력해야 한다. 개발 팀원이 존중하지 않는 상품관리자는 역할 수행이 힘들다.

4) 상품관리자/PO(Product Owner)/스크럼 마스터

애자일 방법론을 적용하는 상품개발에서는 상품관리자, PO, 스크럼 마스터의 역할을 명확히하여 역할 혼선이 없도록 해야 한다.

● 상품관리자와 PO

상품관리자와 PO는 하나의 역할로 통일하는 것이 좋다. 다만 상품개발 규모가 커서 여러 명의 상품관리자가 필요하다면 1명의 상품관리자 밑에 N명의 PO를 지정할 수 있다(반대로 1명의 PO 밑에 N명의 상품관리자를 두어도 된다. 명칭은 중요하지 않다).

● PO와 스크럼 마스터

스크럼 마스터는 스크럼 프로세스를 적용할 때 필요한 역할이며 애자일 방법론을 코칭하고 애자일 방법론 적용의 장애물을 제거하는 사람이다. 스크럼 마스터의 일차적인 책임은 상품개발 프로젝트의 일정과 품질이 아니라 팀원들이 효과적, 효율적으로 협업하도록 하는 것이다. 반면 PO는 상품의 비전을 팀원에게 전파하고 상품 요구사항의 내용과 우선순위를 명확히 한다.

● 프로젝트 관리자와 스크럼 마스터

프로젝트 관리자와 스크럼 마스터의 이해관계는 상충되는 경우가 많다. 스크럼 마스터가 추구하는 교과서적인 프로세스를 통해 좋은 결과가 나올 수도 있지만, 프로젝트 관리자는 좋은 결과를 위해 때로는 교과서와는 다른 의사결정을 할 수도 있다. 프로젝트 관리자와 스크럼 마스터의 차이는 표 2.2와 같다(프로젝트 관리자와 스크럼 마스터의 차이를 명확하기 위해 다소 극단적인 비교를 했다).

	프로젝트 관리자	스크럼 마스터
목표	프로젝트 목표 달성	프로세스 적용
일정	일정 준수를 중요시	문제를 해결하는 과정에서 일정지연 가능
평가	팀원에 대한 평가 권한 있음	팀원에 대한 평가 권한 없음
작업 지시	팀원에 대한 작업 지시 권한 있음	팀원에 대한 작업 지시 권한 없음
동기부여	평가 및 보상에 집중	업무성취 또는 자기계발을 통한 동기부여

표 2.2 프로젝트 관리자와 스크럼 마스터의 차이

5) 상품관리자와 UX 디자이너

UX(User eXperience) 디자이너는 사용자가 상품을 사용할 때 긍정적인 경험을 할 수 있도록 상품을 디자인하는 사람이다. 상품관리자가 정의하는 기능과 디자이너가 정의하는 고객 경험은 상호 보완적이며, 고객가치 창출이라는 측면에서 접점이 많다.

UX 디자이너의 업무는 와이어프레임에 상품 요구사항을 정의하는 인터렉션 디자인(interaction design)과, 와이어프레임에 살을 붙여 정확한 레이아웃과 색상, 글꼴 등을 구체화하는 비주얼 디자인(visual design)으로 구분한다. 인터렉션 디자인의 예는 특정 버튼을 누를 때 다른 화면으로 이동하거나, 전화가 왔을 때 나는 진동 또는 벨소리 알림 등이다. 두 가지 디자인은 한 사람이 할 수도 있고, 각각의 전문가가 할 수도 있다.

디자이너는 고객에게 긍정적인 경험을 제공하기 위해 다음의 사항들을 고민한다.

- 고객은 누구이며 어떤 니즈 또는 행동특성이 있는가?
- 고객이 상품을 이용하는 환경 또는 제약조건은 무엇인가?
- 고객이 상품을 활용하는 순서, 시나리오, 상호작용은 무엇인가?
- 상품을 처음 접하는 고객에게 상품의 기능을 어떻게 소개할 것인가?
- 상품에 애착을 가지게 하기 위해서 고객에게 어떤 동기부여를 할 수 있을까?

상품관리자가 디자이너와 협업시 유의할 사항은 다음과 같다.

- 디자이너가 없다면 인터렉션 디자인과 비주얼 디자인을 상품관리자가 하거나 개발자가 해야 한다. 디자이너가 없는 상태에서 상품기획에 착수하지 마라.
- 디자이너는 상품개발의 모든 과정에서 상품관리자와 함께 일해야 한다.
- 디자이너의 전문성을 존중해야 한다. 상품관리자가 개발자에게 어떻게 코딩하라고 알려주지 않듯이, 디자이너에게도 상품의 콘셉트와 기능을 설명하고 구현 방식은 디자이너에게 맡겨야 한다.
- 요구사항과 의견은 다르다. 상품관리자의 개인적인 의견을 디자이너에게 전달해서는 안 된다. 《프로덕트 오너》(2020)에서 설명하는 의견의 예는 다음과 같다.

"이 버튼을 누르면 팝업이 여기에 떴으면 좋겠습니다."
"문구는 최대한 키웠으면 좋겠습니다."

요구사항의 예는 다음과 같다.

"고객이 결제할 때 할부 구매방법을 인지할 수 있어야 합니다."
"고객이 가입할 때 다음과 같은 두 가지 이용약관은 반드시 노출되어야 합니다."

- 상품관리자는 디자이너와 함께 사용자 인터뷰를 해야 한다.
- 상품관리자는 상품 요구사항을 모두 정의한 후 디자이너에게 설계를 부탁하지 않는다. 상품 요구사항 정의와 인터렉션 디자인은 밀접한 관련이 있다. 프

로젝트 개발 착수 전에 상품 요구사항에 디자인 정책을 반영해야 한다.

● 개발 관점에서 디자인 이슈는 없는지 개발 팀과 사전 협의를 해야 한다. 개발이 시작되면 디자인 변경이 어려운 경우가 많으며, 디자이너가 고려하지 못한 아키텍처 이슈가 발생할 수 있다.

6) 상품관리자에 대한 흔한 오해

《PM 인터뷰의 모든 것》(2015)에서 저자 게일 라크만 맥도웰(Gayle Laakmann McDowell)은 구글, 마이크스 로소프트, 애플에서 근무한 경험을 바탕으로 상품관리자에 대한 흔한 오해를 다음과 같이 정리하였다.

● 상품관리자는 프로젝트 관리자다.

일부 상품관리자는 프로젝트 관리까지 맡기도 하지만 대부분은 아니다. 상품관리자는 주로 일정조정에 관여한다.

● 대학을 졸업하자마자 곧바로 상품관리자가 될 수 없다.

상품관리자가 많은 결정을 내리는 자리라는 인식 탓에 높은 사람처럼 보이기도 한다. 하지만 구글이나 마이크로소프트, 페이스북, 야후 등 대기업에서는 대학을 갓 졸업한 사람을 상품관리자로 채용하고 있다.

● 상품관리자는 명세서만을 작성한다.

상품관리자는 프로젝트를 성공적으로 마무리하기 위한 모든 일에 책임을 진다. 명세서를 작성하는 일은 소통을 위한 방법이지 명세서 자체가 본질적인 가치를 지니는 것은 아니다. 명세서 없이 대화와 화이트보드만으로 소통하는 상품관리자도 많다. 명세서만 고집하다 오히려 아이디어에 대한 이해와 구현에 문제가 생긴다.

● 상품관리자는 회의만 주선한다.

상품관리자는 핵심 이해관계자의 회의를 진행하고 그들의 의견과 우선순위를 이해해야 하지만 그들의 시각을 종합하여 장단점을 따져보고 이해관계자 전체를 만족시킬 수 있는 타협안을 마련해야 한다.

● 상품관리자는 고객이 요구하는 그대로 구현해야 한다.

고객의 요구를 귀담아 듣는 것이 중요하다는 것은 두말하면 잔소리다. 상품관리자는 고객의 숨겨진 니즈를 발굴하기 위해 고객이 요구하는 것 이상을 볼 수 있어야 한다.

● 상품관리자는 일정을 정한다.

상품관리자는 일정을 정하지 않는다. 그것은 엔지니어의 몫이다. 엔지니어의 예상을 미덥지 않게 생각하여 당초 엔지니어가 동의한 일정보다 더 빨리 작업이 완료될 것으로 다른 팀과 약속해버린다면 엔지니어와의 관계를 망치는 지름길로 들어선 것이나 마찬가지다.

● 상품관리자는 보스다.

상품관리자는 디자이너나 엔지니어에게 일일이 간섭하며 지시를 내리는 사람이 아니다. 디자이너는 상품의 디자인을 온전히 담당할 수 있도록, 엔지니어는 기술적 구현을 온전히 담당할 수 있는 권한이 있어야 한다. 상품관리자는 상품개발에 자신이 행사하는 영향력을 이해해야 한다.

● 아이디어가 추진력보다 중요하다.

처음 상품관리자가 된 사람들 중에 아이디어를 내는 것이 자신의 일 가운데 가장 중요하다고 여기는 경우가 더러 있다. 아이디어보다 추진력이 훨씬 중요하다. 팀이 내놓은 아이디어는 그 구성원만큼이나 다양하다. 정말 어려운 부분은 아이디어를 실행에 옮기기 위한 세부내용을 정리하는 것이다. 상품관리자는 뜬구름과도 같은 아이디어를 받아 이를 가시적인 결과물로 만들 수 있어야 한다. 그러기 위해서는 상품관리자가 직접 동분서주해야 한다. 코드를 실행해줄 서버도 찾고 다른 팀에게 이 일의 우선순위를 높여달라는 설득도 해야 한다. 또한 상품을 직접 사용해보고 문제점을 보완하는 것도 상품관리자의 몫이다.

● 그건 제 일이 아닙니다 라고 말할 수 있어야 한다.

팀원들의 역할은 깔끔하게 정의될 수 있어도 상품관리자의 역할은 그러지 못하고 유동적이다. 상품관리자가 할 일은 다른 사람이 담당하지 않는 모든 것이다. 상품관리자는 아무도 하지 않으려는 일이라도 마무리 지을 수 있는 방법을 찾아야 한다. 물론 자신이 직접 해결하는 경우를 포함해서다. 상품관리자가 놓친 일을 찾아내어 해결하려고 하는 사람은 없다.

7) 상품관리자의 소속 부서

조직설계는 정답이 없다. 개발 조직과 사업 조직을 주기적으로 합치기도 하고 분리하기도 한다. 전문성을 강조할 때는 개발 조직과 사업 조직을 분리하고, 통합을 강조할 때는 개발 조직과 사업 조직을 합친다. 조직설계는 전문화와 통합의 상충관계를 고려한 의사결정의 문제다.

상품관리 기능도 전문성과 통합 중 무엇을 강조할 것인가에 따라 소속 부서가 달라진다. 상품관리 기능을 둘 수 있는 조직은 마케팅, 사업, 개발 또는 별도 부서이다(마케팅과 사업은 하나의 조직으로 통합하는 경우도 많다).

상품관리자가 속한 각 조직의 장점은 살리고 보완하기 위해 고려할 사항은 다음과 같다.

● 마케팅(사업) 조직에 상품관리자가 속한 경우

마케팅 조직에 상품관리자를 두는 이유는 상품 콘셉트 정의, 마케팅 전략 수립을 위해 상품관리자와 마케팅 관리자 간의 긴밀한 협업을 강화하기 위해서다. 고객과 시장의 요구사항을 잘 파악할 수 있는 장점이 있지만 다음에 유의해야 한다.

● 디자인 및 개발 조직의 신뢰를 얻는다.

개발 조직에 상위 수준의 요구사항을 제시하고 알아서 잘해주기를 바라서는 안 된다. 문서를 통해 부서 간 협업을 진행하면 의사소통의 오류, 프로세스 리드타임이 증가한다. 상품관리자가 마케팅 부서에 속해 있으면 신상품을 개발할 때 마케팅 부서와 개발(연구소) 부서 간의 갈등이 발생하기 쉽다. 갈등을 최소화하기 위해서는 조직이 상품관리자에게 공식적으로 부여하는 권한(예: 개발 예산, 상품기능 정의)을 휘두르는 것보다 디자인 팀과 개발 팀의 신뢰를 얻는 것이 중요하다.

● 마케팅 및 영업의 의견은 참조만 한다.

상품관리자는 상품기능을 정의할 뿐 아니라 결과에 대한 책임도 져야 한다. 마케팅 또는 영업의 개인적인 판단 또는 단기적인 시각에 휘둘려서는 안 된다.

● 개발 조직에 상품관리자가 속한 경우

기술혁신 문화가 강한 조직은 상품관리자가 개발 팀에 속하는 경우가 많다. 톱다운 방식보다 보텀업 방식의 상품기획을 강조할 때도 상품관리자를 개발 조직에 소속시킨다. 이런 상황에서는 개발 조직과 협업이 잘되는 장점이 있지만 다음에 유의해야 한다.

● 기술이 아닌 고객·시장 중심의 상품기획을 해야 한다.

상품을 기획하는 사고와 상품을 개발하는 사고는 다르다. 개발 조직에 상품관리자가 속한다면 고객과 시장 기반의 상품기획이 아니라 기술 기반의 상품기획이 되기 쉽다.

● 상품화 성과에 대한 책임이 모호해진다.

출시된 상품의 수익성에 대한 책임도 문제가 될 수 있다. 수익성이 미흡하다면 마케팅이나 영업 조직의 탓으로 책임을 회피할 수 있다. 한 사업부 내에 개발과 영업이 있는 조직에서는 이런 이슈가 상대적으로 덜 발생한다.

● 별도 조직에 상품관리자가 속한 경우

상품의 기획과 관리를 별도의 조직으로 구성하면 상품관리의 독립성과 전문성이 높아진다. 반면 상품관리자의 커뮤니케이션이 가장 복잡해지는 조직구조이기도 하다. 독립성과 전문성은 높아지지만 유관부서와 협업은 가장 어렵다. 이러한 조직에 속한 상품관리자는 다음에 유의해야 한다.

● **UX 디자인 인력도 상품기획 부서에 포함되어야 한다.**

앞서 살펴본 것 같이 디자인 인력은 상품관리자와 함께해야 한다. 상품관리자가 별도 조직에 속하여 마케팅·영업, 개발과 협업하기 어려운 상황에서 디자인 조직까지 별도 조직에 속하면 일은 더욱 힘들어진다.

● **상품관리자가 속한 조직의 위상을 고려한다.**

상품관리자가 속한 조직은 개발 팀, 마케팅(영업) 팀과 동등한 의사소통을 할 수 있어야 한다. 그러기 위해서는 상품관리 부서의 책임자가 마케팅(영업)이나 개발부서의 책임자와 비슷한 레벨이어야 한다. 상품관리 조직을 별도의 조직으로 운영하지만 부서장의 파워가 낮으면 업무 협조나 조정이 힘들어져 최악의 경우가 될 수 있다.

8) 계층적 상품관리자의 운영

스마트폰의 신규 버전을 출시하기 위해 몇 명의 상품관리자가 필요할까? 전체를 책임지는 총괄 상품관리자와 영역별 상품관리자(하드웨어, 소프트웨어, 국가별)가 있지 않을까? 하드웨어, 소프트웨어의 개발 규모가 크다면 다시 하위 상품관리자가 있을 수 있다. 상호 관련된 프로젝트 집합을 프로그램이라 하고 이를 총괄하는 사람을 프로그램 관리자라고 하는 것과 유사하다.

조직마다 총괄 상품관리자와 하위 상품관리자를 부르는 명칭은 다르지만 총괄 관리자는 상위 수준의 요구사항과 우선순위를 정의한다. 반면, 영역별 상품관리자는 하위 수준의 영역별 요구사항과 우선순위를 정의한다. 상품기획과 상품출시를 지원하는 전문가집단(SMEs, Subject Matter Experts)은 총괄 상품관리자를 지원한다(그림 2.2).

영역별 상품관리자가 책임지는 요구사항의 규모 또는 개발 팀의 규모는 상품관리자와 프로젝트 관리자의 책임과 역할에 따라 달라진다. 개발 과정에서 상품관리자의 관여도가 높을수록 상품관리자가 커버하는 규모는 작아질 것이다(챙기는 일이 많을수록 챙길 범위는 줄어든다).

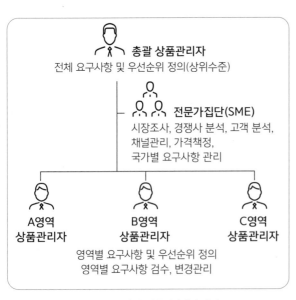

그림 2.2 계층적 상품관리자의 예시

2.3 상품관리자의 필요역량과 성공비결

상품관리자는 해당 상품이 속한 업종의 도메인 지식(업무 및 기술 지식), 상품관리 프로세스에 대한 지식, 업무 리더로서의 개인적 자질과 대인관계 스킬을 보유해야 한다. 이번 섹션에서는 상품관리자가 갖추어야 할 역량과 상품관리자의 성공비결에 대해 설명한다.

1) 업종지식
상품관리자는 해당 상품이 속한 업종의 지식(도메인 지식)을 보유해야 한다. 소프트웨어 상품의 경우 IT 기술에 대한 지식, 업무에 대한 지식을 의미한다. 특히 기술 지식은 기술을 구현할 정도는 아니라도 새로운 기술을 이해하고 개발팀의 이야기를 듣고 비즈니스 관점에서 의사결정을 할 수 있는 정도는 되어야 한다.

2) 상품관리 프로세스에 대한 지식
상품관리자는 재무부서, 마케팅, 영업, 경영층과 협업하기 위해 상품기획과 상품출시에 관련된 지식을 보유해야 한다. 사업 모델, 비용구조, 시장 경쟁상황 분석, 가격책정 전략 등이 이에 해당된다. 개발 팀과 협업하기 위해서는 IT 지식뿐만 아니라 상품개발 프로세스(예: 애자일)에 대한 지식도 보유해야 한다.

3) 개인적 자질 및 소프트 스킬
● 상품에 대한 열정
훌륭한 상품관리자가 가지는 상품에 대한 열정은 어머니가 자식을 사랑하는 마음처럼 숨길 수 없다. 상품관리자의 열정은 주변 이해관계자들을 전염시킨다. 열정이 있는 상품관리자는 본인이 기획한 상품을 고객에게 전달하기 위해 필요한 일이라면 무엇이든 한다.
● 고객에 대한 공감능력
상품관리자는 고객의 기쁨, 불편에 대해 집중하고 공감할 수 있는 능력이 있어야 한다. '고객가치에 대한 이해력'이 이에 해당한다. 고객의 목소리(VOC, Voice Of Customer)에서 고객의 불편사항(pain points)을 파악하는 것이 대표적인 예다. 자동차가 세상에 나오기 전의 VOC는 '더 빠른 말'이었다. VOC를 액면 그대로 받아 들였다면 말의 근육을 키우고, 안장을 강화하는 대책을 수립했을 것이다. 역지사지의 관점에서 고객의 감정을 생각하고 판단하는 역량이 부족한 상품관리자는 훌륭한 상품을 기획할 수 없다.

● 의사소통 역량

상품관리자 시간의 90% 이상은 의사소통을 위해 사용된다. 경영층을 대상으로 상품개발의 필요성을 '설득'하여 개발 예산을 받고, 개발 팀을 상대로 상품 콘셉트와 요구사항을 '설명'하여 개발할 때 재작업을 최소화 하고, 기타 지원조직(법무, 품질, 구매, 재무)이 상품개발 팀에게 불필요한 작업을 요청하지 않도록 '협상'도 해야 한다.

● 데이터 분석 역량

상품관리자가 높은 수준의 통계지식을 갖출 필요는 없다. 중요한 것은 감정과 직관에 치우치지 않는 데이터 해석 능력이다. 예를 들어 출시한 상품에 대한 고객의 반응이 좋다면 계절, 사회적인 외부 요인의 영향은 없는지 확인해야 한다. 객관적인 사실에 기반한 데이터를 활용하여 이해관계자들과 소통할수록 이해관계자 설득이 용이하다. 데이터에 기반한 의사결정에서 중요한 것은 상품관리자의 통찰력이다. 훌륭한 의사결정은 좋은 데이터와 뛰어난 통찰력이 만날 때 이루어진다. 훌륭한 상품관리자는 참조할 데이터와 무시할 데이터를 직관적으로 판단한다. 그건 데이터 분석의 영역이 아니다.

《프로덕트 오너》에서는 데이터 해석의 유의사항을 다음과 같이 설명한다.

> 프로덕트 오너는 자신의 눈을 전적으로 믿지 말아야 한다. 데이터를 뜯어보고 또 보고, 데이터가 축적되는 방식까지도 검증하도록 한다. 오랜 기간에 걸쳐 확인한 데이터라도, 그게 진심으로 진실을 대변하는지 주기적으로 의문을 가지자. 데이터의 신뢰도를 실험하고, 노이즈를 파악하며, 전체적인 그림을 그릴 수 있게 된다면 프로덕트 오너는 더더욱 진실에 가까운 위치에서 프로덕트를 개선할 수 있게 된다.

상품관리자는 상품기획에서 활용하는 데이터의 신뢰성을 평가하여 활용해야 한다. 《파워풀 넷플릭스 성장의 비결》(2020)에서는 상품기획에서 활용하는 데이터 품질을 평가하는 기준을 다음과 같이 설명하고 있다.

● **최신성** 얼마나 최근에 생성된 데이터인가? 최신 상품 및 서비스 운영에 적용할 경우 적중률이 얼마나 높은가?

● **지속성** 비즈니스의 계절성과 변화주기를 반영해도 해당 데이터가 살아남을 수 있는가?

● **맥락** 엔드투엔드(end to end) 비즈니스 과정 또는 고객 상호작용을 이해하는 데 중요한 메타데이터가 포함되어 있는가?

- **일관성** 각 데이터 항목이 동향분석과 상관분석에서 높은 통계 타당성을 얻을 수 있도록 오랜 기간에 걸쳐 일관된 방법으로 수집되었는가?
- **독점권** 경쟁사도 해당 데이터를 이용할 수 있는가?
- **책임감**

훌륭한 상품관리자는 상품을 끝까지 책임지며 변명하지 않고 좋은 결과에 대해선 유관조직에 공을 돌려야 한다. 왜냐하면 상품을 개발하고 판매하고 서비스하는 사람들이 그들이기 때문이다. 공을 외부에 돌릴수록 상품관리자의 인격은 돋보이며 다음 번 상품개발시 유관조직의 협조를 받기 쉬워진다.

- **의사결정 역량**

상품관리자가 참석하는 많은 회의는 크고 작은 의사결정을 하는 자리이다. 회의에서 상품관리자는 직접 의사결정을 하거나 다른 사람이 의사결정을 내릴 수 있도록 지원한다.

상품관리자의 의사결정 역량을 향상시키기 위해서는 비판적 사고를 바탕으로 우선순위를 정하는 판단력이 중요하다. 우선순위를 제대로 판단하기 위해서는 고객 관점뿐 아니라 조직의 전략과 사업 우선순위를 이해해야 한다. 이러한 의사결정의 예는 납기를 준수하기 위해 상품기능을 제외할지, 상충되는 VOC 중에서 어떤 VOC를 선택할지 등이 있다. 상품관리자가 항상 옳은 결정을 내릴 수는 없지만 일단 내린 결정은 성공이든 실패든 결과가 나올 때까지 신속하게 실행해야 한다. 우유부단한 상품관리자는 주변을 불안하게 만든다.

- **추산(Guesstimation) 역량**

"747 비행기 안에 골프공 몇 개가 들어갈 수 있을까" "얼마나 많은 사람들이 매일 인천공항에 내릴까요?" 같은 질문에 답을 할 수 있는 역량이다. 추산 역량은 문제해결 또는 사업성 분석을 위한 추정 역량과 관련 있다.《PM 인터뷰의 모든 것》에서 제시하는 상품관리자 면접에서 자주 물어보는 추산 문제의 예시는 다음과 같다.

- 미국인은 한 해에 개 사료 비용으로 얼마를 지출합니까?
- 미국의 경찰관은 모두 몇 명입니까?
- 미국의 학교는 모두 몇 군데입니까?
- 미국에서 한 해에 판매되는 안경은 몇 개 입니까?
- 학교 버스의 무게는 얼마입니까?
- 미국인이 1년에 머리를 자르는 데 쓰는 돈은 얼마입니까?
- 페이스북은 광고로 1년에 얼마를 벌어들입니까?

지금보다 두 배로 증가하기 위한 기간을 계산할 때 유용한 '72의 법칙'을 소개한다. 72의 법칙이란 매출, 이익, 시장 규모, 사용자 수 등이 '두 배가 될 때까지 걸리는 시간은 72를 증가율(X)로 나눈 값'이라는 것이다. 예를 들어 연간 매출 성장률이 15%라면 매출이 두배가 될 때까지 걸리는 시간은 '72/15 = 4.8' 즉 5년이다. X가 20% 이하면 오차는 5% 미만이다. 72의 법칙은 회의 중에도 휴대폰을 활용하여 간단히 계산할 수 있다.

4) 상품관리자의 성공비결

이하 내용은 《인스파이어드》(2012)의 '대기업 상품관리자 성공비결'의 내용을 바탕으로 필자의 경험을 보태어 정리한 것이다.

● 조직 내 의사결정 과정을 파악하고 사전에 공감대를 형성하라.

신상품 개발의 투자와 출시를 위해서는 유관조직의 동의를 받아야 한다. 법무, 마케팅, 재무, 품질, 디자인, 아키텍트 조직의 승인이나 합의없이 신상품을 개발하거나 출시하기 어렵다. 중요한 의사결정을 누가 내리며, 영향력을 미치는 조언자는 누구이며, 의사결정을 할 때 중요하게 고려하는 요소는 무엇인지 등을 사전에 판단해야 한다.

중요한 의사결정을 하는 회의는 사전에 유관조직과 협의를 끝내야 한다. 사전 협의 없이 중요한 회의에 참석하는 것은 기름을 들고 불속에 뛰어들어가는 것과 마찬가지다. 이해관계자가 공식적인 자리에서 표명한 입장은 번복하기 쉽지 않기 때문이다.

중요한 의사결정을 내리는 회의에서 다른 사람들이 당신의 상품이나 결정에 대해 지지하는 것을 회의 참석자들이 눈으로 확인하게 되면 상품의 권위도 높아진다.

● 유관조직 담당자의 참여를 이끌어내라.

신상품 개발을 위해 협업해야 할 유관부서의 담당자 목록을 정리하라. 명단이 길어도 놀라지 마라. 유관부서 담당자들의 참여가 필요한 시점 이전부터 그들과 협업할 수 있는 방안을 의논해야 한다. 그러기 위해서는 그들에게 도움이 될 수 있는 것이 무엇인지 파악해야 한다. 대기업 상품관리자는 외부 고객 못지않게 내부 고객을 위해 투입하는 시간이 많다.

● 필요하면 지원부서를 대신해 직접 실행하라.

대기업에서 겪는 모순 가운데 하나가 전문 부서는 많지만 막상 도움이 필요할 때 도움 받을 사람이 없다는 것이다. 업무를 상세하게 분류하면 할수록 경계가 모호해지기 때문이다. 그럴 때에는 상품관리자가 직접 그 일을 해야 할 수 있다. 예를 들어 누군가가 형식적 프로세스와 산출물을 요구한다면, 역할이나 논리 다툼을 하는 것보다 직접 산출물을 만드는 것이 훨씬 쉬울지도 모른다. 상품관리자는 고객지원, 영업교육, 기술문서 작성, QA, 마케팅 등을 위해 직접 산출물을 만들 수 있다는 마음가짐이 필요하다.

● 싸워야 한다면 싸워라.

결과가 정말로 중요해 싸울 만한 가치가 있는 일이라면 정면 돌파해야 한다. 싸우려고 마음먹었다면 그 싸움의 대상은 상품이어야지 다른 사람이어서는 안 된다. 회사를 당신의 편으로 만들되 적을 만들어서는 안 된다. 전투에서는 이기고 전쟁에서 져서는 안된다.

● 똑똑하게 시간을 보내라.

큰 회사에서는 일주일 내내 회의에 끌려다니는 일이 다반사다. 이 회의 저 회의에 불려 다니다 주말이 다가오면 이메일을 정리하느라 밤 늦게까지 컴퓨터 앞에서 씨름하지만, 실제로 상품에 도움이 될 만한 일은 별로 없다. 반드시 참석해야 하는 회의는 당연히 참석해야 하지만, 그렇지 않다면 동료를 믿어야 한다. 당신이 참석하지 못하는 회의에서 당신이 관여해야 할 중요한 일이 생기면 그가 알려줄 것이다. 상품관리자는 상품 성공을 위해 중요한 일에 집중해야 한다. 상품전략, 로드맵, 다음 출시를 위한 프로토타입 검토, 다른 상품과의 경쟁분석 등에 집중해야 한다.

● 정보를 공유하라.

소통은 어느 조직에서나 어렵다. 큰 회사라면 소통은 더욱 심각한 도전이다. 큰 회사에서 정보는 일종의 화폐다. 안타깝게도 많은 사람이 정보를 서로 거리낌 없이 나누기보다는 혼자만을 위해 쟁여놓는다. 정보가 힘이라는 인식을 버려라. 서로 나누면 더 많은 정보를 얻을 수 있다. 쓸만한 정보가 생길 때마다 무엇이든 동료에게 나누어 줘라. 동료도 그 즉시 새로운 정보를 알려줄 것이다. 그래야 당신에게 그리고 회사에 도움이 된다.

● 당신의 관리자에게 일거리를 넘겨라.

큰 회사에서는 당신의 관리자가 당신의 성공에 큰 영향을 준다. 당신의 관리자가 능력 있는 사람이라면 그와의 관계를 최대한 활용할 줄 알아야 하고, 그를 통해 회사의 사정이나 당신과 관련된 분야를 면밀하게 파악해야 한다. 당신의 의견을 다른 사람에게 주장하기 위해서는 그가 필요로 하는 정보를 제공해 주며 그와 편안한 관계를 형성해야 한다. 그가 조직 내 누구에게라도 당신을 신뢰한다고 말할 수 있어야 한다.

● 퍼뜨려라.

당신은 끊임없이 상품의 가치를 퍼뜨려야 하고 비전이나 전략을 설명하고 프로토타입을 시연하고 고객의 피드백을 공유해야 한다. 이와 같은 내부 영업기능을 과소평가해서는 안 된다. 당신의 상품과 연결고리가 매우 약한 사람이라도, 그 상품이 왜 중요한지 이해할 수 있어야 한다. 내부의 장애물을 극복하고 회사의 자원을 당신의 상품에 집중시키는 것은 어렵지만, 그 혜택은 엄청나다.

2장 핵심요약

2.1 신상품 개발의 역할자
- 상품기획을 위해서는 상품기능을 정의하는 역할뿐만 아니라 가격/채널 관리/시장분석/마케팅 등의 역할이 필요하다. 상품의 규모에 따라 1인이 모든 역할을 다 할 수도 있고, 여러 명이 상품기획 역할을 수행할 수도 있다.
- 소프트웨어 상품개발을 위해서는 프로젝트 관리자, UX 디자이너, 분석·설계자, 아키텍트, 개발자, 테스터 등의 역할이 필요하다.
- 상품개발을 지원하기 위해서는 법무, 구매, 인프라 지원이 필요하다.

2.2 상품관리자의 역할
- 상품관리자는 상품을 정의하고, 프로젝트 관리자는 상품을 개발하고, 마케팅 관리자는 상품을 고객에게 알린다.
- 상품관리자는 상품개발의 전 과정에서 부딪히는 이슈를 파악하고 이를 해결하기 위한 의사결정을 독려해야 한다.
- 상품관리자는 what을 정하고 프로젝트 관리자는 how를 정한다. when은 상품관리자와 프로젝트 관리자가 협의해서 결정해야 한다.
- 상품관리자와 PO(Product Owner)는 하나의 역할로 통일하는 것이 좋다.
- 상품관리자는 상품 요구사항을 모두 정의하기 전에 디자이너와 협의해야 한다.
- 개발 규모가 크다면 영역별 상품관리자와 총괄 상품관리자가 있을 수 있다.

2.3 상품관리자의 필요역량
- 상품관리자는 해당 업종의 도메인 지식(업무 및 기술 지식), 상품관리 프로세스에 대한 지식, 업무 리더로서의 자질, 추진력, 의사소통 스킬을 보유해야 한다.
- 상품관리자는 이해관계자들과 소통하기 위해서는 상대방의 이야기를 판단하고 설득시킬 수 있는 수준의 지식이 필요하다.
- 상품관리자의 성공비결
  - 조직 내 의사결정 과정을 파악하고 사전에 공감대를 형성하라.
  - 유관조직 담당자의 참여를 이끌어내라.
  - 필요하면 지원부서를 대신해 직접 실행하라.
  - 싸워야 한다면 싸워라.
  - 똑똑하게 시간을 보내라.
  - 정보를 공유하라.
  - 관리자에게 일거리를 넘겨라.

3

프로젝트 관리 개요

3장은 프로젝트 관리에 대한 기본 개념을 설명한다. 프로젝트 관리 자격인 PMP(Project Management Professional) 자격 보유자나 프로젝트 관리를 공부한 적이 있는 사람은 이 장을 건너 뛰어도 무방하다. 프로젝트 관리를 해본 경험이 없는 상품관리자는 프로젝트 관리자가 수행하는 업무를 이해한다는 관점에서 3장을 읽어보기 바란다. 상품관리와 프로젝트 관리의 차이점을 이해하는 것도 중요하다.

3.1 프로젝트 관리 프로세스

신상품 개발은 기존에 없던 상품을 만들거나, 기존에 있던 상품을 개선하는 업무이다. 이는 대표적인 프로젝트 업무이다. 이번 섹션에서는 프로젝트의 특성, 프로젝트 관리가 어려운 이유를 설명한다.

1) 프로젝트와 프로젝트 관리의 정의

● 프로젝트란?

프로젝트 관리 국제표준인 《PMBOK》(*A Guide to the Project Management Body of Knowledge*의 줄임말. 이 책에서는 줄여서 《PMBOK》으로 쓰겠다)에서는 프로젝트를 다음과 같이 정의하고 있다.

> 고유한 상품, 서비스 또는 결과물을 창출하기 위해 한시적으로 투입하는 노력
>
> (Temporary endeavor undertaken to create a unique product, service, or result)

상품관리자와 프로젝트 관리자가 신상품 개발 프로젝트를 보는 관점은 다르다. 상품관리자에게는 상품기획에서 출시까지 전 과정이 프로젝트 범위이다. 반면 프로젝트 관리자에게 프로젝트는 상품기획 승인 후 상품관리자에게 완료된 결과물을 넘겨줄 때까지가 범위이다. 이 책에서 프로젝트 관리는 프로젝트 관리자의 관점에서 서술한다.

● 프로젝트 관리란?

《PMBOK》에서는 프로젝트 관리를 다음과 같이 정의하고 있다.

> 프로젝트 요구사항을 충족시키기 위해 지식, 기술, 도구, 기법 등을 프로젝트 활동에 적용하는 것
>
> (The application of knowledge, skills, tools, and techniques to project activities to meet the project requirements)

필자는 프로젝트 관리를 간단히 '프로젝트를 성공적으로 끝마치기 위해 프로젝트 관리자가 수행하는 활동'이라고 정의하고 싶다.

2) 프로젝트의 특징

● 모든 프로젝트는 착수일과 종료일이 있다.

프로젝트는 사전에 정의한 착수일과 종료일이 있지만 '운영(operation)' 업무는 그렇지 않다. 예를 들어 영화를 만들 때 언제까지 제작할 것인지는 사전에 계획하지만, 언제까지 상영할지는 사전에 계획하지 않는다. 신상품도 마찬가지다. 뭔가를 새로 만드는 프로젝트는 목표 완료일을 설정하지만, 그 결과를 활용하고 유지하는 운영은 최대한의 기간을 목표로 한다. 목표 완료일(또는 상품 출시일)은 예산과 함께 프로젝트의 대표적인 제약조건이다.

● 지구상에 동일한 프로젝트는 없다.

프로젝트가 동일하다는 것은 기간, 목표, 투입 인원, 프로젝트 수행 장소, 예산, 고객, 산출물이 모두 동일하다는 의미이다. 이전에 해본 적이 없는 새로운 프로젝트는 예측 가능성이 낮고 이 때문에 프로젝트 계획과 통제가 힘들다. 혁신성이 높은 신상품은 불확실성이 높아진다.

● 프로젝트는 변화를 수반한다.

프로젝트를 수행하는 목적은 기존에 없던 것을 만들거나, 기존에 있던 것을 변경하기 위함이다. 그것이 프로세스일 수도 있고, 제품이나 서비스일 수도 있다.

3) 프로젝트 관리가 어려운 이유

기업에서 프로젝트 관리에 관한 관심은 지속적으로 높아지고 있다. 프로젝트 관리의 국제 공인자격인 PMP 자격 보유 인원 수(글로벌 기준)도 1999년 2만여 명에서 2019년 100만명을 넘어 2022년 4월 기준 1,260,000명이다. 프로젝트 관리의 중요도에 비해 프로젝트 관리가 어려운 이유는 다음과 같다.

● 짧은 개발기간과 기술의 융합, 복잡화

신상품들의 상품 수명주기(product life cycle)는 점점 짧아지는 반면, 관련 기술은 융합화되고 복잡해져서 신상품 개발이 점점 어려워지고 있다. 예로 6개월이 멀다하고 신상품을 쏟아내는 스마트폰을 들 수 있다. 상품개발 기간이 짧아진다는 것은 프로젝트 수가 증가한다는 것을 의미하고, 기술의 융합화·복잡화는 프로젝트 관리가 어려워진다는 것을 의미한다.

● 복잡한 이해관계 관리

신상품 개발의 규모가 크고 적용기술이 복잡할수록 이해관계자의 관심사항이나 이해관계도 복잡해진다. 복잡하고 상충되는 이해관계는 프로젝트 관리를 더욱 힘들게 한다.

● 일정, 원가 추정의 어려움

범위, 일정, 원가는 프로젝트 성공을 판단하는 기준이지만 정확한 추정이 어렵다. 프로젝트 목표 추정에 대한 신뢰도를 높이지 않으면 프로젝트는 성공하기 힘들다.

● 상품 요구사항의 불확실 및 가변성

명확한 요구사항으로 출발해서 끝까지 요구사항이 변하지 않는 신상품 개발은 드물다. 정도의 차이는 있겠지만 모든 프로젝트의 요구사항은 변한다. 요구사항의 변경은 범위, 일정, 예산에 영향을 미친다. 불명확한 요구사항은 프로젝트 실행 과정에서 다양하게 진화하여 프로젝트 관리자를 당혹스럽게 한다. 소프트웨어의 비가시성 때문에 소프트웨어개발 프로젝트는 가시적인 상품을 만드는 프로젝트보다 요구사항 변경요청을 쉽게 하는 경향이 있다.

 ## 3.2 상품관리와 프로젝트 관리

신상품 성공 기준과 프로젝트 성공 기준은 다르기 때문에 프로젝트는 성공해도 신상품은 실패할 수 있다. 반대의 경우도 있을 수 있다. 상품 유지보수 단계에서는 프로젝트 관리를 적용하는 것보다 운영 프로세스를 적용하는 것이 효과적이다. 이번 섹션에서는 상품관리와 프로젝트 관리의 차이점과 유지보수 또는 운영 단계에서의 프로젝트 관리를 설명한다.

1) 상품관리와 프로젝트 관리의 차이점

상품관리는 프로젝트 관리와 밀접한 관련이 있다. 상품관리는 상품을 출시하여 단종할 때까지 상품을 기획하고, 개발하는 활동이다. 대부분의 상품은 상품 수명주기 동안 여러 번의 프로젝트를 통해 신규 기능 추가, 디자인 변경, 아키텍처 변경 등을 수행한다. 애플의 아이폰처럼 매년 새로운 상품을 개발하거나 스마트폰의 앱처럼 거의 매달 서비스 내용을 업데이트하기도 한다. 상품 수명주기 동안 상품개발은 프로젝트를 통해 수행한다(그림 3.1).

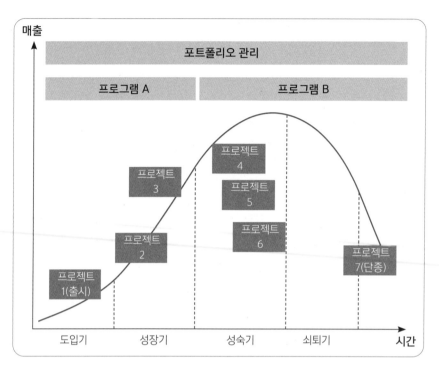

그림 3.1 상품 수명주기와 프로젝트(출처: 《PMBOK》 7판)

플랫폼, SaaS(Software as a Service) 사업이 확대되면서 1회성 구매보다 정기적으로 구독하거나 사용하는 상품이 증가하고 있다. 이는 프로젝트 관리방식에 다음과 같은 변화를 초래한다.

● 지속적인 서비스를 제공하기 위해 프로젝트와 운영의 경계가 없어져 팀도 지속적으로 유지된다.

● 기업의 지속적인 성장을 위해서는 기존 고객의 유지가 중요하다. 이를 위해서는 상품의 생애주기 전반에 걸쳐 고객가치를 지속적으로 개선해야 한다. 경쟁상품에 고객을 뺏기는 것은 순식간이다.

● 프로그램 관점의 가치실현이 중요하다. 예를 들어 플랫폼 사업은 고객을 확보하고 수익을 창출하기까지 오랜 시간이 걸린다. 단기적인 프로젝트 관점이 아닌 장기적인 프로그램 관점에서 관리해야 하는 사업의 예는 2015년에 출시한 카카오택시 서비스 개발을 들 수 있다. 카카오택시는 가치를 실현하기 위해 2022년 4월 현재까지 많은 프로젝트를 수행 중이다.

상품관리와 프로젝트 관리의 차이점을 설명하면 다음과 같다. 다음의 프로젝트 관리는 폭포수 모델로 대표되는 전통적 프로젝트 관리의 관점에서 기술했다.

● 범위

상품관리는 프로젝트 관리를 포함한다. 상품관리는 상품기획, 상품개발, 상품 출시, 유지보수의 전 과정을 포함한다(그림 3.2). 프로젝트 관리자에게 프로젝트 관리의 범위는 상품개발에 국한된다. 상품관리자에게 프로젝트는 상품기획부 터 출시까지이기 때문에 상품관리자가 프로젝트 관리자 역할까지 수행한다면 상품관리와 프로젝트 관리를 구분하는 것은 큰 의미가 없다. 관점에 따라 운 영/유지보수도 상품관리의 범위에 포함할 수 있다. 운영·유지보수 단계에서는 상품관리와 프로젝트 관리의 경계가 없고 상품기획, 상품개발, 운영·유지보수 가 동시에 이루어진다.

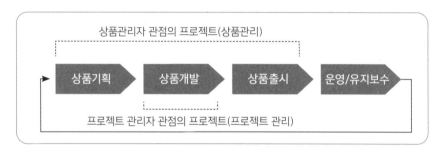

그림 3.2 상품관리와 프로젝트 관리

● 목표와 성공 기준

상품관리는 명예롭게 상품수명을 최대한 유지하는 것이 목표이고, 프로젝트 관리는 납기, 원가, 품질 관점에서 잘 끝내는 것이 목표이다. 인생에 비유하자면 최대한 행복하고 건강하게 오래 사는 것이 상품관리의 관점이고, 대학 입학, 취 업, 결혼과 같은 단계별 목표 성취가 프로젝트 관리의 관점이다.

상품의 성공 기준은 오랫동안 3P(Profit, People, Planet)의 목표를 달성하는 것 이고, 프로젝트의 성공 기준은 주어진 납기·품질·예산 목표를 달성하는 것이 다. 3P란 기업의 이익(profit)뿐만 아니라, 지역사회에 기여(people), 지구환경의 보호(planet)를 의미하며 TBL(Triple Bottom Line)이라고도 한다.

목표 기능을 기간 내에 개발하여 성공한 프로젝트라도 상품은 실패할 수 있 다. 반대로 포스트잇처럼 프로젝트에 실패했어도 상품은 성공할 수 있다(포스트 잇은 1970년 3M사에서 강력 접착제 개발에 실패했을 때 만들어진 결과물이다). 프로 젝트 관리자는 실패한 개발 프로젝트를 만회할 수 없지만, 상품관리자는 실패 한 신상품 개발을 만회할 수 있다. 예를 들어 가격, 마케팅, 상품기능 변경을 통 해 신상품 개발을 다시 시도할 수 있다. 상품관리자는 상품의 큰 성공을 위해 프로젝트의 작은 실패를 감내하고 교훈을 배워야 한다.

● 수명주기

새우깡이나 활명수처럼 상품수명이 긴 것은 명예로운 일이지만 개발 프로젝트가 정해진 기간(수명)을 넘기는 것은 오점이다. 상품수명은 프로젝트 수명보다 훨씬 길다. 마이크로소프트사의 엑셀은 1985년 출시되어 2020년 현재 35년이 지났다. 그 동안 버전 업그레이드 프로젝트를 3년에 한 번만 했다고 가정해도 열한 번의 프로젝트를 수행했다.

상품관리자는 상품 수명주기를 고민해야 하고, 프로젝트 관리자는 프로젝트 수명주기를 고민해야 한다. 상품 수명주기와 프로젝트 수명주기를 구분하면 표 3.1과 같다. 프로젝트 수명주기는 상품 수명주기와 비교가 용이한 폭포수 모델을 기준으로 설명했으며 애자일을 적용하면 약간 달라진다.

구분	상품 수명주기	소프트웨어 개발 프로젝트 수명주기
성공의 기준	창출된 고객가치, 지속적인 성장 엔진 확보	프로젝트 품질, 납기, 예산, 고객만족도, 의도했던 결과물
수명주기 단계	도입기-성장기-성숙기-쇠퇴기	착수-분석-설계-구현-종료
단계의 순서	대부분 순차적, 역으로 이행 가능	대부분 순차적, 병행 수행
단계 검토	단계별 Go-No 검토 없음	단계별 Go-No 검토 선택적 적용
단계 구분	단계는 개념적, 단계별 구분 모호	명확한 단계 구분 있음
중단	상품생산 중단, 판매 중단, AS 중단	프로젝트 중단

표 3.1 상품 수명주기와 프로젝트 수명주기

● 핵심활동

상품관리는 문제와 정답을 동시에 찾아가는 과정인 반면, 프로젝트 관리는 주어진 문제의 정답을 찾는 과정이다. 상품관리는 문제를 바꿀 수도 있다. 목표고객과 상품기능을 바꾸는 것이 대표적인 예다. 상품관리자는 상품 콘셉트를 고민하고 공감대를 형성하는 리더의 역할을 해야 하고, 프로젝트 관리자는 주어진 범위를 납기와 예산 내에 완료하는 관리자의 역할을 해야 한다. 상품관리자와 프로젝트 관리자가 동일한 사람이라면 이 모든 것을 해야 한다.

2) 운영·유지보수 단계의 프로젝트 관리

상품출시 후 쏟아지는 고객의 불만을 어느정도 해결하면 상품개발 조직을 운영 조직으로 전환하는 것이 바람직하다. 상품개발을 대규모로 했다면 상품개발 인력을 줄여야 할 것이고, 스타트업에서 소규모 개발 후 시장의 반응을 점검하는 것이 출시의 목적이라면 상품개발 인력을 확대할 수도 있다. 그러나 v1.0 상품개발을 위한 조직 운영과 출시 이후 지속적인 개선을 위한 조직 운영은 다르다. 출시 이후 작은 개선 업무를 프로젝트 방식으로 수행하면 관리비용이 증가한다. 프로젝트는 범위에 맞는 자원과 일정을 계획하지만, 운영·유지보수는 자원이 감당할 수 있는 범위와 일정을 계획한다.

프로젝트 조직이 아닌 운영 조직에서 소프트웨어 상품을 개선하고 유지한다면 상품관리자가 프로젝트 관리자의 역할까지 수행할 수 있다. 상품의 수익성을 고려하여 개발과 운영을 지속적으로 유지할 수 있는 조직 규모를 결정해야 한다.

상품개발 완료 후에 팀을 해체하지 않고 팀원의 일부를 전담 팀으로 유지하는 것이 좋다. 그래야 암묵적 지식의 손실이 적을 뿐 아니라 아니라 해당 팀이 고객에 대한 통찰력과 공감대를 유지할 수 있다. 그 결과 상품의 경쟁력도 높아진다. 안정적인 팀을 유지하면 품질도 안정적으로 관리할 수 있다. 프로젝트와 운영을 분리하면 프로젝트 팀이 일정을 위해 품질을 희생할 가능성이 높아진다.

3장 핵심요약

3.1 프로젝트 관리 프로세스

- 프로젝트는 '고유한 상품, 서비스 또는 결과물을 창출하기 위해 한시적으로 투입하는 노력'이다.
- 프로젝트 관리는 '프로젝트 요구사항을 충족시키기 위해 지식, 기술, 도구, 기법 등을 프로젝트 활동에 적용하는 것'이다.
- 모든 프로젝트는 착수일과 종료일이 있고, 지구상에 동일한 프로젝트는 없다. 또한 모든 프로젝트는 변화를 수반한다
- 짧은 개발기간, 기술의 융합 및 복잡화, 일정 및 원가 추정의 어려움, 상품 요구사항의 불확실성 때문에 프로젝트 관리가 어렵고 중요해진디.

3.2 상품관리와 프로젝트 관리

- 상품관리의 범위는 상품기획, 상품개발, 상품출시, 유지보수의 전 과정을 포함하며 프로젝트 관리의 범위는 상품개발에 국한된다.
- 상품관리는 상품수명을 최대한 유지하는 것이 목표이고, 프로젝트 관리는 출시일을 준수하는 것이 목표이다.
- 상품관리는 문제와 정답을 동시에 찾아가는 과정인 반면, 프로젝트 관리는 주어진 문제의 답을 찾는 과정이다.
- 상품출시 후 기능이 안정화되면 개발 팀을 해체하고 전담 운영 팀을 구성하는 것이 바람직하다. 프로젝트는 범위에 맞는 자원과 일정계획이 중요하지만, 운영·유지보수는 자원이 감당할 수 있는 범위와 일정계획이 중요하다.

Part 2

상품기획

Product Manager + Project Manager

스타트업 신상품 개발 프로세스의 특징

4장은 스타트업 조직이 신상품을 개발할 때 적용하는 린 스타트업 프로세스의 핵심개념을 설명한다. 린 스타트업 프로세스의 내용은 상품기획과 상품개발 전반에 관련되기 때문에 상품관리자뿐만 아니라 프로젝트 관리자에게도 유용하다. 고객이 좋아하지 않는 기능을 구현하기 위해 투입된 시간과 비용은 모두 낭비이다. 스타트업 조직에게 주어진 시간과 예산은 한정되어 있기 때문에 낭비를 최소화하는 것이 중요하다. 적은 비용으로 짧은 기간 내에 고객이 원하는 상품 기능을 확인하는 것이 린 스타트업 프로세스의 핵심이다. 4장에는 상품개발 경험이 없는 독자들은 어렵게 느껴질 수 있는 내용이 있다. 책을 다 읽고 다시 4장을 읽어보는 것도 좋다.

4.1 린 소프트웨어 개발의 원칙

《린 소프트웨어 개발의 적용》(2007)의 저자인 포펜딕(Poppendieck) 부부(메리 포펜딕, 톰 포펜딕)는 하드웨어 제품 생산의 낭비를 제거하기 위해 도요타 자동차에서 개발된 린의 개념을 소프트웨어 개발에 적용하였다. 린의 핵심은 낭비를 제거하는 것이다. 이번 섹션에서는 린의 의미와 소프트웨어 개발의 낭비를 최소화하는 린 소프트웨어 개발 원칙을 설명한다.

1) 린(lean)의 의미

소프트웨어는 생산이 없고 하드웨어보다는 설계 변경이 용이하기에 신상품 개발주기가 상대적으로 짧고 시행착오에 대한 실패비용도 상대적으로 적다.

린은 '기름기(낭비, 불필요)를 제거한'의 의미이다. 하드웨어 제품 생산에서 린은 필요한 만큼만 생산하여 재고를 최소화하는 것이 핵심이다. 소프트웨어 상품개발에 '린'의 개념을 반영한 것이 실리콘밸리를 중심으로 확산된 린 스타트업 방법론이다. 스타트업은 펀딩받은 예산이 소진되기 전에 성장 가능성을 입증해야 살아 남는다. 이런 배경에서 낭비를 최소화하면서 고객가치를 검증하는 것이 중요한 스타트업 상품개발에 린의 사상을 적용하였다. 1970년대 일본 도요타 자동차의 생산 방식에서 사용된 '린'이라는 용어가 40년이 지나 미국 실리콘밸리의 스타트업에서 유행하게 된 것은 바로 이러한 이유 때문이다.

2) 린 소프트웨어 개발의 원칙

포펜딕 부부가 정리한 린 소프트웨어 개발 원칙을 요약하면 다음과 같다.

● 낭비를 제거한다.

고객에게 가치를 제공하지 않는 모든 활동은 낭비이다. 소프트웨어 상품의 낭비는 상품기획의 낭비, 상품개발의 낭비로 나눌 수 있다. 현실에서 특정 활동이 낭비인지 아닌지 판단하기 어려울 때는 특정 활동을 많이 할수록 고객에게 제공하는 가치가 높아지는지를 판단하면 된다. 가치가 높아지지 않으면 그 활동은 낭비일 가능성이 높다.

상품기획의 낭비는 고객이 원하지 않는 기능을 기획하는 것으로 가장 치명적인 낭비이다. 고객이 원하지 않는 기능을 기획하면 그 기능을 개발하고, 문서화하고, 유지하기 위해 투입된 시간과 돈이 모두 낭비가 된다.

상품의 기능이 많아지면 상품의 복잡도가 증가한다. 상품의 복잡도는 인체에 비유하면 비만과 유사하다. 인체의 비만이 면역체계를 약하게 만들듯이 상품의 복잡도는 품질을 취약하게 만든다. 복잡한 상품구조에서 기능을 추가하려면 테스트할 내용이 많아지고 상품 개선의 속도가 느려진다. 상품기획에서 낭비가 발생하는 프로세스를 요약하면 그림 4.1과 같다.

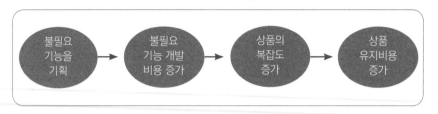

그림 4.1 상품기획의 낭비

상품기획의 낭비를 줄이기 위해서는 고객의 불편사항과 원하는 혜택을 정확하고 빨리 파악해야 한다.

상품개발의 낭비는 상품개발 과정에서 발생하며, 재작업, 불필요한 문서화 작업, 작업 대기 시간이 대표적인 예이다. 애자일과 린 방법론은 상품 개발의 낭비를 줄이는 것에 집중한다. 상품개발의 낭비를 초래하는 대표적인 요인은 '필요 이상의 상세한 계획'과 '큰 규모의 개발'이다.

계획수립을 위한 정보가 부족하거나 불확실한 상황에서 무리하게 상세 계획을 확정하면 이행하는 과정에서 재작업의 낭비가 발생한다. 상세한 계획수립이 나쁘다는 것이 아니다. 충분하고 확실한 정보가 주어졌을 때 상세한 계획을 수립하고 이행해야 계획 변경 또는 재작업의 가능성이 줄어든다.

큰 규모의 일괄작업도 재작업의 가능성을 높인다. 개발 규모가 클수록 요구사항 정의와 개발의 시간 차이가 길어진다. 요구사항을 정의하고 나서 개발까지의 시간이 오래 걸릴수록 요구사항이 변경될 가능성이 높아진다. **요구사항은 시간에 취약하다.** 상품의 기능을 변경하더라도 릴리즈 후 고객의 평가를 받고 변경하는 것이 바람직하다. 또한 큰 규모의 일괄작업은 결함이 발견되는 시기를 늦춘다. 작게 개발하여 빠르게 릴리즈하면 공통적이고 구조적인 결함을 조기에 발견할 가능성이 높아진다. 상품개발에서 낭비가 발생하는 프로세스를 요약하면 그림 4.2와 같다.

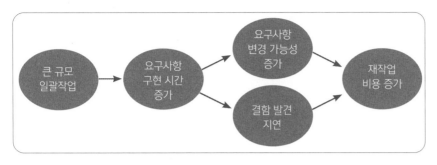

그림 4.2 상품개발의 낭비

● 부분이 아닌 전체를 최적화한다.

많은 기업들이 전체 최적화보다 부분 최적화에 집중한다. 대표적인 예가 자원 효율성의 함정에 빠지는 것이다. 그림 4.3과 같이 상품기획, 디자인, 개발, 테스트 활동이 각각 부분 최적화에 집중되면 과잉 생산의 함정에 빠진다. 내가 만든 결과물이 후속 공정에서 제대로 사용되는지 고려하지 않고 빠르게 많이 만드는 데 집중한다. 자원 효율성 관점에서 각 부서를 평가하면 이러한 부작용은 심화된다. **부분 최적화를 추구하는 조직은 정신없이 바쁘지만 고객이 원하는 기능을 제공하기까지의 리드타임은 길어진다.**

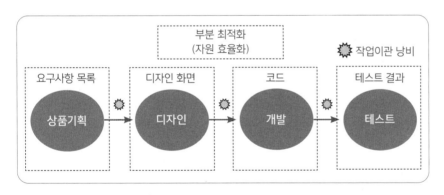

그림 4.3 자원 효율성에 집중하는 부문 최적화

모든 부서가 바쁘게 움직이는 것보다 기업이 고객에게 의미있는 가치를 빨리 전달하는 것이 중요하고 이것이 전체 최적화의 개념이다. **전체 최적화는 '가치의 흐름'을 빠르게 하는 데 집중한다**(그림 4.4). 전체 최적화를 위해서는 복수 개의 부서가 아닌 하나의 팀이 상품개발을 진행해야 한다.

잘게 나눈 개별 프로세스를 최적화하면 전체 시스템도 최적화될 것이라는 생각은 틀렸다. 전체를 최적화하려면 부분보다 전체를 대표하는 지표를 발굴하고 관리해야 한다. '요구사항의 접수부터 출시까지의 리드타임'이 전체를 대표하

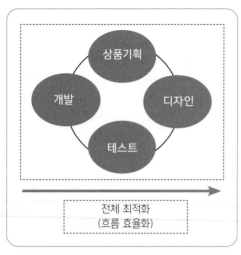

그림 4.4 흐름 효율성에 집중하는 전체 최적화

는 지표의 예이다. 전체를 대표하는 지표를 최적화하면 하위 지표들은 관리하지 않아도 최적화된다. 신상품 개발의 평가지표가 많은 조직은 부분 최적화 함정에 빠져있을 가능성이 높다.

● 미완성 작업을 최소화한다.

생산 공정에서 재고를 쌓아둘수록 재고를 관리하기 위한 비용이 증가하듯이, 소프트웨어 개발에서는 미완성 작업이 낭비를 초래한다. 미완성 작업의 예는 '코딩하지 않은 요구사항 문서' '테스트하지 않은 코드' '배포하지 않은 코드' 등이다. 미완성 작업이 낭비를 초래하는 이유는 위에서 설명한 재작업 가능성이 높아지기 때문이다. 미완성 작업을 줄이기 위해서는 일괄작업의 크기를 줄여야 한다.

결함을 바로 수정하는 것도 미완성 작업을 줄이는 방법이다. 소프트웨어 개발 시점과 테스트 시점의 차이가 길수록 결함의 수정 비용이 증가한다. 결함 목록을 작성하여 추적 관리하는 것보다 결함 발생을 최소화하고 발견한 결함은 빨리 고치는 것이 중요하다. 이는 생산 공정에서 불량을 발견했을 때 라인을 멈추고 불량을 고치는 것과 유사하다.

● 지식을 창출한다.

상품개발은 고객가치를 학습하는 과정이다. 상품개발을 통해 고객들의 문제를 이해하고, 고객들이 문제를 해결하는 현재의 방법이 적절한지 학습해야 한다. 또한 상품개발 낭비를 최소화하기 위해 상품개발 프로세스의 개선사항도 파악해야 한다. 고민과 성찰이 없으면 학습할 것도 없다. 문제의식을 가지고 고객을 인터뷰하고 관찰해야 고객가치를 발견할 수 있고, 전체 최적화의 관점에서 개별 프로세스를 파악해야 개별 프로세스의 개선사항을 발견할 수 있다. 몰랐던 사실을 학습했다는 것은 기존의 계획이나 가정이 잘못되었다는 것을 의미한다. 잘못된 것을 개발하고 있었거나 잘못된 방식으로 개발했다는 것이다. 스타트업 조직에서 상품을 개발하는 이유는 더 싸게, 더 빠르게, 더 정확하게 고객가치를 학습하기 위함이다. 고객가치를 머릿속으로 상상할 수는 있어도 학습할 수는 없다. 고객가치는 머릿속 상상이 아닌 실행을 통해 학습한다.

● 돌이키기 힘든 결정은 늦춘다.

상품개발의 의사결정은 적은 비용으로 돌이킬 수 있는 의사결정과 돌이키려면 많은 비용이 발생하는 의사결정이 있다. 돌이킬 수 있는 의사결정은 신속하게 결정하고 결과에 따라 의사결정 내용을 보완한다. 상품 전체에 영향을 주지 않는 요구사항이 이에 해당한다. 반면 상품 전반에 영향을 주는 중요한 정책이나 개발 아키텍처의 결정은 마지막 순간에 내려야 한다. 의사결정을 미루라는 의미가 아니다. 허용 가능한 마지막 순간에 의사결정해야 재작업이나 변경 가능성이 낮다. 허용 가능한 마지막 순간에는 정보의 양도 많고 질도 좋아서 정확한 의사결정을 내릴 가능성이 높기 때문이다. 그러나 돌이킬 수 없는 의사결정은 최대한 미루라는 말을 고객에게 가치를 전달하는 스피드를 희생하는 것으로 생각해서는 안 된다. 일상의 의사결정과 달리 돌이킬 수 없는 중요한 의사결정은 허용 가능한 시점까지는 불확실성을 감당해야 한다.

● 빨리 인도한다

고객에게 가치를 전달하는 속도는 '개발 규모'와 '개발 속도'가 결정한다. 개발 속도가 같아도 불필요 개발을 최소화하면 같은 시간 내에 고객에게 전달하는 가치는 증가한다. 그림 4.5와 같이 고객 인터뷰를 추가하더라도 고객이 필요로 하지 않는 기능을 식별할 수만 있다면 개발 규모가 줄어들어 고객에게 가치를 전달하는 속도가 빨라진다.

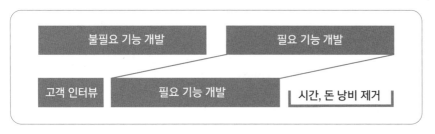

그림 4.5 불필요 기능 개발을 제거하여 가치 제공 리드타임 단축

개발 속도를 저해하는 대표적인 요인은 품질이다. 개발 완료 후 품질을 점검하는 시간이 길수록, 점검 결과 수정사항이 많을수록 고객에게 가치를 제공하는 속도가 느려진다. 상품개발 속도를 높이기 위해서는 품질을 검검하고 오류를 수정하는 시간을 단축해야 한다. 그러기 위해서는 상품개발 과정에서 안정적인 품질을 확보해야 한다. 개발과 품질을 분리하여 개발하고 나서 테스트를 통해 품질을 확보하려면 상품개발 속도는 느려질 수밖에 없다.

특수한 상황에서는 속도를 위해 품질을 희생할 수 있지만, 속도를 위해 품질을 일상적으로 희생하는 것은 불가능하다. 그런 상품을 구매할 고객은 없기 때문이다. 빠르게 움직이는 상품개발 팀일수록 품질에 대한 규율이 정착되어 있다. 빠른 속도와 꼼수는 다르다.

● 상품개발 팀을 존중한다.

상품개발 팀을 성악설의 관점에서 대하면 팀이 상명하복과 통제의 대상이 된다. 성악설의 관점에서 보면, 사람들은 목표 달성의 동기가 약하기 때문에 목표 달성을 위해서는 사람들을 통제해야 한다고 생각한다. 그 결과 업무수행 방식을 상세하게 가이드하고 개인별 진척상황을 파악하여 목표 달성을 독려한다. 이러한 사고는 프레드릭 테일러(Frederick Winslow Taylor)가 남긴 '과학적 관리'의 한계이기도 하다. 테일러는 계획을 수립하는 사람(공학자)과 계획을 실행하는 사람(노동자)을 분리하였다. 데이터를 중시하는 과학적 관리의 개념은 중요하지만 사람을 목표 달성의 주체가 아닌 도구로만 파악하는 것은 문제가 있다. 그러나 많은 관리자들이 이러한 방식으로 상품개발 팀을 관리한다. 성악설의 관점에서 상품개발 팀을 관리하면 최악의 결과는 피할 수 있지만 애자일이나 린에서 추구하는 상품개발 프로세스의 개선은 달성할 수 없다.

상품개발 팀을 존중한다는 것의 의미는 상품개발 팀이 목표 달성을 위해 최선을 다할 것이라고 신뢰하고, 목표 달성 방법은 상품개발 팀이 스스로 결정하도록 하는 것이다. 모든 상황에 적합한 유일한 프로세스는 없고, 대부분의 프로세스는 상황에 맞게 적용해야 한다. 프로세스 선정 및 조정에 대한 결정 권한을 상품개발 팀에 위임해야 한다. 관리자가 할 일은 상품개발 팀이 의사결정하고 실행하는 데 있어 걸림돌을 제거하는 것이다. 물론 상품개발 팀도 존중받을 만큼의 역량과 성숙도를 갖추어야 한다.

4.2 소프트웨어 상품개발의 낭비

상품개발 낭비의 원인은 과잉 기능 개발, 큰 규모의 개발, 관료적 조직문화, 타 부서 이관 방식, 동시에 수행하는 작업의 수 증가 등이 있다. 그 결과 개발원가 증가, 불필요 기능 개발, 상품개발 지연 등으로 개발 목표 달성에 실패한다. 이번 섹션에서는 소프트웨어 상품개발의 낭비가 발생하는 원인과 결과에 관해 설명한다.

1) 소프트웨어 상품개발 낭비의 발생원인과 결과(요약)

소프트웨어 상품개발의 낭비는 고객에게 가치를 제공하지 못하는 활동에 투입된 시간과 비용이다. 최악의 낭비는 고객이 외면하는 상품을 만드는 것이다. 고객이 원하는 상품을 만들더라도 상품개발 원가가 높아지거나 출시가 지연되는 것도 낭비다. 소프트웨어 상품개발에서 낭비가 발생하는 원인과 결과를 정리하면 그림 4.6과 같다.

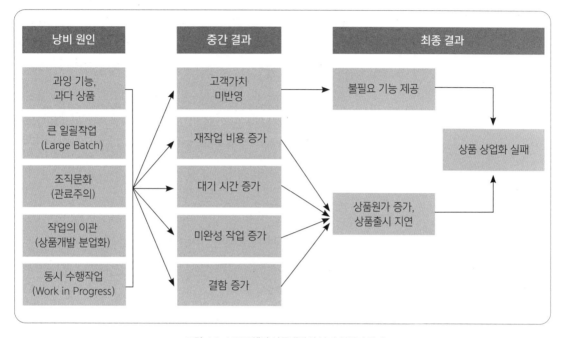

그림 4.6 소프트웨어 상품개발의 낭비 원인과 결과

여러 개의 낭비가 동시에 발생하면 낭비는 더욱 커진다. 예를 들어 대규모의 상품개발(큰 일괄작업)을 분업화해서 개발하면 불필요한 기능을 포함할 가능성이 높아진다.

2) 소프트웨어 상품개발 낭비의 유형

상품개발 낭비의 유형은 '출시 전 낭비'와 '출시 후 낭비'로 구분할 수 있다. 출시 전 낭비는 '출시 시점에 확보한 상품의 기능과 성능' 대비 '투입된 예산과 기간'의 효율성으로 평가한다. 출시 후 낭비는 매출(출시 상품을 고객이 좋아하는지)과 이익(생산과 판매 관점에서 원가 낭비는 없는지)의 기준으로 평가한다.

그림 4.7의 유형 I처럼 개발 예산을 초과하고 출시 일정이 지연되어도 출시 후 수익성 목표를 달성한다면 상품개발의(협의의 상품개발을 의미한다) 낭비가 크지 않아 성공으로 판단할 수 있다. 대부분 출시 전 개발원가는 출시 후 판매원가보다 작기 때문이다. 반면 유형 III은 프로젝트 개발 목표는 달성했지만 수익성 목표 달성에 실패하여 신상품 개발이 실패한 경우다.

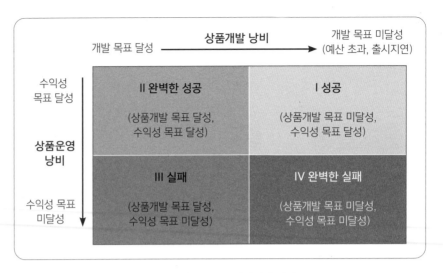

그림 4.7 출시 전 낭비와 출시 후 낭비

출시 전 낭비는 재작업 비용과 비효율적인 개발로 인한 낭비가 대표적이다. 반면, 출시 후 낭비의 두 가지 유형은 다음과 같다.

- **고객이 원하는 가치 제공 실패** 상품기획의 실패
- **고객이 원하는 가치는 제공하나 가격이 비쌈** 상품설계에 문제가 있거나 운영 효율성이 낮음

출시 후 낭비의 발생 시점은 출시 전이다. 상품개발 낭비의 대부분은 상품기획 시점에 결정된다.

3) 소프트웨어 상품개발 낭비의 발생원인

낭비를 줄이려면 낭비 요인을 제거하거나 개선해야 하는데 낭비 요인은 찾기 어렵다. 조직이 원가절감을 위해 지속적으로 노력해왔기 때문에 현재 상품개발 방식이 최적화되어 있다고 생각하기 때문이다.

워렌 버핏(Warren Edward Buffett)의 "풀장에 물이 빠져봐야 팬티 벗은 사람을 알 수 있다"는 비유를 상품개발의 낭비 요인 식별에 적용할 수 있다. 풀장의 물 높이는 조직의 실행 역량 또는 관리 수준에 비유할 수 있으며 소프트웨어 릴리즈 주기, 상품기획 심의 기간, 상품 테스트 기간 등이 해당된다. 현재보다 높은 수준의 목표를 설정하고 적용해야 낭비를 파악할 수 있다. 예를 들어 릴리즈 주기가 1년이면 부서 간 협업의 비효율은 쉽게 드러나지 않는다. 그러나 매월(또는 2주 간격으로) 릴리즈한다면 상황은 달라진다. 호수에 물이 빠지면 보이지 않았던 바위(낭비)가 수면 위로 드러난다.

소프트웨어 상품개발의 낭비가 발생하는 이유는 다음과 같다.

● 과잉 기능, 과다 상품
상품기능의 다양성을 고품질로 착각해서 고객이 원하지 않거나 가치 제공이 미흡한 기능들을 기획하고 개발하는 것은 낭비다. 상품기획 과정에서 내부 고객들(특히 경영층)의 '이런 기능은 어때?' 혹은 '이런 기능은 왜 없지?'라는 질문에 답변하는 과정에서 상품기능들이 추가되기도 한다.

좋은 보고서는 더 이상 추가할 내용이 없을 때가 아니라 더 이상 뺄 내용이 없을 때 완성된다. 좋은 상품도 고객이 원하는 가치는 제공하면서 더 이상 제거할 기능이 없어야 한다. 아마존의 '원클릭 구매' 기능과 같이 편리하고도 단순한 기능은 복잡한 사고의 결과이다.

과잉 기능 개발의 부작용은 다음과 같다.
● **소프트웨어 아키텍처 복잡도 증가**
아키텍처 복잡도가 높아지면 결함이 증가하고, 결함 수정이 어려워져 유지보수가 힘들어진다. 이를 기술부채(technical debt)라고 한다.
● **개발기간 및 개발원가 증가**
불필요 또는 중요도 낮은 기능 개발을 위해 투입된 원가와 시간은 낭비이다.
● **재작업, 대기 시간, 미완성 작업 증가**
대기 시간과 미완성 작업은 소프트웨어 개발의 재고와 같다. 재고가 많아질수록 낭비 발생 가능성은 높아진다.

과잉 기능을 예방할 책임은 상품관리자에게 있으며 예방 방법은 다음과 같다.
● **최초 출시 때 상품기능을 최소화한다.**
고객 요구사항의 합집합이 아닌 교집합의 기능을 구현한다는 마음가짐이 필요하다. 최소한으로 출시한 후 실사용자의 VOC를 분석하면서 기능을 추가, 삭제, 변경하는 것이 바람직하다.
● **목표기능을 모두 개발하기 위해 시간을 희생하지 않는다.**
개발 가능한 기능을 우선순위에 맞게 출시하는 것도 전략이 될 수 있다. 애자일 릴리즈 기차(ART, Agile Release Train)처럼 정해진 출시 주기에 따라 할 수 있는 만큼 기능을 개선하는 것도 방법이다. 애자일 릴리즈 기차는 기차가 정해진 시간에 역에 도착하여 승객을 내리고 태우는 것처럼, 정해진 주기에 개발된 만큼 상품을 업데이트하는 것을 의미한다.

과다 상품은 조직이 감당하기 힘든 다양한 상품을 개발할 때 발생한다. 과다 상품의 개발은 상품 포트폴리오 관리가 미흡할 때 발생한다. 고객을 위해 다양한 상품을 만들었지만 결과적으로 선택지가 많아져 고객의 구매를 어렵게 만들 수 있다. 또한, 과다 상품은 조직의 복잡도를 증가시켜 눈에 보이지 않는 낭비를 만들어낸다. 과잉 기능은 특정 상품의 유지보수를 힘들게 만들지만, 과다 상품은 조직 운영을 어렵게 만든다. 상품 수가 많아지면 이를 유지하기 위한 비용이 증가할 뿐 아니라 매뉴얼, 홍보, 고객 대응, 부품이나 상품 코드관리 과정에서 실수할 가능성도 높아진다.

조직의 단순함을 위해 '세우고'(핵심을 명확히 하고) '버리고'(불필요한 것을 버리고) '지키고'(핵심은 유지하고)를 강조했던 《단》(2015)에서는 단순함에 대해 다음과 같이 설명하고 있다.

> 스티브 잡스는 1997년 회사에 복귀한 뒤 2년 동안 애플에서 생산하는 상품 가짓수를 350개에서 10개로 줄였다. 복잡성은 스스로 눈덩이처럼 커지는 자기증식적인 것이기 때문에 이를 줄이기 위해서는 뼈를 깎는 각오로 필사적인 단순화를 추진해야 한다. 단순함은 복잡한 단어다.

● 큰 일괄작업

일괄작업의 크기는 한 번에 릴리즈하는 개발 규모를 의미한다. 일괄작업의 크기는 상품의 개발 규모와 릴리즈 횟수에 의해 결정된다. 상품의 개발 규모가 크고 릴리즈 횟수가 적을수록 한번에 릴리즈해야 하는 개발 규모는 커진다. 같은 규모의 상품개발도 몇 번으로 나누어 릴리즈하면 각 일괄작업의 크기는 작아진다. 과잉 개발을 하고 출시 주기가 길수록 일괄작업은 커진다.

에릭 리스(Eric Ries)는 《린 스타트업》(2012)에서 큰 일괄작업의 문제점을 봉투에 소식지를 넣는 것에 비교하여 설명했다.

> 100개의 소식지를 접어 봉투에 넣을 때 소식지를 한꺼번에 접은 뒤 봉투에 넣는 방식과, 소식지를 개별로 접어 봉투에 넣는 것 중 어떤 방식이 효율적일까? 소식지가 봉투에 꼭 들어맞지 않는다고 가정해보자. 일괄작업 크기를 크게 잡은 진행 방식에서는 이 사실을 마지막에 가서야 알 수 있다. 일괄작업 크기가 작은 진행 방식에서는 이 사실을 곧바로 알게 된다.

큰 일괄작업을 하는 배경에는 규모의 경제가 생산성을 높인다는 믿음이 있다. 이는 작업의 오류가 없다고 가정할 때 그렇다. 예를 들어 UX 디자이너가 화면 디자인을 한꺼번에 끝내고 개발 팀에게 넘겨주는 것은 큰 일괄작업 방식이다. 디자이너 입장에서는 몰입하여 한꺼번에 작업하는 것이 생산성을 향상시킨다고 생각할 수 있다.

그러나 아키텍처의 문제 또는 상품관리자와 잘못된 의사소통으로 오류가 있는 디자인 전체를 개발 팀에 넘겨준 뒤 다른 프로젝트의 디자인 업무를 수행하는 도중에 이전 프로젝트의 디자인 오류 또는 변경사항이 발생한다면 어떻게 될까? 이 경우엔 두 프로젝트의 디자인이 모두 힘들어진다. 개발자도 일정에 쫓기니 부실한 디자인을 개발자 임의로 판단하여 부실한 개발을 하게 된다. 부실한 디자인, 부실한 개발의 결과는 출시 전 통합 테스트 때 더 큰 부메랑이 되어 상품개발 팀에게 돌아온다.

프로젝트가 지연되어 팀원들이 스트레스를 받는 상황에서도 일괄작업의 규모가 커질 수 있다. 상품출시가 지연되는 상황에 대한 합리화를 위해 이해관계자들이 요구했던 상품기능을 추가하기 때문이다.

큰 일괄작업의 대표적인 부작용은 다음과 같다.
- 결함이나 변경 필요사항을 나중에 알게 되고 이를 바로잡는 재작업 비용이 증가한다.
- 큰 일괄작업은 출시 주기를 길게 하여 스피드 경쟁력을 저하시킨다.
- 개발 규모가 크고, 복잡도가 증가할수록 개발기간과 투입공수의 추정이 어려워진다.

큰 일괄작업의 피해를 최소화하는 방법은 다음과 같다.
- 출시를 하지 않더라도 N개의 개발 주기(스프린트 또는 이터레이션)로 나누어 개발하여 결함이나 변경사항을 조기에 식별한다.
- 납기 지연을 희석시키기 위한 물타기 식의 기능 추가를 막는다.
- 개별 주기별로 결과물 검토 회의(예: Show case)를 강화한다.

● 관료적 조직문화
조직 내에 관료주의가 확산되면 신상품 개발의 성공 가능성은 낮아진다. 신상품 성공을 어렵게 만드는 관료주의의 대표적인 특징은 '실효성 낮은 복잡한 검토 회의와 이를 위한 각종 문서의 작성'이다. 상품개발 프로세스가 관료화되는 원인은 다음과 같다.

● 신상품 개발 실패에 대한 두려움
실패에 대한 두려움은 성공하는 것보다 실패하지 않는 것을 더 중요하게 생각하도록 만든다. 그 결과 불확실한 성공에 도전하는 위험보다 불확실성이 낮은 상품기획을 선호하게 된다. 이러한 이유로 성공도 실패도 아닌(반대로 성공이라고 해도 되고, 실패라고 해도 되는) 그저 그런 결과가 많아진다.

● 프로세스로 신상품 개발을 통제할 수 있다는 환상

프로세스로 신상품의 성공과 실패를 통제할 수 있을 것이라는 환상은 많은 문서와 프로세스를 요구한다. 또한 엄격한 통제를 했음에도 불구하고 문제가 발생하면 재발방지 대책으로 실효성 낮은 프로세스를 하나씩 추가한다. 추가된 프로세스는 단기적으로는 경각심을 가지고 적용하지만, 시간이 지나면 본질은 희석되어 왜 하는지도 모르고 수행하는 프로세스가 된다. 특히 시스템을 통해 구현된 프로세스는 없애기도 힘들다.

상품개발 결과에 대한 책임이 부담스러운 조직원은 복잡한 프로세스를 충실하게 이행한다. 실효성 없는 낭비 프로세스라는 것을 잘 알지만 그것을 준수하지 않으면 실패에 대한 희생양이 될 수 있기 때문이다.

관료주의는 그림 4.8과 같이 과다한 관리를 확대재생산하는 악순환을 만든다.

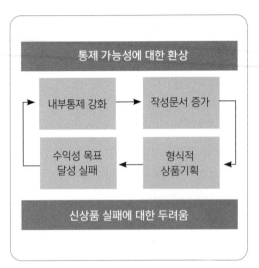

그림 4.8 과다한 관리의 악순환사이클

● 잘되고 있다는 믿음을 제공하기 위한 보고

실효성 낮은 문서를 만드는 또 다른 이유는 상품관리자나 관리 부서가 신상품 개발이 잘 진행되고 있다고 경영층을 안심시키기 위한 노력을 하기 때문이다.

관료주의로 인한 대표적인 낭비는 다음과 같다.
● 고객가치 창출에는 도움이 되지 않는 보고서 작성
● 상품기획 및 개발 조직의 사기 저하
● 내부 고객 대응을 하느라 실제 고객을 만나지 못함
● 발로 뛰는 상품기획보다 자료 조사 위주의 상품기획
● 현실을 제대로 파악하지 못한 의사결정

관료주의 조직문화를 상품관리자 혼자 개선할 수는 없다. 다만 상품기획 및 개발 팀원들의 의미없는 작업수행을 최소화하기 위해 다음과 같은 노력을 해야 한다.

- 중요한 회의나 보고 자리에서 몰랐던 이슈가 논의되지 않도록 사전에 이해관계자와 협의한다. 누군가가 제기한 중요하지 않은 이슈 토의로 의사결정이 지연되어서는 안 된다.
- 내부 프로세스를 쉽게 생각해서는 안 된다. 디자인, 법무, 품질, 관리 부서의 요청에 대응하는 시간을 빠듯하게 잡으면 위험하다.
- 상품관리자가 해결하기 힘든 이슈는 상위 상급자에게 해결을 요청한다.

● 업무 이관

신상품 개발시 업무 이관은 그림 4.9와 같이 각 단계 업무 결과를 문서로 정리하여 다음 업무수행 부서로 넘기는 것을 의미한다. 부서 간 업무 이관이 발생하는 이유는 각 부서 업무의 전문화 때문이다. 기업 규모가 커지면서 부서의 전문성을 높이는 것은 불가피하지만 여러 부서로 업무를 이관하는 과정에서 지식의 누락이 발생한다. 포펜딕 부부는 부서에서 부서로 문서를 통해 상품 기획 및 개발의 지식을 이관할 때 암묵적 지식의 50%는 이관되지 못한다고 하였다.

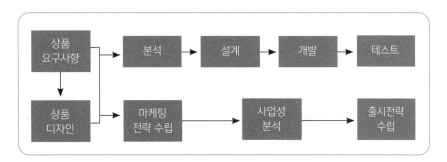

그림 4.9 소프트웨어 상품개발시 부서 간 업무 이관

업무 이관으로 인해 발생하는 낭비는 다음과 같다.
- 정보 누락 또는 왜곡으로 인한 잘못된 상품 기획 및 개발, 재작업
- 문제 발생시 선행 부서와 후행 부서 간 책임 회피를 위한 갈등 발생
- 업무 이관을 위한 과다한 문서 작성
- 선행 부서 업무 완료를 대기하는 시간 증가로 상품개발 속도 저하

상품관리자는 업무 이관의 피해를 줄이기 위해 다음과 같은 노력을 해야 한다.
- 문서를 통한 업무 이관을 최소화하는 것이 바람직하지만, 불가피하면 대면 회의를 병행하여 문서화하기 힘든 내용을 정확하게 소통한다.
- 업무 이관을 최소화하기 위해 상품 기획 및 개발과 관련된 사람들을 가능한

한 장소에 모은다(CFT, Cross Functional Team 또는 whole team). 필요한 인원이 모두 한 공간에서 업무를 수행하면 대면 의사소통을 통해 지식전달이 잘될 뿐만 아니라 작성할 문서의 양도 줄어든다. 그 결과 업무 속도가 높아진다. 같은 장소에서 근무하기 힘든 상황이라면 유관부서와의 정기 회의시간을 늘리는 것도 도움이 된다.

- 일괄작업의 규모를 작게 한다. 일괄작업의 규모가 작아지면 업무 이관의 부작용도 작아진다.
- 문서 외 프로토타입, 회의(화이트보드) 등 다양한 지식 이전의 방법을 활용한다. 문서로만 전달될 수 있는 정보나 지식의 양은 의외로 작다.

● 진행 중 작업(WIP, Work In Progress)

예를 들어 그림 4.10의 윗부분과 같이 A를 완료하고 B를 하면 C는 10일 뒤에 착수할 수 있다. 반면, 그림 4.10의 아랫부분과 같이 업무를 교대로 수행하면 진행 중인 작업 수는 증가한다. 그림 4.10의 윗부분과 같이 A를 10일 동안 수행하면 진행 중인 작업 수는 A 하나지만, 아랫부분과 같이 A와 B를 교대로 수행하면 진행 중인 작업 수는 A, B 두개가 된다. 이 경우 C는 10일 뒤에 착수하지 못한다. 이렇게 업무를 교대로 하는 이유는 상급자의 지시 혹은 한 가지 업무를 계속할 때 오는 단조로움을 없애고자 하기 때문이다. 그러나 이 때문에 작업을 바꿀 때 초기 적응시간이 필요하여 후속 작업 착수가 지연된다.

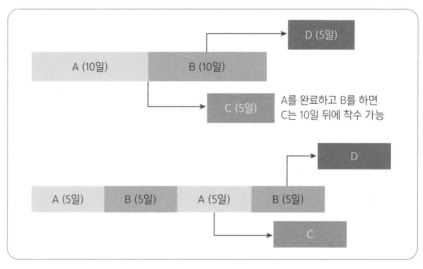

그림 4.10 진행 중 작업의 낭비

진행 중 작업의 개수가 리드타임에 미치는 영향은 리틀의 법칙(little's law)으로 설명할 수 있다. 리틀의 법칙을 상품관리 관점에서 정의하면 다음과 같다.

리드타임 = 진행 중 작업 수 / 단위시간당 처리량

리드타임은 요청사항을 접수한 이후 릴리즈까지의 시간이고, 사이클타임은 요청사항 개발을 시작한 이후 릴리즈까지의 시간이다. 리드타임을 줄이기 위해서는 그림 4.11과 같이 진행 중 작업의 개수(WIP)를 줄이거나 단위시간당 처리량(throughput)을 늘려야 한다. 리틀의 법칙을 설명하는 가장 좋은 예는 고속도로의 차량 정체이다. 고속도로의 차량 수용량이 일정 수준(예: 65%) 이상 초과하면 교통 정체는 기하급수적으로 증가한다. 고속도로 차량의 리드타임을 줄이려면 차선(처리량)을 늘리거나 진행 중 작업 수(차량 수)를 제한해야 한다.

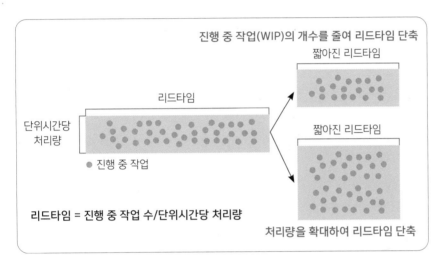

그림 4.11 리틀의 법칙을 적용한 리드타임 단축 방안

이해관계자들에게 보이는 결과물은 '리드타임'이다. 처리량이나 대기열의 크기는 결과가 아니라 과정이나 수단이다. 리드타임이 길어지면 지연 중인 작업이 많아지기 때문에 직관적으로 타당한 해법은 처리량을 늘리는 것이다(더 많이 일하는 것이다). 대표적인 방안이 잔업 또는 추가 인력 투입이다. 그러나 처리량이 증가하는 속도보다 진행 중 작업 수가 증가하는 속도가 빨라지면 더 많이 일하고 더 많이 지연되는 결과를 초래한다. 프로젝트 후반에 납기 지연을 줄이고자 더 많은 사람을 투입할수록 프로젝트 납기는 더 지연되는 현상과 비슷하다. 칸반시스템을 옹호하는 사람들이 진행 중 작업 수에 집중하는 이유가 여기에 있다.

　표 4.1은 리틀의 법칙에 관한 이해를 돕기 위해 '고속도로 차량 주행시간' '대학교 수강신청 응답시간' '상품 요구사항 개발 리드타임'을 단축하는 방안을 설

명한 것이다. 대학교 수강신청 응답시간 지연과 같은 상황은 2021년 코로나 백신 예약, 정부지원금 신청 등을 통해 많은 국민들이 경험하였다.

테스트를 위해 대기 중인 코드, 다른 개발자들의 코드와 통합하기 위해 대기 중인 코드도 '진행 중 작업'이다. 릴리즈되지 않고 수행 중인 모든 활동은 진행 중 작업이다. 일괄작업의 크기가 작고 진행 중 작업의 수가 줄어들수록 릴리즈주기는 짧아진다. 리드타임 단축을 위해 진행 중인 작업의 개수를 줄이는 것은 당김 방식을 적용하는 칸반 시스템의 핵심내용이다. 칸반 시스템의 내용은 〈11.4. 프로젝트 진척관리〉를 참조하기 바란다.

예시	진행 중 작업의 개수를 줄임	처리량 확대
고속도로 차량 주행 시간	차량 고속도로 진입 통제	고속도로 차선 확대
대학교 수강신청 응답시간	학년별 수강신청	서버 성능 향상
상품개발 리드타임	스프린트(이터레이션) 크기 통제	개발 인력 충원, 생산성 향상

표 4.1 리드타임 단축 예시

4.3 린 스타트업 프로세스

린 스타트업 프로세스는 창업가들이 신상품을 개발할 때 적용하는 프로세스이다. 적은 예산과 짧은 기간 내에 창업 아이디어의 성공 가능성을 입증하는 것이 스타트업 조직의 목표이다.

에릭 리스가 《린 스타트업》을 출간한 이후 이를 보완하는 많은 실무 이론들이 개발되고 적용되고 있다. 린 스타트업의 철학이나 프로세스는 기존의 대기업에도 유용하게 적용될 수 있다. 이번 섹션에서는 스타트업 조직이 필요로 하는 신상품 개발 프로세스의 특징, 에릭 리스의 '린 스타트업' 이론, 스티브 블랭크(Steve Blank)의 '고객개발 4단계', 스타트업이 아닌 조직에서 린 스타트업 프로세스를 적용할 때 유의할 사항을 설명한다.

1) 스타트업 조직의 정의
스타트업 조직의 정의는 다음과 같다.
- 반복적이고 확장 가능한 사업 모델을 찾는 조직 (스티브 블랭크)
- 극심한 불확실성 속에서 신규 제품이나 서비스를 만들려고 나온 조직 (에릭 리스)

스타트업은 상품을 판매하는 조직이 아니라 창업가가 생각한 비즈니스 모델이 시장에서 유효한지를 확인하고 필요하다면 비즈니스 모델을 변경하는 조직이다. 투자자로부터 비즈니스 모델을 검증받은 스타트업은 큰돈을 받고 기업을 넘기거나 기업을 지속 성장시킬 수 있다.

린 스타트업 프로세스를 이해하려면 다음과 같은 스타트업의 특성을 이해해야 한다.

● 예산제약

스타트업은 창업가들의 자기 자본 또는 1차 투자가들로부터 확보한 예산으로 시작한다. 그 예산이 소진되기 전에 뭔가를 보여줘야 한다. 한번에 성공하기 힘들기 때문에 주어진 예산으로 최대한의 실험을 할 수 있어야 한다. 안토니오 마르티네스(Antonio Martinez)는 《카오스멍키》(2017)에서 이를 다음과 같이 설명한다.

> 스타트업 창업은 절벽에서 일단 뛰어내린 뒤 땅에 부딪히기 전까지 비행기를 완성하는 것이라는 말이 있다. 절벽의 높이와 추락사하기까지의 잔여 시간은 유치한 자금을 바탕으로 계산할 수 있다.

● 시간제약

예산제약은 곧 시간제약이다. 인건비와 사무실 운영비를 아무리 아껴도 시간이 지날수록 비용은 증가한다. 또한 IT 인프라의 발달로 스타트업의 진입장벽이 낮아져 상품개발 스피드를 높여 시장을 선점해야 한다.

● 불확실성

스타트업의 사업 모델은 모든 게 불확실하다. 상품을 팔아본 적도 없고, 고객을 제대로 분석하거나 만나본 적도 없다. 확실한 것은 시작할 때의 창업가의 비전과 확신뿐이다. 그 확실한 것도 고객을 만나는 순간 대부분 무너진다.

2) 스타트업에서 필요로 하는 신상품 개발 프로세스의 특징
● 예산 부족, 시간 부족, 경험 부족, 불확실한 환경.

이런 상황에 적용할 신상품 개발 프로세스는 어떤 요건을 갖추어야 할까? 상세한 분석과 계획을 요구하는 기존의 신상품 개발 이론은 적합하지 않다. 그렇다고 창업가의 직관에 따라 기획하고 개발할 수도 없다. 신상품 개발의 실패가 스타트업 조직에 미치는 영향은 기존 기업보다 크다. 스타트업 조직은 적은 비용으로 창업가의 가설을 데이터 기반으로 검증하고 학습하는 프로세스가 필요하다. 스타트업 조직에 적용할 신상품 개발 프로세스가 갖추어야 할 요건은 다음과 같다.

- **창업자의 비즈니스 모델을 검증**

스타트업 조직의 신상품 개발 프로세스는 창업가가 생각하는 비즈니스 모델의 가설을 투자가들에게 입증하는 과정이다. 스타트업의 가설은 '가치 가설'과 '성장 가설'로 구분할 수 있다. 가치 가설은 창업가가 제안한 서비스나 제품이 고객의 불편사항을 해결하거나 편익을 제공한다는 것이고(problem/product fit), 성장 가설은 해당 상품의 매출이 지속적으로 성장 가능하다는 것이다(product/market fit).

기존 기업에서도 상품개발 예산을 확보하기 위해서는 가치 가설과 성장 가설을 입증해야 한다. 사용성 테스트(가치 가설), 시장 테스트(성장 가설)와 같이 다른 용어를 사용해도 목적은 동일하다. 기존 기업에서는 가설에 대한 엄격한 검증이 없어도 신상품 개발을 추진할 수 있지만(예: 구글에서 20%의 시간은 개인이 하고 싶은 연구를 수행), 스타트업 조직이 외부의 투자를 받기 위해서는 보다 논리적이고 객관적인 근거를 제시해야 한다.

- **데이터에 기반한 가설검증**

상품관리자(창업가 포함)는 본인이 기획한 상품의 매출에 대해 과다한 확신을 가지기 쉽다. 예를 들어 목표시장의 월 매출이 1,000억원이면 0.1%의 시장만 점유해도 월 1억원의 매출을 달성할 수 있다는 식이다. 엑셀의 매출 숫자에 '0' 하나 더 붙이는 것은 간단하지만 현실 세계의 매출 실적에 '0' 하나 더 붙이는 것은 기적에 가까운 일이 일어나야 가능하다. 투자가들이 투자를 결정할 때 '창업가(사람)'를 가장 중요하게 고려한다고 하지만 그것은 투자자와 창업가의 궁합에 해당하는 운의 영역이다. 근거가 미흡한 엑셀의 숫자로는 투자가의 지갑을 열 수 없다. 실제 고객의 반응을 논리적인 데이터로 정리하여 가설을 입증해야 한다.

- **저비용으로 고객가치를 학습**

"고객들은 ○○ 때문에 우리 상품을 원하지 않아요, 우리는 소중한 교훈을 얻었습니다"라고 말하는 대기업의 호사를 스타트업 조직이 누릴 수는 없다. 스타트업 조직의 신상품 개발 속도는 학습의 속도이다. 효율적(짧은 시간에), 효과적(정확하게 배우는) 학습이 중요하다.

효율적으로 배우기 위해서는 작게 개발하고, 빨리 검증해야 한다. 효과적으로 배우려면 고객 인터뷰를 제대로 해야 하고, 데이터 기반으로 고객가치를 학습해야 한다. 작게 개발하고 많이 배우기 위해서는 고객가치 검증에 필요한 최소한의 핵심기능만 개발해야 한다(고객가치 개발 및 검증에 대해선 5장에서 상세하게 설명한다). 본격적으로 상품을 판매하기 위해서는 기능도 더 많이 넣고 디자인도 편리하게 사용할 수 있도록 해야 하지만, 상품의 핵심가치를 검증하기 위해서는 가설검증에 도움되지 않는 필요 이상의 개발은 낭비다.

3) 스티브 블랭크의 '고객개발 4단계'

린 스타트업 프로세스의 핵심 이론은 스티브 블랭크의 '고객개발 4단계'와 에릭 리스의 '린 스타트업'이다. 두 사람은 교수(스티브 블랭크)와 학생(에릭 리스)의 관계였고 같이 창업도 하였다.

스티브 블랭크는 스탠포드대학교와 콜롬비아대학교에서 창업을 가르치면서 실리콘밸리에 8개 기업을 창업하고 그 중 4개 기업을 성공시켰다. 이러한 경험을 바탕으로 '고객개발 4단계'를 정리한《The Four Steps to the Epiphany(깨달음으로 가는 4단계)》(2007)를 출간한다.

스티브 블랭크의 이론에서 흥미로운 단어는 **'고객개발'**이다. 상품개발(제품개발, 서비스 개발)은 우리에게 익숙한 단어이지만 고객개발은 스티브 블랭크가 처음 사용하였다. 고객개발은 특정 상품을 원하는 고객을 발굴하고 사업을 확대하는 활동을 의미한다. 기존의 상품개발은 '상품기획 → 상품 개발/테스트 → 출시'의 순서로 진행되어 출시 후에 고객에 대한 학습이 이루어진다. 고객에 대한 학습이란 고객이 출시상품을 어떻게 생각하는지를 배우는 것이다. 전통적인 상품개발에서는 상품을 개발하는 동안 고객에 대해 학습할 기회는 거의 없었다. 많은 상품관리자들이 상품개발의 터널 안에서 아름다운 바깥 세상을 상상하다가 출시 시점에 터널 밖으로 나와 생각과는 다른 세상을 만나 당황한다. 스티브 블랭크는 이러한 문제점을 극복하고자 상품개발과 고객개발을 병행하는 프로세스를 '고객 발굴 → 고객 검증 → 고객 창출 → 기업 설립'의 4단계로 정리했다(그림 4.12).

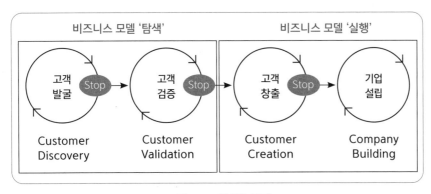

그림 4.12 고객개발 4단계

스티브 블랭크는 스타트업에 영업/마케팅 팀은 필요 없고 '상품개발 팀'과 '고객개발 팀'만 있으면 된다고 하였다. 영업/마케팅 팀은 만들어진 상품을 고객에게 판매하는 조직이지만 고객개발 팀은 고객에 대한 학습결과를 상품개발 팀에 피드백하는 조직이다.

고객개발 4단계의 내용은 다음과 같다.

❶ 고객 발굴 단계

창업가가 제공하는 상품을 고객이 실제로 원하는지 즉, 가치 가설을 검증한다.

❷ 고객 검증 단계

그 상품이 반복해서 팔리고 매출이 확대될 수 있는지 즉, 성장 가설을 검증한다. 이 단계 검증이 미흡하면 이전 고객 발굴 단계로 돌아간다.

❸ 고객 창출 단계

실행하는 단계로, 실제 고객에게 판매하여 비즈니스의 규모를 확인한다. 작은 규모라도 실제 사업을 통해 확인한다.

❹ 기업 설립 단계

상품 판매의 반복적, 확장 가능성을 실제 사업에서 검증한 후에는 본격적인 사업을 위한 기업을 설립한다. 이 시점에 스타트업 조직이 기업 조직으로 바뀐다.

스티브 블랭크는 《기업창업가 매뉴얼》(2014)에서 14개의 고객개발 원칙을 다음과 같이 정리하였다.

원칙 1. 사무실에서 알 수 있는 것은 없으니 현장으로 나가라.

원칙 2. 고객개발에 애자일 개발을 접목하라.

원칙 3. 실패는 탐색 절차의 필수적인 요소다.

원칙 4. 끊임없이 반복하고 전환하라.

원칙 5. 고객과 만나는 순간 어떤 사업계획도 무의미하므로 비즈니스 모델 캔버스를 활용하라.

원칙 6. 가설을 검증하기 위해 실험과 테스트를 설계하라.

원칙 7. 시장유형에 맞춰라. 시장유형에 따라 모든 게 바뀐다. 예를 들어 '기존 시장에 개선 상품을 출시'하는 것과 '신규 시장에 신규 상품을 출시'하는 프로세스는 다르다.

원칙 8. 스타트업은 기존 기업과 다른 지표를 적용한다.

원칙 9. 빠른 의사결정, 순환주기, 속도, 박자를 중시하라.

원칙 10. 열정이 가장 중요하다.

원칙 11. 스타트업의 직책은 대기업의 직책과 다르다.

원칙 12. 필요할 때만 쓰고 아껴라.

원칙 13. 배운 것을 소통하고 공유하라.

원칙 14. 성공적인 고객개발은 새로운 방법론의 합의에서 시작한다.

4) 에릭 리스의 '린 스타트업'

에릭 리스는 스티브 블랭크의 고객개발 이론, 애자일 개발, 디자인 싱킹, 린 생산 이론을 IMVU(2004년 창업, 아바타를 활용한 SNS 개발) 창업에 적용하면서 린 스타트업이라는 개념을 만들고 확산하였다. 에릭 리스는 '잘못된 일을 효율적으로 잘 수행하는 것'이 가장 큰 낭비이며 그러한 낭비를 줄이기 위한 린 스타트업의 다섯 가지 원칙을 《린 스타트업》에서 다음과 같이 정리하였다.

● 창업가는 어디에나 있다.

'극심한 불확실성 속에서 새로운 제품과 서비스를 만드는 조직'이라면 모두 스타트업이다. 이 말은 린 스타트업 방법론이 소규모 회사부터 대기업에 이르기까지 다양한 회사에 적용할 수 있다는 뜻이다.

● 창업가 정신은 관리다.

스타트업 조직이 극심한 불확실성 속에서 성공하려면 새로운 방식의 관리가 필요하다. 사람들은 창업가 정신은 멋지고 창의적이고 흥미진진한 것인데 반해, 관리는 지루하고 쓸데없이 진지해서 재미없다고 생각한다. 그것은 잘못된 생각이다.

● 유효한 학습

스타트업은 상품을 판매하여 돈을 버는 것이 목적이 아니다. 스타트업은 지속 가능한 사업을 어떻게 만들지 학습하기 위해 존재한다. 이러한 학습은 고객가치에 대한 과학적인 검증을 통해 이루어진다.

● 만들고 측정하고 배운다. (Build measure learn)

아이디어를 가시적인 상품(시제품)으로 만들고, 고객이 어떻게 반응하는지 측정한 후 이 부분을 그대로 지켜야 하는지, 다른 쪽으로 방향 전환해야 하는지를 학습해야 한다(그림 4.13). 스타트업이 성공하려면 이러한 피드백 순환이 최대한 빨리 돌아야 한다.

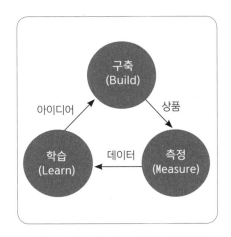

그림 4.13 만들고 측정하고 배우기 피드백 루프
Build measure lean feedback loop

● 혁신 회계

창업가로서 좋은 성과를 내려면 지루한 것들에 집중해야 한다. 성과를 측정하고, 마일스톤을 세팅하고, 일의 우선순위 결정에 집중해야 한다. 그로스 해킹(growth hacking, 상세 내용은 16장 참고) 지표가 대표적인 예다. 스타트업을 위해서는 새로운 측정 방식이 필요하다.

5) 기존 기업에 린 스타트업 프로세스를 적용하는 방안

스타트업 조직과 기존 기업의 상품개발은 다르다. 스타트업 조직의 상품개발은 상품 아이디어를 고객과 검증하면서 발전시켜 나가는 상향식(bottom up) 방식이 많지만, 기존 기업(특히 대기업)의 상품개발은 장기 전략에 기반한 하향식(top down) 방식이 많다. 알렉스 오스터왈더(Alexander Osterwalder)는 《밸류 프로포지션 디자인》(2016)에서 신생 기업과 기존 기업 상품기획의 장단점을 표 4.2와 같이 설명하고 있다.

	신생 기업(스타트업)	기존 기업
장점	신속하게 의사결정을 내리고 유리한 방향으로 민첩하게 움직일 수 있다.	- 판매, 채널, 브랜드 등 기존 자산들을 활용할 수 있다. - 실패가 기업에 미치는 영향력이 작다.
단점	- 한정된 예산으로 아이디어 효과를 입증해야 한다. - 적합한 가치제안을 찾기 전에 자금이 고갈될 수 있다. - 아이디어 수행 범위를 확대했을 경우 투자자들의 참여를 이끌어내고 관리해야 한다.	- 주요 경영진의 동의를 구해야 한다. - 기존 자원을 활용해야 한다. - 자사의 기존 시장잠식을 피해야 한다. - 위험을 회피하려는 성향을 피해야 한다. - 경직되고 느린 프로세스를 극복해야 한다.

표 4.2 신생 기업과 기존 기업 상품기획의 차이

린 스타트업 프로세스는 스마트폰, 전기차, 반도체와 같이 큰 투자와 전략적 일관성을 필요로 하는 상품개발에는 적합하지 않을 수 있다. 또한 다음과 같은 조직문화 때문에 기존 기업에는 린 스타트업 프로세스 적용이 힘들다.

● 상세한 상품기획 수립

기존 기업(특히 대기업)은 복잡하고 상세한 상품기획을 요구한다. 다양한 이해관계자들의 요구사항을 반영해야 하기 때문이다. 반면 스타트업은 상세한 상품기획보다 시장에서의 검증을 중시한다.

● 품질/컴플라이언스 이슈 사전 해결

기존 기업의 신상품 개발은 고객이 상품을 구매할지 안 할지도 모르는 상황에서 품질, 컴플라이언스 이슈 해결에 과다한 비용을 지불하는 경우가 많다. 품질에 문제가 있어도 된다는 이야기가 아니다. 가치 가설과 성장 가설을 확인한 후 품질을 확보하고, 컴플라이언스 이슈에 대응해도 늦지 않다는 것이다.

● 단계별 내부검토

기존 기업은 신상품 개발 단계별로 내부 이해관계자들이 go/no 여부를 검토한다. 반면 스타트업은 신상품 개발 단계별로 VOC를 청취하여 go/no를 결정한다. 물론 기존 기업 중에서도 혁신 기업들은 단계별 검토시 VOC에 근거한 의사결정을 한다.

위와 같은 이유로 린 스타트업 프로세스를 기존 기업에 일괄적으로 적용하는 것은 힘들다. 다만, 린 스타트업 프로세스의 취지와 장점을 살려 부분적으로 적용하는 것은 긍정적 효과를 기대할 수 있다. 다음은 그 예이다.

● 사내 벤처제도 운영시 적용

대기업은 사내 혁신을 유도하기 위해 '사내 벤처(소사장 제도)'를 운영하기도 한다. 이때엔 기존의 엄격한 상품개발 프로세스를 적용할 수 없으며 린 스타트업 프로세스를 기업의 상황에 맞게 보완하여 적용할 수 있다.

● 불확실성이 높은 상품기획의 초기 단계에 적용

전략적으로 중요하지만 불확실성이 높은 신규 상품은 상품기획을 위해서도 적지 않은 예산을 필요로 한다. 이때 상품기획을 본격적으로 할지 말지(go/no)를 결정하기 위한 사전 단계로 린 스타트업 프로세스를 적용할 수 있다.

● 불확실성이 높은 핵심기능에 대한 고객가치 검증시 적용

신상품 개발에 포함될 핵심기능을 고객에게 검증받고자 할 때도 린 스타트업 프로세스를 적용할 수 있다. 아이디어를 프로토타입 형태로 신속하게 구체화하여 고객에게 검증받으면 된다.

4장 핵심요약

4.1 린 소프트웨어 개발의 원칙
- 사전적 의미의 린은 '기름기(낭비, 불필요)를 제거한'이라는 의미이다.
- 스타트업은 펀딩받은 예산이 소진되기 전에 성장 가능성을 입증해야 하기 때문에 시간 및 예산 낭비를 최대한 제거해야 한다.
- 린 소프트웨어 개발의 원칙
  - 낭비를 제거하라. 고객에게 가치를 제공하지 않는 모든 활동은 낭비이다.
  - 품질을 내재화하라. 발생한 결함은 빨리 고치는 것이 중요하다.
  - 지식을 창출하라. 싸고, 빠르고, 정확하게 고객가치를 학습해야 한다.
  - 확정을 늦춰라. 허용 가능한 마지막 순간에 의사결정해야 한다.
  - 빨리 인도하라. 스피드를 위해서는 품질이 뒷받침되어야 한다.
  - 사람을 존중하라. 팀에게 프로세스 개선 권한을 부여해야 한다.
  - 전체를 최적화해라. 부문보다 전체를 대표하는 지표를 발굴하고 관리해야 한다.

4.2 소프트웨어 상품개발 낭비
- SW 상품개발 낭비가 발생하는 원인은 과잉 기능 개발, 큰 규모의 개발, 관료적 조직문화, 타 부서 이관 방식의 개발, 동시에 수행하는 많은 작업이 대표적이다.
- 호수에 물이 빠지면 보이지 않는 숨은 바위(낭비)가 수면 위로 드러난다.

4.3 린 스타트업 프로세스
- 스타트업은 상품을 판매하는 조직이 아니라 창업가가 생각한 비즈니스 모델이 시장에서 유효한지를 확인하고 필요시 비즈니스 모델을 변경하는 조직이다.
- 기존의 상품개발은 '상품기획 → 상품 개발/테스트 → 출시'의 순서로 진행되어 출시 전에는 고객에 대해 학습하지 못한다.
- 스티브 블랭크의 고객개발 프로세스는 '고객 발굴 → 고객 검증 → 고객 창출 → 기업 설립'의 4단계로 구분된다.
- 에릭 리스의 린 스타트업 다섯 가지 원칙
  - 창업가는 어디에나 있다.
  - 창업가 정신은 관리다
  - 유효한 학습
  - 만들고 측정하고 배운다. (Build measure learn)
  - 혁신 회계

5

고객가치 정의와
고객가치 개발

5장은 고객의 문제를 확인하고 문제를 해결하는 방법을 설명한다. 구체적으로는 '고객가치 관점에서 상품속성을 분류하는 방법' 'MVP' 'VOC 분석 기법' '고객 인터뷰 방법'을 설명한다. 상품관리자 역할을 수행 중인 독자는 이번 장의 내용과 본인의 상품기획 방식을 비교하여 읽길 바란다. 일반 독자들은 5장의 내용을 본인이 좋아하는 상품과 많은 불편을 경험했던 상품에 대입해보면 내용 이해가 더 쉬울 것이다.

⚙ 5.1 고객가치란?

고객가치란 '상품이 고객에게 제공하는 쓸모'로 고객이 지갑을 열게 만드는 상품의 특성이다. 시장의 주도권이 생산자에서 소비자로 바뀌면서 기업들이 고객가치에 주목하기 시작했다. 이번 섹션에서는 고객의 유형, 고객가치의 정의, 고객가치 속성의 분류 방안, 고객가치 분석시 유의사항에 대해 설명한다.

1) 고객의 유형

상품을 구매하는 사람을 고객, 상품을 사용하는 사람을 소비자 또는 사용자로 분류하기도 하지만, 이 책에서는 이 모두를 포괄하는 의미로 고객이라는 단어를 사용했다. 고객의 유형은 다음의 네 가지로 나눌 수 있다. B2B 상품은 네 가지 유형의 고객이 모두 다른 사람이 될 수 있지만, B2C 상품은 구매에 영향을 미치는 고객(인플루언서) 외에 나머지 고객은 동일한 사람인 경우가 많다.

상품을 판매하기 위해서는 다양한 유형의 고객들이 중요하게 생각하는 가치를 반영해야 한다. 만약 아래 고객 유형 중 한 명이라도 상품에 관해 부정적인 의견을 보인다면 상품판매는 힘들어진다.

● **상품에 대한 욕구를 인식하는 사람**

상품을 구매하기 위해서는 먼저 욕구를 인식해야 한다. 상품은 욕구충족을 위한 수단(솔루션)이다. 욕구는 불편이 해소되거나, 혜택(또는 편익(benefit))을 제공받을 때 충족된다. 예를 들어 따분함을 해소하기 위해 영화를 볼 수도 있지만, 감동을 얻기 위해 영화를 보는 경우도 있다. B2B 상품은 사용자뿐만 아니라 경영층 또는 관리 부서에서 구매 욕구를 느끼기도 한다. 경영층이 생산성 향상을 위해 협업 도구 구매를 결정하는 것이 그 예다.

● **구매에 영향을 미치는 사람(인플루언서)**

상품구매에 영향을 주는 개인이나 집단을 인플루언서(influencer)라고 한다. 유명 블로거, 연예인, 홈쇼핑에서 상품을 설명하는 사람, 상품을 설명하는 유튜버, 중국의 왕홍(网红), 리뷰 의견을 등록하는 사람, 페이스북의 '좋아요'를 누르는 사람 모두가 인플루언서다. SNS와 이커머스 시장이 확대되면서 인플루언서가 상품구매에 끼치는 영향은 커지고 있다. B2B 상품의 가장 강력한 인플루언서는 해당 상품을 먼저 구매한 기업의 사용자들이다.

● **구매 결정을 내리는 사람**

심심해서 영화를 보러 가자고 했는데, 영화를 결정하는 사람은 취향이 다른 동행 친구가 될 수도 있다. 남성 용품을 주부가 구매하는 것도 사용자와 구매 결정자가 다른 예이다. B2B 상품은 대부분 주요 이해관계자들이 협의하여 구매 결정을 내린다.

● 상품을 사용하는 사람(최종 사용자)

고객가치를 분석할 때 최종 사용자는 가장 중요한 사람이다. B2B 상품은 최종 사용자의 영향력이 작을 수 있지만 B2C 상품은 최종 사용자의 영향이 가장 크다.

2)고객가치의 정의

'고객가치'의 의미는 쉽게 와닿지 않는다. B2C 상품의 고객가치는 고객의 생리적 욕구 또는 정신적 욕망으로 생각하면 이해하기 쉽다. 네이버의 국어사전에서 찾은 '가치'에 대한 설명은 다음과 같다.

> (1) 사물이 지니고 있는 쓸모
> (2) 대상이 인간과의 관계에 의하여 지니게 되는 중요성

이를 반영해 고객가치를 정의하면 '상품이 고객에게 제공하는 쓸모'가 된다. 쓸모는 가격을 동시에 고려해야 한다. 사람들은 높은 가격을 지불할수록 큰 쓸모를 기대한다.

필자는 고객가치를 '상품이 고객에게 제공하는 가격 대비 쓸모'로 정의하겠다. "고객이 필요한 것은 드릴이 아닌 구멍이다"라는 문구는 고객가치를 잘 설명한다. 고객가치는 고객이 원하는 결과이고 상품은 기업이 제공하는 충족수단이다. 《혁신 기업의 딜레마》(1997)의 저자 크리스텐슨(Clayton M. Christensen) 교수가 "고객은 상품을 구매하는 것이 아니라 문제해결을 위해 상품을 고용한다"고 표현한 것도 같은 맥락이다. 무언가를 벽에 걸고 싶은 욕구는 예전이나 지금이나 같지만 구멍을 뚫는 수단은 송곳에서 전동드릴로 변했다.

> '고객이 바라는 결과'와 '충족수단'은 구분해야 한다. 《끌리는 컨셉 만들기》, 2018

고객이 바라는 결과는 고객에게 물어봐야 하고 충족수단은 기업이 고민해야 한다. 충족수단을 만들기 이전에 고객이 바라는 결과를 먼저 확인해야 한다. 하늘을 날고 싶다는 욕망은 라이트 형제가 하늘을 나는 방법을 찾기 오래전부터 존재했다.

상품기획에서 고객이 바라는 결과와 충족수단을 구분하는 일은 매우 중요하다. 문제를 잘못 정의하면 답이 잘못되듯이 고객이 바라는 결과를 정확하게 파

악하고 검증하는 것이 우선이다. 고객이 바라는 결과와 충족수단의 차이는 표 5.1과 같다.

구분	바라는 결과	충족수단
개념	고객이 바라는 결과 (불편사항 해결 또는 혜택)	바라는 결과를 충족시키는 수단
경우의 수	동일한 상황에 있는 고객군은 동일한 욕구 존재	하나의 욕구를 충족시키기 위한 다양한 수단 존재
발굴	고객의 잠재된 욕구를 기업이 파악	욕구 충족수단을 기업이 개발
검증 방법	인터뷰, 관찰	다양한 유형의 시제품 활용
유의사항	고객은 바라는 결과보다 충족수단을 이야기 함 잠재된 욕구 파악이 중요	바라는 결과를 검증 후 충족수단 검증

표 5.1 고객이 바라는 결과와 충족수단의 차이

고객가치는 상품 콘셉트와 비슷한 개념이다. 상품 콘셉트를 '고객 관점에서 정의한 상품 아이디어'로 정의하면, 고객가치와 큰 차이가 없다. 다만 상품 콘셉트는 판매자 관점의 용어이고, 고객가치는 고객지향적인 용어이다. 이제는 많은 사람들에게 익숙한 '가치제안(value proposition)'이란 용어는 1988년 맥킨지컨설팅회사(McKinsey & Company)의 직원이 처음 사용했다. 최근에는 상품을 기획할 때 '고객가치 제안(CVP, Customer Value Proposition)'을 '상품 콘셉트 정의서'와 같은 의미로 많이 사용한다.

대부분의 기업이 구호로는 고객 지향, 고객 제일, 고객 우선을 외친다. 그러나 현실의 상품기획은 경영층의 지시, 원가절감, 경쟁상품 벤치마킹에 집중하는 경우가 많다. 고객이 무엇을 원하는지 진지하게 고민하지 않고 우리가 무엇을 만들 것인가에만 집중할수록 상품은 고객가치와 멀어진다.

윤석철 교수는 《프린시피아 매니지멘타》(1997)에서 '상품가치 > 상품가격 > 상품원가'를 '기업의 생존 부등식'이라 정의했다. 고객이 상품가격보다 높은 상품가치(고객가치)를 인식하지 못하면 그 상품은 팔리지 않고 기업은 생존할 수 없다. '상품가치-상품가격'의 값이 클수록 고객이 만족하고 '상품가격-상품원가'의 값이 클수록 기업이 만족한다.

3) 고객가치 속성 분류 및 활용 방안

고객에게 가치를 제공하는 상품의 속성은 다양하다. 품질, 디자인, 비용 절감, 수고 절감 등 다양한 상품속성이 어우러져 고객에게 종합적인 가치를 제공한다. 스마트폰이 각자에게 어떤 가치를 제공하는지를 생각해보면 쉽게 이해할 수 있다.《고객가치》(2019)는 B2C 상품의 고객가치를 기능적 가치, 감성적 가치, 정신적 가치로 구분하였다.

- **기능적 가치** 제품이나 서비스가 제공하는 기능의 효용성과 관련되는 항목 (기능, 성능, 품질, 가격)
- **감성적 가치** 디자인, 매장 분위기, 직원들 서비스 등 고객 취향에 따라 판단 기준이 다른 감성적 가치 항목
- **정신적 가치** 희소성, 신분의 상징, 브랜드 품격과 같이 기능이나 감성을 넘어 희소가치를 추구하고 신분의 상징으로 받아들여지는 항목 (예: 명품시계)

B2C 상품의 고객가치는 개인의 효용(편함, 자기 과시, 재미)과 관련된 속성이 많으며, B2B 상품의 고객가치는 조직의 성과 창출(경제성, 효율성)과 관련된 속성이 많다(표 5.2).

구분	B2C 상품의 고객가치	B2B 상품의 고객가치
고객가치 예	- 효율성: 시간/비용/수고 절감(예:청소기, 세탁기) - 자기과시: 소속, 배지(명품, SNS), 재미, 웰빙, 자아실현	- 경제성: 매출, 비용 절감, 혁신 - 효율성: 시간/비용/수고 절감 - 고객관리: 응대 속도, 전문성, 안정성 - 거래 위험: 평판, 불안감 감소
고객가치 판단	- 판단: 구매자가 판단 - 판단 기준: 정성적 평가	- 판단: 여러 부서 이해관계자가 합의 - 판단 기준: 고객가치의 정량화 중요
기존 고객 유지 (Lock In)	브랜드 충성도 높은 고객을 제외하면 다른 상품으로 이동이 쉬움	- 한 번 거래하면 문제가 없는 한 거래 지속됨. - 소프트웨어 상품은 기존 시스템과 연계되어 상품 변경 비용이 높음

표 5.2 B2C 상품과 B2B 상품의 고객가치

고객가치 속성을 분류할 때 유의할 사항은 다음과 같다.

- **쉬운 용어를 사용한다.**

기업에서 고객가치 속성을 분류하는 목적은 고객이 원하는 상품을 기획하는 것이지 학술 논문을 쓰기 위함이 아니다. 따라서 조직 내부 직원들이 이해하기 쉬운 용어를 사용한다.

- **완벽한 분류는 없다.**

특정 상품의 고객가치 속성을 중복 없이 모두 분류하기란 쉽지 않다. 빠짐 없이 분류하려는 욕심을 내면 고객가치 속성이 복잡해지고 중복으로 보이는 속성이 많아진다. 완벽하지 않아도 고객 관점에서 중요한 상품속성을 정리하면

된다.

● 분류체계는 1레벨 또는 2레벨이 적당하다.

다음 ❶, ❷에 소개할 '베인앤드컴퍼니(경영 전략 컨설팅 회사)'의 B2C 상품과 B2B 상품의 고객가치 분류는 2레벨로 고객가치 속성을 분류한 예다. 복잡하지 않은 상품은 그룹핑 없이 1레벨로 분류해도 무방하다.

고객가치 속성 분류는 다음과 같이 활용한다.

● 상품기획시 집중할 고객가치를 도출한다.

고객가치 속성에 대한 고객 인터뷰를 통해 고객이 중요하게 생각하는 고객가치 속성을 확인할 수 있다.

● 출시한 상품의 미충족 니즈를 확인한다.

출시한 상품이 목표했던 고객문제를 해결했는지 확인할 수 있다. 해결하지 못한 미충족 니즈가 있다면 상품 개선의 아이디어로 활용한다.

● 경쟁상품 분석을 한다.

고객가치 속성을 활용하여 경쟁상품 대비 경쟁력을 분석할 수 있다.

고객의 일상과 고객의 마음을 살펴볼 수 있는 고객가치 맵을 만들어 지속적으로 적용하고 보완하면 고객의 불편과 혜택을 이해할 가능성이 높아진다.

《하버드 비즈니스 리뷰》에 실린 베인앤드컴퍼니의 B2C 상품(2016년)과 B2B 상품(2018년)의 고객가치 속성을 설명한 논문을 요약하면 다음과 같다.

❶ B2C 상품의 고객가치

매슬로우 욕구 5단계 피라미드에서 아랫부분이 생존·안전을, 상위 단계가 자아실현을 나타내듯이, 가치 피라미드의 하단은 상품의 기능적 요소들로, 상위 단계는 개인의 생활을 변화시키고 사회에 참여하는 요소들로 구성된다. 매슬로우가 욕구 5단계 이론에서 하위 욕구가 충족되지 않고는 상위 욕구로의 전환이 어렵다고 이야기했듯이, 상품의 가치도 기능에 대한 기본적인 충족 없이(주로 품질) 상위의 가치속성을 충족시키기 어렵다.

예를 들어 인터넷 뱅킹의 CEO가 상품관리자에게 고객에게 더 편리한 서비스를 제공하라고 지시했다고 가정하자. 이를 이행하기 위해서는 상품관리자는 인터넷 뱅킹 이용의 '편리함'을 '인증 절차 간소화' '조회 및 송금 프로세스 간소화'와 같이 상세화해야 한다. 그림 5.1과 같이 상세하게 고객가치 속성을 분류하면 고객가치 구체화에도 도움이 된다.

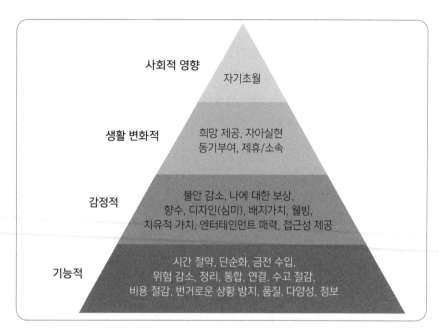

그림 5.1 B2C 상품의 고객가치 구성요소

카카오는 '브런치' 상품(서비스)을 통해 고객들에게 어떤 가치를 제안하고 했을까? 개방형 블로그와 달리 심사를 통과한 사람들만 글을 게시할 수 있는 폐쇄적인 형식과 심사를 통과한 사람들을 '작가'라고 호칭하는 것 등을 볼 때 브런치는 '자아실현' '제휴/소속'(출판) 동기부여, 배지가치(배지가치란 배지(badge)가 주는 자부심을 뜻한다)와 같은 상위 수준의 고객가치 제공에 주력했다고 필자는 생각한다.

앱으로 도어록 출입을 통제하고, 스마트폰에 출입 이력도 알려주는 와이파이 도어록(B2C 상품)의 고객가치를 가치 피라미드를 활용하여 정리하면 표 5.3과 같다.

유형	B2B 상품의 고객가치
감정적	- 불안 감소: 문이 잠겨 있는지 외부에서도 확인할 수 있음 - 디자인/심미: 고급 주택에 걸맞는 고품격 디자인 - 배지가치: 고급 브랜드가 제공하는 이미지
기능적	- 시간 절약: 지문 인증으로 편하고 빠른 출입 - 위험 감소: 화재 경보, 외출시 외부 출입 시도를 알려주는 방범 설정 - 연결: 다른 기기와의 연결성(인공지능 스피커, 월패드, 앱) - 수고 절감: 정기 방문객에게 임시 비밀번호 발급 및 회수 - 비용 절감: 오래 사용하는 건전지 - 품질: 도어록의 기본 기능에 대한 내구성(문 열고 문 닫힘)

표 5.3 와이파이 도어록(B2C 상품)의 고객가치 예시

❷ B2B 상품의 고객가치

B2C 상품의 가치 피라미드와 마찬가지로 하위 범주는 객관적 가치를, 상위 범주는 주관적 가치를 배치했다(그림 5.2). 최하위 단계는 기업이 상품을 구매하기 위한 기본 요건(내부 규정, 가격, 규격)에 해당한다. 대부분의 기업들이 중요하게 생각하는 가치는 기능적 요소에 해당하는 매출 개선, 비용 절감, 제품 품질과 관련된 가치들이다.

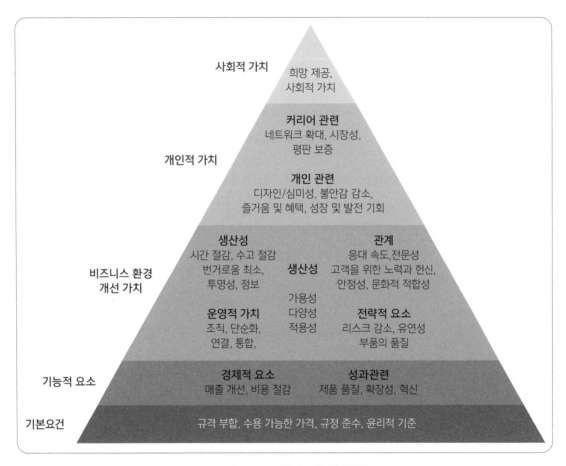

그림 5.2 B2B 상품의 고객가치 구성요소

앞서 설명한 와이파이 도어록은 일반고객들에게 판매할 때는 B2C 상품이지만 아파트 건설사에게 판매할 때는 B2B 상품이 된다. B2C 상품으로 고객에게 제공할 가치와 B2B 상품으로 고객에게 제공할 가치는 겹칠 때도 있고 다를 때도 있다. B2B 고객에게는 특화 요구사항에 대한 대응, 가격 등이 중요한 고객가치가 되는 것을 예로 들 수 있다. 와이파이 도어록 B2B 상품의 고객가치 예는 표 5.4와 같다.

유형	고객가치 예
비즈니스 환경 개선 가치	- 유연성: 특화 요구사항에 대한 대응 - 수고 절감: 복잡하지 않은 계약 프로세스, 편리한 대금 결제 시스템 - 다양성: 다양한 제품군 및 특화 요구사항에 대한 대응 - 응대 속도: 건설사 요청에 대한 신속한 대응 - 전문성: 회사의 기술력 - 안전성: 회사의 재무 건전성
기능적 요소	- 매출 확대: 와이파이 도어록의 편리한 기능으로 아파트 브랜드 이미지 제고 - 제품 품질: 입주인들에게 품질 문제로 불편을 제공하지 않아야 함 - 확장성: 아파트 내부의 월패드와 연동 기능 제공
기본 요건	- 규격 부합: 화재 발생시 견딜 수 있는 제품 내구성 - 수용 가능한 가격

표 5.4 와이파이 도어록(B2B 상품)의 고객가치 예시

4) 고객가치 분석시 유의사항

● 고객가치는 사람에 따라, 상황에 따라 변한다.

《고객가치》는 고객가치의 본질을 다음 세 가지로 설명하고 있다.

첫 번째이자 가장 중요한 본질은 고객이 가치 있다고 생각하는 상품만 살아 남는 것이다.

두 번째 본질은 고객마다 원하는 것이 다르다는 것이다. 하나의 고객가치를 표준화해 대량으로 값싸게 공급하고자 하는 공급자의 입장에서 보면 이것은 분명 불편한 진실이다.

세 번째 본질은 고객의 니즈가 계속 변한다는 것이다. 같은 고객도 상황에 따라 원하는 것이 달라지기에 지속적으로 고객가치를 모니터링해야 한다.

● 고객가치는 기존에 존재하는 것을 발견하는 것이다.

고객가치는 만드는 것이 아니고 발견하는 것이다. 고객은 무엇을 원하는지 모른 다는 주장도 있지만, 고객은 '솔루션'을 모를 뿐 '문제'는 알고 있다. 다만 표현이 서툴 뿐이다.

에어비앤비, 우버 같은 혁신적인 비즈니스 모델도 마찬가지이다. 이들은 이미 존재했던 문제에 대한 솔루션을 발견했던 것이다. 물론 아이폰처럼 고객이 상상 하지 못했던 문제에 대한 솔루션을 만드는 경우도 있다.

● 문제점 발굴에 집중한다.

고객은 자신의 문제(원하는 결과)를 정확하게 설명하는 대신 자신이 생각하는 솔루션(충족수단)만 이야기하는 경우가 많다. 고객가치를 발굴하기 위해서는 고

객이 이야기하는 솔루션보다 고객의 무의식 속에 존재하는 불편이나 욕망을 찾아야 한다.

● 고객이 상품을 구매하는 상황이나 이유를 이해한다.

고객이 상품을 구매하는 상황이나 환경에 집중해야 한다. 마케터들이 집중적으로 분석하는 인구통계학적 데이터(매장의 POS(Point Of Sale) 데이터)는 누가 언제 어디서 무엇을 얼마에 구매했는 지에 대한 정보는 제공하지만 '왜?'라는 질문에 답을 주지 않는다. 고객이 상품을 사용하는 환경과 상황을 파악해야 고객이 무엇을 해결하고자 상품을 구매하는지 짐작할 수 있다. 무인도에서의 라이터와 집에서 촛불을 켜기 위한 라이터의 고객가치는 다르다.

● 다수의 고객가치 속성에서 좋은 점수를 받으면 좋은 상품이다.

어떤 상품이 앞서 살펴본 B2C 상품의 가치구성 요소 30개 모두에 대해 좋은 평가를 받는 것은 불가능할 뿐 아니라 바람직하지도 않다. 우수한 상품은 기능적 속성 다수와 상위 범주의 속성 1~2개에 대해 좋은 평가를 받는다. 《하버드 비즈니스 리뷰》(2016)에 따르면, 아마존은 기능적 속성 여덟 가지에 대해 우수한 평가를 받았으며 아이폰은 열한 가지 속성에 대해 우수한 평가를 받았다. 아이폰의 고객가치가 높은 이유는 수고 절감, 시간 절약, 연결, 통합, 다양성, 재미, 접근성 제공, 정리를 포함한 여러 요소의 가치를 제공하기 때문이다.

● 상대적으로 중요한 가치가 있다.

상품의 유형, 산업에 상관없이 품질은 공통적으로 중요한 요소이다. 품질을 제외하면 고객이 중요하게 생각하는 상품의 속성은 상품에 따라 달라진다. 예를 들어 게임 소프트웨어는 감각적 어필, 연결, 재미, 배지가치, 접근성이 중요하지만, 인터넷 뱅킹 앱은 쉬운 인증, 보안 등의 속성이 중요하다.

● 고객 생애가치(CLV, Customer Lifecycle Value)를 관리해야 한다.

높은 고객가치를 제공하는 상품은 신규 고객이 증가하고, 기존 고객 이탈은 적고, 재구매율이 높다. 기업 관점에서 특정 고객으로부터 얻을 수 있는 총 가치를 고객 생애가치라 한다. 고객 생애가치를 증대시키기 위해서는 기존 고객 유지율과 재구매율을 향상시켜야 한다.

⚛ 5.2 고객문제 정의

고객이 바라는 결과는 고객의 '문제'를 해결하는 것이다. 따라서 고객의 문제를 정의하는 것과 고객이 바라는 결과를 정의하는 것은 동일하다. 고객이 해결하기 원하는 문제를 파악하기 위해서는 고객이 처한 상황을 이해해야 하고 고객 상황을 이해하기 위해서는 VOC 분석 기법을 활용해야 한다. 이번 섹션에서는 고객문제를 파악할 고객 선정, 고객문제를 도출하는 방법, VOC 분석 기법을 설명한다.

1) 고객문제를 파악할 고객 선정

● 누구에게 질문할까?

기존 상품의 문제점을 파악하기 위한 목표고객은 자사 상품 사용자와 미사용자를 대상으로 선정한다. 자사 상품 사용자는 콜센터에 접수된 내용을 분석하여 자사 상품에 불만이 많은 사람과 자사 상품을 대다수의 사용자들과는 다른 방식으로 사용하는 고객을 목표고객으로 선정한다. 자사 상품 미사용자는 경쟁상품 사용자를 목표고객으로 선정한다.

기존에 출시하지 않은 신상품의 문제점을 파악하기 위한 목표고객 선정은 쉽지 않다. 인구통계학적 관점에서 목표고객을 선정하면 실패하기 쉽기 때문에 비슷한 문제를 경험하고 있는 고객을 선정해야 한다. 시장에 유사한 상품이 있다면 유사 상품 사용자를 선정하는 것이 바람직하다.

B2B 상품은 실사용자, 구매 부서, CFO, CIO등 구매 의사결정에 영향을 미칠 수 있는 이해관계자를 모두 인터뷰 대상에 포함하는 것이 바람직하다.

● 몇 명에게 질문할까?

《끌리는 컨셉 만들기》(2018)에서는 고객의 문제와 충족수단을 잘 구분하여 열 명 정도에게 질문하면 의견 수렴이 된다고 한다. 열 명 전후의 목표고객에게 질문하며 더 이상 새로운 의견들이 나오지 않으면 질문을 중단해도 좋다.

● 개인별 질문이 좋을까? 그룹 질문이 좋을까?

개인별로 질문하면 다른 고객의 영향을 받지 않고 특정 고객의 진솔한 욕구를 파악할 수 있다. 그룹 질문은 토의를 주도하는 사람의 영향을 받아 개인의 잠재된 욕구를 이끌어내기 힘들 수 있다. 사회자 역량이 뛰어나고 인터뷰 그룹의 조직문화가 개방적이라면 그룹 질문을 통해 근본적인 문제를 파악할 수 있다. 그러나 일반적으로는 개인별 질문이 고객문제 파악에 용이하다. 《끌리는 컨셉 만들기》에 따르면 두 명을 대상으로 1시간씩 인터뷰하는 것이 6~8명을 대상으로 2시간 인터뷰 하는 것 보다 좋은 결과가 나온다고 한다.

2) 고객문제를 도출하는 방법

《이노베이터 DNA》(2012)에서 설명하는 고객문제를 도출하기 위한 질문은 다음과 같다.

● 뭐지?(What is?) 라고 질문하기

고객의 문제는 무엇이고, 고객들이 원하는 것이 무엇인지, 고객을 힘들게 하는 문제는 무엇인지에 대한 '근본적인' 질문을 던진다.

● 무슨 이유지?(What caused?)라고 질문하기

인과관계를 묻는 질문을 통해 현상에 대한 통찰력 얻는 것이다. 예를 들어 한 패스트푸드 회사가 고객들이 아침에 밀크셰이크를 구매하는 이유를 분석한 결과 긴 통근시간 동안 심심함을 달래고 10시쯤 느끼는 허기 해소가 목적이었다는 사실을 알아냈다. 이후 패스트푸드 회사는 출근길에 한 손으로 오랫동안 편하게 먹고, 허기를 달랠 수 있는 끈적끈적한 밀크셰이크를 개발했고 그 결과 큰 매출을 올릴 수 있었다.

● 왜지?(Why?), 왜 ~아니지?(Why not?)라고 질문하기

폴라로이드 사진의 창업자는 사진을 찍고 바로 보여달라는 딸의 요구에 왜 사진을 찍고 나서 바로 볼 수 없을까를 고민하다 답을 찾았다. 창업자가 과학자였기에 가능한 일이긴 했지만, '왜 안되지'라는 질문을 던졌기 때문에 답을 찾을 수 있었다. 브라질 저가 항공사는 매출 부진의 사유를 분석하는 과정에서 집에서 공항까지 택시비가 항공료의 40% 수준이라는 것을 파악하고, 공항까지 무료 버스를 제공하여 가파른 성장을 하였다.

● 제약을 가하기 위한 ~하면 어떨까? 질문법

제약은 혁신적인 아이디어를 만드는 중요한 동기이다. 예를 들어 애플이 아이팟 개발을 개발하면서 던졌던 질문은 "주머니에 들어가면서, 1,000곡의 노래를 담을 수 있는 MP플레이어는 없을까?"였다.

● 제약을 제거하기 위한 ~하면 어떨까? 질문법

기술 한계를 극복하려면 불필요하게 사고를 제약하는 요인을 제거하는 질문을 던져야 한다. 예를 들어 "마법의 지팡이가 있다면 무슨 문제를 해결할 것인가?"와 같은 질문이다. 스티브 잡스는 애플로 복귀 후 "만약 돈이 목표가 아니라면 무엇을 할 것인가?"라는 질문을 통해 제약을 완화했다.

《끌리는 컨셉 만들기》에서 소개하는 고객문제를 파악하기 위한 원칙을 도어록 상품을 예시로 들어 적용하면 다음과 같다.

● 상황별로 나누어 파악

우리에게 친숙한 스마트폰은 '전화하는 상황' '출퇴근 지하철에서 시간 보내는 상황' '회사에서 메시지를 확인하는 상황' '사진을 찍는 상황' 등과 같이 상품을 사용하는 상황이 다양하다. 고객의 문제는 상황에 의존적이기 때문에 고객의 문제를 파악하기 위해서는 먼저 상품을 사용하는 상황을 파악해야 한다. '언제?' '어디서?'라는 질문을 던져 문제가 발생할 수 있는 상황을 파악해야 한다. 도어록 상품에서 고객문제의 상황을 파악하는 질문은 다음과 같다.

"도어록 사용이 불편할 때는 언제입니까?"

한 번의 질문으로 상품을 사용하는 상황이 모두 도출되지는 않는다. 다른 상황은 없는지 질문하여 상품을 사용하는 다양한 상황을 도출한다.

예를 들어 도어록과 관련된 고객의 문제를 파악할 때 다음과 같은 상황을 도출할 수 있다.

귀가할 때, 외출할 때, 쓰레기 버리러 나갈 때, 집에 있을 때, 외출 중일 때.

● 왜(why)와 어떻게(how)를 연결하여 캐묻기

고객문제를 파악할 때까지 '왜'와 '어떻게'라는 질문을 사용한다. 너무 구체적이어서 충족수단에 가깝다고 판단되면 '왜'라고 질문하고 너무 추상적이면 '어떻게'라고 질문한다.

도어록 상품의 '귀가할 때'를 예로, 질문 상황을 정리하면 다음과 같다.

조사자: 집에 귀가할 때 도어록 사용이 불편한 점(또는 바라는 결과)은 무엇입니까?
고객: 조용하면 좋겠습니다.
조사자: 왜 조용하길 원하시나요?
고객: 식구들을 깨우지 않고 조용히 들어가고 싶어요.
조사자: 밤 늦게 귀가하실 때 소음 없이 조용히 들어가길 원하시는군요. (확인)
고객: 맞습니다.
조사자: 귀가할 때 다른 문제는 없는지요?
고객: 비빌번호를 누르지 않고 편하게 들어갈 수 있으면 좋겠습니다.
조사자: 어떤 상황에서 비밀번호를 누르기 힘드신지요?
고객: 많습니다. 음식을 사올 때, 반려견을 안고 있을 때와 같이 손이 자유롭지 않은 상

황에서는 비밀번호 누르기가 힘들어요.

조사자: 비밀번호를 누르지 않고 가족임을 어떻게 식별하면 좋겠습니까?

고객: 얼굴로 식별하면 좋겠습니다. (충족수단까지 확인)

● 문제점(바라는 결과) 정리하기

인터뷰를 통해 파악한 문제는 '상황+이유+문제(바라는 결과)'로 정리한다. 도어록의 예로 정리하면 다음과 같다.

밤늦게 귀가할 때는(상황) 가족들을 깨우지 않고(이유) 조용히 들어가고 싶다(바라는 결과).

두 손에 짐이 있을 때는(상황) 자유로운 손이 없어(이유) 비밀번호를 누를 수 없다(문제).

3) VOC 분석 기법

VOC 분석은 고객의 문제를 도출하고 검증할 때 주로 사용한다. VOC를 분석하는 기법은 다양하다.《신제품 개발 바이블》(2016)에서는 그림 5.3과 같이 VOC 분석 기법을 '기업이 활용하는 비율'과 '유효성'의 두 가지 차원으로 정리하였다. '고객 방문 팀'과 '포커스 그룹'이 기업의 활용 빈도가 높고, 효과도 좋음을 알 수 있다.

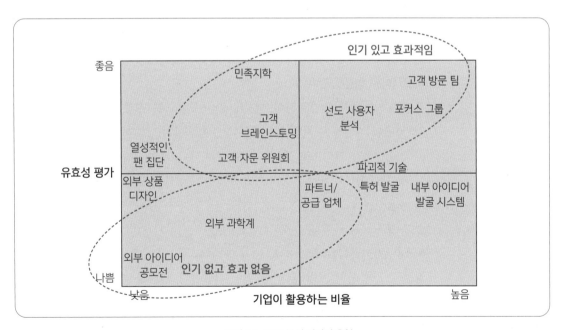

그림 5.3 VOC 분석 기법의 유형

● 민족지학(ethnography) 조사 또는 현장 조사

민족지학 또는 문화기술지라고 번역되는 'Ethnography'의 어원은 Ethnos(사람들)과 Graphy(기록, 기술)이다. 민족지학이란 정성적, 정량적 조사기법을 사용한 현장 조사를 통해 인간 사회와 문화의 다양한 현상을 연구, 기술하는 학문 분야이다(위키백과). 이를 마케팅에 활용하면, 고객과 함께 생활하면서 고객가치에 대한 통찰을 얻는 기법이 된다. 민족지학에서 고객을 분석하는 방법은 '벽에 붙은 파리'처럼 고객의 일상을 관찰하는 방법과 '고객과 함께하는 캠핑'처럼 고객과 생활하는 방법이 있다.

2004년 위기에 빠진 레고회사가 유럽과 미국 등 세계 각국의 가정을 방문해 함께 생활하면서 레고에 보드게임을 통합하는 아이디어를 얻었던 것이 민족지학 조사의 대표적인 예이다. 도요타에서도 미국의 생활에 맞는 자동차를 개발하기 위해 상품관리자(도요타에서는 수석 엔지니어라 한다)가 직접 미국 멕시코 등지를 8만 킬로미터를 돌며 운전자의 불편사항, 동석자, 운전 외부 환경 등을 관찰했다. 그 결과, 미니밴 운전자들이 원하는 고객가치는 뒷자리를 차지하는 어린이와 관련된 것이 많음을 알아냈다. 이에 착안하여 도요타 상품관리자는 장거리 가족여행에 적합한 미니밴을 개발하여 성공했다. 대기업에서 문화인류학을 전공한 사람을 상품관리자로 채용하는 것도 이 때문이다.

민족지학 분석은 깊이 있는 지식을 얻을 수 있고, 탁월한 통찰력을 제공해 주기 때문에 유효성 면에서는 최고이지만 시간과 돈이 많이 들어 활용도는 낮은 편이다.

● 고객방문 팀(심층 인터뷰)

고객이나 사용자를 방문하여 사전에 준비한 인터뷰 지침에 따라 고객의 문제점, 욕구를 파악하는 기법이다. 흔히 심층 인터뷰라고도 하며 VOC를 분석하는 가장 일반적인 기법으로 효과도 좋은 편이다. 고객의 자유로운 의견을 유도하고, 질문의 순서와 내용은 면접자가 조정하여 심도 깊은 질문을 유도한다. 조사의 융통성이 있는 반면, 자료를 해석할 때 분석자의 주관적인 견해가 개입되기 쉽고, 조사 시간과 비용이 많이 소요된다.

● 표준 집단 면접법(FGI, Focus Group Interview)

정성적 고객 분석 기법 중 가장 많이 사용된다. 상품을 잘 아는 8~10명의 표적 집단을 대상으로 상품에 대한 문제점, 개선사항 등을 취합한다. 특히 집단으로 상품을 사용하는 B2B 상품을 분석할 때 유용하다. 표준 집단 면접법은 진행자의 역량이 중요하며 특정인이 토론을 지배하지 않도록 해야 한다. 분석 목적에 따라 구체적인 질문을 할 수도 있고 폭넓게 자유로운 토론을 유도할 수도

있다.

● 선도 사용자〔얼리어답터(early adoptor)〕 분석

선도 사용자 분석은 표준 집단 면접법과 비슷하나 참여하는 고객이 다르다. 선도 사용자는 시장을 주도하는 사용자로 이들의 VOC를 분석하면 일반 사용자보다 훨씬 혁신적인 아이디어를 얻을 수 있다. 그러나 선도 사용자를 찾는 것이 어렵다. 각종 블로그, 커뮤니티, 기타 네트워킹을 통해 선도 사용자를 찾는 것이 일반적이다.

● 고객 커뮤니티

기업 상품을 열성적으로 활용하는 고객들을 대상으로 상품에 대한 아이디어를 얻는 방법이다. 온라인 커뮤니티를 통해 아이디어를 얻거나 오프라인 행사에서 아이디어를 얻는 방법이 있다. 조사 대상자를 테스트 룸에 모아놓고 상품을 설명한 후 고객이 직접 상품을 사용하는 것을 관찰하는 기법을 갱서베이(gang survey)라고 한다. 상품출시 전 사용 테스트는 민감한 정보를 공유하기 때문에 정보 보안을 신뢰할 수 있는 고객을 선정하고 비밀 유지에 대한 서명도 받아두어야 한다.

● 페르소나(persona) 분석

페르소나의 어원은 연극의 탈을 의미하나, 상품기획에서는 특정 고객군을 대표하는 가상의 인물을 의미한다. VOC 분석을 위한 페르소나는 2~3명 정도 복수로 설정하는 것이 좋다. 페르소나로 정의된 고객의 구체적인 고객 정보, 특성, 취향을 정리하면 상품기획시 페르소나의 관점에서 사고하고 아이디어를 얻을 수 있다. 페르소나 정의에 포함할 내용은 다음과 같다.

- 나이, 성별, 직업, 이름, 사진과 같은 기본 정보
- 고객분석 또는 사용자 연구를 통해 파악한 고객의 관심사항, 불편사항, 욕구 등

페르소나는 고객을 대표하여 상품개발 전 과정에 참여하도록 해야 한다. 제프 베이조스가 아마존 내 모든 회의에 페르소나를 위한 자리를 비워놓았던 것처럼 페르소나 입장에서 상품을 기획해야 한다. 페르소나가 디테일할수록 여러 상황에 대한 답을 얻기 쉽다.

필자가 프로젝트 관리 자격증 취득을 위한 수험서인《PM+P》를 집필할 때 설정했던 페르소나는 그림 54.와 같다.

가정, 회사일, 저녁 약속 등으로 학습시간이 절대 부족한 상황에서
승격을 위해 짧은 시간 학습으로 한 번 만에 합격

김 피엠 (남) 40세
'미래소프트웨어' 회사의 프로젝트 관리자

- 입사 후 경험: 소프트웨어 개발자로 8년, 프로젝트 관리자로 2년을 경험했으며, 프로젝트 관리자로 수행한 프로젝트는 2개
- PM 경험 프로젝트: 팀원 9명 8개월, 팀원 15명 10개월
- 애자일 프로젝트 수행 경험이 있음
- 회사의 프로젝트관리 인프라: PMO 부서 존재, 지식 공유 시스템 운영
- PMP 자격증 취득 배경: 회사 내 승격시 가점 취득, 개인 역량 강화
- PMP 취득시 회사 지원: 불합격시 본인 부담, 합격시 회사 지원
- 수험 준비 상황: 《PMBOK》을 읽어보지 않았으며 PMP 교육 수강 경험도 없음. 회사에서 운영하는 'PM 교육과정(3일)' 이수, 목표 준비 기간 3개월
- 평균 퇴근시간: 저녁 7시
- 출퇴근: 지하철로 출퇴근 하며 각 50분 소요
- 가족: 맞벌이 부부이며 5세 딸이 있음
- 저녁 약속 빈도: 회사, 친구 등 주 1~2회

그림 5.4 페르소나 예시

● 고객여정 지도(Customer journey map)

고객여정 지도는 페르소나로 설정한 고객이 상품이나 서비스를 이용하는 단계별 경험을 그림을 활용하여 순서대로 정리한 것이다. 고객여정 지도를 분석하면 제품이나 서비스를 활용하는 각 단계의 고객 경험을 파악할 수 있다. 고객여정 지도를 작성하는 순서는 다음과 같다.

❶ 고객여정 지도를 활용하는 목적을 정의한다.

고객여정 지도를 활용하는 중요한 목적은 고객이 불편을 겪는 접점을 파악하여 개선하는 것이다. 그러기 위해서는 고객정보를 파악하는 주기, 정보 활용 목적(기존 상품 개선, 신상품 아이디어 발굴 등)을 정의해야 한다.

❷ 고객 페르소나를 정의한다.

고객여정 지도 활용에 적합한 고객 페르소나를 정의한다. 여러 고객군을 대표하는 페르소나를 복수로 정의할 수 있다. 이때에는 여러 개의 고객여정 지도를 만들 수 있다.

❸ 상품의 인지부터 유지(폐기)까지 고객 관점에서 상품을 경험하는 전체 단계를 정의한다.

상품마다 상세 단계는 다를 수 있지만 일반적으로 인식 단계, 고려 단계, 구매(또는 결정) 단계, 그리고 유지 단계로 나누어 정의한다.

● **인식 단계**

고객이 문제점을 해결하기 위해 특정 상품을 인식하는 단계로 관련 상품에 관한 정보를 검색한다.

● **고려 단계**

고객이 경쟁상품과 특정 상품의 장단점을 분석하는 활동이다. 쇼핑몰의 상품 이용 후기, 가격, AS 등을 검색하는 활동이 그 예다.

● **구매 단계**

고객이 경쟁상품과 비교 분석 후 특정 상품의 구매를 결정한다. 온라인에서 구매할 수도 있고, 대리점을 방문하여 구매할 수도 있다. 온라인에서 구매하는 경우 고객은 구매 정보 입력, 배송 수취 등의 경험을 한다.

● **유지 단계(폐기, 탈퇴)**

제품 또는 서비스 구매 이후 상품을 사용하는 단계이다. 제품의 경우 고객의 사용 목적에 부합해야 하고 문제 발생시 AS 또는 반품이 잘 되어야 한다. 서비스의 경우는 고객이 계약을 유지할 만큼의 만족스러운 서비스를 제공받아야 한다.

❹ **접점(touch point) 목록을 만든다.**

각 단계별로 고객들이 회사의 광고, 오프라인 채널, 홈페이지, 고객지원 센터를 접하는 활동 또는 이벤트를 정리한다. 고객들은 생각보다 많은 접점에서 기업과 상호작용하고 상품에 대해 경험한다.

❺ **각 고객접점에 대해 고객평가 의견을 수집한다.**

고객접점에서 상품에 대한 경험을 하는 순간의 고객 느낌을 수집하는 것이 바람직하다. 예를 들어 상품을 구매한 시점에 상품구매 과정에서의 불편함을 조사하는 것이다. IT기술이 발전하여 이러한 조사가 가능하게 되었다.

❻ **고객불만을 파악하고 개선 과제를 도출한다.**

고객여정에서 중요한 단계를 먼저 파악하고 그 단계의 고객불편을 먼저 개선해야 한다. 그러기 위해선 고객의 불편, 만족, 고객의 이탈, 기타 통찰을 분석해야 한다.

도어록 상품을 예시로 고객여정 지도를 정리하면 표 5.5와 같다.

구분	구매	설치	사용	AS
터치포인트	- 온라인 쇼핑몰 구매 - 지역 대리상 구매	- 설치 요청 - 설치 방문	- 지문 등록 - 문 열고 닫기 - 출입 이력 받기	- 콜센터 전화 - 서비스 기사 방문
고객만족도(5점 만점)	4.0	3.8	4.2	3.9
불만 내용	- 구매시 다양한 혜택을 원함	- 일부 기사 설치 방문 지연 - 도어록 앱 사용설명 원함	- 출입 메시지 유형별 선택적으로 수신	- AS 방문 시간 미 준수
개선사항		- 앱 사용 동영상 제작	- 출입 이력 유형별 수신 여부를 사용자가 결정	

표 5.5 도어록 상품의 고객여정 지도 예시

《질문을 디자인하라》(2013)에서는 고객경험 관찰의 중요성을 다음과 같이 설명한다.

생각보다 많은 기업이 자신들의 구매 경험에 대해 잠재 고객들이 싫어하는 점이 무엇인가를 가늠해보거나 추적해보지 않는다. 잠재 고객의 구매 경험 중 싫어하는 부분이 무엇인가를 파헤쳐보는 일은 금광이 될 수 있다. 특히 경쟁사가 그런 조사를 하지 않을 때는 더욱 그렇다. 이런 정보를 포착하는 유일한 방법은 결정적인 순간에 현장에 있으면서 고객이 우리 제품을 거부하거나 선택하는 모습을 관찰하는 것이다.

● 가치제안 캔버스(Value proposition canvas)

가체제안 캔버스는 알렉스 오스트왈드(Alex Osterwalder)가 《비즈니스 모델의 탄생》(2011)에 이어 출간한 책《밸류 프로포지션 디자인(Value Proposition Design)》(2016)에 소개된 개념이다. 가치제안 캔버스는 '고객 프로필'과 '가치맵'으로 구성된다(그림 5.5).

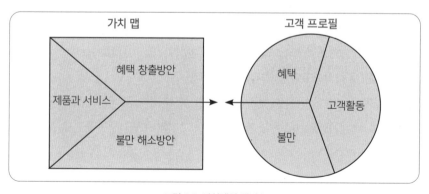

그림 5.5 가치제안 캔버스

고객 프로필은 특정 고객군의 불만, 혜택, 활동을 정리한다.

- **고객 활동** 특정 상품의 기능과 관련하여 고객이 평소 수행하는 활동
- **불만** 고객 활동과 관련된 고객의 불편, 위험요소
- **혜택** 고객이 달성하고자 하는 결과 또는 추구하는 혜택

가치맵은 고객의 불만을 해소하고 혜택을 창출하기 위해 어떤 제품이나 서비스를 개발할지를 정리한다.

- **불만 해소 방안** 당신의 제품 또는 서비스가 고객의 불만을 해소 또는 경감시켜주는 방안
- **혜택 창출 방안** 당신의 제품 또는 서비스가 고객이 원하는 혜택을 창출하는 방안
- **제품 또는 서비스** 고객에게 제공하는 제품 또는 서비스의 내용

와이파이 도어록의 예로 간단히 작성한 가치제안 캔버스는 그림 5.6과 같다. 실제는 이보다 훨씬 복잡하지만 이해를 돕기 위해 간략하게 기술했다.

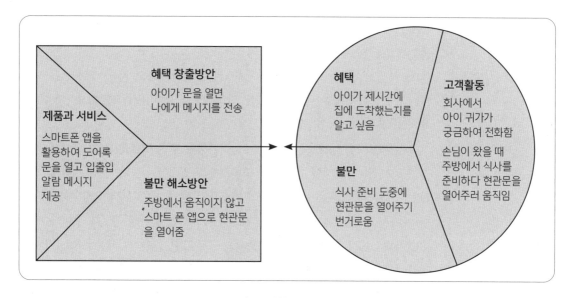

그림 5.6 가치제안 캔버스 예시

● 고객지원 센터 데이터 분석

출시한 상품 개선을 위해서는 상품관리자가 고객지원 센터에 접수되는 VOC를 정기적으로 분석해야 한다. 고객지원 센터에 접수된 데이터를 분석할 때 유의사항은 다음과 같다.

- 고객지원 센터에 전화하는 고객은 불편을 경험하는 고객의 일부이다. 전화기를 들어 상품에 대한 불편을 이야기하는 고객에게 감사해야 한다.
- 고객지원 센터에 접수되는 VOC 중 결함 해결에만 집중해서는 안 된다. 상품 관리자의 의도와 다르게 상품을 이해하거나, 매뉴얼을 잘 읽어보지 않아서 발생하는 문의 등도 상품 개선의 대상으로 인식해야 한다. **사용성이 나쁜 것도 중대한 결함이다.**
- 고객지원 센터에 접수된 VOC를 평가지표로 활용해서는 안 된다. 접수된 VOC를 평가지표로 활용하면 상품개발 팀이 반감을 가지고 VOC 개선에 소극적이게 된다.
- 자주 발생하는 VOC를 체계적이고 지속적으로 해결해야 한다. 접수 빈도가 높은 VOC는 발생원인과 조치 유형을 분석하여 체계적으로 개선해야 한다. 최근 PC나 스마트폰의 앱 사용 환경(PC와 스마트폰의 다양한 사양, 다양한 설정환경, 잦은 스마트폰 변경과 OS 업그레이드)이 복잡하여 문제 원인 파악이 어려운 소프트웨어 상품의 VOC가 증가하고 있다. 이런 유형의 VOC는 끈기를 가지고 하나씩 해결해야 한다.

● **코호트(cohort) 분석**

코호트란 '특정 기간에 특정 경험을 공유한 사람들의 집합'이다. COVID-19가 확산되었을 때 같은 병원이나 아파트에 있는 모든 사람들(또는 특정 층의 사람들)을 특정일 기준으로 격리하는 것을 '코호트 격리'라고 하는 것도 같은 맥락이다. 코호트 분석은 같은 시점에 가입한 고객들의 서비스 이용 실적을 활용하여 수익성과 성장성을 분석하는 기법이다.

지속적인 사업 성장을 위해서는 기존 고객의 낮은 이탈률, 신규 고객의 지속적인 증가, 유지 고객의 지속적인 구매가 뒷받침되어야 한다. 매월 신규로 가입하는 고객이 증가하고, 가입 고객이 이탈하지 않고, 기존 고객이 지속적인 구매를 한다는 증거를 확보하면 비즈니스 성장에 대한 증거를 확보한 것이다. 월별(또는 주별) 신규 고객을 별도로 분석하지 않고 총 사용량, 매출로만 파악하면 성장에 대한 정확한 분석을 할 수 없다. 《린분석》(2014)에서의 사례(표 5.6, 5.7)를 살펴보자.

표 5.6에서 파악할 수 있는 정보는 다음과 같다
- 월별 고객은 1,000명 씩 증가한다.
- 고객당 평균매출액은 1월 이후 약간 낮아졌지만 안정적이다.

이 데이터만으로는 상황이 좋아지고 있는지 판단하기 힘들다. 기존 고객의 데이터와 신규 고객의 데이터가 혼합되어 있기 때문이다. 신규 고객당 매출이 낮아져도 고객 수만 증가하면 같은 결과가 나올 수 있다.

	1월	2월	3월	4월	5월
전체고객	1,000 명	2,000명	3,000명	4,000명	5,000명
고객당 평균매출	$5.0	$4.5	$4.3	$4.2	$4.5

표 5.6 5개월 동안 고객당 매출

코호트 분석을 적용한 결과는 표 5.7과 같다.

코호트	사용 개월 수				
	1	2	3	4	5
1월	$5.0	$3.0(40%↓)	$2.0(60%↓)	$1.0(80%↓)	$0.5(90%↓)
2월	$6.0	$4.0(30%↓)	$2.0(67%↓)	$1.0(83%↓)	
3월	$7.0	$6.0(14%↓)	$5.0(29%↓)		
4월	$8.0	$7.0(13%↓)			
5월	$9.0				
평균	$7.0	$5.0	$3.0	$1.0	$0.5

표 5.7 고객당 매출 데이터의 코호트 분석

표 5.7에서 가로축(행)은 가입 월을 기준으로 분류한 코호트이다. 즉, 행 '1월'은 1월에 가입한 고객들이다. 세로축(열)은 사용 개월 수(경과 개월 수)의 데이터이다. 즉, 1월에 가입한 고객의 4개월 뒤 고객당 매출액은 $1.0이다. 코호트 분석에서 추가로 파악할 수 있는 정보는 다음과 같다.

- 가입 첫 달 고객당 매출액이 꾸준히 증가한다. (매월 $1.0씩 증가)
- 사용 개월 수가 지날수록 인당 매출액은 감소한다. 괄호 안의 %는 첫 번째 가입 월 대비 감소율을 의미한다.
- 시간이 지나면서 인당 매출액의 감소율은 줄어든다. 1월에 가입한 고객은 다음 달에 40%수준으로 낮아졌지만 4월에 가입한 고객은 다음 달에 13% 수준으로 낮아졌다.

코호트 분석을 통해 어떤 지표가 성장에 가장 영향을 미치는지 파악할 수 있는데, 그것은 '가입 첫 달의 인당 매출액과 이후 구매액의 감소율'이다. 표 5.7

의 예시에서 가입 첫 달의 인당 매출이 계속 상승하고, 구매액 감소율이 줄어들고 있기 때문에 사업이 계속 성장할 것이라고 확인할 수 있다. 물론 신규 고객의 증가도 확인해야 한다.

● A/B테스트

A/B 테스트는 두 가지의 아이디어 중 더 높은 전환률(회원가입, 구매, 장바구니 담기, 클릭)을 달성하는 아이디어를 선택하기 위한 기법이다. 한 가지 요인만 다른 두 아이디어를 동일한 규모의 두 집단에게 일정 기간 보여준 뒤 어떤 집단에서 반응이 좋았는지 확인한다. A/B 테스트를 적용하는 대상은 콜투액션(call to action) 버튼, 카피, 레이아웃, 가격 표시 방식, 이미지, 텍스트의 양 등이다. 여러 요인에 대한 최적안을 찾고자 하는 경우에는 여러 번의 A/B 테스트를 실행하여 최적의 안을 결정한다.

● 수익성 검증을 위한 고객 설문

《진화된 마케팅 그로스 해킹》(2017)의 저자 션 앨리스(Sean Ellis)가 개발한 수익성 검증을 위한 고객 설문은 다음과 같다.

> "이 제품을 내일부터 이용할 수 없다면 고객께서 느끼시는 실망감은 어느 정도이겠습니까?"
>
> (1) 매우 실망스럽다.
> (2) 약간 실망스럽다.
> (3) 전혀 실망스럽지 않다.
> (4) 해당없음. 사용하지 않고 있다.

응답자의 40% 이상이 매우 실망스럽다고 답했다면 성장을 겨냥하는 활동을 전속력으로 추진해도 좋다는 의미다. 25%에 미치지 못했다면 목표고객이 상품과 맞지 않거나 성장을 위한 활동을 시작하기 전에 상품 개선에 더 노력해야 한다.

5.3 문제해결 방안 개발

문제해결을 위한 충족수단 개발은 창의성을 필요로 한다. 상품개발의 창의성은 머리에서 시작하여 손에서 완성된다. 머리에 떠오르는 아이디어를 시제품으로 전환하는 과정에서 예상하지 못했던 문제점이나 보완사항을 발견한다. 문제

해결 방안은 많은 시행착오 끝에 완성된다. 이번 섹션에서는 문제해결을 위한 창의적 사고 방법과 문제해결의 정답을 더 빨리, 적은 비용으로 찾을 수 있는 MVP(Minimum Viable Product) 기법을 설명한다.

1) 문제해결을 위한 창의적 사고 방법

《끌리는 컨셉 만들기》에서는 아이디어 창출을 위한 질문방법으로 CREATORS를 설명하고 있다. 제품 또는 서비스의 속성을 바꾼다고 가정하고 고객에게 어떤 혜택을 주는지 추론하는 방법이다. 아래 영어의 첫 단어를 연결하면 CREATORS가 된다(C는 두개이다).

● **결합해서 상호 의존시키면?**(Combine & Interdependent)

기존 상품의 속성을 다른 상품의 속성 또는 사용 상황과 결합하여 새로운 속성을 창출하는 방법이다

- **제품 속성과 사용 상황의 결합** 베개가 코골이 소리를 감지하면 베개의 높이가 높아지도록 공기가 주입되어 코콜이를 치료하는 상품
- **제품 속성 간의 결합** 샤워기와 LED를 연동하여 물의 온도를 알려주는 샤워기

● **결합하면?**(Combine)

앞의 '결합해서 상호 의존시키기'와 달리, 결합을 해도 각 속성이 독립적으로 남아있다.

- 라면을 먹을 그릇과 판매를 위한 포장을 결합한 컵라면
- AI 스피커에 음성으로 지시하여 도어록 문 열기

● **다른 것으로 대체하면?**(Replace)

- 전기장판의 전자파 걱정을 해소하기 위한 온수매트

● **제거하면?**(Eliminate)

- 코드를 제거한 무선 청소기
- 은행원을 제거한 ATM
- 날개를 없앤 선풍기

● **추가해서 다르게 하면?**(Add)

- 카메라 앞면에 창을 추가해 자신의 얼굴을 쉽게 찍을 수 있도록 함.
- 면도날을 추가해서 면도를 쉽게 함.

● **전체와 부분을 다르게 하면?**(Total & Alone)

- 지하철의 약 냉방칸

● **반대로 하면?**(Opposite)

주객관계, 인과관계를 반대로 하는 역발상은 획기적 혁신을 만든다.

- 사람 대신 바닥이 움직이는 러닝머신
- 움직이는 위성의 위치를 파악하는 기술을 적용하여, 역으로 위성에서 사물을 위치를 계산하는 GPS
- 거꾸로 접히는 우산 (카즈브렐라, 동영상을 검색해서 직접 보시기 바란다)
- **미리 하면?(Reserve)**
- 쉽게 열리는 통조림
- 미리 조리한 간편식
- 미리 썰어둔 식빵
- **나누면?(Segment)**
- 무뎌진 칼 대신 새로운 칼을 사용하는 커터칼
- 이용 시간을 분리하는 콘도 회원

2) MVP(Minimum Viable Product)의 정의

앞서 설명한 창의적 사고 방법은 문제해결을 위해 머리로 고민하는 활동이다. 머리에 떠오른 생각대로 고객의 문제를 해결할 수 있는지 검증하기 위해서는 직접 손으로 시제품을 만들어봐야 한다. 손으로 시제품을 만드는 과정은 두 가지 측면에서 의미가 있다. 첫째, 손으로 만드는 과정에서 예상하지 못했던 문제점을 발견할 수 있다. 상품 콘셉트도 글로 적으면 더 명확해진다. 둘째, 구체적인 실체(시제품)가 있어야 나의 생각이 맞는지 고객에게 직접 확인할 수 있다. 머릿속 아이디어만으로는 고객에게 확인받을 수 없다. 충족수단은 여러 번 검증할수록 완성도가 높아진다.

고객문제 해결을 위한 충족수단을 형상화한 것을 MVP라 한다. MVP는 4장에서 소개한 스티브 블랭크와 에릭 릭스가 그들의 저서에서 사용하면서 많이 알려졌다. MVP라는 용어가 빠른 속도로 확산된 이유는 최우수 선수를 의미하는 MVP(Most Valuable Player)와 중의적인 단어라 기억이 쉬웠고, 스타트업의 핵심 사상을 간결하게 표현했기 때문이다.

MVP는 린 스타트업 프로세스에서 사용되는 용어로, 고객문제 해결 여부를 검증하기 위해 제작하는 일종의 시제품(prototype)이다. 시제품은 사용성, 품질, 성능을 검증하기 위해 출시 전 많은 비용과 시간을 투입하여 만들지만, MVP는 프로토타입(prototype) 이전에 만든다는 의미로 프리토타입(pretotype)이라고도 한다. 프리토타입은 구글 개발자이자 혁신 컨설턴트였던 알베르토 사보이아(Alberto Savoia)가 제시한 개념이며 '시제품'과 구분하여 '사전 시제품'이라고 한다.

MVP를 구성하는 세 단어의 의미는 다음과 같다.

● **최소한의**(Minimum)

최소한은 고객가치 개발 및 검증을 위한 비용 최소화를 의미한다. 즉 최소한의 기능, 최소한의 디자인, 최소한의 품질을 갖춘 사전 시제품으로 고객문제 해결을 추구한다. 최소한의 개념은 뒤에 설명하는 '독자생존 가능한(viable)'과 밀접한 관련이 있다.

● **독자생존 가능한**(Viable)

'독자생존 가능한'은 고객문제 해결을 위한 핵심 아이디어를 담고 있어야 한다는 의미이다. 문제해결을 위한 핵심 아이디어를 고객이 체험할 수 있어야 문제해결 여부에 대한 고객 평가를 받을 수 있다. 그것이 고객가치 학습이다. 독자생존이 가능하지 않는 최소한은 학습을 할 수 없으며, 최소한이 아닌 독자생존은 학습비용이 크다. 최소한을 위해 독자생존 가능성을 희생하거나, 독자생존 가능성을 높이기 위해 중요하지 않는 많은 기능을 포함해서는 안된다. 독자생존이 가능한 동시에 기능을 최소화하기 위해서는 핵심 고객가치에 집중해야 한다. 예를 들어 이동수단을 개발하고자 할 때 MVP의 개념은 그림 5.7과 같다.

그림 5.7 이동수단 개발 MVP 예시(출처: https://youtu.be/0P7nCmln7PM)

● **프로덕트**(Product)

프로덕트는 품질관점에서 이해해야 한다. MVP는 상품의 기능 수는 최소화해야 하지만, 품질은 일정 수준 이상을 품질을 확보해야 한다. 고객가치 학습을 위한 MVP일지라도 최소한의 품질을 확보하지 못하면 고객 피드백을 받을 수 없다. MVP를 잘못 오해하여 빠른 출시에만 집중하고 낮은 품질을 당연하게 생각해서는 안 된다.

3) 신상품 개발에서 MVP 활용의 중요성

MVP를 기법만으로 이해하면 실제 적용할 때 효과를 보기 어렵다. MVP는 조직문화로 정착시켜야 효과를 볼 수 있다. 신상품을 개발할 때 MVP 적용이 중요한 이유는 다음과 같다.

● 고객가치(본질)에 집중하여 활용도 낮은 기능 개발을 최소화한다.

상품을 기획할 때 기능을 추가하는 것은 쉽지만 기능을 삭제하는 것은 어렵다. 대부분의 경영층과 고객은 기능 추가에 대한 의견을 제시하지만, 기능 제거에 대한 의견은 제시하지 않는다. 특정 기능이 필요한 이유는 설명하기 쉬워도 특정 기능을 삭제해야 하는 이유를 설명하기는 힘들다. MVP는 더 많은 기능보다 더 중요한 필수 기능에 집중하도록 만든다. MVP는 고객문제 해결을 위한 핵심기능을 확인하고, 지속적으로 개선할 수 있도록 도와준다. MVP는 고객가치에 대한 가설을 검증할 수 있는 최소한의 기능을 가진 제품이다.

● 상품 개발기간을 단축시킬 수 있다.

최소한의 기능으로 고객가치를 빨리 학습하고 이를 상품기획에 반영하면 재작업을 최소화하고 상품개발 속도를 높일 수 있다.

4) MVP의 유형

상품기획 초기 단계에서는 '완성도 낮은 MVP(low fidelity MVP)'를 활용하여 고객의 문제를 확인하고, 이후 단계에서 '완성도 높은 MVP(high fidelity MVP)'를 활용하여 고객가치 충족 여부를 검증한다.

이하는 MVP의 대표적인 유형들이다.

● 컨시어지(concierge) MVP

컨시어지는 호텔에서 고객을 도와주는 사람을 의미한다. 컨시어지 MVP는 솔루션을 자동화하기 전에 특정 개인이 그 역할을 수행한다. 예를 들어 차량 공유를 위한 소프트웨어를 개발하기 전에 사람이 전화로 그 역할을 대신하는 것이다. 컨시어지 MVP는 실제로 상품을 만들기 전에 고객들에게 상품을 사용하는 경험을 제공한다. 에어비앤비가 사업 아이디어를 검증할 때 컨시어지 MVP를 활용했다. 2007년에 브라이언 체스키(Brian Chesky)와 조 게비아(Joe Gebbia)는 샌프란시스코에서 진행하는 디자인 컨퍼런스를 앞두고 그들이 사는 아파트 사진을 찍어 웹사이트에 올렸다. 이후 두 사람은 인근 호텔을 구하지 못한 컨퍼런스 참가자 3명을 고객으로 확보했다(그림 5.8).

● 오즈의 마법사 MVP

오즈의 마법사 MVP는 고객에게는 상품이 작동하는 것처럼 보이지만 사실은 사람이 직접 작동하는 것이다. 컨시어지 MVP는 사람이 작업을 처리하고 있다는 것을 고객이 인지하지만, 오즈의 마법사 MVP는 상품이 아닌 사람이 일하고 있다는 것을 고객이 깨닫지 못한다.

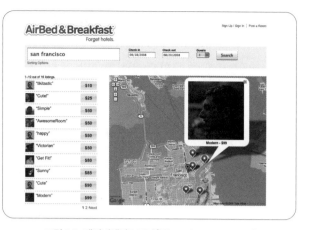

그림 5.8 에어비앤비 MVP(출처: Techcrunch, 2008)

1970년대 IBM은 키보드 대신 음성으로 컴퓨터에 입력하는 아이디어를 검증하기 위해 오즈의 마법사 MVP를 활용하였다. 고객이 마이크에 대고 말하면 화면 스크린에 텍스트가 나오는 것이었는데, 실제로는 사람이 뒤에 숨어 타이핑을 하였다(그림 5.9).

'가짜 솔루션'을 통해서 IBM은 '음성-텍스트 전환기' 아이디어의 여러 문제를 확인했다. 사용자의 목이 아파 목소리를 제대로 낼 수 없거나 주변의 소음이 들리는

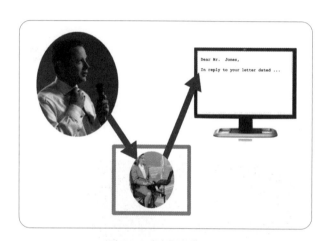

그림 5.9 IBM의 음성-텍스트 MVP
(출처: https://www.andrewahn.co/product/pretotyping/)

곳에서 활용이 어려웠던 것이다. 음성-텍스트 변환기술이 많이 발전하고 활용도가 높아지고 있지만, 아직도 키보드가 컴퓨터 및 스마트폰의 주요 입력 수단으로 활용되는 것을 보면 그때 IBM의 의사결정은 틀린 것이 아니었다. 만일 아이디어가 별로였다는 사실을 깨닫지 못하고 실제로 신상품 개발에 착수했다면 큰 손해를 보았을 것이다. 시대를 너무 앞서는 기술개발도 성공의 걸림돌이다.

오즈의 마법사 MVP는 복잡한 알고리즘이나 자동화가 필요한 해결책, 잠재적으로 민감한 문제가 생길 수 있는 분야(금융, 의료, 법률)에 적합하다. 예를 들어 빅데이터, AI를 활용한 소프트웨어 상품의 고객가치를 검증할 때 활용할 수 있다.

● 비디오 MVP

비디오 MVP는 상품기능 설명을 위해 비디오를 제작하는 개념이다. 드롭박스의 비디오가 대표적인 예이다. 파일-싱크(file-sync) 솔루션에 대한 고객가치를 평

가하기 위해 실제로 서버를 구축할 수 없었던 드롭박스는 3분 가량의 비디오를 제작하였다(그림 5.10). 향후 드롭박스가 구현하고자 하는 기능을 비디오로 보여준 결과, 하룻밤 사이에 회원 숫자가 5천 명에서 7만 5천 명으로 증가했다.

그림 5.10 드롭박스 MVP(출처: www.youtube.com/watch?v=xy9nSnalvPc)

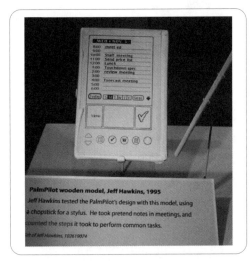

그림 5.11 나무로 만든 PDA
(출처: https://www.andrewahn.co/product/pretotyping/)

● 프로토타입 MVP

프로토타입 또는 목업(mock up)을 MVP로 활용할 수 있다. PDA 제조사 팜컴 퓨팅의 창업자인 제프 호킨스(Jeff Hawkins)는 나무를 이용하여 초기 제품 모양과 동일하게 제작한 '가짜 PDA'를 만들어 주머니에 넣고 다니면서 사용하는 척했다(그림 5.11). 이런 과정을 통해 핵심기능에 대한 직관을 키울 수 있었다.

● 타인 상품 MVP

이미 시장에 경쟁자가 있고, 경쟁자 상품에 대한 개선 아이디어가 있다면 경쟁사 상품을 활용하여 상품 개선 아이디어 검증을 할 수 있다. 타인 상품 MVP는 오즈의 마법사와 비슷하지만, 기존 상품의 문제점을 확인하기 위해 활용한다.

5) 대기업에서 MVP 적용시 흔히 접하는 반론들

대기업에서 MVP를 적용하는 것은 쉽지 않다. '최소한'의 의미가 '저품질'로 인식되어 반감이 크기 때문이다. 다음은《린 고객개발》(2015)에 나오는, 마이크로소프트사가 MVP를 적용한 과정의 경험을 정리한 내용이다.

반론: 우리 고객은 기대 수준이 높기 때문에 MVP를 보여줄 수 없다.

답변: MVP를 보여준다는 것은 고객에게 불완전한 경험을 제공한다는 의미가 아니다. 디자인과 기능성은 고품질일 수 있다. 다만 사용 범위를 일부만 제공하는 것이다. 만약 우리의 가설이 옳다면, 지금 현재는 가치를 일부만 제공하고 있는 것이고, 나중에 더 많은 가치를 추가할 것이다. 가설이 옳지 않다면 가치가 없는 큰 기능 대신 작은 기능만을 제공해보고 마무리 지을 수도 있다.

반론: 우리는 모든 플랫폼을 지원해야 한다.

답변: 만약 안드로이드에서만 작동하는 기능을 만들었는데 아무도 그걸 사용하지 않는다면 이 쓸데없는 기능이 아이폰에서 작동하지 않는다고 안타까워해야 하는가? 그 기능의 테스트 결과가 좋다면 다른 플랫폼에서도 사용할 수 있도록 빨리 추가하면 된다.

반론: 우리는 수백만 명의 사용자를 대상으로 해야 한다.

답변: 우리 고객의 일부를 대상으로 상품을 검증할 것이다. 만약 수천 명의 고객이 상품에 접속한다면, 그만큼의 인원을 수용할 수 있을 정도의 고성능이면 된다. 고객이 구매하지 않을지도 모르는 상품에 엔지니어를 많이 배치하는 건 낭비다.

반론: 고객을 만족시키는 소규모 기능 집합이라는 건 없다.

답변: 이번 일이 앞으로 하게 될 유일한 일이 아니다. 최소한의 시간 투자로 가장 큰 가치를 제공할 수 있는 방법이라는 관점에서 생각해보자. 다른 기능에 비해 고객이 더 많이 사용하는 기능이 있는가? 일주일에 한 번 또는 그 보다 낮은 빈도로 사용 되는 기능 말고 매일 사용하는 기능이 있는가? 절대적으로 우선순위가 높은 기능 부터 시작함으로써 우리의 아이디어를 더 빨리 검증하고 고객으로부터 교훈을 얻을 수 있다.

✥ 5.4 고객 인터뷰 방법

고객문제와 해결방안을 도출하고 검증하기 위해서는 인터뷰가 필수다. 인터뷰를 잘해야 고객의 문제를 정확하게 파악하고, 충족수단에 대한 고객의 피드백을 정확하게 받을 수 있다. 이번 섹션에서는 인터뷰를 설계할 때 고려사항, 인터뷰 시작하는 방법과 끝내는 방법, 인터뷰 진행시 유의사항을 설명한다.

1) 고객 인터뷰 설계시 고려사항
고객 인터뷰를 설계하기 위해 고려할 요소는 인터뷰 목적, 인터뷰 횟수, 인터뷰 진행 순서, 공통 인터뷰 항목이다.

● 인터뷰 목적
고객 인터뷰 목적은 고객이 원하는 결과를 확인하는 '문제 인터뷰'와 원하는 결과의 충족수단을 확인하는 '솔루션 인터뷰'로 구분할 수 있다. 문제 인터뷰는 고객의 문제(불만 또는 원하는 혜택) 파악이 목적이고, 솔루션 인터뷰는 문제해결 방안에 대해 고객 반응을 확인하는 것이 목적이다.

● 인터뷰 횟수
인터뷰 횟수는 정답이 없다. 시간과 예산의 제약이 없고, 인터뷰에 응해주는 고객이 많으면 좋겠지만, 그렇지 못할 때가 대부분이다. 앞서 설명했듯이 초기 단계의 아이디어 검증을 위해서는 10~20명 정도면 유의한 결과를 얻을 수 있다.
《린 고객개발》에서는 인터뷰 횟수에 관해 다음과 같이 가이드한다.

- 일반적으로 열 번의 인터뷰 후에 MVP(Minimum Viable Product) 제작에 착수하라.
- 열 번 정도의 인터뷰를 하면 2~3명이 이야기하는 것과 같은 패턴이 나타난다.
- 10명을 인터뷰해도 패턴이 드러나지 않으면 지나치게 다양한 사람들과 대화한 것일 수 있다. 목표고객군을 더 좁혀라.
- 더 이상 새로운 내용이 나오지 않을 때가 충분한 인터뷰를 했을 때이다.

● 공통으로 사용할 수 있는 질문
《린 고객개발》에서 제안하는 고객 인터뷰시 사용할 수 있는 질문은 다음과 같다.
- 지난번에 ( )를 하셨던 것에 대해 말씀해주십시오.
  · 이야기 오프닝의 의미가 있으며 고객이 생각하는 중요한 이슈로 시작
- 만약 마법 지팡이가 있어 당신이 수행하는 업무를 원하는 대로 바꿀 수 있

다면, 무엇을 바꾸시겠습니까?
· 고객의 가장 큰 고민 확인
● ( )를 하는 데 어떤 도구를 사용하십니까?
· 도구를 사용하는 고객은 관심이 있다는 것임.
● 도구를 사용한다면, 어떤 이득을 기대하십니까?
· 고객이 바라는 결과 확인
● ( )를 얼마나 자주 하십니까? 예를 들어 지난 달에는 몇 번이나 하셨나요?
· 빈도수를 통해 중요도를 확인
● 문제가 발생하면, 여러분이나 여러분들의 회사가 부담해야 하는 추가 시간이
  나 비용은 얼마입니까?
· 해당 고객의 불편사항을 파악 (시간이나 비용을 정량화할 수 있도록 가이드)
● 그 밖에 이 문제를 겪는 사람이 누가 있나요?
· 다른 고객들, 추가 인터뷰할 고객 확인
● ( )를 할 때 그전에 준비하는 어떤 일이 있습니까?
· 작업을 위한 전제조건
● 사용자 연구나 베타 테스트에 참여해서 저희를 도와주실 생각이 있으신가요?
· 다음 고객 인터뷰 참여 의사 확인

2) 인터뷰 시작과 마무리 방법

인터뷰의 시작과 끝내는 방법은 대개 비슷하기 때문에 익숙해질 때까지 연습을 해야 한다. 인터뷰 시작이 잘못되면 인터뷰 전체가 잘못될 수 있다.《린 고객개발》은 인터뷰를 시작할 때 유의할 사항을 다음과 같이 이야기한다.

● 고객에게 이 인터뷰가 상품개발에 도움이 될 것이라는 자신감을 갖게 만든다.
● 고객이 대화를 주도하기를 원한다고 분명히 이야기한다.
● 휴게실에서 동료끼리 편하게 이야기하는 분위기를 조성한다.
● 대화할 때 '저' 또는 '저를'이라는 표현을 사용해야 한다. '우리' 또는 '회사' 같
  은 표현은 피한다. 사람들은 얼굴 없는 '우리'나 '회사'보다 실제로 유대감을
  느낄 수 있는 '사람'을 더 잘 돕는다.
● 간단한 배경을 설명한 후 고객이 오프닝을 하도록 기다린다. 다음은 인터뷰
  를 시작하는 예이다.

우선, 오늘 시간 내주셔서 감사합니다. 선생님께서 일하시는 분야에서 선생님의 개인적
경험과 일하시는 방법에 대해 말씀해주시는 내용이 저에게는 정말 중요합니다. 그래서

저는 선생님 말씀을 듣는 데 집중하려 합니다. 현재 '일반적인 업무를 처리'하시는 방법에 관해서 말씀해주시기 부탁드립니다.

· '선생님의 경험' '특별히 선생님에게는'과 같은 표현을 사용하는 것이 어색하지만, 인터뷰 대상자가 전문가이고 인터뷰 대상자의 특정한 의견과 행동이 가치 있는 것이라는 점을 강조한다.
· 인터뷰 대상자가 말을 하지 않아 상황이 어색해져도 60초 정도는 아무 말도 하지 말고 기다려라

다음은 인터뷰를 마무리 하는 예이다.

선생님 제가 궁금했던 내용은 전부 잘 설명해주셨습니다. 혹시 선생님께서 궁금하신 점이 있나요?
[질문을 듣고, 필요한 만큼 답변을 한다.]
오늘 저와 대화를 해주셔서 정말 감사합니다. '의논했던 주제'에 대해 말씀해주신 내용이 정말 큰 도움이 됐습니다. 만약 선생님처럼 직접 이 문제를 겪은 분에게 이야기를 듣지 못했다면 이렇게 자세한 내용은 절대 알지 못했을 겁니다. 제가 다음에도 선생님으로부터 뭔가를 더 배울 수 있도록 선생님께 계속 관련 정보를 알려드려도 될까요? 만약 더 자세한 질문이 생기거나 뭔가 해결책이 나올 것 같은 상황이 되면 다시 연락 드려도 될까요?

3) 인터뷰 진행시 유의사항
● 상품관리자, 디자이너, 엔지니어가 함께 인터뷰한다.
상품의 기능, 디자인, 기술은 상호 복합적으로 연결된다. 디자인과 기술이 기능을 지원하는 것이 보편적이지만, 기술이 기능을 만들기도 하고 디자인이 기능을 만들기도 한다. 고객 인터뷰를 상품관리자, 디자이너, 엔지니어가 함께 하면 예상 외의 통찰을 얻을 수 있다.
● 아이디어에 집착하거나 홍보하려고 하지 않는다.
고객 인터뷰는 상품 마케팅이 아니라 고객의 문제를 확인하기 위해 실시한다. 조사자는 그동안 몰입했던 아이디어에 집착하여 원하는 답을 얻기 위한 유도신문을 하기 쉽다. 정해진 답을 확인하거나 홍보를 위한 인터뷰는 금물이다.
● 고객이 이야기하는 문제와 솔루션을 구분한다.
성격이 급한 고객은 본인 문제를 해결하기 위한 솔루션을 바로 이야기할 수 있

다. 조사자는 고객이 제시한 솔루션을 듣고 좋아하기보다는 고객의 문제를 먼저 파악해야 한다. 실패한 많은 상품들이 고객이 이야기하는 기능들을 그대로 개발했다. 고객이 제안하는 솔루션은 참고만 하고, 고객의 문제를 확인한 후 문제해결을 위한 솔루션을 검증해야 한다. 고객이 계속 솔루션을 이야기할 때에는 다음과 같이 인터뷰 주제를 다시 문제로 돌려야 한다.

"○○기능이 필요하다고 말씀하셨는데, 어떤 상황에서 무엇 때문에 ○○기능이 필요한지 상세한 설명을 부탁 드립니다."

● **정해진 틀을 고집하지 않는다.**

사전에 준비한 인터뷰 항목에 집착하면 인터뷰 항목과 벗어난 이야기가 부담스럽다. 고객과 사전에 약속한 인터뷰 시간이 초과되기 때문이다. 그러나 인터뷰 항목을 다 물어보는 것보다 신상품에 대한 아이디어를 얻는 것이 더 중요하다. 정해진 틀에 따라 기계적으로 인터뷰를 진행하면 고객도 형식적으로 답변하게 된다. 고객 이야기를 자주 끊으면 고객과의 교감이 줄어들고 고객 주도가 아닌 조사자 주도의 인터뷰가 되어 의미 있는 결과를 얻기 힘들다. 인터뷰 대상자를 최대한 편하게 만들어 주어야 한다. 조사자는 인터뷰를 주도하기보다 인터뷰를 지원하는 데 집중해야 한다.

● **열린 질문을 한다.**

고객 인터뷰를 할 때에는 열린 질문을 해야 한다. 예, 아니오의 단답을 유도하는 질문은 피하는 것이 좋다. "고객님의 이야기를 들어보니 저희가 이번에 개발한 ○○기능이 꼭 필요할 것 같습니다. 그렇지 않습니까?"라는 질문이 유도질문의 예이다. 열린 질문을 할 때에는 '언제' '누가' '왜'와 같은 6하원칙을 적용한다.

● **건강한 의심을 유지한다.**

고객은 당신을 실망시키기를 원하지 않는다. 당신이 정성을 다할수록 더욱 그렇다. 특히 B2B 상품의 인터뷰 대상자는 구매할 생각이 없어도 비즈니스 관행상 또는 지속적인 정보 획득을 위해 긍정적인 답변을 한다. 고객의 긍정적인 평가에 고무된 영업대표가 희망을 보태면 상품관리자는 잘못된 의사결정을 내리기 쉽다. 립서비스 이상의 구체적인 근거를 확인할 때까지 건강한 의심을 유지해야 한다.

● **현재 문제해결 방식을 이해한다.**

고객의 문제를 확인한 뒤에는 현 문제를 고객들이 어떠한 방식으로 해결하고 있는지 확인해야 한다. 문제를 참고 있는지, 불편한 방식이라도 해결하고 있는지 확인해야 한다. 현재 문제해결 방식을 이해해야 신상품의 차별화 포인트를 도출할 수 있다.

● 비언어 소통의 내용을 파악한다.

두 명이 인터뷰할 때에는 한 명은 언어에 집중하고 나머지 한 명은 얼굴 표정과 같은 비언어적인 내용을 확인한다.

● 사전에 고객 상황에 대해 이해도를 높인다.

고객의 상황을 이해하고 공감할 때 인터뷰 효과는 높아진다. 고객이 처한 상황이나 고객의 용어를 이해하지 못하면 고객의 몰입도는 낮아질 것이다. 특히 B2B 상품은 조사자가 고객의 문제를 정확하게 이해하고 있다는 것을 고객이 느낄 때 인터뷰에서 좋은 결과를 얻을 가능성이 높아진다.

● 고객의 성향을 감안하여 인터뷰 결과를 조정한다.

특정 상황에 대해 실제 불편한 정도는 같아도 개인의 성향에 따라 표현은 다를 수 있다. 상황을 약간 과장해서 표현하는 사람은 정성적인 인터뷰에서는 '매우 ~하다'라는 표현을 자주 사용하고, 정량적인 설문조사(예: 5점 척도 조사)에서는 5점 아니면 1점을 많이 부여한다. 고객 성향이 평균적 고객보다 극단인 상황에서는 결과를 기록할 때 이를 감안하는 것도 가능하다. 예를 들어 설문 결과에서 5점은 4점, 1점은 2점으로 변경하여 점수를 계산할 수 있다. VOC를 왜곡할 가능성이 높은 설문으로 판단되면 해당 고객의 분석 결과를 제외하는 것도 가능하다.

● 기능 추가를 위한 인터뷰는 가급적 피한다.

출시된 상품의 기능 추가가 목적인 인터뷰는 가급적 피한다. 기능이 많아진다고 고객이 늘어난다는 보장이 없을 뿐더러 인터뷰한 결과도 고객가치와는 상관없을 가능성이 높다.

● 상품에 대한 부정적 평가를 수긍한다.

많은 고객들이 상품 아이디어에 대해 부정적으로 평가하면, 긍정적인 평가를 하는 고객을 찾기보다 상품개발의 방향 전환을 고려해야 한다.

● 고객의 말보다 행동에 집중한다.

대면 인터뷰에서 고객이 부정적인 이야기를 꺼내기는 어렵다. 따라서 형식적이라도 고객은 긍정적인 언어를 구사할 수 있다. 그러나 행동은 다르다. 예를 들어 상품에 대해 칭찬을 하는 고객이더라도, "본 상품을 당신 친구들에게 소개하는 이메일을 보내 주세요"라는 말을 들었을 때 쉽게 행동을 옮기지 않는다. 구속력이 없는 '구매 의향서'에 서명하는 것도 마찬가지이다. 적은 돈이라도 현금을 내고 물건을 구매하는 것은 말할 것도 없다.

4) 인터뷰 대상인 고객에 대한 오해

《크리에이티브 R》(2017)에 따르면 대표적인 '고객에 대한 오해'는 다음과 같다.

● 고객은 아무것도 모른다?

조사자는 고객이 상품에 대한 지식이 낮다고 판단하기 쉽다. 그러나 상품 사용 경험과 상품 개선에 대한 고객의 생각이 조사자를 압도하기도 한다.

● 고객은 늘 이성적인 판단을 한다?

사람은 이성과 감성을 동시에 가지고 있다. 그래서 때로는 효용이 떨어지는 제품이나 서비스를 구매하기도 하고 과소비를 하기도 한다. 고객은 이를 부끄러워하기 때문에 스스로를 합리화하기 위해 합리적인 이유를 찾거나 감추는 행위를 한다. 예로 인터넷 강의를 듣기 위해 태블릿을 구매한 고등학생이 실제로는 영화나 음악을 더 많이 듣는 경우를 들 수 있다. 상품구매의 표면적인 이유보다 진짜 이유를 파악해야 한다.

● 고객은 자신의 생각과 과거의 행동을 설명할 수 있다?

고객은 자신의 행동을 선택적으로 기억하고 미화한다. 응답자의 기억 조작에서 오는 오류를 막으려면 인터뷰를 할 때 고객의 보조 기억장치(예: 사진, 달력, 메모 등)를 활용하는 인터뷰도 고려한다.

● 고객은 자신이 말한 대로 행동한다?

사람의 의지와 행동이 늘 일치하는 것은 아니다. 자신의 행동을 미화하거나 과장할 수 있다. 특히 미래 상황에 대한 고객의 호언은 유의해야 한다. "이 문제가 해결되면 꼭 이 제품을 구매할 거예요"라는 말을 곧이 그대로 받아들이면 안된다. 가격 또는 다른 이유 때문에 구매하지 않는 경우가 더 많다.

5) 프로토타입을 활용한 인터뷰시 유의사항

● 고객이 프로토타입을 사용하는 데 집중할 수 있도록 해야 한다.

상품에 대한 설명 또는 변명을 해서는 안 된다. 고객이 프로토타입을 사용할 수 있도록 지원하고 관찰한다. 고객이 상품을 잘 사용하지 못할 때에도 고객이 요청하지 않는다면 도와주지 말고 고객의 행동을 관찰해야 한다.

● 시간과 비용을 고려하여 프로토타입의 완성도를 결정한다.

프로토타입 완성도는 시간과 비용을 고려해 결정한다. 프로토타입의 목적은 판매가 아니라 고객가치 검증이다.

● 특정 행동이나 답변을 유도해서는 안 된다.

"○○버튼을 누르시면 어떤 기능이 수행될 거라 생각하시나요?"와 같은 질문은 하지 말아야 한다. 고객이 질문을 듣기 전까지 해당 버튼의 존재를 인식하지 못하고 있었을 수도 있기 때문이다.

● 고객의 행동을 유심히 관찰하여 질문할 내용을 기록한다.

고객이 어떤 행위를 하려고 주저하는 것과 같이 예상하지 못했던 행동을 하면 잘 기록해 두었다가 그 이유를 질문해야 한다.

● 중요한 시나리오를 생략하면 고객에게 직접 요청한다.

예를 들어 '취소' '수정' 같은 시나리오는 고객에 따라 생략할 수 있다. 이런 경우 인터뷰가 끝나갈 무렵에 고객에게 해당 시나리오를 해볼 것을 요청한다.

● 데이터는 실제처럼 보여야 한다.

개발 완성도는 낮더라도 고객의 몰입도를 높일 수 있도록 고객이 익숙한 실제 데이터를 이용하는 것이 좋다. B2B 상품은 해당 기업의 언어나 데이터를 사용할 수 있도록 지원하고 관찰한다. 고객이 잘 사용하지 못할 때에도 고객이 요청하지 않는다면 도와주지 말고 고객의 행동을 관찰해야 한다.

● N번의 프로토타입 인터뷰를 할 수 있다.

중요한 고객은 고객 의견을 반영하여 여러 번의 프로토타입 인터뷰를 수행할 수 있다.

5장 핵심요약

5.1 고객가치

- 고객의 유형에는 상품에 대한 욕구를 인식하는 사람, 구매에 영향을 미치는 사람, 구매 결정을 내리는 사람, 상품을 사용하는 사람이 있다.
- 고객가치는 '상품이 고객에게 제공하는 가격 대비 쓸모'이다.
- 고객가치를 분석하기 위해서는 고객가치 유형을 이해해야 한다. B2B 상품과 B2C 상품의 고객가치 유형은 다르다.
- 대부분의 상품은 복수 개의 가치(편익)를 제공한다.
- 다음에 유의해야 한다.
  - 고객가치는 사람에 따라, 시간에 따라 변한다.
  - 고객가치는 기존에 존재하는 것을 발견하는 것이다.
  - '고객이 바라는 결과'와 '충족수단'은 구분해야 한다.
  - 고객가치를 분석할 때에는 고객이 바라는 결과에 집중해야 한다
  - 고객이 처한 상황에 집중한다
- 고객가치 개발은 고객문제를 정의하고, 문제해결 방안을 찾는 활동으로 나누어진다

5.2 고객문제 정의.

- 출시된 상품의 개선사항을 파악하기 위해서는 자사 상품 사용자와 미사용자를 분석해야 한다.
- 고객의 문제와 충족수단을 잘 구분하여 10명에게 질문하면 고객문제를 정의할 수 있다.
- 그룹 인터뷰보다 개인 인터뷰가 고객문제 파악에 용이하다.
- 고객문제를 도출하는 방법
  - 상품을 사용하는 상황별로 고객의 문제를 파악한다.
  - 왜(why)와 어떻게(how)를 연결하여 캐묻는다.
- 민족지학은 고객과 함께 생활하면서 고객에 대한 통찰을 얻는 기법이다.
- 심층 인터뷰는 정교하게 만든 인터뷰 지침에 따라 고객의 문제점, 욕구를 파악하는 기법이다.
- 표준 집단 면접법(FGI, Focus Group Interview)은 상품을 잘 아는 8~10명의 표적집단을 대상으로 상품에 대 한 문제점, 개선사항 등을 취합하는 기법이다.
- 페르소나는 상품을 사용하는 특정 집단군을 대표하는 가상의 인물을 의미한다.
- 고객여정 지도는 페르소나로 설정한 고객이 제품이나 서비스를 이용하는 과정에서 느낀 점을 도표나 그림을 활용하여 순차적으로 정리한 것이다.
- 가치제안 캔버스는 고객의 불만을 해소하고, 고객이 원하는 혜택을 창출하는 방법을 고객 프로필과 가치맵으로 정리한 것이다.

5.3 문제해결 방안 개발

- MVP(Minimum Viable Product)는 최소한의 비용으로 고객가치를 확인하기 위한 기법으로 린 스타트업 프로세스의 핵심개념이다.
- '존속 가능'하지 않는 '최소한'은 학습을 할 수 없으며, '최소한'이 아닌 '존속'은 학습 비용이 크다. 최소한을 위해 존속 가능성을 희생하거나, 존속 가능성을 높이기 위해 중요하지 않은 기능을 포함해서는 안 된다.
- MVP를 잘못 오해하여 빠른 출시에만 집중하고 낮은 품질에 대한 정당성을 주장해서는 안 된다.

5장 핵심요약

- MVP 유형에는 컨시어지(concierge) MVP, 오즈의 마법사 MVP, 비디오 MVP, 프로토타입 MVP, 타인 상품 MVP가 있다.

5.4 고객 인터뷰 방법

- 고객 인터뷰 목적은 '문제 인터뷰'와 '솔루션 인터뷰'로 구분할 수 있다.
- 초기 단계 아이디어 검증을 위해서는 10~20명 정도면 유의한 결과를 얻을 수 있다
- 상품 사용을 위한 특별한 환경이 필요하지 않은 한 고객을 기업의 사무실로 부르는 것은 바람직하지 않다.
- 인터뷰의 시작과 끝은 익숙해질 때까지 연습을 해야 한다.
- 인터뷰 진행시 유의사항
  - 상품관리자, 디자이너, 엔지니어가 함께 인터뷰한다.
  - 아이디어에 집착하거나 홍보하려고 하지 않는다.
  - 고객이 이야기하는 문제와 솔루션을 구분한다.
  - 정해진 틀을 고집하지 않는다.
  - 열린 질문을 한다.
  - 건강한 의심을 유지한다.
  - 현재 문제해결 방식을 이해한다.
  - 비언어 소통의 내용을 파악한다.
  - 고객 상황에 대해 사전 이해도를 높인다.
  - 성향을 감안하여 인터뷰 결과를 조정한다.
  - 기능 추가를 위한 인터뷰는 가급적 피한다.
  - 상품에 대한 부정적 평가를 수긍한다.
  - 상품기능 축소를 위한 인터뷰도 고려한다.
  - 고객의 말보다 행동에 집중한다.
- 인터뷰 고객에 대한 오해
  - 고객은 스스로를 합리화하기 위해 합리적인 이유를 찾거나 감추는 행위를 한다.
  - 고객은 선택적으로 기억하고 미화하려는 특징이 있다.
  - 미래 상황에 대한 고객의 호언은 유의한다.
- 프로토타입을 활용한 인터뷰시 유의사항
  - 고객이 프로토타입을 사용하는 데 집중할 수 있도록 한다.
  - 특정 행동이나 답변을 유도해서는 안 된다.
  - 고객의 행동을 유심히 관찰하여 질문할 내용을 기록한다.
  - 고객이 중요한 시나리오를 생략하면 고객에게 직접 요청한다.
  - 데이터는 실제처럼 보여야 한다.
  - N번의 프로토타입 인터뷰를 할 수 있다.

6

마케팅 전략 수립 및 사업성 분석

6장에서는 마케팅 원론에서 다루는 STP(Segmentation Targeting Positioning), 가격전략, 경쟁분석, 사업성 분석 방법을 설명한다. STP는 상품과 관련된 시장을 세분화(segmentation)한 뒤, 집중 공 략할 목표시장을 선정하고(targeting), 고객에게 소구할 상품 콘셉트를 정의하고 전달하는(positioning) 활동이다. STP는 5장에서 설명한 고객가치 개발과도 밀접한 관련이 있다. 5장과 6장을 합치면 신상품 기획서에 포함될 내용을 대부분 포함한다.

6장의 내용은 마케팅 관리자와 상품관리자가 상식적으로 알아야 할 기본적인 개념들이다.

6.1 시장 세분화

하나의 상품으로 그 상품과 관련된 모든 고객들을 만족시킬 수 없다. 온 국민이 즐겨 먹는 라면만 해도 형태로는 봉지라면과 컵라면이 있고, 종류로는 일반라면, 짜장라면, 비빔면, 쌀라면 등이 있다. 제조사별 라면 종류를 모두 합치면 50개 이상이다.

시장 세분화는 특정 상품이 공략할 목표시장(target market)을 찾기 위한 활동이다. 상품특성에 맞는 시장을 분류하고 분석한 뒤 집중공략할 시장을 선정하면 목표시장이 된다.

이번 섹션에서는 시장 세분화가 필요한 이유, 시장을 계층적으로 구분하는 방법, 시장을 분석하기 위해 필요한 정보, 시장을 세분화하는 방법과 유의사항을 설명한다.

1) 시장 세분화(market segmentation)가 필요한 이유

마케팅 1.0으로 정의하는 생산자 위주의 시장에서는 상품에 대한 수요가 공급을 초과했기 때문에 상품을 다양화할 필요가 없고 대량 생산으로 원가만 절감하면 기업은 성장했다. 포드 회사가 T 모델 생산에 집중하던 때나 치약은 럭키 치약 하나만 판매되었던 시기가 대표적이다. 생산자 시장에서는 시장을 세분화할 필요가 없었다. 모든 고객에게 동일한 가치를 제공해도 상품이 잘 팔리니 고객을 구분하지 않고 불특정 다수를 상대로 매스 마케팅을 하면 충분했다.

그러나 마케팅 2.0의 시기에서는 생산이 수요를 초과하기 때문에 경쟁이 발생하고, 경쟁에서 이기기 위해 차별화된 상품개발과 마케팅이 필요했다. 더 이상 평균적인 가치를 제공하는 상품만으로 모든 고객을 공략하기 힘들어졌다. 생산이 소비를 초과하면서 고객 니즈는 다양해졌다. 다양해진 고객 니즈를 충족시키기 위해서는 세분화된 목표시장을 공략할 차별화된 상품과 마케팅이 필요했다.

《경쟁우위 마케팅 전략》(2018)은 시장의 유형을 판매 주도, 시장 주도, 고객 주도, 시장 창출로 구분하여 각 시장의 특성을 표 6.1과 같이 설명하고 있다. 신상품을 개발할 때 시장을 세분화하고 목표시장을 정의하는 이유는 목표시장의 고객군을 대상으로 고객가치를 검증하고, 포지셔닝 전략을 수립하고, 시장매력도를 분석해야 하기 때문이다(그림 6.1).

구분	판매 주도	시장 주도	고객 주도	시장 창출
마케팅 전략	**대중 마케팅** 어떻게 판매할 것인가?	**차별화 마케팅** 어떠한 이미지를 심어줄 것인가?	**관계 마케팅** 누구를 대상으로 판매할 것인가	**혁신적 마케팅** 어떻게 변화시킬 것인가?
세분화 전략	비차별화	시장 세분화	특정 세분집단	기존의 세분시장 파괴
시장조사	**시장조사** 어떻게 판매할 것인가	**시장 이해** 시장이 원하는 것이 무엇인가?	**고객 이해** 이 고객이 원하는 것이 무엇인가?	**전방 이해** 시장이 어떻게 진화할 수 있는가?
가격관리	원가 가산	지각된 가치	번들링/언번들링	새로운 가격
판매관리	상품판매	이미지 판매	솔루션 판매	소비자 교육
상품개발	신상품	점진적 혁신	싱품통합/ 서비스 플랫폼	급진적 혁신

표 6.1 시장의 유형별 특성

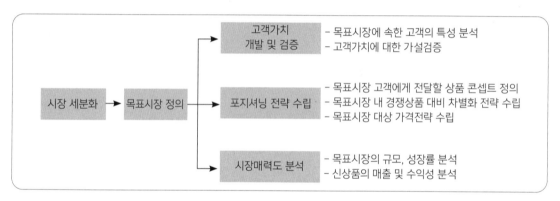

그림 6.1 시장 세분화 및 목표시장 정의의 필요성

신상품을 기획할 때 목표시장은 두 가지 방식으로 선정할 수 있다. 첫 번째는 상품의 고객가치를 개발한 후 상품이 공략할 수 있는 시장을 세분화하여 목표시장을 선정하는 방식이다. 두 번째 방식은 기존 시장을 세분화하여 매력적인 세분시장을 선정한 후, 해당 시장 공략을 위한 고객가치를 개발하는 방식이다 (그림 6.2).

현실에서 고객가치 개발과 목표시장 선정은 순차적으로 진행하기보다 상호 보완적으로 진행된다. 고객가치가 바뀌면 목표시장이 변경되기도 하고, 목표시장의 고객 니즈에 따라 고객가치가 변경되기도 한다.

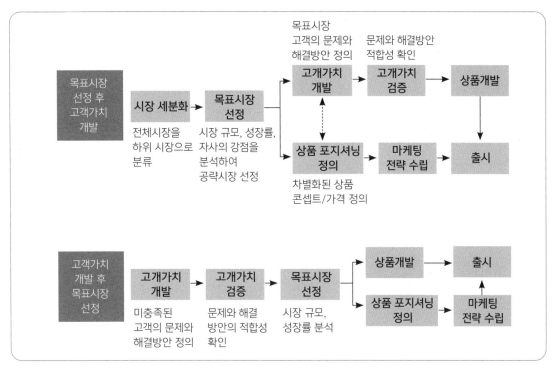

그림 6.2 목표시장 선정의 두 가지 방식

시장 세분화의 효과는 다음과 같다.

● 경쟁우위 확보

시장 세분화를 하는 목적은 세분화된 시장의 고객을 위한 상품을 개발하고 마케팅 전략을 수립하는 것이다. 세분화된 시장의 고객 욕구를 충족시킬수록 상품은 차별화되고 그 결과 상품의 경쟁력이 높아진다. 시장을 세분화하지 않고 평균의 관점에서 고객이나 시장을 이해하면 실제로 거의 존재하지 않는 '평균적인 고객'의 니즈를 충족시키는 함정에 빠지기 쉽다.

평균의 함정에 관해서는 《평균의 종말》(2018)에서 잘 설명하고 있다. 전투기 조정석에 관한 사례를 보자.

초창기 전투기 조종석은 10개 항목(앉은 키, 팔 길이 등)으로 나누어 조종사들의 평균 사이즈를 조사하여 만들었지만, 실제로 10개 항목의 평균에 해당하는 조종사는 없었다. 그 이후 자동차 운전석과 같이 조종사가 자기 몸에 조종석을 맞추도록 변경하였다.

● 마케팅 기회의 발견

시장과 고객을 세분화하면 평소 파악하기 힘들었던 마케팅 기회를 발견할 수 있다. 시장과 고객을 구체화할수록 고객에게 전달할 메시지도 구체화되고 차별화된다.

● 차별화를 통한 가격경쟁 완화

시장을 세분화하면 기업들이 시장을 나누어 가지는 효과가 있기 때문에 가격경쟁이 줄어든다. 세분화된 시장에서도 경쟁이 치열해지면 가격경쟁을 할 수 있지만, 시장을 세분화하지 않으면 기업들이 차별화 없는 상품으로 가격경쟁을 할 수밖에 없다.

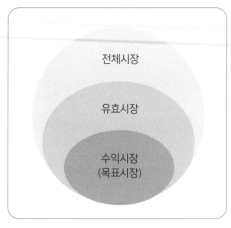

그림 6.3 상품시장의 계층적 분류

2) 시장을 계층적으로 구분하는 방법

상품시장은 '전체시장(TAM, Total Addressable Market)' '유효시장(SAM, Serviceable Available Market)' '수익시장(SOM, Serviceable Obtainable Market)'과 같이 계층적으로 구분할 수 있다(그림 6.3). TAM, SAM, SOM은 스타트업에서 많이 사용하다 일반 기업까지 확산된 용어이다. 수익시장은 전통적인 마케팅 이론에서 사용하는 목표시장(target market)과 같은 의미이다. 필자는 목표시장을 주로 사용하겠다.

예를 들어 앱으로 출입 이력을 받고, AI 스피커와 연동되는 도어록을 출시한다면 전체시장은 도어록이 필요한 모든 주택, 호텔, 상가 등이다. 이때 스마트 도어록이 주택을 타깃으로 한다면 주택 시장이 유효시장이고, 타깃을 더 좁혀 신규로 준공하는 아파트를 목표시장으로 고객가치를 개발할 수 있다.

● 전체시장: 해당 상품을 포함하는 비즈니스 영역의 전체시장

전체시장 규모는 시장조사 기관이 발표하는 자료를 통해 파악할 수 있다. 상품관리자는 시장조사 기관에서 발표한 수치에 고무될 수 있다. 그러나 성급하게 바닷물 전체를 끓이려고 하면 안 된다. 전체시장 분석은 스마트폰처럼 글로벌 상품인 경우 를 제외하고 시장 성장률, 경쟁상황 등 거시적 분석을 위한 용도로만 활용해야 한다.

● 유효시장: 전체시장 중에서 해당 상품의 비즈니스 모델과 관련된 시장

예를 들어 헬스케어 스마트앱의 유효시장은 스마트폰 사용자 중에서 약 X%이다. 유효시장부터는 시장 규모 추정이 어려워진다. 상품관리자의 발품, 경쟁사 자료 분석, 출간 자료들을 분석하여 시장을 분석해야 한다.

● 수익시장: 유효시장 내에서 해당 상품으로 공략 가능한 시장

수익시장은 유효시장의 특정 비율로 계산해서는 안 된다. 헬스케어 스마트앱의 경우 목표고객의 연령대와 타깃팅하는 질병에 따라 시장은 더욱 줄어든다. 상품기획에서 중요한 것은 해당 상품으로 단기간 내에 공략 가능한 '목표시장'이다. 상품기획서에서 전체시장 또는 유효시장의 규모, 시장 성장률을 강조해서는 안 된다. 목표시장을 공략할 수 있는 논리와 데이터를 입증해야 한다. 시장분석은 하향식으로 하지만 실제 사업은 목표시장에서 시작하여 상향식으로 올라간다.

《권도균의 스타트업 경영 수업》(2015)에서는 목표시장 공략의 중요성을 다음과 같이 시적으로 표현하였다.

꽃을 피워야 하는 시기엔 오직 꽃에만 집중하라. 충만한 열매는 그 꽃이 피었던 자리에서 맺힌다.

3) 시장 세분화 방법과 목표시장 분석

고객가치를 기준으로 시장을 세분화하고 목표시장을 분석해야 고객가치 검증, 마케팅 효과 제고, 사업성 분석이 용이하다. 고객가치에 따라 시장을 분석하기 위해서는 비슷한 상황에 처한 고객군을 파악해야 한다. 그러나 고객가치 관점에서 중복되지 않고 빠짐없이 시장을 분류하는 것은 쉽지 않다. 완벽하게 분류하기 위해 시간과 비용을 소모하는 것보다 목표시장과 가까운 유효시장을 중심으로 잡고 분류하는 것이 바람직하다. 예를 들어 도어록 시장을 구성하는 고객을 고객가치 기준에서 세분화하면 그림 6.4와 같다.

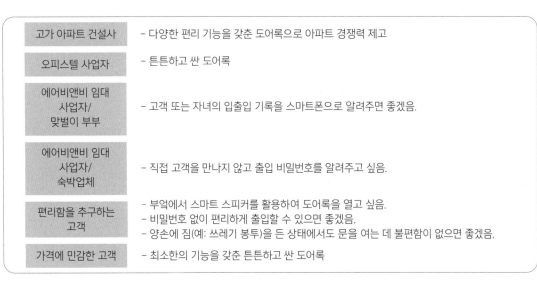

그림 6.4 도어록 시장 세분화 예시

이와 같은 세분화는 논리적으로는 타당하지만 구체적인 고객을 식별하기 힘들다. 다음과 같은 이유로, 구체적인 고객을 식별하지 못하면 고객 세분화의 의미는 없다.

● **고객가치 검증을 위한 인터뷰 대상이 필요하다.**

고객가치 검증을 위한 고객은 일부만 식별하면 되기 때문에 그나마 용이하다.

● **상품을 홍보하기 위해서는 대상 고객들에게 접근 가능해야 한다.**

관심이나 취미가 비슷한 고객들의 커뮤니티, 인구통계학적 특성, 라이프 스타일과 같은 행동적 특성을 파악하면 그에 적합한 홍보 수단과 홍보 대상을 찾을 수 있다.

● **대상 고객군의 규모를 파악해야 사업성을 분석할 수 있다.**

사업성 분석은 어려운 작업이다. B2B 고객은 통계 데이터를 통해 분석 가능하지만, B2C 고객은 적합한 통계를 찾기 어렵다. 활용 가능한 데이터로 추론할 수밖에 없다.

인구통계학적 데이터는 손쉽게 구할 수 있기 때문에 시장 세분화 기준으로 많이 활용되어 왔다. '20대 여성은 ○○상품을 좋아하고, 40~50대 수도권 거주 남성은 XX상품을 좋아한다'는 믿음으로 시장을 세분화하는 식이다. 그러나 인구통계학적 변수는 어떤 고객이 상품을 구매하는지는 설명하지만 그 고객이 상품을 구매하는 이유는 설명하지 못한다. 따라서 인구통계학적 변수를 활용하는 고객 세분화는 잘못되기 쉽다. 또한 인구통계학적 관점에서는 서로 다른 고객군에 속해 있지만 같은 상품을 구매하는 경우도 있고, 대학 동창이나 직장 동료처럼 인구통계학적 관점에서 유사한 고객이지만 상품에 대한 니즈가 다른 경우도 많다. 도어록을 예로 들어보면 비슷한 주택에 거주하는 사람들도 니즈가 다를 수 있고, 인구통계학적 관점에서 공통점이 없는 에어비엔비 임대사업을 하는 개인과 자녀를 둔 맞벌이 부부의 니즈(예: 고객 또는 자녀의 입출입 이력 조회)가 같을 수도 있다.

인구통계학적 분류에 집착하는 시장 세분화는 실패하기 쉽지만 널리 활용되는 이유는 다음과 같다.

- 인구통계학적으로 시장을 세분화하면 시장 규모나 매출의 계량화가 용이하다.
- 마케팅 대상이 명확하고 마케팅 전략 수립이 용이하다.
- 시장 세분화가 용이하고 경영층에게 설명하기가 쉽다.

목표시장 분석은 그림 6.5와 같이 고객가치에 기반한 시장 세분화로 시작하여 목표시장 고객의 인구통계적 특성을 파악하는 것으로 끝난다. 그림 6.5에서 **목표시장 선정은 논리적인 고객군을 정의하는 행위이고, 인구통계적 특성 파악은 실존**

하는 고객군을 식별하는 행위이다.

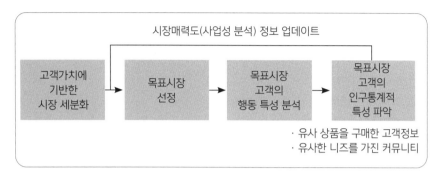

시장매력도(사업성 분석) 정보 업데이트

| 고객가치에 기반한 시장 세분화 | 목표시장 선정 | 목표시장 고객의 행동 특성 분석 | 목표시장 고객의 인구통계적 특성 파악 |

· 유사 상품을 구매한 고객정보
· 유사한 니즈를 가진 커뮤니티

그림 6.5 목표시장 분석 과정

목표시장 분석을 완료하기 위해 파악할 정보는 다음과 같다.

- **고객** 단순히 인구통계학적인 구분이 아니라 공통의 니즈를 가진 고객군으로 구분
- **고객가치** 특정 상품이 고객에게 제공하는 쓸모 (문제해결 또는 혜택 제공)
- **선도 고객** 시장에 알려지지 않는 상품을 판매할 때 해당 상품을 먼저 구매하여 다른 사람들에게 영향력을 미칠 수 있는 사람
- **파트너** 고객에게 상품을 제공하기 위해 제휴할 수 있는 기업 또는 채널
- **경쟁사** 고객가치 관점에서 볼 때 유사한 제품 또는 서비스를 제공하는 기업
- **보완재** 다른 상품과 함께 있을 때 고객가치가 더 높아지는 상품

위와 같은 과정을 거쳐 선정한 목표시장의 크기는 상품의 특성과 기업의 전략에 따라 달라진다. 《핵심 마케팅 관리》(2012)는 목표시장을 크기에 따라 그림 6.6과 같이 분류한다.

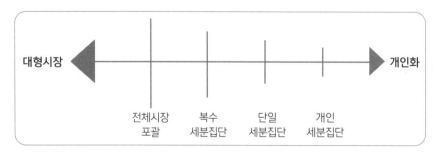

대형시장 ◀───┼────┼────┼────┼───▶ 개인화

전체시장 포괄　　복수 세분집단　　단일 세분집단　　개인 세분집단

그림 6.6 크기에 따라 분류한 목표시장의 유형

● 전체시장 포괄

모든 고객집단을 대상으로 상품을 판매하는 유형이다. 대기업만 할 수 있으며 스마트폰, MS 오피스 등이 그 예이다. 비차별적 마케팅은 하나의 상품으로 전체시장을 대응하며 차별적 마케팅은 세분집단에 따라 상품을 차별화한다. 학생, 노인을 대상으로 차별화된 스마트폰을 제공하거나 대학생을 상대로 판매하는 'MS 오피스'가 차별화 마케팅의 예이다.

● 복수 세분시장 전문화

기업이 공략 가능한 복수의 세분집단을 선택하는 것으로 각 세분집단은 독립적이거나 상호 연관되어 있을 수 있다. 복수 세분시장 전문화 전략은 기업의 위험을 분산시키기도 한다. 상품 전문화는 하나의 상품으로 복수 세분시장에 대응하며 시장 전문화는 여러 상품으로 복수 세분시장에 대응한다.

● 단일 세분시장 집중

기업이 하나의 세분시장만을 타깃으로 상품을 출시하는 경우다. 상품뿐만 아니라 생산, 유통, 마케팅도 하나의 세분시장에 적합하게 전문화할 수 있다. 흔히 이야기하는 틈새시장은 단일 세분시장 내에서 좁게 정의된 시장이다.

● 개별 마케팅

가장 상세한 시장 세분화는 특정 고객을 대상으로 하는 맞춤형 마케팅이다. 고객이 원하는 상품을 직접 설계하는 것이 이에 해당한다.

4) 좋은 시장 세분화가 갖추어야 할 충분조건

시장 세분화를 위한 필요조건은 고객가치를 기반으로 시장을 분류하고 목표시장을 선정하는 것이다. 그러나 이것만으로 충분하지 않다. 좋은 시장 세분화의 충분 조건은 목표시장의 규모를 파악하고 마케팅 전략을 수립할 수 있는 상태가 되었다는 것을 의미한다. 구체적인 조건들은 다음과 같다.

● 세분화된 시장의 규모와 성장성을 측정할 수 있어야 한다.

시장 규모를 측정할 수 없는 시장 세분화는 의미가 없다. 유효시장과 목표시장의 규모를 모르면 상품기획을 시작할 수 없다.

● 세분화된 시장의 규모가 적정 수준 이상이어야 한다.

시장 세분화를 지나치게 진행하면 시장 규모가 작아질 수 있다. 예를 들어 새벽에 카페를 이용하는 사람을 타깃으로 하는 24시간 커피점은 시장 규모가 작다. 반대로 시장 규모가 너무 크면 시장 세분화를 더 진행해야 한다.

● 세분시장의 고객에게 접근 가능하고 마케팅 프로그램을 실행할 수 있어야 한다.

접근 가능하지 않은 고객에게는 마케팅을 할 수 없다. 접근 가능하다는 것은 목표고객에게 마케팅 프로그램을 적용할 수 있다는 것을 의미한다.

● **시장 및 고객 분류 관점에서 다음 조건을 충족시켜야 한다.**

- 특정 고객을 선택했을 때 어떤 세분집단에 속하는지 객관적으로 판단 가능해야 한다.
- 세분집단 내 고객 특성은 동질적이어야 하고, 세분집단 간 고객 특성은 이질적이야 한다.
- 세분집단 간 규모 차이가 너무 크지 않은 것이 바람직하다. 규모가 작은 세분집단들은 통합하는 것도 고려해야 한다. 세분집단 수가 너무 많으면 세분집단 간 규모의 차이가 클 수 있다. 세분집단 수는 5~10개가 적당하다.

● **직원들이 공감할 수 있어야 한다.**

시장 세분화의 분류기준에 대해 조직의 직원들이 쉽게 공감할 수 있어야 한다. 직원들이 공감하지 못하는 시장 세분화는 재검토해야 한다.

로저 베스트(Roger Best)는 표 6.2와 같이 요구 기반 시장 세분화 접근법(needs based market segmentation approach)을 정리하였다. 시장 세분화 이후 포지셔닝, 마케팅 전략 수립으로 이어지는 과정을 이해하기 쉽게 요약하였다.

단계	내용
1. 요구 기반 세분화	특정 문제를 해결할 때 유사한 요구나 혜택에 기초하여 고객들을 세부 집단으로 그룹화
2. 세분집단 파악	각 요구 기반 세분집단에 대하여 집단을 구분, 확인하고 실행할 수 있는 인구통계적 특성과 행동적인 특성을 파악
3. 세분집단 매력도 분석	시장 성장률, 경쟁 강도 및 시장 접근성 등 미리 결정한 세분집단 매력도 기준을 사용하여 각 세분집단의 전반적 매력성을 결정
4. 세분집단 수익성 분석	세분집단의 수익성을 결정
5. 세분집단 포지셔닝	각 세분집단의 독특한 욕구를 충족시키는 '가치제안'과 제품-가격 포지셔닝 전략을 수립
6. 세분집단 '진위검증'	각 세분집단 포지셔닝 전략의 매력도를 검증하기 위한 '세분집단 스토리 보드' 작성
7. 마케팅 믹스 전략 수립	세분집단 포지셔닝 전략을 확장하여 제품, 가격, 판촉, 유통 등 모든 측면의 마케팅 믹스를 결정

표 6.2 시장 세분화 과정의 7단계(출처:《핵심 마케팅관리》, 2012)

5) 시장매력도를 분석하는 방법

매력적인 시장은 당장 확보 가능한 매출과 수익의 규모가 크고 성장성이 높은 시장이다.《마케팅 원리》(2018)에서 제시하는 시장매력도 분석 기준은 아래와 같다.

● **외형적 요인** 시장 규모, 잠재력, 성장률, 상품 수명주기, 수익성

- **구조적 요인** 시장에 참여한 구성원들의 경쟁 강도
- **환경적 요인** 기업이 통제 불가능한 외부 요인에 시장이 영향을 받는 정도

요약하면 '수익성 있고, 경쟁이 약하고, 외부에 영향을 덜 받는 시장'이 매력적인 시장이다. 위 세 가지 요인 외 '기업 문화와 해당 시장의 적합성'을 추가하기도 한다.

시장매력도를 평가하는 세부 항목은 표 6.3과 같다.

요인	세부항목
외형적 요인	- 현재 시장 규모: 기업의 규모 대비 시장 규모 분석이 중요 - 시장 잠재력: 일정 기간 동안 시장 내 기업이 달성 가능한 매출 규모 - 상품 수명주기 단계: 시장이 도입기에 가까울수록 매력적 - 판매의 주기성 또는 계절성: 주기나 계절에 따라 변동이 작을수록 매력적 - 현재의 수익성: 기존 기업들의 수익이 높을수록 매력적

구조적 요인	- 마이클 포터의 파이브 포스 모델(Five Force Model)
	  · 잠재적 진입자의 위협
	  · 구매자의 교섭력
	  · 공급자의 교섭력
	  · 대체재의 위협
	  · 현재 시장 내의 경쟁

환경적 요인	- 인구통계적 환경: 인구 증가율, 독신 가족 비율, 교육 수준 - 경제적 환경: 경제 성장률, 물가 상승률, 시장이자율, 환율 - 사회적 환경: 환경/건강에 대한 관심, 개인 가치관, 라이프 스타일 - 법률적 환경: 세율 변화

표 6.3 시장매력도에 영향을 미치는 요인들(출처: 《마케팅 원리》, 2018)

시장매력도 분석 중 가장 힘든 업무는 시장 규모, 성장률, 잠재력에 대한 외형적 요인 분석이다. 상품이나 업종에 따라 시장 규모를 분석하는 방법이나 활용 데이터는 다르지만 기본적인 고려사항은 다음과 같다.

● **시장 잠재력(Market potential)**

특정 시장 내에서 일정 기간 동안에 모든 참여 기업들이 달성할 수 있는 최대 매출액을 의미한다. 시장 잠재력은 현재 시장 규모보다 크다. 현재 시장 규모는 정부, 협회, 민간 연구소, 각종 조사기관에서 제공하는 데이터를 참조하여 추정한다. 시장 잠재력에 영향을 미치는 요인은 현재 시장 규모, 성장률, 상품 수명주기 단계, 계절성 등이 있다.

시장 크기의 적정성은 절대적으로 판단하는 것이 아니라 기업의 규모를 감안하여 판단한다. 적정 시장 규모는 기업이 감당할 수 있고, 기업의 지속적 성장에 도움이 되어야 한다.

목표시장의 최소 규모는 상품개발 및 운영을 위한 원가에 비례한다. 상품개발 및 운영원가가 높은 대기업은 스타트업 목표시장의 최소 규모보다 클 수밖에 없다. 스타트업은 실패비용을 최소화하기 위해 목표시장을 작게 세분화할 필요가 있다. 그런 관점에서 스타트업은 노르망디 상륙 작전에 비유해 목표시장을 '거점 시장'이라고도 한다. 예산이 부족한 스타트업은 '점 → 선 → 면'의 순서로 시장을 확대해야 한다.

● 판매 잠재력(Sales potential)

판매 잠재력은 시장 잠재력 중에서 특정 기업의 특정 상품이 차지할 수 있는 최대 매출이다. 판매 잠재력은 '시장 잠재력 × 잠재 점유율'로 추정한다. 시장 규모를 추정하는 상세한 기법은 《6.6 사업성 분석》에서 설명한다.

매력도 관점에서 시장을 선정하는 방법은 다음과 같다.

● 시장매력도를 평가하는 기준을 정의한다. 상품의 유형, 시장의 특성, 조직의 전략, 획득 가능한 데이터를 고려하여 평가항목을 선정한다.
● 각 평가항목에 가중치를 부여한다.
● 세분화된 시장별로 매력도를 평가하고 의사결정한다.

정량적인 데이터를 확보하기 힘들다면 정성적으로 평가할 수 있다. 여러 사람들의 평가 의견을 취합하여 분석하면 종합적인 고려를 할 수 있는 장점이 있다. 각 부서 담당자가 한자리에 모여 의견을 교환한 뒤 의사결정하는 것이 바람직하다.

세분시장 평가에 활용할 수 있는 템플릿의 예는 표 6.4와 같다.

평가기준	가중치	세분시장A	세분시장B	세분시장C
시장 규모	20%			
성장률	20%			
수익성	20%			
자사 전략과의 적합성	10%			
경쟁의 강도	20%			
시장의 불확실성	10%			
평점	100%			
순위	–			

표 6.4 세분시장 평가 템플릿

경쟁 관점에서 목표시장의 유형은 '틈새시장 진입' '기존 시장 저비용 진입' '신규시장 창출'로 구분할 수 있다. 다음은 《기업 창업가 매뉴얼》(2012)에서 제시하는 스타트업의 신규 진입 시장 유형별 체크리스트이다. 시장매력도를 정성적으로 평가하는 항목으로 활용할 수 있다.

● **틈새시장 창출시 체크리스트**

- 어떤 기존 시장에서 고객을 끌어올 것인가?
- 목표고객의 고유한 특징은 무엇인가? 목표고객이 기존 시장의 상품에서 얻지 못한 결정적인 요구사항은 무엇인가?
- 목표고객이 기존 시장에서 포기할 상품의 핵심기능은 무엇인가?
- 왜 기존 시장의 기업은 우리와 같은 것을 제공하지 못했는가?
- 시장을 충분히 키우는 데 얼마나 걸리고, 크기는 어느 정도인가?
- 어떻게 고객에게 알리고 수요를 만들 것인가?
- 현실적인 예측 판매량은 얼마이고 어떻게 검증할 것인가?
- 차별화를 위해 비즈니스 모델의 일부를 변경할 수 있는가?

● **기존 시장 저비용 전략으로 시장 진입시 체크리스트**

- 어떤 기존 시장에서 고객을 끌어올 것인가?
- 목표고객의 고유한 특징은 무엇인가?
- 고객이 온라인에서 새 서비스를 쓰는 데 걸리는 시간이나 새 상품으로 바꾸는 데 필요한 '전환 비용'은 얼마인가?
- 가격이 저렴하다면 고객이 포기할 수 있는 기존 상품의 기능은 무엇인가?
- 가설을 충분히 검증할 방법은 무엇인가?

● **신규 시장 진입시 체크리스트**

- 새로운 시장의 인접 시장은 어디인가?
- 새로운 시장의 잠재 고객이 있는 기존 시장은 어디인가?
- 고객이 전에 하지 않던 일을 어떻게 하게 만들고 판매할 것인가?
- 잠재 고객에게 상품을 알리고 시장을 충분한 규모로 키우는 데 얼마나 걸리고 시장 규모는 얼마나 될 것인가?
- 새로운 시장을 어떻게 알리고 어떻게 수요를 만들 것인가?
- 아직 고객이 전혀 없음을 감안할 때 처음 3년 간의 현실적인 판매 예상량은?
- 시장을 알리고 키우는 데 필요한 인력에 드는 비용은?
- 자금이 넉넉한 경쟁자가 진입하면 어떻게 막을 것인가? 기존 시장에 진입하거나 기존 시장을 재분류하는 것이 더 적합한 상품은 아닌가?

6.2 상품 포지셔닝

'포지셔닝'은 잭 트라우트(Jack Trout)의 《포지셔닝》을 통해 널리 알려진 용어이다. 상품을 '만들고 → 알리고 → 판매'하는 순서에서, 포지셔닝은 '알리고'에 해당한다. 구체적으로 이야기하면 '누구에게, 무엇을, 어떻게 알릴 것인지'가 포지셔닝이다.

포지셔닝이 중요한 이유는 상품의 종류와 정보가 너무 많아 기업이 원하는 메시지를 고객에게 기억시키기 힘들기 때문이다. 고객 니즈는 다양해지고 상품의 종류는 증가하고 있다. 포지셔닝은 고객이 상품명이나 기업명을 들으면 특정 이미지가 떠오르게 하는 활동이다. 고객은 광고의 거품을 쉽게 파악한다. 포지셔닝은 근사한 말로 상품을 홍보하여 판매하는 활동으로 접근하기 보다, 고객의 구매를 돕는 관점에서 접근해야 한다.

이번 섹션에서는 포지셔닝의 정의와 필요성, 포지셔닝 전략 수립, 포지셔닝 방법을 설명한다.

1) 상품 포지셔닝의 정의와 필요성

● 상품 포지셔닝의 정의

상품 포지셔닝은 상품의 중요한 속성이나 이미지를 고객에게 인식시키는 활동이다. 《포지셔닝》은 포지셔닝을 상품을 대상으로 어떤 행동을 취하는 것이 아니라 개발된(할) 상품의 중요한 속성을 고객 머릿속에 심어주는 활동이라고 설명한다.

자사 상품의 포지셔닝을 위해서는 경쟁상품과 비교한 상대적인 위치를 이해해야 한다. 즉 경쟁상품에 없는 속성 또는 경쟁상품보다 우월한 속성을 파악하여 고객에게 전달할 메시지를 개발해야 한다. 삼성의 'AS' 볼보 자동차의 '안전성'과 같은 이미지가 대표적인 포지셔닝 메시지이다.

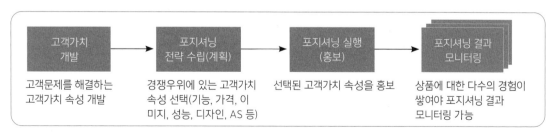

그림 6.7 상품 포지셔닝의 순서

상품 포지셔닝은 '목표시장의 고객가치 개발 → 포지셔닝 전략 수립 → 포지셔닝 실행 → 포지셔닝 결과 모니터링'의 순서로 진행한다(그림 6.7). 포지셔닝 실행은 고객에게 약속한 고객가치 제공을 포함한다.

상품에 대한 이미지는 기업 이미지에 영향 받는다. 예를 들어 'SAP의 ERP' '오라클의 데이터베이스'는 많이 알려져 있지만 SAP과 오라클 기업의 구체적인 상품명을 아는 사람은 많지 않다. 삼성에서 판매하는 가전제품의 정확한 상품명은 모르지만 삼성의 AS에 대해 좋은 이미지를 가진 고객이 많은 것도 같은 맥락이다.

상품관리자는 기업 브랜드가 제공하는 이미지와 일관성을 유지하면서 특정 상품이 고객에게 소구할 메시지를 발굴해야 한다. 상품 포지셔닝은 상품관리자와 마케팅 관리자가 협업하여 진행한다. 상품관리자는 고객가치를 정의하고, 마케팅 관리자는 포지셔닝 전략을 수립하여 실행한다. 상품관리자가 몸에 좋은 침대를 기획하고, 마케팅 관리자는 '침대는 가구가 아닙니다. 과학입니다'와 같이 고객에게 전달할 핵심 메시지를 개발한다.

상품 포지셔닝은 상품 브랜드 관리와 유사점이 많다. 다음은 필립 코틀러의 저서 《B2B 브랜드 마케팅》(2007)에서 설명하는 브랜드의 정의이다. 특히 마지막 정의는 잭 트라우트가 정의한 포지셔닝의 정의와 일치한다.

· 브랜드는 여러분이 하나의 제품이나 서비스 또는 비즈니스에 대해 보고, 듣고, 읽고, 알고, 느끼고, 생각하는 모든 인지의 총체이다.
· 브랜드는 과거의 경험이나 연상, 미래에 대한 기대에 기반하여 소비자들의 마음속에서 특별한 위치를 차지한다.
· 브랜드는 차별화하며, 복잡성을 줄이고, 의사결정 과정을 간단하게 하는 속성, 편익, 믿음 및 가치의 바로미터이다.

● 상품 포지셔닝이 필요한 이유
《포지셔닝》에 따르면, 상품 포지셔닝이 필요한 이유는 상품의 종류와 광고량이 너무 많아 고객에게 상품에 대한 메시지를 기억시키기 힘들기 때문이다. 또 상품의 종류와 광고량이 늘어나면 개별 상품의 광고 효과는 줄어들 수밖에 없다. 아이러니하게 광고 효과가 줄어들수록 광고 효과를 얻고자 하는 기업은 증가한다.

포지셔닝은 기업이 전달한 메시지가 아니라 고객들이 기억한 메시지이다. '내가 아는 나'와 '남이 아는 나' 중 나의 진실은 무엇일까? 포지셔닝에 비유하면 '남이 아는 나' 즉, 고객이 기억하는 메시지가 진실이다. 개인 간의 의사소통에서도 정확한 메시지를 전달하기 힘들고, 전달받은 메시지를 정확하게 이해하기 힘들 때가 있다. 기업이 고객을 대상으로 하는 의사소통(포지셔닝)은 개인 간의 의사소통보다 힘들고 의사소통 과정에서 많은 노이즈가 발생한다.

　포지셔닝에 성공하면 고객이 상품을 구매하고 싶을 때 가장 먼저 떠올리는 브랜드가 된다. 고객 입장에서는 잘못된 구매결정의 위험을 줄이고(많은 사람이 선택한 상품은 잘못될 가능성이 낮다), 상품구매를 위한 정보 검색의 효율성을 높이고, 상품을 통해 자기 표현 가치를 높인다(많은 사람들이 선택한 상품을 사용하는 것에서 오는 만족감을 의미한다).

　《B2B 브랜드 마케팅》에 따르면, 상품 포지셔닝에 성공한 B2B 상품은 위험 감소 효과가 높고, 상품 포지셔닝에 성공한 B2C 상품은 자기를 표현하는 이미지 편익의 효과가 높다.

　상품 포지셔닝이 필요한 또 다른 이유는 4P(Product, Price, Place, Promotion) 실행 전략을 수립하기 위함이다. 예를 들어 고품질/고가격 포지셔닝 전략을 수립하려면 그에 적합한 4P 전략을 수립해야 한다.

2) 상품 포지셔닝 전략 수립

상품 포지셔닝 전략 수립은 경쟁우위에 있는 속성을 선정하여 포지셔닝 가치제안(value proposition)을 정의하는 활동으로 다음과 같이 진행한다.

● 경쟁우위 분석

특정 상품이 경쟁상품 대비 어떤 속성에서 경쟁우위가 있는지 분석하기 위해서는, 고객에게 차별화가 될 수 있는 속성을 분류하여 경쟁상품과 포지셔닝 상황을 비교해야 한다. 차별화 속성의 예는 다음과 같다.

● 고객의 문제(고객가치)

　다른 상품이 해결하지 못하는 고객의 문제를 해결할 수 있다면 그만큼 포지셔닝이 쉬워진다. 경쟁상품이 해결하지 못하는 고객의 문제를 특정 상품만 해결할 수 있는 경우는 드물다. 혁신 상품의 초기에는 그럴 수 있지만 곧 모방상품이 출시되기 때문이다. 특허가 있거나 모방이 힘든 기술혁신 상품은 모방상품이 나오기까지 오래 걸린다. 다이슨의 무선청소기가 국내에 판매된 이후 10년 동안은 경쟁상품이 없었다.

　고객 문제를 세분화하면 시장 규모는 작아져도 경쟁상품들이 해결하지 못하는 문제를 찾을 수 있다. 특정 업종의 특정 업무를 자동화한 B2B 소프트웨어 상품이 그 예가 된다(예: 영화관에서 예매되지 않은 좌석은 펴지지 않아 앉을 수 없게 하는 솔루션). 가입자가 많아야 고객문제를 해결할 수 있는 플랫폼 비즈니스는 모방 상품이 성공하기 힘들다. 카카오톡, 당근마켓, 페이스북이 대표적인 예이다.

- **상품의 특성**

물리적 제품에서는 크기, 디자인, 기능, 재료, 성능, 내구성 등이 차별화 속성이 될 수 있으며, 서비스 분야에서는 주문, 배달, 기술 지원, 사용 편의성, 인적 역량, 보안 등이 차별화 속성이 될 수 있다. 고객이 인식하기 힘든 상품 특성을 차별화 속성으로 포지셔닝하면 실패하기 쉽다. 예를 들어 지문으로 문을 여는 도어록 상품의 지문 인식 속도가 0.8초에서 0.7초로 빨라진 것을 차별화 속성으로 선정하면 포지셔닝에 성공할 가능성을 예측하기 어렵다. 그러나 도어록에 등록된 휴대폰을 인식하여 가족이 문 근처에 왔을 때 비밀번호 입력이나 지문 인식없이 자동으로 문을 열 수 있는 편리함은 포지셔닝에 성공할 가능성이 높다. 도어록의 고객가치는 매우 빠른 속도로 문이 열리는 것이 아니라 별도의 행위를 하지 않아도 가족이 오면 문이 열리는 것이기 때문이다.

- **품질 대비 가격**

동일한 수준의 품질을 갖춘 상품을 더 싸게 제공할 수 있다면 차별화 속성이 될 수 있다. 최저가 정책을 적용하는 대형 마트가 대표적인 예이다.

- **이미지**

상품의 이미지는 기업의 이미지를 이어받는다. 이미지는 추상적인 개념이지만 포지셔닝의 속성이 된다. 보수/혁신, 정적/동적과 같은 이미지가 대표적이다.

- **사용자**

특정 상품의 전형적인 고객군과 차별화된 고객군을 선정할 수 있다. 아동용 상품을 성인으로 확대한 성인용 게임기, 성인용 레고 등이 예이다.

해당 상품군에 적합한 차별화 속성을 정의한 후에는 경쟁상품을 대상으로 목표고객의 평가 결과를 취합하여 차별화 속성의 경쟁우위 지수를 평가한다. 포지셔닝을 위한 경쟁우위 분석은 세분화된 목표시장을 대상으로 실시해야 한다. 표 6.5는 스마트 도어록의 수요가 높은 고급 아파트 건설사를 목표시장으로 경쟁우위를 분석한 예이다(실제 데이터가 아니고 가상의 예이다).

- **경쟁우위 항목 선정**

차별화 속성을 활용한 경쟁우위 분석이 끝나면 고객에게 전달할 핵심 메시지를 선정해야 한다. 경쟁상품 보다 경쟁우위에 있는 항목을 선정하여 핵심 메시지를 정의해야 하며 복잡하지 않도록 2개 정도가 적합하다. 예시로 든 도어록 상품은 당사의 경쟁우위 지수가 높은 'IoT 기기 연결'과 '출입 알림 서비스'를 핵심 메시지로 선정할 수 있다(표 6.5).

기존 상품의 작은 개선(디자인, 색상, 부가적 기능 추가)으로는 상품 포지셔닝이 변하지 않는다. 다만 정기적으로 경쟁상품의 최신 모델과 당사의 최신 모델을 대상으로 경쟁우위를 분석하여 포지셔닝 전략이 유효한지 확인해야 한다.

차별화 속성	고객문제 연관성	당사 상품	경쟁상품 A	경쟁상품 B	경쟁우위 지수 (경쟁상품 A)	경쟁우위 지수 (당사)
출입 편리	8	7	7	6	0	0
IoT 기기 연결	9	9	0	4	0	45
가격	5	5	9	6	15	0
임시 비밀번호 발급	6	9	7	9	0	0
출입 알림 서비스	7	8	5	0	0	21
내구성	4	7	7	7	0	0
보안	3	9	5	5	0	12
디자인	4	5	7	5	8	0

경쟁우위 지수(당사): (당사 상품과 2위 경쟁상품과의 차이) × 고객가치

표 6.5 차별화 속성을 활용한 경쟁우위 지수 산출 예시

경쟁우위 항목을 선정한 뒤에는 2차원의 상품 지각도(perceptual map)를 작성하여 경쟁상품과 자사 상품의 위치를 확인할 수 있다. 상품 지각도는 '포지셔닝 맵'이라고도 한다.

예를 들어 필자가 사는 곳 근처에 있는 카페 A, B, C, D, E를 개인의 기호에 따라 정의한 카페 포지셔닝 맵은 그림 6.8과 같다. 카페의 차별화 요인은 '가격' '서비스 수준' 외에도 '분위기' '맛'도 될 수 있다.

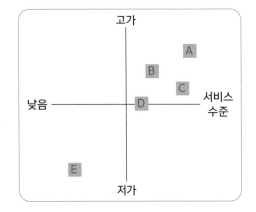

그림 6.8 카페 상품군의 포지셔닝 맵

● 포지셔닝 가치제안(value proposition) 정의

포지셔닝 전략 수립의 마지막은 포지셔닝 가치제안을 정의하는 것이다. 가치제안은 '상표 진언(brand mantra)'이라고도 한다. '카카오 브런치'의 가치제안은 '글이 작품이 되는 공간, 브런치'로 브런치가 추구하는 가치를 간결하게 정리하였다. 마켓컬리의 가치제안인 '아침 7시 새벽 배송'은 서비스 초기에 경쟁사 대비 차별화된 서비스를 간결하게 전달했다.

가치제안을 정의하기 위해서는 '목표고객(A)' '고객가치(B)' '상품속성(C)'을 명확하게 해야 한다. 상품관리자는 A, B, C를 활용하여 포지셔닝 서술문(positioning statement)을 작성한 뒤 마케팅 관리자와 함께 가치제안을 완성한

다. A, B, C는 상호 연계되어 있어 이중 하나가 변경되면 나머지도 변경된다. 고객가치를 변경하면 목표고객이 변경되고, 상품속성이 변경되면 고객가치가 변경되는 것이 그 예이다.

건설사를 고객으로 설정한 와이파이 도어록 포지셔닝 서술문의 예는 다음과 같다.

> 고급 아파트를 분양하는 건설사(목표고객)를 위해 가전제품과 연동되고(속성 1) 가족들의 출입 이력을 앱으로 제공하는(속성2) 스마트 도어록(상품군)으로 스마트 아파트의 이미지를 제고시킨다(가치).

이를 토대로 정리한 가치제안의 예는 다음과 같다.

> '도어록이 제공하는 스마트한 생활'

유사 상품의 고객 리뷰에서 해당 상품의 가치제안을 착안할 수 있다. 고객의 리뷰를 읽다 보면 상품관리자나 마케팅 담당자가 생각하지 못했던 단어나 문장을 발견할 수 있다. 경쟁상품의 불만을 해결하면 자사 상품의 훌륭한 가치제안이 될 수 있다. 카피 문구의 단어 하나만 바꾸어도 큰 성장을 할 수 있다. 아래는 《진화된 마케팅 그로스 해킹》(2017)에 소개된 예이다.

> 1999년 설립된 스타트업인 티클(Tickle)은 '사진을 온라인에서 저장'하는 문구를 '사진을 온라인에서 공유'로 바꾸어 큰 성공을 했다. 6개월 만에 사용자가 5,300만명 증가한 것이다. 저장에서 공유로 단 한 단어를 바꾸자 상품이 어떤 것인지, 그 상품을 어떻게 사용해야 할지에 대한 사용자의 인식이 완전히 바뀌었다.

3) 상품 포지셔닝 실행시 유의사항

포지셔닝을 실행하기 위해서는 약속한 상품을 제대로 만들고, 각종 마케팅 채널을 활용하여 목표고객에게 상품을 홍보해야 한다. 포지셔닝을 실행할 때 유의할 사항은 다음과 같다.

● 상품을 알리는 가장 좋은 방법은 상품 그 자체이다.

상품은 '1'이고 마케팅은 '0'이라고 했다. 마케팅을 아무리 잘해도 상품의 뒷받침 없이는 고객은 혼란스럽고 의심스러운 포지셔닝을 경험할 뿐이다. 광고를 통해 고객가치가 미흡한 상품을 판매할 수 있는 기간은 짧다. 최근에는 SNS, 이커머스의 상품 리뷰가 실시간으로 공유되기 때문에 상품만 좋으면 일반 고객들이 인플루언서가 되어 마케팅 관리자의 역할을 대신하기도 한다.

● 고객이 상품을 체험하는 다양한 경로에서 일관된 메시지를 제공한다.

고객이 특정 상품을 체험하는 경로는 다양하다. 고객은 기업의 광고(우편물 발송(DM), 대중광고(PR), 박람회, SNS 등), 상품 사용, 배송, 설치, 포장, AS 등 다양한 접점에서 기업과 상품을 경험한다. B2B/B2C, 서비스/제품에 따라 고객의 체험 경로는 달라진다. 포지셔닝에 성공하기 위해서는 고객이 경험하는 모든 접점에서 일관된 메시지를 제공해야 한다. 예를 들어 와이파이 도어록의 메시지를 포지셔닝하기 위해서는 상품의 기능뿐만 아니라, 도어록 설치 및 고객지원 센터 인력도 도어록의 기능을 숙지하고 고객에 대응해야 한다.

● 고객이 경험하는 내용을 정확하게 파악한다.

고객이 상품에서 경험한 내용을 정확하게 알기는 어렵다. 마케팅 조직에서 작성한 보고서만 믿고 우리 상품이 제대로 포지셔닝했다고 생각해선 안 된다. 현장의 고객 조사 없이 간접적으로 취합한 정보에 의존하는 보고서는 사실을 반영하지 않을 가능성이 높다. 고객의 행동과 경험을 파악할 수 있는 정량, 정성적인 데이터를 확보해야 한다.

● 많은 장점을 부각시키지 않는다.

복잡함은 부족함을 의미하고, 단순함은 우수함을 의미한다. 두세 가지의 핵심 가치를 부각시켜야 고객의 머릿속에 상품을 포지셔닝할 수 있다.

⚛ 6.3 절대가치

포지셔닝을 통해 고객에게 각인시키는 것은 경쟁사 상품 대비 자사 기업의 '상대가치'이다. 독점 또는 과점이 아닌 상품은 상품 수명주기가 성숙도에 가까워질수록 상품차별화가 힘들고 마케팅 효과가 줄어든다. 왜냐하면 고객들이 다른 사람들의 상품 사용 경험을 쉽게 조회할 수 있어 마케터가 제공하는 상품의 '상대가치'보다 다수가 경험한 객관적인 '절대가치'를 쉽게 파악할 수 있기 때문이다. 영화 리뷰가 대표적인 예이다.

절대가치는 앞서 설명한 포지셔닝과 상반된 주장을 하는 것처럼 보이지만 건전한 포지셔닝을 강조하는 것으로 이해해야 한다. 고객을 현혹하는 마케팅에 유의해야 한다는 것이다.

이번 섹션에서는 《절대가치》(2015)에 나오는 절대가치의 정의, 절대가치가 초래하는 마케팅의 변화 요인과 대응전략을 설명한다.

1) 절대가치와 상대가치의 개념

'절대가치'는 '상대가치'와 비교하면 이해가 쉽다. 상대가치는 상품 A의 가치를 상품 B의 가치와 비교하여 상대적으로 평가하는 개념이다. 경쟁상품을 직접적으로 비난하지 않고 자사 상품의 장점을 강조하는 것이 상품 포지셔닝이다. 식당에 가면 메뉴에 석식 코스를 세 가지 정도 제시하는 경우가 많은데 가장 싼 가격은 음식이 부족해 보이고 가장 비싼 가격은 음식 대비 비싸 보이는 것이 상대가치의 예다. 반면 '절대가치'는 다수 고객들의 상품 사용 경험의 총합이다. 예를 들어 식당에서 먹어본 음식에 대한 맛, TV 화면의 선명함에 대한 평가는 개인마다 다르지만, 특정 상품에 대한 다수 고객의 평가 의견은 기업이 영향을 미치기 힘들다. 다수 고객의 의견은 한방향으로 수렴된다는 의미에서 '절대'라는 용어를 사용한다.

2) 절대가치가 가져온 구매 의사결정의 변화

과거 고객들은 개인의 경험과 기업의 마케팅 정보에 의존하여 상품을 구매했다. 그러나 다른 사람들의 상품 사용 경험을 쉽게 조회할 수 있는 최근에는 상품구매의 의사결정 기준이 달라졌다. 2011년 구글이 의뢰한 연구에 따르면 일반 소비자들은 구매 전에 10.4개의 자료를 참고하는 것으로 조사되었다. 필자도 고객 평점이 낮은 영화는 잘 보지 않는다. 아이폰처럼 고객충성도가 높은 상품도 있지만 많은 상품에서 구매 의사결정에 고객충성도가 미치는 영향이 줄어들고 있는 것은 분명하다.

절대가치를 중시하는 구매 의사결정의 변화는 다음과 같다.

- 어떤 고객들은 강박적으로 정보를 수집한다. 그리고 이러한 습관이 전통적인 상품구매 의사결정 방식을 완전히 뒤바꿔놓았다. 그 고객들은 오랜 기간 동안 상품에 대한 정보를 검색하고 추적한다.
- 고객들은 자신들이 알아낸 정보를 활용하려고 하며 이것이 새로운 상품 구매를 촉진시키고 있다.
- 상품사양에 관한 정보가 풍부해지면서 상품을 선택할 때 감성보다 이성에 의존하게 되었다.

정보 과잉으로 구매 의사결정을 내리기 힘들다는 주장도 있지만, 미국인의 30%가 아마존을 통해 상품을 구매하는 것을 보면 그렇지 않다. 실제로 아마존에서 특정 상품을 검색하면 많은 정보들을 조회할 수 있지만 고객이 모든 리뷰를 보지 않아도 의사결정을 할 수 있도록 지원한다.

3) 구매 의사결정에 영향을 미치는 인플루언스 믹스(influence mix)

구매 의사결정에 영향을 미치는 세 가지 조합을 '인플루언스 믹스'라 하며 그 내용은 다음과 같다.

- P(Personnel) 특정 상품에 대한 개인의 선호도, 믿음, 경험을 의미하며 모호하고 불안정하다.
- O(Others) 다른 사람들이 제공하는 정보로, 다양한 표본에서 나오는 정보라 내용도 풍부하고 신뢰할 수 있다.
- M(Marketer) 기업의 마케터는 이해관계가 있는 사람이기에 정성적인 상품 정 보는 믿기 힘들지만, 사양과 같은 정량적 정보는 믿을 수 있다.

인플루언스 믹스는 제로섬의 특성이 있어 상품을 구매할 때 한 가지 정보에 대한 의존도가 높아질수록 다른 정보에 대한 필요성은 줄어든다. 인플루언스 믹스 관련 유의사항은 다음과 같다.

- O가 제공하는 정보의 획득 비용은 감소하고 정보가치는 높아지고 있다. O가 M을 대체하는 추세이다.
- 검색 상품(예: 노트북)은 구매하기 전에 검색을 통해서 품질을 검증할 수 있어 O의 영향력이 높고, 경험 상품(영화, 식품, 자동차)은 개인적 경험이 중요하기에 O의 영향력이 낮다.
- 마케팅 담당자들은 O의 역할을 인정해야 한다.
- P가 중요한 영향을 미치는 상품도 존재한다. 이러한 상품은 바꾸기 힘든 개인의 선호나 취향에 따라 구매하는 상품으로 외부의 사람들이나 기업이 영향을 미치기 힘들다. (향수, 음반)
- 마케팅 담당자들은 상품을 구매할 때 P, O, M의 영향력을 분석한 뒤 전통적인 마케팅이 아닌 새로운 방식의 마케팅을 할지 판단해야 한다.

4) 구매 의사결정시 O(외부 사람들)의 영향력이 높은 상품

절대가치가 중요한 상품은 O의 영향력이 높은 상품이다. 이하는 O의 영향력이 높은 상품들의 특징들이다.

- **의사결정의 중요성** 비싸고 중요한 물건일수록 O에 대한 의존도가 높아진다.
- **품질의 차이** 품질의 차이가 클수록 O에 대한 의존도가 높아진다.
- **위험과 불확실성** 기술적으로 복잡하고 위험도가 높을수록 O에 대한 의존도가 높아진다.
- **변화 속도** 기술과 상품의 변화 속도가 높은 상품일수록 O에 대한 의존도가

높아진다.

- **대중적 상품** 대중적 상품일수록 O에 신경을 쓰고 O 에 대한 의존도가 높아진다. 노트북, 자동차 등이 대표적인 상품이다.

5) 절대가치 확대로 인한 마케팅 환경의 변화

● 고객과 기업은 언제든 헤어질 수 있다.

절대가치를 기준으로 상품을 구매하는 추세에서 두 가지 의미를 확인할 수 있다. 누구든 고객가치를 제공하지 않으면 밀려날 수 있고, 누구든 고객가치를 제공하면 기회를 가질 수 있다. 특정 상품이나 기업에 충성도가 높은 고객은 여전히 존재하지만 기업과의 관계를 언제든 만나고 헤어질 수 있는 관계로 생각하는 고객들이 많아지고 있다.

● 포지셔닝의 영향력이 줄어들고 있다.

모든 상품은 아니지만 마케팅의 힘으로 상품을 포지셔닝하기 어려워지고 있다. 상품의 실질적인 변화 없이 기업의 이미지만 바꾸려는 노력은 성과를 거둘 수 없다. 기업이 무슨 말을 하는가 보다 출시한 상품의 특성이 중요하다.

● 구매 의사결정에 다른 사람들이 제공하는 정보의 영향력이 증가한다.

SNS 및 이커머스의 발전으로 구매를 결정할 때 다른 사람들이 제공하는 상품 사용 경험을 참고한다. 물건을 구매한 사람만 리뷰 의견을 등록할 수 있는 사이트도 증가하고 있다.

6) 절대가치 확대에 대응하는 마케팅 전략

절대가치가 중요한 상품은 다음과 같이 마케팅 전략의 변화를 고려할 필요가 있다.

● 마케팅 조직의 역할 변화

절대가치가 중요해지면 마케팅 때문에 상품이 실패하거나 성공할 확률이 줄어든다. 고객에게 영향을 주려고 노력하는 대신 고객들이 무엇을 좋아하는지 추적해야 한다. 광고, 브랜드, 고객만족도, 고객충성도 측정 등 과거의 개념에 집중하는 조직들은 뒤처질 수밖에 없다.

● 사전 예측 분석보다 사후 고객평가에 집중

기존 마케팅에서는 고객의 선호, 기대, 고객만족도, 고객충성도를 분석하여 고객의 행동을 유발하는 정책 수립이 중요했다. 그러나 절대가치가 중요한 상품은 상품기획 시점에서 고객의 선호도, 충성도 예측이 힘들다. 대신 상품출시 후 O 들이 만들어내는 자사 및 경쟁상품에 대한 평가를 분석해야 한다.

● 고객만족도 측정 방식 변경

소셜미디어 또는 이커머스 사이트에서 다양한 정보 획득이 가능해진 덕분에 설문조사를 별도로 하지 않아도 고객만족도 측정이 가능하다. 많은 예산을 투입하여 상품출시 후 고객만족도를 측정하는 것보다 실시간으로 파악 가능한 고객 리뷰를 분석하는 것이 효과적이다.

● 가격에 대한 기업 통제력 약화

절대가치의 중요도가 높아질수록 기업의 가격 통제력은 약해진다. 가격은 가치를 반영한 것인데, 절대가치 상품은 고객들의 가치 평가를 쉽게 확인할 수 있기 때문에 기업이 상품의 가치와 괴리된 가격책정이 어려워졌다. 기능이나 품질의 차이가 없으면 기업이 제시할 수 있는 차별화는 가격밖에 없다. 할인 마트나 온라인 쇼핑몰에서 최저가격을 보장하는 이유가 이 때문이다.

● 인플루언스 믹스를 활용한 고객 세분화

어떤 고객층은 상품을 구매할 때 주로 O에 의존하지만 어떤 고객층은 M에 의존한다. 기업은 M의 영향을 많이 받는 충성도 높은 고객층과 O에 의존적인 고객층에게 차별적인 마케팅 전략을 구사해야 한다. M에 의존적인 고객층에게는 포지셔닝 전략을 적용한 광고를 할 수 있다. 하지만 O에 의존적인 고객들에게는 O에게 좋은 의견을 얻을 수 있도록 품질과 서비스 향상에 집중해야 한다.

● 빠른 변화에 대한 대응

절대가치가 중요한 상품의 판매성과는 아주 빠른 속도로 변화할 수 있다. 앞서 설명한 것과 같이 고객의 마음은 아주 쉽게 변하기 때문이다. 고품질의 상품을 제공할 수 있는 기업에게는 단기간에 성과를 창출할 수 있을 만큼 진입장벽이 낮아진 셈이다.

절대가치가 중요한 상품은 다음과 같은 믿음을 버려야 한다.
- 기업의 브랜드는 중요하다.
- 브랜드에 대한 고객충성도 향상은 마케팅의 최대 관심사이자 최우선 과제다.
- 고객은 비이성적이다.
- 고객은 선택할 것이 너무 많으면 어떤 것을 골라야 할지 잘 모른다.
- 포지셔닝은 마케팅에서 가장 중요하다.

6.4 가격전략

기업 내부에서는 상품가격에 대해 다양한 이해관계가 있다. 상품을 판매하는 사업 팀은 가격이 낮을수록 좋고, 품질을 보장해야 하는 개발 팀은 가격이 높을수록 좋다. 제대로 된 가격결정의 방법이나 원칙이 없다면 가격결정으로 인한 혼선과 갈등이 발생할 뿐만 아니라, 수익성도 악화될 수 있다.

마케팅 관점에서 가격의 특성은 다음과 같다.

- 가격 변경은 쉽다. 온라인 상품의 경우 하룻밤 사이에도 가격을 변경할 수 있다.
- 상품가격에 대한 고객의 이미지는 쉽게 변경되지 않는다. (예: 샤오미 상품의 저가 인식)
- 판매만 보장된다면 가격이 이익에 미치는 영향은 크다. 맥킨지 컨설팅사에 의하면 가격을 1% 인상하고 판매량이 같으면 영업이익은 평균 11% 증가한다고 한다.

이번 섹션에서는 가격결정에 대한 일반적인 오해, 가격결정의 원칙, 가격결정 방법, 경쟁전략의 수단으로 가격을 활용하는 방법을 설명한다.

1) 가격결정에 대한 대표적인 오해 《숨은 1%의 이익을 잡는 가격결정의 기술》, 2014)

● 가격은 '원가 + 목표이익'으로 결정한다.

고객은 상품비용을 계산하여 상품을 구매하지 않는다. 소나기가 내리는 유원지에서는 시내 편의점보다 우산 가격이 비싸다. 고객들이 상품에 부여하는 가치를 포착해 가격을 결정해야 한다.

● 시장점유율과 가격은 반비례한다.

하나의 상품에 하나의 가격만을 적용하면 상품가격을 인상할 때 시장점유율이 낮아지지만, 하나의 상품에 차별화된 가격(예: 요일마다 다른 기차 요금, 대형 할인매장은 마감 전 할인)을 책정하면 가격을 인상해도 시장점유율이 낮아지지 않을 수 있다.

● 대량 구매 고객에게 할인을 제공한다.

고객이 필요해서 상품을 대량 구매할 수 있다. 고객이 요구하지 않는 할인을 먼저 제안하면 안 된다. 다른 방식으로 감사를 표현해도 된다. 할인은 아껴두었다 가격에 민감한 고객들을 끌어들일 때 사용한다.

● 할인으로 고객을 끌어들여 상품가치를 알게 해주면 나중에 가격을 올려 받을 수 있다.

프리미엄 브랜드처럼 주관적 가치가 높은 고가 상품은 할인을 하는 순간 상품가치가 떨어진다. 가격을 한번 낮추면 가격을 다시 올리기 힘들다. 필요하다면 할인 쿠폰을 적용한다. .

● 영업이익률이 늘어났다는 것은 가격전략이 좋았다는 뜻이다.

이익률이 늘었다는 것은 가격에 민감한 고객들에게 판매할 기회를 놓치고 있다는 뜻일 수도 있다. 가격전략 성공의 기준은 이익액의 크기다.

● 매출이 줄어들 때는 가격 인하로 대처한다.

할인 전략은 매출 감소에 대한 최선의 대응책이 아니다. 제 가격을 주고 구매한 고객들의 반감은 어떻게 대응할 것인가? 수요가 감소한다는 것은 구매가 어려워진다는 것이지 완전히 중단된다는 뜻이 아니다. 고객에 맞는 차별화 정책을 우선 고려해야 한다. 한시적으로 파이터 브랜드(기존 상품보다 낮은 품질의 저가 상품)를 제공하는 것도 방법이다. 파이터 브랜드의 장점은 기존 상품의 가치를 인정하는 사람들은 그대로 유지하면서, 가격에 민감한 사람들을 유인하는 것이다. 또한 경기가 회복되었을 때 파이터 브랜드를 시장에서 철수하면 파이터 브랜드 사용자들을 기존 브랜드로 흡수할 수도 있다.

2) 상품가격을 결정할 때 고려할 원칙

상품가격에 영향을 미치는 요인은 경쟁사, 자사, 고객, 환경으로 구분할 수 있다(그림 6.9).

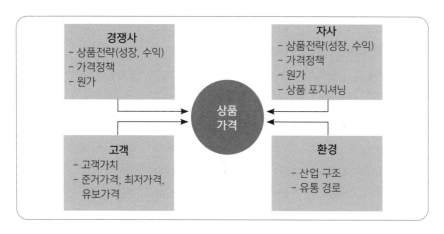

그림 6.9 상품가격 결정시 고려할 요인

이상의 요인들을 고려한 상품가격 결정 원칙은 다음과 같다.

● **고객가치를 고려해 최대한의 가격을 받아야 한다.**

경쟁상품 가치와 자사 상품 가치의 차이만큼 최대한 보상받아야 한다. 물론 고객가치의 차이를 평가하고 그 차이를 가격으로 전환하는 것은 쉽지 않다. 그렇지만 가격을 책정하는 가장 중요한 원칙은 '가치에 기반한 가격결정'이다. 상품을 평가하는 고객가치는 고객마다 다를 수 있으며 이 때문에 고객에 따라 가격을 차별화한다.

● **가격에 대한 고객의 인식은 '준거가격' '유보가격' '최저 수용가격'이 있다.**

특정 상품의 가격에 대해 고객이 가지고 있는 이미지가 있다. 120만원을 기준으로 비싼 노트북과 싼 노트북을 구분한다고 하면 120만원을 '준거가격'이라 한다. 150만원 이상의 가격대부터는 비싸 구매가 부담스럽다고 한다면 이 때 150만원을 '유보가격'이라 하며, 반대로 품질과 성능이 의심스러워 구매가 꺼려지는 가격이 80만원 이하라면 이를 '최저 수용가격'이라 한다. 물론 이러한 가격은 개인마다 다르다. 보다 많은 고객들이 준거가격보다 높은 가격을 지불할 수 있는 가치를 제시해야 한다(그림 6.10).

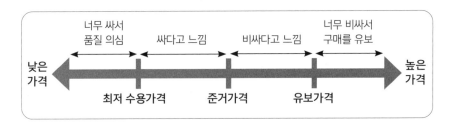

그림 6.10 최저 수용가격, 준거가격, 유보가격(출처: 《마케팅 원리》, 2018)

● **변동비가 작은 상품은 다양한 고객을 최대한 유인해야 한다.**

변동비가 작은 상품은 추가 판매에 따른 추가 비용이 적다. 야구장, 영화관, 비행기 좌석이 대표적인 예이다. 대부분의 소프트웨어 서비스도 변동비가 작다. 변동비가 작은 상품은 가격차별화 전략을 적용하여 최대한의 고객을 유인해야 한다. 예를 들어 영화관 좌석의 여유가 있다면 반값을 받더라도 더 많은 고객을 입장시키는 것이 영화관의 이익이다. 같은 시간, 같은 장소, 같은 영화를 봐도 좌석에 따라 가격이 다른 것이 이 때문이다. 비행기 좌석을 일찍 예약하면 싼 가격에 구매할 수 있는 것도 같은 이치이다.

● **상품전략이 성장에 있다면 저가 정책을, 수확에 있다면 고가 정책을 고려한다.**

성장을 위해서는 저가로 고객을 확대하고, 수확을 위해서는 고가 정책을 고려한다.

● 산업구조 요인(5 Forces)도 가격결정에 영향을 미친다.

잠재적 진입자의 영향, 대체재의 위협, 구매자 교섭력이 크면 가격이 떨어지고, 공급자의 교섭력이 크면 가격이 올라간다. 퇴출 장벽이 높은 산업에서는 치열한 가격경쟁으로 가격이 낮아진다. 시설 투자비용이 높은 PC방의 가격 인하 경쟁이 대표적인 예이다.

● 채널을 활용한다면 기업의 가격결정력이 낮아질 수 있다.

기업이 채널에게 제공하는 상품의 가격은 통제 가능하지만 채널이 고객에게 제공하는 상품의 가격은 통제가 힘들다.

3) 상품가격을 결정하는 방법

가격결정 방법에는 자사 중심의 가격결정, 가치 중심의 가격결정, 경쟁 중심의 가격결정이 있다.

● 자사 중심의 가격결정

자사 중심의 가격결정은 원가에 이익을 더해 가격을 결정하는 '원가 플러스(cost plus) 방식'과 시장 가격에 이익을 제하고 가격을 결정하는 '매출 마이너스(sales minus)방식'이 있다. 두 방식 모두 판매량에 대한 가정을 해야 가격을 결정할 수 있다. 왜냐하면 원가와 매출 모두 판매량에 영향을 받기 때문이다.

상품 한 개를 판매할 때 변동비가 10$이고 총 고정비가 300,000$라고 한다면 상품 한 개를 판매할 때 단위원가는 얼마일까? 단위원가는 상품판매량이 많아 질수록 낮아질 것이다. 예를 들어 상품의 목표 판매량을 X라고 하면 단위원가를 계산하는 공식은 다음과 같다.

상품 1개 판매시 원가(단위원가) = 10$ + 300,000$ / X

만일 상품의 목표 판매량이 100,000개라면 단위원가는 13$가 될 것이다.

❶ 원가 플러스 방식의 계산 예

100,000개의 상품을 다 판매할 수 있고 매출액의 20%를 목표 수익률로 정했다면 상품가격은 얼마로 책정해야 할까?

상품가격을 P라고 한다면 다음과 같이 계산할 수 있다.

(P – 13) / P = 0.2

0.8P = 13

P = 13 / 0.8 = 16.25$

원가 플러스 계산 방식의 문제점은 기업이 받고 싶은 가격을 계산한 것이지,

고객이 가치를 느끼는 가격을 계산한 것이 아니라는 것이다. 앞의 계산에서 중요한 가정은 16.25$에 100,000개의 상품을 판매할 수 있다는 사실이다. 그것이 무너지면 모든 계산은 어긋난다. 그럼에도 불구하고 원가 플러스 방식이 많이 활용되는 이유는 다음과 같다.

- 다른 가격결정 방식보다 계산이 간단하다. 가격 16.25$, 특정 기간 동안 판매 가능 수량 100,000개에 대한 논쟁만 없다면 나머지는 단순하고 정확하다.
- 기업이 생존하기 위한 적정 이익을 보장하는 방식이다. 적어도 계산상으로는.
- 원가에 적정 마진을 더하는 것이라 기업과 고객 모두에게 공정하게 인식된다.

❷ 매출 마이너스 방식의 계산 예

시장 경쟁상황과 소비자 수요예측을 감안할 때 목표 판매량 300,000개를 판매하기 위해 받을 수 있는 최대가격이 16.25$이라고 가정할 때 총원가 계산 방식은 그림 6.11과 같다. 도요타는 아래와 같이 매출 마이너스 방식으로 상품원가를 결정한다. 원가플러스 방식에서는 총원가를 변수로 인식하지만 매출 마이너스 방식에서는 총원가를 상수로 인식하여 각 공정에 분배한다.

시장가격	매출	목표이익(20%)	총원가	원가기획
16.25$ (300,000개 판매목표)	4,875,000$ (16.25X 300,000개)	975,000$ (4,875,000X0.2)	3,900,000$ (4,875,000$- 975,000$)	상품개발시 총원가 내 원가 달성 방안 수립

그림 6.11 매출 마이너스 방식의 가격결정

매출 마이너스 방식은 기업의 원가 혁신 역량 없이는 적용이 힘들다. 원가 혁신 역량은 설계 역량과 유관부서의 긴밀한 협업이 뒷받침될 때 가능하다.

● 가치 중심의 가격결정

가치 중심의 가격결정은 공급자의 원가와 상관없이 소비자가 인지하는 가치에 근거해 가격을 결정한다. 가치를 화폐로 전환하는 기준이 없는 현실에서는 경쟁상품의 가치와 자사 상품의 가치를 비교하여 경쟁상품의 가격보다 싸거나 높게 책정하는 것이 일반적이다. 가치 중심의 가격결정은 자사 상품과 경쟁상품의 가치를 계량화하여 상대적 가치지수를 결정한 뒤, 경쟁상품의 가격에 대비하여 자사 상품가격을 결정하는 것이다. 예를 들어 경쟁상품의 가치가 90이고 자사 상품의 가치가 100이라면 자사 상품의 가격은 '경쟁제품의 가격 × 100 / 90'이 된다.

● 경쟁 중심 가격결정

경쟁 중심의 가격결정은 자사 상품과 비슷한 품질의 경쟁상품 가격을 자사 상품가격으로 결정하는 방식이다. 후발 업체에게는 쉽게 가격을 결정할 수 있는 장점이 있다. 가치 중심의 가격결정과 유사하나 상세한 가치분석은 하지 않는다.

4) 소프트웨어 가격책정 모델

이하는 소프트웨어 상품에 대한 다양한 가격책정 모델이다.

● 일회성 구매(OTC, One Time Charge)

상품(라이선스) 구매시에만 비용을 지불하는 방식으로 라이선스에 기재된 용량과 서비스에 대해선 추가 비용 없이 사용 가능하다. 판매 기업은 판매 초기 높은 매출을 확보하고 고객은 초기 투자비용을 부담한다. 판매 기업은 매출의 지속적인 확보를 위해 유지보수 계약을 체결한다.

● 기간별 구매(Term license)

특정 기간에만 상품을 사용할 권한을 부여하는 방식으로 통상 년 또는 월 단위 계약 갱신을 한다.

● 사용량 기반(Usage charge)

일정 기간 동안 고객이 사용한 사용량을 기반으로 가격을 책정하는 방식으로 통신 요금, 클라우드 등에서 많이 활용된다.

● 사용자 기반(User based charge)

고정된 사용자 수에 따라 가격을 결정하는 방식으로 다음의 유형이 있다.

● 등록된 사용자(Registered user) 인가된 사용자 수

● 동시 사용자(Concurrent user) 특정 소프트웨어에 동시에 접근 가능한 최대 사용자 수

● 기업 내 사용자(In-house user) 특정 소프트웨어를 사용하는 기업 내 직원 수

● 인프라 기반(Per unit of infrastructure)

소프트웨어 상품이 구동되는 환경이나 기기의 용량에 비례하여 가격을 산정 (예: CPU)

● 사이트 라이선스(SIte license)

특정 기업 내 모든 사용자가 사용하도록 권한을 부여하고 비용을 청구하는 방식으로 사용자가 많은 대기업에 유리

● 프리미엄(Freemium)

기본 서비스는 무료로 제공하여 사용자를 확보하고 추가 기능이나 차별화된 서비스에 관해서 요금을 부과하는 방식으로 유튜브, 스포티파이 등 많은 B2C

소프트웨어가 이 방식을 채택한다. 무료 고객에게 제공하는 서비스는 고객 유치 비용으로 생각하고 차별화된 서비스에서 매출을 확보한다. 프리미엄 서비스를 제공하는 많은 소프트웨어가 유료 고객비율 10%를 넘기 힘들기 때문에 유튜브처럼 무료 고객 수를 늘리는 것도 훌륭한 전략이다. 스포티파이는 21년 10월 기준 총 사용자 3억 8천명 중 유료 사용자가 1억 7천명으로 유료 사용자 전환률이 높다. 프리미엄 가격을 적용한다면 다음에 유의해야 한다.

- 유료 전환율이 낮거나 전환되지 않을 수 있다.
- 상품의 적정 가격에 대한 검증 기간이 길다.
- 무료 사용자들은 아직 고객이 아니다. 제대로 된 상품을 만들지 못한 상황에서 무료 고객 수가 늘어나면 낭비.

소프트웨어 서비스도 고객이 얻는 가치에 비례하여 가격을 책정해야 고객의 부담을 줄일 수 있다. 고객이 얻는 가치 기반으로 소프트웨어 서비스 가격을 책정한 예는 표 6.6과 같다.

상품	가격책정 기준 (고객의 가치)
몽키서베이	응답한 설문 수(배포한 설문서가 아님)
넷플릭스	동시 이용자 수
멜론	무제한 듣기 + MP3 다운로드 가능수
에버노트	업로드 사이즈 + 동기화 디바이스 수 + 부가 기능(명함 스캔 등)
줌	참석자 수 + 미팅 시간(40분 무료) + 부가 기능(녹화 등)
카카오 TV	다음 주 방송 내용을 유료로 미리 보는 기능

표 6.6 가치 기반 소프트웨어 서비스 가격책정 예시

5) 경쟁전략의 수단으로 활용하는 가격정책

경쟁을 고려한 가격결정 전략은 두 가지가 있다.

● 스키밍(skimming) 가격정책

스키밍 가격정책은 신상품 출시 초기에 높은 가격을 책정하고, 시간 경과에 따라 점차 가격을 낮춘다. 특허 기술이 있거나 기술에 대한 고객의 평가가 좋을 때 적용한다. 시간이 지남에 따라 가격이 낮아진다고 모두 스키밍 전략은 아니다. 예를 들어 시간이 경과하면서 경쟁이 치열해지고, 생산원가가 낮아져 가격이 낮아질 수 있는데 이는 스키밍 가격전략이 아니다. 스키밍 가격은 일종의 '시간차 가격차별화' 정책이다. 통상의 가격차별화는 영화표처럼 같은 시간대에 다양한 금액의 상품을 판매하여 가격을 차별화하는데, 스키밍 전략은 일정 기간 동안 하나의 가격만 존재한다(대형마트, 영화관은 하루 중 시간대에 따라 가격을 차별화하기도 한다). 스키밍 전략은 의도적으로 초기에 높은 가격을 책정하여 상위의 고객층을 흡수한 뒤 다음 고객층을 타깃으로 가격을 낮춘다. '갤럭시 폴더블 폰 5G'가 19년 10월 240만원으로 출시된 것이 스키밍 가격정책을 응용한 예일 수 있다(21년 하반기 폴더블 폰의 가격은 거의 절반으로 떨어졌다). 시간이 지나면 가격이 떨어질 것이라고 생각하는 고객이 많을 땐 스키밍 가격정책이 실패할 수 있다. 또한 스키밍 가격정책은 인하 시점을 잘못 잡으면 사회적인 이슈가 될 수 있다. 다음은 아이폰의 실패 사례이다.

> 2007년 9월 5일 전 세계인의 이목을 집중시킨 할인이 있었다. 아이폰이 출시된 지 68일 만에 가격을 599달러에서 399달러로 내린 것이다. '얼리어답터'들은 분노를 표출했고, 24시간이 지난 뒤 애플은 공식 사과와 함께 제값을 다 주고 구매한 고객들에게 100달러 상당의 쿠폰을 제공했다. 애플은 성급했다. 만일 11월까지만 기다렸다면 크리스마스 시즌에 맞춘 할인으로 끼워 맞출 수도 있었고 얼리어답터의 불만도 잠재울 수 있었다. 《숨은 1%의 이익을 잡는 가격결정의 기술》

● 침투(penetration) 가격정책

침투 가격정책은 스키밍 가격과 반대로 신상품이 처음 나왔을 때 낮은 가격을 책정하고 고객의 관심이 높아지면 가격을 높여나간다. 초기 상품인지도를 높이고 시장을 확대할 때 적용한다. 일본의 자동차 회사가 미국 시장을 공략할 때 자주 사용했던 전략이다. 렉서스 LS400은 1985년 35,000$에서 시작하여 6년 동안 52,000$까지 인상했다(그림 6.12).

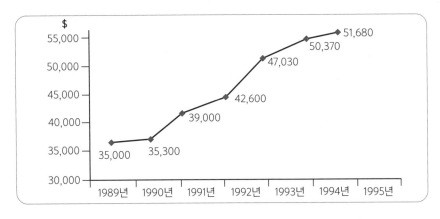

그림 6.12 렉서스 LS400의 침투 가격 사례(출처: 《미케팅 원리》, 2018)

침투 가격정책이 성공하면 다음의 장점이 있다.

- 초기에 많은 고객을 확보하여 진입장벽을 구축할 수 있다.
- 많은 고객을 확보하면 대량 판매로 인한 원가 우위 확보가 가능하다.
- 고객이 많을수록 상품의 가치가 높아진다(예: 플랫폼 상품).

반면 침투 가격정책이 실패하는 경우는 다음과 같다.
- 원가 경쟁력에 집착하여 기술 혁신에 실패한다.
- 고객들에게 저가 상품 이미지를 심어주면 준거 가격이 낮아져 나중에 가격을 올리기 힘들다.

스키밍 가격정책과 침투 가격정책을 적용하는 조건을 정리하면 표 6.7과 같다.

구분	스키밍 가격정책	침투 가격정책
경험곡선 효과	작음	큼
수요의 가격 탄력성	작음	큼
경쟁자 진입 가능성	작음	큼
진입장벽	큼	작음
잠재시장 규모	작음	큼
가격-품질 연상관계	큼	작음

표 6.7 스키밍 가격정책과 침투 가격정책의 적용조건

- **경험곡선 효과** 경험곡선이란 생산량(즉 판매량)이 많아질수록 학습효과로 인해 생산 단가가 낮아지는 현상을 의미한다. 경험곡선 효과가 높을수록 판매 확대를 위한 침투 가격정책이 유리하다.
- **수요의 가격 탄력성** 가격에 대해 수요가 민감하게 반응할수록 가격 탄력성이 높다. 상품가격에 수요가 민감하게 반응할수록 침투 가격정책이 유리하다.
- **경쟁자 진입 가능성, 진입장벽** 경쟁자 진입 가능성이 높을수록(진입장벽이 낮을수록) 가격차별화를 통해 매출을 확대해야 한다.
- **잠재시장 규모** 잠재시장의 규모가 클수록 시장점유율 확대를 위해 초기 가격인하 정책을 적용할 수 있다.
- **가격-품질 연상관계** 높은 가격이 높은 품질이라는 인식이 높은 상품일수록 스키밍 가격정책이 유리하다.

경쟁상품의 가격 인하에는 신중하게 대응해야 한다. 경쟁상품에 대응하여 가격을 인하하는 것은 최후의 수단이다. 고객이 다른 상품으로 전환하는 것을 불편하게 만들거나(전환 비용), 고객에게 부가 기능 제공을 고려하는 것이 우선이다. 경쟁상품의 가격 인하가 자사 상품의 매출에 미치는 영향이 작다면 가격 인하에 대응할 필요가 없다. 또한 자사 상품의 가격 인하에 대응하여 경쟁사가 추가적으로 가격을 인하할 가능성이 높다면 자사 상품가격 인하를 신중하게 결정해야 한다.

6) 상품가격의 차별화 전략

앞서 설명한 가격결정과 가격전략은 단일 가격결정을 위한 내용이다. 그러나 가격에 대한 고객의 다양한 니즈를 충족시키기 위해서는 여러 가지 차별화 전략이 필요하다. 고객 니즈에 영향을 미치는 요인은 고객 예산, 대체 상품, 고객의 취향, 보완재(예: 유류값 인상시 소형차 가격 인상) 등이 있다.

● 가격차별화 전략

가격차별화는 동일 상품의 가격을 차별화하는 것이다. 극장 좌석의 위치와 같이 서비스 내용의 일부가 바뀔 수 있다. 가격차별화의 목적은 이익이 된다면 가격을 차별화하여 최대한 많은 고객에게 상품을 판매하는 것이다. 예를 들어 고객유형이 A부터 H까지 있고 고객 유형별로 특정 상품에 대해 지불할 수 있는 가격이 그림 6.13과 같다고 가정하자.

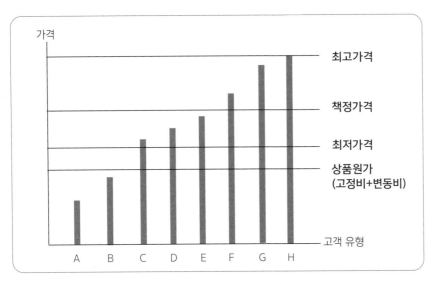

그림 6.13 가격차별화의 필요성

만일 하나의 책정가격만 적용하면 E까지의 고객에게는 상품을 판매하지 못하는 기회 손실이 발생한다. 적자를 보지 않고 판매할 수 있는 가격은 최저가격 이상이어야 하기 때문에 원가 이하의 가격을 원하는 A, B를 제외한 모든 고객에게 고객이 지불할 수 있는 최대 금액으로 상품을 판매하는 것이 이익 극대화 방안이다. 유보가격이 높은 고객, 상품에 대해 높은 가치를 느끼는 고객, 가격 민감도가 낮은 고객에게는 높은 가격을 받는 것이 이익 극대화 방안이다.

그러나 동일한 상품을 다른 가격으로 판매하면 비싼 가격을 지불한 고객의 불만이 발생할 것이다. 이 문제를 해결하는 방법이 책정가격 이상을 지불한 고객에게 프리미엄 서비스를 제공하고 책정가격 이하의 가격을 지불한 고객에게는 불편함을 제공하는 것이다. 상품 무료 배송은 프리미엄 서비스의 예이고, 대형 마트에서 늦은 밤 시작하는 가격 할인은 불편함의 예이다.

가격차별화를 적용할 때 유의할 사항은 다음과 같다.

- 싼 값에 구매한 고객들이 비싼 값에 되팔 수 있다면 가격차별화를 적용해선 안 된다.
- 싼 값에 상품을 구매하는 대신 감수해야 하는 '불편함'에 대해 고객들이 공감할 수 있어야 한다.
- 제 값을 지불할 용의가 있는 고객에게 작은 불편함을 활용한 할인을 해서는 안 된다.
- 품질, 서비스, 기능이 아닌 가격만이 차별화 요소라면 레드 오션이다

● 상품차별화 전략

상품차별화는 동일 상품에 대해 가격차별화가 힘들 때 약간의 기능을 더하거나 빼서 가격을 차별화하는 방법이다. 상품차별화의 예는 기능, 품질, 구매 편의성을 제공하는 프리미엄 버전, 기본 기능 버전 등이 예가 된다. 상품을 구매할 때 다양한 옵션을 제공하는 것도 상품차별화에 해당된다. 다양한 통신 서비스 요금도 상품차별화 전략이다.

《하버드 비즈니스 리뷰》(2018년 9월)에 소개된 GBB(Good-Better-Best) 가격 전략은 상품차별화를 쉽게 적용할 수 있다. GBB 가격전략의 핵심은 많이 팔리는 상품을 better로 설정하고 good과 best 상품을 개발하여 추가 고객을 공략하는 것이다. 이때 good 상품가격은 better를 기준으로 75% 이하, best 상품가격은 better를 기준으로 150%를 넘지 않도록 하는 것이 바람직하다.

GBB를 활용하여 상품차별화를 적용하는 예는 다음과 같다.

- **양** 넷플릭스의 콘텐츠를 동시 시청 가능한 사용자 수
- **서비스** 온라인 학습 상품에 오프라인 개인 지도를 추가

- **경험** 밴드 멤버와 인사 및 사진 촬영 기회를 제공하는 공연 티켓
- **보증 기간** 자동차 배터리 보증 기간 차별화
- **대기 시간** 대기 없이 놀이기구를 이용하는 상품

GBB 전략 활용의 이점은 다음과 같다.

- 고급형인 best 상품을 만들어 지출 규모가 큰 신규 고객을 유치할 수 있다.
- 저가 good 상품을 개발하여 가격에 민감한 고객이나 휴면 고객을 공략할 수 있다.
- 경쟁사의 가격 인하시 자사 기존 상품의 가격을 인하하지 않고 good 상품을 개발하여 대응할 수 있다.
- 저가 good 상품은 보완재 역할을 하는 상품을 통해 부수적인 매출을 올릴 수 있다. 아이폰SE는 아이폰X 가격보다 낮지만 여러 가지 액세서리 판매를 통해 추가 매출을 확보한다.

● **가격모델 차별화 전략**

고객에 따라 가격모델이 맞지 않아 구매를 하지 않을 수도 있다. 고객을 더 많이 확보하기 위해 다양한 가격모델을 개발하는 것이 가격모델 차별화 전략이다. 가격모델 차별화는 일반적인 상품가격 외 리스, 공동 소유, 목표 달성시 보상금액 적용이 예가 된다. 온라인 상품이 많이 개발되면서 가격모델은 다양해졌다. 가격모델 차별화는 비약적인 사업성장의 계기가 되기도 한다. 어도비 (Adobe)는 2013년 소프트웨어 판매(on premise)방식을 버리고 클라우드 기반의 월 사용료를 받은 뒤 비약적인 성장을 하였다. 월 사용료는 고객 입장에서는 금액 부담이 적어 구매 저항을 낮추는 효과가 있다.

● **상품 포지셔닝과 가격정책**

그림 6.14와 같이 상품 포지셔닝을 고려해 가격정책을 적용할 수 있다.

	능동적	수동적
고가 정책	능동적 고가 정책	수동적 고가 정책
저가 정책	능동적 저가 정책	수동적 저가 정책

그림 6.14 상품 포지셔닝과 가격정책

- **능동적 고가 정책** 높은 가격을 책정하여 고품질을 설득하는 전략으로 패션 상품 또는 브랜드 충성도가 높은 상품에 적용이 가능하다.
- **수동적 고가 정책** 시장에서 고품질로 확실하게 포지셔닝한 상품에 대해 고가 정책을 적용한다.
- **능동적 저가 정책** 가격 대비 고품질을 적극적으로 설득한다.
- **수동적 저가 정책** 시장에서 저품질로 포지셔닝한 상품에 대해 저가 정책을 적용한다.

⚛️ 6.5 경쟁분석

신상품 기획시 경쟁사 전략 및 경쟁상품 분석은 필수적이다. 이번 섹션에서는 경쟁분석의 목적, 경쟁분석을 할 때 유의사항, 경쟁분석 결과를 반영한 상품차별화 방안에 대해 설명한다.

1) 경쟁사, 경쟁상품을 분석하는 이유
경쟁분석의 목적은 다음과 같다.
- **상품가격을 결정한다.**
경쟁상품과 기능, 품질을 비교하여 상품가격을 결정할 수 있다.
- **시장점유율을 추정한다.**
현재의 시장점유율, 상품출시 시점에서의 경쟁구도를 감안하여 시장점유율을 추정한다.
- **상품 판매를 위한 포지셔닝 전략을 수립한다.**
경쟁상품과의 차별화 요소를 확인하고 고객에게 전달할 핵심 메시지를 개발한다.

2) 경쟁사, 경쟁상품 분석시 유의사항 《마케팅 원리》
경쟁분석시 유의할 사항은 다음과 같다.
- **경쟁우위 분석 순서**
경쟁우위 분석은 '경쟁상품 파악 → 경쟁사 분석 → 경쟁사 전략 파악 → 경쟁상품 강약점 파악 → 경쟁사의 미래 행동 예측 → 상품차별화 요인 결정'의 순서로 진행한다.

● 경쟁상품은 공급자가 아닌 수요자 관점에서 정의한다.

고객에게 비슷한 가치를 제공하면 경쟁상품이다. A 상품에 대한 경쟁상품은 A 상품을 대체할 수 있는 상품이다. '미국산 소고기'가 '국내 삼겹살'을, '유아용품' 이 '돌반지'를 대체한 것이 예가 된다.

● 세분시장 수준에서 경쟁을 분석한다.

치약은 미백, 충치 예방, 입냄새 제거, 잇몸질환 예방 등으로 시장을 세분화할 수 있다. 입냄새 제거를 위한 치약은 미백을 위한 치약과 경쟁상품이 될 수 없 다. 그러나 치약이 아니라도 구강 청강제(예: 가그린)가 경쟁상품이 될 수 있다.

● 상품기능 외 경쟁 요인은 많다.

상품기능이 경쟁력을 구성하는 중요한 요인은 분명하지만, 유일한 요인은 아니 다. 조직의 문화, 직원의 가치관, 직원의 실력, 고객의 지지(예: 샤오미 팬덤) 등은 모방하기 힘든 경쟁우위의 요인이 되기도 한다. 상품차별화 요인의 예는 표 6.8 과 같다.

제품	서비스	조직	이미지
기능(Feature) 성능 적합성 내구성 신뢰성 보상 스타일 디자인	배달 설치 고객 훈련 컨설팅 수리	친절 신뢰성 책임감 의사소통	미디어 분위기 이벤트 기호

표 6.8 상품차별화의 요인(출처: 《신상품 마케팅》, 2019)

● 경쟁사 분석시 경영자 분석도 포함한다.

경쟁상품의 미래 마케팅 전략은 경쟁사의 재무, 기술적 역량뿐 아니라 경영자 의 의지까지 분석해야 가능하다.

3) 구매매력도 향상을 통한 경쟁우위 확보 (《고객가치》, 2019)

고객이 인지하는 상품의 가치는 상품 본연의 가치인 '절대가치'와 상품 마케팅 이 창출하는 '상대가치'의 합이다. 상품의 구매매력도는 '고객이 인지하는 상 품의 가치(절대가치+상대가치)'와 상품을 구매하기 위해 고객이 부담하는 '지불 가격 가치'의 차이이다. 고객이 상품을 구매하기 위해 지불하는 가격의 가치보 다 기업이 제공하는 상품의 가치가 클수록(구매매력도가 클수록) 고객이 지갑을 열 가능성이 높아진다(그림 6.15). 지불가격의 가치란 지불가격에 해당하는 화폐의 효용성을 의미한다.

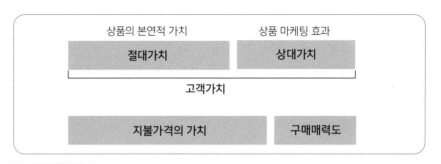

그림 6.15 구매매력도의 개념

경쟁상품 대비 구매매력도가 높다는 것은 경쟁우위를 확보한 상태이다. 따라서 구매매력도는 경쟁전략 분석의 수단이 된다. 구매매력도를 높이는 방법은 다음과 같이 세 가지가 있다.

● 절대가치를 높이는 방법(가치 차별화)

지불가격의 변경 없이 상품의 절대가치가 높아지면 구매매력도는 그만큼 높아진다(그림 6.16).

그림 6.16 절대가치 향상을 통한 구매매력도 향상

절대가치 향상을 통해 구매매력도를 향상시킬 때 유의사항은 다음과 같다.

● 높아진 절대가치가 고객 관점에서 실질적 가치를 제공해야 한다.
● 절대가치 향상을 위한 비용 증가가 없어야 한다. 그래야 가격 인상 없이 절대가치를 높일 수 있다.
● 높아진 절대가치를 고려한 적정 가격을 검토해야 한다. 경쟁우위 확보를 위해 가격을 인상하지 않을 수도 있고, 절대가치가 많이 향상되었다면 가격인상 또는 가격차별화 정책을 통해 경쟁우위를 확보할 수도 있다.
● 경쟁사의 대응(모방, 더 나은 가치 차별화 제공 등)을 감안하여 지속적인 가치

향상 방안을 상품 로드맵에 반영해야 한다.

● 상대가치를 높이는 방법(포지셔닝)

상대가치의 향상은 고객의 머릿속에 상품의 가치를 각인시키는 포지셔닝 활동을 통해 이루어진다. 상대가치를 높이기 위해서는 '부정적 갭'은 없애고 '긍정적 갭'을 창출해야 한다. 부정적 갭은 고객이 상품의 절대가치를 제대로 인지하지 못할 때 발생하고, 긍정적 갭은 상대적 가치(예: 프리미엄 브랜드)를 제공할 때 발생한다(그림 6.17).

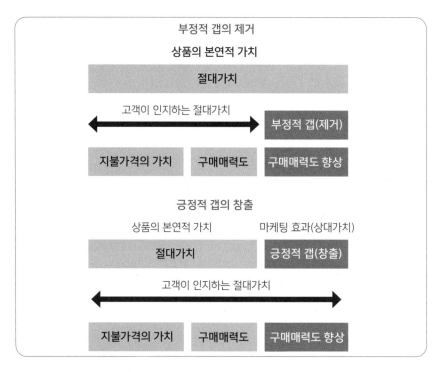

그림 6.17 상대가치 향상을 통한 구매매력도 향상

정직한 상속세 납부와 높은 정규 직원의 비율로 착한 기업의 이미지를 쌓은 오뚜기('갓뚜기'라고도 함) 진라면의 매출 향상은 소비자에게도 유익한 프리미엄 브랜드의 예이다. 반면 SNS에 맛집으로 소문났지만 맛은 별로인 음식은 고객에게 유해한 프리미엄 브랜드의 예이다.

● 원가 혁신을 통해 지불가격을 줄이는 방법(가격차별화)

고객에게 제공하는 절대가치를 낮추지 않고 고객이 지불해야 하는 가격을 낮추면 그만큼 구매매력도는 증가한다(그림 6.18).

그림 6.18 지불가격 인하를 통한 구매매력도 향상

지불가격 인하를 통해 구매매력도를 향상시킬 때 유의사항은 다음과 같다.

● 가격을 인하하는 과정에서 품질이 나빠지면 가격 인하의 효과가 없다. 오히려 매출이 떨어질 수 있다.

● 고객유형별로 차별화된 가격 인하를 고려한다. (《6.4 가격전략》 참조)

● 다이소나 아마존처럼 원가 혁신을 통해 경쟁사보다 높은 수준의 원가 경쟁력을 확보해야 한다. 쿠팡은 로켓배송을 하면서도 원가 혁신을 위해 택배 트럭이 아닌 일반인의 자가용으로 물건을 배송하는 플렉스 배송을 적용했다.

6.6 사업성 분석

신상품 사업성 분석은 '투자 타당성 분석' '경제성 분석' '수익성 분석'등 다양한 이름으로 불린다. 상품을 판매하기 전에는 매출추정이 어렵고 상품관리자의 판단 오류가 발생하기 쉽기 때문에, 경영층은 사업성에 대한 근거 데이터를 요구한다. 이번 섹션에서는 사업성 분석의 목적, 사업성을 분석할 때 유의사항, 공헌이익을 활용한 사업성 시뮬레이션, 매출추정 기법과 경제성 분석 모델을 설명한다.

1) 신상품 개발시 사업성을 분석하는 이유

신상품 개발시 사업성을 분석하는 이유는 세 가지 이다.

● 신상품 개발 또는 출시 결정

신상품 개발의 수익성 확보가 힘들다면 신상품 개발 또는 출시를 재고해야 한다. 상품개발 전에 기획 심의를 하고, 개발이 끝난 후에 출시 심의를 하는데 사업성 분석 결과에 따라 상품개발 또는 출시를 중단하거나 연기할 수 있다.

● 신상품 개발 우선순위 결정

신상품 투자 결정은 전체 과제를 대상으로 투자할 과제들을 결정하는 방식과, 개별 과제에 대한 투자를 승인하는 방식이 있다. 혹은 연간으로 투자할 전체 과제를 결정하고, 각 과제를 착수할 때 투자 여부를 최종 확정하는 방식을 적용할 수도 있다. 제한된 예산으로 최대한의 수익을 달성하기 위한 포트폴리오 관리를 위해서도 사업성 분석이 필요하다.

● 신상품 개발 성과관리

사업성 분석은 신상품 출시 이후 목표 수익 대비 실적 수익을 평가하는 수단으로 활용할 수 있다. 신상품의 사업성과는 절대적인 매출이나 이익으로 평가하는 것보다 목표 사업성과 달성도를 기준으로 평가하는 것이 타당하다.

2) 사업성 분석시 유의사항

사업성 분석 결과가 조직이 요구하는 허들을 넘지 못하면 신상품 개발을 착수할 수 없기 때문에, 상품관리자는 사업성을 분석할 때 미래의 사업 성과를 긍정적으로 평가하는 유혹에 빠지기 쉽다. 사업성을 분석할 때 유의사항은 다음과 같다.

● 매출 과대 추정에 유의한다.

그림 6.19와 같이 사업성 분석의 구성요소는 매출(가격, 판매량)과 원가(직접비, 간접비)로 구성된다. 구성요소 중에서 신뢰도가 가장 낮은 데이터는 판매량이다. 가격을 높이거나 원가를 줄이기 위해서는 많은 증빙 데이터와 논리가 필요하지만 판매량은 목표시장 점유율 또는 연간 성장률을 약간만 조정하면 원하는(?) 수치를 얻을 수 있다.

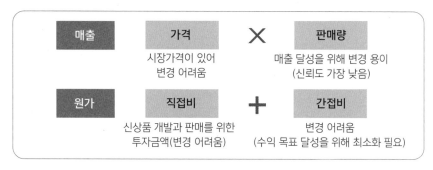

그림 6.19 사업성 분석의 구성요소와 신뢰도

상품관리자는 상품에 대한 확신이 있어야 하고 낙관적인 추정을 할 수도 있다. 그러나 도가 지나치면 조직을 위험에 빠뜨릴 수 있다. 따라서 매출에 대한 근거가 필요하다. 왜 시장점유율이 A%이며 연간 성장률이 B%인지 입증할 수 있어야 한다. 입증할 데이터가 없다면 상품관리자의 환상일 가능성이 높다. 직감은 중요한 능력이며 때로는 영감을 주기도 하지만 매출추정은 데이터를 통해 검증해야 한다. 왜냐하면 데이터에 근거한 결정이 주관적인 의견이나 판단보다 정확한 경우가 많기 때문이다. 그러나 판매하기 전에는 매출 데이터를 추정하기 힘들고 신뢰도도 낮기 때문에 작게 개발하여 시장의 반응을 보는 것이 중요하다.

● 정밀한 데이터가 정확한 데이터는 아니다.

상품기획 초기 단계에는 여러 가지 불확실한 정보가 많아 추정의 오차한계도 크다. 초기에는 정확한 숫자에 매달리지 않고 0의 개수에 집중한다. 엑셀에서 계산한 매출액을 '25,342,600,000원'과 같이 십만 원 단위로 보고하는 것은 상품관리자의 자질을 의심하게 만든다. 조직에 따라 다르겠지만 250억 또는 253억원으로 보고해도 충분하다. 매출의 유효 숫자는 상품개발 단계가 진행될수록 증가한다. 상품개발 단계가 진행될수록 불확실성이 낮아지기 때문이다.

● 사업성 분석의 가정을 명확히 한다.

상품관리자가 사업성 분석을 하면서 복잡한 모델, 수식, 표에 함몰되어 정작 중요한 가정을 명확히 하지 않거나 잘못할 수 있다. 사업성 분석의 가정이 중요한 이유는 이해관계자들이 가정의 타당성을 확인해야 하고, 사업성 분석을 다시 할 때 활용해야 하기 때문이다.

● 존재하지 않는 시장에 대한 추정 값은 신뢰도가 낮다.

존재하지 않는 시장의 규모는 특히 추정이 어렵고 오차한계도 크다. 《파괴적 혁신 실행 매뉴얼》(2011)에서 든 예를 살펴보면, 1970년대 말 AT&T가 멕킨지에 무선 전화기에 대한 시장 규모 추정을 요청했다. 이에 멕킨지는 무선 전화기가 2000년도까지 전 세계에서 90만대 판매될 것으로 예측했다. 결과는 예측과 달리 2007년도에만 18시간마다 90만대가 판매됐다.

이러한 이유는 비교할 만한 상품이 없어 시장을 형성하고 성장하는 속도에 대한 추정이 어렵기 때문이다. 기존 고객의 VOC가 신상품의 혁신을 저평가하는 것도 데이터 신뢰성을 낮추는 요인이 된다.

기존에 존재하지 않는 시장은 정확한 추정을 위해 데이터를 수집하고 분석하는 것보다 빨리 시장에 출시하여 시장의 반응을 보는 것이 효과적이다.

● 절대가치에 가까운 상품들은 단기간의 추정에 집중한다.

인플루언서 및 일반 고객(O)의 의견이 상품구매에 큰 영향을 미치는 상품(절대가치에 가까운 상품)은 장기간의 매출이나 시장 규모 예측이 어렵다. 왜냐하면 시장조사 시점에서는 개인(P)에 대한 의견만 조사하여 O에 대한 의견을 조사하지 못하기 때문이다.

3) 공헌이익(한계이익)을 활용하여 사업성을 시뮬레이션하는 방법

사업성 분석에서는 시뮬레이션이 중요하다. 가격을 변경할 수도 있고, 예상 판매량을 바꿀 수도 있기 때문이다. 그림 6.20과 같이 가격을 16.25\$에서 16\$로 낮출 때 판매량이 300,000개에서 320,000개로 증가한다면 총원가와 이익은 어떻게 변할까? 이 그림의 정보만으로는 변경된 총원가를 계산할 수 없다.

판매량 변경으로 인한 총원가를 계산하기 위해서는 고정비와 변동비로 원가를 구분해야 한다. 그림 6.21과 같이 단위 변동비(상품 한 개 추가 판매시 증가하는 원가)가 3\$이고, 고정비가 3,000,000\$라고 하면 가격이 16\$이고 판매량이 320,000개 일 때 총원가와 이익을 계산할 수 있다.

고정비는 기 투자된 매몰 원가이기 때문에 상품 한 개를 추가 판매할 때 발생하는 공헌이익(가격-변동비)이 사업성 분석에 중요하다.

그림 6.20 가격, 매출 변경시 총원가 및 이익 분석을 하기 어려운 상황

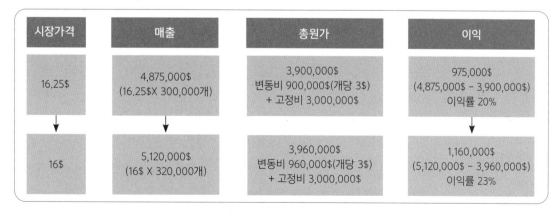

그림 6.21 변동비를 활용한 총원가 및 이익 분석 사례

4) 수요(매출)를 예측하는 기법

수요나 매출추정 기법은 표 6.9와 같이 네 가지 유형이 있다. 특정 기법을 활용하여 매출을 예측할 수도 있고, 두 가지 이상을 복합적으로 사용하여 매출을 예측할 수 있다. 예를 들어 회귀분석으로 매출을 예측한 뒤 영업사원 의견을 수렴하여 매출을 조정하는 방식이다.

기법 유형	내용	예
판단	개인의 경험과 판단에 근거한 추정	영업사원, 경영층, 델파이 추정
시장조사	잠재 고객 대상으로 자사 상품의 시장점유율 추정	구매 의도, 상품 선호도 조사
시계열 분석	기간(월)별 매출 실적 추이 분석을 통한 미래 매출추정	이동 평균법
인과관계 분석	매출과 매출에 영향을 미치는 독립변수들의 상관 관계 분석	회귀 분석

표 6.9 시장 규모 및 매출추정 기법의 네 가지 유형

● 판단에 의한 매출추정

개인의 판단에 근거한 매출추정은 빠르고 간단히 할 수 있는 장점이 있다. 또한 개인의 통찰력이 있다면 매출추정의 신뢰도가 높아질 수 있다. 반대로 특정 목적을 가진 개인(예: 매출목표를 낮추고자 하는 영업)이 추정한다면 신뢰도가 낮아질 수 있다. 델파이 기법은 진행자의 조정하에 전문가들의 반복적인 토의를 통해 의견을 수렴하는 의사결정 방식이다. 주로 데이터가 부족한 신기술이나 혁신 상품의 수요를 예측할 때 활용한다.

● 시장조사에 의한 매출추정

시장조사에 의한 매출추정은 고객 인터뷰를 통해 시장점유율을 추정하여 매출을 추정하는 방식이다. 시장점유율을 추정하기 위해서는 고객의 '구매 의도'와 '상품의 선호 서열 분석'을 수행한다.

❶ 구매 의도 분석

고객에게 자사 상품의 구매 의도를 5점 척도로 질문하여 결과를 취합한다(예: '반드시 살 것이다' '아마도 살 것이다' '살지도 모르겠다' '아마도 사지 않을 것이다' '절대로 사지 않을 것이다'). 조사 결과의 신뢰도를 높이기 위해 '아마도 살 것이다 (70%)'와 같이 구매 확률을 병기하여 설문할 수도 있다. 이때 유의할 것은 설문 무응답자의 비율이다. 구매 의지가 높은 고객들이 실제 설문에 응답할 가능성이 높다는 것을 감안하면, 설문 무응답자를 '구매하지 않겠다'는 고객에 포함시켜 전체 구매율을 계산할 수 있다. 실제 구매 확률을 계산하기 위해서는 기업

에 축적된 실적 데이터를 분석하여 실제 구매 확률을 추정해야 한다. 예를 들어, "반드시 사겠다는 고객의 약 60%, 아마도 살 것이라는 고객의 20%, 살지도 모르겠다는 고객의 5%가 실제로 상품을 구매했다"는 과거 데이터가 있다면 해당 상품의 시장점유율 추정 방식은 다음과 같다.

응답자의 20%가 반드시 산다고 응답했고, 30%가 아마도 살 것이라고 응답했고, 20%가 살지도 모르겠다고 응답했다고 하면 시장점유율 추정치는 19%가 된다. (0.2×0.6+0.3×0.2+0.2×0.05=0.19)

❷ 상품 선호 서열 분석

자사 상품과 경쟁하는 상품이 4개라면 총 5개의 상품에 대해 좋아하는 순서대로 1에서 5를 기입해 달라고 조사하는 것이 선호 서열 분석 방법이다. 《신상품 마케팅》(2019)에 의하면 선호 순위 1위의 구매 확률은 0.83, 2위는 0.15, 3위는 0.02라고 한다. 고객조사 결과 10%가 자사 상품을 가장 좋아하고, 20%가 자사 상품을 두 번째로 좋아한다면 시장점유율은 11%이다. (0.1×0.83+0.20× 0.15=0.113)

구매 의도 분석과 선호 서열 분석은 상품기획 초기 단계에서 간단하게 적용하기에 적합한 기법이다.

● 시계열 분석

시계열 분석은 과거의 매출추이를 연장해서 미래의 매출을 추정하는 기법이다. 월별 매출 변동은 크기 때문에 3개월 이동 평균법에 의한 매출추정을 활용하는 것이 일반적이다. 표 6.10과 같이 월 변동량은 크지만 3개월 이동 평균의 변동량은 훨씬 줄어듦을 알 수 있다.

기간	매출액	3개월 이동평균	월 변동량
1	100		
2	110	105(1~3기)	+10
3	105	115	−5
4	130	125	+25
5	140	130	+10
6	120	140	−20
7	160	152(6~8기)	+40
8	175		+15

표 6.10 이동 평균법에 의한 매출추정

● 인과관계 분석에 의한 매출추정

회귀 분석은 종속변수와 독립변수들의 인과관계를 통계적으로 분석하여 특정 변수(종속변수)의 미래성과를 예측하는 기법이다. 상품의 매출을 종속변수로 설정한 회귀 분석의 예는 다음과 같다.

❶ 매출(Y)에 영향을 미치는 독립변수들(Xi)을 선정한다. 매출에 영향을 미치는 독립변수는 가격, 광고비, 가처분 소득이다.

❷ 독립변수와 종속변수 간 분석 모형을 정의한다(대부분 독립변수와 종속변수의 관계를 선형으로 가정). Y=b0+b1×가격+b2×광고비+b3×가처분 소득

❸ 미래의 독립변수를 대입하여 매출을 추정한다.

이상 시장 규모 및 매출추정을 위한 기법들을 정리하면 표 6.11과 같다.

구분		예측 범위	소요시간	요구되는 지식수준	소요 비용	과거 데이터	정확성
판단적인 기법	판매사원 의견 종합법	단기/중기	짧음	최소한	낮음	불필요	경우에 따라 다름
	전문가 의견 종합법	단기/중기	내부/외부 전문가에 따라 다름	최소한	내부/외부 전문가에 따라 다름	불필요	전문가 역량에 따라 다름
	델파이 기법	중기/장기	상당함	최소한	경우에 따라 높아질 수 있음	불필요	환경이 급변할수록 유리함
고객조사 기법	시장 테스트	중기	상당함	높음	높음	방법에 따라 다름	환경이 안정적이면 높음
시계열 기법	이동 평균법	단기/중기	짧음	최소한	낮음	필요	환경이 안정적이면 높음
인과관계 기법	회귀 분석	단기/ 중기/ 장기	비교적 짧음	높음	보통/높음	필요	환경이 안정적이면 높음

표 6.11 시장 규모 및 매출추정 기법의 분류(출처: 《마케팅 원리》, 2018)

5) 신상품 개발의 투자 경제성을 평가하는 모델

기업에서 사업성 분석을 위해서는 경제성 평가모델을 사용한다. 현장에서 사용 빈도가 높은 평가 모델은 순현재가치(NPV)와 내부수익률(IRR)이다.

● 순현재가치(NPV, Net Present Value)

순현재가치를 이해하려면 현재가치(PV, Present Value)의 개념을 이해해야 한다. 현재가치는 같은 금액이라면 미래의 화폐보다 현재의 화폐가 가치 있다는 개념이다. 예를 들어 그림 6.22에서 같이 3년 치 투자금액을 더한 금액은 3억 원이 아니다. 왜냐하면 2020년 1월의 1억 원을 2018년 1월 기준으로 환산하면 1억 원이 아니라 1억 원보다 작기 때문이다. 그 가치는 이자율만 고려하면 '1억 원/$(1+이자율)^2$'이 된다.

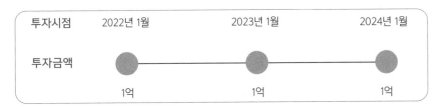

그림 6.22 현재가치의 예시

순현재가치는 미래의 현금 흐름(cash flow)을 현재의 기준으로 환산(할인)한 투자금액과 수익의 차이다. 예를 들어, 초기 투자액이 10억 원이고 1년 뒤 수익이 6억 원, 2년 뒤 수익이 7억 원, 시장이자율(자본 비용)이 5%라고 하면 'NPV = 7억 원 / $(1+0.05)^2$+6억 원 / $(1+0.05)$-10억 원'이다. 같은 조건이라면 NPV가 클수록 좋으며 최소 0보다 높아야 이익이 발생한다는 의미이다. 이자율을 5%로 했을 때 NPV를 계산하는 예는 그림 6.23과 같다. NPV를 활용한 투자평가는 제한된 투자예산으로 이익 최대화를 위한 과제를 선정할 때 사용한다.

$$NPV = \sum_{i=1}^{n} \frac{순매출^i}{(1+이자율)^i} - 초기\ 투자금액$$ (순매출 = 해당 연도 매출 - 해당 연도 투자)

년도	매출	투자금액	순매출	할인율	NPV
2022		1	−1	1.00	−1.00
2023		1.5	−1.5	0.95	−1.43
2024		0.9	−0.9	0.91	−0.82
2025	1.3		1.3	0.86	1.12
2026	3	1	2	0.82	1.65
2027	2		2	0.78	1.57

주. 할인율(Discount Factor): 1 / $(1+이자율)^i$ (단위: 억원)
　　NPV는 소수점 세 자리에서 반올림

그림 6.23 NPV 계산 예시

● 내부 수익률(IRR, Internal Rate of Return)

내부 수익률은 NPV를 0으로 만드는 이자율이다(위의 NPV 계산에서 이자율을 변수로 놓고 NPV를 0으로 놓고 계산했을 때의 이자율이 내부 수익률이다). 내부 수익률을 계산하는 방법은 시행착오를 통해서 도출하는 것이다. IRR이 25%가 나왔다면, 이자율 25% 이하에서는 은행에서 자금을 대출해서 프로젝트를 수행하면 NPV가 (+)로 나온다는 의미다. 투자를 결정하기 위한 상품 심의시 허들 IRR(예: 10%)을 적용하는 경우가 많다.

6장 핵심요약

6.1 시장 세분화

- 평균적인 상품으로 모든 고객을 공략하기 힘들다. 다양해진 고객 니즈를 충족시키기 위해서는 세분화된 목표시장을 공략할 차별화된 상품과 마케팅이 필요하다.
- 신상품 개발시 시장 세분화 및 목표시장을 정의해야 하는 이유는 다음과 같다.
  - 고객가치 검증을 위한 인터뷰 대상이 필요하다.
  - 상품을 홍보하기 위해서는 대상 고객들에게 접근 가능해야 한다.
  - 대상 고객군의 규모를 파악해야 사업성을 분석할 수 있다.
- 신상품 개발시 목표시장 선정은 상품의 고객가치를 개발한 후 목표시장을 선정하는 방식과 목표시장을 선정한 후 고객가치를 개발하는 방식이 있다.
- 시장 세분화의 효과는 경쟁우위 확보, 마케팅 기회의 발견, 차별화를 통한 가격경쟁 완화가 있다.
- 상품시장은 '전체시장(TAM, Total Addressable Market)' '유효시장(SAM, Served Available Market)' '목표시장(target market)'과 같이 계층적으로 구분할 수 있다.
- 인구통계적 변수는 어떤 고객이 상품을 구매하는지는 설명지만 그 고객이 상품을 구매하는 이유는 설명하지 못한다.
- 인구통계학적 분류에 집착하는 시장 세분화는 실패하기 쉽지만 널리 활용되는 이유는 다음과 같다.
  - 인구통계학적으로 시장을 세분화하면 시장 규모나 매출의 계량화가 용이하다.
  - 마케팅 대상이 명확하고 마케팅 전략 수립이 용이하다.
  - 시장 세분화가 용이하고 경영층에게 설명이 쉽다.
- 시장매력도를 분석하는 방법
  - 외형적 요인: 시장 규모, 잠재력, 성장률, 상품 수명주기, 수익성
  - 구조적 요인: 시장에 참여한 구성원들의 경쟁 강도(5 Force model)
  - 환경적 요인: 기업이 통제 불가능한 외부 요인에 시장이 영향을 받는 정도

6.2 상품 포지셔닝

- 상품 포지셔닝은 상품의 중요한 속성이나 이미지를 고객에게 인식시키는 활동이다.
- 상품 포지셔닝은 '목표시장의 고객가치 개발 → 포지셔닝 전략 수립 → 포지셔닝 실행 → 포지셔닝 결과 모니터링'의 순서로 진행한다.
- 포지셔닝은 기업이 전달한 메시지가 아니라 고객들이 기억한 메시지이다.
- 경쟁우위를 분석하는 속성은 고객의 문제(고객가치), 상품의 특성, 품질 대비 가격 등을 분석하여 도출한다.
- 상품 포지셔닝 실행시 유의사항
  - 상품을 알리는 가장 좋은 방법은 상품 그 자체이다.
  - 고객이 상품을 체험하는 다양한 경로에서 일관된 메시지를 제공한다.
  - 고객이 경험하는 내용을 정확하게 파악한다.
  - 많은 장점을 부각시키지 않는다.

6장 핵심요약

6.3 절대가치

- '절대가치'는 다수 고객들의 상품 사용 경험의 총합이다.
- 절대가치가 가져온 마케팅의 변화 요인은 다음과 같다.
  - 누구든 고객가치 없이 최고의 자리에 안주할 수 없으며 누구든 고객가치만 확보하면 기회를 가질 수 있다.
  - 마케팅만의 힘으로 소비자에게 신상품을 포지셔닝하기 어려워졌다. 상품의 실질적인 변화 없이 기업의 이미지만 바꾸려는 노력은 성과를 거둘 수 없다.
  - 구매 의사결정에 다른 사람들이 제공하는 정보의 영향력이 증가한다.
- 구매 의사결정에 영향을 미치는 인플루언스 믹스는 P(Personnel), O(Others), M(Marketer)이 있다.
- O가 제공하는 정보의 획득 비용은 감소하고 정보 가치는 높아지고 있다. O가 M을 대체하는 추세이다.
- 검색 상품(예: 노트북)은 구매 전 검색을 통해서 품질을 검증할 수 있어 O의 영향력이 높다.
- 절대가치가 중요해지면 고객에게 영향을 미치려고 노력하는 대신 고객들이 무엇을 좋아하는지 추적하는 노력을 해야 한다.
- 절대가치의 중요도가 높아질수록 기업의 가격 통제력은 약화된다.

6.4 가격전략

- 맥킨지 컨설팅사에 의하면 가격을 1% 인상하고 판매량이 같으면 영업이익이 평균 11% 증가한다고 한다.
- 가격에 대한 고객의 인식은 '준거가격' '유보가격' '최저 수용가격'이 있다. 준거가격은 비싼 상품과 싼 상품을 구분하는 가격이고 가격이 비싸 구매가 부담스러운 가격은 유보가격이다. 품질과 성능이 의심스러워 구매가 꺼려진다고 하면 최저 수용가격이다.
- 변동비가 작은 상품은 다양한 고객을 최대한 유인해야 한다.
- 가격결정 방법에는 자사 중심의 가격결정, 가치 중심의 가격결정, 경쟁 중심의 가격결정이 있다.
- 자사 중심의 가격결정은 원가에 이익을 더해 가격을 결정하는 '원가플러스(cost plus)' 방식과 시장가격에 이익을 제하고 가격을 결정하는 '매출 마이너스(sales minus)' 방식이 있다.
- 가치 중심의 가격결정 방식은 공급자의 원가와 상관없이 소비자가 인지하는 가치에 근거해 가격을 결정한다.
- 경쟁 중심의 가격결정은 자사 상품과 비슷한 품질의 경쟁상품 가격을 자사 상품가격으로 결정하는 방식이다.
- 스키밍 가격정책은 신상품 출시 초기에 높은 가격을 책정하고, 시간 경과에 따라 점차 가격을 낮추는 정책이다. 특허 기술이 있거나 기술에 대한 고객의 평가가 좋을 때 적용한다.
- 침투 가격정책은 스키밍 가격과 반대로 신상품이 처음 나왔을 때 낮은 가격을 책정하고 고객의 관심이 높아지면 가격을 높여나가는 정책이다. 초기 상품인지도를 높이고 시장을 확대할 때 적용한다.
- 가격차별화는 동일 상품에 대해 가격을 차별화하는 것이다. 가격차별화는 이익이 된다면 최대한 많은 고객에게 상품을 판매하는 것이다.

6장 핵심요약

6.5 경쟁분석
- 경쟁분석의 목적은 상품가격 결정, 시장점유율 추정, 포지셔닝 전략 수립이다.
- 경쟁분석시 유의할 사항은 다음과 같다.
  - 경쟁상품은 기업 관점이 아닌 공급자 관점에서 정의한다.
  - 세분시장의 수준에서 경쟁을 분석한다.
  - 상품기능 외 경쟁 요인은 많다.
  - 경쟁사 분석시 경영자 분석도 포함한다.
- 구매매력도를 높이는 방법
  - 절대가치를 높이는 방법(가치 차별화)
  - 상대가치를 높이는 방법(포지셔닝)
  - 원가 혁신을 통해 지불가격을 줄이는 방법(가격차별화)

6.6 사업성 분석
- 사업성 분석시 다음에 유의한다.
  - 매출 과대 추정에 유의한다.
  - 사업성 분석의 가정을 명확히 한다.
  - 존재하지 않는 시장에 대한 추정값은 신뢰도가 낮다.
  - 절대가치에 가까운 상품들은 단기간의 추정에 집중한다.
- 수요나 매출추정을 위한 기법에는 다음의 유형이 있다.
  - 개인의 판단에 의한 매출추정
  - 구매 의도 분석
  - 상품 선호 서열 분석
  - 시계열 분석에 의한 매출추정
  - 인과관계 분석에 의한 매출추정
- 기업에서 사업성 분석을 위해서는 경제성 평가 모델을 사용한다. 현장에서 사용 빈도가 높은 평가 모델은 순현재가치(NPV)와 내부수익률(IRR)이다. 순현재가치는 미래의 현금흐름(cash flow)을 현재의 기준으로 환산(할인)한 투자금액과 수익의 차이다. 내부수익률은 NPV를 0으로 만드는 이자율이다(NPV 계산에 서 이자율을 변수로 놓고 NPV를 0으로 놓고 계산했을 때의 이자율이 내부수익률이다).

7

상품기획 수립

7장은 상품기획서를 작성하고 검증하는 방법, 비즈니스 모델, 파괴적 혁신, B2B 상품기획의 특징을 설명한다. 7장에서 중요한 내용은 신상품 가설검증이다. 상품기획서에 포함된 '고객 분석' '경쟁사 분석' '사업성'은 대부분 가설이다. 상품을 출시하기 전에 상품기획의 내용을 검증하기에는 현실에서 제약이 많지만 시간과 예산이 허락하는 만큼 최대한 검증을 해야 한다.

　비즈니스 모델 캔버스는 상품기획의 내용을 간략하게 정의할 때 유용한 도구이다. 더 자세한 내용이 궁금하면 이 책에서 소개한 도서를 읽어보기 바란다. 필자가 브런치에 이 책의 내용을 사전 연재할 때 가장 조회수가 많았던 주제가 비즈니스 모델 캔버스였다.

　상품관리자는 최신 유행하는 경영 전략의 화두를 알아둘 필요가 있다. 1995년 하버드 경영대학교의 클레이튼 M. 크리스텐슨(Clayton M. Christensen) 교수가 창안한 '파괴적 혁신'은 최근까지 기술 혁신을 설명하는 대표적인 이론이었다. 2019년 같은 대학교의 교수인 탈레스 테이셰이라(Thales S. Teixeira)는 '디커플링'이라는 개념으로 '디지털 파괴'를 설명하면서 최근의 혁신(우버, 에어비앤비, 넷플릭스 등)은 기술이 주도하는 혁신이 아니라 고객이 주도하는 비즈니스 모델의 혁신이라고 강조했다.

7.1 상품기획의 구성요소

상품기획서는 목표고객에게 제공할 가치를 정의하고(가치제안), 그 가치를 어떻게 개발하고(가치 구현), 가치를 어떻게 홍보하고(가치 제공), 수익성을 어떻게 확보할 것인가(가치 대가 확보)를 정의하는 문서이다. 이번 섹션에서는 기획과 계획의 차이점, 상품기획서의 구성요소에 관해 설명한다.

1) 기획과 계획의 차이

기획과 계획은 두 가지 관점에서 구분할 수 있다.

첫째, 기획(planning)은 전략을 정하는 상위의 활동이고, 계획(plan)은 전략 달성 방법을 정하는 하위의 활동이다. 따라서 기획은 하위 계획들을 포괄적으로 요약한다. 예를 들어 기획은 사업기획, 상품기획 같은 활동에 사용할 수 있고, 계획은 상품개발 계획, 판촉 계획, 사용성 테스트 계획 등과 같은 활동에 사용할 수 있다. 이 책에서는 기획(서)과 계획(서)을 이 관점에서 사용한다.

둘째, 기획은 동사, 계획은 명사이다. 아이젠하워가 말했던 "계획은 의미가 없고, 기획이 중요하다(Plans are nothing, planning is everything)"가 이에 해당한다. 전투에서 적을 만나기 전까지 많은 계획을 수립해도 막상 적을 만나면 그전에 수립한 계획은 의미가 없는 경우가 많다. 적의 대응방안을 예측하여 계획하는 것은 힘들기 때문이다. 유명한 복서였던 마이크 타이슨 역시 "계획은 훌륭하다. 첫 펀치를 맞기 전까지(Everyone has a plan. Until they get punched in the mouth)"라고 유사한 말을 했다.

아이젠하워가 강조하고자 했던 것은 계획의 무용론이 아니라 비상 상황을 대비하는 것이었다. 모든 상황을 반영한 계획수립은 힘들기 때문에 계획에 집착하지 말고, 계획수립 과정의 논리와 가정을 고려하여 비상 상황에 잘 대응하라는 의미다. 아이젠하워는 계획수립의 중요함을 강조하였다. 치밀한 계획수립

없이 요행으로 승리하는 장군이 있겠는가?

2) 상품기획의 구성요소와 상품기획의 특성

상품관리자는 고객에게 제공할 가치를 정의하고, 정의된 가치를 개발하고, 개발된 가치를 고객에게 제공하고, 수익성을 확보하는 계획을 수립해야 한다. 네가지에 대한 답을 위해서는 표 7.1과 같이 여러 가지 계획을 수립해야 한다. 큰 규모의 신상품을 개발할 때는 표보다 상세한 계획을 수립하기도 하고, 작은 규모의 신상품을 개발할 때는 여러 계획을 통합하기도 한다. 스타트업의 상품은 1명이 모든 계획을 수립하기도 하고, 스마트폰처럼 규모가 큰 상품은 수십 명이 나뉘어 계획을 수립하기도 한다.

구분	상품기획 요소
누구를 위해 무엇을 만들 것인가? (가치제안, 상품 콘셉트)	– 고객 세분화/타기팅/포지셔닝(STP)
	– 고객 VOC 분석(불편 사항, 혜택)
	– 경쟁사 상품기능 분석
	– 상품개발 요구사항
어떻게 만들 것인가? (가치 구현, 개발 계획)	– 소프트웨어 개발 계획
	– 테스트 계획(상품 콘셉트, 사용성)
어떻게 판매(서비스)할 것인가? (가치 제공, 마케팅 전략)	– 채널 활용 계획
	– 상품홍보 및 판촉 계획
	– 가격 정책
	– 고객지원센터 운영 계획
	– 영업 툴킷 제공 계획
수익성은 어떻게 확보할 것인가? (가치 대가 확보, 사업성 분석)	– 기간별 투자 계획
	– 기간별 매출 확보 계획

표 7.1 상품기획의 구성요소

상품기획의 구성요소 및 상세화 수준은 상품기획의 목적과 상품의 성격에 따라 달라진다. 고객가치를 검증하기 위한 상품기획(실험 활동)은 가격, 채널, 마케팅 계획보다 목표고객의 니즈 확인에 중점을 두기 때문에 스타트업에 적합하다. 반면 수익 창출을 위한 상품기획은 고객 니즈뿐 아니라 가격, 채널, 마케팅도 중요하기 때문에 대기업에 적합하다. 《밸류 프로포지션 디자인》(2016)에서는 양극단의 두 가지 기획을 표 7.2와 같이 정리하였다.

사업기획 ←		→ 실험활동
우리가 잘 안다.	태도	우리의 고객 및 파트너가 잘 안다.
사업계획	도구	사업 모델과 가치제안 캔버스
계획수립	프로세스	고객개발 및 린 스타트업
회사 내부	장소	현장
계획의 실행	초점	실험과 학습
과거의 성공에서 얻은 사실	결정 근거	실험에서 얻은 통찰과 사실
충분히 해소하지 못한다.	위험 부담	학습을 통해 최소화한다.
회피한다.	실패	학습 및 개선 수단으로 여긴다.
세세한 계획으로 덮는다.	불확실성	인정하고 실험을 통해 줄여나간다.
세분화 서류, 스프레드 시트	세부사항	실험에서 얻은 증거 수준에 따라 달라진다.
추정한다.	수치	증거에 기초한다.

표 7.2 상품기획의 두 가지 유형

7.2 상품기획시 유의할 사항

훌륭한 상품기획서는 반복적, 상세화를 통해 통해 완성된다. 이번 섹션에서는 상품기획서가 갖추어야할 논리, 신상품 기획과 기존 상품 개선을 위한 기획의 차이, 고객가치 학습을 고려한 상품기획, 활용도 낮은 상품기획의 최소화에 관해 설명한다.

1) 상품기획서의 논리 명확화

상품관리자는 데이터를 활용하여 이해관계자를 설득하고 의사결정하는 과정에서, 불확실한 정보에 대한 '가정'을 해야 한다. 상품기획서에서 가정은 적을수록 좋지만 없을 수는 없다. 상품기획의 가정은 불확실성에 대한 상품관리자의 논리를 담고 있다. 동일한 데이터를 활용해도 사업 전망은 상품관리자의 태도(위험 수용, 위험 회피)에 따라 달라진다. 상품기획서의 논리적 타당성은 수집 데이터의 정확성, 가정을 포함한 비즈니스 모델의 적정성이 결정한다. 상품기획서의 내용은 기업의 의사결정 영역과 고객의 반응을 예측하는 영역으로 나누어진다. 두 가지 영역에 대해 상품기획의 논리를 평가하는 기준은 다음과 같다.

● **기업이 결정하는 상품 콘셉트, 가격, 유통, 출시 시점, 사후 지원에 대한 논리**

상품기획에서 활용하는 데이터는 객관적인 사실이지만(데이터의 사실 여부는 사전에 확인해야 한다), 데이터를 분석하여 의사결정하는 논리는 사람에 따라 달라질 수 있다. 예를 들어 고객의 VOC는 사실에 해당하는 원시 데이터(raw data)이지만 이를 분석하여 상품기능을 정의하는 것은 상품관리자의 논리이다. 가격을 결정하는 논리도 마찬가지이다. 경쟁사 대비 성능과 경쟁사 상품의 가격은 사실이지만 상품관리자의 가격책정 논리는 주관적이다. 따라서 상품관리자는 다음 질문에 대한 의사결정 근거를 명확하게 설명할 수 있어야 한다.

● 왜 ○○고객군을 선정하였는가?

● 왜 ○○기능을 개발하고자 하는가?

● 왜 ○○시점에 출시하고자 하는가?

● 왜 ○○와 같은 온/오프 광고를 하는가?

● 왜 ○○의 채널을 활용하고자 하는가?

● 왜 상품의 가격 정책을 ○○으로 하고자 하는가?

● 왜 상품개발비가 ○○인가?

● **고객이 기업에 반응하는 매출 규모에 대한 논리**

상품 콘셉트, 가격, 출시 시점은 기업이 의사결정 하지만 매출은 고객이 결정한다. 매출을 추정하기 위해서는 정확하지 않은 시장 분석 데이터를 많이 확보하는 것보다 매출추정에 대한 논리 또는 모델을 잘 정의하는 것이 중요하다. 완성도가 높지만 복잡하고 실제 시장에 대입하기 어려운 모델보다(시장 규모×예상 시장점유율×성장률), 완성도는 낮아 보이지만 실제와 가까운 모델(예: 경쟁상품 매출의 10%)이 더 정확할 수 있다. 그러나 매출추정 모델의 완성도가 너무 낮으면 이해관계자를 설득시키기 힘들기 때문에, 이해관계자들에게 익숙한 모델을 선정하는 것이 바람직하다.

2) 신상품 기획과 기존 상품 개선 기획의 차별화

상품기획 관점에서 특정 기업에서 출시한 적이 없는 신상품을 개발하는 것과 기존에 출시한 상품을 개선하는 것은 많이 다르다. 기존에 출시한 상품을 개선할 때에는 고객군, 고객가치, 채널, 마케팅 전략, 경쟁사 분석, 가격 정책 등에 관해 추가 분석이 필요하지 않는 경우가 많다. 그러나 투자 규모와 크고, 개선 내용이 많다면 고객가치, 채널, 마케팅 전략, 경쟁사 분석, 가격 등을 분석해야 한다. 기 출시된 상품 대비 개선 폭이 작을 때에는 고려할 항목이 대폭 줄어든다. 개선하고자 하는 기능에 대한 고객 VOC가 명확한지, 개발 일정과 예산은 적정한지 등을 중심으로 분석하고 매뉴얼과 기술 지원 문서만 변경하면 된다. 신규 상품개발, 기존 상품의 큰 개선, 기존 상품의 작은 개선의 세 가지 유형별로 상품기획시 고려할 사항을 정리하면 표 7.3과 같다.

구분	상품기획 요소	신상품 개발	기존 상품 개선	
			큰 규모 개선	작은 규모 개선
가치제안 (상품 콘셉트)	고객 세분화/타기팅/포지셔닝(STP)	●	○	
	고객 VOC 분석(불편 사항, 혜택)	●	●	●
	경쟁사 상품기능 분석	●	●	
	상품개발 요구사항	●	●	●
가치 구현 (개발 계획)	소프트웨어 개발 계획	●	●	●
	테스트 계획(상품 콘셉트, 사용성)	●	●	
가치 제공 (마케팅 전략)	채널 활용 계획	●		
	상품홍보 및 판촉 계획	●	○	
	가격 정책	●	○	
	고객센터 운영 계획	●	●	○
	영업 툴킷 제공 계획	●	●	○
가치 대가 확보 (사업성 분석)	기간별 투자 계획	●	○	
	기간별 매출 확보 계획	●	○	

표 7.3 상품개발 유형별 상품기획 대상

기존 상품을 개선할 때 유의할 사항은 다음과 같다.
● 기존 상품 개선은 기능 추가만을 의미하는 것은 아니다.
유지보수를 위한 고정 개발 인력이 있다면 개발자들에게 일을 주기 위해 중요도 낮은 개발 물량을 발굴하기도 한다. 이때 기능 추가가 곧 상품 개선이라는 생각에서 벗어나야 한다. 신중하지 않은 기능 추가는 상황을 더 나쁘게 만들 때가 많다. 예를 들어 "다음달까지 ○○기능을 추가하면 XX고객과 계약을 할 수 있습니다."는 영업대표의 말에 ○○기능을 추가했다고 가정하자. 그렇게 추가된 ○○기능이 기존 고객들에게 불편을 초래한다면 어떻게 하겠는가? 만약 계약까지 취소 되면 최악의 상황이 되는 것이다. 기존 기능을 통합하여 단순화하거나, 디자인을 바꾸거나, 기존 기능을 삭제하는 것도 상품 개선이다.
● 기능 업그레이드는 신중하게 하라.
《인스파이어드》(2012)에서는 사용자가 반기지 않는 변경 버전을 쏟아내는 것을 사용자 학대(user abuse)라 했다. 사용자가 원하지 않는 기능 개선의 예는 다음과 같다.

- 사용자는 현 버전에 대해 만족한 상태로 더 이상의 기능 추가를 바라지 않는다.
- 사용자가 변경 버전을 배울 시간이 없는데, 강제로 신규 버전을 사용해야 한다.
- 새로운 변경 버전이 이전 버전과 호환되지 않을 수도 있다.

불필요한 업그레이드를 최소화하기 위해서는 특정 지역 또는 특정 고객을 대상으로 A/B 테스트를 적용하여 문제점을 보완한 후 일괄 업그레이드로 확대하는 것이 바람직하다.

● 기존 상품 개선시 내부 검토는 최소화한다.

기존 상품의 작은 개선은 유지보수와 유사하기에 상품기획을 위한 문서 작성과 관리 부서의 타당성 검토는 최소화하는 것이 바람직하다. 상품을 기획할 때 많은 노력을 필요로 하는 투자 타당성 분석을 상품운영 조직의 손익 목표로 대신하는 것도 방법이 된다.

● 상품 로드맵 유지관리에 유의한다.

상품 로드맵은 언제 어떤 기능을 릴리즈하겠다는 상품관리자의 약속이다. B2B 사업의 상품 로드맵은 유통 채널, 기존 고객사, 영업과 공유해야 한다. 로드맵에 포함된 내용을 변경하려면 여러 사람을 설득해야 하기 때문에 로드맵을 확정할 때 다음에 유의해야 한다.

- 시장에서 검증되지 않은 아이디어나 유행을 따라 하지 않는다.

시장 트렌드(예: 2019년의 AI, 빅데이터, 4차 산업혁명)를 쫓아가는 기능 추가를 함부로 약속해서는 안 된다. 남들이 한다고 따라하기식으로 상품기능을 추가하면 기술부채(technical debt)만 커지게 된다. 예를 들어 많은 기업들이 챗봇을 적용한다고 챗봇을 어설프게 적용하면 고객 불만만 높아질 뿐이다(보고 싶지 않은 챗봇을 닫기도 힘들게 만들어진 앱은 정말 최악이다). 고객 이탈 사유, 기존 고객의 불만, 구매를 주저하는 VOC를 로드맵에 반영해야 한다. VOC의 우선순위에 대한 확신이 서지 않는다면 매출 비중 또는 성장에 기여하는 고객의 VOC부터 반영하는 것도 방법이 된다.

- 먼 미래의 상세한 기능을 약속하지 않는다.

1년 이상의 먼 미래에 제공할 기능에 대한 상세한 약속은 신중하게 한다. 소프트웨어 시장에서 1년이면 매우 먼 미래이다. 전략적 방향이 아닌 상세 기능을 약속하면 그만큼 변경 가능성이 높다. 반기또는 분기를 기준으로 상품 개선 계획의 상세화 수준을 다르게 표현하는 것도 방안이 된다.

- 로드맵 변경 내용은 공유한다.

조직마다 로드맵을 공유하는 방식은 다를 수 있지만, 이해관계자를 대상으로 변경 내용을 공유하는 체계를 갖추어야 한다.

3) 고객가치 학습을 고려한 상품기획

상품의 기능 관점에서는 고객이 원하는 기능은 다 있고 원하는 기능만 있는 상품, 즉 미충족도 과잉 충족도 없는 상품이 100점이다. 상품출시 전에 미충족 또는 과잉 충족 기능을 검증하기 위해서는 본격적인 개발 전에 고객이 상품에 관해 어떻게 생각하는지 학습해야 한다. 고객가치 학습의 관점에서 상품을 기획할 때 유의할 사항은 다음과 같다.

● **상품판매를 중단할 때까지 학습해야 한다.**

상품 수명주기는 '출시하고, 배우고, 개선하고, 출시하고'의 사이클이다. 완벽한 상품은 없기 때문에 상품판매를 중단하는 시점까지 고객가치를 학습하고 개선해야 한다.

● **제대로 배우고, 빨리 배우고, 싸게 배워야 한다.**

첫째, 제대로 배워야 한다. 제대로 배우려면 올바른 인터뷰 대상에게 프로토타입을 보여주면서 체계적으로 물어봐야 한다. 인터뷰를 통해서는 현재의 상품기획이 정답이 아니라는 것을 배우기는 쉽지만 정답을 찾기는 어렵다.

둘째, 빨리 배워야 한다. 출시 후 일정시간이 지나면 상품관리자가 학습한 것이 정답인지 아닌지를 확인할 수 있다. 그렇지만 그 시점에는 이미 많은 시간과 비용을 지불한 상태이다. 물론 그때라도 고객에 대한 통찰을 얻었다면 의미가 있다.

셋째, 싸게 배워야 한다. 학습을 위해 과다한 수업료를 지불해서는 안 된다. 특히 실패에 대한 수업료는 적을수록 좋다. 작은 실수는 실험이라 할 수 있지만, 큰 실수는 실패이다. 싸게 배우려면 낭비를 제거해야 한다. 학습과 상관없는 활동은 낭비이다. 고객이 원하지 않는 기능을 고품질로 개발하는 것이 가장 큰 낭비이다. 특정 기능을 고객이 원하는지 아닌지는 고품질이 아니라도 알 수 있다.

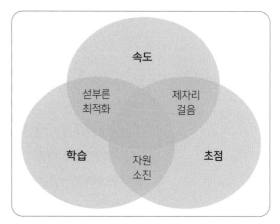

그림 7.1은 《러닝린》(2012)에서 학습, 속도, 초점을 세 가지 벤 다이어그램으로 정리한 것이다.
- 초점 없는 속도와 학습은 섣부른 최적화이다. (틀린 것을 배우는 것)
- 학습 없는 속도와 초점은 제자리 걸음이다.

그림 7.1 속도, 학습, 초점의 최적화

● 속도 없는 학습과 초점은 자원을 소진한다.

● 실패에 대한 핑계인 가짜 학습은 유효한 학습과 다르다.

에릭 릭스는《린 스타트업》(2012)에서 유효한 학습(validated learning)을 다음과 같이 강조하였다.

> '학습'이라는 것은 실패에 대해 가장 흔하게 사용하는 변명이다. 유효한 학습이란 팀이 스타트업의 현재와 미래의 성장에 꼭 필요한 진실을 발견했음을 보여주는 방법이다. 기능 A를 개발했을 때 이것이 고객행동에 어떤 영향을 미쳤는가? 하지만 이 질문에 대답하려면 너무 많은 노력이 필요했다. 정확히 언제 기능 A를 고객들이 사용하기 시작했는가? 어떤 고객들이 그 기능을 사용하기 시작했는가? 이런 질문들에 대답하려면 데이터를 분석하고 또 분석해야 했다.

● 기존 상품 보다 신규 상품에 대한 학습이 중요하다.

신상품 개발에서 학습은 고객가치의 불확실성을 줄여나가는 활동이다. 기존 상품은 고객가치를 많이 학습했기에 불확실성이 낮다. 반면 신규 상품은 선행 학습이 부족하기 때문에 고객가치에 대한 학습이 중요하다.

● 정답을 찾기 어려울 때는 중단할 수 있어야 한다.

신상품 개발의 중단은 어렵다. 조금만 더 하면 정답을 찾을 수 있을 것 같기 때문이다. 매몰원가에 대한 아쉬움도 중단을 힘들게 한다. 해당 상품을 개발 중이던 조직은 살아남기 위해 데이터 왜곡을 만든다. 그렇다고 정답이 없는 시험 문제에 소중한 시간을 계속 낭비할 수 없다. 시험을 볼 수 있는 기간, 횟수, 예산을 제약하는 것도 방법이다.

4) 활용도 낮은 기능 개발을 최소화

불필요한 기능을 개발하고 싶은 상품관리자는 없다. 꼭 필요한 것만 기획하는 것이 힘들 뿐이다. 불필요한 기능 개발은 소프트웨어 복잡도를 증가시킨다. 소프트웨어가 복잡해지면 소프트웨어 변경을 어렵고 오래 걸리게 만든다. 상품을 개선할 때에는 기능 추가뿐 아니라 기능 통합도 고려해야 한다.

활용도가 낮은 기능을 기획하고 개발하는 대표적인 이유는 다음과 같다.

● 미개발 기능에 대한 두려움

고객이 원하는 기능에 대한 확신이 없는 상품관리자는 고객들의 VOC를 최대한 반영하고 싶어한다. ○○기능 부재로 인한 고객의 불만은 쉽게 확인된다. 반면 ○○기능을 개발했는데 그것 때문에 소프트웨어 구조가 복잡해졌고 나아가

○○기능을 사용하는 고객은 X%에 불과하다는 것은 알기 힘들다. 필요한 기능의 누락은 출시 후 쉽게 확인할 수 있지만, 활용도가 낮은(불필요한) 기능이 있는지는 확인하기 어렵다. '필요'와 '불필요'는 사람에 따라 달라질 수 있기 때문에 0과 1이 아닌 비율의 문제이다. 예를 들어 도어록의 출입 이력을 스마트폰으로 알려주는 기능도 사람에 따라 필요하기도 하고 필요 없기도 하다.

특정 기능이 필요하다는 것을 입증하기 위해서는 그 기능을 원하는 소수의 의견이 있으면 되지만, 특정 기능이 불필요하다는 것을 입증하기 위해서는 다수의 의견이 필요하다. 따라서 **기능의 필요성보다 불필요성을 입증하기 힘들다.** 그 결과 상품관리자는 기능 누락에 대한 책임이 두려워 가능한 많은 기능을 추가하려는 경향이 있다.

'많은 기능 = 고품질 = 상품 경쟁력'이라고 믿는 사람들도 의외로 많다. 그러나 손님이 어떤 음식을 좋아할지 몰라 상다리가 휘도록 푸짐한 음식상을 차렸는데 결과적으로 손님이 선호하는 음식이 멀리 있거나 양이 작다면 손님이 만족할까?

● **내부 이해관계자들의 검토 의견 반영**

상품기획을 검토하는 과정에서 내부 참석자들도 의견을 낸다. 기획 검토 회의에 참석한 이해관계자는 ○○기능이 불필요하다는 의견 제시는 자신이 없고 부담스럽기 때문에 자연스럽게 기능 추가 또는 변경에 대한 아이디어를 낸다. 특히 회의 석상에서 가장 임금이 높은 경영층의 의견(HIPPO, HIghest Paid Person's Opinion)은 무시하기 힘들다. 그러나 20대가 주로 사용하는 상품에 대해 50대 경영층이 제안하는 기능은 고객가치와 무관할 가능성이 높다.

● **상품기능에 대한 조직의 집단확신**

회사에서 중요도가 높고 경영층에서 적극 지지하는 상품은 상품기능에 대한 집단 확신이 생긴다. 《카오스멍키》(2017)에서는 이러한 상황을 다음과 같이 설명한다.

> 시장 기대와 맹목적인 오만이라는 두 가지 요소가 작용하면, 매우 똑똑한 기업도 잠시 미쳐서 요정이나 비행접시를 믿을 수 있다. 사이비 종교처럼 어떤 상품개발에 도취되는 것은 여러 면에서 안개와 닮아있다. 안개에 휩싸여 있는 동안에는 안개를 볼 수 없다. 안개에 휩싸이면 먼 곳의 모습은 흐릿하지만, 주변은 모두 정상적으로 보인다. 안개가 얼마나 짙은가는 멀찍이 떨어진 곳, 안개가 걷힌 곳에서만 볼 수 있다.

● **잘못된 경쟁상품 분석**

기존 시장에 상품을 출시할 때 경쟁사 상품들의 좋아보이는 기능을 모두 포함하고 차별화 기능을 추가하면 경쟁력이 있을 거라 생각하기 쉽다. 그러나 요행으로 성공하는 몇몇 경우를 제외하고는 대부분 기능이나 사용성의 복잡도를 증가시키고 원가 부담만 될 뿐이지 성공하기는 힘들다.

7.3 비즈니스 모델 캔버스와 린 캔버스

비즈니스 모델 캔버스란 고객에게 가치를 제공하고 대가를 획득하는 방법을 한 장에 체계적으로 정리한 모델이다. 비즈니스 모델 캔버스는 복잡한 사업기획 또는 상품기획을 아홉 가지 요소로 간단히 요약하는 장점 때문에 현장에서 많이 활용된다. 린 캔버스는 스타트업 조직에 적용하기 위해 비즈니스 모델 캔버스를 수정한 모델이다. 이번 섹션에서는 비즈니스 모델 캔버스와 린 캔버스의 구성 내용을 설명한다.

1) 비즈니스 모델 캔버스

> 비즈니스는 '가치를 창출하고, 가치에 대한 대가를 획득하는 일'이다. (《뉴미디어 시대의 비즈니스 모델》, 2011)

《비즈니스 모델의 탄생》(2011)에서는 비즈니스 모델을 '하나의 조직이 어떻게 가치를 포착하고 창조하고 전파하는지, 그 방법을 논리적으로 설명한 것'이라고 정의하고 있다. 따라서 비즈니스 모델 수립의 목적은 상품기획 또는 사업기획 목적과 다르지 않으며 상세화 수준만 다를 뿐이다. 인터넷과 스마트폰과 관련된 시장이 폭발적으로 성장하면서 돈 버는 방법(비즈니스 모델)이 다양해졌고, 그 결과 비즈니스 모델이란 용어가 일반화되었다.

좋은 비즈니스 모델은 지속적으로 성장하는 수익을 창출한다. 아마존 도서의 비즈니스 부문 40주 연속 판매 1위라는 경이적인 기록을 달성했던 《비즈니스 모델의 탄생》에서는 비즈니스 모델을 아홉 가지 블록으로 정리하여 이를 '비즈니스 모델 캔버스'라고 하였다(그림 7.2).

Key Partneres 핵심 파트너십 ⑧	Key Activities 핵심활동 ⑥	Value Propositions 가치제안 ②	Customer Relationships 고객관계 ④	Customer Segments 고객군 ①
오른쪽 다섯 가지를 수행하기 위한 외부 파트너십 - 최적화/규모의 경제 - 리스크 감소 - 자원/활동의 취득	오른쪽 다섯 가지를 수행하기 위한 핵심활동(생산, 문제해결, 유통)	고객군의 불편 제 거 또는 혜택 제공	고객군별로 고객과의 관계수립 및 유지 - 고객 확보, 유지, 판매 촉진	고객군에게 제품이나 서비스를 제공 - 고객군에 따라 고객 니즈, 유통 채널, 고 객 유형이 달라질 수 있음
	Key Resources 핵심자원 ⑦		Channels 채널 ③	
	오른쪽 다섯 가지를 수행하기 위한 핵심자원(인적 자원, 물적 자원, 지적 자산)		- 상품에 대한 이해도 제고 - 원활한 상품구매 지원 - 상품전달	
Cost Structure 비용구조 ⑨			Revenue Streams 수익원 ⑤	
- 비용주도인 사업은 비용 절감이 핵심 - 핵심자원, 핵심활동, 핵심 파트너십 정의 후 파악			- 상품판매 수익(1회성) - 상품판매 이후 고객지원으로 인한 반복적 수익	

그림 7.2 비즈니스 모델 캔버스

비즈니스 모델 캔버스 내용을 이해하기 위한 유의사항은 다음과 같다.

● 각 블록의 번호는 논리적 사고의 순서와 같다.

예를 들어 어떤 고객에게(①) 어떤 가치를(②) 어떻게 제공하고(③) 고객관리를
어떻게 할 것인가(④)와 같이 순차적으로 사고하는 것이다.

● 캔버스의 오른쪽은 우뇌와 같은 감성(가치)을, 캔버스의 왼쪽은 좌뇌와 같은
논리(효율성)를 다룬다.

상품기획에서는 고객 분석에 해당하는 우뇌의 영역이 중요하다. 《비즈니스 모델
의 탄생》에서는 기업 중심의 비즈니스 모델과 고객 중심의 비즈니스 모델의 차
이를 표 7.4와 같이 설명하고 있다.

기업 중심의 비즈니스 모델 디자인	고객 중심의 비즈니스 모델 디자인
고객에게 무엇을 팔까?	고객들은 무엇을 원하고 우리는 어떻게 도울 수 있을까? 고객들의 요구는 무엇이고 우리는 어떻게 거기에 부응할까?
어떻게 하면 효율적으로 고객에게 접 근할 수 있을까?	고객들은 어떤 대접을 받고 싶어하나? 고객의 일상에 우리는 무엇을 맞춰줘야 할까?
우리 회사는 고객과 어떤 관계를 형성 하는 것이 좋을까?	고객은 우리 회사와 어떤 관계를 맺고 싶어 할까?
고객을 상대로 어떻게 돈을 벌까?	고객은 무엇을 위해 기꺼이 돈을 내놓을까?

표 7.4 기업중심의 비즈니스 모델과 고객 중심의 비즈니스 모델

● 비즈니스 유형에 따라 중요한 블록이 달라진다.

예를 들어 가격경쟁이 중요한 아마존에서는 핵심 파트너십, 핵심활동, 핵심자원이 중요하다. 물론 가치제안은 비즈니스 유형에 상관없이 가장 중요하다.

● 고객군이 달라지면 비즈니스 모델이 달라진다.

고객군별로 비즈니스 모델 캔버스를 작성하는 것이 바람직하다. 한 페이지에 상이한 고객군을 각기 다른 색깔로 구별하여 사용할 수도 있지만 내용이 복잡해 가독성이 낮아진다.

● 비즈니스 모델 캔버스로 상품기획이 완성되는 것은 아니다.

비즈니스 모델 캔버스 작성은 상품기획의 시작이다. 큰 얼개에 관해 이해관계자와 소통하고 합의한 뒤, 상세 추진 계획을 수립해야 한다. 비즈니스 모델 캔버스의 항목을 상품기획 요소와 비교하면 표 7.5와 같다.

구분	비즈니스 모델 캔버스	상품기획 요소
누구를 위해 무엇을 만들 것인가? (가치제안, 상품 콘셉트)	고객군, 가치제안	- 고객 세분화/타기팅/포지셔닝(STP)
		- 고객 VOC 분석(불편 사항, 혜택)
		- 경쟁사 상품기능 분석
		- 상품개발 요구사항
어떻게 만들 것인가? (가치 구현, 개발 계획)	핵심활동, 핵심자원	- 소프트웨어 개발 계획
		- 테스트 계획(상품 콘셉트, 사용성)
어떻게 판매(서비스)할 것인가? (가치 제공, 마케팅 전략)	채널, 고객관계, 핵심활동, 핵심자원	- 채널 활용 계획
		- 상품홍보 및 판촉 계획
		- 가격 정책
		- 고객센터 운영 계획
		- 영업 툴킷 제공 계획
수익성은 어떻게 확보할 것인가? (가치 대가 확보, 사업성 분석)	수익원, 비용구조	- 기간별 투자 계획
		- 기간별 매출 확보 계획

표 7.5 비즈니스 모델 캔버스와 상품기획 요소

● 9개 블록의 내용을 다 못 채울 수 있다.

상품을 본격적으로 판매하기 전에는 '고객관리' '핵심자원' '핵심활동' '핵심 파트너십'에 대한 내용은 채우기 힘들다. 채워 넣는다고 해도 정보가 부족하여 9개 블록을 모두 같은 수준으로 상세화하지 못한다.

비즈니스 모델 캔버스의 활용도를 높이기 위한 고려사항은 다음과 같다.

● 상품기획의 수단으로 활용한다.

비즈니스 모델 캔버스의 9개 블록은 기존에 없던 내용이 아니다. 유행에 따라 맹목적으로 적용하기보다 상품관리자가 생각하는 장점이 있다면 목적에 맞게 사용하면 된다. 비즈니스 모델 캔버스 작성이 목적이 되어서는 안 된다. 비즈니스 모델 캔버스는 상품기획을 도와주는 도구다.

● 비즈니스 모델 캔버스는 상품기획시 고려할 항목을 표준화했다.

《PMBOK》은 프로젝트 관리 성과영역을 총 8개로 정리했다(이해관계자, 팀, 기획, 개발 방식, 프로젝트 작업, 인도, 측정, 불확실성). 반면 상품기획이나 사업기획의 항목을 정리한 표준 또는 모델은 미흡하다. 마케팅원론서에 포함되는 STP(Segmentation, Targeting, Positioning), 4P(Product, Place, Price, Promotion)가 잘 알려진 상품기획의 항목이다. 비즈니스 모델 캔버스는 상품기획 영역을 9개로 정리했다. 표준화는 유연한 사고를 제약할 수 있지만, 의사소통에는 확실한 장점이 있다.

● 브레인스토밍시 유용하다.

비즈니스 모델 캔버스의 장점 중 하나는 시각화이다. A2 사이즈 또는 화이트보드에 9개의 블록을 그려서 포스트잇으로 각자의 아이디어를 표현하고 정리하기에는 매우 유용하다. 물론 사람들이 9개 블록에 대한 개념을 이해하고 이를 활용하는 데 반감이 없어야 한다. 사람들이 반감을 가지는데 상품관리자가 무리하여 적용할 필요는 없다. 각 조직에서 활용 중인 상품기획서의 목차로 토의해도 무방하다.

● 9개 블록 간의 순서나 논리적 관계를 토의하고 고민할 때 유용하다.

데이터 흐름도와 같이 비즈니스 모델 캔버스는 각 블록 간의 관계나 순서를 선으로 그어가며 설명하고 토의할 때 유용하다.

● 상품기획 초기 단계 아이디어 스크리닝시 유용하다.

보통의 상품기획서나 사업기획서는 별첨을 포함하면 50페이지가 쉽게 넘어간다. 힘들게 작성해도 모든 내용을 발표할 기회는 거의 없다. 비즈니스 모델 캔버스는 한 장으로 정리하는 사업 모델이기에 상품기획 아이디어를 스크리닝할 때 활용하면 문서 작성도 최소화하면서 상품기획의 핵심을 놓치지 않고 짚어볼 수 있다.

● 비즈니스 모델 캔버스는 중요한 변경사항이 생기면 업데이트해야 한다.

카카오택시를 예로 들면, '초기 무료 서비스 → 스마트 호출 적용 → 택시 회사 인수'와 같이 비즈니스 모델의 중요한 변경이 발생하면 비즈니스 모델 캔버스를 업데이트해야 한다(비즈니스 모델 캔버스를 1회용으로 작성한 경우는 예외이다).

2019년의 카카오택시를 사례로 작성한 비즈니스 모델 캔버스는 그림 7.3과 같다. 참고로 이하는 '카카오 모빌리티'가 택시 회사를 인수하기 전의 비즈니스 모델 캔버스이다.

Key Partneres 핵심 파트너십 ⑧	Key Activities 핵심활동 ⑥	Value Propositions 가치제안 ②	Customer Relationships 고객관계 ④ 초기 마케팅 활동	Customer Segments 고객군 ①
- 맵 사업자 - 결제 사업자 - 투자자	플랫폼 운영 가입 운전자 확대	- 승객: 빠른 택시 호출 도착 시간 조회 - 운전자: 승객 연결, 콜센터 비용 절감	- 승객: 이모티콘 제공 - 운전자: 스마트폰 거치대 제공	- 택시 이용자, - 택시 운전자
	Key Resources 핵심자원 ⑦ 플랫폼 가입 운전자		Channels 채널 ③ 카카오택시 앱(플랫폼)	
Cost Structure 비용구조 ⑨ - 플랫폼 운영비(서버비용, 사무실, 인건비) - 마케팅 비용(인건비, 경비)			Revenue Streams 수익원 ⑤ 스마트 호출(건당 1,000원)	

그림 7.3 카카오택시의 비즈니스 모델 캔버스 예시

독자가 이 책을 읽는 시점에서는 카카오택시의 비즈니스 모델이 많이 변경되었을 것이다. 정확한 내용 이해를 위해 직접 비즈니스 모델 캔버스를 업데이트해보길 권한다. 참고로 21년 8월에 카카오는 스마트 호출 이용료를 5,000원까지 인상했다가 시민들의 거센 반발에 부딪혀 철회했다.

2) 린 캔버스 (《러닝린》, 2012)

스타트업 조직은 돈을 버는 것보다 고객가치를 학습하고 검증하는 것에 중점을 두기에 비즈니스 모델 캔버스의 항목 중 적용하기 힘든 항목이 있다. 린 캔버스는 스타트업에 시기상조인 항목을 삭제하고 가설검증을 위한 항목을 추가하였다. 비즈니스 모델 캔버스 와 비교하여 린 캔버스에서 변경된 항목은 다음과 같다.

- **삭제 항목** 고객관계, 핵심자원, 핵심활동, 핵심 파트너십
- **추가 항목** 문제, 솔루션, 핵심지표, 경쟁우위
- **변경 항목** 가치제안 → 고유의 가치제안(unique value proposition)

린 캔버스는 상품 가설검증을 위한 문제, 솔루션을 추가했고, 상품 경쟁력 확보 차원에서 경쟁우위를 추가한 것이 특징이다. 기존 비즈니스 모델 캔버스에서

는 상품기획의 핵심요소 중 하나인 '경쟁력 분석'이 빠져 있었다. 린 캔버스에서는 문제, 솔루션, 가치제안을 유의해서 구분해야 한다. 문제와 가치제안은 고객의 관점에서 기술하고 솔루션은 문제해결을 위한 상품의 핵심기능으로 기업의 관점에서 기술한다. 가치제안은 고객의 문제를 해결하는 것이기 때문에 문제를 뒤집는 식으로 표현할 수도 있다. '카카오택시'와 '네이버 클라우드'를 사례로 문제, 솔루션, 가치제안을 구분하면 표 7.5와 같다.

구분	문제	솔루션	가치제안
카카오택시	- 탑승 위치 설명 어려움 - 택시가 어디쯤 오고 있는지 알 수 없음	지도 기반 택시 호출 플랫폼 구축, 운영	탑승 위치 자동 인식 및 택시 도착 현황 조회
네이버 클라우드	PC 내 문서를 외부에서 조회, 공유할 수 없음	클라우드 기반 문서 관리 플랫폼 구축, 운영	파일 업로드, 다운로드 (30GB까지 무상)

표 7.6 문제, 솔루션, 가치제안의 구분

린 캔버스의 내용은 그림 7.4와 같다. 비즈니스 모델 캔버스와 내용과 구분하면서 살펴보기 바란다.

Problem 문제 ① 고객의 핵심문제와 기존 대안을 기술	Solution 솔루션 ④ 문제해결을 위한 핵심기능 세 가지	Value Propositions 고유의 가치제안 ③ 고객이 제품을 구매해야 하는 이유와 타 상품대비 차별점을 정리한 단일 메시지	Unfair advantage 경쟁우위 ⑤	Customer Segments 고객군 ② 고객군 구체화, 얼리어답터 정의
	key metrics 핵심지표 ⑧ 측정해야 하는 핵심활동		Channels 채널 ⑨ 고객 도달 경로	
Cost Structure 비용구조 ⑦ 고객획득 비용, 유통비용, 호스팅, 인건비 등			Revenue Streams 수익원 ⑥ 매출 모델, 생애가치, 매출	

그림 7.4 린 캔버스

린 캔버스를 활용하기 위해 추가로 이해할 내용은 다음과 같다.

● 문제

고객군이 경험하는 중요한 문제를 파악하며, 고객들이 문제를 어떻게 해결하고 있는지 확인한다. 상품관리자가 제시하는 솔루션은 현재 고객의 해결 방법보다 뛰어나야 한다.

● 고객

넓은 고객군을 더 작게 세분화해야 한다. 페이스북 사용자가 22년 4월 기준 29억명이 넘지만 처음에는 하버드 대학생부터 시작했다. 신규 상품은 고객군을 더욱 구체화하여 얼리어답터를 정의해야 한다. 단 1명의 고객이라도 완벽하게 만족시키는 것이 중요하다.

● 고유의 가치제안(unique value proposition)

고유의 가치제안이란 상품이 가진 차별점과 고객이 그 상품을 구매를 해야 하는 이유를 짧은 문장으로 정리한 것이다. 고객이 바라는 최종 결과 + 구체적 사용기간 + 문제에 대한 처리. (예: 갓 구운 따뜻 한 피자가 30분 안에 배달되지 않으면 공짜인 도미노 피자)

● 솔루션

문제해결을 위한 핵심기능 세 가지.

● 핵심지표

해적 지표라고 부르는 AARRR 지표(AARRR란 해적들이 으르렁대는 소리)가 대표적이다. (지표의 자세한 내용은 16장 〈상품출시〉를 참조)

● Acquisition(획득)

싼 비용으로 많은 고객을 유입시키는 것이 목표다. 특정 서비스의 일(DAU, Daily Active Users) 또는 월간 순 사용자(MAU, Monthly Active Users)가 대표 지표이다.

● Activation(활성화)

확보한 고객에게 좋은 경험을 제공하는 것이 목표다. 평균 페이지 뷰(Avg. PV), 평균 체류시간(Avg. duration), 회원 가입, 클릭당 원가(CPC, Cost per Click)가 대표 지표이다.

● Retention(고객 유지)

만족스러운 고객 경험을 제공하여 고객을 유지하고 이탈 고객을 다시 모으는 것이 목표다. 이탈율(bounce rate)이 대표 지표이다.

● Referral(추천)

고객의 자발적인 전파를 많이 유도하는 것이 목표다. 순 추천 고객지수(NPS, Net Promoter Score)가 대표 지표이다.

● Revenue(매출)

많은 매출을 달성하는 것이 목표다. 고객당 평균 주문율(average order value per user), 고객 생애가치(CLV, Customer Life time Value)가 대표 지표다.

카카오택시 사업을 린 캔버스로 작성한 예는 그림 7.5와 같다.

Problem 문제 ① - 탑승 위치 설명 어려움 - 택시가 어디쯤 오고 있는지 알 수 없음 - 예상 금액 알 수 없음 기존 대안 - 콜센터 택시 이용	Solution 솔루션 ④ - 탑승객 위치 자동 인식 - 택시 도착까지 예상 시간 및 경로 조회 - 예상 금액 및 시간 제공	Value Propositions 고유의 가치제안 ③ 대기 시간이 가장 짧은 모바일 기반 택시 호출 서비스	Unfair Advantage 경쟁우위 ⑤ 카카오맵, 카카오페이와 연동 서비스 제공 카카오톡 사용자	Customer Segments 고객군 ② - 택시 이용자 - 택시 운전자
	Key Metrics 핵심지표 ⑧ - 탑승객 위치 자동 인식 - 택시 도착까지 예상 시간 및 경로 조회 - 예상 금액 및 시간 제공		Channels 채널 ⑨ 고객 도달 경로 카카오택시 앱	
Cost Structure 비용구조 ⑦ - 플랫폼 운영비(서버 비용, 사무실, 인건비) - 마케팅 비용(인건비, 경비)			Revenue Streams 수익원 ⑥ 스마트 호출(건당 1,000원)	

그림 7.5 카카오택시의 린 캔버스 예시

7.4 파괴적 혁신을 고려한 상품기획

파괴적 혁신(disruptive innovation)은 1995년 《하버드 비즈니스 리뷰》에 소개된 이후 혁신 상품을 설명할 때 자주 인용되는 단어이다. 너무 유행하는 단어라 '혁신적'이라는 말 대신에 '파괴적'이라는 말로 잘못 사용하는 경우도 많다.

파괴적 혁신은 '과잉 충족' 문제를 해결하는 과정에서 발생한다. 기존 기업 상품의 품질이나 기능에 과잉 충족하는 고객이 많아지면, 후발 기업이 품질은 나쁘지만 매우 싼 가격의 상품으로 기존 기업의 하부 시장을 잠식하는 현상을 파괴적 혁신이라 한다.

이번 섹션에서는 《파괴적 혁신 실행 매뉴얼》(2011)과 《파괴적 혁신이란 무엇인가》(2015)를 바탕으로 파괴적 혁신의 개념과 파괴적 혁신을 상품기획에 적용하는 방법을 설명한다.

1) 파괴적 혁신의 개념

2007년 아이폰이 출시된 이후 스마트폰 제조 회사는 거의 매년 신상품을 출시한다. 스마트폰 판매 회사들은 높은 수준의 품질(예: 더 선명한 화질, 더 빠른 속도)을 요구하는 고객의 VOC에 대응하기 위해 지속적인 제품 혁신을 추구하고 있다. 이러한 혁신을 존속적 혁신(sustainable innovation)이라 한다. 스마트폰의 카메라 화질, 통화 품질, 데이터 전송 속도는 매년 혁신적으로 발전했고 이로 인한 가격 인상을 고객들은 수긍했다. 그러나 언제부터인가 성능 개선 대비 가격 인상에 대해 효용을 느끼지 못하는 과잉 충족 고객이 증가하기 시작했다. 5G 스마트폰을 사용하고 있지만 기존 LTE 스마트폰 대비 차별화된 상품가치를 못 느끼는 고객이 대표적인 예이다. 지속적인 혁신을 위해 투자비용을 늘리는 기업과 달리 과잉 충족된 고객이 지갑을 닫으면 매출이 줄어들고 그 결과 수익성이 악화될 수 있다. 한때 휴대폰 시장을 지배했던 노키아가 스마트폰 시장을 과소평가하여 통화 품질과 같은 휴대폰의 성능 향상에만 집중하다 아이폰에 자리를 내주었던 것이 과잉 충족 상품개발의 대표적인 예이다. 노키아에서도 스마트폰을 개발할 수 있는 역량은 있었지만 기존 고객에 대한 미련을 버리지 못했다. 지금 이 순간 어떤 상품이 과잉 충족의 상품개발을 하고 있는지는 시간이 흐른 뒤 알 수 있다.

많은 상품이 복수의 고객군을 보유한다. 스마트폰도 과잉 충족을 느끼는 고객군과 지속적인 성능 향상을 요구하는 고객군이 동시에 존재한다. 과잉 충족은 가격 인상이 있을 때 발생한다. LTE에서 5G로 바뀌면서 통신 요금은 전반적으로 인상되었지만 만족도가 높아지지 않는 고객도 많을 것이다. 가격 인상 없는 성능 향상을 마다할 고객은 없다. 과잉 충족되는 고객군이 증가할 때 이들을 목표로 현 상품의 성능에 미치지 못하는 로우 엔드(low end) 상품을 매우 싼 가격에 출시해 기존 시장을 파괴하고 새로운 시장을 창출하는 것이 파괴적 혁신이다. 파괴적 혁신이 가능한 이유는 기존 기업의 지속적인 성능 혁신과 가격 인상에 피로감을 느낀 고객들이 신규 진입 기업들에게 더 싼 가격에 쓸만한 상품을 판매할 기회를 제공하기 때문이다. 기존 기업은 엉성한 품질의 저가 상품으로 시장에 진입하는 신규 기업에 대응할 필요를 느끼지 못해 그냥 두는 경우가 대부분이다. 대표적인 예로 샤오미를 들 수 있다. 2012년 MI1을 출시할 때만 해도 열악한 품질의 상품을 생산했던 샤오미는 이후 지속적인 품질 향상과 저가 정책으로 2021년 2분기 출하량 기준, 애플을 제치고 2위를 차지할 정도로 성장하였다. 샤오미는 가격경쟁력 유지를 위해 하드웨어 마진율을 5% 이하로 정하고, 오프라인 매장이 없으며, TV 광고를 하지 않고, 심지어 골판지로 포장을 하지만 선두 업체와의 성능 격차를 점차 줄여 나가고 있다. 파괴적 혁신의 상품은 초기에는 저품질 때문에 고객 창출에 한계가 있지만 품질을 향상시키면서 시장의 하부에서 상부로 올라와 기존 기업의 시장을 잠식한다. 과잉 충족된 고객을 공략하여 하부 시장에서 상부 시장으로 진입하는 파괴적 혁신의 모델을 요약하면 그림 7.6과 같다.

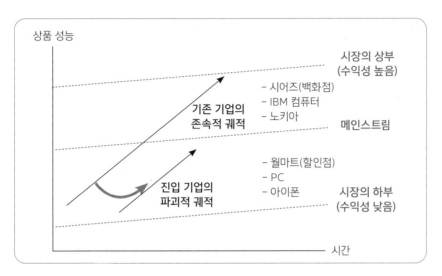

그림 7.6 파괴적 혁신 모델(출처: 《하버드 비즈니스 리뷰》, 2015년 12월)

파괴적 혁신과 존속적 혁신을 정리하면 표 7.6과 같다.

구분	존속적 혁신	저가 시장에서의 파괴적 혁신	신 시장에서의 파괴적 혁신
제품과 서비스에 대한 기대치	고객의 기대치가 가장 높고 까다로움	보통 수준으로 주로 가격과 편리함 등에 대해 민감함	단순함과 편리함 등 상품의 역할, 즉 상품의 소비로 인해 고객이 얻게 되는 궁극적 효용에 집중
타깃 고객층	가장 매력적인 고객층	필요로 하는 수준 이상의 제품, 서비스를 제공받는 고객층	경제적, 혹은 기술적인 이유로 기존 제품·서비스를 사용하지 않는 고객
접근법	기존 방식이나 비용구조를 유지하며 더 나은 기능과 품질의 신제품을 개발	새로운 운영 방식을 통해 저가 제품·서비스 제공. Low End 시장 잠식	생산량이 적더라도 이윤을 창출할 수 있는 비용구조를 창출

표 7.7 파괴적 혁신과 존손적 혁신(출처: 《신한 FSB 리뷰》, 2007)

2) 파괴적 혁신을 고려한 상품기획

상품관리자는 많은 사람들이 외면하는 더 나은 기능(과잉 충족 기능)보다 기능 향상에 몰입하느라 등한시하기 쉬웠던 단순함과 편리함에 관심을 가져야 한다. 그러기 위해서는 상품 요구사항의 과잉 충족 여부를 판단할 수 있어야 한다. 과잉 충족에 대응하기 위해 유의할 사항은 다음과 같다.

● **최상위 고객의 VOC에 올인하지 않는다.**

스마트폰의 경우 더 선명한 화질, 더 빠른 속도를 요구하고 그에 대해 기꺼이 지갑을 열려는 고객이 분명 존재한다. 그러나 만약 이러한 요구를 하는 고객군이 전체 고객의 10% 미만이라고 가정할 때, 해당 고객군의 의견만 계속해서 반영된다면 나머지 90% 고객은 가격 대비 과잉 충족 되고 결국 고객 이탈이 발생할 것이다. 고객 관점의 상품혁신 없이 신상품을 출시하는 상황이 지속되면 파괴적 혁신의 희생양이 되기 쉽다.

● **고객 세분화 방식을 바꾼다.**

인구통계학적 기준에 따라 고객을 세분화하면 고객의 니즈를 파악하기 힘들다. 상품의 활용하는 목적에 따라 고객을 세분화하면 과잉 충족되는 고객군을 더 쉽게 파악할 수 있다.

● **적정 수준의 성능을 파악한다.**

적정 수준의 성능을 고민해야 한다. 통화 품질을 높이고자 아주 작은 목소리를 들을 수 있는 신기술에 막대한 투자를 할 필요가 없다.

● **과잉 충족 고객과 성능 향상을 요구하는 고객은 함께 존재한다.**

동일한 상품에 대해 성능을 더 향상시켜 달라는 고객도 있고, 더 이상의 성능 향상은 아무런 의미가 없으며 가격을 인상한다면 상품을 구매하지 않을 고객도 존재한다. 성능을 향상시켜 달라는 고객의 요구사항은 답이 있지만, 과잉 충족된 고객에 관해서는 답이 없다. 무작정 상품 개선을 중단할 수도 없고 성능 향상 외에는 다른 개선사항이 보이지 않는 상황에서 경쟁에서 밀릴 것 같은 두려움에 성능 향상을 요구하는 고객의 편에 서게 된다. 이 같은 상황에서는 상품관리자와 경영층의 현명하고 신중한 판단이 필요하다.

● **가격 인상에 대해 고객의 의견을 듣는다.**

직접 고객을 대면하여 ○○기능을 추가하고 가격을 0%로 인상한 제품을 구매하겠는지 물어본다. "저희 상품에 과잉 충족 되셨습니까?"라고 직접적으로 물어봐서는 안 된다.

● **이익률, 점유율을 분석한다.**

고가 상품은 이익률이 높기 때문에 고가 상품의 매출 확대에 집중하는 기업도 있다. 고가 상품의 매출 확대도 중요하지만 저가 상품의 매출을 무시해서는 안 된다. 앤디 그로브(Andy Grove)는 "오늘 저가 소비자층을 잃는다면 내일은 고가 소비자층을 잃을 것이다"고 했다.

상품을 기획할 때 중요하게 생각하는 성능이 있었다고 예를 들어보자. 그런데 상품출시 후 회사의 상품보다 뒤떨어진 성능의 상품을 내놓는 회사에게 점유율이 밀리는 것은 후발 주자의 파괴적 혁신이 시작되었다는 신호로 볼 수 있다.

● 신상품의 실적을 분석한다.

성능 향상에 집중한 신상품을 출시한 이후 고객들의 리뷰가 나쁘고 판매 실적이 미흡하다면 과잉 충족된 상품일 가능성이 높다.

7.5 디커플링을 고려한 상품기획

2022년 3월 24일 기준으로 순위를 매긴 글로벌 시가 총액 10위권에 든 기업 중 3개(사우디 아람코, 버크셔해서웨이, TSMC)의 기업을 제외한 7개 기업이 모두 IT를 활용하는 디지털 기업들이다. 총액 순서로 글로벌 10개 기업은 그림 7.7과 같다. [국내는 22년 4월 14일 기준 10개 기업 중 2개 기업이 IT기업이다(네이버가 5위, 카카오가 7위).]

기업	국가	시가 총액(USD)	시가 총액(KRW)
애플	미국	26,628억달러	3,240조원
사우디 아람코	사우디아라비아	23,613억달러	2,873조원
마이크로소프트	미국	21,730억달러	2,644조원
구글	미국	17,462억달러	2,125조원
아마존	미국	14,821억달러	1,803조원
테슬라	미국	8,663억달러	1,054조원
버크셔 해서웨이	미국	7,198억달러	875조원
엔비디아	미국	5,734억달러	697조원
페이스북	미국	5,445억달러	662조원
TSMC	대만	5,381억달러	654조원

표 7.8 글로벌 시가 총액 10위(출처: http://www.mrktcap.com/)

월마트, GE, P&G와 같이 많은 직원을 고용하고 큰 투자를 하고도 성장할 때까지 오랜 시간이 걸렸던 전통적인 기업들은 10위 밖으로 밀려났다. 위의 디지털 기업들은 대부분 1990년대 후반에서 2000년대에 PC(모바일)와 인터넷을 기반으로 크게 성장한 기업들로 전통적인 기업들에 비해 적은 투자로 빠르게 성장했다. 구글, 애플, 마이크로소프트사의 창업자는 모두 1995년 생으로 90년대에는 40대로 사업을 성장시키기에 적합한 나이였다. 10위 안에 있는 디지털 기업보다 더 적은 투자로 더 빨리 성장하는 우버, 에어비엔비 같은 스타트업이 늘어나자 그 이유를 '디지털 전환' '디지털 혁신' '디지털 파괴'로 설명하는 사람들이 늘어나고 있다. 이러한 디지털 파괴의 결과로 전통적인 기업들의 시장은 잠식당하고 있다. 《디커플링》(2019)은 디지털 파괴에서 공통적으로 발견할 수 있는 원리를 디커플링이라는 개념으로 설명한다.

커플링(coupling)이 묶는 것이라면 디커플링(decoupling)은 반대로 분리하는 것이다. 디커플링은 고객이 상품을 소비하는 전 과정에서 고객이 불편을 느끼는 특정 부분을 분리하여 고객에게 가치를 제공하고 대가를 받는 개념이다.

이번 섹션에서는 디커플링의 개념과 상품을 기획할 때 고려할 디커플링의 내용을 설명한다. 다음 내용은 《디커플링》 내용을 요약 정리한 것이다.

1) 디커플링의 개념
누군가 나에게 돈, 시간, 노력을 아끼지 않으면 그 사람의 진심이 느껴진다. 기업도 고객을 진심으로 위한다면 고객의 돈, 시간, 노력을 줄여주는 상품을 개발해야 한다. 그렇지 않다면 감동이나 즐거움을 제공해야 한다. 기업의 생존을 위해서도 그렇게 해야 한다. 고객의 상품구매 특정 단계에서 고객의 돈, 시간, 노력을 줄여주는 것이 디커플링의 핵심개념이다.

● 디커플링과 고객 가치사슬
디커플링을 이해하기 위해서는 상품의 구입, 사용, 폐기 전 과정에서 고객이 겪는 불편 사항이나 욕구를 파악해야 하며, 이를 분석하는 도구가 고객 가치사슬(customer value chain)이다. 이전의 기업들은 상품의 원가 절감, 품질 향상을 위해 그림 7.7과 같은 기업의 가치사슬 분석에 집중했다.

그림 7.7 기업 가치사슬 예시

그림 7.7에서 고객이 관심있는 단계는 상품을 직접 보고 구매하는 '유통'과 상품에 문제가 생겼을 때 이를 해결하는 'AS'뿐이다. 나머지 유통에 이르기까지의 단계들은 상품에 포함되어 있기 때문에 고객은 관심이 없다.

그림 7.8은 인터넷이 없었던 시절, 고객이 제품(서비스가 아니다)을 구매하고 사용하는 고객 가치사슬의 예이다. 고객의 불편이나 욕구를 파악하기 위해서는 고객 가치사슬의 각 단계에서 발생하는 고객의 돈, 시간, 노력을 분석해야 한다.

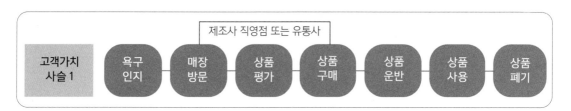

그림 7.8 인터넷이 없던 시절의 고객 가치사슬 예시

그림 7.8의 '고객 가치사슬 1'의 각 단계에서 고객이 경험할 수 있는 불편함이나 욕구의 예는 다음과 같다(인터넷이 활성화되지 않았던 시절인 2000년 이전으로 돌아갔다고 생각하자).

- **욕구 인지** 생필품이 바닥나기 전에 누군가 알려주면 좋겠다.
- **매장 방문** 주중은 바쁘고 주말에는 집에서 쉬고 싶다.
- **상품평가** 어떤 브랜드를 사야 할까? 더 싸게 파는 곳은 없을까?
- **상품구매** 돈이 부족한데 할부로 구매할 수는 없을까? 이곳에서 상품을 자주 사는데 혜택을 받을 수 없을까?
- **상품운반** 손목이 불편한데 집으로 배달을 해주는 곳은 없을까?
- **상품사용** 설치가 어렵고, 매뉴얼은 알기 힘들고, 품질은 생각보다 나쁘다.
- **상품폐기** 비용 부담 없이 (또는 돈을 받고) 상품을 폐기할 수 없을까?

만약 어떤 기업이 고객 가치사슬에서 발생하는 한 가지 이상의 문제를 해결해준다면 고객은 구매하는 상품을 바꾸거나, 새로운 서비스 이용에 대한 대가를 지불하거나, 구매하는 방식을 바꿀 것이다. 해결한 문제의 영향력이 클수록 더 많은 고객이 움직일 것이다.

디커플링이란 기존 기업이 제공하던 고객 가치사슬 중 하나를 끊어 신규 기업이 제공하는 것을 의미한다. 대표적인 예가 그림 7.9와 같이 오프라인 유통 회사에서 제공하던 '상품구매'와 '배송' 단계를 온라인 쇼핑몰이 가져간 경우다.

값비싼 제품이나 상품을 구매할 때 고객들은 오프라인 매장을 방문하여 상품을 살펴보고, 온라인 쇼핑몰에서 최저가와 고객 리뷰를 검색한 뒤 온라인 쇼핑몰에서 상품을 구매하는 경우가 많다. 물론 돈에 구애를 받지 않거나, 서비스를 제공받으면서 물건을 구매하길 좋아하는 사람들은 여전히 백화점에서 고가의 상품을 구매한다.

그림 7.9 상품구매 장소가 오프라인 유통 회사에서 온라인 쇼핑몰로 변경된 예시

디커플링의 다양한 사례는 표 7.8과 같다.

디커플링 내용	고객의 혜택	디커플링 기업(파괴자)
기업이 월급에서 대출금을 은행에 지급	- 은행: 지급에 대한 보장 - 직장인: 송금 번거로움 없고, 대출이 쉽고, 저렴한 이자율	샐러리 파이넌스(영국)
중고 책을 기업이 구매한 후 다른 사람에게 판매	- 중고 도서 가격 조회 가능 - 중고 책에 대한 대금을 즉시 받음	인터넷 중고서점
모바일 게임을 무료로 제공	- 대부분의 고객은 무료로 게임을 이용하고 일부만 유료로 게임을 이용	슈퍼셀 (게임: 클래시 오브 클랜)
카카오톡 상대방에게 바로 송금	- 간단한 인증, 상대 계좌번호를 몰라도 송금	카카오 뱅크
컴퓨팅 자원의 소유와 사용을 분리	- 컴퓨팅 자원에 큰 투자 없이 사용량만큼 대가를 지급	클라우드 서비스 기업
음식 재료 새벽 배송	- 요리할 시간에 맞추어 요리 재료를 배송	마켓컬리

표 7.9 디커플링 사례

● 디커플링의 유형

기존 기업이 제공하던 고객 가치사슬 중 특정 단계를 분리하는 디커플링의 유형은 세 가지로 구분된다.

❶ 가치 창출 디커플링

2개 이상의 연결된 가치 창출 활동을 분리하는 디커플링이다. '예금'과 '송금'은 기존에는 예금 은행에서 묶어서 제공하던 활동인데, 토스(Toss)나 카카오뱅크는 편리함을 무기로 기존 은행으로부터 '송금' 활동을 뺏는 것부터 시장을 잠식하기 시작했다.

❷ 가치 잠식 디커플링

가치를 창출하지 않는 활동과 관련하여 고객이 경험하는 불편을 해결하여 기존 기업이 제공하는 가치사슬을 끊는 디커플링이다. 복잡한 결제 대신 간단하면서도 보안을 유지하는 결제 서비스를 제공하는 기업이 있다면 많은 고객들이 이용할 것이다. 생방송 시간을 맞추기 힘들고, 광고가 싫은 고객들은 본인이 편한 시간에 보고 싶은 프로그램을 광고없이 볼 수 있는 서비스를 구매할 것이다. 배달의 민족은 음식점 전단지를 찾아 음식점에 전화하던 불편을 앱으로 해결하여 음식점이 제공하던 주문/결제/배달 단계를 분리했다.

디커플링은 플랫폼 사업의 형태로 진행되는 경우가 많다. 플랫폼 서비스를 제공하는 기업들은 시장점유율을 높이기 위해 초기에는 싼 가격 또는 무료로 서비스를 제공한다. 그 뒤엔 가격을 높여 서비스 제공자와 고객 모두에게 불편을 주는 경우가 많아 사회적인 이슈가 되고 있다.

❸ 가치에 대한 대가 부과 디커플링

가치에 대한 대가를 무료 또는 보다 싸게 책정하여 가치사슬을 끊는 디커플링이다. 카카오톡이 문자 메시지 기능을 무료로 제공하여 기존 통신사에서 유료로 서비스하던 문자 메시지 서비스 시장을 잠식한 것을 예로 들 수 있다. 슈퍼셀에서 제공하는 무료 게임도 대가 체계를 변경한 사례다.

금융 서비스의 예로 세 가지 유형의 디커플링을 설명하면 그림 7.10과 같다.

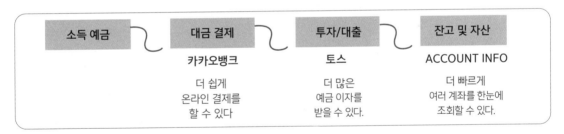

그림 7.10 금융서비스의 디커플링 예시

상품관리자는 상품을 사용하는 고객이 느끼는 가치에 집중하다가 상품사용 전과 후의 가치사슬을 간과하기 쉽다. 만일 상품사용 전 또는 후의 가치사슬에서 고객이 느끼는 불편을 다른 기업이 해결한다면 기존 기업은 존재가 위태로울 수 있다. 미국의 유통 회사 베스트바이가 아마존에게 '구매' 가치사슬을 뺏긴 것이 대표적인 예다. 국내 상황에서 예를 들어본다면 고객이 조금 더 노력하는 대신 부동산 중개 수수료를 싸게 받는 서비스가 있다고 가정했을 때, 부동산 중개사는 위험에 빠질 수도 있을 것이다.

세 가지 디커플링의 유형을 정의와 예시를 정리하면 표 7.9와 같다.

활동 유형	가치 창출	가치에 대한 대가 부과	가치 잠식
정의	고객을 위해 가치를 창출하는 활동	창출된 가치에 대가를 부과하기 위해 추가하는 활동	가치를 창출하지도, 창출된 가치에 대가를 부과하지도 않는 활동
예	요리된 음식 제공받기	요리한 음식을 위해 20달러 지불하기	집에서 먹기 위해 요리된 음식을 가지러 레스토랑에 가기
	중고차 팔기	차 판매 가격의 2%를 수수료로 지불하기	안내 광고에 실을 중고차 사진을 찍고 차량 상태 설명하기
	호텔 객실에 머무르기	1박에 200달러 지불하기	호텔 예약을 위해 매번 개인 정보와 결제 정보 제공하기

표 7.10 디커플링의 유형(출처: 《디커플링》, 2019)

● 통합과 전문화

가치사슬에는 두 가지 힘이 존재한다. 가치사슬을 끊으려고 하는 힘과 가치사슬을 유지하려는 힘이다. 가치사슬을 끊으려 하는 쪽인 신규 기업(디커플러)은 기존 기업이 제공하지 못하는 '전문화'된 서비스를 제공해야 한다. 반면 기존 기업은 가치사슬의 '통합'으로 인한 혜택을 제공하거나 가치사슬을 끊을 때 불편을 제공하여 가치사슬을 유지해야 한다.

● 디커플링 5단계

디커플러 관점에서 디커플링을 창출하는 5단계는 다음과 같다.

❶ 목표시장의 고객 가치사슬을 파악

고객 가치사슬은 디지털 파괴의 청사진이다. 포괄적이고 구체적으로 파악해야 한다.

❷ 고객 가치사슬을 가치 유형별로 분류

가치 창출, 가치 부과, 가치 잠식에 해당하는 고객 가치사슬의 단계를 구분한다.

❸ 고객 가치사슬 중 약한 부분을 찾음

다른 회사가 수행할 수 있는 활동이 약한 사슬을 찾는다.

❹ 약한 사슬을 분리

성공적인 디커플러는 고객이 활동을 수행하는 과정에서 소요되는 돈, 시간, 노력을 줄여준다.

❺ 경쟁기업의 반응을 예측

기존 기업이 할 수 있는 대응은 파괴자(디커플러)가 분리한 것을 재결합하거나 고객에게 분리할 기회를 직접 제공하면서 선제적으로 대응하는 것이다.

2) 상품기획시 고려할 디커플링

디커플링은 기업의 경영 전략 관점에서 이해하는 것이 맞지만, 다음과 같이 개별 상품을 기획할 때 참고할 내용도 있다.

● 고객에 따라 돈, 시간, 노력에 대한 가치는 다르다.

고객 가치사슬의 각 단계의 가치는 고객에 따라 달라진다. 어떤 사람들은 서점에 가서 책을 구매하는 것이 불편하지만, 어떤 사람들은 서점에 가서 신규로 발간된 책을 둘러보는 것을 좋아한다. 더 저렴한 상품만 구매할 수 있다면 이곳저곳 알아보는 노력을 아끼지 않는 사람도 있고, 아닌 사람도 있다. TV 광고도 사람에 따라 싫어하는 정도가 다르다. 상품관리자는 고객 가치사슬을 상세하게 정리한 뒤 각 단계별로 발생하는 고객의 돈, 시간, 노력을 목표고객의 입장에서 분석해야 한다.

● 플랫폼 상품은 판매자와 구매자의 가치사슬을 각각 고려해야 한다.

온라인 마켓에서 판매자와 구매자는 닭과 달걀의 문제이다. 구매자를 유인하기 위해서는 다양한 상품이 있어야 하고, 다양한 상품을 등록하게 하려면 사이트를 찾는 사람이 많아야 한다. 플랫폼 상품은 판매자와 구매자 모두가 고객이지만, 판매자와 구매자는 가치사슬이 다르고 이해관계가 상충되기도 한다. 구매자와 판매자 중 어디에 먼저 집중할지는 의사결정의 문제이지만 선택한 고객의 가치사슬을 정확하게 이해하고 공략해야 한다. 판매자와 구매자의 가치사슬 예는 그림 7.11과 같다.

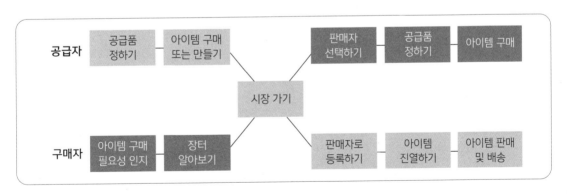

그림 7.11 판매자와 구매자의 가치사슬(출처: 《디커플링》, 2019)

● 고객에게도 비즈니스 모델이 있다.

기업의 비즈니스 모델은 기업이 고객에게 가치를 제공하는 방법과 가치에 대한 대가를 받는 방법을 정의한다. 반면 고객 관점에서 비즈니스 모델은 기업이 나를 위해 창출하는 가치, 그 가치에 대한 대가로 기업에 나에게 부과하는 요금, 기업이 잠식하는 어떤 가치로 구성된다.

디지털 파괴가 확산되는 요즘에는 고객을 협상력이 큰 비즈니스 파트너로 생각해야 한다. 《디커플링》에서는 협상의 주도권을 쥔 파트너(고객)와 거래를 하기 위해서는 다음 질문에 대한 답을 찾아야 한다고 설명한다.

- 가치 창출 활동에서 고객에게 대가를 더 부과하지 않고도 더 많은 가치를 전달할 수 있는가?
- 고객에게 가치에 대한 대가를 부과하는 활동에서 다른 모든 것은 똑같이 유지하면서 회사가 가치를 조금 덜 가져갈 수 있는가?
- 당신이 제공하거나 확보하는 것을 감소시키지 않으면서 고객의 잠식 가치를 줄일 수 있는가?

● 디커플링에서 성공한 기업은 인접 가치사슬을 파괴한다.

기존 기업은 기업의 자원과 역량을 중심으로 사업을 확대한다. 기존 자원을 활용할 수 없다면 새로운 사업 기회로 생각하지 않는다. 반면 **디커플링을 창출하는 기업은 인접한 고객 가치사슬을 공략한다.** 카카오톡이 '메시징 서비스 → 선물하기 → 카카오뱅크'로 서비스를 확대하는 것은 지인들과 친목을 도모하는 과정에서 발생하는 인접 활동에 중점을 두었기 때문이다. 서로의 안부를 묻다 기념일에 선물을 주고, 동기들 단톡방에서 결혼 축의금 또는 부의금을 전달하는 서비스의 연결은 고객의 관점에서 볼 때 자연스럽다. 자원을 중시하는 기존 기업은 이런식으로 사업을 확장하지 않는다. 스타트업에서 성장한 쿠팡, 토스, 우아한 형제들, 우버의 미래사업은 어떻게 변화할까? 실제로 쿠팡은 로켓배송을 위해 프리랜서 배송원 시스템인 '쿠팡플렉스'를 도입했고, 우버는 승객뿐만 아니라 음식, 술 등 다른 물자들도 배송할 수 있게 변화하고 있다. 《디커플링》은 애플의 고객 가치사슬 확보를 다음과 같이 설명한다.

애플 소비자들은 아이폰으로 동영상을 녹화하고 아이클라우드에 업로드해서 아이맥 컴퓨터에서 동영상을 열고 아이무비로 동영상을 편집한 다음 아이튠즈 스토어에 있는 소셜 미디어 중 아무거나 활용해서 친구나 가족과 동영상을 공유할 수 있다.

알리바바가 고객 가치사슬을 장악한 방법은 그림 7.12와 같다.

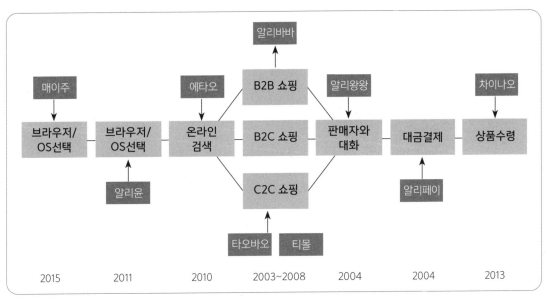

그림 7.12 알리바바가 고객 가치사슬 전체를 장악한 방법(출처: 《디커플링》, 2019)

● 디커플링에 대응하기 위해서는 리밸런싱을 고려한다.

디커플링에 기반한 사업 확대는 기존 기업 입장에서는 예측이 힘들다. 예상하지 못했던 시점에 예상하지 못했던 기업이 갑자기 훅 들어오는 느낌을 받을 것이다. 기존 기업이 디커플링을 창출한 기업에 대응하기는 힘들다. 베스트바이는 사람들이 자신들의 회사 매장에서 상품을 확인하고 상품구매는 아마존에서 하는 것을 두 눈 뜨고 지켜볼 수 없었다. 이를 막기 위해 베스트바이는 아마존 수준으로 가격을 인하했다. 그러나 장기간 버텨낼 수 없었던 베스트바이는 자회사만의 바코드 체계를 도입하여 다른 쇼핑몰에서 상품을 찾기 힘들게 만드는 방법을 사용했다. 그러나 그 또한 실효성이 없었다. 고객의 가치에 역행하는 활동은 지속할 수 없다. 결국 베스트바이는 전자 제품판매 수익을 포기하고 삼성전자의 상품을 좋은 위치에 전시하여 광고비를 받는 것으로 전략을 변경했다. 리밸런싱이란 자산 포트폴리오 변경을 의미하는데 디커플링에서는 가치 확보 방법의 변경을 의미한다. 리밸런싱을 위해서는 베스트바이처럼 가치를 창출하고 있지만 대가를 받지 못하는 곳을 찾아야 한다.

● 파괴적 혁신과 디커플링은 다른 개념이다.

파괴적 혁신은 기술 혁신에 기반하지만 디커플링은 고객에게 새로운 가치를 제공하는 비즈니스 모델 혁신에 기반한다. 실제로 에어비앤비나 우버의 성장을 위해 큰 기술 혁신이 필요하지는 않았다.

- 파괴적 혁신의 도전 기업은 하부 시장부터 진입하지만, 디커플링의 도전 기업은 고객 가치사슬의 활동 중 하나에 진입한다.
- 파괴적 혁신의 도전 기업은 품질과 성능을 높여 상부 시장으로 발전하지만, 디커플링의 도전 기업은 인접한 고객 가치사슬을 결합하는 방향으로 발전한다.
- 파괴적 혁신의 기존 기업들은 도전 기업을 무시하지만, 디커플링의 기존 기업들은 빼앗긴 활동들을 되찾으려고 한다.

● **디커플링 관점에서 시장의 장기적 변화를 모니터링한다.**

21세기 초반만 해도 경쟁회사의 정체가 명확했다. 경쟁회사 전략에 대응하는 방식에 따라 시장점유율이 높아지기도 낮아지기도 했다. 그러나 디지털 기반의 혁신이 가속화되면서 시장의 경쟁상황은 복잡해졌다. 이제 대기업들은 파악하기도 힘들고 전략을 예측하기 힘든 수많은 디지털 스타트업 기업을 상대해야 한다. 2~3년을 예측하는 중기 경영 전략은 이제 실효성이 없다. 적어도 디지털 파괴가 일반화되는 IT 산업은 그렇다. 그렇다고 경쟁분석에만 매달릴 수도 없다. 《디커플링》 저자인 탈레스(Thales S. Teixeira)는 하나의 시장이나 산업에만 영향을 미치는 작은 변화를 보지 말고 고객들에게 영향을 미치는 크고 넓게 퍼져가는 변화에 주목하라고 말하면서 7개 범주를 잘 살피면 변화의 징후를 찾을 수 있다고 하였다.

- 어디에서 살것인가. (주거, 가정용품, 유지관리)
- 어떻게 이동할 것인가. (항공, 육상 교통)
- 무엇을 먹을 것인가. (음식과 음료, 음식준비)
- 무엇을 입을 것인가. (패션, 화장품, 액세서리)
- 어떻게 배울 것인가. (교육)
- 어떻게 즐길 것인가. (미디어, 스포츠)
- 어떻게 자신을 치유할 것인가. (건강관리, 신체적 및 정신 치료)

미국 노동 통계국의 데이터에 의하면 일곱 가지 범주 중에서 '이동하기' '옷입기' '생활하기(주거)'는 활동에 투입되는 시간 대비 노력이 많다. 따라서 그 분야의 노력을 줄여줄 수 있는 기업이 나타난다면 미국 내 소비자들의 주목을 받을 가능성이 높다.

7.6 B2B 상품기획

기업을 상대로 하는 상품기획과 일반 고객을 상대로 하는 상품기획은 차이가 크다. 《B2B 마케팅 원리》(2009)에서는 B2B 시장과 B2C 시장을 표 7.10과 같이 구분하고 있다.

구분	B2B 시장	B2C 시장
상품개념	사업장에 팔리며 사용, 소비됨	개인 또는 가정에서 사용, 소비됨
고객의 수	상대적으로 소수, 특정 산업 분야로 한정되는 경우 많음	불특정 다수의 구매자. 대체 광범위
구매 형태	다양한 이해관계를 가진 부서 참여 (구매센터)	실제 상품의 사용자 또는 관계자가 구매 (개인 또는 가족)
고객과의 관계	강력한 관계 형성 (관계관리, Spec in Marketing)	브랜드 충성도에 따른 관계 강화
수요 변동 요인	경기, 금융 정세, 환율, 생산구조, 기술 혁신 등 B2C 수요에 의한 파생 수요 발생	소득의 증감(경기) 유행, 트렌드, 라이프 스타일의 변화 등
상품	기능에 초점 기술 개발에 주력, 고객 주문에 의한 개발, 서비스 등의 확대 상품	기능, 심리적인 속성에 의존
유통	단순	다양, 복잡
가격	거래 이력, 협상에 의한 가격 원가 중심 가격 구조, 기술 혁신에 따른 가격 구조 변화	표준화된 가격 판매 촉진을 위한 할인 가격 등 적용
프로모션	인적 판매에 역점 수요 창출보다는 상품에 관한 정보 제공에 활용	광고/판촉에 역점 상표/상품 차별화와 수요 창출을 위해 사용

표 7.11 B2B 시장과 B2C 시장의 차이

이번 섹션에서는 B2B 소프트웨어 상품의 특징, 상품기획시 유의사항, 마케팅 전략을 설명한다.

1) B2B 소프트웨어 상품의 특징

● 기업에서 소프트웨어를 구매하는 동기는 대부분 욕심이나 두려움 때문이다.

개인이 상품을 구매하는 이유는 자기 과시, 취미 생활과 같은 개인의 감성과 관련된 경우가 많다. 그러나 기업에서 감성 때문에 상품을 구매하는 경우는 드물다. 기업이 상품을 구매하는 이유는 수익성을 높이기 위해서거나, 경쟁에서 뒤쳐지는 것을 두려워하기 때문이다. 수익성을 높이는 것은 주로 업무 생산성

향상과 관련된다. SAP ERP, 고객관계관리(CRM), 형상관리, 테스트 자동화 도구들의 구매가 대표적이다.

경쟁에서 뒤처지지 않기 위해 기업이 구매하는 상품의 예는 챗봇이 대표적이다. 챗봇을 통해 고객에게 어떤 가치를 제공할 것인가를 진지하게 고민하지 않고 단지 유행에 뒤처지지 않기 위해 챗봇 솔루션을 성급하게 구매하여 고객에게 불편만 주는 기업도 많다.

● B2B 소프트웨어는 가치제안의 혜택을 수치로 증명해야 한다.

B2B 소프트웨어는 가치제안의 혜택을 매출 증가, 원가 절감, 생산성 향상, 리드타임 단축과 같은 수치로 입증해야 한다. 그렇지 않으면 기업 고객의 선택을 받기 힘들다. 가치제안의 혜택을 수치로 입증해야 하는 이유는 상품구매와 관련된 이해관계자가 다양하고 구매 결정 과정이 복잡하기 때문이다. 고객사 입장에서는 뒤탈이나 잡음이 발생할 수 있기 때문에 객관적인 수치를 기준으로 공급자를 선정하고 싶어한다.

● B2B 소프트웨어는 사용자와 구매자가 다르다.

B2B 소프트웨어의 사용자는 대부분 특정 부서의 직원이다. 메신저처럼 기업 내 전 직원이 사용하는 소프트웨어도 있지만 대부분은 생산, 영업, 재무, 개발 등 사용 부서가 특화되어 있다. 그러나 구매자는 사용 부서가 아닌 기업의 구매 조직이다. 따라서 소프트웨어 구매를 원하는 조직과 구매를 승인하는 조직 간에 이견이 발생할 수 있다. B2B 소프트웨어를 판매하는 기업은 구매자가 원하는 요구사항(가격, 생산성, 원가 절감 효과 등)과 사용자가 원하는 요구사항(기능, 성능) 모두를 충족시켜야 한다.

● B2B 소프트웨어는 커스터마이징(customizing) 요구사항이 발생한다.

B2B 소프트웨어에서 커스터마이징 요구사항이 발생하는 이유는 다음과 같다.

● 구매 기업이 기존에 구축한 시스템과 연계되어야 한다.

기업에서 구매하는 대부분의 소프트웨어는 기존 레거시 시스템과 데이터를 연계해야 한다. 이를 위해서는 구매하는 소프트웨어에서 기존 레거시 시스템과 데이터를 연계하는 기능을 개발하거나, 기존 레거시 시스템에서 구매 소프트웨어와 데이터를 연계하는 기능을 개발해야 한다.

● 해당 기업 고유의 업무 프로세스를 반영해야 한다.

다른 시스템과 연계 문제가 발생하지 않더라도 구매하는 소프트웨어 기능에 대한 개선 요구가 발생할 수 있다. 예를 들어 영업 관리를 위한 소프트웨어를 구매했는데 구매 기업의 영업 프로세스와 맞지 않는다면 이를 해결하기 위해서 기업 프로세스를 상품에 맞추거나 기업 프로세스에 맞게 상품을 개선해야 한다. 지명도 낮은 소프트웨어 판매 회사들은 대부분 구매 회사 프로세스에 맞추어 기능을 개선하는 조건으로 계약한다.

2) B2B 소프트웨어 상품기획시 유의사항

● **B2C 고객개발은 여론조사와 같고 B2B 고객개발은 인구조사와 같다.**

위의 문구는 《린 분석》(2014)에 나온다. B2B 상품의 고객인 기업에 대한 정보 파악은 일반 소비자보다 쉽다. 그리고 기업 담당자를 찾아가서 영업하기도 용이하다. 다만 구매과정은 개인 고객보다 복잡하다. 정확한 인구조사를 위해 가가호호 방문하여 가구에 대한 정보를 파악하듯이, B2B 상품도 발품을 파는 만큼 고객사 요구사항을 잘 이해할 수 있다.

● **커스터마이징에 대한 정책을 정의해야 한다.**

B2B 소프트웨어 상품의 판매 전에 커스터마이징 정책을 정의해야 한다. 대응 정책의 유형은 다음과 같다.

● **전문 파트너사가 커스터마이징 수행**

상용 소프트웨어 커스터마이징을 전문으로 하는 파트너를 VAR(Value Added Reseller)라 한다. SAP, ERP 커스터마이징을 전문으로 하는 개발 회사가 대표적인 예이다. 판매하는 소프트웨어가 복잡할수록 전문화된 커스터마이징 파트너가 필요하다. 이와 같은 사업 모델에서는 그림 7.13과 같이 최종 고객과의 계약은 파트너사가 하고 파트너사가 소프트웨어 상품을 구매하여 커스터마이징한 후 고객에게 납품한다. 소프트웨어 상품을 판매한 회사는 라이선스 대가만 받는다.

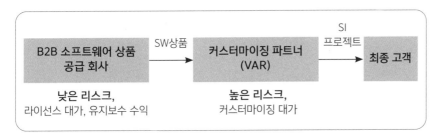

그림 7.13 전문 파트너가 소프트웨어 커스터마이징하는 비즈니스 모델

● **소프트웨어 공급 회사가 커스터마이징 수행**

소프트웨어 공급 회사가 커스터마이징을 수행하는 경우는 지명도가 낮은 스타트업에서 자주 볼 수 있다. 소프트웨어 상품에 대한 인지도가 낮아 전문 커스터마이징 파트너는 없고, 고객은 커스터마이징을 원할 때 매출 확보를 위

해 소프트웨어 공급 회사가 직접 커스터마이징 개발(국내에서는 SI 프로젝트라 함)을 한다. 소프트웨어 상품 매출이 낮을수록 SI 프로젝트에 대한 의존도가 높아진다. 재무상태가 나쁘면 소프트웨어 상품과 상관없는 프로젝트도 수행한다. SI 프로젝트는 전문 디자이너의 필요성이 낮아 개발자가 디자인의 많은 영역을 커버하며, 상품관리자 역할은 고객사가 대신한다. 그 결과 상품기획의 전문성이 약해진다. SI 사업이 상품판매보다 나쁘다는 이야기가 아니다. B2B 소프트웨어 상품을 판매하는 기업이 SI 전문 회사로 바뀌기 쉽다는 뜻이다. 따라서 상품판매보다 쉽게 돈을 벌 수 있는 SI 프로젝트의 달콤함에 빠져 상품조직의 문화를 잃어버리는 것을 경계해야 한다.

● 특정 고객의 특화 기능 요청에 유의해야 한다.

고객 요구사항과 상품 요구사항은 다르다. 특화 기능은 특정 고객의 요구사항이지만 상품 요구사항은 아닐 수 있다. 일부 기업이 원하는 특화 기능인지 많은 기업들이 원하는 보편적인 기능인지는 판단하기 힘들다. 특화 기능은 계약과 관련된 경우가 많기 때문에 영업에서는 상품 요구사항으로 주장하기 쉽다. 특히 경영층으로부터 계약 체결에 대한 압박이 있다면 더욱 외면하기 힘들다. 이를 방지하기 위해서는 확실한 원칙이 있어야 한다. 특화 기능을 반영할 때 다음의 문제점이 발생한다.

● 소프트웨어 복잡도가 증가하여 유지보수가 어려워진다.

● 특화 기능을 개발하느라 중요한 상품 요구사항 개발이 지연될 수 있다.

● 상품조직의 사기를 떨어뜨린다.

● 기존 고객의 사용 편의성이 낮아질 수 있다.

3) B2B 소프트웨어 상품의 마케팅 전략 수립시 유의사항

● 우수 레퍼런스 확보가 중요하다.

B2B 상품의 구매 결정 전에 고객사가 물어보는 질문이 있다. "해당 상품을 어떤 기업에서 적용했고 그 결과는 어땠나요?" 그 질문에 동종 업계를 선도히는 기업이 해당 상품을 사용했고 긍정적인 결과가 나왔다는 답을 내놓을 수 있다면 구매자의 의사결정이 쉬울 것이다. 반면 적용 레퍼런스가 없다면 구매자는 의사결정이 힘들다. 그래서 B2B 상품은 첫 번째 구매자에게 가격 할인과 같은 혜택을 제공하는 것이 일반적이다.

● B2B 상품은 고가이고 대면 영업이 중요하다.

B2B 상품을 판매하기 위해서는 광고보다 기업 간의 구전 효과와 대면 영업이 중요하다. B2B 상품은 사용자 수가 많기에 고가일 가능성이 높다. 따라서 전담

영업대표가 직접 고객을 방문하여 대면 영업을 한다. 대면 영업은 단순한 상품 소개뿐만 아니라 고객의 구매 의사결정을 돕기 위한 자료 제공과 설명회를 포함한다.

● B2B 상품은 전환 비용이 크다.

B2B 상품은 구매 의사결정이 어려운 만큼 결정 후에는 다른 상품으로 전환이 어렵다. 그 이유는 다음과 같다.

● 해당 상품과 기존 레거시 시스템과의 연계가 있다면 전환이 어려워진다.

● 다른 상품으로 전환하는 것은 기존에 내린 의사결정을 부정하는 것이다. 누군가의 책임 문제를 야기할 수도 있다.

● 기업은 변화에 대해 보수적이다. 기존에 익숙한 소프트웨어를 버리고 새로운 소프트웨어를 학습하기 쉽지 않다.

● B2B 상품의 영업 주기는 길다.

B2B 상품은 구매 금액이 크고, 의사결정이 복잡하여 영업 시작 후 계약까지의 기간이 6개월에서 1년까지 걸리기도 한다. 개별 사업이 오래 걸리니 고객가치 학습 기간도 오래 걸리고 상품 개선 주기도 길어진다. 린 스타트업의 성공 사례가 B2C 상품에서 많이 나오는 것도 그런 이유이다. B2B 상품개발은 B2C보다는 긴 호흡으로 접근해야 한다.

● 고객의 실적 분석을 통해 선택과 집중을 해야 한다.

B2B 상품은 구매 고객 수가 B2C에 비해 적어 고객에 대한 심층 분석이 용이하다. 고객별 매출 규모, 수익성을 분석하여 기업에 큰 수익을 제공하는 고객과 손실을 미치는 고객을 구분할 수 있다.《린 분석》에서는 다음과 같이 세 가지 유형으로 고객을 분류한다.

> 많은 B2B 업체에서 상위 20% 고객들이 전체 수익의 150~300%를 차지하는 반면 중간 70%의 고객은 손익분기점을 맞추는 수준이고 하위 10%의 고객들은 전체 수익의 50~200%를 깎아 먹는다.

● 구매 의사결정 단계별로 이해관계자를 식별하고 관심사항을 분석해야 한다.

기업용 상품을 판매하기 위해서는 고객사의 구매 프로세스를 이해해야 한다. 기업들은 비슷하지만 조금씩 다른 구매 프로세스를 가지고 있다.《하버드 비즈니스 리뷰》(2015)에서는 B2B 소프트웨어 구매 의사결정을 위해서는 평균 5.4명의 승인이 필요하다고 한다. 예를 들어 IT 회사는 CFO(재무 책임자), COO(운영 책임자), CMO(마케팅 책임자), 법률 고문, 구매 임원의 승인을 받아야 상품을 납품할 수 있다. B2B 소프트웨어 영업을 위해서는 각 단계별로 누가 의사결정권자인지 파악하여 그 사람들의 관심사항을 충족시켜야 한다. 이해관계자와 관심사항을 정리한 문서를 '이해관계자 맵'이라고 한다. 구매를 반대하는 이해관계자가 누구인지 파악하여 예의주시해야 한다. 무언가를 되게 하는 것보다 안 되게 하는 것이 쉽기 때문이다. 《MIT 스타트업 바이블》(2014)에서는 구매과정 점검 포인트에 대해 다음을 제시하고 있다.

- 고객은 어떤 경우에 현상 유지에서 벗어나려는 욕구나 기회를 발견할까? 그들이 대안의 필요성을 느끼고 행동하도록 자극하는 방법은 무엇일까?
- 고객은 어떤 경로로 상품정보를 찾을까?
- 고객이 제품을 비교 분석할 때 사용하는 기준은 무엇인가?
- 의사결정의 열쇠를 쥔 핵심인물은 누구인가?
- 핵심 인물은 어떤 영향력을 행사하는가?
- 핵심 인물의 지출 권한과 가용 예산 범위는 어느 정도인가?
- 단계별 소요 시간은 어느 정도인가?
- 고객의 구매과정의 인풋과 아웃풋은?
- **고객사 이해관계자 합의를 도출하도록 지원한다.**

고객이 B2B 소프트웨어를 구매하는 과정은 크게 '문제 식별 → 해결방안 결정 → 공급자 선정'의 3단계를 거친다. 여러 부서 이해관계자들이 문제에 대한 합의를 해야 해결방안(솔루션)에 관해서도 협의할 수 있다. 그 다음 공급자 선정으로 이어진다. 예를 들어 고객사 입장에서 수익성 개선을 위한 물류관리 소프트웨어 상품구매 과정은 다음과 같이 진행된다.

'수익성 저하가 일시적이 아니라는 공감대 형성' → '수익성 개선을 위해서는 물류 비용 절감이 필요하다는 공감대 형성' → '물류 비용 절감을 위해서는 물류관리 소프트웨어를 개선해야 한다는 공감대 형성' → '물류관리 소프트웨어 상품 공급자 선정'

성급한 공급자는 물류 비용이 문제라 생각하지 않는 고객사를 대상으로 자사 상품을 홍보하지만 욕구가 없는 상품의 홍보가 효과 있을 리 없다. CEO가 결정하지 않는다면 진도는 나가지 않는다. 이런 상황에서는 물류 비용 절감에 관심있는 고객사 담당자를 지원하여 고객사 내부에서 물류 비용이 문제임을 공감하도록 지원해야 한다. B2B 소프트웨어 상품의 영업 단계는 공급자 관점의 'RFP 접수 → 제안 → 협상 → 계약'의 순서가 아닌 고객사 의사결정 단계(문제 식별 → 해결방안 결정 → 공급자 선정)를 따라야 한다. 고객사 의사결정의 단계별로 이슈를 파악하고 고객의 이슈 해결을 지원해야 한다. 공급자 상품의 장점 홍보가 아닌 고객사 문제해결에 집중해야 한다.

CIO나 구매 부서장이 소프트웨어 상품구매를 결정했던 시절에는 공급자 중심의 영업 단계 관리가 통했다. 그러나 이제는 더 이상 그런 방식이 통하지 않는다. 이전과 같은 영업 방식으로는 공급자가 모르는 사이에 많은 사업 기회들이 사라지거나, 빨리 진행될 수 있는 사업도 고객사 내부 합의를 이루지 못해 영업 리드타임이 길어진다.

7.7 상품기획 가설검증

상품개발에서 가설검증은 중요하다. 상품관리자는 상품기획에 포함된 특정 가설들이 참이라고 믿는 이유를 설명해야 한다. 《파워풀 넷플릭스 성장의 비결》(2020)에서 넷플릭스가 번영할 수 있었던 주된 이유는 아마도 직원들에게 끊임없이 "그게 사실이라는 것을 어떻게 알 수 있나요?"라고 물어봤기 때문이라고 했다.

상품관리자는 상품개발 리스크를 최소화 하기 위해 상품출시 전까지 '고객가치 적합성' '실현 가능성' '수익성' 가설을 반복적으로 검증하고 보완해야 한다. 고객가치 적합성은 신상품이 고객의 문제를 해결하는지, 실현 가능성은 신상품을 개발하고 제공할 역량이 있는지, 수익성은 지속적인 수익 확보가 가능한 지를 의미한다.

이번 섹션에서는 가설검증의 필요성과 가설검증 방법을 설명한다.

1) 상품기획 가설검증이 필요한 이유

상품관리자는 "A상품을 B고객층 타깃으로 C시점에 D가격으로 E채널을 통해 출시하면 F매출과 수익을 달성할 것이다"고 주장한다. 상품기획 초기에는 가설이 많다. 상품관리자의 가설이 틀리다면 복구하기 힘든 큰 낭비가 발생하기 때문에, 상품관리자는 본인의 가설을 상품출시 전에 최대한 검증해야 한다. 가설검증 과정에서 사실이 아니거나 검증이 힘든 항목이 있다면 상품기획 내용을 수정해야 한다.

《권도균의 스타트업 경영 수업》(2015)에서는 가설검증에 대한 중요성을 다음과 같이 설명한다.

"왜 고객이 이것을 좋아해야만 할까? 왜 기존 회사는 그것을 하지 않을까? 왜 나는 잘할 수 있을 것이라 믿는가?" 세 가지 질문을 6개월, 1년 동안 숙제로 삼고 풀어야 한다.

신상품 가설검증은 중요성에 비해 현실에서 적용하기 힘들다. 잠재 고객 확보가 힘들고, 가설검증을 위한 시간과 예산제약이 있고, 데이터를 기반으로 입증하기 어렵기 때문이다. 조직 내에 데이터 기반으로 상품기획 가설을 검증하는 활동이 체질화되어 있지 않다면 죽은 숫자만 분석하기 쉽다.

2) 상품기획 가설검증의 세 가지 유형

'A상품을 B고객층 타깃으로 C시점에 D가격으로 E채널을 통해 제공하면 F수익을 달성할 것이다'에 포함된 가설은 다음과 같다.

● A상품을 B고객층 타깃으로(고객가치 적합성 가설)

A상품은 B고객층이 경험하는 문제를 해결하거나 B고객층의 욕구를 충족시켜 줄 것이라는 가설이다. 타깃 고객층 중 일부 고객의 문제나 욕구를 충족시킨다고 고객가치 적합성을 달성하는 것은 아니다. B고객층 모두의 문제나 욕구를 충족시키지는 못해도 일정 규모 이상의 고객의 문제나 욕구는 충족시켜야 한다.

고객가치 적합성을 검증하기 위해서는 특정 상품이 고객의 문제를 해결하고, 상품을 원하는 고객이 일정 규모 이상이라는 것을 검증해야 한다.

● A상품을 C시점에 D가격으로 E채널을 통해 제공한다면(실현 가능성 가설)

아래와 같은 조건으로 상품을 제공할 수 있다는 가설이다.

● A상품을 좋은 품질의 제품 또는 서비스 제공이 가능하다.

● C시점에 약속한 시점 내에 출시 가능하다.

● D가격으로 상품개발 및 운영에 투입되는 원가를 일정 수준 이내로 유지할 수 있다.

● E채널을 통해 상품을 판매할 수 있는 채널이 확보되어 있다.

● F수익(또는 매출)을 달성(수익성 가설)

해당 상품을 개발하고 운영하는 조직의 생존에 필요한 수익을 언제까지 딜성하고 유지 또는 성징할 수 있다는 가설이다. 수익성은 상품기획 단계부터 도입기를 지나 성장기 초입까지 검증해야 한다. 대규모의 투자를 수반하는 상품기획은 출시 전에 엄격한 수익성 검증을 해야 하지만, MVP 형태로 상품을 개발하는 경우에는 실제 성과를 기준으로 수익성을 판단하는 것이 좋다. 수익성의 가장 확실한 증거는 시장에서의 성과이기 때문이다.

신상품을 출시하는 경우와 기존에 출시한 상품의 신규 기능 추가 또는 기능 변경을 위한 상품 가설검증은 다르다. 위에 설명한 내용은 신상품 출시를 위한 가설검증이다. 기존 상품운영을 위한 신규 기능 추가 또는 기능 변경의 리스크는 일부 고객이 원하는 요구사항을 반영하거나, 신규 기능을 추가하여 기술 부채가 증가하는 것이다. 표 7.11은 신상품 출시의 가설검증과 기존 상품기능 개선의 가설검증을 비교한 것이다. 상품기획의 세 가지 가설은 한꺼번에 검증하지 않고 순차적으로 검증한다. 세 가지 가설검증에 투입되는 비용은 순차적으로 증가하며 한꺼번에 검증하려면 많은 시간과 예산이 필요하다. 낭비를 최소화하기 위해서는 세 가지 가설검증을 순차적으로 진행해야 한다.

가설 유형		신상품 출시	기존 상품기능 개선
고객가치 적합성	문제/상품 적합성	고객의 문제를 해결하는 상품인가?	변경 또는 추가하는 기능이 기존 고객의 대부분이 원하는 기능인가?
	상품/시장 적합성	문제해결을 원하는 고객이 일정 규모 이상인가?	
실현 가능성		상품개발, 채널 확보, 목표원가 달성이 가능한가?	변경 또는 기능 추가로 기술부채가 발생하지 않는가?
수익성		목표 기간 내에 목표 수익성 달성이 가능한가?	변경 또는 기능 추가로 기존 고객 유지 또는 신규 고객 확보가 가능한가?

표 7.12 신상품 출시와 기존 상품기능 개선의 상품기획 가설

가설검증의 내용을 정리하면 다음과 같다.

● 문제/상품 적합성 검증

고객의 문제를 정확하게 이해해야 정답(솔루션)을 제시할 수 있다. 상품을 기획할 때 범하기 쉬운 대표적인 오류가 고객의 문제를 지레짐작하여 이 문제를 해결하기 위한 상품을 개발하는 것이다. 문제/상품 적합성 검증을 위해서는 고객이 특정 불만의 해결 또는 혜택을 중요시한다는 증거와 고객의 불만 해결방안을 확인해야 한다.

● 상품/시장 적합성 검증

고객의 문제와 해결방안을 확인한 다음에는 상품을 원하는 고객이 일정 수준 이상이라는 것을 확인해야 한다. 상품/시장 적합성을 확인하기 위해서는 구매의사가 있는 고객을 확인해야 한다. 상품/시장 적합성 검증을 위해서는 고객불만 해결방안 또는 혜택 제공 방안에 대해 일정 규모 이상의 고객들이 관심을 가지고 있다는 증거를 확보해야 한다.

● 실현 가능성 검증

상품기획서에 포함된 상품개발 계획, 원가 분석, 채널 운영 방안의 구체성과 논리성이 실현 가능성 검증에 해당한다. 실현 가능성 검증의 신뢰도는 상품기획

이 구체화 될수록 높아진다. 실현 가능성 검증은 상품개발의 각 단계별 검토에서 이루어진다.

● 수익성 검증

수익성 검증은 투자 규모에 따라 달라진다. 작은 투자는 엄격한 검증이 필요없지만 대규모 투자는 수익성 검증을 엄격하게 해야 한다. 《구글은 어떻게 일하는가》(2014)에서는 크롬(Chrome)의 투자 결정 사례에 관해 다음과 같이 설명하고 있다.

> 크롬은 2008년에 출시되면서 축하 행사를 최소화했고, 실제로 마케팅 예산을 배정하지 않았지만 오로지 자체의 뛰어난 기능을 기반으로 엄청난 모멘텀을 얻었다. 사용자가 7,000만명을 넘어서면서 경영진은 가속 연료를 공급하기로 하고 예산을 승인했다.

고객가치 적합성과 실현 가능성을 검증한 후에는 사업 확대를 위한 운영 최적화 준비를 해야 한다. 운영 최적화를 위해서는 낭비를 줄여 효율성을 높이는 것이 중요하다. 운영 효율성을 높이기 위해서는 비즈니스 모델 전반을 검토하여 낭비를 제거하고 생산성 향상 방안을 수립해야 한다. 수익성을 검증하면 대규모 투자가 이루어진다. 수익성 검증까지는 비용을 아끼기 위해 총알을 쏘았다면 수익성 검증 후에는 대포를 쏜다. 짐 콜린스가 《위대한 기업의 선택》(2012)에서 설명하는 총알과 대포의 비유는 다음과 같다.

> 총알은 무엇이 효험 있는지 알아내는 실증적 테스트이다. 총알은 비용도 적고 실패시 피해도 적다. 뭔가를 맞히는 데 성공한 총알을 커다란 대포알로 바꿀 가치가 있는가? 대포를 쏴도 좋겠다는 충분한 확인이 되었을 때 자원과 노력을 집중해야 하는 순간이 오게 된다.

3) 상품기획 가설검증의 순서

상품기획 가설검증은 중요하고 검증 가능한 가설에 집중해야 한다. 사실이 아닌 경우 상품개발이 실패할 가능성이 높은 가설이 중요한 가설이다. 고객가치 적합성에 대한 가설은 대부분 중요하다. 객관적인 데이터에 기반하여 참과 거짓을 증명할 수 있는 가설이 검증 가능한 가설이다. 신상품 가설검증은 다음의 순서로 진행한다.

> 가설 도출 → 가설검증 우선순위 결정 → 가설검증 방법 결정 → 가설 테스트 → 결과 분석 및 의사결정

❶ 가설 도출

상품기획 가설검증의 첫 단계에서는 가급적 다양한 사람들이 참여하여 많은 가설을 도출하는 것이 좋다. 가설은 "우리는 ~를 믿는다" "우리는 ~를 가정한다" "우리가 ~를 한다면 ~일이 발생할 것이다"와 같은 형식에 따라 구체적으로 작성해야 한다. 가설 도출에 참여하는 사람은 사전에 상품기획서를 읽어야 하며 가설 도출을 시작하기 전에 상품관리자가 상품기획서의 내용을 간략히 설명하는 것이 좋다. 가설을 도출하기 위해 참고할 주제들은 다음과 같다.

● 고객가치 적합성
- 목표고객의 구체성, 존재여부
- 목표고객이 경험하는 문제 또는 욕구
- 목표고객의 규모 (세그먼트의 크기)
- 고객이 경험하는 문제의 해결방안

● 실현 가능성
- 품질목표 달성
- 상품개발을 위한 예산, 인력
- 납기 내 상품개발
- 개발, 운영, 유통 파트너 확보

● 수익성
- 목표원가 달성 (직접, 간접비)
- 매출 규모
- 이익
- 성장률

❷ 가설검증 우선순위 결정

가설검증 우선순위 결정은 15장의 〈위험대응 우선순위 결정〉과 유사하다. 위험대응 우선순위는 '영향력'과 '불확실성'으로 결정한다. 중요한 가설은 영향력이 높은 위험이고, 증거가 없는 가설은 불확실성이 높은 위험이다. 즉 리스크가 큰 가설이 검증의 우선순위가 높다. 그림 7.14의 1사분면에 속하는 가설들의 '중요함'과 '증거 없는 정도'를 평가하여 가설검증의 우선순위를 결정한다.

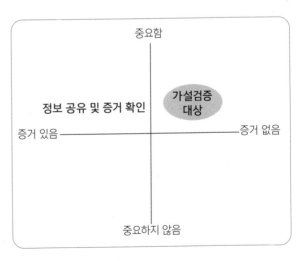

그림 7.14 가설검증의 우선순위 결정 기준
(출처: 《비즈니스 아이디어의 탄생》, 2020)

❸ 가설검증 방법 결정

상품기획 가설을 검증하기 위해서는 〈5.2 고객문제 정의〉에서 설명한 분석기법을 적용할 수 있다. 고객가치 적합성 검증을 위해서는 거의 모든 VOC 분석 기법을 적용할 수 있다. 인터뷰나 민족지학과 같이 고객 관찰을 통해서도 고객가치 적합성을 검증할 수 있지만, 실제 상품과 가까운 MVP를 보여주고 구매의사를 확인할수록 고객가치 적합성에 대한 증거 강도가 높아진다.

실현 가능성을 검증하기 위해서는 MVP를 제작하고 소수의 고객에게 직접 판매해보는 것이 바람직하다. 마지막으로 수익성 검증을 위해서는 판매를 확대하여 검증해야 한다.

상품기획 가설을 검증하기 위해서는 증거의 강도를 높여가며 다양한 테스트를 수행해야 한다. 가설검증을 위한 테스트 방법을 결정하기 위해서는 테스트 비용, 시간, 데이터 신뢰성, 가설의 중요도와 불확실성을 고려한다. 여러 번의 테스트를 수행할 때에는 시간과 비용이 적게 드는 테스트부터 실행하는 것이 바람직하다. 잘못된 가설은 간단한 테스트로도 확인할 수 있기 때문이다.

《비즈니스 아이디어의 탄생》(2020)에서는 상품 유형별로 가설검증을 위한 테스트 순서를 다음과 같이 제시한다.

● B2B 소프트웨어

고객 인터뷰 → 토론 포럼 → 부메랑 → 화면 프로토타입 → 사전 판매 → 단일 특성 MVP

● B2C 소프트웨어

고객 인터뷰 → 온라인 광고 → 심플 랜딩 페이지 → 이메일 캠페인 → 화면 프로토 타입 → 가상 판매 → 오즈의 마법사

● B2C 하드웨어

고객 인터뷰 → 검색 트랜드 분석 → 종이 프로토타입 → 3D 프린트 → 설명 동영상 → 크라우드 펀딩 → 팝업 스토어 인터뷰

위에서 설명한 테스트 방법 중 지금까지 설명하지 않은 소프트웨어 테스트 내용을 간단히 요약하면 다음과 같다.

● 토론 포럼

경쟁상품 또는 자사 상품에 대한 불편, 개선사항을 취합하기 위한 온라인 커뮤니티이다. 고객들이 현 상품에서 경험하는 불편을 해결하기 위해 수행하는 활동들을 확보하면 증거의 강도가 높아진다.

● 부메랑

고객들의 경쟁상품 사용을 관찰하여 통찰을 얻는 방법이다. 테스트 고객 대상으로 수행할 과업을 사전에 설명하고 이를 어떻게 수행하는지 녹화하여 고객 행동을 분석한다. 경쟁사 브랜드를 떼고 자사 상품인 것처럼 해서는 안 된다.

● 단일 속성 MVP

한 가지 기능만 수행하는 MVP

● 심플 랜딩 페이지

본격적인 상품소개를 위한 홈페이지를 제작하여 고객의 반응을 확인하는 방법이다. 실제 서비스는 하지 않더라도 상품의 고객가치를 잘 설명할 수 있도록 디자인해야 결과의 신뢰도가 높아진다. 구독이나 회원가입을 확인하면 수익성에 대한 기본적인 검증도 할 수 있다.

● 이메일 캠페인

일정 기간 동안 잠재 고객 대상으로 상품을 홍보하는 메일을 보내 개봉률과 클릭률을 확인한다.

● 가상 판매

결제까지 진행하지 않는 판매 활동이다. 매장 내 좋은 위치에 상품을 전시하고 상품을 구매하려는 고객이 있다면 아직 판매 전이라고 양해를 구한다. 이때 상품을 선택한 고객에게는 소정의 선물을 보상해야 한다. 이러한 과정을 통해 가상 판매는 해당 상품을 살펴본 고객, 구매를 원한 고객 등을 분석할 수 있다. 온라인 판매에서는 상품이 장바구니에 담긴 횟수를 분석할 수 있다.

❹ 가설 테스트

가설 테스트는 앞서 결정한 가설검증 방법을 실행하는 활동이다. 개별 테스트를 실행하기 위해서는 테스트 착수 기준과 테스트 종료 기준을 정의해야 한다. 테스트를 종료할 때에는 결과를 분석하고 의사결정한 뒤 다음 테스트를 진행해야 한다. 개별 테스트 결과에 따라 상품기획 가설을 기각하거나 수정할 수 있다. 《비즈니스 아이디어의 탄생》에서는 가설을 테스트할 때 유의사항을 다음과 같이 설명한다.

● 테스트 과정에 충분한 시간을 투자하지 않는다.

　● 매주 테스트하고 학습하고 조정하기 위한 시간을 별도로 마련한다.

　● 가설에 관해 파악하고자 하는 바에 따라 주별 목표를 설정한다.

● 테스트 이전에 너무 많은 시간을 낭비한다.

　● 가역적 결정은 신속하게 행동하고, 비가역적 결정에는 좀 더 시간을 들인다.

- 의견만으로 논쟁을 하지 않고 증거에 기반해 논쟁하고 결정한다.
- **데이터는 많은데 비교할 대상이 없다.**
- 가설 수립, 실험 디자인, 지표 설정을 엉성하게 진행하는 조직들이 매우 많다. 이런 오류에 빠지면 비교할 대상이 없는 무의미한 데이터를 만들 뿐이다.
- 테스트 기준을 명확하게 정의한다.
- **사람들의 행동이 아니라 그들의 말만 가지고 판단한다.**
- 사람들이 말하는 것을 그대로 믿지 말고, 행동을 유도하는 실험을 한다.
- **가설에 부합하는 증거만을 믿고 가설과 충돌하는 증거를 폐기하거나 간과한다.**
- 가설검증 결과가 상품관리자가 기대했던 것과 다를 때 표본의 크기를 늘리거나 검증 방법을 변경하고 싶은 유혹을 느낄 수 있다. 가설검증 결과에 대한 건강한 의심을 통해 〈1.4 신상품 개발의 성공 및 실패 원인〉에서 설명한 가짜 실패를 예방해야 하지만, 상품관리자의 확증 편향을 충족시키는 데이터를 확인하기 위한 가설검증은 피해야 한다. 좋은 기회를 놓칠 가능성도 있지만 실패를 연장할 가능성이 더 높다.
- 데이터 분석 과정에 다른 사람을 참여시킨다.
- 당신의 믿음에 반하는 여러 가설을 수립한다.
- **매우 중요한 가설인데도 실험을 한 번만 진행한다.**
- 약한 증거와 강력한 증거를 구분하고 증거 수준을 높인다.

❺ 결과 분석 및 의사결정

개별 테스트 실행 결과를 분석하여 각 가설에 대해 다음과 같은 결정을 내릴 수 있다.

● 검증 계속

가설에 대한 긍정 또는 부정적인 결과를 얻었지만 추가 근거가 필요하여 더 정교한 테스트를 진행한다.

● 가설 보완

비즈니스 모델의 하나 이상의 요소를 변경하여 다시 검증한다. 가격, 상품기능을 수정하는 것이 대표적이다.

● 가설 기각

가설에 대한 명확한 근거가 없는 상황에서 가설검증을 계속하거나 보완할 수 없을 때는 가설을 기각한다.

4) MVP를 활용한 가설검증

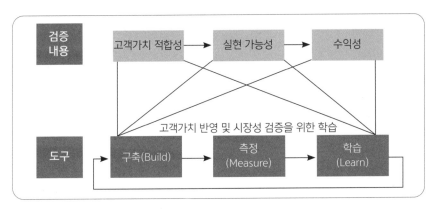

그림 7.15 상품기획 가설검증과 MVP

그림 7.15와 같이 MVP는 상품기획 가설검증을 위해 활용할 수 있다. MVP를 활용하여 신상품을 개발하는 프로세스는 일회성 프로세스가 아니라 반복적인 프로세스이며, 직선의 프로세스가 아니다. 그림 7.16의 A와 같이 가장 짧은 시간, 적은 비용으로 목표(viable)를 달성하는 것은 꿈같은 이야기이다. 현실에서는 B처럼 시행착오를 거치면서 목표를 달성하는 것만 해도 다행이다. 시행착오를 거치면서도 고객가치를 확보하지 못하는 C의 경우도 많다. 대기업에서는 한 번의 큰 개발이 실패로 이어지는 D의 경우도 자주 볼 수 있다.

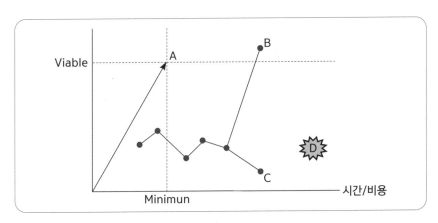

그림 7.16 MVP 적용의 시행착오

라이트 형제의 유인 비행기 개발을 MVP를 활용한 신상품 개발에 비유할 수 있다. 라이트 형제는 개발기간 4년, $1,000의 비용으로 유인 비행기 개발에 성공했지만 사무엘 피어폰트 랭글리는 스미소니언의 지원을 받아 16년 동안

70,000$의 비용을 들여 유인 비행기를 개발했다.

라이트 형제의 전기문을 쓴 프리드 호워드(Fred Howard)는 라이트 형제의 비행기 제작 실험을 이렇게 평했다. "가장 짧은 시간에, 가장 적은 비용으로, 그리고 가장 적은 재료로 실행한 유익하고 결정적인 실험들이었다." 실제로 다른 사람들은 강력한 엔진을 만들어 바로 하늘로 올라가려고 시도할 때 라이트 형제는 행글라이드를 통해 비행의 원리를 파악하고, 날개를 단 연을 만들어 가설을 검증하고, 바람이 많은 곳과 바람이 적은 곳을 구분한 후 비행 시험을 하여 실험 비용과 실패 리스크를 줄였다.

성공한 많은 신상품의 경로는 직선이 아니라 그림 7.17의 'E → F → G'와 같이 시행착오를 겪는다. 과학적 기법을 적용하고 상품관리자의 역량이 뛰어날수록 시행착오의 크기와 시간이 줄어들 뿐이다. 지속 성장 가능한 사업 모델을 확보할 때까지 여러 번의 MVP를 만들어야 하고 시간이 지날수록 MVP의 완성도는 높아진다.

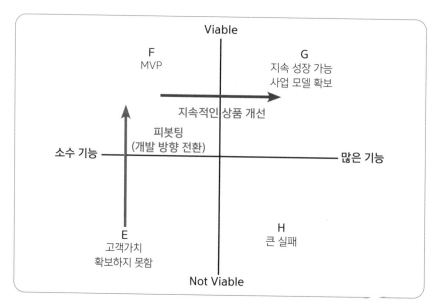

그림 7.17 MVP 활용의 성공 프로세스

MVP를 적용하는 과정에서 청취하는 고객의 불편 또는 불만은 만족 다음으로 좋은 신호다. MVP에 대해 불평하는 것은 상품을 계속 사용하기 위해 개선을 원한다는 것이고, 이는 곧 고객가치에 근접했다는 것을 의미한다. 반면, 고객의 무관심은 MVP가 틀렸다는 것은 발견했지만 다음 방향에 대한 아이디어는 없는 답답한 상황이다.

7장 핵심요약

7.1 상품기획의 구성요소
- 기획(planning)은 전략적 방향을 정하는 상위의 활동이고, 계획(plan)은 목표 달성 방법을 정하는 하위의 활동이다.
- 상품기획서는 목표고객에게 제공할 가치를 정의하고(가치제안), 그 가치를 어떻게 개발하고(가치구현), 가치를 어떻게 제공하고(가치 제공), 수익성을 어떻게 확보할 것인가(가치 대가 확보)를 정의하는 문서이다.

7.2 상품기획의 특성과 유의사항
- 상품기획은 한번에 확정하는 것이 아니라 상품출시 전까지 점진적으로 구체화된다.
- 상품기획시 제약조건 간의 상충관계를 최적화하여 달성해야 한다.
- 좋은 상품은 고객이 원하는 기능은 다 있고, 원하는 기능만 있는 상품이다.
- 작은 실수는 실험이라 할 수 있지만, 큰 실수는 실패이다.
- 실패에 대한 핑계인 가짜 학습과 고객가치를 배우는 유효한 학습은 다르다.
- 활용도가 낮은 기능을 기획하고 개발하는 대표적인 이유는 다음과 같다.
  - 미개발 기능에 대한 질책의 두려움
  - 내부 이해관계자들의 검토 의견 반영
  - 상품기능에 대한 조직의 집단 확신

7.3 비즈니스 모델 캔버스와 린 캔버스
- 비즈니스 모델은 '하나의 조직이 어떻게 가치를 포착하고 창조하고 전파하는지, 그 방법을 논리적으로 설명한 것'이다.
- 비즈니스 모델을 아홉 가지 블록으로 정리한 것이 '비즈니스 모델 캔버스'다. (고객군, 가치제안, 채널, 고객관계, 수입원, 핵심활동, 핵심자원, 핵심 파트너십, 비용구조)
- 린 캔버스는 스타트업에 시기 상조인 항목을 삭제하고 가설검증을 위한 항목을 추가하였다. (문제, 고객군, 고유의 가치제안, 솔루션, 경쟁우위, 수익원, 비용구조, 핵심지표, 채널)

7.4 파괴적 혁신을 고려한 상품기획
- 파괴적 혁신은 '과잉 충족' 문제를 해결하는 과정에서 발생한다. 후발 기업이 품질은 나쁘지만 싼 가격의 상품으로 기존 기업의 하부 시장을 잠식하는 현상을 파괴적 혁신이라 한다.
- 과잉 충족에 관해서는 다음에 유의한다.
  - 최상위 고객의 VOC에 올인하지 않는다.
  - 고객 세분화 방식을 바꾼다.
  - 적정 수준의 품질을 파악한다.
  - 가격 인상에 대해 직접 고객의 의견을 듣는다.

7.5 디커플링을 고려한 상품기획
- 커플링(coupling)이 묶는 것이라면 디커플링(decoupling)은 반대로 분리하는 것이다. 디커플링은 고객이 상품을 소비하는 전 과정에서 고객이 불편을 느끼는 특정 부분을 분리하여 고객에게 가치를 제공하고 대가를 확보하는 개념이다.

7장 핵심요약

- 고객의 불편을 파악하기 위해서는 고객 가치사슬의 각 단계에서 발생하는 고객의 돈, 시간, 노력을 분석해야 한다.
- 디커플링의 유형은 가치 창출 디커플링, 가치 잠식 디커플링, 가치에 대한 대가 부과 디커플링으로 구분된다.
- 디커플링을 창출하는 5단계는 다음과 같다.
  - 목표시장의 고객 가치사슬을 파악
  - 고객 가치사슬을 가치 유형별로 분류
  - 고객 가치사슬 중 약한 부분을 찾음
  - 약한 사슬을 분리
- 경쟁기업의 반응을 예측
- 디커플링을 고려한 상품기획
  - 고객에 따라 돈, 시간, 노력에 대한 가치는 다르다.
  - 플랫폼 상품은 공급자와 구매자의 가치사슬을 각각 고려해야 한다.
  - 고객에게도 비즈니스 모델이 있다.
  - 디커플링에서 성공한 기업은 인접 가치사슬을 파괴한다.
  - 디커플링에 대응하기 위해서는 리밸런싱을 고려한다.
  - 파괴적 혁신과 디커플링은 다른 개념이다.
  - 정기적으로 디커플링 관점에서 시장의 변화를 모니터링한다.

7.6 B2B 상품기획 수립시 유의사항

- B2B 소프트웨어 상품의 특징
  - 기업에서 소프트웨어를 구매하는 동기는 욕심이나 두려움 때문이다.
  - B2B 소프트웨어는 가치제안의 혜택을 수치로 증명해야 한다.
  - B2B 소프트웨어는 사용자와 구매자가 다르다.
  - B2B 소프트웨어는 커스터마이징(customizing) 요구사항이 발생한다.
- B2B 소프트웨어 상품기획시 유의사항
  - B2C 고객개발은 여론조사와 같고 B2B 고객개발은 인구조사와 같다.
  - 커스터마이징에 대한 정책을 정의해야 한다.
  - 특정 고객의 특화 기능 요청에 유의해야 한다.
- B2B 소프트웨어 상품의 마케팅 전략 수립시 유의사항
  - 우수 레퍼런스 확보가 중요하다.
  - B2B 상품은 고가이고 내면 영업이 중요하다.
  - B2B 상품은 전환 비용이 크다.
  - B2B 상품의 영업 주기는 길다.
  - 실적에 기반한 고객 분석을 통해 선택과 집중을 해야 한다. 구매 의사결정 단계별로 이해관계자를 식별하고 관심사항을 분석해야 한다. 고객사 이해관계자를 합의를 도출하도록 지원하라.

7장 핵심요약

7.7 상품기획 가설검증

- 상품관리자는 상품개발 리스크를 최소화하기 위해 상품출시 전까지 '고객가치 적합성' '실현 가능성' '수익성' 가설을 반복적으로 검증하고 보완해야 한다.
  - 고객가치 적합성 가설: A상품을 B고객층 타깃으로
  - 실현 가능성 가설: A상품을 C시점에 D가격으로 E채널을 통해 제공한다면
  - 수익성 가설: F수익(또는 매출)을 달성
- 신상품 가설검증 순서는 다음과 같다.
  - 가설 도출 → 가설 우선순위 결정 → 가설검증 방법 결정 → 가설 테스트 → 결과 분석 및 의사결정

고객은 상품을 구매하는 것이 아니라 문제해결을 위해 상품을 고용한다.

클레이튼 M. 크리스텐슨

Part 3

프로젝트 관리

Product Manager + Project Manager

애자일 방법론 개요

7장까지는 상품관리자의 업무를 설명하였다면 8장부터는 프로젝트 관리자의 업무를 설명한다. 기업에 따라 '프로젝트 관리자'라는 명칭은 없을 수 있지만 누군가는 상품개발 프로젝트를 계획하고, 조정하고, 통제해야 한다. 그 일은 한 사람의 업무일 수도 있고, 여러 사람이 나누어 할 수도 있고, 때로는 상품개발 팀원들이 협의하여 수행할 수도 있다.

8장에서는 애자일 방법론의 등장 배경과 원칙, 프로젝트 관리를 위한 대표적 애자일 프랙티스인 스크럼 프로세스를 설명한다. 경영 기법이나 방법론은 유행할수록 잘못 적용될 가능성도 그만큼 높아진다. 애자일 적용의 부작용을 최소화하기 위해 애지일 방법론에 대한 대표적인 오해와 애자일 방법론을 적용할 때 유의사항도 설명한다.

애자일 뒤에 붙일 수 있는 단어는 다양하다. 애자일 원칙, 애자일 기법, 애자일 접근방법, 애자일 프랙티스, 애자일 방법론, 애자일 프로세스 등의 단어를 사용할 수 있다. 필자는 애자일의 원칙과 프랙티스를 포함하는 개념으로 사람들에게 익숙한 '애자일 방법론'을 사용한다.

이 책을 읽는 독자들 대부분은 애자일 방법론의 적용 경험이나 어느 정도의 지식을 보유하고 있을 것이다. 그러나 애자일 방법론의 기법이나 프랙티스의 이해보다 애자일 방법론이 추구하는 원칙을 이해하는 것이 중요하다.

8장의 내용은 이후 프로젝트 관리를 설명하는 토대가 되기 때문에 정독을 권한다. 특히 애자일 방법론에 대해 나쁜 경험이 있는 독자들은 무엇 때문에 실패했는지 생각해보는 계기가 되었으면 좋겠다.

8.1 애자일 방법론 개요

애자일(agile)은 '기민한' '민첩한' '유연한'을 뜻한다. 애자일 방법론은 2000년 이후 소프트웨어 개발 및 관리 분야에서 빠르게 확산되었다. 2010년대 후반부터 애자일은 소프트웨어 개발 방법론을 넘어 경영 혁신의 도구로 여러 업종에 확산되고 있다. 애자일이 여러 업종에 확산된 배경은 사물인터넷(IoT), 빅데이터, AI 기술의 발전이 업종에 상관 없이 소프트웨어가 차지하는 비중이 증가했기 때문이다. 국내에서도 2018년 이후 금융권을 중심으로 애자일 방법론을 조직 관리에 적용하는 사례가 증가하고 있다.

애자일 방법론을 상품으로 본다면 2001년 출시(애자일 선언) 이후 20년이 지났다. 현재 애자일 방법론의 상품 수명주기는 어디쯤일까? 필자는 성장기를 거쳐 성숙기에 있다고 생각한다. 10년을 넘기 힘든 보통의 소프트웨어 개발 방법론들과 달리 애자일은 20년이 지난 현재까지 각광받고 있다. 이러한 추세라면 애자일은 프랙티스의 변경이 있더라도 핵심 사상은 꽤 오랫동안 유행할 것으로 보인다.

애자일이 확산되면서 애자일이 무엇인지 물어보는 사람이 많아졌다. 간단한 설명으로 답하기 쉽지 않은 질문이다. 프랙티스에 초점을 두고 답하는 경우도 있지만, 이보다 중요한 것은 애자일이 추구하는 가치이다. 이 책에서는 문맥에 큰 이상이 없다면 애자일 방법론을 '애자일'로 줄여 사용하기도 한다. 애자일 옹호자들이 이야기하는 애자일의 효과는 환상적이고, 신뢰와 자율 같은 애자일의 핵심 사상은 매혹적이다. 그러나 애자일 적용에 대한 깊은 고민 없이 애자일을 적용하면 실패하기 쉽다. 세상에 공짜는 없다. 좋은 결과를 얻기 위해서는 대부분 많은 시행착오와 대가를 지불해야 한다. 자주 발표되는 성공 사례 이면에는 발표하기 힘든 실패 사례가 더 많다. 이번 섹션에서는 애자일 방법론의 등장 배경과 핵심 원칙에 관해 살펴보겠다.

1) 애자일 방법론의 등장 배경

애자일 방법론은 기존 소프트웨어 개발 방법론의 문제점을 개선하기 위해 등장했다. 기존 소프트웨어 개발 방법론의 부작용에 대해 제프 서덜랜드(Jeff Sutherland)는 2012년 인터뷰에서 다음과 같이 이야기 했다.

> 그들은 돈은 충분했지만 결코 소프트웨어를 잘 만든다고는 할 수 없었습니다. 그리고 항상 납기가 지연되었고 납품된 소프트웨어는 품질에 문제가 있었습니다. 그 결과 끊임없이 관리직에게 압력을 받으며 마치 벌레 같은 취급을 당했습니다. 그들의 삶의 질을 크게 바꾸는 작은 변화는 무엇일까요? 이 질문이 나에게 던져진 최초의 질문이었고 그것이 소프트웨어 개발 방법을 개발해야겠다고 결심한 계기가 되었습니다. (《애자일 개발과 스크럼》, 2014)

애자일 진영에서 생각하는 기존 소프트웨어 개발 방법론의 주요 문제점은 다음과 같다.

● **갑과 을의 문화가 지배적이다.**

갑과 을의 문화는 윈윈(win win)의 상생이 아니라 윈루즈(win lose)의 제로섬 게임을 유도한다. 계획을 수립할 때 최대한의 버퍼를 확보하려는 그룹(을)과 버퍼를 최대한 없애려는 그룹(갑)의 이해관계는 상충된다. 갑과 을의 문화는 기업 간뿐만 아니라, 기업 내부에서도 존재한다. 갑과 을 문화의 대표적인 부작용은 다음과 같다.

● **갑과 을의 이해관계는 상충된다. 갑은 '적은 예산'으로 '많은 기능'을 '빨리' 얻고자 한다. 을은 '많은 예산'으로 '적은 기능'을 '여유 있는 일정'으로 제공하길 원한다.**

을의 입장에서는 일정 연기 또는 예산 추가 없는 요구사항 변경은 수용하기 힘들다. 따라서 갑은 계약변경이 발생하지 않도록 프로젝트 착수 시점에 최대한 많은 요구사항을 계약서 또는 계획서에 명시하거나, 기능을 모호하게 표현하여 많은 기능을 포괄적으로 포함하고자 한다.

● **프로젝트 착수 이후에는 비즈니스 목표는 사라지고 프로젝트 계획서 또는 계약서 이행이 가장 중요한 목표가 된다.**

착수할 때 모든 것을 정확하게 예상하여 계약하고자 하면 역설적으로 더 많은 변경이 발생할 수 있다. 필요한 변경이 번거로워 계약서나 계획서에 있다는 이유만으로 불필요한 기능을 개발하는 낭비도 발생한다

● **문서를 중시한다.**

최종적으로 완성된 소프트웨어를 고객 또는 이해관계자에게 전달하기 전에 고

객과 의사소통할 수 있는 대표적인 수단은 문서이다. 그러나 문서로 의사소통하는 것은 한계가 있다. 넥타이 매는 방법을 글로 쓴다고 생각해 보라. 글로 표현하고 소통하는 것은 한계가 있다는 것을 염두에 두어야 한다. 문서가 불필요하다는 것이 아니다. 소프트웨어 요구사항 또는 진행 과정 파악을 문서에만 의존하는 것은 한계가 있다는 뜻이다. 애자일이 확대되면서 실효성 낮은 문서가 줄어들긴 했지만, SI 프로젝트에서는 중도금 지급과 같은 행정적인 이유로 여전히 활용도 낮은 문서를 작성하고 있다. 문서를 양산하는 또 다른 이유는 불안감 때문이다. 폭포수 방식의 개발에서는 프로젝트 수행 도중에 프로젝트가 잘 진행되고 있는지 확인할 마땅한 방법이 없어 체계적인 문서를 요구한다.

● 프로세스나 도구 적용을 중시한다.

많은 사람들(특히 경영층)이 소프트웨어 개발 프로세스를 통제하면 소프트웨어 개발 결과를 통제할 수 있다고 생각한다. 좋은 프로세스 적용을 통해 고품질의 소프트웨어가 나온다고 여기기 때문이다. 좋은 프로세스를 적용하면 좋은 결과가 나오는 것에는 이견이 없지만 좋은 프로세스는 절대적인 것이 아니라 상황에 따라 상대적이다. 조직에 맞지 않는 소프트웨어 개발 프로세스와 도구를 적용하는 일은 없어야 한다. 특정 프로세스와 도구를 마지못해 적용해야 한다면 상품관리자와 프로젝트 관리자는 이에 따른 부작용을 최소화하는 방안을 고민해야 한다.

● 성과가 나쁜 것을 계획 또는 통제의 실패로 인식한다.

관리에 집착하는 경영층은 프로젝트 수행 도중 예상하지 못했던 변경사항이 발생하면 계획이나 통제가 부실했기 때문이라고 인식하고 더 완벽한 계획수립과 통제를 하고자 한다. 이런 상황을 《스크럼》(2008)에서는 다음과 같이 설명하고 있다.

> 분명 개발자가 방법론이 지시한 내용을 제대로 하지 않았을 거야. 진행 상황을 정확하게 보고하지 않았을 수도 있고 방법론의 지시 내용을 따르지 않았을 수도 있지. 방법론 개발회사는 방법론만 따르면 예측 가능한 결과를 얻을 수 있다고 했는데, 이걸 개발자들이 제대로 완수해내지 못한 거야.

애자일 방법론의 등장 배경이 되는 문제점들을 요약하면 그림 8.1과 같다.

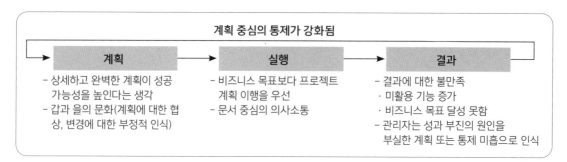

계획 중심의 통제가 강화됨

계획	실행	결과
- 상세하고 완벽한 계획이 성공 가능성을 높인다는 생각 - 갑과 을의 문화(계획에 대한 협상, 변경에 대한 부정적 인식)	- 비즈니스 목표보다 프로젝트 계획 이행을 우선 - 문서 중심의 의사소통	- 결과에 대한 불만족 · 미활용 기능 증가 · 비즈니스 목표 달성 못함 - 관리자는 성과 부진의 원인을 부실한 계획 또는 통제 미흡으로 인식

그림 8.1 애자일 방법론의 등장 배경이 되는 기존 방법론의 문제점

위에서 설명한 소프트웨어 개발의 문제점을 극복하고자 애자일 진영에서는 2001년 〈애자일 선언(Agile Manifesto)〉를 발표하였다.

프로세스나 도구에 앞서 개인과의 상호작용을

정리를 위한 포괄적인 문서에 앞서 작동하는 소프트웨어를

계약 협상에 앞서 고객과의 협력을

계획 준수에 앞서 변화에 대한 대응을

우리는 왼쪽 항목의 가치를 인정하면서도 오른쪽 항목을 더 중요하게 여긴다.

Individuals and interactions over processes and tools

Working software over comprehensive documentation

Customer collaboration over contract negotiation

Responding to change over following a plan

That is, while there is value in the items on the right, we value the items on the left more.

애자일 선언의 내용을 살펴보기 전에 유의할 사항이 두 가지 있다.

● 애자일 선언은 개발 팀의 관점에서 작성되었다.

애자일 선언은 경영층이나 상품기획의 관점이 아니라 상품개발 팀의 관점에서 읽어야 한다. 상품관리자의 입장에서도 애자일 선언은 유효하지만 프로젝트 관리자 관점이 보다 적합하다.

● 애자일 선언 당시 B2C 소프트웨어 상품은 유행하지 않았다.

2001년 당시 어떤 소프트웨어 개발이 주류였을까? 애자일 선언을 하는 시점에서는 모바일 앱도 없었고, 따라서 B2C 소프트웨어 상품이 활발하게 팔렸던 시점은 아니다. 시장에서 판매되던 상품은 CD로 제공되는 게임이나 어린이 교육

용 소프트웨어 정도였다. 당시 소프트웨어 상품개발 팀의 고객은 주로 기업이었다. 그러므로 애자일 선언이나 애자일 원칙에 나오는 '고객'은 B2C 상품의 고객이 아니라 '기업 내부 이해관계자'로 이해해야 한다.

애자일 선언문의 의미를 신상품 개발 관점에서 하나씩 살펴보자
● 프로세스나 도구에 앞서 개인과의 상호작용을
협력(cooperation)과 협업(collaboration)은 다르다. 협력은 업무를 분업화하여 수행하는 개념이다. 상품관리자는 요구사항을 정의하고, 디자이너는 화면을 그리고, 개발자는 코딩을 하고, QA(품질보증 인력)는 테스트를 한다. 협력의 활동은 각 역할자들이 독립적으로 작업을 진행한다. 반면 협업의 활동은 각 역할자들이 상호작용을 통해 각자의 작업에 영향을 미친다. 협력은 업무수행 결과를 한꺼번에 통합하는 방식이 많고 협업은 조금씩 점진적으로 통합하는 방식이 많다(그림 8.2).

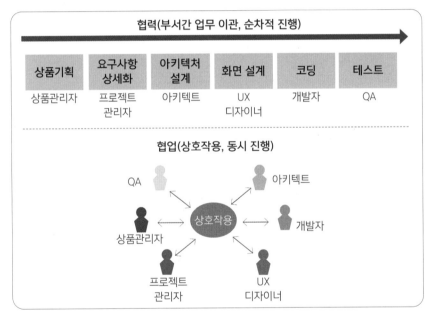

그림 8.2 협력과 협업의 차이

최근 협업을 지원하는 도구가 많아졌지만, 전통적으로 협업보다는 협력을 지원하는 도구가 많았다. 신상품 성공을 위해서는 여러 역할자들의 긴밀한 상호작용 즉, 협업이 필요하다. 상호작용을 위해서는 도구나 프로세스보다 다른 역할자의 의견을 인정하고 신뢰해야 한다. 협업을 위한 도구로는 화이트보드면 충

분하다. 협업을 통해 상호작용하는 팀에서는 문제해결을 위한 창의적인 아이디어가 나올 가능성이 높다.

상품개발의 의사소통 과정은 '이해 → 공감 → 동의'의 순서로 발전한다. 상호작용 없이 도구나 프로세스로 달성 가능한 수준은 '이해'에 머무른다. 프로세스나 도구는 절대적으로 필요하지만 그것만으로는 부족하다. 긴밀한 상호작용을 하는 팀에서는 상품개발 후반부에 발생하는 변경이나 재작업이 적다.

신상품을 개발할 때 역할자들의 상호작용을 극대화하는 방법은 모든 역할자가 한 장소에서 근무하는 것이다. 한 장소에서 근무하면 지식 이전을 위한 프로세스나 도구의 필요성이 낮아진다.

● 정리를 위한 포괄적인 문서에 앞서, 작동하는 소프트웨어를

문서를 중시하는 조직은 수직적 의사결정 또는 지시에 익숙한 관료조직일 가능성이 높다. 문서는 경영층을 설득하거나 안심시켜 주기 위해 만드는 경우가 많기 때문이다. 상품을 사용하는 고객은 문서를 필요로 하지 않는다. 상품개발팀이 문서를 중시할수록 고객과 현장에서 멀어진다. 고객을 중시하는 수평적 협업조직에서는 (고객가치를 반영한) 작동하는 소프트웨어가 중요하다. 물론 작동하는 소프트웨어를 만들기 위해 필요한 문서는 있다.

작동하는 소프트웨어는 고객에게 릴리즈하는 것을 전제로 하기 때문에 사용자 매뉴얼, 운영자 매뉴얼도 포함한다. 작동하는 소프트웨어는 내부 품질검증을 위해서도 중요하다. 통합 빌드를 구축하고 실행시켜야 결함을 발견할 수 있다.

● 계약 협상에 앞서 고객과의 협업을

어느 한쪽이 손해를 보면서 협업을 하기는 힘들다. 주문형 소프트웨어 개발(SI)에서 협업보다 협상을 추구하다가 갈등과 앙금만 남기고 실패하는 경우도 많다. 계약에 기반한 프로젝트에서 협상보다 협업을 하려면 어느 한쪽이 손해 보지 않는다는 전제가 필요하다.

조직 내부 프로젝트는 계획서만 있을 뿐 계약은 없다. 하지만 조직 내부도 상품개발을 요청하는 조직과 상품개발을 수행하는 조직이 나뉘어 있다. 이 두 조직은 계획의 협상보다 비즈니스 목표 달성을 위해 상호 협업해야 한다. 협상을 중요하게 여기면 개발 팀은 최소한의 범위와 최대한의 일정과 예산을 받으려 할 것이고 요청 부서 또는 경영층은 그 반대로 행동할 것이다. 뿐만 아니라 협상을 중시하는 조직은 신상품의 성공보다 자기 조직의 이해관계를 우선한다. 조직을 평가하는 지표(KPI, Key Performance Indicator)가 복잡하고 다양한 조직에서는 이러한 현상이 심화된다. 부서 이익을 우선시 하는 사일로(silo) 조직에서 상품 성공을 위한 협업은 허울 좋은 구호에 불과하다.

● 계획 준수에 앞서 변화에 대한 대응을

프로젝트의 계획 준수보다 비즈니스 목표 달성이 중요하다. 계획 준수의 관점에서는 프로젝트 범위, 일정, 예산 모두가 중요하다. 그러나 비즈니스 우선순위는 변경될 가능성이 높고, 우선순위가 바뀌면 범위·일정·예산 중 하나 이상을 변경해야 한다. 상품개발은 비즈니스 불확실성이 높기 때문에 아무리 신중하게 계획을 수립해도 프로젝트를 진행하는 도중 계획 변경을 초래하는 변수가 많이 발생한다. 계획된 기능을 모두 개발하는 것보다 주어진 기간 내에 최대한의 가치를 제공하는 것이 중요하다.

그림 8.3의 왼쪽은 계획을 준수하기 힘들다. 기능(범위)을 상수로 두고 일정과 예산을 변수로 두는 것인데 기능이 변할 때 그에 맞게 일정을 연기하거나 예산을 추가하기 어렵기 때문이다. 반면 오른쪽은 계획 준수가 용이하다. 일정과 예산을 상수로 두고 그에 맞추어 기능을 개발하기 때문이다. 오른쪽 그림은 상품개발 팀이 주어진 기간 내에 팀원이 최선을 다한다는 신뢰를 기반으로 할 때 가능하다. 왼쪽 그림을 계획 기반의 개발, 오른쪽 그림을 가치 기반의 개발이라 한다.

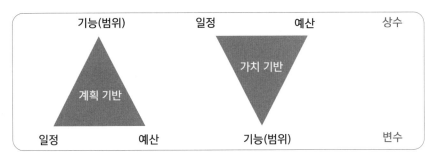

그림 8.3 계획 기반의 개발과 가치 기반의 개발(출처: 《Agile Practice Guide》, 2017)

2) 애자일 방법론의 핵심 원칙

아래 열두 가지 애자일 원칙은 애자일 선언을 뒷받침하는 원칙이다. 이 중 몇 개를 제외하고는 실천이 어려울 뿐 애자일이 아니라 소프트웨어 공학의 원칙이라 불러도 될 만큼 교과서적인 이야기이다. 신상품 개발 관점에서 애자일 원칙을 살펴보면 다음과 같다.

● 우리는 가치 있는 소프트웨어를 빠르고 지속적으로 전달하여 고객을 만족시키는 것을 최우선으로 한다.

모든 기업이 알고 있는 상식과 같은 내용이다. 가치 있는 상품을 고객에게 빨리 전달하면 고객은 만족할 것이다. 그것을 지속적으로 수행할 수 있는 체계를 갖춘 기업만이 지속적인 성장을 할 수 있다.

● 비록 개발 후반부일지라도 요구사항 변경을 기꺼이 환영한다. 애자일 방법론은 고객의 경쟁력 우위를 위해 변화를 원동력으로 사용한다.

변경을 좋아하는 사람은 기저귀가 젖은 아기밖에 없다는 말이 있다. 필자가 30년 가까이 소프트웨어 회사에 재직하는 동안 개발 팀이 요구사항 변경을 환영하는 것을 본 기억은 없다. 현실에서 프로젝트 후반부에 발생하는 요구사항 변경은 재앙에 가깝다.

상품개발 팀이 요구사항 변경을 꺼리는 이유는 요구사항 변경으로 피해를 보기 때문이다. 피해의 구체적인 내용은 잔업이 늘어나는 것과 낮아진 품질 때문에 개발자가 자긍심에 상처를 입는 것이다. 따라서 상품개발 팀은 살아남기 위해 변경을 재앙처럼 인식하고 변경 예방에 집중한다.

상품개발 팀이 변경을 예방하기 위해 변경에 대해 까다롭게 대응하면 고객 또는 내부 이해관계자는 없어도 되고 있으면 좋은(nice to have) 요구사항을 상품기획서에 최대한 반영한다. 그 결과, 검토가 미흡한 요구사항 때문에 요구사항 변경이 초래되는 악순환으로 이어진다. 상품개발 팀을 믿고 존중하는 조직문화의 구축 없이 상품개발 팀이 요구사항 변경을 환영할 것을 기대해서는 안 된다.

● 동작하는 소프트웨어를 2주에서 2개월 주기로, 가능한 더 짧은 주기로 인도한다.

짧은 주기는 개발 주기와 릴리즈 주기로 나누어 생각할 수 있다. 개발 주기는 스프린트와 같이 특정 기능의 개발 및 검증 기간을 의미하고 릴리즈 주기는 출시주기를 의미한다. 개발 주기와 릴리즈 주기가 같은 것이 이상적이지만 다를 수도 있다. 예를 들어 6개월 주기의 릴리즈를 위해 2주 개발 주기 12개 스프린트를 수행할 수 있다. 짧은 개발 주기를 적용하면 결함이나 잘못된 아키텍처를 조기에 발견하여 적은 비용으로 수정할 수 있고, 짧은 릴리즈 주기를 적용하면 고객 관점에서 잘못된 요구사항을 빨리 확인할 수 있다.

짧은 개발 주기를 적용하면 개발 주기 동안 추가 요구사항을 받지 않아도 된다는 장점이 있다. 예를 들어 2주의 개발 주기를 적용하고 있다면 2주 동안은 추가 요구사항을 받지 않을 수 있다. 내부 고객에게 2주 뒤에 반영할 예정이니 기다려달라고 요청할 수 있기 때문이다.

● 프로젝트 기간 내내 개발자들은 사업에 관련된 사람들과 매일 함께 일해야 한다.

상품기획, 상품개발, 디자인, 품질 인력은 프로젝트 시작부터 끝까지 한 장소에서 근무하는 것이 좋다. 그러나 대부분의 조직에서 인력운영의 효율성 때문에, 상품개발 단계별 역할자 투입을 선호한다.

상품개발 착수 후 상품관리자는 다음 버전 상품기획을 준비하느라 여력이 없을 수 있다. 그래도 상품관리자는 상품개발 팀과 함께 일하는 시간을 늘리도록 노력해야 한다. 그것이 상품 성공의 가능성을 높이는 확실한 방법이다.

● 동기부여된 개인들로 프로젝트를 구성하라. 그들에게 필요한 환경과 지원을 제공해주고, 업무를 완료할 것이라 믿어라.

상품개발 팀이 업무를 수행할 때 장애물을 제거하고 필요한 지원을 하며 상품개발 팀을 동기부여시키는 것은 상품관리자의 책무이다(물론 상품관리자만의 책무는 아니다). 과정과 절차는 신뢰하고 일임하되 결과는 디테일하게 확인해야 한다.

● 개발 팀 내부에서 정보를 전달하고 공유하는 가장 효율적이고 효과적인 방법은 직접 얼굴을 보면서 대화하는 것이다.

이메일과 메신저의 활용 빈도가 높아지고 있지만 의사소통의 질은 대면 대화에 비할 바가 아니다. 대면 소통 없이 협업 도구에만 의존해서는 정보 공유 이상을 기대하기 힘들다. 화상회의 도구를 활용하면 대면 소통보다 회의가 빨리 끝나는 이유가 이 때문이다. 대면 소통을 해야 마음속의 이야기를 편하게 할 수 있다. 화상회의 도구가 대면회의 만큼 편해지는 시기가 올 수 있지만, 중요한 의사소통은 직접 얼굴을 보면서 해야 한다. 소통을 위한 어떤 도구도 화이트보드보다 좋을 수 없다.

● 동작하는 소프트웨어가 진척 상황을 측정하는 가장 중요한 척도이다.

문서가 아닌 동작하는 소프트웨어를 기준으로 프로젝트 진척률을 파악해야 한다. 상품관리자나 경영층이 궁금해하는 정보 중 하나가 '동작하는(품질을 확보한) 소프트웨어 기준의 진척률'이다. 동작하는 소프트웨어 기반의 진척률은 상품개발 팀을 질책할 때 활용하는 것보다 동기를 부여할 때 활용하면 더 큰 효과가 있다.

● 애자일 방법론은 지속할 수 있는 개발을 장려한다. 후원자, 개발자, 사용자는 일정한 속도를 계속 유지할 수 있어야 한다.

상품 개선을 정해진 리듬에 따라 규칙적으로 수행하면, 계획수립에 대한 부담을 없애준다. 예를 들어, 매월 마지막 주에 다음달에 릴리즈할 기능을 정의하고, 매월 첫 주에 그 달에 출시할 기능에 대한 개발 계획을 수립하고, 매주 금요일 오후에 진행 현황을 리뷰하고 매월 마지막 주에 그 달에 완료한 기능을 리뷰하는 식으로 일정하게 반복되는 규칙을 만들어 유지하는 것이다. 반복적인 업무를 정해진 시점에 수행하면 조직 내 업무 리듬 또는 루틴이 정착된다.

업무 루틴이 정착되면 일정한 업무수행 속도를 지속할 수 있다. 업무수행 속도는 '업무의 양'과 '업무수행 기간'이 결정하는데 속도를 유지하기 위해서는 업무의 양보다 업무수행 기간을 우선해야 한다. 다시 말해 목표한 기능을 모두 개발하지 못해도 정해진 일자에 릴리즈를 해야 한다.

잔업의 빈도와 강도에 편차가 많을수록 '지속 가능한 속도'를 유지하기 어려워진다. 잔업의 빈도와 강도가 높아질수록 상품의 품질은 낮아지고 개발 속도는 느려진다.

일정한 속도는 개발 팀과 이해관계자를 모두 만족시켜야 유지될 수 있다. 개발 팀 관점에서 일정한 속도는 일정 수준의 업무 강도를 의미하고, 이해관계자 관점에서 일정한 속도는 정해진 기간에 일정 수준의 품질을 갖춘 일정량의 결과물이 나온다는 것을 의미한다. 기술적 탁월함과 좋은 설계에 대한 끊임없는 관심은 기민성을 강화시킨다.

개발자의 생산성은 사람에 따라 10배 이상 차이가 난다. 개발자 역량을 높이기 위해 짝 프로그래밍(pair programming)을 하거나 회사 내에서 코드를 개방하고 공유하기도 한다. 짝 프로그래밍은 두 사람이 하나의 코드를 공동으로 개발하는 방식이다. 가치를 제공하는 것은 기술이다. 기술의 뒷받침 없이 말로만 기민할 수는 없다.

● 안 해도 되는 일을 최대한 하지 않는 단순함이 핵심이다.

안 해도 될 일을 하지 않는 것도 중요하지만 단순한 것을 복잡하게 만들어도 안 된다. 요구사항이나 사용자 인터페이스를 단순하게 유지하는 것은 상품관리자와 UX 디자이너의 책임이다. 상품기능을 최소한으로 유지하는 것이 단순함 유지의 핵심이다.

● 최고의 아키텍처, 요구사항, 설계는 자기 조직화 팀으로부터 나온다.

자기 조직화 팀은 팀이 계획하고, 의사결정하고, 실행한다. 팀이 수행하는 모든 일은 팀이 결정한다. 자기 조직화 팀이 제대로 작동하려면 팀원 각자의 역량이 높아야 할 뿐만 아니라 팀원들에 대한 신뢰와 존중이 뒷받침되어야 한다. 따라서 자기 조직화 팀은 현실에서 구현이 매우 힘들며 상품관리자나 프로젝트 관리자가 어떻게 할 수 있는 문제가 아니다.

● 팀은 정기적으로 더 효과적으로 일할 수 있을지를 돌아보고, 이에 따라 행동 방식을 조율하고 조정한다.

팀이 수행할 프로세스를 팀이 결정하게 하면 과거에 수행했던 프로세스 경험에서 개선점을 도출한다. 개선점을 적용하여 잘되는 것은 유지하고 보완할 것은 개선한다면 선순환의 프로세스 개선 체계가 정착된다.

지금까지 네 가지의 애자일 선언과 열두 가지의 애자일 실천 원칙을 살펴보았다. 애자일 선언, 애자일 원칙, 애자일 프랙티스의 관계는 그림 8.4와 같다.

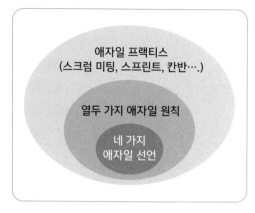

그림 8.4 애자일 선언, 애자일 원칙, 애자일 프랙티스의 관계

필자는 상품개발에 애자일 방법론을 적용하는 목표가 '고객가치 제공을 위한 실패비용 최소화'에 있다고 생각한다. 상품을 만들면 무조건 팔렸던 시대를 지나면서 상품 개발 환경이 VUCA해 졌기 때문이다. VUCA란 변동적이고(Volatile), 불확실하며(Uncertain), 복잡하고(Complex), 모호한(Ambiguous) 것을 의미한다. 신기술의 출현 주기는 짧아지고, 시장 진입장벽이 낮아 경쟁은 심화되고, 소비자의 파워는 높아져 상품 수명주기가 짧아지고 있다. 그 결과 VUCA의 스피드가 빨라지고 변화의 정도도 커지고 있다.

고객가치 제공을 위한 실패비용을 줄이기 위해서는 동작하는 소프트웨어를 작게 개발하여 고객가치 검증 주기를 단축해야 한다. 또한 고객가치에 대한 통찰력을 얻기 위해서는 상품개발 팀이 신뢰를 기반으로 상호작용하여 수평적 의사결정을 내릴 수 있는 자기 조직화 팀을 운영해야 한다. 빠른 검증을 적용하고 자기 조직화 팀을 운영하면 고객에게 더 나은 가치를 제공하기 위한 변경을 수용하게 된다(그림 8.5).

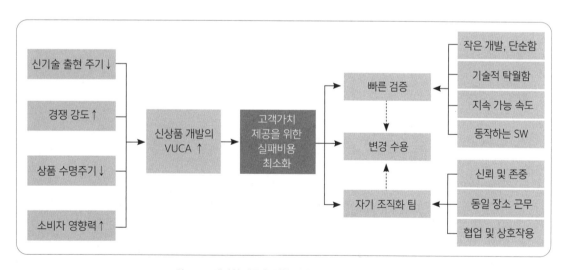

그림 8.5 고객가치 제공을 위한 실패비용 최소화와 애자일의 원칙

현실에서 애자일은 '상품'보다 '프로젝트'에 집중하는 경향이 있다. 고객이 감동하는 상품을 기획하는 방법보다 프로젝트 수행 방법에 집중하는 것이다. 그러

나 〈4.2 소프트웨어 상품개발 낭비〉에서 살펴보았듯이 상품의 낭비는 대부분 상품기획 시점에서 발생하고 애자일을 본격적으로 적용하는 상품개발은 상품 기획이 끝나가는 시점에서 시작한다. '린'은 상품관리자의 원칙, '애자일'은 프로 젝트 관리자의 원칙으로 이해할 수도 있지만 린과 애자일의 원칙은 대부분 겹 치기 때문에 상품관리자와 프로젝트 관리자는 린과 애자일의 개념을 통합하 여 이해하고 적용하는 것이 바람직하다. 린은 애자일을 포함하는 상위 개념이며 애 자일보다 '고객가치'와 '낭비 제거'에 집중한다.

훌륭한 상품을 기획하는 방법은 정의하기도 힘들고, 학습하기도 힘들다. 훌 륭한 상품을 기획하기 위해서는 고객 불편에 대한 공감과 통찰뿐만 아니라 그 문제를 해결하기 위한 창의적인 아이디어를 필요로 하기 때문이다. 디자인 싱 킹 같은 분야에서 이에 대한 내용을 다루기도 하지만 학습만으로는 부족하고 개인의 노력, 시행착오, 열정을 필요로 한다. 애자일 원칙을 마무리 하면서 상 품기획을 다시 이야기하는 이유는 상품개발 프로젝트는 끝내기 위해 시작하는 것이 아니라 고객에게 가치있는 상품을 개발하기 위해 시작한다는 것을 강조하 기 위함이다. 《린 마인드셋》(2014)에서는 효율적인 제품개발 조직을 다음과 같 이 정의한다.

> 가장 효율적인 제품개발 조직(가장 가치있는 제품을 설계하는 조직)은 가장 많은 기능 을 제공하는 곳이 아니라 필요한 기능만 제공하는 조직이다. 제품개발 효율성은 제품개 발 비용을 줄이는 것이 아니라 성공적인 제품을 개발하는 일에 창조적인 생각을 집중 하게 만드는 것이다.

8.2 스크럼 프로세스

프로젝트 수행을 위해서는 프로젝트 관리와 엔지니어링(설계/개발/QA)이 필요 하다. 애자일 방법론을 적용하기 위한 프랙티스도 '프로젝트 관리 기법'과 '엔 지니어링 기법'으로 구분된다. 스크럼은 프로젝트 계획수립과 통제에 해당하는 프로젝트 관리를 주로 다루며, 익스트림 프로그래밍(XP, eXtreme Programming) 은 테스트와 짝 프로그래밍과 같이 엔지니어링에 기반한 품질관리의 내용을 포함한다.

스크럼 프로세스는 내용 이해가 쉽고 적용이 용이하기 때문에 익스트림 프로그래밍에 비해 실전에서 많이 적용되고 있다. 이번 섹션에서는 스크럼 프로세스의 기원과 핵심내용을 살펴보겠다.

1) 스크럼 프로세스의 기원

스크럼은 '미식축구나 럭비에서, 세 명 이상의 선수가 공을 에워싸고 서로 어깨를 맞대어 버티는 공격 태세'이다. 상품개발에서 '스크럼'이라는 용어는 1986년 《하버드 비즈니스 리뷰》에 실렸던 노나카 이쿠지로(野中 郁次郎) 교수의 논문 《The New New Product Development Game》에서 처음 사용되었다. 스크럼 프로세스의 창시자인 제프 서덜랜드와 켄 슈와버(Ken Schwaber)는 해당 논문에서 스크럼의 핵심내용을 착안하였다. 1986년 당시만 해도 신상품 개발은 폭포수 방법론과 같이 순차적으로 진행하는 것이 일반적이었지만 노나카 교수는 논문에서 신상품 개발 방식을 그림 8.6과 같이 세 가지 유형으로 분류했다. 타입 A는 단계의 중복이 없이 문서로 지식이 전달된다. 타입 B는 개발 공정을 중첩하며 회를 겹쳐놓은 것과 모양이 비슷하다고 해서 사시미 개발 방식이라고도 한다. 타입 C는 첫 단계의 인력이 끝까지 남는 것을 볼 수 있다. 타입 C는 문서를 통해 지식과 정보를 전달하는 것이 아니라 사람을 통해 지식과 정보를 전달하는 방식이다. 이는 스크럼 프로세스의 핵심 사상이다. 노나카는 상품개발에 필요한 지식 전달을 럭비공 전달 방식에 비유하여 스크럼이라는 용어를 사용하였다.

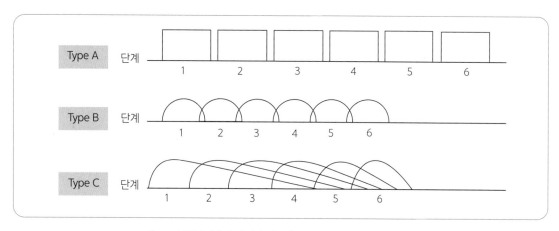

그림 8.6 신상품 개발의 세 가지 방식(출처: 《하버드 비즈니스 리뷰》, 1986)

노나카의 논문에서는 성공적인 신상품 개발의 특징을 여섯 가지로 정의하고 있으며 이는 애자일 진영에게 많은 영감을 주었다.

● 불확실한 상태 유지(Built - In instability)

도전적인 목표를 제시하고 수행 방법은 팀원에게 맡긴다. 구체적인 요구사항을 제시하지 않기 때문에 팀원들은 상호작용을 통해 불확실성을 혁신으로 전환한다. 불확실한 상태를 유지하면 계획보다 변경을 선호하게 된다.

● 자기 조직화 팀(Self - organizing project teams)

불확실한 상황에서 좋은 성과를 도출하려면 높은 수준의 상호작용을 하는 팀이 있어야 하고, 그 팀에 권한을 위임해야 한다. 그러한 팀이 자기 조직화 팀이다. 자기 조직화 팀은 첫째, 팀이 스스로 중요한 의사결정을 하고 둘째, 자신들의 한계를 초월하기 위해 노력하고 셋째, 팀 내에서 서로 다른 지식의 교류가 일어난다.

● 개발 단계의 중복(Overlapping development phases)

신상품 개발 단계를 중복하기 위해서는 여러 단계를 수행하는 사람들이 함께 일해야 한다. 설계, 디자인, 생산, 영업, 연구소, 마케팅 부서의 직원들이 만나는 시간이 많아지면, 산출물을 통해 정보가 전달되는 대신 사람을 통해 정보가 공유된다. 단점은 프로젝트 전체에 많은 의사소통이 필요하고 의사소통이 미흡하면 다른 분야 사람들과 의견 충돌이 잦을 수 있다는 것이다.

● 다중학습(Multi learning)

다중학습은 '학습의 주체'와 '학습의 내용'으로 구분할 수 있다. '학습의 주체' 관점에서는 개인뿐만 아니라 팀도 학습한다는 의미다. 스포츠 경기에서 팀플레이를 통해 팀워크를 높은 수준으로 유지하는 것에 비유할 수 있다. '학습의 내용' 관점에서는 특정 역할자가 다른 역할자의 지식을 학습하는 것을 의미한다. 프로젝트 관리자가 마케팅을 배우고, 상품관리자가 디자인을 배운다.

● 유연한 관리 체계(Subtle control)

불확실한 상황에서 긍정적인 상호작용을 위해서는 유연한 관리가 필수적이다. 이때 관리는 경영층의 관리가 아니라 팀의 자율적인 관리를 의미한다. 유연한 관리의 세 가지 특징은 '자기관리' '상호관리' '애정에 의한 관리'이다. 잘못된 유연한 관리는 혼란으로 이어진다.

● 조직 내 경험 지식 공유(Organizational transfer of learning)

신상품 개발 과정에서 습득한 경험과 지식은 다른 조직과 공유해야 한다. 지식을 공유하는 방법은 성공한 프로젝트를 수행했던 핵심 인물을 다른 프로젝트에 투입하거나 성공한 프로젝트 수행 방법을 조직 내에 확산하는 것이다.

2) 스크럼 프로세스 요약

제프 서덜랜드와 켄 슈와버는 척박한 소프트웨어 개발 환경을 개선하고자 노나카 교수의 이론을 1994년부터 소프트웨어 개발에 적용했다. 이후 스프린트를 핵심으로 하는 스크럼 프로세스를 정립하여 2002년에 《스크럼(Scrum)》을 출간하였다(한국어판은 2008년 출간). 스크럼 프로세스를 요약하면 그림 8.7과 같다.

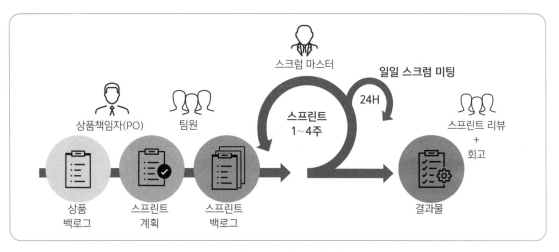

그림 8.7 스크럼 프로세스 개요

스크럼 프로세스를 역할, 산출물, 이벤트라는 세 가지 관점에서 요약하면 표 8.1과 같다.

분류	명칭	내용
역할	상품책임자(Product Owner)	무엇을 개발할지 결정하는 사람
	개발 팀	개발 작업과 연관된 사람(개발자, UX 디자이너, QA)
	스크럼 마스터	프로세스 적용을 지원하고 장애물을 제거하는 사람
산출물	의미있는 상품기능의 증가분	스프린트의 결과물인 릴리즈 가능한 소프트웨어
	상품 백로그	우선순위가 정의된 상품기능 목록
	스프린트 백로그	스프린트에서 개발해야 할 기능 목록
이벤트	스프린트	반복하여 수행하는 개발 단위
	스프린트 계획	스프린트에서 개발할 목록, 일정, 세부 작업을 결정하는 미팅
	일일 스크럼 미팅	팀원의 업무 현황을 공유하는 일일 미팅
	스프린트 리뷰	스프린트 종료 시점에 결과물을 리뷰하는 활동
	회고	스프린트 종료 시점에 프로세스 개선사항을 리뷰하는 활동

표 8.1 스크럼 프로세스의 구성(출처: 《애자일 개발과 스크럼》, 2014)

스크럼 프로세스의 핵심내용은 다음과 같다.

● 주어진 기능 구현에 필요한 역할자는 모두 하나의 프로젝트에 전담 투입한다.

● 스프린트라고 부르는 짧고 동일한 개발 주기(1주~1개월)를 반복 수행한다.

동일한 개발 주기는 프로젝트 팀에게 안정적이고 반복적인 업무 리듬(또는 루틴)을 제공한다. 프로젝트 팀이 안정적이고 반복적인 리듬에 따라 일하면 업무의 예측 능력도 높아진다. 애자일 방법론에서 개발 주기를 표현할 때 '케이던스(cadence)'라는 용어를 사용하기도 한다. 케이던스는 음악의 (반복적인) 구성 단위인 악구나 악절의 끝맺음을 의미하는 종지부, 자전거의 분당 페달 속도를 의미하기도 하는데 애자일 방법론의 개발 주기와 본질적 의미는 같다.

● 각 스프린트에서 개발할 기능은 스프린트 착수 전에 확정한다.

● 각 스프린트에서 개발할 기능(스프린트 백로그)은 변경하지 않는 것을 원칙으로 한다.

● 프로젝트 가시성을 높이고, 협업을 증진시키기 위해 매일 각자 업무 현황을 간단히 공유한다.

일일 스크럼 미팅은 매일 프로젝트 팀원들이 서서 간단한 미팅을 진행하는 것으로 잘 진행하면 팀워크 향상에 큰 도움이 된다. 스크럼 프로세스의 대표적인 실천 방식이다. 일일 스크럼 미팅은 매일 진행하기 때문에 짧은 시간(15분) 내에 진행해야 한다. 일일 미팅에서는 팀원들이 돌아가며 어제 한 일, 오늘 할 일, 주요 문제점들을 간단히 공유한다.

● 스프린트의 결과물을 이해관계자와 검토한다.

스프린트를 통해 구현한 기능은 이해관계자들에게 시연하고 이해관계자들의 검토 의견을 피드백받아야 하며, 이를 스프린트 리뷰라고 한다. 스프린트 리뷰를 통해 나중에 발생할 변경사항을 미리 발견할 수 있다. 스프린트 리뷰는 프로젝트 팀원들의 집중력을 유지하는 데 도움이 된다. 스프린트 리뷰는 외부 이해관계자들을 대상으로 하기 때문에 팀원들은 스프린트 리뷰를 위해 긴장감을 가지고 준비한다. 스프린트 리뷰를 잘 끝내면 프로젝트 팀의 사기와 응집력이 높아진다. 스프린트 리뷰를 진행할 때 유의할 내용은 다음과 같다.

● 스프린트 리뷰는 상품 관리자가 진행하는 것이 바람직하다.

   상품관리자가 상품 요구사항을 정의했기 때문에 스프린트 리뷰에서 나오는 질문에 대부분 답변할 수 있다. 뿐만 아니라 상품관리자가 이해관계자들이 이해하기 쉬운 용어로 시연 내용을 설명할 수 있다.

● 스프린트 리뷰 시작 전에 시연할 시나리오를 간단히 설명한다.

   스프린트 리뷰 시작 전에 해당 스프린트에서 구현한 백로그 목록을 설명하고 그 중에서 시연할 백로그의 내용을 시연 순서에 따라 설명한다. 시연 시 나리오는 백로그 목록의 순서가 아니라 고객이 해당 상품을 사용할 상황에 맞게 정의한다. 모든 백로그를 설명하지 않아도 된다. 목록 소개에 너무 많은 시간을 소비하지 않고 상세 내용은 시연에서 설명한다.

- **보완할 사항을 공유한 뒤 다음 스프린트에서 개발할 내용을 소개하고 마무리한다.**
  스프린트 리뷰에서 도출된 보완사항을 정리하여 참석자와 확인한다. 다음 스프린트에서 개발할 백로그 항목을 설명하는 것으로 스프린트 리뷰를 마무리한다. 스프린트 리뷰결과에 따라 다음 스프린트 백로그 항목의 우선순위가 변경될 수도 있다.

- **스프린트가 종료되면 개발 프로세스의 개선사항 도출을 위한 검토(회고)를 진행한다.**

회고의 목적은 다음 스프린트를 더 잘하기 위한 방안을 찾는 것이다. 회고를 진행할 때에는 자유로운 분위기에서 진행하는 것이 좋다. 회고는 팀원에게 포스트잇을 나누어 주고 '좋았던 점' '개선할 점'을 적게 한 뒤 한 명씩 내용을 설명하는 방식으로 진행한다. 회고시간은 1~2시간 이내로 진행하는 것이 바람직하다. 포스트잇에 작성할 유형은 프로젝트 팀이 정하면 된다. 회고가 형식적으로 진행되지 않기 위해서 질문을 바꾸는 것도 중요하다. 다음은 회고를 진행할 때 팀원들에게 요청할 질문의 예이다.

- 새롭게 시작할 것(Start), 그만할 것(Stop), 지속할 것(Continue)
- 3 Ls 좋았던 것(Liked), 깨달은 것(Learned), 부족했던 것(Lacked)
- KPT 유지할 것(Keep), 제거 또는 개선할 것(Problem), 다음에 시도할 것 (Try)
- PMI 좋았던 것(Plus), 나빴던 것(Minus), 흥미 있었던 것(Interesting)

스프린트 리뷰와 회고는 별도로 구분하여 진행하는 것이 바람직하다. 왜냐하면 표 8.2와 같이 참석자와 목적이 다르기 때문이다.

구분	스프린트 리뷰	회고
목적	개발 내용을 시연하고 수용할 내용과 보완할 내용을 확인	프로젝트 수행 방식, 프로세스 개선사항 도출
참석자	프로젝트 팀원+이해관계자	프로젝트 팀원

표 8.2 스프린트 리뷰와 회고의 차이

8.3 애자일 방법론 적용

〈8.1 애자일 방법론 개요〉에서 살펴본 애자일 선언과 실천 원칙은 애자일이 추구하는 가치를 담고 있으며 being agile이라고도 한다. 현실에서 중요한 것은 가치를 구현할 수 있는 구체적인 프랙티스며 이를 doing agile이라고 한다. 가치 없는 프랙티스는 맹목적이고, 프랙티스 없는 가치는 공허하다. 따라서 가치와 프랙티스는 상호보완적이다.

상품개발 팀은 애자일이 추구하는 가치에 대한 이해를 바탕으로 상황에 맞게 애자일 프랙티스를 적용해야 한다. 그러나 충분한 검토 없이 애자일 프랙티스를 성급하게 적용하여 실패하는 사례가 많다. 수단과 목적은 구분해야 한다. 애자일 적용은 수단일 뿐 목적이 아니다. 일은 사람이 한다. 사람들이 불편해하고, 거부하고, 잘 모르는 상황에서 방법론을 밀어붙이는 것은 금물이다. 애자일 방법론의 적용이 쉽지 않은 이유를 애자일의 가치와 프랙티스 관점에서 살펴보면 다음과 같다.

● 조직원들이 애자일의 가치에 진심으로 공감하기 힘들다.

계획과 통제를 선호하고 일과 관련된 상황에서는 성악설을 믿는 관리자들이 애자일의 가치에 공감하기란 쉽지 않다. 10년, 20년 회사 생활에서 많은 대가를 치르고 체득한 경험이 가치관으로 굳어졌다면 더욱 그렇다. 그런 사람들의 마음이 바뀌길 기대하는 것은 무리다. 역사가 오랜 대기업에서 애자일 전환이 힘든 이유가 그 때문이다.

● 상품개발 팀과 궁합이 맞는 프랙티스를 찾기 힘들다.

알려진 다이어트 방법은 많지만 나에게 적합한 다이어트 방법을 찾기는 쉽지 않다. 남들이 효과를 봤다는 이유로 나에게 맞지 않는 다이어트를 감행하면 돈, 시간, 건강 모두를 잃어버릴 수 있다. 짧은 시간에 다이어트를 할 수 있다고 광고하는 방법은 더욱 위험하다. 부작용이 클 수 있는 프랙티스 적용은 신중해야 한다.

이번 섹션에서는 애자일 방법론과 규율의 관계, 좋은 개발 프로세스의 특징, 애자일 방법론에 대한 오해와 애자일 방법론을 적용할 때의 유의사항을 살펴보겠다.

1) 애자일 방법론과 규율(discipline)

'규율'은 '질서나 제도를 유지하기 위하여 정하여 놓은, 행동의 준칙이 되는 본보기'이다(네이버 국어백과 사전). 소프트웨어 개발 프로세스를 제조업의 생산 프로세스처럼 정의하고자 했던 카네기멜론대학교의 CMMI(Capability Maturity Model Integration, 소프트웨어 개발 조직의 성숙도를 평가하는 모델)는 규율을 중시하는 프로세스의 대표적인 예이다.

애자일 방법론은 유연함을 강조하기 때문에 규율을 등한시한다고 생각하기 쉽다. 애자일 방법론뿐 아니라 린 스타트업 프로세스에 관해서도 이런 오해를 많이 한다.

그러나 모든 조직에는 규율이 있다. 2인 이상의 사람이 모인 조직에서는 예외 없이 규율에 대한 준수가 필요하다. 훈련소의 훈련병, 작전에 투입된 기동 타격대, 스포츠 팀, 선교 봉사 조직, 스마트폰을 만드는 생산 조직, 마케팅 조직, 상품기획 조직도 모두 나름의 규율이 있다. 해당 조직에 도움이 되는 규율과 도움이 되지 않는 규율은 있을 수 있어도, 지키지 않아도 되는 규율은 없다.

《네이키드 애자일》(2019)에서는 애자일의 엄격한 규율을 다음과 같이 설명한다.

> 애자일 경영은 그 기저의 속성이 가져다 주는 달콤함 이면에 그 이상의 엄격하고 유쾌하지 않은 규범과 개입이 있다. 애자일 경영이 사실은 상당히 잔인하고 단호한 원칙과 행동을 수반한다는 사실을 우리가 제대로 이해하고 인정하지 못하면 기업은 애초에 애자일을 시도조차 하지 않는 것이 나을지도 모른다.

CMMI에서는 완벽하고 상세한 계획수립을 위해 노력하고 변경을 엄격하게 통제하는 규율이 있고, 애자일 방법론에서는 불확실성을 인정하고 경험 기반의 추정과 변경을 적극적으로 수용하는 규율이 있다.

규율에 대해 유의할 내용은 다음과 같다.

● **행위에 관한 규율도 있고 비전과 가치에 관한 규율도 있다.**

구글의 가치 중 하나인 '사악해지지 마라(Don't be evil)'가 가치에 해당하는 규율이라면 상품기획서를 작성할 때 템플릿을 활용하는 것은 행위에 대한 규율이다. 가치나 비전에 대한 규율은 지키거나 통제가 힘든 반면, 행위에 대한 규율은 상대적으로 지키기도 통제도 쉽다. 프랙티스 수행을 강조하는 doing agile이 행위에 대한 규율이라면, 애자일의 가치와 원칙을 제대로 이해하고 이행하는 being agile은 비전과 가치에 대한 규율이다.

● 회사가 정하는 규율과 팀이 정하는 규율이 있다.

회사가 규율을 상세하게 정의할수록 팀원들의 창의성이나 동기부여는 낮아진다. 행위에 관한 규율은 팀에 많이 위임하는 것이 바람직하다. 물론 조직원의 소양이 낮다면 평균 이하의 성과가 나올 위험도 있다.

● 애자일해야 하는 대상을 명확하게 이해해야 한다.

변화와 불확실성에 대응하기 위해 애자일하는 것은 중요하다. 반면 정한 규율에 관해 애자일하면 자율을 핑계로 무책임해지거나 나태함에 빠지기 쉽다.

2) 상품개발 방법론 선정

소프트웨어 상품개발 방법론을 선정하는 것은 소프트웨어 개발 수명주기(software development life cycle)를 선정하는 것과 같다. 개발 수명주기의 유형으로는 폭포수(waterfall), 반복형(iterative), 증분형(incremental), 애자일이 대표적이다. 폭포수는 예측형(predictive) 또는 계획 주도(Plan driven)라고도 하는데 이 책에서는 일반적으로 많이 알려진 폭포수라는 용어를 사용하겠다.

《Agile Practice Guide》(2017)에서는 네 가지 방법론의 특징을 표 8.3과 같이 설명한다(스포츠 경기에 비유한 것은 필자가 추가했다).

구분	요구사항	액티비티 적용	스포츠 경기 비유	인도(딜리버리)	목표
예측형	안정적	전체 프로젝트에서 1회 적용	개인 기록 경기 (체조, 마라톤)	종료시 1회	예산/일정 통제
반복	역동적	종료까지 액티비티 반복	유도, 레슬링, 씨름 (단판 승부)	종료시 1회	요구사항 명확화
증분	역동적	한 번의 증분에서 1회 적용	단체전 (양궁, 사격, 계주)	N번의 증분	분할 인도
적응형	역동적	한 번의 증분에서 1회 적용	- 농구/축구: 반복 기반 - 야구: 흐름 기반	M번의 증분(M>N)	고객지향적 개발 문화 구축

표 8.3 소프트웨어 개발 방법론의 특징

폭포수 방법론은 한 번의 상세한 계획을 수립 후 각 단계를 순차적으로 수행한 뒤 종료 시점에 결과물을 납품한다. 스포츠에 비유하면 외부 환경의 영향이 낮은 개인 기록 경기(체조, 마라톤)와 유사하다. 개인 기록 경기는 외부 불확실성이 낮기에 상세하게 계획을 수립하고 연습하여 실전에서 계획대로 이행하는 것이 중요하다.

반복형 방법론은 프로토타입을 활용하여 분석과 설계 또는 설계와 빌드를 반복적으로 수행하여, 고객의 의견을 반영한 결과물을 종료 시점에 납품한다. 상품의 출시 전에 프로토타입을 활용하여 고객 의견을 반영하는 것이 이에 해당한다. 스포츠에 비유하면 씨름, 레슬링, 유도와 같이 단판으로 승부를 가리는 격투기와 유사하다. 격투기는 기본적인 전략을 수립하고 경기에 임하지만 상대방에 대응하면서 전략을 바꾼다.

증분형 방법론은 프로젝트 결과물을 N번으로 나누어 제공한다. 상품출시 후 매월 기능을 보완하는 것이 이에 해당한다. 스포츠에 비유하면 양궁, 계주와 같이 개인은 각각의 기록을 내면서 단체의 성과를 판정하는 단체 경기와 유사하다. 단체 경기에서 개인의 기록은 하나의 증분이며 이전 선수의 기록에 따라 다음 선수의 전략이 달라진다.

그림 8.8은 반복 개발과 증분 개발의 특징을 모나리자 그림에 비유하여 쉽게 설명한 사례다. 실제로 증분 개발과 같이 그림을 그리지는 않지만 소프트웨어 개발은 유사하게 진행하기도 한다.

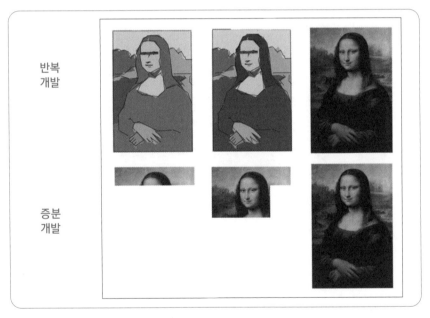

그림 8.8 반복 개발과 증분 개발
(출처: https://www.oreilly.com/library/view/user-story-mapping/9781491904893/ch04.html)

마지막으로 애자일 방법론은 증분형에 기반을 두고 반복형을 혼합한 것이다. 반복 기반 애자일(iteration based agile)은 각 반복의 주기를 동일하게 유지하며, 흐름 기반 애자일(flow based agile)은 각 반복 주기가 이터레이션의 주기가 업무에 따라 달라진다. 스포츠에 비유하면 구기 종목에 해당하는데 농구, 축구와 같이 정해진 시간에 따라 각 세트를 경기하면 반복 기반 애자일이고 배구, 야구와 같이 정해진 기준을 충족해야 세트가 끝나면 흐름 기반 애자일이다(그림 8.9).

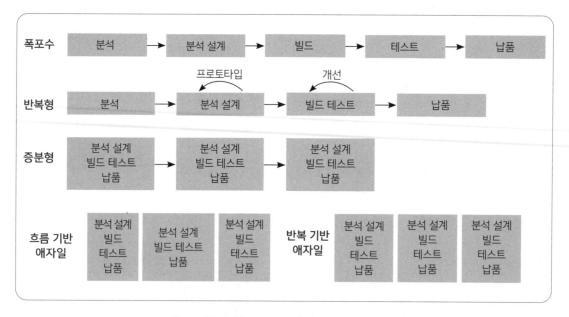

그림 8.9 개발 방법론의 수행단계(출처: 《Agile Practice Guide》, 2017)

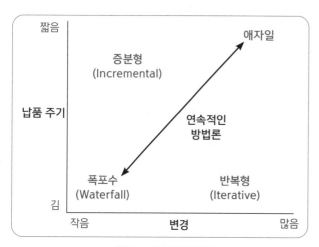

그림 8.10 연속적인 방법론

PMI가 발간한 《Agile Practice Guide》에서 방법론의 유형을 '납품 주기'와 '변화의 정도'에 따라 그림 8.10과 같이 분류한다.

현실에서 적용하는 개발 방법론은 앞서 설명한 네 가지 방법론을 혼합하는 경우가 많기 때문에 0과 1처럼 명확하게 구분하기 힘들며, 0과 1사이에 존재하는 수많은 실수에 가깝다. 예를 들어 0을 폭포수 방법론의 전형이라 하고 1을 애자일 방법론의 전형이라 할 때 현실에서 적용하는

방법론의 대부분은 그 사이에 존재한다. 예를 들어 신규 상품의 '분석'은 폭포수 방법론을 적용하고 '설계/빌드/테스트'는 반복형 방법론을 적용하여 출시한 후 규모가 크지 않은 상품 개선은 흐름 기반의 애자일 방법론을 적용할 수 있

다. 변경의 양이 많아지는 v2.0의 상품개발은 폭포수와 애자일 방법론을 혼합하여 적용할 수 있다(그림 8.11).

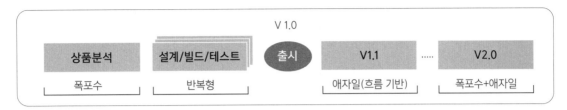

그림 8.11 방법론의 복합적(Hybrid) 적용

방법론 유형을 결정하는 대표적인 고려사항은 요구사항 또는 기술적 불확실성을 수용하는 정도이다. 요구사항의 불확실성은 상품관리자와 상품개발 팀 간 의사소통이 미흡하거나 고객 요구사항 자체가 불확실할 때 발생한다. 기술적 불확실성은 검증되지 않은 기술을 적용하거나, 해당 기업이 적용해본 적 없는 기술을 적용할 때, 상품개발 팀의 역량이 낮을때 높아진다.

폭포수 방법론은 프로젝트 착수 초기에 모든 상품 요구사항을 상세하게 정의하고 프로젝트를 진행하면서 기술적 불확실성을 낮추는 반면, 애자일 방법론은 착수 초기에 요구사항의 불확실성과 기술의 불확실성이 높음을 인정하고 프로젝트를 진행하면서 둘 다 조금씩 낮춘다(그림 8.12).

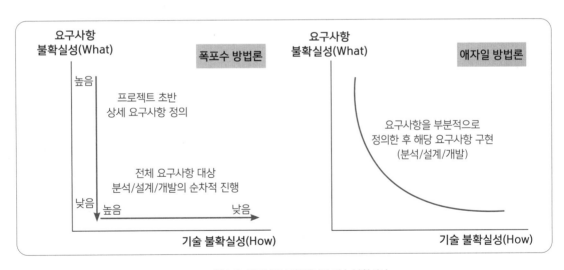

그림 8.12 요구사항 불확실성과 기술 불확실성

불확실성을 관리하기 위해서는 복합성(complication)과 복잡성(complexity)을 구분해야 한다. 복합성과 복잡성이 불확실성을 초래하는 방식은 다르다. 기계의 작동은 복합적이고 사람의 심리는 복잡하다. 기계를 구성하는 요소는 많아도 구성요소 간의 상호작용은 예측 가능하다. 예측이 어렵고 시간이 많이 걸릴 뿐이다. 기술적 불확실성은 복잡성과 관련된 경우가 대부분이다. 복잡한 시스템은 시스템 구성요소의 개수와 상관없이 결과를 예측하기 힘들다. 요구사항의 불확실성이 높아지면 복잡성이 높아진다. 자녀 교육은 복합성은 낮지만 복잡한 문제이다. 국제 금융 시스템은 복합성도 높고 복잡성도 높다.

시스템 구성요소가 많은 은행의 차세대 정보시스템 구축은 복합성이 높은 프로젝트이지만 이해관계자 요구사항을 잘 정리하면 복잡성은 낮을 수 있다. 스타트업의 초기 상품개발은 고객의 반응을 예측하기 힘들기 때문에 복잡성이 높다. 고객가치 검증 후 성장을 위해 사업을 확장하는 프로젝트는 복합성과 복잡도가 모두 높다. 복합성과 복잡성이 높아지면 예측이 힘들기 때문에 애자일 방법론을 사용하는 것이 좋지만 복합성이 높은 프로젝트는 계획수립에 더 많은 시간을 투입하는 것이 좋다. 《Agile Practice Guide》에서는 복합성과 복잡성을 그림 8.13과 같이 설명한다.

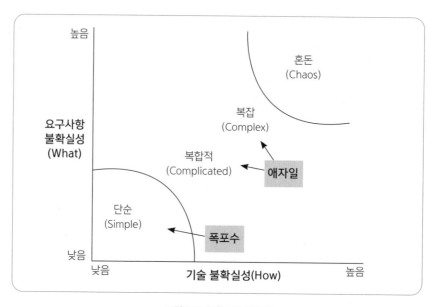

그림 8.13 복합성과 복잡성

좋은 방법론은 적용이 용이하고, 적용한 이후 효과가 높다. 방법론을 선정할 때 유의사항은 다음과 같다.

● 좋은 방법론의 기준은 개인의 가치에 따라 다르다.

예를 들어 새로운 것을 배우기 좋아하는 사람들은 기존의 이론보다 새로운 이론을 선호할 것이다. 반면 뭔가를 새로 배우고 적용하기 싫어하는 사람은 새로운 방법론 효과가 명확히 검증되기 전까지 익숙한 방법론을 선호할 것이다.

● 방법론 적용 효과(예: 생산성)를 믿기 힘들다.

XX 방법론이나 툴을 적용했더니 생산성이 YY%만큼 향상되었다는 주장은 신뢰하기 힘들다. 프로세스와 툴을 홍보하는 거의 모든 사람들이 생산성 향상을 수치로 이야기한다. 그러나 상세한 분석 방법(샘플링, 결과 조사 기준 등)을 공개하지 않으니 어느 정도 믿어야 할지 가늠할 수 없다. 설사 그것을 믿는다 해도 내 조직, 내 프로젝트에서 같은 결과가 나온다고 보장할 수 없다.

● 프로젝트 생산성이나 품질은 방법론만으로 설명하기 힘들다.

프로젝트의 생산성이나 품질에 영향을 미치는 요인은 복잡하다. 예를 들어 프로젝트 관리자의 역량이 뛰어나고 팀워크가 좋으면 그 팀은 어떤 방법론을 적용해도 성공할 가능성이 높다.

● 방법론과 '조직·팀·개인' 간에 궁합이 있다.

모든 조직, 모든 팀원, 모든 상황에 잘 적용되는 방법론은 없다. 같은 한약이라도 사람의 체질에 따라 효과가 다르듯이 특정 방법론은 특정 조직, 특정 팀 또는 특정 상황에 적용하면 성과가 높을 수 있다. 우리 팀, 우리 조직에 맞지 않는 프로세스는 아무리 좋아도 성과는 없고 부작용만 생길 수 있다.

모든 방법론은 특정 상황에서 특정 조건을 전제로 적용할 때 성과를 창출할 수 있다. 따라서 특정 방법론이 다른 방법론보다 절대적인 비교우위에 있지 않다. 전통적인 개발 방법론(폭포수 방법론)의 단점을 이야기하곤 하지만, 어느 프로젝트가 애자일과 궁합이 맞지 않다면 폭포수 방법론을 적용할 때보다 더 나쁜 결과를 초래할 수 있다.

상품관리자와 프로젝트 관리자는 내 팀에 적합한 방법론은 무엇이고, 적용 효과를 높이기 위해 방법론을 어떻게 변경하여 적용할지 고민해야 한다. 조직에 따라 상품관리자나 프로젝트 관리자가 재량을 가지고 방법론을 변경 적용할 수 없다면, 제대로 수행할 액티비티와 구색만 갖출 액티비티를 구분하는 것도 방법이다.

상품개발에 애자일 방법론 적용이 적합한지를 판단하기 위해서는 '조직의 문화' '상품개발 팀' '프로젝트'의 카테고리를 종합적으로 분석해야 한다. 《Agile Practice Guide》에서 설명하는 '애자일 적합성 평가 도구(agile suitability filter tools)'를 정리하면 표 8.4와 같다.

각 분석 항목이 1점에 가까울수록 애자일 적용이 적합하다.

카테고리	분석 항목	내용	척도
문화	경영층 지원	경영층의 애자일 이해와 지원	1(그렇다), 5(부문적으로), 10(그렇지 않음)
	신뢰	이해관계자들이 상품개발 팀을 신뢰	1(그렇다), 5(아마도), 10(그렇지 않음)
	의사결정 권한	상품개발 팀이 일하는 방식을 결정	1(그렇다), 5(아마도), 10(그렇지 않음)
팀	팀 규모	상품개발 팀의 규모	1(~9명), 2(~20명), 3(~30명), 4(~45명), 5(~60명), 6(~80명), 7(~110명), 8(~150명), 9(~200명), 10(201~명)
	경험 수준	각 역할자들의 업무수행 경험 비율	1(대부분 경험자), 5(부분적), 10(대부분 무경험)
	고객 접근성	상품개발 팀 고객(비즈니스 담당자)에게 접근 가능한 정도	1(그렇다), 5(아마도), 10(그렇지 않음)
프로젝트	변경의 정도	변경되는 요구사항의 비율	1(50%), 5(25%), 10(5%)
	상품의 중요성	추가 검증 및 문서화를 결정하기 위해 프로젝트의 영향력 분석	1(일정 중요), 5(예산 중요), 10(인명 사고 위험)
	증분 납품	고객 대표 또는 비즈니스 대표가 증분형 납품물에 대한 피드백	1(그렇다), 5(아마도/가끔), 10(그렇지 않음)

표 8.4 애자일 적합성 평가항목 및 척도

특정 프로젝트에 애자일 적합성을 평가한 결과를 그림 8.14와 같이 레이더 차트로 정리하면 적용 방법론에 대한 판단이 용이하다.

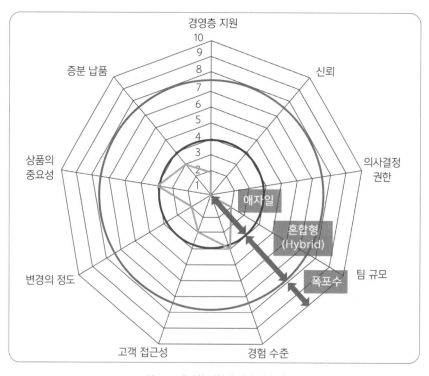

그림 8.14 애자일 적합성 평가 결과 예시

3) 애자일 방법론에 대한 오해

다음은 애자일을 오해하는 대표적인 내용이다. 주로 애자일에 대해 나쁜 경험이 있는 사람들이 가지는 오해로, 전통적인 방법론이 가지고 있는 장점 또는 특징이 애자일 방법론에는 없다는 식이다.

● 애자일을 적용하면 고객에게 프로젝트 일정(예산)에 대한 확답을 줄 수 없다.

고객이나 경영층은 완료일에 대한 약속을 원한다. 완료일을 확실하게 정하지 않고 구간으로 이야기하거나 요구사항의 불확실성과 변경 가능성 때문에 언제까지 끝낼 수 있다고 약속하지 못한다면 고객이나 경영층은 크게 실망한다. 계획을 지키지 못하는 것은 용납할 수 있어도 도전적인 계획을 약속하지 않는 것을 용납하지 못하는 조직일수록 상품관리자나 프로젝트 관리자가 확신에 찬 완료일을 이야기해주길 원한다.

애자일이 요구사항이나 일정 변경에 대한 수용성이 높다고 해서 프로젝트 목표에 대해 추정만 하고 약속을 하지 않을 거라는 생각은 오해이다. 애자일을 적용해도 주어진 정보를 가지고 팀원과 협의하여 목표를 정할 수 있다. 약속을 준수하는 것이 어렵지 일정과 예산을 약속하는 것 자체는 어렵지 않다. 어떤 방법론을 적용해도 약속을 지키는 것은 힘들다. **약속을 지키기 위한 '헌신'과 '집중'은 방법론의 영역이 아니다.** 그것은 그 조직의 문화이다.

● 애자일은 속도를 중시한다.

애자일은 같은 양의 일을 빨리하는 것을 추구하지 않는다. 일의 양을 반으로 줄여 속도를 높이는 것을 추구한다. 애자일은 속도보다 방향을 우선한다. 방향에 상관없이 속도를 강조하는 것은 애자일에 대한 대표적인 오해이다.

● 애자일을 적용하면 문서를 작성하지 않는다.

문서란 템플릿에 맞추어 작성한 것만을 의미하는 것은 아니다. 화이트보드에 그린 다이어그램, 이메일 또는 툴에 있는 텍스트들도 광의의 문서이다. 팀원이 업무수행에 필요하여 자발적으로 작성하는 문서는 생산성을 떨어뜨리지 않는다. 그러나 팀원이 필요를 느끼지 못하는 문서를 외부의 강요로 작성해야 한다면 문서의 실효성을 검토해야 한다. 대부분의 문서는 작성해야 하는 이유는 찾기 쉽지만 작성하면 안 되는 이유는 찾기 어렵다. 문서 작성 및 유지보수를 위해 필요한 노력 대비 효과를 고려하여 문서 작성 여부를 결정해야 한다.

● 애자일은 소형 프로젝트에 적합하며 대형 프로젝트에서는 적용할 수 없다.

아마존의 제프 베이조스(Jeff Bezos)는 피자 두 판을 함께 나누어 먹을 수 있는 인원인 6~12명 정도가 팀의 규모로 좋다고 했다. 6~12명은 한 개의 스크럼으로 운영할 수 있는 규모이다. 그 이상을 초과하면 한 명의 상품책임자(product owner)가 팀 전체를 커버하기 어려워진다. 대형 프로젝트는 팀을 N개의 그룹으로 나누어 업무를 수행한다. 인원 수가 많아질수록 의사소통이 복잡해진다. 조직원들이 대형 프로젝트에 애자일 방법론을 적용하는 것이 익숙하지 않다면 위험은 더 높아진다.

애자일이 확산되면서 대형 프로젝트에 애자일 방법론을 적용하는 사례가 많아지고 그에 대한 이론들도 많이 소개되고 있다. SAFe(Scaled Agile Framework)는 전사 차원에서 애자일을 적용하는 대표적인 모델이다. 대형 프로젝트에서도 애자일 적용은 가능하다. 다만, 복잡도와 난이도가 높고 실패비용이 크기 때문에 신중해야 한다.

● 애자일은 아키텍처도 없고, 모델링도 하지 않는다.

품질의 보장 없이 민첩함과 속도를 달성할 수 없다. 자주 그리고 빨리 통합하기 위해서는 이를 뒷받침하는 아키텍처나 기술 없이는 불가능하다. 애자일에서는 테스트 주도 개발, 코드 리뷰, 리팩토링 등 엄격한 엔지니어링 프랙티스 적용을 요구한다. 애자일 원칙에서도 "기술적 탁월함과 좋은 설계에 대한 끊임없는 관심은 기민성을 강화시킨다"와 같이 기술을 강조하고 있다.

● 매 스프린트마다 출시를 해야 한다.

스프린트마다 출시할 수도 있지만, 고객 관점에서 의미 있고 충분한 가치를 제공하지 않을 때는 출시해서는 안 된다. 스프린트마다 출시하지 않아도 동일한 개발 주기를 유지하면 규칙적인 리듬과 적정 수준의 긴장을 유지하고, 품질 이슈를 조기에 발견할 수 있다.

● 애자일은 개발 팀에게만 해당된다.

애자일의 일부 엔지니어링 기법은 개발 팀에게만 해당된다고 해도 틀린 말은 아니다. 개발 팀에는 개발자, 상품관리자, 디자이너, QA 가 포함된다. 하지만 개발 팀뿐만 아니라 마케팅, 인사, 재무 부서도 애자일의 원칙을 이해하고 실행해야 고객이 원하는 가치를 보다 빠르게 제공하는 기업이 될 수 있다.

4) 애자일 방법론을 적용할 때 유의사항

마키아벨리의 어록 중 "조직에 새로운 제도를 도입하는 것은 어렵고 그것을 성공시키기는 더욱 어렵다"는 내용이 있다. 애자일 방법론도 마찬가지다. 애자일 방법론이 성공하기 위한 조건들을 갖추지 않은 상태에서 무리하게 애자일을 추진하면 하지 않은 것보다 못한 결과를 초래한다.

애자일을 적용하기 위해서는 팀원의 자질, 애자일에 대한 팀원과 관리자의 올바른 이해가 필수적인데, 이 조건을 갖추지 못하면 애자일 적용 이전보다 성과가 나쁠 수 있다. 낭비를 제거하기 위해 적용한 프로세스가 또 다른 낭비를 만드는 형국이다. 《린과 애자일 개발》(2012)에서는 이런 상황을 다음과 같이 설명한다.

> 가짜 스크럼 마스터들은 눈에 띄게 커다란 소멸 차트를 벽에 붙이고 팀에게 권한을 위임하는 새로운 시대를 선언하면서, 동시에 매주 팀의 '생산성 데이터'를 수집한다. 가짜 스크럼 마스터들은 진심으로 조직적인 변화를 주도하기보다는 변화에 저항함으로써 점차 '애자일의 죽음'을 만들어낸다.

다음은 애자일 방법론 적용의 부작용을 최소화하기 위한 유의사항을 정리한 것이다. 이 책을 읽는 상품관리자와 프로젝트 관리자가 속한 조직에서 해당되는 부작용이 없는지 살펴보자. 유의사항 중 일부는 정보통신사업진흥원(NIPA) 부설 소프트웨어공학센터에서 출간한 《SW개발 애자일 101》(2013)의 내용을 수정 인용했다.

● 애자일을 관리 도구로 적용하지 않는다.

진척도를 정기적으로 확인하기 위한 관리 도구로 애자일을 적용하면 안 된다. 목적은 잊고 수단만 남는다면 팀원들은 애자일을 관리자가 본인들을 관리하는 도구로 인식하게 된다. 애자일을 잘못된 관리의 수단으로 사용하면 상품개발 팀은 다음과 같이 느낀다.

> 제게 애자일은 그냥 일을 빨리, 많이 해라. 상사 마음에 들 때까지 같은 보고서를 더 자주 반복적으로 고쳐라. 그 이상도 그 이하도 아니에요. (《네이키드 애자일》, 2019)

● 책임과 원칙이 있는 애자일을 적용한다.

'애자일한 마음'을 '각자 편한 대로'로 오해하면 안 된다. 이를테면 미리 계획을 세우지 않고 임기응변 식으로 대응하는 것을 애자일하다고 이야기하거나, 형식이나 절차를 버리고 일하는 것을 애자일하다고 생각하는 것이다. 자율에도 원칙과 기준이 있어야 한다. 조직의 비전, 목적, 우선순위를 무시하는 개인의 자율은 조직을 위험과 혼란에 빠뜨리기 쉽다.

● NAH(Not Applicable Here) 신드롬에 조심한다.

NAH는 '그 기법은 우리 환경에 맞지 않아요' 라고 생각하는 것이다. 애자일 기법 가운데 편하거나 받아들이기 좋은 것만 도입하려고 하는 현상이다. 하지만 적용하기 어려운 것을 도입해야 의미 있는 개선을 이룰 수 있는 상황도 많다. 대표적인 예가 '테스트 주도 개발'이다. 쉬운 것부터 적용하는 것은 좋은 전략이지만, 쉬운 것만 적용하는 것은 좋지 못한 전략이다.

● 일일 스크럼 미팅이 실적을 챙기는 회의체로 변질되지 않도록 한다.

일일 스크럼 미팅은 애자일 실천법 가운데 가장 쉽게 적용할 수 있기에 잘못 적용되는 경우도 많다. 가장 흔한 오류는 일일 스크럼 미팅이 관리자가 진척을 챙기고 잔소리하는 시간으로 변질되는 것이다.

● 다른 조직과 생산성을 비교하지 않는다.

두 개 이상의 애자일 팀이 있을 때 관리자들은 번다운(소멸) 차트를 활용하여 생산성을 평가하고 싶어한다. 애자일의 지표는 같은 팀을 대상으로 생산성 추이를 측정하는 용도로는 적합하지만 팀 간 비교에는 적합하지 않다. 왜냐하면 개발 업무(사용자 스토리) 규모를 측정하는 '스토리 포인트'가 기능점수(function point)와 같이 절대적인 기준이 있는 것이 아니라 팀 내부에서 정하는 상대적인 기준이기 때문이다.

● 단기간이라면 필요한 야근을 피하지 않는다.

"지속 가능한 속도로 일하기(sustainable pace)"를 잘못 오해하여 야근은 안 된다는 생각을 할 수 있다. 지속 가능한 속도로 일하기 위해서는 지속 가능한 품질과 생산성을 유지해야 한다. 예를 들어 빌드가 깨진 것을 방치하고 퇴근해서는 안 된다.

● 팀 자율을 빙자하여 나태해지면 안 된다.

팀 전체가 책임을 공유하고 팀이 해야 할 일을 스스로 결정하는 것이 애자일 팀의 특징이다. 자율적으로 목표를 정한다고 해서 최선을 다하지 않는 업무목표를 설정해서는 안 된다. 애자일은 팀원들이 최선을 다한다는 전제 하에 적용하는 방법론이다.

● 운영 조직에 스크럼 적용은 유의한다.

운영만 하는 조직은 백로그 관리를 위한 계획 자체가 불가능할 수도 있다. 이때는 백로그 기반의 스프린트 계획이 아니라 칸반과 같이 운영 조직에 맞는 흐름 기반의 방법론이 적합할 수 있다.

● 만병통치약은 없다.

애자일 방법론이 훌륭한 개념을 많이 가지고 있는 것은 맞지만 준비된 상황에서 신중하게 적용할 때에만 효과를 볼 수 있다. 그런데 애자일 흉내만 내고서 적용 효과가 나타나지 않는다며 포기하는 조직이 많다. 세상에 공짜는 없다. 애자일 방법론을 적용한다고 도깨비 방망이와 같은 효과를 기대해서는 안 된다.

● 어려운 도입기를 지나야 한다.

빅뱅 방식으로 모든 조직을 대상으로 동시에 애자일을 적용하거나, 작게 시작해서 애자일 적용을 확대하는 두 가지 방식 모두 도입 초기에 많은 시행착오를 겪어야 한다. 정도의 차이가 있지만 한 번에 쉽게 효과를 보기는 매우 힘들다.

어려운 시기를 견뎌야 열매를 맛 볼 수 있다.

● 상위 수준의 아키텍처나 디자인은 먼저 선행하는 것이 좋다.

각 스프린트에서 의미 있는 결과물을 만들려면 프로젝트 공통의 아키텍처나 디자인은 미리 준비하여 개발자들이 기다리지 않도록 해야 한다. 특히 디자인은 개발보다 약간이라도 앞서가는 것이 바람직하다.

● 과거 부정, 편 가르기, 계몽식의 캠페인을 하지 않는다.

변화관리를 한답시고 과거 프랙티스를 부정하고, 과거에 집착하는 사람을 폄하하는 방식의 캠페인은 도움이 되지 않는다. 강당에 사람들을 모아서 '애자일 발대식' 같은 행사를 하지 않아도, 좋은 것은 확산될 것이라 믿어야 한다. 사람들의 마음을 얻지 못하면 시작부터 실패하는 것이다.

● 상품책임자 역할에 유의한다.

상품책임자는 고객을 대변하여 백로그(개발 요구사항)의 우선순위를 정의하고 개발 팀이 질문하는 백로그 내용에 답변해야 한다. 상품책임자가 상대할 이해관계자는 개발 팀만 있는 것이 아니다. 조직에 따라 가격, 사업성 분석, 경쟁 분석, 특허, 포지셔닝 전략 등에 대해 상품책임자가 개입해야 한다. 이런 현실은 요구사항 정의와 관련된 상품책임자 역할을 하기 힘들게 만든다. 이때는 주니어 상품책임자의 역할을 정의하는 것도 방법이다.

● 백로그 관리는 상품책임자의 역할이며 누구에게도 위임해서는 안 된다.

상품 백로그, 스프린트 백로그의 우선순위는 상품책임자가 결정하고 이해관계자와 공유해야 한다. 백로그는 변경이 잦기 때문에 상품책임자는 툴을 활용하여 변경을 통제하고 공유하는 것이 바람직하다.

● 스프린트 결과물은 고객 관점에서 의미있어야 한다.

스프린트 결과물을 기술이나 아키텍처 관점으로 정리해서는 안 된다. 스프린트의 결과물은 기술이 아닌 기능 관점에서 구분해야 한다. 스프린트의 결과물은 고객 관점에서 상품관리자가 확인할 수 있어야 한다.

● 신규 프로젝트 팀에 스크럼을 적용한다면 첫 번째 스프린트의 품질과 생산성에 유의한다.

신규 프로젝트 팀에 애자일을 적용하면, 프로젝트 팀의 생산성, 품질에 대한 가정이 올바른지 첫 번째 스프린트 결과물을 통해 확인해야 한다. 첫 번째 스프린트의 품질이나 생산성이 예상과 다르다면, 스프린트 계획을 조정해야 한다. 스프린트마다 팀의 생산성과 품질을 확인하여 문제점을 지속적으로 개선해야 하지만, 신규로 팀을 구성한다면 첫 번째 스프린트는 관리자의 가정과 다를 가능성이 높기 때문에 유의해야 한다.

8장 핵심요약

8.1 애자일 방법론 개요

- 애자일 진영에서 생각하는 기존 소프트웨어 개발 방법론의 주요 문제점
  - 계약과 계획 준수를 중요시하는 갑과 을의 문화가 지배적이다.
  - 문서를 중시한다.
  - 전사 차원의 프로세스나 툴 적용을 중시한다.
  - 성과가 나쁘다면 계획 또는 통제의 실패로 인식한다.
- 애자일 선언문

프로세스나 도구에 앞서 개인과의 상호작용을

정리를 위한 포괄적인 문서에 앞서 작동하는 소프트웨어를

계약 협상에 앞서 고객과의 협력을

계획 준수에 앞서 변화에 대한 대응을

- 애자일 방법론의 열두 가지 핵심 원칙
  - 우리는 가치 있는 소프트웨어를 빠르고 지속적으로 전달하여 고객을 만족시키는 것을 최우선으로 한다.
  - 비록 개발 후반부일지라도 요구사항 변경을 기꺼이 환영한다. 애자일 방법론은 고객의 경쟁력 우위를 위해 변경을 원동력으로 사용한다.
  - 동작하는 소프트웨어를 자주, 2주에서 2개월 주기로, 가능한 더 짧은 주기로 인도한다.
  - 프로젝트 기간 내내 개발자들은 사업에 관련된 사람들과 매일 함께 일해야 한다.
  - 동기부여된 개인들로 프로젝트를 구성하라. 그들에게 필요한 환경과 지원을 제공해주고, 업무를 완료할 것이라 믿어라.
  - 개발 팀 내부에서 정보를 전달하고 공유하는 가장 효율적이고 효과적인 방법은 직접 얼굴을 보면서 대화하는 것이다.
  - 동작하는 소프트웨어가 진척 상황을 측정하는 가장 중요한 척도이다.
  - 애자일 방법론은 지속할 수 있는 개발을 장려한다. 후원자, 개발자, 사용자는 일정한 속도를 계속 유지할 수 있어야 한다.
  - 기술적 탁월함과 좋은 설계에 대한 끊임없는 관심은 기민성을 강화시킨다.
  - 안 해도 되는 일을 최대한 하지 않는 단순함이 핵심이다.
  - 최고의 아키텍처, 요구사항, 설계는 자기 조직화 팀으로부터 나온다.
  - 팀은 정기적으로 더 효과적으로 일할 수 있을지 돌아보고, 이에 따라 행동 방식을 조율하고 조정한다.

8장 핵심요약

8.2 스크럼 프로세스
- 스크럼은 신상품 개발에 필요한 지식 전달 방식을 럭비공 전달에 비유한 용어로 노나카 교수가 1986년 처음으로 사용하였다.
- 스크럼 프로세스의 구성

분류	명칭	내용
역할	상품책임자(Product Owner)	무엇을 개발할지 결정하는 사람
	개발 팀	개발 작업과 연관된 사람(개발자, UX 디자이너, QA)
	스크럼 마스터	프로세스 적용을 지원하고 장애물을 제거하는 사람
산출물	의미있는 상품기능의 증가분	스프린트의 결과물인 릴리즈 가능한 소프트웨어
	상품 백로그	우선순위가 정의된 상품기능 목록
	스프린트 백로그	스프린트에서 개발해야 할 기능 목록
이벤트	스프린트	반복하여 수행하는 개발 단위
	스프린트 계획	스프린트에서 개발할 목록, 일정, 세부 작업을 결정하는 미팅
	일일 스크럼 미팅	팀원의 업무 현황을 공유하는 일일 미팅
	스프린트 리뷰	스프린트 종료 시점에 결과물을 리뷰하는 활동
	회고	스프린트 종료 시점에 프로세스 개선사항을 리뷰하는 활동

8.3 애자일 방법론 적용
- 해당 조직에 도움이 되는 규율과 아닌 규율은 있을 수 있어도, 지키지 않아도 무방한 규율은 없다.
- 개발 방법론의 유형에는 폭포수, 반복형, 증분형, 애자일이 있다.
- 현실에서 적용하는 방법론은 대부분 복합형이다.
- 프로세스 평가시 유의사항
  - 좋은 프로세스의 기준은 개인의 가치에 따라 다르다.
  - 프로세스 적용 효과(예: 생산성)를 믿기 힘들다.
  - 프로젝트 생산성이나 품질은 프로세스만으로 설명하기 힘들다.
  - 프로세스와 조직, 팀, 개인의 궁합이 있다.
- 애자일 방법론에 대한 오해
  - 애자일을 적용하면 고객에게 프로젝트 일정(예산)에 대한 확답을 줄 수 없다.
  - 애자일을 적용하면 문서를 작성하지 않는다.
  - 애자일은 소형 프로젝트에 적합하며 대형 프로젝트에서는 적용할 수 없다.
  - 애자일은 아키텍처도 없고, 모델링도 하지 않는다.
  - 매 스프린트마다 출시를 해야 한다.
  - 애자일은 개발 팀에게만 해당된다.
- 애자일 방법론 적용시 유의사항
  - 관리 도구로서의 애자일(무늬만 애자일)을 적용하지 않는다.
  - 책임과 원칙이 있는 애자일을 적용한다.

8장 핵심요약

- NAH(Not Applicable Here) 신드롬에 조심한다.
- 일일 스크럼 미팅이 실적을 챙기는 회의체로 변질되지 않도록 한다.
- 다른 조직과 생산성을 비교하지 않는다.
- 단기간이라면 필요한 야근을 피하지 않는다.
- 팀 자율을 빙자하여 나태해지면 안 된다.
- 운영 조직에 스크럼 적용은 유의한다.
- 어려운 도입기를 지나야 한다.
- 상위 수준의 아키텍처나 디자인은 먼저 선행하는 것이 좋다.
- 스프린트 결과물은 고객 관점에서 의미 있어야 한다.

9

신상품 개발 계획수립

9장은 상품개발 계획수립을 종합적으로 설명한다. 9장의 상품개발은 엔지니어링 관점의 개발을 의미한다. 상품개발 계획은 상품관리자가 정의한 상품 요구사항을 어떤 일정으로 누가 어떻게 구현할 것인지를 계획한다. 애자일 방법론이 확산되면서 프로젝트 관리자가 상품개발 계획수립에 투입되는 시간이 예전보다는 줄어들었지만, 상품개발 계획수립은 상품개발의 전략과 방향성을 결정하는 중요한 활동이다. 상품개발 계획은 프로젝트 팀원이 함께 수립해야 한다. 팀원과 함께 수립하는 상품개발 계획은 팀 빌딩을 위한 중요한 활동이다. 개발계획에 대해 서로 다른 의견들을 조정하고 합의하는 과정에서 팀워크가 다져진다.

상품개발 계획을 수립하면서 프로젝트 관리자가 유의할 부분은 제약조건을 확인하고 해결방법을 찾는 것이다. 범위, 일정, 자원, 예산, 기술 아키텍처 중에 프로젝트 관리자가 결정하지 못하고 주어진 것은 무엇이고 프로젝트 관리자가 결정할 수 있는 것은 무엇인지 파악해야 한다.

프로젝트 관리자는 전통적인 프로젝트 계획수립 내용과 애자일 방법론의 계획수립 내용 모두에 대해 잘 숙지하여 상황에 적합한 상품개발 계획을 수립해야 한다. 불확실하고 개략적인 계획으로 착수해도 되는 상품개발 계획도 있고, 불확실성을 최대한 배제하고 상세한 계획수립 후 착수해야 하는 상품개발 계획도 있다.

9.1 상품개발 계획수립 개요

상품관리자는 상품을 정의하고 프로젝트 관리자는 상품을 개발한다. 9장부터는 상품기획 승인 후 상품개발 과정이 어떻게 관리되는지를 다룬다. 상품개발을 관리하기 위해서는 상품개발 계획을 수립해야 한다. 이번 섹션에서는 상품기획과 상품개발 계획의 차이, 상품개발 계획의 구성요소, 상품개발 계획을 수립할 때 유의사항, 폭포수 개발과 애자일 개발의 차이에 대해 살펴보겠다.

1) 상품기획과 상품개발 계획의 차이점

상품기획이 승인되면 상품개발에 본격적으로 착수한다. 조직에 따라 다를 수 있지만 소프트웨어 상품은 상품기획 단계에서 상위 수준의 상품개발 목표를 정의하고, 상품개발에 착수하기 전에 상세 개발 계획(기능, 일정, 조직 등)을 수립한다. 상품관리자와 프로젝트 관리자가 다른 사람이라면, 상품개발의 책임이 상품개발 계획을 수립하는 시점에 프로젝트 관리자에게 넘어간다. 물론 출시 전까지 상품관리의 전반적인 책임은 상품관리자에게 있다. 그림 9.1과 같이 상품관리자는 상위 수준의 개발 목표(what to do)를 정의하고, 프로젝트 관리자는 상세 개발 계획(how to do)을 정의한다. **상품개발 계획서의 주요 내용은 '무엇을, 언제까지, 어떻게 개발할지'이다.** 상품개발 계획서에 정의된 상품 요구사항, 중요한 마일스톤, 책임과 역할, 인력 투입 계획, 위험관리 계획 등은 이해관계자와 공유해야 한다. 이해관계자가 여러 부서에 흩어져 있고, 근무 장소가 다르다면 상품개발 계획서가 더 중요해진다. 기 출시한 상품의 개선과 같이 개발 규모가 작은 상품개발은 상품기획과 상품개발 계획을 통합하여 작성할 수도 있다(그림 9.1).

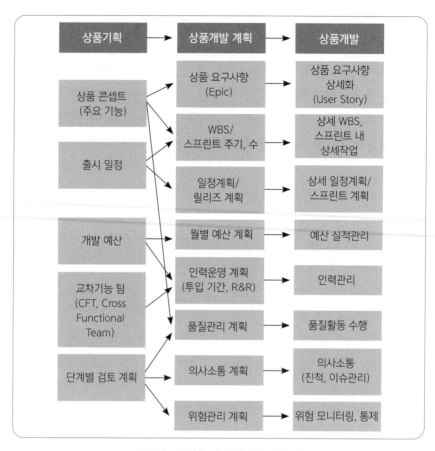

그림 9.1 상품기획, 상품개발 계획, 상품개발

2) 상품개발 계획서를 구성하는 내용

상품개발 계획서의 주요 구성요소는 다음과 같다.

● 상품 요구사항

상품 요구사항은 상품개발에서 구현할 요구사항으로 상품개발 계획서의 핵심이다. 상품 요구사항은 에픽(epic), 피처(feature), 기능(function), 사용자 스토리(user story) 등의 이름으로 불린다. 이 책에서는 '상품 요구사항' 또는 애자일 방법론에서 사용하는 '사용자 스토리'를 문맥에 따라 사용한다.

상품 요구사항을 정의한 문서는 상품 요구사항 정의서(PRD, Product Requirement Document)라고 하며, 소프트웨어 상품 요구사항을 개발 관점에서 정의한 문서를 소프트웨어 요구사항 명세(SRS, Software Requirement Specification)라고도 한다.

● 상품 요구사항 변경관리 프로세스

상품 요구사항 변경은 임의로 해서는 안 된다. 상품 요구사항의 변경은 상품관리자와 프로젝트 관리자가 합의해야 하고, 사안에 따라 주요 이해관계자(품질, 마케팅 등)도 합의해야 한다. 보통 상품 요구사항 변경관리는 기업의 표준 프로세스로 정의하지만 상품개발 프로젝트 팀이 테일러링하여 적용할 수도 있다. 상품 요구사항 변경관리 프로세스는 백로그 우선순위 관리 프로세스와 동일하다.

● 일정계획

일정계획은 누가, 무엇을, 언제부터 언제까지 수행하는가를 포함한다. 개발 착수 시점에서 모든 상품 요구사항의 상세 개발 일정을 정하기 힘들기 때문에 가까운 미래에 개발할 상품 요구사항의 상세 일정을 먼저 확정하는 것이 일반적이다. 애자일 방법론을 적용한다면, 첫 번째 스프린트는 상세 계획을 수립하고 나머지 스프린트는 종료일 정도만 정의한 뒤 프로젝트를 진행하면서 각 스프린트의 상세 계획을 수립한다. 일정계획은 프로젝트의 중요한 마일스톤(주요 업무별 개발 완료일, 사용자 테스트, 필드 테스트, 출시일 등)을 포함해야 한다.

● 품질관리 계획

상품개발에서 수행하는 품질활동의 내용, 일정, 수행 방법, 담당자를 정의한다.

● 자동화 도구 적용 계획

소프트웨어 개발에서 적용할 자동화 도구, 적용 표준을 정의한다. 기업에서 정의한 자동화 도구의 적용 표준이 있다면 상품개발 팀에서 테일러링한 내용만 정의해도 된다. 자동화 도구의 예는 개발진척관리의 Jira, 의사소통 및 산출물 관리의 Confluence, 빌드관리의 Ant, 형상관리의 Git, 코드 인스펙션의 Sonarqube 등이 대표적이다.

● 조직도 및 인력운영 계획

상품개발에 참여하는 인원, 소속 부서, 투입 기간, 책임과 역할을 정의한다.

● 의사소통 계획

프로젝트 진척 정보를, 누구에게, 언제, 어떻게 공유할 것인지를 정의한다. 주간 보고, 월간 보고, 이슈 보고, 쇼케이스 계획이 대표적인 예이다.

● 위험관리 계획

식별된 위험 및 대응 계획, 모니터링 및 통제 프로세스를 정의한다.

3) 좋은 상품개발 계획서의 특징

좋은 상품개발 계획서의 특징은 다음과 같다.

● 실행이 용이하고 달성 가능성이 높은 계획

가장 좋은 계획은 계획대로 실행할 수 있고, 계획대로 실행하면 목표 달성 가능성이 높은 계획이다. 한마디로 계획 적중률이 높은 계획이다. 개발 계획서의 목표는 기술적 관점(품질, 일정, 예산)을 의미하며 상업적 성공은 아니다.

● 이해관계자 및 팀원이 합의한 계획

모든 계획에는 목표 달성에 대한 책임이 따르기 때문에 개발 팀의 합의가 중요하다. 합의란 업무를 수행할 팀원이 자발적으로 동의한 상태를 의미하며, 일방적으로 계획을 통보받고 계획을 이해한 상태와는 다르다.

● 구체적인 계획

정확하다는 전제가 필요하지만 계획은 구체적일수록 좋다. 구체적인 계획을 수립하기 위해서는 상품 요구사항과 개발 액티비티를 상세하게 분할해야 한다. 다만 변경 가능성이 높을 때는 상세하게 분할해서는 안 된다. 불확실한 계획을 상세화하면 혼돈을 증폭시킨다.

● 상황 변화에 신속하고 빨리 대응할 수 있는 계획

상품개발 도중 상품개발 계획의 변경이 필요할 때 빠른 시간 내에 변경할 수 있어야 한다.

4) 애자일 개발 계획의 핵심개념

애자일 방법론을 적용하면 상세 요구사항, 상세 일정계획을 확정하고 시작하는 것이 아니라 프로젝트를 진행하면서 요구사항과 일정을 상세화한다. 계획을 중시하는 전통적인 폭포수 방법론은 범위와 일정 목표를 달성할 수 있는 자원추정에 집중하고, 애자일 방법론은 주어진 일정과 자원으로 구현할 수 있는 최대한의 범위에 집중한다. 마라톤에 비유하면, 애자일 계획수립은 완주까지 몇 시간이 걸리는가 보다 네 시간 동안 몇 킬로미터를 달릴 수 있는지에 집중한다. 애자일 계획수립의 핵심개념은 다음과 같다.

● 릴리즈 계획과 스프린트 계획

애자일 방법론의 개발 계획은 상품개발 초기에 수립하는 상위 수준의 '릴리즈 계획'과 프로젝트를 진행하면서 상세화하는 '스프린트 계획'으로 나누어진다. 릴리즈 계획에서는 몇 개의 스프린트를 어떤 일정으로 어떤 상품 요구사항을 개발할지를 결정한다. 스프린트 계획에서는 각 스프린트에서 구현할 상품 요구사항을 확정하고 스프린트에서 수행할 상세 작업 계획을 수립한다. 릴리즈 계획과 스프린트 계획의 차이를 정리하면 표 9.1과 같다.

구분	릴리즈 계획	스프린트 계획
계획수립 대상	전체 프로젝트	스프린트
계획수립 시점	프로젝트 착수 시점	스프린트 착수 전
계획수립 항목	스프린트 주기 및 일정, 상품개발 요구사항, 개발 우선순위, 스프린트별 개발 규모	스프린트 속도, 스프린트 개발 목표, 상세 요구사항(사용자 스토리), 수행 작업, 일정

표 9.1 릴리즈 계획과 스프린트 계획

● 스토리 점수(Story point)

스토리 점수는 상품 요구사항(사용자 스토리)의 규모를 측정하는 단위이다. 소프트웨어 개발 규모를 측정하는 단위는 기능점수(function point), 화면 수(본수)를 많이 활용했지만 애자일 방법론에서는 스토리 점수를 활용한다. 스토리 점수의 특징은 다음과 같다.

● **스토리 점수는 상대적이고 추상적이다.**

스토리 점수는 무게의 킬로그램(kg)이나 길이의 미터(m)처럼 절대적인 측정 단위가 없다. 샘플 사용자 스토리에 임의로 1점 또는 3점을 부여하여 다른 사용자 스토리의 크기를 상대적으로 평가한다. 스토리 점수 8은 1보다 크다는 의미이지 1보다 정확하게 8배라는 뜻은 아니다.

● **스토리 점수는 팀원의 역량 또는 숙련도와 상관없다.**

요구사항 규모를 기간으로 추정한다면 팀원의 역량 또는 숙련도가 높아질수록 요구사항 규모는 작아진다. 하지만 스토리 점수는 요구사항의 크기 자체를 측정하기 때문에 팀원의 역량 또는 숙련도가 높아져도 요구사항의 규모는 변하지 않는다.

● **스토리 점수는 작업의 규모가 아닌 요구사항의 규모를 측정한다.**

특정 요구사항의 구현을 위해 수행하는 일을 작업이라 한다. 예를 들어 화면 설계, 테스트, DB 설계(필요시) 등이 작업의 예이다. 스토리 점수는 개별 작업을 측정하지 않고 요구사항의 규모를 측정한다.

● **스토리 점수는 빠르게 추정할 수 있다.**

스토리 점수는 객관적인 데이터를 활용하지 않고 주관적으로 측정하기 때문에 간편하고 신속하게 추정할 수 있다.

● **스토리 점수의 측정은 피보나치 수열을 적용하면 효과적이다.**

피보나치 수열은 1, 2, 3, 5, 8, 13과 같이 앞의 두 숫자를 합해 다음 숫자를 결정한다. 스토리 점수 추정에 피보나치 수열이 적합한 이유는 1, 2, 3과 같이 작은 규모는 상대적으로 잘 판단할 수 있지만 그 이상이 되면 정확한 판단이 힘들기 때문이다. 예를 들어 다 자란 고양이의 몸무게가 1이라고 했을 때 진돗개 몸무게의 수치는 3 또는 4정도로 추정하기 쉽지만 자연수 전체를 대상으로(예:1, 2, 3, 4, 5, 6, ...) 호랑이나 하마, 코끼리의 몸무게 수치는 추정하기는 힘들다.

● **스토리 점수의 비교, 분석은 동일 팀 내부에서만 유효하다.**

개발 생산성(속도) 측정을 위해 스토리 점수를 활용할 수 있다. 스토리 점수는 동일 팀을 대상으로 생산성 추이를 분석할 때 사용된다. 서로 다른 팀의 생산성을 비교하는 데 활용해서는 안 되고 신뢰성도 매우 낮다.

● 플래닝 포커(PLanning poker)

플래닝 포커는 스토리 점수를 산정하기 위한 기법이다. 플래닝 포커는 다음의 순서로 수행한다

❶ 사전준비

플래닝 포커에 참여할 팀원들과 진행자를 선정한 후 1, 2, 3, 5, 8, 13, 21의 숫자가 적힌 카드 또는 용지를 준비한다. 여러 역할자가 참여하면 다양한 시각을 반영할 수 있어 추정의 신뢰성이 높아진다. 회의 참석 전에 상품 요구사항을 설명할 수 있는 카드(예: 사용자 스토리)를 준비한다.

❷ 기준 스토리 정의

플래닝 포커에 참여하는 담당자들이 모두 이해할 수 있는 상품 요구사항 하나를 선정하여 기준 스토리 점수를 정의한다. 기준 스토리 점수는 1 또는 3으로 정의한다. 기준 스토리는 '조회 상품 바구니 담기'와 같이 이해하기 쉽고, 간단한 요구사항을 선정한다.

❸ 사용자 스토리 설명

상품관리자(또는 상품책임자(PO))는 요구사항 내용을 설명한다. 이때 요구사항 내용을 이해하기 위한 질문은 할 수 있지만 요구사항의 옳고 그름을 따지는 토론은 하지 않는다.

❹ 스토리 점수 추정

사용자 스토리 설명이 끝나면 플래닝 포커에 참석한 담당자들이 스토리 점수를 추정한다. 첫 번째 추정에서는 스토리 점수의 편차가 클 수 있기에 낮은 값과 높은 값을 부여한 사람들의 설명을 들은 뒤 다시 스토리 점수를 추정한다. 만장일치가 아니라도 어느 정도 합의가 모아지면 스토리 점수를 확정한다.

플래닝 포커를 적용하면 팀원들의 다양한 관점을 반영하는 과정에서 업무 이해도와 추정의 신뢰도가 높아지는 장점이 있다. 또한 전체 팀원들이 참여하기 때문에 프로젝트 목표에 대한 팀원의 공감대도 높아진다.

그러나 플래닝 포커 자체가 목표가 되어 많은 시간만 투자하고 효과가 작을 수도 있으니, 프로젝트 상황에 맞게 테일러링하여 적용하는 것이 바람직하다.

● 속도

속도(velocity)는 생산성의 개념으로 **특정 팀이 하나의 스프린트에서 구현할 수 있는 평균 스토리 점수를** 의미한다. 속도는 다음과 같이 활용할 수 있다.

● **전체 및 개별 스프린트에서 개발 가능한 사용자 스토리 규모를 추정한다.**

예를 들어 특정 프로젝트 팀에게 주어진 기간이 5개월, 스프린트 10회, 스프

린트 속도는 30 스토리 점수라고 하자. 상품관리자가 프로젝트 관리자에게 제공한 50개 상품 요구사항의 스토리 점수를 더하여 450 스토리 점수가 나오면 10회의 스프린트에서 구현 가능한 300 스토리 점수보다 150 스토리 점수가 초과한다는 것을 알 수 있다. 속도는 개별 스프린트에 할당할 상품 요구사항을 결정할 때도 활용한다.

● **상품개발을 위해 필요한 투입공수와 기간을 추정할 수 있다.**

속도 정보를 활용하면 전체 상품 요구사항 개발을 위한 투입공수와 개발기간을 추정할 수 있다. 투입공수와 개발기간은 개발자의 역량(생산성)에 좌우되지만 추정시에는 평균 개발자의 역량(생산성)을 가정하는 것이 일반적이다. 실제로 업무 담당자에 따라 다른 생산성의 차이는 상쇄되는 것이 바람직한데 그렇지 않다는 근거가 있다면 산정치를 조정해야 한다. 위의 예에서 자원 추가 없이 초과된 150 스토리 점수를 모두 개발하려면 다섯 번의 스프린트를 추가로 수행해야 한다.

5) 폭포수 상품개발 계획과 애자일 상품개발 계획의 차이점

폭포수 방법론에서는 프로젝트 착수 시점에서 전체 상품 요구사항을 상세하게 정의한 뒤, 전체 상품 요구사항에 대한 분석, 설계, 개발, 통합 테스트를 순차적으로 수행한다(그림 9.2).

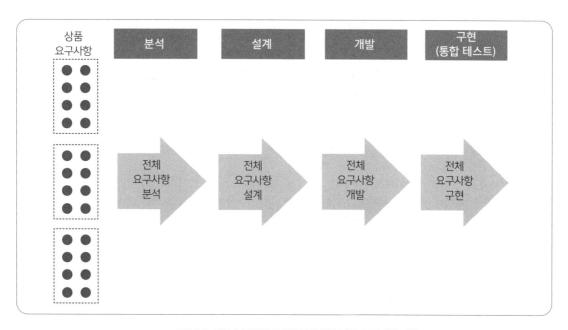

그림 9.2 폭포수 방법론의 요구사항 일괄 정의 후 단계별 진행

애자일 방법론에서는 착수할 때 모든 상품 요구사항을 상세하게 정의하지 않는다. 애자일 모델에서는 일부 요구사항을 우선 정의하고 해당 요구사항 구현을 위한 분석/설계/개발/테스트를 각 스프린트에서 수행한다(그림 9.3).

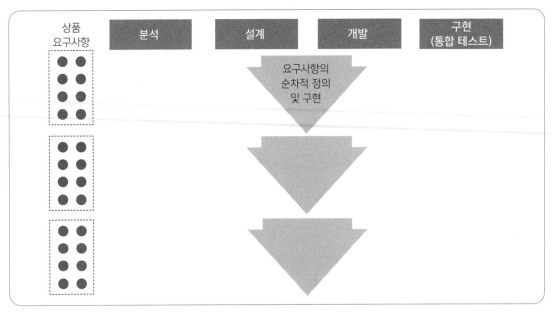

그림 9.3 애자일 방법론의 순차적 요구사항 정의

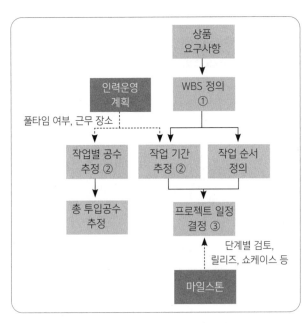

그림 9.4 폭포수 상품개발 계획수립

● 폭포수 상품개발 계획

상품개발 계획의 핵심은 구현할 상품의 요구사항, 개발 일정, 투입공수를 결정하는 것이다. 이하에서는 상품 요구사항, 개발 일정, 투입공수 결정을 중심으로 폭포수 상품개발 계획수립과 애자일 상품개발 계획을 비교한다.

폭포수 상품개발 계획수립은 전체 개발계획을 상향식으로 확정한다. 이 방식에서는 착수 시점에서 모든 요구사항을 상세하게 정의하고 상세한 개발 계획을 수립하여, 계획 기반의 관리를 한다(그림 9.4).

폭포수 상품개발 계획수립의 순서는 다음과 같다.

❶ 도출된 상품 요구사항 구현을 위한 상세 작업(WBS, Work Breakdown Structure)을 정의한다.

❷ 인력운영 계획을 참조하여 각 작업 수행을 위한 공수와 기간을 추정한다.

❸ 작업 기간, 작업 수행 순서, 마일스톤을 고려하여 프로젝트 일정을 결정한다.

PMI에서 발행하는 《PMBOK》이 제시하는 폭포수 방법론의 프로젝트 계획수립의 순서는 그림 9.5와 같다.

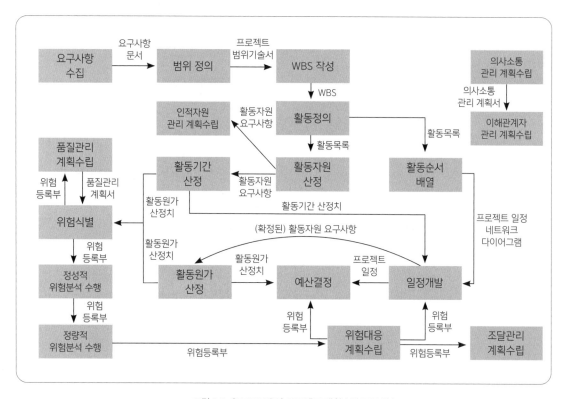

그림 9.5 《PMBOK》의 프로젝트 계획수립 프로세스

● 애자일 상품개발 계획

애자일 상품개발 계획수립은 릴리즈 계획을 하향식으로 정의한 뒤, 스프린트 계획을 상향식으로 확정한다. 애자일 상품개발 계획에서는 요구사항을 점진적으로 상세화하기에 요구사항 변경에 유연하게 대응할 수 있다(그림 9.6).

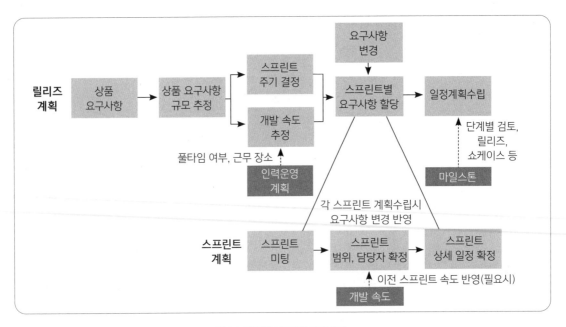

그림 9.6 애자일 상품개발 계획수립

애자일 상품개발 계획수립은 릴리즈 계획수립과 스프린트 계획수립으로 구분된다.

● 릴리즈 계획수립
- 도출된 상품 요구사항의 규모를 파악하기 위해 스토리 점수를 추정한다.
- 개발 팀에서 적용할 스프린트 주기(타임박스, 케이던스)를 결정한다.
- 개발 팀의 평균 개발 속도를 결정한다.(각 스프린트에서 개발할 평균 스토리 점수 결정) 속도추정은 조직 내에 축적된 실적 데이터를 활용하는 방식과 해당 프로젝트에서 스프린트를 수행한 측정값을 활용하는 방식이 있다.
- 상품 요구사항의 우선순위와 속도를 고려하여 각 스프린트별로 구현할 상품 요구사항을 배정한다. 스프린트에 할당하지 못하는 상품 요구사항은 상품 백로그(요구사항 관리대장)에 기록한 뒤 프로젝트를 진행하면서 할당할 스프린트를 결정한다.
- 초기 프로젝트 일정계획을 확정한다.

● 스프린트 계획수립
- 각 스프린트 착수 전에 스프린트 개발 목표와 개발 규모를 정의한다.
- 해당 스프린트에서 구현할 요구사항(사용자 스토리)과 요구사항 구현을 위해 필요한 작업(화면 설계, 테스트 등)을 구체화한다.
- 각 작업의 담당자와 일정을 결정한다.

그림 9.7과 같이 이전 스프린트 업무 범위에 다음 스프린트의 계획수립을 포함하기도 한다.

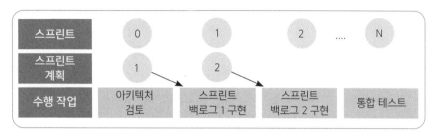

그림 9.7 스프린트 계획과 수행 작업 예시

지금까지 설명한 애자일 방법론의 프로젝트 계획수립을 정리하면 그림 9.8과 같다.

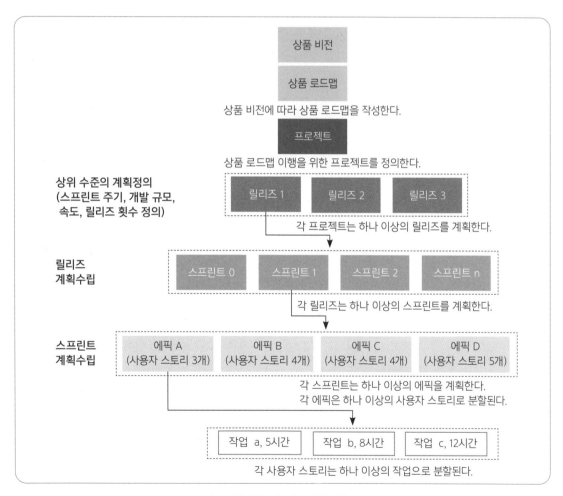

그림 9.8 애자일 방법론을 적용한 계층적 계획수립

폭포수 개발과 애자일 개발의 특징을 정리하면 표 9.2와 같다. 애자일 개발은 폭포수 개발에 비해 많은 장점을 가지고 있지만 모든 상황에서 우위에 있는 것은 아니다. 준비가 되지 않는 상황에서 애자일을 적용하면 상품개발에서만 실패하는 것이 아니라 조직 내 갈등을 초래할 수 있다. 반면 폭포수 개발은 기존에 해오던 방식이기 때문에 단점에도 익숙하여 조직 내에서 큰 이슈를 야기하지 않는다. 폭포수 개발이 확산된 가장 큰 이유는 착수 시점에 전체 업무의 상세 계획을 수립하기 때문에 실행만 하면 목표를 달성할 수 있다는 믿음을 관리자에게 제공하기 때문이다. 관리자는 상세한 계획이 없으면 불안하다. 그러한 불안감은 애자일 개발의 확산을 막는 요인이기도 하다.

상품개발의 불확실성이 높을 때 애자일을 잘 적용하면 효과적이지만, 준비가 되지 않은 상황에서 애자일 적용은 큰 실패로 이어질 수 있다.

구분	폭포수 개발	애자일 개발
계획에 대한 인식	착수시에 상세한 계획을 수립하고, 계획 준수를 위한 통제에 집중	착수시에 개략적인 계획을 수립하고, 프로젝트를 수행하면서 경험을 반영해 계획 조정
주요 의사소통	수직적 의사소통	수평적 의사소통
변경통제	엄격한 변경통제 프로세스	상대적으로 유연한 변경통제 프로세스
고객가치 제공	개발 완료 후 고객가치 제공	개발 도중에 고객가치 제공
고객가치 학습	개발 도중 고객가치 검증과 학습이 어려움	개발 도중 고객가치 검증과 학습이 가능
품질 이슈 발견	개발 후반부에 발견	개발 도중 품질 이슈 발견 용이
적용 난이도	많은 조직이 폭포수 개발 방식에 익숙하여 적용의 어려움 없음	조직이 애자일에 익숙하지 않을 경우 혼란 발생

표 9.2 폭포수 개발과 애자일 개발의 특징

6) 대규모 상품개발에 애자일 적용시 유의사항

대규모 소프트웨어 상품개발을 위한 팀원은 100명을 넘어 500명, 1,000명까지 필요할 수 있다. 대규모 상품개발에 애자일을 적용할 때는 '의사소통의 복잡성'에 특히 유의해야 한다. 의사소통의 복잡성을 줄이기 위해서는 '착수 전 준비' '개발 팀 간 협업 강화' '적절한 통제 제도 운영'이 필요하다.

① 착수 전 준비

조직의 성숙도가 낮은 상황에서 복잡한 애자일 프랙티스를 적용하면 상품개발이 실패할 가능성이 높다. 함정 한 척을 N개의 쾌속정으로 바꾸어도 자율적으로만 움직이기만 할 뿐 목표 방향을 상실한 것과 같은 상황이다.

대규모 프로젝트는 어떤 방법론을 적용해도 난이도가 높다. 따라서 조직이 애자일을 적용할 준비가 되지 않았다면, 상품개발 팀이 익숙한 방법론을 적용하는 것이 좋다. 익숙한 방법론을 적용하면 실패한다 해도 내부 갈등은 최소화할 수 있다. 대규모 프로젝트는 목표 달성이 힘들다는 것을 알고 있기 때문이다. 그러나 애자일을 적용하여 대규모 프로젝트가 실패하면 애자일이 희생양이되어 정치 게임으로 이어질 가능성이 높다. 애자일을 적용하는 대규모 프로젝트의 성공 가능성을 높이기 위해서는 다음과 같은 전제조건이 필요하다.

- 상품개발과 관련된 조직 모두가 애자일 적용 경험이 있다.
- 경영층이 전사 차원의 애자일 적용을 후원한다.
- 상품개발 팀은 이전에 같이 일해본 경험이 많고 팀워크가 좋다.
- 상품관리자와 개발 팀 리더는 애자일의 가치를 이해하고 애자일 적용 경험이 많다.

대규모 상품개발 프로젝트에 애자일을 적용하기로 했으면 변동성이 증가할 가능성을 최대한 줄여야 한다. 변동성을 줄이는 활동은 다음과 같다.

● 상품 콘셉트에 관해 이해관계자의 공감대를 확보한다.

개발 착수 전 상품 콘셉트에 대한 이해관계자(특히 경영층)의 공감대는 필수적이다. 상품개발 과정에서 이해관계자가 상품 콘셉트에 대해 이견을 제시하면 큰 혼란이 발생한다.

● 신상품 개발에 적용할 기술 아키텍처 리스크를 확인하고 조치한다.

상품개발을 진행하면서 기술 아키텍처 문제가 발생하거나 아키텍처를 변경하지 않도록 사전에 기술 아키텍처의 적정성을 사전에 검증하고 문제점을 조치한다.

● 상품개발 팀이 지켜야 할 규칙(ground rule)을 확정한다.

고속도로에서 운전자는 교통의 흐름에 따라 차량을 자율적으로 운행할 수 있지만 준수해야 할 규칙이 있다. 대규모 애자일 개발도 마찬가지이다. 각 스크럼팀의 자율성을 최대한 보장하지만, 모든 스크럼 팀은 지켜야 할 규칙이 있다. 상품개발 팀원 모두 개발 언어, 빌드 주기, 개발 도구, 스프린트 주기, 작업완료기준을 준수해야 한다.

● 복수의 스크럼 또는 전체 스크럼에 해당되는 이슈가 발생할 때 이를 조정하는 리더를 지정한다.

애자일에서는 '관리자'란 단어를 싫어한다. 명칭을 관리자로 하든 리더로 하든 여러 스크럼에 공통된 이슈가 발생할 때 이를 조율할 수 있는 사람을 지정해야 한다. 스크럼 팀 간 조율이 필요한 영역은 '상품 요구사항' '기술 아키텍처' '일정 관리'이다. 상품관리자는 전담 인력이지만 기술 리더와 프로젝트 리더는 평소 다른 업무를 수행하면서 이슈가 발생할 때 이를 조율하는 업무를 수행할 수 있다. 세 가지 유형의 이슈를 조정하는 리더의 책임과 역할, 권한은 애자일 성숙도에 따라 다르다.

● **상품 요구사항의 우선순위와 범위를 조율할 상품관리자 지정**

동일한 상품에 대한 요구사항은 한 명의 상품관리자가 전체를 총괄해야 한다. 상품관리자는 N개의 스크럼에 속한 상품책임자(product owner)와 협의하여 상품 요구사항의 범위와 개발 우선순위에 대한 최종 결정을 내린다. 개별 스크럼의 상품 요구사항은 스크럼의 상품책임자가 관리한다.

● **기술 인프라, 아키텍처 이슈를 조율할 기술 리더 지정**

프로젝트 착수 이전에 아키텍처 적합성을 검증했지만 프로젝트 진행 도중 기술 이슈가 발생할 수 있다. 전체 프로젝트 관점에서 기술 이슈를 조율할 기술 리더를 사전에 정해야 한다.

● **스크럼 간 업무 의존성 이슈(예: 일정)를 조율할 프로젝트 리더 지정**

스크럼 간 업무 의존성을 사전에 파악하고 이슈가 발생했을 때 프로젝트 차원에서 조정한다. 간단한 이슈는 스크럼 실무자 간 협의 또는 '전체 스크럼 미팅(scrum of scrums)'을 통해 해결할 수 있지만 여러 스크럼이 관련된 이슈 해결이 지연되면 프로젝트 리더가 이슈 조정 역할을 수행해야 한다.

② 개발 팀 간 협업 강화

대규모 상품개발 팀에서는 내가 속한 팀보다 전체 팀 관점에서 의사결정하는 것이 중요하다. 팀 관점의 의사결정을 촉진하기 위해서는 개발 팀 간 협업을 강화해야 하며 그 방안은 다음과 같다.

● **전체 팀원을 가까운 장소에서 근무하게 한다.**

오며 가며 다른 스크럼 팀과 만날 가능성이 높아지면 의사소통도 증가하고 협업의 가능성도 높아진다. 한 층에서 모두가 근무하면 팀 전체가 참여하는 일일 스크럼 미팅도 가능하다. 상품개발 상황판을 잘 보이는 곳에 부착한 뒤 업데이트하는 것도 투명한 정보 공유에 도움이 된다.

● **다른 개발 팀과 업무를 협의하는 정기·비정기 회의체를 운영한다.**

각 스크럼의 리더가 참여하는 전체 스크럼 미팅(scrum of scrums)이 정기 협의체의 대표적인 예다. 협의체 명칭은 '개발 팀 리더 협의회'와 같이 일상적인 용어를 사용해도 무방하다.

● 스프린트 계획은 2단계로 나누어 운영한다.

1단계 스프린트 계획은 각 스크럼을 대표하는 상품책임자가 참석하여 전체 프로젝트의 스프린트 계획을 의논한다. 1단계 스프린트 계획에서는 상품관리자가 스크럼을 대표하는 상품책임자들과 협의하여 스크럼 팀들이 해당 스프린트에서 구현할 상품 요구사항을 확정한다. 상품 레벨의 통합 백로그 관리는 전체를 총괄하는 상품관리자의 책임이다.

　　2단계 스프린트 계획은 스크럼 팀별로 운영하며 일반적인 스프린트 계획과 동일하다. 상품개발 팀 내 모든 스크럼 팀은 스프린트를 같은 날 시작하여 같은 날 종료해야 한다. 스크럼 팀별 백로그 관리는 스크럼별 상품책임자의 책임이다.

● 스프린트 리뷰는 전체 스크럼 팀을 통합하여 운영한다.

스프린트 리뷰는 해당 스프린트에서 개발한 소프트웨어가 제대로 작동하는지 확인하는 시연 활동이다. 모든 스크럼 팀을 통합한 스프린트 리뷰를 운영해야 팀 간 인터페이스가 제대로 동작하는지 확인할 수 있다. 회고는 스크럼 팀별로 운영해도 무방하다. 스프린트 리뷰는 동영상으로 제작하여 이해관계자들에게 공유해도 좋다.

대규모 상품개발의 스프린트 계획과 스프린트 리뷰에 대한 내용을 정리하면 그림 9.9와 같다.

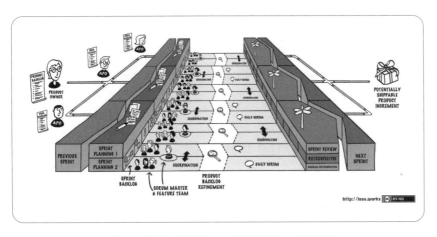

그림 9.9 대규모 상품개발시 스프린트 계획과 스프린트 리뷰
[출처: LeSS(Large Scale Scrum) 프레임 워크 https://less.works/less/framework/index.html]

③ 적절한 통제 제도 운영

대규모 상품개발을 할 때 팀 간 협업이 미흡하여 발생하는 품질 문제는 조기에 파악하고 조치해야 한다.

● 전체 통합 빌드를 운영한다.

상품개발은 동일 브랜치(branch) 내에서 작업하는 것을 원칙으로 한다. 정기적으로 모든 소스코드를 통합하여 빌드하는 활동을 통해 품질 이슈를 조기에 발견해야 한다.

● 품질오류가 일정 수준 이상이면 품질부터 안정화한다.

품질을 확보하지 않은 상태에서 개발을 지속하면 문제해결을 위한 품질비용이 높아진다. 통합 빌드에서 오류가 일정 수준 이상이면 개발 범위를 줄이더라도 품질부터 안정화시켜야 한다. 품질오류의 목표는 개발 인원당 특정 수 이하로 정하는 것이 좋다. 《애자일, 민첩하고 유연한 조직의 비밀》(2019)에서는 개발자당 품질오류가 4개 이하일 것을 권고한다.

9.2 상품개발 계획수립과 추정

상품개발 계획서는 어떤 목표(범위, 일정, 예산)를 어떻게(인력, 의사소통, 조달, 위험 관리) 달성하겠다는 것을 정의한 문서이다. '목표'는 수치로 표현하며, '어떻게'는 절차로 정의한다. '어떻게'는 기존에 존재하는 템플릿이나 샘플을 참조하여 수정하면 되지만, 일정과 예산 '목표'는 프로젝트 관리자와 팀원이 협의하여 추정해야 한다. 추정의 목적은 점쟁이처럼 미래를 맞추는 것이 아니다. 추청의 목적은 프로젝트 목표가 달성 가능한 정도를 판단하는 것이다.

이번 섹션에서는 상품개발을 계획할 때 적용할 수 있는 추정 기법과 추정을 할 때 유의할 내용을 설명한다.

1) 상품개발 일정과 개발 규모 추정 기법

요구사항의 규모를 추정하는 방법인 스토리 점수는 앞서 설명했다. 이하는 폭포수 방법론의 개발 규모 추정 기법들이다.

● 하향식 추정(Top down estimating)

상품개발 계획에서 추정 대상은 상품 요구사항 규모, 투입공수, 개발기간이며 상품개발 계획 초기에는 하향식으로 추정하는 것이 일반적이다. 하향식 추정의 순서는 다음과 같다.

● 개발할 상품 요구사항의 전체 규모를 추정한다. 하향식 추정에서는 요구사항의 평균 규모와 요구사항 개수를 곱하거나, 개별 상품 요구사항의 규모를 추

정하여 합한다.

- 프로젝트 팀의 생산성을 감안하여, 주어진 업무를 완료하기 위한 투입공수를 추정한다. (투입공수 = 요구사항 규모 / 생산성)
- 투입할 수 있는 인원을 감안하여 전체 개발기간을 추정한다. '기간 = 투입공수 / 인원'이지만 개발기간 단축을 위해 인원 수를 증가시킨 경우 의사소통, 시행착오, 관리비용을 추가하여 기간을 조금 늘린다.

하향식 추정은 프로젝트 관리자의 경험을 바탕으로 짧은 시간에 프로젝트 투입공수 또는 개발기간을 추정할 때 주로 활용한다(그림 9.10).

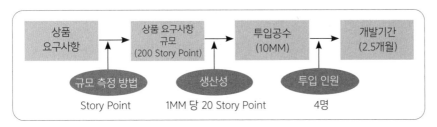

그림 9.10 하향식 추정

하향식 추정은 상품개발 계획 초기에 주어진 정보로 빠른 시간에 투입공수와 개발기간을 추정할 수 있게 해주지만 정확도는 낮은 편이다. 왜냐하면 개별 작업의 난이도, 크기, 작업 간의 수행 순서, 수행 자원의 제약을 고려하지 않기 때문이다.

● 상향식 추정(Bottom up estimating)

상향식 추정은 팀원들이 추정한 각 작업의 기간, 투입공수(MD또는 MM)를 취합하여 전체 프로젝트 투입공수와 개발기간을 추정한다.

상향식 추정의 작업 순서는 그림 9.11과 같다.

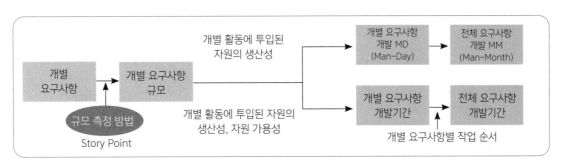

그림 9.11 상향식 추정

상향식 추정의 순서는 다음과 같다.

- 개별 상품 요구사항의 규모를 추정한다.
- 개별 요구사항을 수행할 자원(들)의 역량을 확인한다.
- 개별 요구사항 개발을 위한 투입공수[예: MD(Man day)]를 계산한다.
- 자원의 가용성을 고려하여 요구사항 구현을 위한 개발기간을 결정한다. 예를 들어 필요 투입공수가 10MD이고 100% 투입 가능한 자원이 1명이면 개발기간은 2주(working day 10일)이고 50% 투입 가능한 자원이 1명이면 개발기간은 4주(working day 20일)가 된다.
- 개별 요구사항의 작업 순서를 감안하여 전체 개발기간을 결정한다. 병행 개발하는 요구사항 또는 작업이 많을수록 전체 개발기간은 줄어든다.

상향식 추정 프로세스를 정리하면 그림 9.12와 같다.

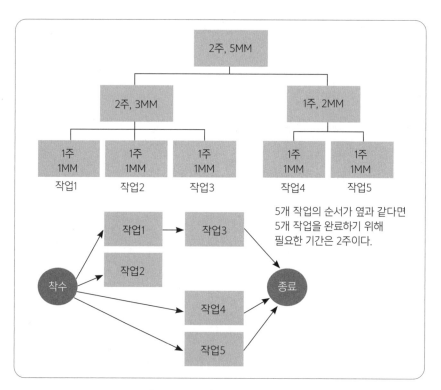

그림 9.12 상향식 추정(MM, 개발기간) 예시

상향식 추정을 할 때 비용이나 MM는 최하위 작업의 비용이나 MM를 더하면 되지만, 개발기간은 중첩을 고려하여 결정해야 한다.

● 모수추정(Parametric estimating)

모수추정은 유사 프로젝트의 실적 데이터에서 도출된 함수를 활용한다. 예를 들어 작업 수행 기간 추정을 위한 함수(모델)는 다음과 같다. 모수추정은 상향식 추정, 하향식 추정 모두 사용될 수 있지만 주로 하향식 추정에 많이 활용한다.

작업 수행 기간 = (업무량 / 인당 생산성) / 투입 인원

모수추정의 정확성을 높이려면 다음에 유의해야 한다.

● **모델 도출에 사용한 데이터의 정확성이 높아야 한다.**

모수추정의 모델은 과거 데이터 분석을 통해 만들어진다. 따라서 모델 수립에 사용된 데이터의 품질이 높을수록 모델의 정확성이 높아진다.

● **변수를 객관적으로 측정할 수 있어야 한다.**

예를 들어 팀원의 협업과 팀워크는 프로젝트 생산성에 영향을 미치지만 측정하기는 힘들다.

● **신상품 개발 유형별로 추정 모델을 개발한다.**

대형의 신규 상품 개발 프로젝트들로부터 축적된 데이터를 소형의 기능개선 프로젝트에 적용하면 잘 맞지 않을 수 있다. 또는 유형이 다른 다양한 신상품 개발 프로젝트의 데이터를 모두 합쳐서 모델을 만들면 실제로 존재하지 않는 평균의 추정이 된다. 이때는 추정 모델을 신상품 개발 유형 또는 규모별로 나누는 것이 바람직하다.

● **3점 추정(Three – point estimating)**

상향식 추정을 할 때 작업 내용을 잘 알면 개발기간의 추정치를 하나의 값으로 이야기할 수 있지만 익숙하지 않은 작업은 하나의 추정치로 말하기 쉽지 않다. 이때는 시나리오를 '비관' '낙관' '보통' 세 개로 나누어 추정하는 것도 대안이 된다. 예를 들어 새로운 개발 도구, 새로운 방법론을 사용할 때 3점 추정을 적용할 수 있다.

3개의 추정치를 활용하여 평균을 계산하는 공식은 다음과 같다.

평균 = (P + 4M + O) / 6
(Pessimistic: 비관치, Most likely: 보통치, Optimistic: 낙관치)

이상 설명한 추정 기법을 정리하면 표 9.3과 같다.

	하향식 추정	3점추정	모수추정	상향식 추정
시점	프로젝트 계획수립 초기	프로젝트 계획수립 초기, 중기	프로젝트 계획수립 초기, 중기	프로젝트 계획수립 중기, 후기
추정 방식	유사 프로젝트 경험에 근거한 전문가 판단	평균: (tO+4tM+tP)/6	함수식에 프로젝트 특성값(Parameter)을 대입하여 추정치 계산	WBS의 최하위 구성요소별 추정치를 상향식으로 집계
장점	신속, 간편	불확실성을 감안한 구간 추정	신속, 간편	추정 신뢰도 높음
단점	신뢰도 낮음	개인 역량에 따라 신뢰도 달라짐	함수식에 따라 신뢰도 달라짐	추정을 위한 많은 정보와 산정시간 필요

표 9.3 . 추정 기법 요약

2) 추정이 불확실한 이유

추정은 불확실성을 다루는 활동이다. 불확실성은 하나의 숫자로 표현되는 것이 아니라 구간과 확률로 표현된다. 경영층은 정확한 추정을 원하지만 '정확한 추정'이라는 말 자체가 모순적이다. 프로젝트 기간과 공수 추정에 영향을 주는 변수는 많으며, 변수의 수와 영향력의 크기에 따라 불확실한 정도도 달라진다. 하나의 값으로 정확한 프로젝트 기간, 공수 추정치를 말하는 것은 승용차로 서울에서 부산까지 가는 데 걸리는 시간을 정확하게 맞추려고 시도하는 것과 같다. "서울에서 부산까지 승용차로 얼마나 걸릴까요?"라고 물어봤을 때, 보통 사람이라면 4시간에서 5시간 사이를 이야기할 것이다(네비게이션의 도착 예정 시간을 보지 않는다고 가정하자). 신상품 개발의 추정은 서울에서 부산까지 승용차로 가는 시간을 추정하는 것보다는 훨씬 불확실하다. 그런데도 정확한 하나의 값을 요구하는 경우가 대부분이다. 추정이 정확하다는 것은 추정치와 결과값의 차이가 작다는 것인데, 그러기 위해서는 추정뿐 아니라 실행 및 통제를 제대로 수행해야 한다. 일정이나 MM 추정치를 물어보는 질문에는 아래와 같이 구간이나 확률의 개념으로 답변하는 것이 바람직하지만, 현실에서 경영층을 대상으로 "프로젝트 완료를 위해 필요한 기간은 4~5개월이며, 4개월 안에 완료할 가능성은 40% 정도입니다." 이렇게 답하면 최소 추정치로 확정되는 부작용(?)이 있을 수 있다.

추정이 불확실한 이유는 다음과 같다.

● 추정의 어려움

추정은 원래 어렵다. 추정하는 사람이 해당 업무 도메인에 대한 전문지식, 기술에 대한 지식이 없다면 추정의 불확실성은 더욱 높아진다. 또한 추정하는 업무 규모가 클수록 추정은 힘들어진다.

● 프로젝트 팀원 및 프로젝트 관리자 역량의 불확실성

추정은 미래의 실적을 예상하는 작업이며, 실적은 프로젝트 실행 생산성에 따라 달라진다. 프로젝트 실행 생산성에 영향을 미치는 요인은 개별 팀원의 역량, 팀워크, 프로젝트 관리자의 역량, 조직의 프로세스 성숙도 수준 등 다양하다. 전담 상품개발 조직을 이전부터 운영해왔다면 팀 생산성 추정이 용이하지만, 신규 상품 개발을 위해 팀을 새로이 구성했다면 팀 생산성을 추정하기 어렵다.

● 변하기 쉬운 요구사항

상품개발 단계를 진행하면서 상품 요구사항의 불확실성은 감소한다. 스티브 맥코넬(Steve McConnell)은 이를 '불확실성의 원뿔(cone of uncertainty)'이라고 하였다. 그림 9.13과 같이 프로젝트 초기에는 추정의 오차가 무려 16배가 된다. 추정을 불확실성을 줄이기 위해서는 프로젝트 팀원들이 개발할 내용을 정확하게 이해한 상태에서 프로젝트 팀원들이 사심 없이 추정하는 것이 가장 좋은 방법이다.

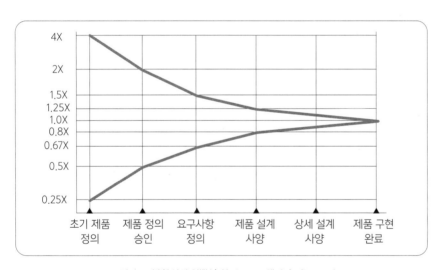

그림 9.13 불확실성 원뿔(출처:《소프트웨어 추정》, 2007)

3) 추정, 공약, 계획의 차이

상품관리자와 프로젝트 관리자는 구간 추정이 아닌 점 추정을 요청받는 것이 현실이다. '서울에서 부산까지 몇 시간 걸리는가'가 추정의 문제라면 '부산에 몇 시까지는 도착하겠다'는 공약(commitment)의 문제이다. **추정이 의욕을 배제한 객관적인 분석이라면, 공약은 의욕을 포함한 주관적인 약속이다.** 계획은 공약을 달성하기 위한 방안이다. 프로젝트에서 중요한 것은 공약이며, 추정은 공약을 위한 과정이다. 프로젝트 실패는 공약을 지키지 못한 것이며, 공약의 실패는 추정의 실패일 수도 있지만 실행의 실패일 수도 있다. 이상을 정리하면 그림 9.14와 같다.

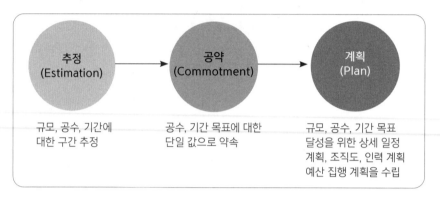

그림 9.14 추정, 공약, 계획의 차이

4) 상충되는 제약조건의 해결방안

신상품 개발의 대표적인 제약조건은 범위(개발 규모), 일정, 자원(예산), 품질이다. 제약조건들은 서로에게 영향을 미치기 때문에 제약조건들 간의 균형을 유지하는 것이 중요하다(그림 9.15).

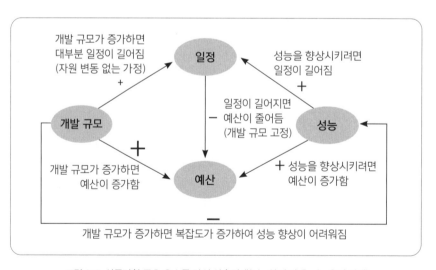

그림 9.15 상품기획 주요 요소들 간의 상충관계(+는 양의 관계, –는 음의 관계)

제약조건을 해결하기 위한 방법은 다음 세 가지가 있다.

❶ 자원제약 하에 주어진 업무를 완료하기 위한 일정을 추정

가용한 자원이 제한적일 때 주어진 자원으로 주어진 업무를 완료할 수 있는 기간을 추정하는 방법이다. 출시 일정이 덜 중요한 상품개발에 적용 가능하다.

❷ 일정제약 하에 주어진 업무를 완료하기 위한 자원을 추정

주어진 업무를 주어진 일정 내에 완료하기 위해 필요한 자원을 추정하는 방법이다. 전략적으로 중요한 신상품의 출시일 준수를 위해 자원을 집중할 때 적용한다.

❸ 제한된 자원이 주어진 일정 내에 완료 가능한 업무를 추정

애자일을 적용할 때 활용하는 추정 방법이다. 인원이 정해진 상품개발 팀이 매월 상품 개선 기능을 릴리즈하는 경우가 이에 해당한다. 상품 요구사항의 우선순위에 따라 정해진 일자에 릴리즈 가능한 범위를 조정 가능할 때 적용한다.

이상 세 가지 제약의 유형을 정리하면 그림 9.16과 같다.

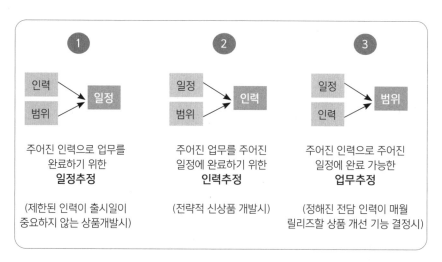

그림 9.16 세 가지 유형의 제약조건

현실에서는 범위제약, 자원제약, 일정제약은 동시에 주어지는 경우가 많다. 일정제약으로 진행한다고 해도 프로젝트 관리자가 원하는 자원을 지원받기는 힘들다. 이때 지원받는 자원과 필요한 자원의 갭이 커지면 일차적으로는 잔업으로 버티다 결국 품질을 희생하게 된다.

일정 준수를 위해 눈에 드러나지 않는 수준으로 품질을 희생시키는 것은 이슈가 되지 않지만 품질 이슈가 커지면 그림 9.17과 같이 일정지연과 원가초과가 발생한다.

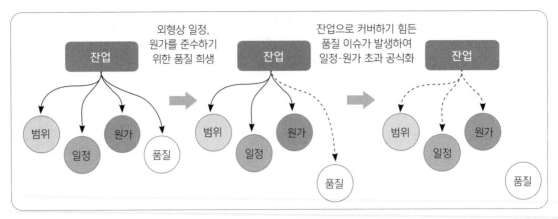

그림 9.17 잔업으로 지탱하는 범위, 일정, 원가, 품질의 문제

5) 과소 추정과 과다 추정의 문제점

과소 추정(under-estimation)과 과다 추정(over-estimation)은 논란이 많은 주제이다. 과다 추정은 10개월에 할 수 있는 일을 12개월에 하겠다고 추정하는 것을 의미한다. 반면 과소 추정은 10개월이 걸릴 업무를 의욕적으로 8개월 만에 끝내겠다고 하는 것이다.

추정 시점의 가정들이 프로젝트 끝까지 유효한 경우는 거의 없기 때문에 추정치를 '실적'과 비교하여 과소 추정인지, 과다 추정인지 판단하기는 쉽지 않다. 상품관리자는 과다 추정이라고 주장하고, 프로젝트 관리자는 과소 추정이라고 주장할 때, 대부분의 조직에는 이를 판단할 '판사'가 없다. 결국 승자는 조직에서 파워가 더 높은 쪽이 된다. 스티브 맥코넬이 《소프트웨어 추정》(2007)에서 주장하는 과다 추정의 피해와 과소 추정의 피해는 귀 기울여볼 필요가 있다.

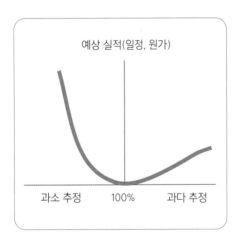

그림 9.18 과소 추정과 과다 추정의 피해
(출처: 《소프트웨어 추정》, 2007)

과다 추정의 피해는 과다 추정한 기간을 다 소모하는 것이다. 반면 과소 추정은 그보다 훨씬 큰 피해를 끼칠 수 있다. 무리한 짧은 납기를 달성하기 위해 우왕좌왕하면서 프로젝트를 관리하는 경우 목표 달성이 힘들어지고, 이해관계자는 일정이 지연된 것에 실망하게 된다. 그 결과, 이해관계자와의 불편한 순간을 피하기 위해 더 짧은 납기를 약속하게 되고 일은 더 꼬이는 악순환이 거듭된다.

과소 추정의 대표적인 피해는 실적진척 왜곡, 많은 오류 생성, 팀 사기 저하, 재작업 등을 들 수 있다. 결론적으로 말하면 프로젝트에서 과다 추정에 대한 불이익은 한계가 있는 반면, 과소 추정에 대한 불이익은 한계가 없다(그림 9.18).

과소 추정의 피해가 더 큰 이유 중 하나는 프로젝트 실적의 비대칭성이다. 프로젝트는 계획된 기간보다 훨씬 늦어지기는 쉽지만, 계획 기간보다 빨리 끝낼 수 있는 기간은 한계가 있다. 비행기 도착 시간을 상상하면 알 수 있다. 비행기가 도착 예정 시간보다 빨리 오는 경우는 드물다. 빨리 도착했다고 해도 예정 시간보다 30분 정도 빠르게 도착했을 뿐이다. 그러나 도착이 지연되는 경우에는 몇 시간에서 심하면 하루 이상 시간이 걸릴 수도 있다.

6) 공약이 실적에 미치는 영향

프로젝트 공약은 실적에 영향을 미친다. 추정은 프로젝트의 상황을 종합적으로 고려하여 미래의 성과를 예측하지만, 공약은 약속의 의미가 있기 때문에 프로젝트 성과에 영향을 미친다.

많은 프로젝트가 계획한 원가목표와 일정목표 근처에서 완료하는 것은 공약에 맞추어 작업을 끝내려고 하기 때문이다. 스티브 맥코넬은 숙련된 프로젝트 관리자라면 추정 오차 20%까지는 프로젝트 목표를 달성할 수 있다고 한다. 공약이 실적에 영향을 미치는 것을 파악하기 위해서는 비슷한 생산성을 가진 프로젝트 팀원들에게 같은 작업 지시를 하면서 언제까지 끝내라는 지시를 하지 않고 작업을 완료한 뒤 보고하라고 할 때 그 결과를 예상하면 된다. 아마도 개인의 성향에 따라 차이가 클 것이다. 반대로 같은 팀원들을 대상으로 목표 완료일을 제시한다면 실적 완료일은 큰 차이가 없을 것이다.

7) 추정시 유의사항

추정의 신뢰도를 높이기 위한 고려사항은 다음과 같다.

● 시간 도둑(time robber)을 고려한다.

프로젝트를 진행할 때는 계획된 일만 하는 것은 아니다. 보통 프로젝트에 꼭 필요한 작업의 추정은 잘하면서 기타 업무의 추정은 하찮게 여기는 경우가 많다. 예를 들어 상품개발 업무 외 조직의 요청 업무, 교육, 재작업, 휴가, 경조사 등에 투입되는 시간이나 비용은 간과하기 쉽다. 기간과 공수를 추정할 때는 생산성을 80% 정도만 가정하는 것이 바람직하다.

● 규모의 비경제(diseconomy of scale)를 감안한다.

생산량이 많을수록 생산 단가가 낮아지는 것을 '규모의 경제'라 한다. 소프트웨어 개발은 반대이다. 개발 규모가 커질수록 생산성이 낮아진다. 규모의 비경제가 발생하는 이유는 개발 규모가 커질수록 복잡도, 인터페이스, 의사소통 비용, 관리비용이 증가하기 때문이다. 따라서 소프트웨어 개발MM은 규모가 커질수

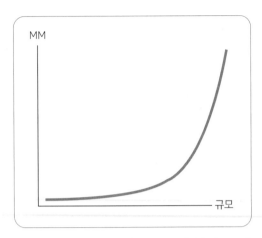

그림 9.19 규모의 비경제(출처:《소프트웨어 추정》, 2007)

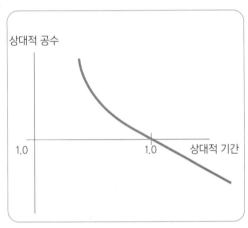

그림 9.20 동일한 업무를 수행할 때 기간이 공수에 미치는
영향 (출처:《소프트웨어 추정》, 2007)

록 비선형적으로 증가한다(그림 9.19).

● 개발기간에 따라 적정 공수가 달라진다.

동일한 업무를 하더라도 기간에 따라 전체 공수는
달라진다. 극단적으로 예를 들어, 한 명이 10개월 동
안 할 수 있는 일을 10명이 1개월 안에 끝낼 수 있을
까? 그렇지 않을 것이다.

그림 9.20과 같이 적정 기간 안에 업무를 완료하
기 위해 필요한 공수가 1.0이라면 같은 업무를 더 짧
은 기간에 완료하기 위해서는 상대적으로 더 많은
공수가 필요하다. 더 긴 기간이 주어지면 상대적으
로 더 적은 공수로도 업무를 완료할 수 있다. 물론
작업이 단순하고 반복적이라면 기간이 공수에 미치
는 영향이 없을 수 있지만 대부분의 소프트웨어 개
발은 같은 업무를 하더라도 기간에 따라 전체 공수
가 달라진다. 소프트웨어 코딩 공수를 줄이는 확실
한 방법은 한 명에게 모든 업무를 맡기는 것이다.

● 즉석 추정은 피한다.

경영층은 프로젝트 관리자에게 기습적으로 추정에
관한 의견을 물어보는 경우가 많다. 예를 들어 커피
를 마시는 편한 자리에서 업무를 간단히 설명하고
"○○ 프로젝트 관리자라면 신상품 개발을 6개월 내
에 끝낼 수 있겠죠?"와 같은 식이다. 프로젝트 관리
자는 경영층이 물어보는데, 대답을 할 수도, 안 할 수도 없는 난처한 상황에 처
한다. 그러나 즉석 추정은 피하는 것이 좋다. 프로젝트 관리자 입에서 나온 추
정은 상대방이 약속으로 받아들이기 때문이다. 프로젝트 관리자가 이야기한
추정치는 변경이 힘들다. 이처럼 최초 추정치가 향후 추정의 기준이 되는 것을
'닻 효과(anchor effect)'라고 한다. 어떤 경우라도 팀원들과 개발 내용을 검토한
후 추정치를 제시하는 것이 바람직하다.

● 요구사항과 작업 분할 후에 추정한다.

개발 규모, 공수, 원가는 요구사항과 작업을 기반으로 추정한다. 너무 큰 요구사
항이나 작업은 추정 오류를 높인다. 반면 작은 규모로 상세하게 분류하면 대수
의 법칙이 적용되어 추정 오류가 상쇄되는 효과가 있다. 추정의 오류가 상쇄된
다는 것은 과다 추정과 과소 추정이 혼합되어 프로젝트 전체로 보면 추정의 오

류가 줄어드는 것을 의미한다.

● 프로젝트 규모에 따라 추정 방법을 다르게 한다.

소규모 프로젝트는 개인의 경험을 바탕으로 상향식으로 추정하고, 대형 프로젝트는 계획 초기에는 모델을 활용하여 하향식으로, 계획 확정 시점에 상향식으로 추정하는 것이 적합하다. 소규모 프로젝트에서는 개인의 역량이 생산성에 많은 영향을 주지만, 대형 프로젝트일수록 관리 체계와 같은 조직적 변수가 생산성에 영향을 미친다.

● 추정을 위한 시간과 추정의 신뢰도는 비례하지 않는다.

짧은 시간에 계산한 추정치가 많은 시간을 들여 계산한 추정치와 크게 차이가 나지 않는 경우가 많다. 일정 수준 까지는 적은 노력으로도 추정의 신뢰도를 높일 수 있다.

● 기간 추정에 이견이 있을 때는 평균보다 합의가 중요하다.

프로젝트 작업 기간 추정에 대해 팀원들 사이에 이견이 있을 때는 각자의 추정 근거를 설명하고, 관련 팀원들이 합의를 거쳐 기간 추정치를 확정하는 것이 바람직하다. 작업 기간의 추정치가 다르다고 단순히 산술평균을 하는 것은 위험하다.

9.3 상품개발 계획수립시 유의사항

개발상품의 특성, 경쟁 환경, 제약조건, 개발 팀의 역량을 고려하여 상품개발 계획을 수립해야 한다. 다음은 상품개발 계획수립에서 유의할 사항들이다

● 상품 요구사항은 변한다.

상품 요구사항을 잘못 파악한 것인지, 상품 요구사항이 변하는 것인지는 판단하기 어렵지만 어쨌든 외형적으로는 대부분의 상품개발에서 요구사항은 변한다. 변경으로 인한 영향력을 최소화하기 위해서는 요구사항 변동성이 낮은 요구사항 중 우선순위가 높은 것부터 개발한다.

● 계획 준수가 중요할수록 추정에 유의한다.

특정 고객과 소프트웨어 납품 계약을 체결했거나 출시 경쟁이 치열한 상품은 상품개발 계획서에 정의된 일정, 개발 범위, 예산 준수가 중요하다. 계획 준수가 중요하면 계획 변경이 쉽지 않기에 추정의 신뢰도를 최대한 높여야 한다. 추정 오차를 줄이기 위해서는 개발 범위에 포함되는 것, 포함되지 않는 것, 기타 가정을 명확히 해야 한다.

● 팀원의 투입 시기 및 근무 형태를 감안하여 일정계획을 수립한다.

프로젝트 관리자에게 가장 좋은 것은 모든 팀원들이 풀타임으로 같은 장소에서 근무하는 것이다. 그러나 아키텍터, QA, 디자이너는 풀타임으로 투입되지 않거나 다른 사무실에서 근무할 수도 있다. 심지어 해외 개발센터에 소프트웨어 개발 일부를 위탁할 수 있다. 프로젝트 수행 장소가 분산되면 문서 작성량이 많아지고 의사소통이 어려워진다. 팀원들이 멀티 프로젝트를 수행하면 팀원 중 일부가 적기에 투입되지 못하거나 프로젝트 수행 도중 다른 프로젝트를 지원할 수 있다. 풀타임 투입이 아니라면 생산성을 낮추어 계획을 수립하거나 일정계획을 수립할 때 버퍼를 감안하는 것이 바람직하다.

● 신상품 유형에 따라 상품개발 계획 및 관리의 상세화 수준을 달리한다.

기존 상품 개선이 아닌 신규 상품을 개발할 때는 아키텍처, 데이터베이스, 디자인 모두를 신규로 정의하고 검증해야 하기에 상품 개발의 위험이 높아진다. 상품 개발의 위험이 높으면 단계별 검토 횟수도 많고 검토 항목도 많아지기 때문에 기존 상품보다 개발 생산성을 낮게 반영해야 한다.

● 상품개발 계획은 반복, 상세화 과정을 거쳐 확정된다.

상품기획 초기에는 상위 수준의 상품개발 목표를 정의하고 상품기획을 진행하면서 개발 계획을 구체화한다. 상품개발 계획서는 상품개발 전략이나 개발 정보의 불확실성이 낮아질수록 구체화된다. 이는 상품기획서도 마찬가지이다.

● 제약조건을 감안한 계획을 수립한다.

프로젝트 관리자에게 주어지는 상품개발의 제약조건은 수단제약(자원, 예산, 개발장소, 툴)과 목표제약(일정, 범위, 품질)으로 구분된다. 상품개발 계획서는 주어진 제약조건을 만족시키는 동시에 최적화(원가 최소화, 성과 최대화)를 달성해야 한다.

● 상품개발의 불확실성을 없앨 수 없다.

상품개발 계획서는 불완전한 지도와 같다. 완전한 지도는 프로젝트 종료 이후에 완성된다. 상품혁신의 정도가 높고(즉 상품 수명주기의 초기), 상품기획 시간이 짧고, 팀원의 경험이나 역량이 낮을수록 지도의 완성도가 낮아진다.

"불확실하면 불편하다. 하지만 확실하려다 보면 우스꽝스러워진다"는 중국 속담처럼 불확실성은 상품개발의 숙명이다. 특히 소프트웨어 상품개발은 하드웨어 상품개발에 비해 상품개발 도중 요구사항의 변경 가능성이 높은 편이다. 계획의 불확실성은 피할 수 없다. 불확실성을 어떻게 다루는가가 중요하다.

● 상품개발 계획의 가정은 최소화하고, 명확하게 문서화한다.

상품개발 계획을 빨리 확정하기 위해 가정을 사실로 판단하면 상품개발 계획서의 예측 가능성은 낮아진다. 왜냐하면 사실로 판단한 가정이 미래에 어떻게 될지 모를 뿐더러 안다고 해도 상품개발 계획서에 조건부 목표를 반영하기 힘들기 때문이다.

예를 들어 A조건이라면 개발기간이 10개월이고, B조건 이라면 개발기간이 8개월이라고 딱 잘라 정의할 수 없다. 또한 프로젝트 관리자가 B조건을 가정하고 8개월이라는 목표를 설정했을 때 가정은 잊혀지고 목표만 기억되는 상황이 올 수 있다. 따라서 프로젝트 성과에 영향을 미칠 수 있는 중요한 가정들은 별도 페이지에 명확하게 기술해 두는 것이 좋다. 개발 계획을 수립할 때의 가정이 적합한지 이해관계자들이 검토해야 하고, 프로젝트를 진행할 때에도 가정이 유효한지 정기적으로 검토해야 하기 때문이다. 가정이 적을수록 상품개발 계획서의 예측 가능성은 높아진다. 상품개발 계획의 예측 가능성에 영향을 미치는 가정의 예는 그림 9.21과 같다.

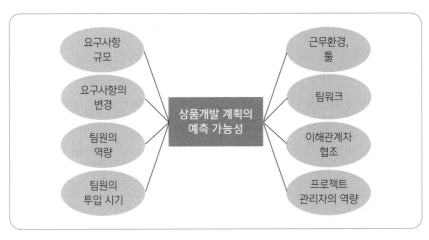

그림 9.21 상품개발 계획의 예측 가능성에 영향을 미치는 가정들

● 상품개발 계획서는 평가의 목적보다 프로젝트 수행을 위한 목적으로 활용한다.
상품개발 계획서는 특정 시점에서 주어진 정보를 바탕으로 수립한 것이기에 불확실성의 편차가 크다. 계획수립 시점에서는 편차의 크기를 가늠하기 힘들 뿐이다. 따라서 평가 수단으로 상품개발 계획서를 활용하면 다음의 부작용이 생길 수 있다.

● 상품개발 팀은 원가, 일정, 인적자원의 추정치에 버퍼를 반영한다.
상품개발 계획서의 내용을 달성하지 못할 경우 프로젝트 팀이 불이익을 받는다면, 상품개발 팀은 불확실한 미래에 대비하기 위해 자원과 시간 추정치에 각종 버퍼(일종의 보험)를 반영한다. 물론 경영층도 이를 알기에 상품개발 팀이 수립한 계획을 그대로 승인하지 않고 일정 비율(예: 10%)을 삭감한다. 이렇게 상품개발 계획은 협상의 대상이 된다. 일부 순진한 프로젝트 관리자는 피해를 보고, 정치적인 프로젝트 관리자는 더 많은 버퍼를 숨기거나 정당화하는 논리를 개발한다.

- **객관적으로 확인하기 힘든 추정의 신뢰성 때문에 조직 내 갈등이 발생한다.**

상품관리자와 경영층이 상품개발 팀의 일정과 예산 추정치를 불신하면 갈등이 발생하고 이는 이해관계자들의 팀워크를 떨어뜨리는 요인이 된다. 누구의 추정치가 맞는지 확인할 방법마저 없다면 이러한 불신은 일상이 될 수도 있다.

- **상품판매의 성공보다 상품개발의 성공을 우선시한다.**

상품은 판매하기 위해 개발하는 것인데, 개발 팀을 개발 목표 준수 여부로 평가하면 개발 팀은 잘못된 기능을 일정 내 개발하는 것에 집중할 수 있다. 예를 들어 평가지표가 '계획된 상품 요구사항의 납기 준수율'이라면 상품 요구사항을 변경하기 어려워진다. 따라서 상품기획, 상품개발 팀을 평가하는 기준은 '수익'이나 '매출' 지표로 설정하는 것이 바람직하다.

- **계획 준수에 대한 압박은 마지막까지 문제를 숨기도록 만든다.**

한번 수립한 계획은 변경하면 안 된다는 조직문화는 프로젝트 관리자가 마지막까지 문제를 숨기도록 만든다. 중간에 말하면 끝날 때까지 각종 보고에 시달리기 때문에, 매를 맞더라도 마지막에 맞는 것이 좋다고 생각한다.

영화 〈기생충〉에서 아버지(송강호 역)가 체육관에 누워 아들(최우식 역)에게 이야기하는 다음의 대사는 계획 준수의 어려움을 잘 설명한다.

> "아들아, 가장 좋은 계획이 뭔 줄 아니? 무계획이다. 계획을 세우면 반드시 계획대로 안 되고, 실망하게 되어있어."

- **개발 완료일이 결정되지 않으면 '미정'으로 표현한다.**

외부에 공유하는 문서에 '개발 완료일 미정'이라고 말하기 부담스러워 나중에 변경할 마음으로 '6월 완료' '12월 완료'라고 작성하지 않아야 한다. 문서에 적혀 공유된 일정은 변경하기 힘들다.

- **점진적으로 계획을 상세화한다.**

대부분의 프로젝트에서 가까운 미래는 상세한 계획을 수립할 수 있지만, 먼 미래는 개략적인 계획을 수립할 수밖에 없다. 그림 9.22와 같이 스프린트 주기가 1개월이고 전체 개발기간이 4개월인 상품개발의 예를 살펴보자. 스프린트 1은 개발할 상품 요구사항과 일정이 있지만 스프린트 2는 상품 요구사항만 있고 개발 일정은 스프린트 1이 끝날 시점에 정의한다. 스프린트 3과 4는 상품 요구사항을 배정하지 않은 상태이다.

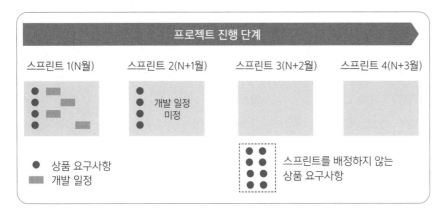

그림 9.22 점진적 상세화 계획수립의 예시

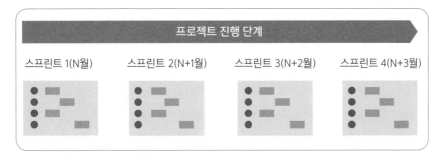

그림 9.23 정보가 부족한 상황에서 무리한 계획수립의 예시

주어진 정보로는 그림 9.22와 같은 계획을 수립할 수밖에 없다. 그런데 무리하게 그림 9.23과 같은 계획을 수립하면 계획수립 기간이 길어지고 변경사항이 발생했을 때 이해관계자들과 계획 조정을 위한 의사소통 낭비가 발생하게 된다. '계획 상세화'와 '계획 변경'은 어감이 다르다. 그림 9.22는 변경이 아니라 계획을 점진적으로 상세화하는 것이고, 그림 9.23은 처음부터 상세한 계획을 수립했기에 계획 변경이 된다. 상품관리자나 프로젝트 관리자에게 '계획 변경'은 좋은 단어가 아니다.

점진적 계획수립의 장점은 다음과 같다.
● 계획수립 시간을 최소화한다.
● 정보가 확실해지는 시점에 의사결정을 하기 때문에 변경 가능성이 낮다.
● 계획 준수에 대한 부작용을 최소화한다.
● 상품개발 도중 고객 VOC 반영을 반영할 수 있다.

- 계획에 대해 팀원의 자발적 동의를 확보한다.

예상하지 못했던 어려움이나 문제점이 발생했을 때 팀원들은 "~때문에 목표를 달성하기 힘들다"고 핑계를 찾거나 "~임에도 불구하고 목표를 달성하겠다"며 의지를 다지는 두 가지 반응으로 나누어진다. 프로젝트 계획에 대해 팀원이 자발적 동의를 하면 '~임에도 불구하고'의 태도를 취할 가능성이 높아진다. 상품개발 계획에 대해 팀원들의 자발적 동의를 확보하는 방법은 상품개발 계획을 수립할 때 팀원들을 참여시키는 것이다. 사전에 협의하지 않은 계획에 관해서는 보통 부정적인 선입견을 가지기 쉽다.

- 스프린트 계획수립시 다음에 유의한다.

- **각 스프린트에 다음 스프린트를 준비하는 활동을 포함한다.**

특정 스프린트가 끝났는데 다음에 착수할 스프린트를 준비하지 않는다면 다음 스프린트 착수가 지연된다. 다음 스프린트 착수를 위한 준비로는 상품 요구사항 상세화, 화면 디자인 완료 등이 대표적인 활동이다.

- **특정 유형의 업무만 하는 스프린트를 수행해서는 안 된다.**

예로 첫 번째 스프린터에서 분석, 두 번째 스프린터에서 설계를 수행하는 방식을 들 수 있다. 이는 애자일을 빙자한 폭포수 개발이다. 스프린트가 끝나면 작아도 고객에게 의미 있는 결과물이 완성되어야 한다.

- **운영업무의 비중을 감안하여 스프린트 업무 계획을 수립한다.**

긴급하게 발생하는 운영업무 수행을 위해 팀 전체 공수의 일정 비율을 반영한다. 긴급하게 결함을 수정하여 배포하는 작업을 응급패치(hot fix)라고 부른다.

- **첫 번째 스프린트는 프로젝트 착수 준비를 위한 활동을 수행할 수 있다.**

프로젝트 아키텍처 설계, 고객가치 분석 및 상세화, 화면 표준 설계, 데이터 설계, 개발 환경 구축 등 본격적인 개발을 준비하는 활동을 첫 번째 스프린트에서 수행할 수 있다. 이를 '스프린트 0'으로 표현하기도 한다.

- **마지막 스프린트는 통합 테스트 및 최종 검수활동을 수행할 수 있다.**

마지막 스프린트에서는 프로젝트 종료를 위한 품질검증 활동을 수행할 수 있다.

- **스프린트 주기는 프로젝트 상황에 따라 결정하되 동일 주기를 유지한다.**

보통 스프린트 주기는 2~4주가 일반적이다. 팀원이 애자일 방법론에 익숙하지 않으면 처음에 긴 스프린트 주기를 적용하다 팀원의 경험과 역량이 쌓이면 스프린트 주기 단축을 검토한다.

- **UX 디자인은 코딩보다 선행한다.**

  UX 디자인은 하나 정도의 스프린트를 선행하면서 해당 스프린트에서는 개발자들의 질문에 답하고 필요하다면 디자인을 수정하는 작업을 수행한다.

- **스프린트에서 단위 테스트를 완료한다.**

  각 스프린트 계획을 수립할 때 단위 테스트 및 결함 수정을 감안한 일정계획을 수립한다.

- **스프린트는 금요일에 시작할 수도 있다.**

  대부분 스프린트는 월요일에 시작한다. 조직에 따라 매주 월요일마다 회의나 보고가 있으면 스프린트 착수를 위한 계획수립이 부담스러울 수 있다. 그런 상황에서는 금요일에 스프린트 계획을 수립하는 것이 효과적이다. 이는 스프린트 종료를 목요일로 할지, 금요일로 할지와 같은 문제이다. 스프린트 종료일을 목요일로 하면 금요일 발생하는 결함에 대해 주말에 대응할 여유가 생기는 장점이 있다. 금요일 종료, 월요일 착수라는 고정관념에서 벗어날 필요가 있다.

9장 핵심요약

9.1 상품개발 계획수립 개요

- 상품관리자는 상품기획서에 상위 수준의 개발 목표(what to do)를 정의하고, 프로젝트 관리자는 상품개발 계획서에 개발 계획(how to do)을 정의한다.
- 상품개발 계획서는 상품 요구사항, 상품 요구사항 변경통제 프로세스, 일정계획, 품질관리 계획, 자동화 도구 적용 계획, 조직도 및 인력운영 계획, 의사소통 계획, 위험관리 계획 등을 포함한다.
- 좋은 상품개발 계획서의 특징
  - 실행이 용이하고 달성 가능성이 높은 계획
  - 이해관계자 및 팀원이 합의한 계획
  - 구체적인 계획
  - 상황 변화에 신속하고 빨리 대응할 수 있는 계획
- 계획을 중시하는 전통적인 방법론은 범위와 일정 목표를 달성할 수 있는 자원추정을 중요시하는 반면, 애자일 방법론은 주어진 일정과 자원으로 구현할 수 있는 최대한의 범위를 중요시한다.
- 애자일 프로젝트의 계획은, 착수시 수립하는 상위 수준의 계획인 릴리즈 계획과 프로젝트를 진행하면서 수립하는 스프린트 계획으로 나누어진다
- 스토리 점수는 상품 요구사항(사용자 스토리)의 규모를 측정하는 단위이다.
- 속도(velocity)는 생산성의 개념으로, 특정 팀이 하나의 스프린트에서 구현할 수 있는 평균 스토리 점수를 의미한다.

9.2 상품개발 계획수립과 추정

- 하향식 추정은 프로젝트 관리자가 그 동안의 경험을 바탕으로 짧은 시간 에 프로젝트 투입 MM 또는 개발기간을 추정할 때 주로 활용한다.
- 상향식 추정은 팀원들이 추정한 각 작업의 기간, MD(또는 MM)를 취합하여 전체 프로젝트의 MM와 개발기간을 추정할 때 활용한다.
- 추정이 의욕치를 배제한 객관적인 분석의 과정이라면, 공약은 의욕치를 포함한 주관적인 약속의 과정이다. 계획은 공약을 달성하기 위한 방안이다.
- 신상품 제약조건의 해결방법
  - 자원제약 하에 주어진 업무를 완료하기 위한 일정을 추정
  - 일정제약 하에 주어진 업무를 완료하기 위한 자원을 추정
  - 제한된 자원이 주어진 일정 내에 완료 가능한 업무를 추정
- 과소 추정 피해가 더 큰 이유 중 하나는 프로젝트 실적의 비대칭성이다. 계획된 기간보다 늦어지기는 쉽지만, 계획 기간보다 빨리 끝낼 수 있는 기간은 한계가 있다.
- 추정은 프로젝트의 상황을 종합적으로 고려하여 미래의 성과를 예측하는 활동이라고 이해하지만, 실제로는 추정치가 목표의 기능이 있기 때문에 프로젝트 성과에 영향을 미친다.
- 추정의 신뢰도를 향상하기 위한 고려사항
  - 시간 도둑(time robber)을 고려한다.
  - 규모의 비경제(diseconomy of scale)를 감안한다.
  - 개발기간에 따라 적정 공수가 달라진다.
  - 즉석 추정은 피한다.
  - 기간 추정에 이견이 있을 때는 평균보다 합의가 중요하다.

9장 핵심요약

9.3 상품개발 계획수립시 유의사항

- 상품 요구사항은 변한다.
- 계획 준수가 중요할수록 추정에 유의한다.
- 팀원의 투입 시기와 근무 형태를 감안하여 일정계획을 수립한다.
- 신상품 유형에 따라 상품개발 계획 및 관리의 상세화 수준을 달리한다.
- 상품 개발 계획은 반복, 상세화 과정을 거쳐 확정되고 변경된다.
- 제약조건을 감안한 계획을 수립한다.
- 상품개발 계획의 불확실성을 없앨 수 없다.
- 상품개발 계획서는 평가의 목적보다 프로젝트 수행을 위한 목적으로 작성한다.
- 점진적으로 계획을 상세화한다.
- 상품개발 도중 고객 VOC 반영을 고려한다.
- 팀원의 동의(커미트먼트)를 확보한다.
- 애자일의 스프린트 적용시 다음에 유의한다.
  - 각 스프린트에 다음 스프린트를 준비하는 활동을 포함한다.
  - 첫 번째 스프린트는 프로젝트 착수 준비를 위한 활동을 수행할 수 있다.
  - 마지막 스프린트는 통합 테스트 및 최종 검수활동을 수행할 수 있다..
  - 스프린트 주기는 프로젝트 상황에 따라 결정하되 동일 주기를 유지한다.
  - UX 디자인은 코딩보다 선행한다.
  - 스프린트에서 단위 테스트를 완료한다.

요구사항 관리

10장은 상품 요구사항의 정의, 우선순위 결정, 변경관리를 설명한다. 상품 요구사항 정의는 상품기획 시점에서 모든 요구사항을 상세화하지 않고 상품개발 도중에 상세화하거나 변경한다. 이러한 이유로 10장의 내용이 상품관리자의 역할에 관한 것이긴 하나 프로젝트 관리 영역에 배치하였다.

상품개발과 관련된 이해관계자는 상품 요구사항을 동일하게 이해하고 공감해야 한다. 따라서 상품 요구사항은 문서로 정리하기 전에 이해관계자들이 충분히 토의해야 한다. 대부분의 이해는 토의를 통해 이루어지며 문서는 이해를 거들 뿐이다. 상품 요구사항을 정의한 후에는 개발 우선순위를 정해야 한다. 개발 우선순위는 고객가치, 개발 예산, 규제 등을 종합적으로 고려하여 상품관리자가 결정한다. 전통적으로 요구사항 변경관리는 변경을 예방하는 데 중점을 두었지만 애자일 방법론이 확산되면서 필요한 변경을 빨리 파악하는 것에 중점을 두는 것으로 바뀌고 있다.

10.1 상품 요구사항 정의

상품 요구사항 정의는 상품개발에서 가장 중요한 활동이다. 상품 요구사항 정의는 시장 분석, 고객 분석, 고객가치 분석의 연장선에서 수행한다. 이번 섹션에서는 상품 요구사항을 정의할 때 고려사항, 좋은 요구사항 문서가 갖추어야 할 조건, 사용자 스토리를 설명한다.

1) 상품 요구사항을 정의할 때 고려사항

상품 요구사항의 개념과 요구사항을 정의하는 방법을 이해하기 위해서는 다음에 유의해야 한다.

● **고객의 불편과 해결방안에 대한 상품개발 팀의 공통된 이해가 중요하다.**

상품개발 팀의 관점에서 상품 요구사항은 '개발해야 할 스펙이나 기능'이지만 사용자 관점에서 상품 요구사항은 '해결하고 싶은 문제'이다. 스토리라는 용어를 정의한 캔트 백(Kent Beck)은 상품 요구사항에 관해 말할 때 이야기하듯이 소통하는 태도를 강조하였다.

상품 요구사항은 개발에 착수하기 전에 고객가치를 검증해야 하고 상품관리자, 개발자, 테스터, UX 디자이너 모두 고객의 불편과 해결방안에 대해 동일하게 이해해야 한다. 그렇지 않으면 고객이 원하지 않는 상품을 개발하거나, 비싼 비용으로 개발하게 된다. 고객의 문제를 정확하게 이해하는 사람과 그 문제를 해결할 수 있는 사람이 충분히 소통해야 제대로 된 상품 요구사항을 정의할 수 있다.

● **상품 요구사항 정의는 바위 속에 숨겨진 보석을 찾는 과정과 같다.**

상품 요구사항 정의는 시장과 고객에 대한 분석에서 시작한다. 이 시점에서 취합되는 정보는 양도 많고 오해하기도 쉽다. 요구사항을 정제하는 과정은 보석이 숨어있는 바위를 골라 바위를 쪼개어 보석을 찾는 것에 비유할 수 있다. 그냥 돌멩이를 보석으로 가공할 수는 없다. 보석이 있는 바위를 골라내기도 어렵고, 바위 속에 숨은 보석을 찾기도 쉽지 않다. 보석이 있는 원석을 가공하여 보석으로 만드는 것은 상품개발에 해당하며 상대적으로 쉬운 일이다.

● **요구사항 문서는 이해를 도울뿐이다.**

상품 요구사항 문서는 여행 사진과 비슷하다. 여행지에서 찍은 사진은 여행의 추억을 떠오르게 하는 도구일 뿐이다. 여행지에 도착하기까지의 과정, 그 순간의 풍광, 그때 나누었던 대화는 사진이 아닌 기억 속에 있다. 여행을 함께 하지 못했던 사람들은 사진만 보고서는 그 경험을 절대로 알 수 없다.

마찬가지로, 요구사항 문서는 토론했던 내용의 최종 결과만 요약할 뿐이다. 토론 과정에서 논의했던 내용, 토론의 분위기 등을 모두 문서에 담을 수 없다. 그러나 여행을 함께 했던 가족이 사진을 보고 여행의 경험을 기억하듯이, 토론에 참여했던 이해관계자들은 요구사항 문서를 보고 토의했던 내용과 맥락을 정확하게 이해할 수 있다.

요구사항 문서는 이해를 돕고, 요구사항 토의는 이해의 깊이를 더한다. 화이트보드를 활용하여 토의한 경우에는 사진을 찍어 요구사항 문서(또는 Jira와 같은 도구)에 첨부하면 나중에 요구사항 문서를 이해하는 데 도움이 된다. 토의에 참석했던 사람들의 이름을 적어 두면 요구사항 내용이 불확실할 때 문의할 수도 있다. 〔요구사항 문서를 사진에 비유하는 아이디어는 《사용자 스토리 맵 만들기》(2018)에서 얻었다〕

요구사항 의사소통의 어려움을 잘 표현한 그림(일명 요구사항 그네)을 예로 들면 다음과 같다(그림 10.1).

그림 10.1 잘못된 요구사항 관리의 결과(출처: THE PROJECT CARTOON.com, ver. 1.5)

- **요구사항을 바라보는 관점에 따라 적정 요구사항의 크기가 달라진다.**
- 비즈니스 관점에서 최소한의 요구사항은 고객의 지갑을 열 수 있을 만큼의 가치를 포함한다. 이는 상품 릴리즈 관점의 요구사항 묶음을 의미한다. 예를 들어 도어록과 연동하기 위한 스마트폰 앱의 최소한의 기능은 '도어록과 집 와이파이의 연결' '앱을 활용한 원격 문 열기' '출입 이력 조회' 이다.
- 사용자 관점에서 최소한의 요구사항은 유의미한 결과를 얻는 시나리오를 의

미한다. 애자일에서는 이를 에픽(epic)이라고 한다. 도어록 앱에서는 '출입 이력 관리'를 예로 들 수 있다.

- 개발자 관점에서 최소한의 요구사항은 개발하고 테스트하기 용이한 규모를 의미한다(예: 일주일 내 개발 가능한 크기). 이는 상품관리자가 정의한 상위 수준의 요구사항(에픽)을 개발하고 관리하기에 적합한 크기로 분할한 것을 의미한다. 애자일에서는 이를 사용자 스토리라고 한다. 도어록 앱에서는 '출입 이력 알람 메시지 수신'과 '출입 이력 알람 메시지 설정'으로 구분할 수 있다.

● **사용자 스토리맵을 작성하여 전체 요구사항을 체계적으로 이해한다.**

사용자 스토리맵이란 그림 10.2와 같이 하나의 카드(또는 포스트 잇)에 요구사항을 작성하여 고객 경험 순서에 따라 왼쪽에서 오른쪽으로, 상세화 수준에 따라 위에서 아래로 배치한 것이다

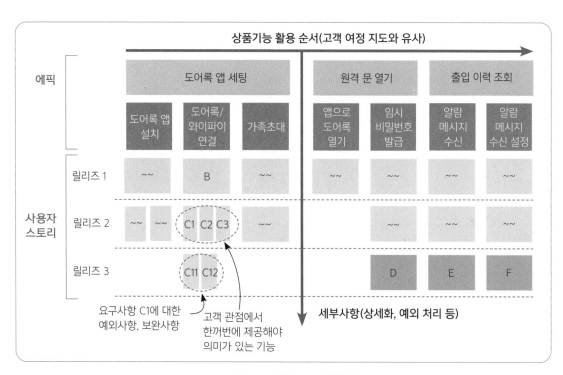

그림 10.2 사용자 스토리맵의 예시

사용자 스토리맵을 작성할 때 유의할 사항은 다음과 같다.

- **초기에는 깊이보다 너비(행)에 집중한다.**

  중요한 요구사항이 누락되는 것을 방지하려면 고객 경험의 순서대로 전체를 나열하는 것이 중요하다.

- **요구사항에 따라 깊이(열)는 달라진다.**

  요구사항을 상세화할 때에는 요구사항의 분류(에픽, 사용자 스토리) 계층을 고민하지 않고 논리에 따라 깊이 내려간다. 돌멩이를 쪼개어도 돌멩이인 것처럼 요구사항은 분할해도 요구사항이다. 큰 요구사항은 3레벨, 4레벨까지 분할할 수도 있다.

- **같은 레벨의 요구사항이라도 릴리즈 순서를 다르게 표현할 수 있다.**

  그림 10.2에서 B와 C1은 같은 레벨이지만 릴리즈 순서가 다른 것이고, C1은 'C11, C12'와 레벨도 다르고 릴리즈 순서도 다르다.

- **사용자 스토리의 특성에 따라 사용자 스토리를 구분할 수 있으며 이를 테마(theme)라고 한다.**

  예를 들어 고객의 유형, 국가, 릴리즈에 따라 사용자 스토리를 구분할 때는 그림 10.2의 D, F, E처럼 같은 색깔로 구분하여 표시할 수 있다. (예를 들어 D, E, F는 사무실처럼 사용자가 많은 고객을 위한 도어록 앱 기능이다.)

사용자 스토리맵을 활용하면 다음과 같은 장점이 있다.

- 상품개발 팀원들의 대화를 촉진한다. 스토리맵은 책상에 앉아서 작성할 수 없다. 1~2일 동안 워크숍을 통해 초기 버전의 사용자 스토리맵을 완성하며 이 과정에서 많은 토의가 이루어진다.
- 고객 관점에서 상품을 사용하는 시나리오 전체를 파악하기 용이하다. 프로젝트 팀원들이 전체 사용자 스토리를 한눈에 볼 수 있어 통합 관점에서 토의가 가능하다. 백로그 목록은 이러한 기능을 제공할 수 없다.
- 사용자 스토리를 추가, 삭제할 때 영향받는 사용자 스토리 확인이 용이하다.
- 릴리즈 차수별 요구사항을 파악하기 용이하다.

조직에 따라 요구사항의 계층을 분류하는 기준은 다를 수 있다. 에픽과 사용자 스토리의 계층은 명확하지만 테마와 피처는 조직에 따라 달리 정의하거나 정의하지 않을 수도 있다. 예를 들어 테마를 사용자 스토리의 유형이 아닌 에픽보다 상위 개념인 '이니셔티브(initiative)'와 같이 사용하기도 한다. '장바구니의 구매 전환률 개선'은 이니셔티브에 해당한다. 에픽은 하나의 사용자 스토리로 완성되기 힘든 큰 요구사항으로 장바구니 구매 전환률 개선을 위한 'UX 개선' '연계 쇼핑몰 확대' '프로모션 확대'와 같은 예를 들 수 있다. 백로그는 요구사항의 계층을 분류하는 용어가 아니다. 돌멩이를 쪼개어도 돌멩이인데, 많은 사람들이 분류에 집착하는 것은 지적인 호기심도 있지만 서로 얼마나 큰 돌멩이를 이야기하는지 명확하게 하고 싶은 것도 있다(돌멩이에 맞을 수도 있다고 생각하는 프로젝트 팀은 크기에 관심이 많을 수밖에 없다).

- **상품개발 팀의 역할에 따라 요구사항을 파악하는 관점은 다음과 같이 다르다.**
- **상품관리자** 고객의 어떤 불편을 해소해주거나 고객에게 어떤 혜택을 제공할까?
- **분석가(Business analyst)** 상세 프로세스나 규칙은 무엇일까?
- **프로젝트 관리자** 다른 요구사항과의 의존관계, 개발기간, 위험은 무엇인가?
- **테스터** 예외사항은 무엇이고 어떤 경우에 실패할까?
- **UX** 누가 이것을 사용하고 그들이 달성하고자 하는 목표는 무엇일까?
- **개발자** 완성된 소프트웨어는 어떻게 동작할까?
- **백로그 레벨을 구분하는 용어를 정의해야 한다.**

'개발되지 않은 상품 요구사항 목록'인 백로그는 상세화 시점에 따라 '상품 백로그 → 릴리즈 백로그 → 스프린트 백로그'로 구분된다. 각 백로그는 상세화 수준에 따라 앞서 설명한 에픽과 사용자 스토리로 구분된다.

도어록 앱 개발 상품 백로그의 예는 표 10과 같다. 스프린트 백로그는 상품 백로그에서 관리하는 정보 외에 담당자, 착수일, 종료일 등을 포함할 수 있다.

에픽	사용자 스토리	우선순위	스프린트	완료 조건	스토리 점수
임시 비밀번호 관리	정기 방문자에게 임시 비밀번호를 발급한다.	1순위	2	정기 방문자 핸드폰에 비밀번호 전송	3
	발급된 임시 비밀번호로 출입한다	1순위	2	정해진 시간대만 출입 가능	13
	임시 비밀번호 출입 조건을 변경한다	2순위		변경된 시간대 외는 출입 불가능	8
출입 이력 관리	출입 이력 메시지 받기 기능을 선택한다.	1순위	3	해당 이력이 선택된 상태로 저장됨	3
	출입 시간과 출입자 정보를 앱 메시지로 제공한다.	1순위	3	출입 이력 요청자 핸드폰에 메시지 전송	8
	출입 이력 메시지 받기 기능을 해제한다.	1순위	3	출입 이력 해제 요청자의 핸드폰에 메시지가 전송되지 않음	3

표 10.1 상품 백로그의 예시

《경험과 사례로 풀어낸 성공하는 애자일》(2012)에서는 '에픽'과 '사용자 스토리'를 설명하기 위해 다음의 사례를 제시한다.

에픽: 사용자는 본인만 아는 정보를 활용하여 시스템에 로그인해야 한다.

(이하는 위의 에픽을 분할한 사용자 스토리)

· 등록된 사용자는 사용자명과 패스워드로 로그인할 수 있다.

· 신규 사용자는 사용자명과 패스워드를 등록할 수 있다.

· 등록된 사용자는 비밀번호를 변경할 수 있다.

· 신규 사용자가 단순한 비밀번호를 등록하고자 한다면 경고를 줄 수 있다.

· 등록된 사용자가 3회 이상 잘못된 비밀번호를 등록하면 알람을 제공한다.

2) 좋은 요구사항 문서의 특징

요구사항을 정의한 문서는 상품개발 도중 여러 사람이 참고하기 때문에 문서를 읽는 사람들이 같은 의미로 이해하는 것이 중요하다. 좋은 요구사항 문서는 이해하기는 쉽고 오해하기는 어렵다. 요구사항 문서가 갖추어야 할 조건을 설명하면 다음과 같다.

● 고객가치가 명확한 요구사항

고객의 어떤 불편을 해결해야 하는지 또는 어떤 혜택을 제공할지 명확히 정의해야 한다. 커스터마이징 프로젝트 요구사항은 고객사 담당자가 고객가치를 확인하지만, 상품개발 요구사항은 상품관리자가 VOC 분석을 통해 고객가치를 확인해야 한다.

● (기한 내) 구현이 가능한 요구사항

요구사항의 구현 가능성은 주어진 시간과 비용에 따라 달라진다. 무한대의 시간과 비용이 주어진다면 구현 못할 요구사항이란 없다. 하지만 이는 현실적으로 이루어질 수 없는 조건이다. 따라서 요구사항은 주어진 자원으로 개발기간 내에 구현 가능해야 한다.

● 우선순위를 평가할 수 있는 요구사항

제한된 자원을 효율적으로 활용하기 위해서는 상품 요구사항 우선순위를 고려하여 자원을 투입해야 한다. 그러기 위해서는 상품 요구사항의 우선순위 평가가 가능해야 한다. 우선순위 평가가 어렵다고 해서 모든 요구사항을 'must'로 결정해서는 안 된다.

● 명확한 요구사항

모든 사람들이 요구사항 내용을 동일하게 이해하기 위해서는 사람에 따라 해석이 달라질 수 있는 모호한 형용사가 아닌 명확한 단어로 기술해야 한다. 상품의 우수함을 설명하기 위해 콘셉트 수준에서 형용사를 사용할 수는 있지만 요구사항 문서에서 형용사 사용은 부작용만 있다. '사용자는 조회한 상품을 쉽게 주문할 수 있어야 한다'는 요구사항 대신 '사용자는 조회한 상품을 3초 내에 주문 완료할 수 있어야 한다'는 식으로 정의해야 한다. 명확하지 않은 요구사항은 검증 기준도 불명확하다.

요구사항을 정의할 때 유의해야 할 모호한 표현과 대응방안은 표 10.2와 같다.

모호한 용어	확실하게 표현하는 방법
가능한 현실적으로	현실적인 기준을 정의
적어도, 최소한	기준을 정의
효율적인	시스템이 자원을 얼마나 효율적으로 사용하는지 정의
유연하게	시스템이 변화하는 조건 또는 비즈니스 요구에 대해 변경되어야 하는 방식을 설명
일반적으로, 이상적으로	바람직하지 않거나 적합하지 않은 조건 하에서의 시스템의 동작을 설명
신뢰성 있는	시스템이 예상하지 못한 운영 환경에 어떻게 대응하고 예외를 어떻게 처리할지 정의
친숙한, 간단한, 쉬운	고객의 요구와 기대를 충족시키는 시스템 특징을 설명

표 10.2 요구사항 정의시 유의해야 할 모호한 표현과 대응방안(출처: 《소프트웨어 요구사항》, 2003)

● 추정 가능한 요구사항

상품 요구사항의 규모, 개발기간, 투입공수를 추정할 수 있어야 한다.

● 적정한 크기의 요구사항

요구사항이 너무 크면 추정이 힘들고 요구사항을 너무 작게 분할하면 관리비용이 증가할 수 있다. 적정한 크기는 개발 팀의 역량, 사용 기술에 따라 달라진다.

● 상호 독립적인 요구사항

요구사항 간에 의존성이 있으면 공통 기능이 있을 수 있고 그 결과 중복 개발의 위험이 있다. 공통 기능은 하나의 요구사항 규모 추정에만 반영해야 한다. 의존성이 있는 요구사항은 관련 요구사항을 고려하여 우선순위를 부여해야 한다.

● 간결한 요구사항

요구사항을 명확하게 정의하려다 보면 이것 저것 상세하게 작성하게 된다. 이러한 경우 내용이 중복되거나 논리적 일관성이 무너질 수가 있다. 요구사항의 다른 특성을 해치지 않는 범위 내에서 요구사항 문서는 최대한 적은 수의 단어로 작성해야 한다. 간결한 요구사항은 복잡한 사고의 결과물이다.

● CX 및 UX를 포함한 요구사항

상세 화면 디자인은 개발을 진행하면서 결정하지만 상위 수준의 고객 경험, 고객 인터페이스는 상품을 기획할 때 정의한다. 상품 요구사항과 CX를 별개로 구분해서는 안 된다.

● **추적 가능한 요구사항**

요구사항이 최종 상품에 정확하게 반영되었는지 확인할 수 있어야 한다.

● **제약조건이 명확한 요구사항**

성능과 관련된 요구사항은 제약조건을 명확하게 정의해야 한다. 해당 상품이 작동해야할 디바이스 종류, 디바이스의 버전 등을 예로 들 수 있다.

● **일관된 요구사항**

요구사항들의 내용은 모순되지 않아야 한다.

● **완결적인 요구사항**

프로젝트 또는 상품 요구사항에서 누락된 것이 없어야 한다.

● **추적 가능한 요구사항**

요구사항이 최종 상품에 정확하게 반영되었는지 확인할 수 있어야 한다. 요구사항을 추적하기 위해서는 각 요구사항에 고유한 식별자를 부여해야 한다

3) 사용자 스토리

사용자 스토리는 상품 요구사항이 고객에게 제공하는 가치를 고객 관점에서 간결하게 정의한 것이다. 사용자 스토리는 작은 카드 한 장에 정리하여 토론할 때 사용하기도 한다. 《익스트림 프로그래밍》(2006)에서는 '요구사항'이라는 단어는 필수적이고 강제적인 어감이 있어 변경을 포용하지 않는다며 '스토리'라는 단어를 사용한다고 설명하였다.

사용자 스토리는 상품관리자와 개발 팀 간의 의사소통을 촉진하는 도구이기 때문에 애자일 방법론에서 효과적으로 사용된다. 사용자 스토리는 스프린트 계획을 수립할 때 구체화되어 확정된다.

사용자 스토리는 'As(who), I want(what), So that(why)'의 형태로 작성한다. 예를 들어 에어비앤비 임대 사업자가 방문객에게 집 출입을 위한 임시 비밀번호를 제공하고 싶다면 사용자 스토리를 다음과 같이 정리할 수 있다.

● **As(who)** 에어비앤비 임대 사업자

● **I want(what)** 예약 승인된 방문자에게 도어록 임시 비밀번호를 제공하고 싶다. 또한 방문객의 숙박 기간 종료 후에는 해당 비밀번호가 작동하지 않아야 한다.

● **So that(why)** 직접 방문객을 만나지 않고 방문객이 도어록을 열 수 있도록

필자의 대학 시절에는 도서관에서 책을 찾을 때 PC를 활용하는 것이 아니라 그림 10.3과 같이 책 내용을 카드 형태로 정리한 도서목록카드를 활용했다. 카드 한 장에 도서에 대한 정보를 요약하듯이 사용자 스토리도 한 장의 카드에 고객의 스토리를 요약한다. 도서카드에 책의 내용을 모두 담아낼 수 없듯이 스토리 카드에 상세한 요구사항을 모두 포함할 수 없다.

그림 10.3 도서목록카드
(출처: 위키피디아. Radio Sweden의 방송 아카이브. cc)

종이 카드에 사용자 스토리를 정의하면 책상 위에 펼쳐놓고 순서를 조정하거나, 내용을 강조할 때 손에 쥐고 이야기할 수 있다. 카드 형태로 정리한 사용자 스토리의 템플릿은 그림 10.4와 같다.

사용자 스토리를 정의할 때 유의할 사항은 다음과 같다.

● 사용자 스토리는 개발자 관점에서 분할하지 않는다.

개발자는 고객접점(front), 서버(back end)와 같이 기술적 관점에서 사용자 스토리를 구분하기 쉽다. 사용자 스토리는 컵케이크처럼 사용자 요구사항 구현을 위해 필요한 기술을 모두 포함해야 한다. 즉, 고객접점과 서버를 통합하여 정의해야 한다. 컵케이크 크기를 작게 하는 것은 문제가 없지만 케이크 재료를 모두 포함하도록 잘라야 케이크의 맛을 평가할 수 있다.

티켓번호: 관리도구에 저장된 ID (예:Jira 티켓번호)

요구사항 제목: ○○○○○○

- 누구를 위해:
- 무엇을:
- 왜:
- 인수 조건:
- 관련 스토리명(ID):
- 작성자:
- 작성일:
- 요구사항 규모:
- 중요도:

그림 10.4 카드 형태의 사용자 스토리

예를 들어 '에어비앤비 임대 사업자는 도어록의 임시 비밀번호를 발급할 수 있다'는 스토리를 다음과 같이 나누어서는 안 된다.

임대 사업자는 방문자 전화번호와 임시 비밀번호, 사용 기간을 등록한다. (I)
임시 비밀번호와 사용 기간을 데이터베이스에 기록한다. (II)

위와 같은 스토리 분할은 사용자 관점에서 어느 하나도 완전하지 않다. (I)은 등록한 값이 저장되지 않고, (II)는 (I)을 전제로 한다. 스토리를 컵케이크처럼 나눈 예는 다음과 같다. 컵케이크처럼 분할하는 것의 장점은 어플리케이션 아키텍처의 모든 계층을 포함하여 문제점을 사전에 검증할 수 있고, 일부 기능만 구현해도 고객에게 릴리즈할 수 있다는 것이다.

에어비앤비 임대 사업자는 방문자에게 임시 비밀번호를 제공할 수 있다.

에어비앤비 임대 사업자는 비밀번호 사용 기간을 연장할 수 있다.

● 인수 조건은 사전 조건(given), 사전 동작(when), 수행 결과(then)의 내용을 포함한다.

사전 조건은 주어진 환경이나 값, 사전 동작은 구현하는 기능의 동작, 수행 결과는 구현된 기능의 결과를 의미한다. 예를 들어 사용자 ID를 받을 때(사전 조건), 특수 기호가 포함하지 않은 비밀번호를 받으면(사전 동작), 특수 기호를 포함하여 다시 등록하라는 메시지가 제공되는 경우다(수행 결과).

● 요구사항 구현 방법은 포함하지 않는다.

요구사항을 정의할 때 요구사항 문서에 구현의 세부사항을 포함하는 오류를 범하기 쉽다. 개발자 관점의 요구사항 구현 방법은 요구사항 문서에 포함하지 않는다.

● 고객가치와 상관없는 사용자 스토리도 있을 수 있다.

예를 들어 소프트웨어 구조 개선을 위한 리팩토링 프로젝트는 앞에서 설명한 내용과 다른 사용자 스토리 템플릿을 적용할 수 있다.

● 이해만 한다면 사용자 스토리를 간략하게 작성해도 된다.

상품관리자와 상품개발 팀의 협업이 원활하고 내용에 대한 이해도가 높으면 키워드 중심으로 사용자 스토리를 작성해도 된다. 다시 강조하지만 사용자 스토리는 소통의 수단이다.

 ## 10.2 상품 요구사항 우선순위 정의

상품 요구사항의 우선순위는 자원 투입 또는 개발의 우선순위이다. 상품 요구사 항의 우선순위를 관리하는 목적은 개발비용을 아끼고 고객에게 가치 있는 기 능을 먼저 제공하기 위함이다. 이번 섹션에서는 상품 요구사항의 우선순위를 결정하는 기준, 요구사항 우선순위 결정 기법인 카노모델에 대해 설명한다.

1) 상품 요구사항의 우선순위를 평가하는 기준
● 고객가치

상품기능 관점에서 우선순위를 결정하면 잘못된 판단을 내리기 쉽다. 왜냐하면 상품기능은 문제에 대한 해결방안이기 때문에 문제의 심각성이나 중요성을 간과하기 쉽기 때문이다. 따라서 상품 요구사항의 우선순위를 결정하기 위해서는 고객 관점에서 어떤 문제를 먼저 해결할 것인가를 결정해야 한다. 고객가치는 경제성(수익성)과 같이 숫자로 표현될 수도 있지만, 대부분 정성적으로 표현된다.

● 개발비용

상품개발 요구사항을 개발하는 데 투입되는 비용(MM)을 고려하여 우선순위를 정한다. 가치 대비 개발비용을 평가할 수도 있고(가격 대비 성능), 주어진 자원으로 어디까지 개발할 수 있을지 평가할 때 사용할 수도 있다.

● 기술위험

기술위험은 검증되지 않은 신기술 적용 또는 복잡한 솔루션과의 연계와 같이 구현 관점에서 발생하는 위험이다. 위험이 높은 요구사항과 낮은 요구사항의 우선순위가 동일하다면 기술위험이 높은 요구사항을 먼저 개발하여 나중에 발생할 위험을 제거하는 것이 바람직하다. 기술위험과 고객가치를 고려하면 표 10.5와 같이 기술위험이 높고 고객에게 높은 가치를 제공하는 상품 요구사항에 높은 우선순위를 부여한다.

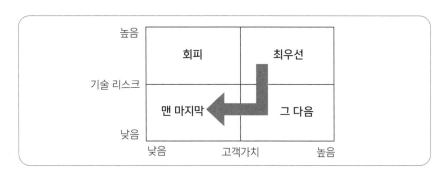

그림 10.5 고객가치와 기술위험을 고려한 상품 요구사항 우선순위 부여

● 컴플라이언스

개인정보 보호, 해킹으로부터의 보안, 라이선스 활용 규정 준수 등과 같이 고객 가치와 무관하게 반드시 반영해야 하는 상품 요구사항도 있을 수 있다. 개인정보 보호를 위한 대표적인 법이 2018년부터 시행된 유럽의 개인정보보호법인 GPDR(General Data Protection Regulation)이다.

● 경쟁사 상품기능

경쟁사 상품기능도 상품개발 우선순위를 결정할 때 고려할 수 있다. 다만, 자사 상품에 없는 경쟁상품의 기능을 고객가치 검증 없이 추가하는 것은 유의해야 한다. 특히 기존 시장에 진출하기 위한 상품을 기획할 때, 경쟁사들의 기존 상품기능을 합치고 경쟁사에 없는 기능 몇 개를 추가하는 방식은 위험하다. 상품 기획을 할 때 경쟁상품의 기능은 참조할 사항일 뿐이다.

이상의 평가기준을 활용하여 상품 요구사항의 우선순위를 결정하는 예는 표 10.3과 같다.

요구사항	AAA	BBB	CCC	DDD
요구사항 유형	에픽	사용자 스토리	사용자 스토리	사용자 스토리
요구사항 출처	고객 VOC	상품기획	고객 VOC	고객 VOC
고객가치(50%)	8			4
개발비용(30%)	6		9	8
기술 리스크(20%)	2		2	2
컴플라이언스	N	Y	N	N
총점	6.2		7.1	4.8
우선순위	2	1	1	4
릴리즈 버전	V1.3	V1.2	V1.2	

표 10.3 상품 요구사항 우선순위 결정 예시

- 컴플라이언스 항목은 필수 항목이기 때문에 Y에 해당한다면 우선순위가 1이 된다.
- 고객가치, 개발비용, 기술위험은 가중치가 있으며 각 항목은 1에서 10점을 부여하여 여러 사람들의 의견을 취합하여 결정할 수 있다. 총점은 가중치를 반영한 우선순위 평가 결과이다.

2) 카노모델

카노모델은 상품 요구사항의 우선순위를 결정할 때 활용할 수 있다. 카노모델은 개인에게 만족을 제공하는 요인과 불만을 초래하는 원인은 다른 속성이라는 프레드릭 허즈버그(Fredrick Herzberg) 동기부여 이론에서 착안했다. 카노모델을 연구한 카노 노리아키(狩野紀昭)는 고객에게 만족을 제공하는 상품기능과 불만을 초래하는 상품기능을 다섯 가지로 구분하였다.

● 매력적 품질요소(Attractive quality element)
제공되지 않아도 고객의 불만이 없지만, 제공되면 고객을 감동시키는 요소이다. 스마트폰 음성 인식 기능이 이에 해당한다. 물론 사람에 따라 매력 품질로 인식하지 않을 수 있다.

● 일차원적 품질요소(One-dimensional quality element)

제공되는 수준에 따라 만족도가 비례하는 요인이다. 웹 화면 응답 속도가 이에 해당한다.

● 당위적 품질요소(Must-be quality element)

제공되었다고 해서 만족하지는 않지만 제공되지 않으면 불만이 발생하는 품질요소이다. 쇼핑 사이트의 '구매 상품 장바구니 담기' 기능이 이에 해당한다.

● 무차별 품질요소(Indifferent quality element)

제공이 되는 것과 안 되는 것의 차이를 느끼지 못하는 품질요소이다. 고객에 따라 다르지만 5G 스마트폰의 응답 속도와 같이 과잉 충족된 성능이 이에 해당한다. 무차별 품질요소는 앞서 설명한 파괴적 혁신의 요인이 되기도 한다.

● 역 품질요소(Reverse quality element)

당위적 품질요소의 반대 개념이다. 제공되면 불만을 초래하지만 제공되지 않으면 만족하는 품질요소이다. 구매 대금을 결제할 때 복잡한 프로그램 설치 및 인증 절차가 이에 해당한다. 고객이 무엇을 해야 할지 모르게 만드는 복잡한 사용자 인터페이스도 역 품질요소의 대표적인 예이다.

카노모델의 품질요소는 고정되어 있는 것이 아니고 상황에 따라 변한다. 예를 들어, 마켓컬리가 처음 새벽 배송을 시작했을 때는 매력적 품질요소였지만, 지금은 많은 회사가 새벽 배송을 제공하여 일차원적 품질요소로 변하고 있다. 디지털 도어록이 처음 나왔을 때 열쇠 없이 문을 여는 것은 매력적 품질요소였지만 지금은 당위적 품질요소이다.

다섯 가지 품질요소를 그래프로 정리하면 그림 10.6과 같다.

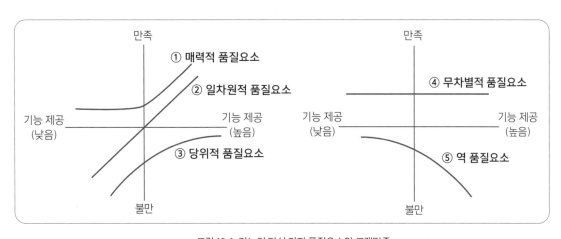

그림 10.6 카노의 다섯 가지 품질요소와 고객만족

10.3. 상품 요구사항 변경관리

상품 요구사항을 잘못 이해한 것인지 요구사항이 변한 것인지 판단하기 힘들지만 어쨌든 요구사항은 변한다. 상품 요구사항의 변경은 요구사항 내용의 변경과 개발(또는 릴리즈) 우선순위의 변경으로 구분할 수 있다. 프로젝트 관리자는 장마철 변덕스러운 날씨에 대비해 우산을 챙기듯이 요구사항 변경에 대비해야 한다.

다음은 요구사항 변경을 잘 설명하고 있다.

"요구사항의 동결과 눈사람은 유사하다. 모두 적당히 꾸며지고, 충분한 열이 가해지면 녹는다."

이번 섹션에서는 상품 요구사항을 변경하는 이유, 잘못된 요구사항 관리의 부작용, 요구사항을 관리할 때 유의할 사항에 대해 설명한다.

1) 상품 요구사항을 변경하는 이유
상품 요구사항을 변경하는 대표적인 이유는 다음과 같다.
● 고객 요구사항 파악 오류
고객 인터뷰에서 고객은 상품의 불편사항, 개선사항에 관해 충분히 이야기했지만, 인터뷰하는 사람이 맥락을 이해하지 못해 키워드를 놓칠 수 있다. 고객이 명시적으로 이야기하지 않고 암묵적으로 제공한 메시지는 놓치기 쉽다.
● 경쟁상품 대응
상품개발 도중 출시된 경쟁상품에 대응하기 위해 상품개발의 우선순위를 변경하거나 상품 요구사항을 추가, 삭제할 수 있다.
● 단계별 검토시 경영층의 지시
단계별 검토 회의에 참여한 경영층이 개발 중인 상품의 요구사항 변경을 제안할 수 있다.
● 사회의 전반적 변화
기술, 경제, 문화적인 변화로 인해 개발 중인 상품의 요구사항을 변경하기도 한다.
● 수주를 위한 상품 요구사항 변경
B2B 상품개발에서 주로 발생한다. "○○기능을 추가하면 ○○억의 사업을 수주할 수 있다"는 영업대표의 이야기는 상품 요구사항 변경의 필요충분 조건이 된다.

2) 잘못된 요구사항 변경관리의 결과

요구사항 변경관리를 잘못하면 다음과 같은 부작용이 발생할 수 있다.

● 긴급한 변경은 프로그램의 복잡도를 증가시킨다.

복잡도가 증가하면 결함이 많아지고, 결함이 많아지면 테스트 및 결함 수정 시간이 늘어난다. 결과적으로 프로그램의 유지보수가 어려워진다.

● 요구사항 변경 승인을 위한 문서 작성과 회의가 증가한다.

상품기획 심의에서 승인한 상품 요구사항을 변경하려면 변경을 검토하고 승인하기 위한 관리비용이 발생한다. 경영층이 변경을 승인한다면 작성하는 문서의 양이 많아지고 문서 작성 시간이 길어진다.

● 상품개발 팀과 상품관리자의 갈등이 발생한다.

상품개발 팀 입장에서 변경은 반갑지 않다. 특히 변경된 요구사항 개발을 위한 예산과 시간이 부족하다면 개발 팀의 불만은 높아진다. 상품관리자는 상품개발 팀이 금번 변경을 기회삼아 예산과 기간을 물 타기 식으로 늘리는 것 같아 불만이 생기기도 한다.

● 상품개발 목표(일정, 품질, 원가) 달성이 어려워진다.

상품 요구사항을 변경하면 상품개발 목표 달성이 어려워지고 상품개발 팀의 사기가 낮아진다.

3) 상품 요구사항을 관리할 때 유의할 사항

상품 요구사항의 변경관리를 잘하기 위해서는 필요한 변경은 빨리 하고, 불필요한 변경은 예방하고, 변경관리로 인한 비효율은 최대한 억제해야 한다.

● 상품 요구사항 우선순위를 정기적으로 검토하고 이해관계자와 공유한다.

상품 요구사항의 우선순위는 역동적으로 변한다. 필요한 변경이 지연되지 않도록 정기적(예: 월)으로 상품 요구사항의 우선순위를 검토하고 우선순위를 조정해야 한다. 상품 요구사항을 변경할 때는 변경의 배경과 내용을 문서 및 대면 의사소통을 통해 이해관계자들과 공유해야 한다.

● 명확한 만큼 상세화한다.

요구사항이 명확하고 근거가 있다면 상세하게 정의하는 것이 바람직하다. 그러나 부정확하거나 불확실한 요구사항을 상세하게 정의하는 것은 피해야 한다.

● 상품 요구사항 변경에 따른 영향력을 분석하고 합의한다.

상품 요구사항을 변경한다면 투입공수, 개발 일정, 상품 요구사항 우선순위에 대해 프로젝트 관리자와 상품관리자가 합의해야 한다. 프로젝트 관리자는 변경된 요구사항의 규모, 지금까지의 개발 생산성에 근거한 합리적인 추정치를 설명할 수 있어야 한다.

●상품 요구사항 변경 권한을 상품관리자에게 위임한다.

상품 요구사항 변경을 경영층에서 까다롭게 관리하면 필요한 변경은 회피하고, 불필요한 기능도 계획대로 개발하는 비효율이 발생할 수 있다. 따라서 상품 요구사항 변경 권한을 상품관리자에게 위임하는 것이 바람직하다.

●상품 요구사항 변경을 위해 릴리즈 일정을 변경하지 않는다.

상품 릴리즈 일정은 특별한 사유가 없다면 변경하지 않는 것이 바람직하다. 상품 릴리즈 일정을 연기한다면 출시를 위해 달려온 팀원들의 사기가 낮아지고 일정지연을 계기로 우선순위가 낮은 상품 요구사항이 추가될 수도 있다. 또한 출시일을 미루려면 경영층에게 지연 사유를 보고해야 하고, 지연에 대한 책임 소재 다툼 등과 같은 불필요한 비용이 발생한다.

●요구사항에 대한 품질 기준과 검수 기준은 다를 수 있다.

시간이 충분하다면 완벽한 품질을 갖춘 상품을 출시해야 하지만 경우에 따라서는 품질이 완벽하지 않아도 상품을 출시한 후 보완할 수 있다. 기업에서 정의한 품질 규격을 달성하지 못했더라도 고객에게 큰 불편이 없다면 상황에 따라 상품을 출시한 후 문제를 보완할 수 있다.

●상품 요구사항을 추적 관리한다.

상품 요구사항을 추적 관리하는 목적은 요구사항을 출시 상품에 누락하지 않고 정확하게 반영했음을 확인하기 위함이다. JIRA와 같은 도구를 활용하여 상품 요구사항을 관리하면 상품 요구사항을 쉽게 추적할 수 있다.

●상품 요구사항의 상태(status)를 관리한다.

상품 요구사항이 최초 제안된 이후 릴리즈 또는 폐기될 때까지의 상태를 관리해야 한다. 특히 상품 요구사항 개선을 제안한 사람에게는 해당 요구사항이 어떤 상태에 있는지 정기적으로 공유하거나 요청자가 도구를 활용하여 파악할 수 있는 것이 바람직하다. 요구사항 상태관리의 예는 표 10.4와 같다. 도구를 활용하여 요구사항 상태를 관리할 때, 사용 편의를 위해 승인 없이 다음 단계로 변경하거나 이전 단계로 복원하는 것을 허용할 수 있는데 최소한의 내부 규칙을 정하는 것이 바람직하다.

상태	설명
제안	요구사항이 적합한 사람에 의해 요청되었음
승인	요구사항을 분석하고, 영향력 평가 후 베이스라인을 설정함
구현	코드를 설계하고, 코딩하고, 테스트하였음
검증	요구사항을 올바르게 구현하였음을 확인함
삭제	계획된 요구사항을 베이스라인에서 삭제함
반려	요구사항이 요청되었으나, 승인되지 않았음

표 10.4 요구사항의 상태 관리 예시

● 상품 요구사항의 변경 현황을 관리한다.

상품 요구사항의 변경 내용을 정리하여 정기적으로 이해관계자와 소통하면 상품 요구사항 변경 통제에 도움이 된다. 매주(혹은 매월) 범위의 변동 내용을 그림 10.6과 같이 표현하는 것도 유용하다.

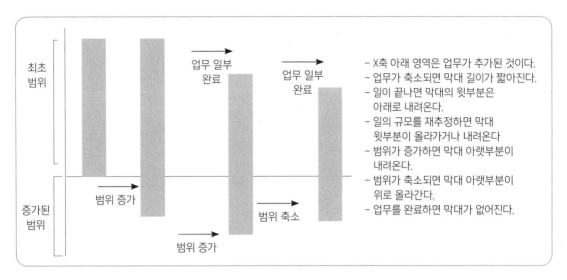

그림 10.7 상품 요구사항(범위) 변경의 표현 방법(출처: 《불확실성과 화해하는 프로젝트 추정과 계획》, 2008)

4) 상품 커스터마이징 프로젝트의 요구사항 관리

이미 출시된 상품을 커스터마이징(customizing)하여 고객에게 납품하는 프로젝트는 요구사항 관리가 특히 중요하다. 계약 금액 변경이 까다로운 확정가 계약(fixed price contract)을 적용할 때 요구사항 변경은 프로젝트 손익에 직접적인 영향을 미친다. 커스터마이징 프로젝트의 요구사항을 관리할 때 유의사항은 다음과 같다.

● 단계별 승인의 의미를 정확하게 이해한다.

커스터마이징 프로젝트는 폭포수 모델을 적용하는 경우가 많다. 폭포수 모델을 적용하면 프로젝트 분석, 설계 단계별로 고객의 승인을 받는다. 이때 프로젝트 팀은 다음과 같이 생각하기 쉽다.

> "○○ 단계를 승인 받았으니, 확정된 내용은 향후 변경이 없을 거야. 그리고 승인된 문서는 계약서와 같은 효력을 가질 거야."

반면 고객의 생각은 다를 수 있다.

"절차상 필요하다고 해서 승인을 하긴 했지만 모든 것을 꼼꼼히 읽어볼 시간이 없었고, 이해하기 힘든 문서도 많았다. 그리고 내가 승인한 내용을 모두 내가 알고 있어도 그것이 향후 변경의사가 없다는 사실을 의미하지는 않는다."

단계별 산출물 승인에 너무 많은 의미를 부여하면 승인 자체가 힘들어진다. 단계별로 산출물을 승인한다는 것의 정확한 의미는, 해당 시점의 산출물이 현재 상황의 요구사항과 구현 방법을 가장 정확히 정리한 것임을 프로젝트 팀과 고객이 동의하는 것이다.

● 역지사지의 관점에서 요구사항 변경인지를 판단한다.

프로젝트를 수행하는 과정은 고객사와 수행사가 같은 배를 타고 목표지점까지 항해하는 것에 비유할 수 있다. 프로젝트를 성공적으로 종료하기 위해서는, 고객과 프로젝트 팀은 목적지 도착이라는 큰 목표를 공유해야 한다. 사소한 입장의 차이로 바다 한가운데서 서로 논쟁하다 배가 난파되면, 양쪽 모두 피해를 보는 것이 프로젝트의 특성이다.

프로젝트 관리자 못지않게 성공적인 프로젝트 종료를 원하는 고객이 왜 요구사항 변경을 요청할까? 역지사지로 생각해보면 프로젝트 관리자의 입장에서는 보지 못했던 관점이나 생각하지 못했던 논리들이 보일 것이다. 자기 생각만 하는 일방적인 주장은 억지와 투정에 불과하며, 상대방이 공감하지 않는 일방적인 주장으로는 상대방을 설득시킬 수 없다.

요구사항 변경관리는 변경 여부에 대하여 상호가 합의하는 것부터 시작한다. 이때 상대방은 합리적이며 나와 동일한 목표를 공유한다고 믿어야 한다. 나를 합리적이라 생각하는 만큼 상대방이 합리적이라고 생각해야 한다. 합리적인 사람은 합리적인 논리와 근거가 있으면 설득이 가능하다. 스스로(공급자 또는 고객)는 매우 합리적이라 생각하는데 상대방(고객 또는 공급자)은 비합리적이라 생각할 때 프로젝트는 파국으로 치닫는다.

● 요구사항을 이해관계자들의 관심과 정치의 맥락에서 조망한다.

고객 요구사항의 이면에는 조직의 비즈니스 니즈와 이해관계자의 정치적인 니즈가 있을 수 있다. 지엽적인 요구사항에 함몰되면 중요한 맥락을 놓칠 수 있다. 프로젝트가 끝나는 시점에서 성공과 실패를 판단하는 기준이 되는 핵심 이해관계자의 요구사항은 프로젝트를 수행하는 내내 집중해야 한다. 그러기 위해서는 프로젝트 단계별로 핵심 이해관계자의 이해관계나 기대 수준의 진행 현황을 모니터링해야 한다.

● 요구사항 변경에 관한 의사결정을 본사로 넘기는 것도 좋은 방법이다.

요구사항 변경 요청에 대하여 프로젝트 관리자가 회사를 대표해 악역을 맡아야 하는 순간이 있다. 그러나 때로는 그 역할을 경영층 혹은 회사의 관리 부서에 맡기는 것도 문제해결의 실마리가 될 수 있다. 프로젝트 관리자가 "나도 개인적으로는 고객의 요구사항을 반영하고 싶은데 회사의 규정상 경영층의 승인을 받아야 합니다. 같이 경영층을 설득시켜 봅시다"라는 입장을 취한다면 의외의 해결책을 구할 수 있다.

● 시간이 약일 수도 있다.

고객의 요구사항 변경 요청을 즉석에서 거절해야 할 수도 있지만, 대개 요구사항 변경을 확정하기 위해서는 일정 기간 동안 아이디어 숙성 기간을 가지는 것이 좋다. 고객과 협의하는 과정에서 고객이 번뜩이는 아이디어를 제시할 수 있다. 예를 들어 흥분한 고객이 "○○ 씨 내가 어젯밤에 고민해봤는데, 설계를 이렇게 변경하고 이 기능을 추가하는 것이 좋겠어요"라고 의견을 내놓는 경우가 생길 수 있다. 아이디어 하나가 전체 프로젝트를 힘들게 만들 수도 있다. 고객이 번쩍이는 아이디어를 냈을 때 그 자리에서 프로젝트 팀이 방어적인 논리를 강하게 펼친다면 고객은 자신을 변호하기 위하여 더 튼튼한 로직을 만들 수 있다. 뿐만 아니라, 논리적 대화에서 상대방을 이기고 싶은 욕구를 자극하게 된다. 그냥 "좋은 아이디어입니다. 다양한 측면을 고려해 보겠습니다"라고 긍정도 부정도 하지 않고 가볍게 넘어가는 것이 좋은 방법이다. 고객의 생각이 달라질 수 있기 때문이다.

● 댐에 난 구멍 하나가 전체 댐을 무너뜨릴 수 있다.

흔히 'foot in the door'라 부르는 유형이다. 프로젝트 관리 시스템을 구축할 때 범위에 없던 '산출물관리' 기능을 요청하는 것을 예로 들 수 있다. 처음에는 게시판 기능처럼, 작성한 산출물을 등록만 하게 해달라는 작은 요구사항으로 시작하지만 그것이 점점 커져, 산출물 분류 체계, 형상 관리 문제로까지 번질 수 있다. 없으면 몰라도 눈에 보이는 것이 조악하고 미흡하면 경영층 혹은 관련 이해관계자들로부터 추가적인 요청을 받을 수 있다. 변경 요청 내용이 간단하게 끝날 수 있는 업무인지 확대될 수 있는 업무인지를 잘 판단해야 한다. 가장 좋은 방법은 별도의 프로젝트로 연결시키는 것이다. 계약이 체결되면 평소 못했던 것을 구현하고자 이것저것을 요구하는 고객도 더러 있다. 그러한 상황은 고객과 프로젝트 팀 모두에게 손실이 된다는 진심이 전달될 수 있게 고객을 설득해야 한다.

● 프로젝트 업무 범위의 경계에 있는 업무에 유의한다.

소프트웨어 상품 커스터마이징 프로젝트는 고객사 리거시(legacy) 시스템과 연

계를 포함하는 경우가 많다. 이때 연계 업무를 어떤 수준까지 프로젝트 범위에
포함할 것인지를 명확하게 해야 한다.

10장 핵심요약

10.1 상품 요구사항 정의

- 상품 요구사항을 정의할 때 고려사항
  - 고객의 불편과 해결방안에 대한 상품개발 팀의 공통된 이해가 중요하다.
  - 상품 요구사항 정의는 바위 속에 숨겨진 보석을 찾는 과정과 같다.
  - 요구사항 문서는 이해를 도울 뿐이다.
  - 요구사항을 바라보는 관점에 따라 적정 요구사항의 크기가 달라진다.
  - 사용자 스토리맵을 작성하여 전체 요구사항을 체계적으로 이해한다.
  - 상품개발 팀의 역할에 따라 요구사항을 파악하는 관점은 다음과 같이 다르다.
  - 상품 요구사항 레벨을 구분하는 용어를 정의해야 한다.
- 좋은 요구사항 문서의 특징
  - 고객가치가 명확한 요구사항
  - (기한 내) 구현이 가능한 요구사항
  - 우선순위를 평가할 수 있는 요구사항
  - 추정 가능한 요구사항
  - 적정한 크기의 요구사항
  - 상호 독립적인 요구사항
  - 테스트를 할 수 있는 요구사항
  - CX 및 UX를 포함한 요구사항
  - 추적 가능한 요구사항
- 사용자 스토리
  - 사용자 스토리는 As, I want, So that의 형태로 작성한다.
  - 케이크 자르듯이 나누어라.
  - 스토리는 개발 순서에 따라 상세화한다.
  - 요구사항 구현 방법은 가능한 포함하지 않는다.
  - 고객가치와 상관없는 사용자 스토리도 있을 수 있다.
  - 이해만 한다면 사용자 스토리를 간략하게 작성해도 된다.

10.2 상품 요구사항 우선순위 정의

- 사용자 스토리의 우선순위는 해당 사용자 스토리를 몇 번째 스프린트에서 개발할지 결정하는 것이다.
- 상품 요구사항의 우선순위를 평가하는 기준: 고객가치, 개발비용, 기술위험, 컴플라이언스, 경쟁사 상품기능
- 카노모델은 고객에게 만족을 제공하는 상품기능과 불만을 초래하는 상품기능에 따라 다섯 가지 품질요소로 정의한다.
  - 매력적 품질요소(Attractive quality element)
  - 일차원적 품질요소(One-dimensional quality element)
  - 당위적 품질요소(Must-be quality element)
  - 무차별 품질요소(Indifferent quality element)
  - 역 품질요소(Reverse quality element)

10장 핵심요약

10.3 상품 요구사항 변경관리

- 상품 요구사항을 변경하는 이유
  - 고객 요구사항 파악의 오류
  - 경쟁상품 대응
  - 단계별 검토시 경영층의 지시
  - 사회의 전반적 변화
  - 수주를 위한 상품 요구사항 변경
- 잘못된 요구사항 변경관리의 부작용
  - 긴급 소프트웨어 개발로 복잡도가 증가하고, 품질 이슈(기술부채)가 발생한다.
  - 요구사항 변경 승인을 위한 문서와 회의가 증가한다.
  - 상품개발 비용이 증가한다.
  - 상품개발 팀과 상품관리자의 갈등이 발생한다.
  - 상품개발 목표(일정, 품질, 원가)달성이 어려워진다.
- 상품 요구사항을 관리할 때 유의할 사항
  - 상품 요구사항 우선순위를 정기적으로 검토하고 이해관계자와 공유한다.
  - 상품 요구사항 변경에 따른 영향력을 분석하고 합의한다.
  - 상품 요구사항 변경 권한을 상품관리자에게 위임한다.
  - 상품 요구사항의 추가 또는 변경을 위해 릴리즈 일정을 변경하지 않는다.
  - 요구사항에 대한 품질 기준과 검수 기준은 다를 수 있다.
- 상품 커스터마이징(customizing) 프로젝트의 요구사항 관리시 유의사항
  - 단계별 승인의 의미를 정확하게 이해한다.
  - 역지사지의 관점에서 요구사항 변경인지를 판단한다.
  - 요구사항을 이해관계자들의 관심과 정치의 맥락에서 조망한다.
  - 요구사항 변경에 관한 의사결정을 본사로 넘기는 것도 좋은 방법이다.
  - 시간이 약일 수도 있다.
  - 댐에 난 구멍 하나가 전체 댐을 무너뜨릴 수 있다.
  - 프로젝트 업무 범위의 경계에 있는 업무에 유의한다.

11

일정관리

11장은 프로젝트 계획과 통제의 핵심이 되는 일정관리를 설명한다. 달성해야 하는 일정을 계획하고 통제하는 것은 전통적인 프로젝트 관리의 핵심이다. 반면 달성 가능한 일정을 계획하고 상황에 따라 일정을 변경하는 것은 애자일 프로젝트 관리의 핵심이다. 애자일의 일정계획 수립은 9장의 릴리즈 계획과 스프린트 계획에서 설명했다.

11장에서는 CPM으로 대표되는 전통적 일정계획 수립 기법을 소개한다. 상품관리자와 프로젝트 관리자는 CPM 기법을 숙지해야 애자일 일정관리 기법과 혼용하여 적용할 수 있다.

프로젝트 진척률도 현실에서 이슈가 많다. 프로젝트 이해관계자들이 신뢰할 수 있는 객관적인 진척률을 측정하기란 쉽지 않다. 왜냐하면 프로젝트의 진척률 측정에는 주관적인 견해가 개입되기 때문이다.

일정의 계획 대비 실적은 비대칭적이다. 일정을 계획보다 앞당기는 경우는 거의 없고 일정이 계획 대비 지연되는 경우가 훨씬 많기 때문이다. 따라서 계획을 잘 수립하여 일정지연을 예방하는 것이 좋지만 일정이 지연될 때 부정적인 영향력을 최소화 하는 것도 중요하다.

이해관계자와 상품개발 팀이 서로를 신뢰하고 존중하면 일정관리의 이슈가 줄어들지만 그렇지 않으면 어떤 기법을 적용해도 달성해야 하는 일정과 달성 가능한 일정의 충돌을 피할 수 없다.

11.1 WBS 정의

WBS는 Work Breakdown Structure의 약어로 '작업분류체계'라 하며 프로젝트에서 수행할 작업을 계층적으로 정의한 문서이다. 이번 섹션에서는 WBS의 작성 방법과 WBS가 일정관리에서 필요한 이유를 설명한다.

1) WBS를 작성하는 방법

소프트웨어 상품개발 WBS는 상품개발을 위해 수행할 작업을 계층적으로 정리한 산출물로, What에 해당하는 상품 요구사항과 How에 해당하는 소프트웨어 라이프사이클의 관점에서 분할하고 정의한다. 프로젝트 관리 시스템(PMS, Project Management System)을 개발하는 프로젝트의 WBS 예는 그림 11.1과 같다.

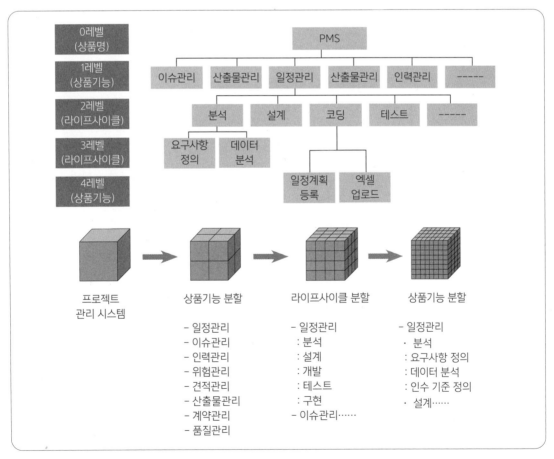

그림 11.1 소프트웨어 상품개발 WBS(폭포수) 예시

그림 11.1에서 1레벨은 최상위 수준의 상품기능을 분류하고 2, 3레벨은 라이프 사이클 관점에서, 4레벨은 다시 상품기능 관점에서 분류한 예시를 보여준다.

애자일 개발 계획에서는 그림 11.25와 같이 스프린트마다 상품기능(요구사항) 중심의 WBS를 정의한다.

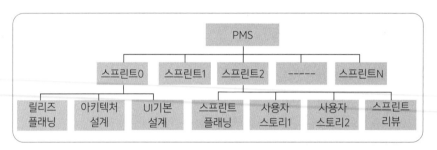

그림 11.2 소프트웨어 상품개발 WBS(애자일) 예시

WBS가 적절하게 분할되었는지 판단하는 기준은 다음과 같다. 워크 패키지 (work package)는 WBS 최하위 레벨의 작업을 의미한다.

● 각 워크 패키지의 완료를 판단할 수 있어야 한다.

예를 들어, 최하위 레벨을 '화면 설계'라고 하면 해당 작업의 완료 여부를 비교 적 명확하게 판단할 수 있다. 반면, 최하위 레벨을 '기본 설계'라고 하면 완료의 기준이 불명확해진다.

● 각 워크 패키지마다 산출물을 정의할 수 있어야 한다.

작업의 결과물인 산출물의 이미지가 분명하지 않거나 관점에 따라 다른 해석 이 나올 수 있으면 분할이 적절하게 이루어진 것이 아니다.

● 각 워크 패키지마다 원가, 일정, 자원을 신뢰성 있게 추정할 수 있어야 한다.

워크 패키지 레벨에서 원가, 일정, 자원을 추정하기 힘들면 워크 패키지 분할이 덜 된 상태이거나 추정을 위한 정보가 부족한 상태이다.

2) 일정관리에서 WBS가 필요한 이유

WBS는 다음과 같이 프로젝트 계획과 통제를 위한 수단이 된다.

● 추정의 정확성을 높인다.

WBS는 상품개발 업무를 작은 덩어리로 분할하여 각종 추정(원가, 일정, 자원)의 정확성을 높인다. 문제는 '어느 수준까지 분할할 것인가'이다. 분할을 상세하게 하면 할수록 원가나 일정을 더 정확하게 추정할 수 있지만(요구사항이 정확하다 는 전제하에) 분할을 위한 시간과 비용이 증가하기 때문에 추정의 정확성과 추정하는 비용의 상충관계를 고려하여 분할해야 한다. 프로젝트 착수 시점에서 정보가 부족해 더 이상 분할이 힘들다면 착수 시점에는 개략적인 추정을 한 뒤 프로젝트를 진행하면서 상세한 분할을 한 뒤 추정치를 보완한다.

● 책임과 역할을 명확히 한다.

수행할 작업(WBS)이 불명확하면 책임과 역할도 모호할 수밖에 없다. WBS의 계층적 구분은 책임과 역할도 계층적으로 정의할 수 있도록 한다. 예를 들어 '일정계획 수립 기능'을 코딩할 담당자와 일정관리 전체 업무를 책임지는 관리자를 별도로 정할 수 있다.

● 모니터링과 통제를 용이하게 한다.

워크 패키지에 일정과 원가를 부여하기 때문에 작은 프로젝트처럼 관리할 수 있다. 프로젝트 전체 레벨(1레벨)에서는 업무 규모가 커서 일정과 원가의 계획 대비 실적을 정확하게 파악하기 힘들기 때문에, 분할한 업무 단위로 일정과 원가 성과를 모니터링하면 부진 업무 파악이 용이하다.

11.2 일정관리 개요

일정계획을 수립하고 일정을 통제하는 것은 프로젝트 관리의 중요한 활동이다. 이번 섹션에서는 일정계획을 수립하는 목적, 해야 하는 일정과 할 수 있는 일정의 차이, 일정계획 수립을 위해 필요한 정보에 대해 설명한다.

1) 일정계획을 수립하는 목적

완성된 일정계획은 다음과 같은 목적으로 활용한다.

● 작업 진척 상황을 판단하는 기준으로 활용한다.

일정계획이 없으면 작업이 제대로 진행되는지 판단할 기준이 없다.

● 팀원들이 맡은 일을 공유하는 수단으로 활용한다.

완성된 프로젝트 일정을 보면 각자가 전체 프로젝트에서 어떤 기여를 해야 하는지, 나의 업무와 연관된 다른 업무가 무엇인지 파악할 수 있다. 또한 상품개발 외부 조직에서는 QA, 구매, 마케팅의 시기를 결정할 수 있다.

● 이해관계자의 기대수준을 관리할 수 있다.

프로젝트 일정은 상품개발 팀과 외부 이해관계자가 합의한 결과이기 때문에 일정에 대한 이해관계자의 기대수준을 확인할 수 있다.

● 불확실성을 관리할 수 있다.

수립된 일정계획을 분석하여 위험을 식별하기도 하고, 이슈가 있다면 관련된 활동의 기간을 늘려 위험에 대응할 수 있다.

이상의 내용을 종합한 프로젝트 일정계획의 활용 용도는 그림 11.3과 같다.

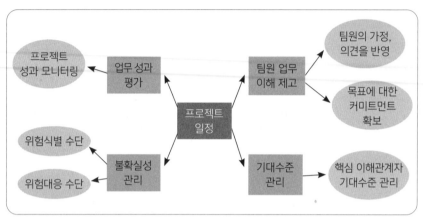

그림 11.3 일정계획의 활용

2) 달성해야 하는 일정과 달성할 수 있는 일정의 차이

일정에는 '달성해야 하는 일정'과 '달성할 수 있는 일정'이 있다. 간혹 '달성해야 하는 일정'이 없을 수 있지만 드문 경우이다. '달성할 수 있는 일정'은 전제조건과 달성 가능성을 포함한다. 대표적인 전제조건의 예는 해당 작업을 수행하는 인력과 투입 비율(예: 전담) 등이다. 달성 가능성은 개인의 성향에 따라 달라진다. 90% 가능성을 염두에 두고 달성 가능하다고 말하는 사람도 있고, 50% 가능성을 염두에 두고 달성 가능하다고 말하는 사람도 있다. 제약조건의 관점에서 살펴보면 '달성해야 하는 일정'은 '일정제약'이고 '달성할 수 있는 일정'은 '자원제약'의 상황이다. 그림 11.4의 왼쪽은 주어진 자원으로 달성 가능한 일정을 수립하는 과정을 설명하고 있고, 오른쪽은 주어진 일정을 달성하기 위한 자원을 도출하는 과정을 설명하고 있다.

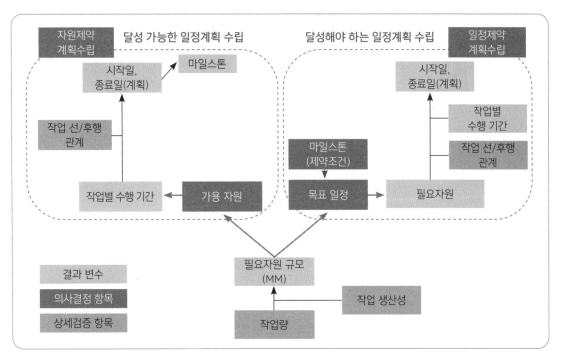

그림 11.4 자원제약의 계획수립과 일정제약의 계획수립

상품개발 팀은 '달성할 수 있는 일정'을 정확하게 분석한 후 '달성해야 하는 일정'과의 갭을 줄일 수 있는 방법을 찾아야 한다. 갭이 작다면 상품개발 팀의 노력을 전제로 일정 준수를 약속할 수 있지만, 갭이 크다면 범위를 줄이거나 자원을 추가해야 한다 (그림 11.5).

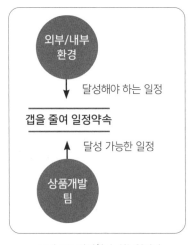

그림 11.5 달성할 수 있는일정과 달성해야 하는 일정의 조정

달성할 수 있는 일정과 달성해야 하는 일정의 갭이 발생하는 이유는 달성해야 하는 일정을 제시하는 이해관계자와 달성할 수 있는 일정을 제시하는 상품개발 팀의 인식이 다르고, 적정 일정에 대한 기준이 없기 때문이다. 이해관계자는 비즈니스 환경을 이유로 빠를수록 좋다는 식으로 신상품 출시 일정을 요청하고, 상품개발 팀은 과거 경험에 근거한 일정에 약간의 버퍼를 추가한 일정을 제시한다. 최악은 상품개발 팀에서 제시한 일정에 대해 경영층이 일방적으로 "2개월 당기세요"라고 말하는 상황이다.

일정계획이 협상의 대상이 되는 것을 예방하려면 상품개발 팀과 이해관계자들이 달성 가능한 일정이 어떤 근거에서 도출되었고, 불확실한 정보는 무엇이고, 신뢰성은 어느 정도인지 공감해야 한다.

3) 일정계획 수립을 위해 필요한 정보

일정계획 수립을 위해 필요한 정보는 수행 작업(WBS), 자원, 작업 순서, 작업의 시간이다. 예를 들어 오토 캠핑장에서 저녁 식사를 준비한다고 생각하자. 식단은 김치, 갈비탕, 갈치조림, 밥이다. 김치는 가져왔으나 나머지는 모두 직접 조리를 해야 한다고 할 때 저녁 준비 시간은 어떻게 계산할까? 저녁 시간을 계산하기 위해 최종적으로 필요한 데이터는 요리 순서(작업 순서)와 요리별 소요시간(작업 수행 시간)이다. 저녁 준비 시간을 계산하는 논리를 요약하면 그림 11.6과 같다.

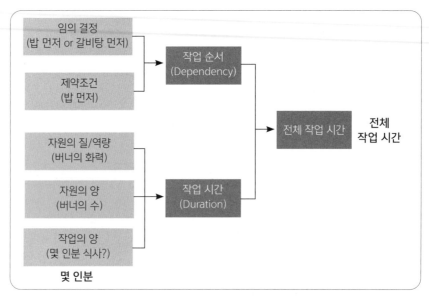

그림 11.6 캠핑장 저녁식사를 사례로 정리한 일정계획 모델

● 작업 순서

하드웨어 상품을 개발하거나 건물을 짓는다면 작업 순서가 일정계획 수립에 미치는 영향이 크다. 예를 들어 아파트 건설은 '토목 공사 → 골조 공사 → 창호 공사……'의 순서로 진행하며 선행 작업이 지연되면 대부분 후행 작업 착수가 지연된다. 따라서 작업순서에 제약이 있는 경우와 없는 경우를 구분하여 일정계획을 수립해야 한다. 반면 소프트웨어 개발은 하드웨어 상품에 비해 작업 순서가 복잡하지 않고 작업 순서에 제약이 많지 않다.

● 작업 시간(작업 기간)

작업 시간을 결정하기 위해서는 작업 규모에 대한 정보와 작업을 수행할 자원에 대한 정보가 필요하다. 자원에 대한 정보는 해당 작업을 수행할 자원의 유형과 자원의 양을 의미한다. 건설에서는 인적 자원과 물적 자원에 대한 정보가 모두 중요하지만 소프트웨어 상품개발은 인적 자원에 대한 정보가 중요하다. 일정계획을 수립할 때 작업 시간 추정이 어려운 이유는 작업의 규모와 작업 생산성을 추정하기 힘들기 때문이다.

4) 일정계획 수립시 유의사항

프로젝트 일정을 계획할 때 유의할 사항은 다음과 같다.

● 정밀한 일정이 정확한 일정은 아니다.

프로젝트 회의실 벽면을 가득 채운 복잡하고 정교하게 보이는 일정이 정확한 일정은 아니다. 요한나 로스먼(Johanna Rothman)은 "간트 차트의 아름다움이 사람들의 눈을 멀게 해서 일정이 단지 추측이라는 사실을 가려서는 안 된다"고 하였다. 대충 정한 것 같지만 정확한 계획도 있고, 복잡하고 정밀하지만 많이 틀린 계획도 있다. 프로젝트 관리자가 정밀하고 상세한 일정계획에 집착하는 것은 바람직하지 않다. 미래에 발생할 모든 일을 고려한 일정계획 수립은 어차피 불가능하다. 대부분의 프로젝트는 일정 수준의 신뢰성을 갖춘 프로젝트 계획으로 시작하여 진행하면서 수정하면 된다.

● 빠른 출시가 능사는 아니다.

'빠른 출시'의 의미로 많이 사용되는 'time to market'의 정확한 의미는 '적기 출시'다. 우리는 일정 준수를 중요하게 생각하지만 어떤 이유나 배경에서 목표 완료일을 결정했는지, 일정이 늦어지면 비즈니스에 어떤 영향력이 있는지 정확하게 설명하지 못하는 경우가 많다.

● 한 번의 프로젝트에서 개발하는 상품개발 규모를 최소화한다.

상품개발 규모가 커질수록 복잡도가 증가하여 프로젝트 일정계획의 불확실성이 높아진다. 뿐만 아니라 개발 규모가 커지면 투입 인력 증가, 의사소통 오류 증가, 위험 증가로 인해 일정통제도 어려워진다.

● '해야 하는 일정' 과 '할 수 있는 일정'을 절충한다.

상품관리자와 프로젝트 관리자는 상대방에게 일정을 강요해서는 안 된다. 사업 목표, 고객의 요청, 개발 팀의 여건과 역량을 고려하여 일정을 절충해야 한다. 상품관리자가 외부의 제약조건만 주장해서도 안되고, 프로젝트 관리자가 팀원의 일정만 주장해서도 안 된다.

● 프로젝트가 불확실할수록 마일스톤은 자주, 많이 계획한다.

프로젝트가 불확실하고 변경 가능성이 높을수록 마일스톤을 자주 계획하는 것이 좋다. 마일스톤을 자주 계획하면 품질 검토 주기가 짧아져 프로젝트 위험을 조기에 파악하여 대처할 수 있다. 애자일 방법론의 품질 검토 주기는 스프린트 주기와 동일하며 폭포수 방법론의 품질 검토 주기는 단계별 검토 또는 중간 고객 검토 주기와 동일하다.

●납기를 연말이나 반기말로 하는 것에 유의한다.

연말이나 반기말로 납기를 설정하면 납기일에 다른 일이 몰릴 수도 있다. 또한 같은 지연이라 해도 받아들이는 느낌이 다르다.

11.3 주공정법(CPM)

CPM(주공정법, Critical Path Method)은 많은 작업들의 수행 순서가 복잡하게 얽혀 있는 프로젝트의 일정을 계산하는 알고리즘으로 프로젝트 일정관리의 대표적인 기법이다. 이번 섹션에서는 CPM의 계산 방법, 현실에서 CPM을 적용할 때 유의할 사항을 설명한다.

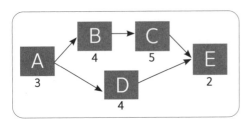

그림 11.7 주공정 필요성 예시

1) 주공정(critical path)의 기본 개념과 계산 방법

다섯 가지 작업으로 구성된 프로젝트가 있고 작업 수행 순서와 각 작업의 수행 기간(일)이 그림 11.7과 같다고 가정하자.

휴일을 고려하지 않은 전체 프로젝트 수행 기간이 14일임은 쉽게 알 수 있다. 주공정이란 '특정 작업이 지연될 경우 프로젝트 일정이 지연되는 작업의 연결'이다. 그림 11.7에서 주공정은 'A → B → C → E'이다. 주공정을 식별하고 관리하는 목적은 프로젝트 완료일을 준수하기 위해 집중할 작업을 식별하여 관리하기 위함이다. 작업 순서가 엄격하게 정해진 프로젝트는 일정지연을 예방하기 위한 주공정 관리가 중요하다. 소프트웨어 상품개발은 하드웨어 상품개발보다 주공정 관리의 필요성이 상대적으로 낮지만 기본 개념은 숙지해야 한다.

주공정을 계산하기 위해 '프로젝트 계획수립'의 예를 들어보자. 프로젝트 계획을 수립하기 위해서 그림 11.8에 있는 작업만 수행한다고 가정할 때 프로젝트 계획을 며칠 만에 수립할 수 있을까? 이 그림에서는 비교적 간단하지만, 작업의 수가 많거나 연관관계가 복잡하면 정답을 구하기가 어렵다. 물론 프로젝트 일정관리 도구가 계산해주기 때문에 주공정을 일일이 계산할 필요는 없다. 하지만 프로젝트 전체 수행 기간을 도출하는 논리는 이해해야 한다.

주공정을 계산하기 위해서는 전진계산을 통해 달성 가능한 가장 빠른 일정을 계산하고, 후진계산을 통해 달성해야 하는 가장 늦은 일정을 계산해야 한다.

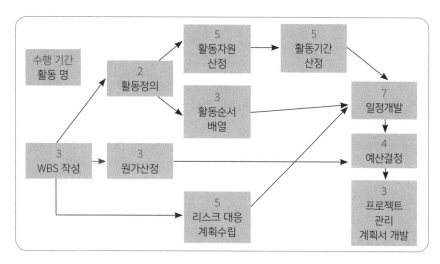

그림 11.8 프로젝트 계획수립 프로세스

● **전진계산과 후진계산**

전진계산(forward scheduling)은 그림 11.9와 같이 각 작업의 빠른 착수일(ES, Early Start)과 빠른 종료일(EF, Early Finish)을 계산하여 달성 가능한 가장 빠른 종료일을 도출한다.

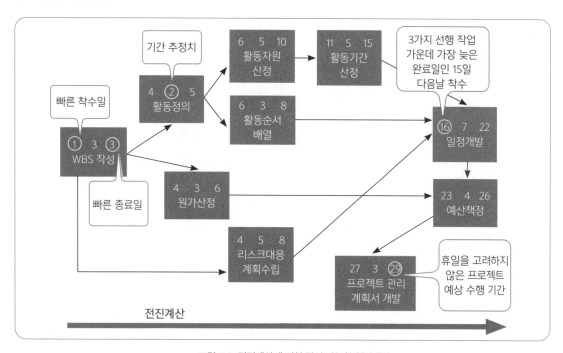

그림 11.9 전진계산에 의한 달성 가능한 일정계산

후진계산은 역으로 각 작업이 최대한 늦게 끝날 수 있는 종료일(LF, Late Finish)과 최대한 늦게 착수할 수 있는 착수일(LS, Late Start)을 계산한다. 그림 11.10에서는 프로젝트 관리 계획서 개발이 늦어도 29일에는 끝나야 한다고 가정하였다. 최대한 빨리 끝낼 수 있는 일정은 상품개발 팀이 제시하고, 최대한 늦게 끝낼 수 있는 일정은 경영층 또는 고객이 제시하는 경우가 많다. 만일 그림 11.10에서 아무리 늦어도 25일에 끝내야 한다면 끝낼 수 있는 일정은 29일이기 때문에 4일의 갭이 발생한다.

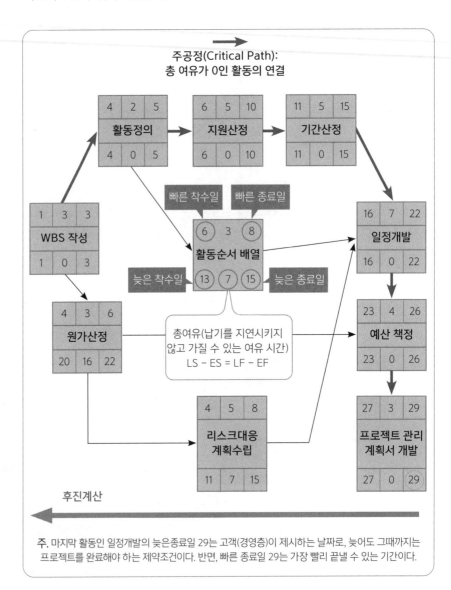

그림 11.10 후진계산을 활용한 작업의 여유(float) 계산

전진계산을 통해 도출한 빨리 끝낼 수 있는 일정과 후진계산을 통해 도출한 늦어도 되는 일정과의 갭을 플롯(float) 또는 슬랙(slack)이라 한다. 예를 들어 마지막 작업인 '프로젝트 관리 계획서 개발'을 늦어도 25일까지 끝내야 한다면 플롯이 '-4'로 여유가 없다. 반대로 늦어도 31일까지 끝내야 한다면 '프로젝트 관리 계획서 개발' 작업은 2일 지연되어도 끝내야 하는 일정에는 차질이 없다. 따라서 **플롯은 프로젝트 납기에 영향을 주지 않고 해당 작업이 가지는 여유 시간이다.** 플롯은 'LS-ES' 혹은 'LF-EF'로 계산해서 구한다. 주공정은 여유 시간이 없는 작업 즉 플롯이 '0 이하인 작업'을 연결한 경로다. 주공정상의 작업은 '플롯=0(또는 음수)'이기 때문에 작업이 지연되면 프로젝트 종료일이 지연된다. 위 그림에서 색깔 있는 굵은 선이 주공정이며 나머지 선은 '지연되어도 되는 작업(non-critical path)'의 연결이다. 지연되어도 되는 작업은 '플롯 > 0'이므로 프로젝트 납기(달성해야 하는 일정)에 영향을 주지 않고 지연되어도 되는 여유 시간을 가진다.

2) CPM 적용시 유의사항

주공정 기법을 효과적으로 사용하는 소프트웨어 개발 프로젝트는 보기 드물다. 몇 가지 이유를 살펴보면 다음과 같다.

● 모든 작업이 주공정처럼 느껴진다.

프로젝트를 관리해본 프로젝트 관리자라면 "지연되어도 되는 작업이 있는가?"라는 반문에 쉽게 답하기 힘들다. 왜일까? 프로젝트에 투입된 모든 자원들이 적어도 외형상으로는 프로젝트 작업에 투입되어 있기 때문에, 특정 작업이 지연되면 그 작업 담당자가 수행해야 할 다른 작업의 착수가 지연되기 때문이다. 주공정 관리의 핵심이 중점적으로 관리해야 하는 작업을 선별하는 것인데, 모든 작업이 중요해지면 주공정 관리의 의미가 없어진다.

● 주공정 도출시 가정한 자원과 실제로 투입되는 자원의 역량과 투입 시점이 다르다.

투입 자원의 역량은 작업 기간에 영향을 주기 때문에 주공정 도출에 영향을 미친다. 상품개발의 초기 단계에서 프로젝트에 투입되는 자원이 확정되지 않으면, 일정계획을 수립하는 사람이 가정한 자원의 역량에 따라 주공정을 도출한다. 그러나 프로젝트를 진행하면서 실제 투입되는 자원의 역량이 기대보다 낮다면 주공정이 바뀔 수 있다. 또한 약속했던 자원의 투입 시기가 늦어져도 전체 일정이 변경되어 주공정을 지속적으로 갱신, 관리하기 힘들어진다.

● WBS가 자주 변경된다.

신상품을 개발할 때 WBS의 추가, 변경, 삭제가 지속되면 주공정 변경을 관리하기 힘들다.

그렇다면 현실에서 CPM은 어떻게 활용해야 할까? 현실에서 적용 가능한 CPM 활용법은 다음과 같다

● 프로젝트 관리 도구를 사용한다.

CPM을 수작업으로 계산하는 것은 거의 불가능하다. 따라서 주공정 관리 기능이 있는 도구가 있을 때만 CPM을 분석해야 한다.

● 할 수 있는 일정과 해야 하는 일정의 갭을 도출한다.

할 수 있는 일정과 해야 하는 일정의 갭을 확인 할 때 CPM을 활용한다. 할 수 있는 일정과 해야 하는 일정이 어느 정도 차이가 있는지를 파악하고 예산이나 범위와 같은 프로젝트 제약조건을 조정해야 한다.

● 대규모의 복잡한 프로젝트에서 모든 작업에 대해 CPM 적용이 복잡하고 어렵다면 하위 팀에 일정관리의 유연성을 부여한다.

대규모의 복잡한 프로젝트에서는 CPM 관리가 힘들 수 있다. 프로젝트 하위 팀들이 도구에서 제시하는 작업 순서 또는 일정과 다르게 진행하고 있다고 판단되면, 하위 팀에 일정관리를 맡기고 프로젝트 관리자는 상위 수준의 실적만 CPM을 적용할 수 있다. 현실에 맞지 않는 복잡하고 상세한 수준의 CPM 일정표를 팀원에게 강요하고 업데이트를 요청할 때, 거짓 일정이 생겨날 수 있다.

다음은 필자가 개인적으로 알고 있는 어느 프로젝트 관리자가 이야기하는 CPM 적용의 어려움이다.

> 일반적인 예에서 보는 것처럼 현실은 단순하지 않습니다. 하나의 프로그램을 개발하는 데 소요되는 일정은 프로그램의 성격, 난이도에 따라 천차만별이며, 이를 개발하는 개발자의 생산성 역시 천차만별입니다. 주공정을 적용하다가는, 계산(만)하다가 개발기간이 끝나버릴지도 모르겠네요.

🔗 11.4 프로젝트 진척관리

진척률은 프로젝트 상황을 간결하게 대표하는 숫자이지만 현실에서 진척률에 대한 신뢰도는 그리 높지 않다. 상품개발 팀에서 멀리 있는 사람일수록 프로젝트 상세 내용을 파악하기 힘들기 때문에 프로젝트 진척률에 대한 의존도가 높다. 이번 섹션에서는 프로젝트 진척을 파악하는 두 가지의 대표 지표인 '공정 진척률'과 '공정 준수율'의 기본 개념, 진척률을 활용할 때 유의할 사항, 애자일의 진척관리, 버퍼 관리방안에 관해 설명한다.

1) 프로젝트 진척률을 평가하는 두 가지 지표

상품개발과 관련된 이해관계자들이 궁금해하는 진척률에는 두 가지 개념이 있다.

- **완료된 업무의 비율** 특정 시점까지 전체 업무 중 몇 %를 완료하였는가?
- **계획의 준수** 특정시점까지 완료하기로 계획된 업무를 완료하였는가?

  필자는 전자를 '공정 진척률', 후자를 '공정 준수율'로 정의한다.

공정전척률의 측정식과 유의사항은 다음과 같다.

- **공정 진척률 = 특정 시점까지 완료한 업무의 양/전체 업무의 양**

공정 진척률을 측정하기 위해서는 '업무의 양'을 무엇으로 측정할지 결정해야 한다. 소프트웨어 상품개발의 '양'을 측정하기 위해 사용 가능한 후보는 다음과 같다.

- 상품 요구사항의 수 (백로그 수)
- 상품 요구사항의 규모 (예: 스토리 점수)
- 작업의 수 (작업: 상품 요구사항 구현을 위한 작업)
- 작업의 기간
- 작업의 원가 (또는 공수)
- 작업에 부여한 주관적 가중치

  애자일 용어를 사용하면 공정 진척률은 '백로그 진척률' 또는 '스토리 점수 진척률'이 된다. 진척률을 측정하기 위해서는 상품 요구사항을 활용하는 것이 바람직하다. 하지만 폭포수 방법론의 초기 분석/설계 단계에서는 상품 요구사항을 개발하지 않기에 인력을 투입해도 진척률이 나오지 않는 단점이 있다. 따라서 그림 11.11과 같이 두 가지를 혼합하여 진척률을 계산하는 것도 고려할 수 있다. 예를 들어 분석 단계에서는 작업 규모를 기준으로 진척률을 평가하고,

요구사항을 개발하는 단계에서는 구현된 요구사항의 크기에 따라 진척률을 평가하는 방식이다.

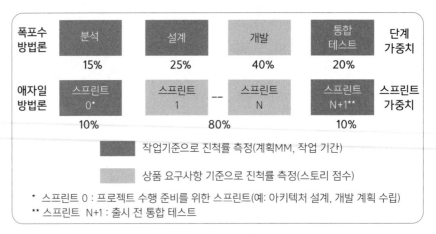

그림 11.11 진척률 측정 기준의 예시

진척률 측정 기준은 정답이 있는 것이 아니다. 정확하고 정밀한 측정을 위해 많은 시간을 소비하는 것은 프로젝트 관리에 도움이 되지 않는다. 정밀한 저울로 몸무게를 잰다고 다이어트에 큰 도움이 되지 않는 것과 같은 이치이다. 진척률 측정 공식이 어느 정도 합리적이라면 진척관리 목적에 위배되지 않는다. 공정 진척률은 0%에서 시작하여 100%가 되면 프로젝트가 종료되는 지표로, 업무 수행에 따라 상식적인 수준에서 진척률이 증가하면 충분하다. 예를 들어 상품 요구사항의 절반을 개발했을 때 40%~60%의 진척률이면 큰 문제가 없다. 측정 기준이 객관적이고 데이터 취합이 용이한 기준을 사용하면 된다.

공정 진척률은 프로젝트 계획 대비 성과를 판단할 수 있는 지표가 아니다. 프로젝트의 계획 대비 진척 성과를 파악하기 위해서는 공정 준수율을 측정해야 한다.

● 공정 준수율=특정 시점까지의 실적 진척률/특정 시점까지의 계획 진척률
공정 준수율이 100% 이하면 계획 대비 지연된 작업이 있다는 것을 의미한다.

공정 준수율을 해석할 때 유의할 사항은 다음과 같다.
● 프로젝트 초반의 공정 준수율과 프로젝트의 후반의 공정 준수율은 해석을 달리 해야 한다.
프로젝트 초반에는 계획 진척률이 작기 때문에 약간의 지연도 공정 준수율에 크게 영향을 미치며, 프로젝트 후반부는 이와 반대이다. 대형 프로젝트에서 프

로젝트 후반부의 공정 준수율이 99%인데도 불구하고 실제로는 심각한 상황인 경우가 많다.

● 공정 준수율외 지연일을 보조 지표로 같이 활용해야 한다.

A 프로젝트의 공정 준수율이 95%이고 B 프로젝트의 공정 준수율이 98%인 상황에서 B 프로젝트의 진척이 A 프로젝트보다 항상 좋다고 볼 수는 없다. 정확한 평가를 위해서는 어떤 업무가 어느 정도 지연 중인지 파악해야 한다. 만약 규모는 작지만 다른 업무보다 더 중요하고 어려운 업무가 지연된다면, 표면상의 공정 준수율은 좋아 보여도 실제 일정에 미치는 영향은 클 수 있다. 공정 준수율의 단점을 보완하는 지표로 마일스톤 지연일을 활용할 수 있다.

● 공정 준수율은 과대 평가되기 쉽다.

공정 준수율이 실제 상황보다 좋게 평가되기 쉬운 이유는 첫째, 많은 프로젝트의 공정 준수율이 95% 이상이기 때문에 100점 만점에 가깝다는 느낌을 주기 쉽다. 둘째, 각 작업의 완료시 품질을 확인하지 않으면 공정 준수율에 거품이 끼기 쉽다.

● 계획일을 변경하면 공정 준수율이 좋게 보일 수 있다.

지연되는 작업의 계획일을 변경하면 지연 작업이 정상적인 작업이 된다. 따라서 프로젝트 일정의 베이스라인 관리를 하지 않으면 공정 준수율이 왜곡될 수 있다.

2) 프로젝트 진척률을 관리할 때 유의할 사항

● 프로젝트 진척률은 프로젝트 현황 이해를 위한 참조 자료로 활용한다.

공정 진척률이나 공정 준수율은 유용한 지표이지만 프로젝트 진척 상황을 이해하는 참고 지표로 국한해야 한다. 프로젝트의 정확한 진행 상황은 지연되는 업무의 내용, 완료된 업무의 품질, 상품개발 팀원의 팀워크와 사기 등을 종합적으로 판단해서 평가해야 한다. 프로젝트 진척률로만 프로젝트 진척 상황을 파악하려는 욕심을 버려야 한다.

● 업무가 추가되면 공정 진척률이 낮아질 수 있다.

업무가 추가되면 '전체 업무의 양'이 증가하고 공정 진척률을 구성하는 분모가 커지기 때문에 공정 진척률은 낮아진다. 업무가 추가될 때 지난 주 대비 공정 진척률이 낮아져 프로젝트 관리자가 곤혹스러운 상황에 직면하는 경우가 있는데 이것을 반영하지 않으면 팀원들은 공정 진척에 반영되지 않는 유령 업무를 수행하게 된다.

● 공정 진척률 90% 이상이 되면 정체 현상이 발생한다.

그림 11.2는 공정 진척률의 신뢰도와 관련된 문제를 명확하게 보여주고 있다.

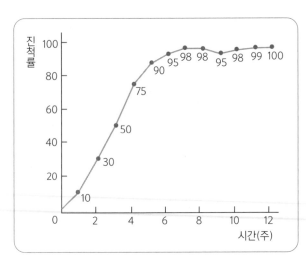

진척률 / 진척률

시간(주)

그림 11.12 95% 신드롬 예시

90%까지는 진도가 잘 나가다가 기울기가 낮아지기 시작하여 8주차(98%)에서는 진척률의 기울기가 (-)가 되기도 한다. 남은 2%의 진척을 올리기 위해서는 전체 공수의 20%를 투입해야 할 수도 있기에 '끝나지 않는 95% 신드롬(never ending 95% syndrome)'이라는 말도 있다. 물론 이것은 일부 이슈 프로젝트의 과장된 이야기이지만 프로젝트 공정 진척률이 부정확하다고 믿는 경영층이나 프로젝트 관리자가 많다.

공정 진척률이 90%를 넘어서면 프로젝트 완료를 위한 실행 항목을 상세하게 정의하고 관리하는 것이 훨씬 효과적이다.

● 진척률을 측정하고 관리하는 것보다 진척률을 좋게 만드는 방법에 집중한다.

많은 프로젝트가 주간 회의 때 공정 현황을 숫자로 보고한다. 그러나 공정 현황을 숫자로 보고하지 않는다고 해서 프로젝트 관리자 또는 이해관계자가 상품개발의 진행 상태를 모른다는 것을 의미하지는 않는다. 다이어트를 하기 위해 주기적으로 몸무게를 측정하는 것은 필요하지만 몸무게를 자주 잰다고 다이어트가 되는 것은 아니다. 다이어트에서 중요한 것은 식단 조절과 운동이다. 프로젝트의 중요한 상황을 꿰고 있는 상품관리자와 프로젝트 관리자는 숫자에 집착하지 않아야 한다. 숫자만 보는 사람들은 숫자를 좋게 만들라는 지시 말고는 할 게 없다.

숫자에는 과거와 현재의 숫자와 미래의 숫자가 있다. 과거와 현재의 숫자는 과거 작업의 결과다. 과거 추이에 집착하여 책임 소재를 따지거나 질책의 용도로 숫자를 활용해서는 안 된다. 중요한 것은 미래의 숫자다. 미래의 숫자를 원하는 수준으로 만들기 위해 지금 필요한 일에 집중해야 한다.

● 개별 작업의 완료 기준(DoD, Definition of Done)을 명확하게 한다.

업무를 관리하기 위해서는 작업 완료 기준를 명확히 해야 한다. 예를 들어 서버와 데이터 연계가 필요한 클라이언트 프로그램의 완료 기준은 관련된 서버 프로그램의 완료이다. 그러나 클라이언트 개발자 입장에서는 본인이 할 수 있는 일이 끝나면 완료로 생각할 수 있다.

진척이 좋은 것을 나쁘다고 인식하는 오류와 진척이 나쁜 것을 좋다고 인식하는 오류 중 프로젝트 관리자가 피해야 할 오류는 무엇일까? 당연히 후자의 오류일 것이다. 프로젝트 관리자는 작업 완료에 대해 보수적인 기준을 적용하는 것이 바람직하다. 개발자에게 할당된 프로그램 중심으로 완료를 평가하는 것 보다 고객이나 상품 요구사항 관점에서 완료 기준을 정의해야 한다.

3) 번다운 차트와 번업 차트

애자일에서 활용하는 번다운(burndown, 소멸) 차트를 설명하기 위해 간단한 프로젝트 사례를 만들었다(표 11.1).

스프린트	사용자 스토리명	사용자 스토리 점수	사용자 스토리 점수(누계)	목표 완료일	실적 완료일
#1	a1	2	2	01월 01일	01월 02일
#1	a2	2	4	01월 02일	01월 03일
#1	a3	3	7	01월 03일	01월 05일
#1	a4	3	10	01월 04일	01월 06일
#1	a5	3	13	01월 05일	01월 07일
#1	a6	3	16	01월 06일	01월 08일
#1	a7	3	19	01월 07일	01월 09일
#1	a8	5	24	01월 08일	01월 10일
#1	a9	8	32	01월 09일	01월 11일
#1	a10	8	40	01월 10일	01월 12일
#2	b1	2	42	01월 11일	01월 13일
#2	b2	2	44	01월 12일	01월 14일
#2	b3	3	47	01월 13일	01월 15일
#2	b4	3	50	01월 14일	01월 16일
#2	b5	3	53	01월 15일	01월 20일
#2	b6	3	56	01월 16일	01월 21일
#2	b7	3	59	01월 17일	01월 22일
#2	b8	5	64	01월 18일	01월 23일
#2	b9	8	72	01월 19일	01월 24일
#2	b10	8	80	01월 20일	01월 25일
#3	c1	2	82	01월 21일	01월 26일
#3	c2	2	84	01월 22일	01월 27일
#3	c3	3	87	01월 23일	01월 28일
#3	c4	3	90	01월 24일	
#3	c5	3	93	01월 25일	
#3	c6	3	96	01월 26일	
#3	c7	3	99	01월 27일	
#3	c8	5	104	01월 28일	
#3	c9	8	112	01월 29일	
#3	c10	8	120	01월 30일	

스프린트	사용자 스토리 수	사용자 스토리 점수	목표 완료일	실적 완료일	목표 완료일에 완료된 스토리 점수(누계)	목표 완료일에 남은 스토리 점수
#1	10	40	01월 10일	01월 12일	24	96
#2	10	40	01월 20일	01월 25일	53	67
#3	10	40	01월 30일			
계	30	120				

표 11.1 번다운 차트 분석을 위한 프로젝트 사례와 요약

프로젝트는 3개의 스프린트를 수행하며 각 스프린트는 매일 한 개씩 완료할 10개의 사용자 스토리로 구성된다고 가정하자(매일 하나씩 완료하는 스토리의 점수는 비슷해야 하지만 사례 설명을 위해 사용자 스토리별로 스토리 점수는 달리했다). 각 스프린트의 10개 사용자 스토리의 스토리 점수의 합계는 40점으로 동일하다. 따라서 프로젝트(릴리즈) 전체의 스토리 점수는 120점이다. 계산의 편의상 휴일을 고려하지 않았기 때문에 스프린트 계획 완료일은 1월 10일, 1월 20일, 1월 30일이다. 표 11.1에 있는 스프린트 #1과 #2의 계획 대비 실적을 요약하면 다음과 같다.

- **스프린트 #1**   1월 10일까지 "10개 사용자 스토리, 40 스토리 점수" 완료 예정, 1월 10일까지 "8개 사용자 스토리, 24 스토리 점수" 완료
- **스프린트 #2(누계)**   1월 20일까지 "20개 사용자 스토리, 80스토리 점수" 완료 예정, 1월 20일까지 "15개 사용자 스토리, 53 스토리 점수" 완료

번다운(소멸) 차트는 기간별로 남은 작업(remaining work)의 양을 보여준다. 번다운 차트는 프로젝트(또는 릴리즈) 수준에서 작성할 수도 있고, 스프린트 수준에서 작성할 수도 있다. 프로젝트 수준의 번다운 차트의 X축은 스프린트가 되고, 스프린트 수준의 번다운 차트의 X축은 일자가 된다.

번다운 차트를 보면 특정 시점 기준으로 완료된 작업의 양, 남은 작업의 양, 팀의 속도(기울기가 가파를수록 속도(생산성)가 높다), 출시 예정일을 파악할 수 있다.

프로젝트 번다운 차트와 스프린트 #1의 번다운 차트는 그림 11.13, 그림 11.14와 같다(실제 그림은 직선이 아니지만 이해를 돕기 위해 직선으로 표현했다).

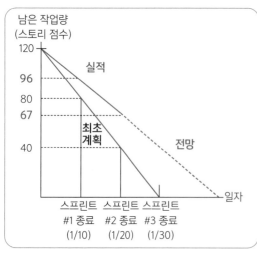

그림 11.13 프로젝트 번다운 차트

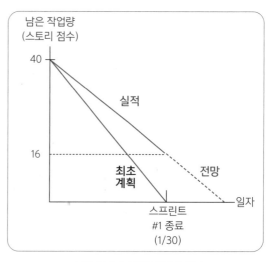

그림 11.14 스프린트 번다운 차트

번업(burnup) 차트는 번다운 차트의 반대로 기간별로 완료된 작업의 양을 누계로 보여준다. 번업 차트는 전체 작업의 양도 별도의 선으로 표현할 수 있어 작업량의 증가 또는 감소를 파악하기 용이하다. 번업 차트의 예는 그림 11.15와 같다.

그림 11.15는 스프린트 2를 종료한 뒤 스토리 점수 20을 추가한 예이다.

앞의 예에서 사용자 스토리 개수 및 스토리 점수를 활용하여 1/28 기준의 진척률을 계산하면 표 11.2와 같다.

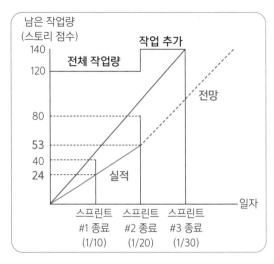

그림 11.15 프로젝트 번업 차트

구분	사용자 스토리 개수 기준	스토리 점수 기준
공정 진척률	77%(23/30)	73%(87/120)
공정 준수율	82%(23/28)	84%(87/104)

표 11.2 사용자 스토리 개수 및 스토리 점수 기준의 진척률 예시

번다운 차트의 몇 가지 유형을 설명하면 다음과 같다.

● 업무 추가 또는 과소 평가 번다운 차트

스프린트 도중에는 추가 업무를 받지 않는 것이 원칙이지만 긴급 업무는 추가할 수 있다. 또는 스토리 포인트를 과소 평가한 사용자 스토리를 조정할 수도 있다. 이때의 번다운 차트는 그림 11.16과 같이 일시적으로 Y값이 증가한다.

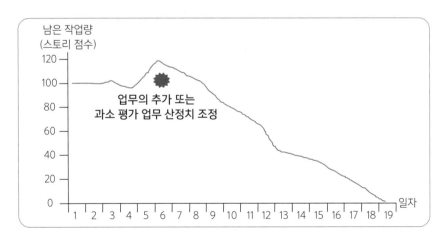

그림 11.16 업무 추가 또는 과소 평가 번다운 차트

● 업무 축소 또는 과대 평가 번다운 차트

업무 축소 또는 과대 평가는 위와 반대이다. 스프린트 도중 불필요한 업무를 발견했거나 과대 평가한 사용자 스토리를 조정할 수 있다. 이때의 번다운 차트는 그림 11.17과 같이 특정 시점에 Y값이 급격히 감소한다.

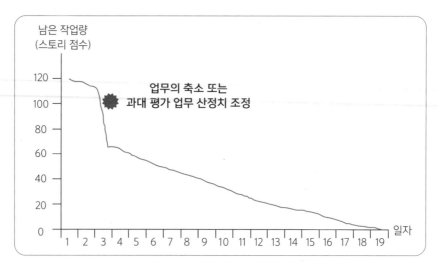

그림 11.17 업무 축소 또는 과대 평가 번다운 차트

● 추가 인력 투입

긴급한 상황이 발생하면 추가 인력을 투입하여 기간을 단축할 수 있다. 추가 인력이 해당 업무 내용과 기술에 익숙하여 개발 환경에 익숙하다는 전제가 있을 때 그림 11.18과 같은 번다운 차트가 가능하다.

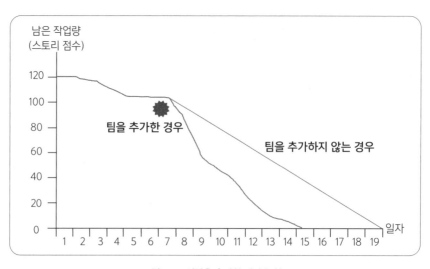

그림 11.18 인력을 추가한 번다운 차트

4) 칸반보드(Kanban board)

상품출시 이후 운영모드로 전환하면 출시된 상품에 대한 개선사항 또는 결함 수정이 수시로 발생한다. 때문에 운영단계에서는 결함은 우선 조치하고 상품 개선사항은 상품관리자가 결정하는 우선순위에 따라 개발하는 것이 일반적이다. 따라서 운영단계에서는 개발할 범위를 정한 뒤 이를 스프린트에 할당하는 것이 아니라 백로그에 쌓여있는 업무 중 이번 주에 개발할 것을 결정하는 방식이 적합할 수 있다. 칸반에서는 일정계획은 수립하지 않고 한 작업을 끝낸 후 다음 작업을 착수한다. 칸반에서는 일정계획보다 흐름(flow)의 최적화에 집중한다.

칸반 시스템 일정관리의 특징은 다음과 같다.

● 진행 중 작업 수를 제한한다.

진행 중 작업 수가 적을수록 리드타임이 단축되는 것은 〈4.3 린 스타트업 프로세스〉에서 설명하였다. 적정 수준의 리드타임을 유지하기 위해서는 진행 중 작업 수를 적정 수준으로 유지해야 한다. 진행 중 작업 수는 상품개발 팀의 과거 데이터를 참조하여 결정한다. 또한 운영의 작업 유형을 신규 기능, 오류 및 성능 향상, 기능 개선, 영업 지원 등으로 구분하여 적정 비율을 유지할 수도 있다. 각 작업의 적정 비율은 작업 중요도를 고려하여 결정한다.

진행 중인 작업 수를 제한하면 백로그에 있는 대기 요구사항들은 증가할 수 있다. 우선순위가 낮은 요구사항들은 6개월이 지나도 백로그에 남아있을 수 있는데, 백로그에 일정 기간 이상 대기한 요구사항은 삭제하는 것이 좋다. 왜냐하면 다른 요구사항에 비해 지속적으로 우선순위가 낮았기 때문이다. 요구사항이 중요해지면 누군가 다시 등록할 것이다. 길어지는 백로그를 관리하는 것보다 삭제하고 다시 등록하는 것이 효율적이다. 관리에 집착하는 조직은 장기 대기 중인 요구사항을 삭제하지 못 하는데, 이는 집에서 쓰지 않는 짐을 버리지 못해 집안이 어지러워 지는 것과 같다. 요구사항을 삭제하는 기준 개월 수는 해당 조직의 요구사항 변동성에 반비례한다. 즉, 요구사항의 변동성이 높다면 3개월을 기준으로 백로그를 정리할 수도 있다.

● 작업 진행 현황을 시각화한다.

칸반보드는 칸반 시스템의 대표적인 특징이며 칸반보드 적용을 칸반 시스템 적용으로 착각하기도 한다. 칸반보드는 화이트보드 또는 지라(Jira)와 같은 도구를 활용하여 수행 중인 작업을 구분하며 전체 작업 현황을 직관적으로 쉽게 파악할 수 있는 장점이 있다. 칸반보드에 부착하는 것을 신호 카드(signal card)

라고 하는데 하나의 신호 카드는 하나의 상품 요구사항(사용자 스토리)을 의미한다. 신호 카드는 진행 단계별로 구분하기도 하지만 업무의 중요도에 따라 구분하기도 한다. 업무의 중요도에 따라 신호 카드의 색깔을 달리하는 것이 바람직하다(그림 11.19).

구분	대기	분석	구현		QA	완료
			대기	개발		
긴급 요청				■		
고정 일정		■ ■	■	■		
표준	■ ■ ■ ■	■ ■	■ ■	■ ■	■ ■	■ ■
기타	■ ■ ■					

그림 11.19 칸반보드 예시

《칸반》(2014)에서는 작업 중요도에 따른 관리방안을 다음과 같이 설명한다.
- '긴급 요청' 항목의 진행 중 작업 제한은 1이고 담당자는 긴급 요청을 즉시 당겨야 한다.
- '고정 일정' 항목은 표준 항목보다 먼저 당긴다. '고정 일정' 항목이 급해지면 긴급 요청으로 바꾼다.
- '표준' 항목은 선입 선출 방식을 사용한다. 공수나 처리 시간 결정을 위한 추정을 수행하지 않는다.
- '기타' 항목은 위의 세 가지 항목을 선택할 수 없을 때 당겨올 수 있다. 기타 항목은 긴급 요청을 처리하는 동안 잠시 중단한다.

작업 중요도를 활용하면 계획수립도 단순해진다. 작업 중요도는 개발 우선순위를 결정하며, 상품개발 팀에서 당김 방식으로 개발할 때 위험 수준도 낮아진다. 작업 중요도의 유형은 조직원들이 쉽게 암기할 수 있는 3~5개가 적합하다.

● 개별 작업의 계획 준수보다 평균 리드타임을 중요시한다.
상품출시 후 운영단계에서는 일회성의 계획보다 안정적 개발 속도가 중요하다. 합의한 리드타임 이내에 일정 규모의 작업을 릴리즈할 가능성이 일정 수준(예: 80%) 이상이라면 계획과 조정을 위해 시간을 낭비할 필요가 없다. 《칸반》에서는 칸반의 간편한 계획수립을 다음과 같이 설명한다.

매주 월요일 아침 우선순위 결정을 위한 회의를 효율적으로 진행하기 위해 목요일이나 금요일에 대기열에 빈칸이 몇 개 생길지 예상해보고 그 수를 알려주는 메일을 보낸다. 추정, 비즈니스 계획 준비, 백로그로부터 후보를 선정하는 활동 모두 우선순위 처리 비용이다. 이 비용은 낮게 유지하는 것이 바람직하다.

칸반 시스템에서는 '공정 준수율'이나 '공정 진척률'보다 '평균 리드타임'과 '리드타임 준수율'을 중요시한다. 또한 칸반 시스템을 적용하면 상품개발 팀과 이해관계자가 합의한 서비스 수준 합의(SLA, Service Level Agreement)를 기준으로 성과를 평가하는 것이 바람직하다. 칸반 방식은 상품개발 팀이 고객 또는 이해관계자와 신뢰를 기반으로 장기적인 관계를 맺는 개념이다. 따라서 칸반 방식을 적용하기 위해서는 적정 수준의 품질을 갖춘 적정량의 결과물을 고객 또는 이해관계자가 지속적으로 제공받을 수 있다는 믿음을 제공해야 한다.

● 당김(pull) 방식으로 개발할 상품 요구사항을 결정한다.
개발 방식에서 당김(pull) 방식과 미는(push) 방식은 크게 다르다. 당김 방식은 프로젝트 팀의 처리 속도에 맞게 업무를 수용하고, 미는 방식은 프로젝트 팀의 처리 속도를 고려하지 않고 업무를 밀어 넣는다. 당김 방식을 적용하려면 진행 중 작업 수를 제한한다는 전제조건이 필요하다. 당김 방식에서는 하나의 요구사항을 완료한 후 다른 요구사항을 추가한다.

당김 방식으로 작업을 수행하면 특정 시점에 가장 필요한 업무를 선택할 수 있다. 반면 미는 방식으로 작업을 수행하면 빽빽한 실행 항목(to do list)의 업무를 해치우기 위해 지금 상황에서 어떤 업무가 중요하고 어떤 업무를 먼저 수행해야 하는지 고민할 시간이 없다. 미는 방식의 대표적인 문제점은 다음과 같다.
● 팀원들을 수동적으로 만든다.
● 과중한 업무로 팀원을 초조하게 만든다.
● 상황에 맞게 업무 우선순위 조정이 힘들다.
● 병목 업무가 발생하기 쉬워 업무 흐름이 느려진다.

● 변동을 최소화한다.
안정적인 리드타임을 유지하기 위해서는 변동을 최소화해야 한다. 다양한 요구사항을 하나의 유형으로 관리하면 일정과 공수의 변동성이 커진다. 따라서 요구사항 유형을 몇 가지로 구분하여 유형별로 평균과 분산을 예측하고 관리하면, 개발 리드타임의 예측 가능성도 높아진다. 요구사항 유형이 내부 변동 요인이라면 시장 변동, 직원 이직 등은 외부 변동 요인이다. 외부 변동은 프로젝트 팀이 통제할 수 없기에 외부 변동이 높아지면 업무의 예측 가능성은 낮아진다.

지금까지 설명한 칸반 시스템의 일정관리 특징을 요약 하면 그림 11.20과 같다.

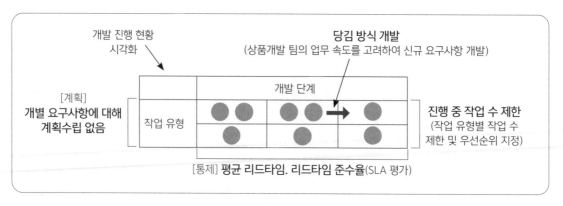

그림 11.20 칸반 시스템 일정관리 특징

칸반보드를 적용하는 경우 프로젝트 진척 현황을 파악할 수 있는 차트는 다음과 같다.

● 처리량(throughput) 차트

처리량 분석은 흐름을 중시하는 '칸반 시스템'에서 중요한 개념이다. 처리량은 애자일의 '속도(velocity)'와 미묘하게 다르다. 속도는 '단위 스프린트당 완료되는 스토리 점수'이고 처리량은 '단위 기간당 완료되는 작업의 수'다. 처리량을 스토리 점수로 측정하면 속도와 처리량은 같은 개념이 된다(스프린트 주기는 동일하게 유지한다는 전제다). '속도'는 미는(push) 방식으로 작업을 할당할 때의 생산성 지표이고, '처리량'은 당김(push) 방식으로 업무를 수용할 때의 생산성 지표이다. 처리량 차트는 일정 기간(주, 월) 동안 완료되는 업무의 양을 표현한 그래프이다. Y축을 백로그 작업 수로 하면 처리량 차트이고 스토리 점수로 하면 속도차트가 된다(그림 11.21).

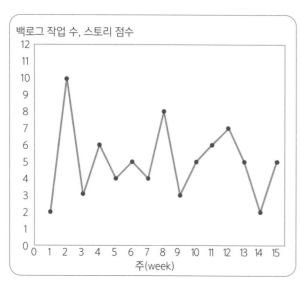

그림 11.21 처리량 차트

● 리드타임 차트, 사이클타임 차트

리드타임 차트, 사이클타임 차트는 기간별 작업량의 추세를 분석할 때 활용한다. X축은 시간이고 Y축은 리드타임 또는 사이클타임이다. 리드타임은 요구사항 접수 후부터 개발 완료까지의 시간을 의미하고 사이클타임은 개발 착수 후 개발 완료까지 시간을 의미한다.

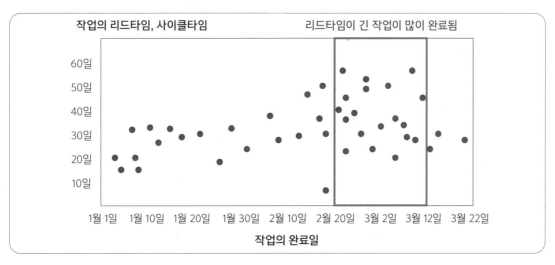

그림 11.22 리드타임 차트, 사이클타임 차트의 예시

그림 11.22에서 파악할 수 있는 정보는 다음과 같다.

그림의 동그라미는 특정일에 완료된 작업(사용자 스토리)을 의미한다. 착수일에 상관 없이 완료일 기준으로 리드타임 또는 사이클타임을 표현한다.

- 각 기간의 동그라미의 수는 완료된 작업의 개수(처리량)이다. 그림 11.22에서 2월10일부터 3월 12일까지는 완료된 작업의 개수가 이전보다 많다. 처리량 산포는 크지 않는 것이 바람직하다.
- Y축은 작업 완료에 걸리는 시간이다. Y축 산포가 크면 작업 시간의 예측 가능성이 낮아진다. 그림 11.22를 보면 2월 20일부터 3월 12일까지 완료된 작업의 리드타임이 길어졌다. 이런 추세가 지속되면 원인을 분석해야 한다.

● 누적 흐름도(Cumulative flow diagram)

누적 흐름도는 시간의 경과에 따라 리드타임, 사이클타임, 진행 중 작업 수(WIP), 대기 업무, 완료된 업무를 종합적으로 보여준다(그림 11.23). 그림 11.23에서 처리량은 직관적이지 않을 수 있는데 '처리량 = 진행 중 작업 수 / 리드타임' 공식을 기억하면 이해할 수 있다. 작업 완료 속도가 작업 요청 속도를 따라가지 못하면 리드타임은 점점 길어진다.

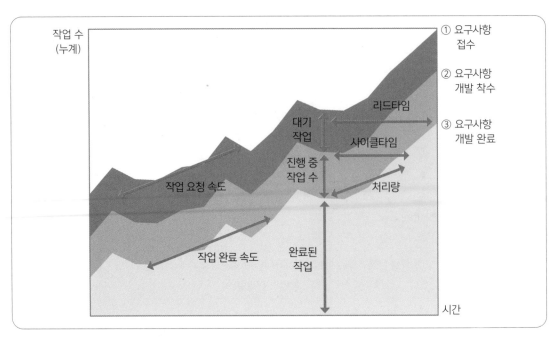

그림 11.23 누적 흐름도

5) 동일한 릴리즈 주기 유지의 장점

첫 출시는 개발 규모에 맞추어 일정과 예산을 결정하지만, 출시 후 제품이나 서비스 개선은 정해진 팀원이, 정해진 릴리즈 주기(예: 1개월)에 맞추어 릴리즈한다면 이는 동일 주기 릴리즈를 유지하는 것이다. 이러한 모델을 애자일 릴리즈 기차(ART, Agile Release Train)에 비유하기도 한다. 기차의 특징을 생각해보자. 기차는 정해진 시간에 정해진 역에 도착한다. 기차가 달리고 있는 도중에는 승객도, 승무원도 내리거나 탈 수 없고, 다음 역에 도착해야 승객이 내리고(개발 결과를 릴리즈하고), 새로운 승객이 탑승한다(개발할 요구사항을 배정한다).

릴리즈 주기는 이해관계자들이 기다릴 수 있을 정도로 충분히 짧아야 하지만, 품질을 확보하면서 지속 가능한 페이스를 유지할 수 있을 만큼은 길어야 한다.

동일 주기의 릴리즈를 유지하면 다음과 같은 장점이 있다.

● 개발 팀 내부에 지속 가능한 리듬을 만든다.

최초 출시를 위한 프로젝트가 모든 것을 쏟아붓는 단거리 경주라면, 출시 이후 운영은 상품을 단종하기 전까지 지속하는 마라톤에 비유할 수 있다. 마라톤의 페이스처럼 개발 팀이 소화 가능한 리듬을 만들지 못하면 릴리즈 주기를 유지할 수 없다. 우리의 일상 생활도 24시, 일주일, 1년 등 일정한 리듬으로 유지된다. 대부분의 조직은 주간 회의를 정해진 요일, 정해진 시간에 수행한다. 리듬은 업무를 예측 가능하게 만들어준다. 예를 들어 매월 마지막 주 목요일에 개선된 상품기능을 릴리즈한다고 하자. 매월 정해진 일자에 개선사항을 릴리즈하기 위해서는 전월 마지막 주에 다음 달 릴리즈 기능을 확정하고, 매월 초엔 릴리즈 계획을 수립하고, 매월 마지막 주 월요일에는 릴리즈 기능에 대한 쇼케이스를 하는것과 같이 많은 작업들의 루틴이 정해질 것이다. 그 결과 상품개발 팀은 1개월 동안 에러를 고치고, 조직에서 요구하는 개발 외 업무도 수행하면서 개발 가능한 업무 규모를 체득하게 된다.

● 상품기획, 영업, 마케팅 업무도 반복적인 리듬을 따른다.

매월 신규 기능을 릴리즈하려면 상품개발 팀 외 유관조직도 반복적인 리듬을 따라야 한다. 상품관리자는 매월 정해진 시점까지 다음 스프린트에 포함될 요구사항을 결정해야 한다. 요구사항이 결정되면 영업·마케팅 팀은 요청한 신규 기능이 언제쯤 릴리즈될지 예측할 수 있다. 결과적으로 상품개발 외 업무도 정해진 리듬을 따르고 수행 시점을 예측할 수 있다.

● 예측 가능성이 높아진다.

릴리즈를 동일 주기로 유지하면 계획을 수립할 때 고려할 요소가 줄어든다. 릴리즈 주기를 유지하려면 관련 활동들도 정해진 루틴을 따라야 하기 때문이다. 업무 리듬을 유지하면 예외적인 상황이 발생할 가능성도 줄어들기 때문에 성과의 예측 가능성도 높아진다.

● 품질 수준이 높아진다.

동일 주기로 릴리즈하기 위해서는 품질이 뒷받침되어야 한다. 품질 수준이 낮으면 릴리즈 후 품질 이슈 해결을 위한 노력 때문에 안정적인 속도를 유지하기 힘들기 때문이다.

● 일정 준수를 위한 버퍼 확보나 학생 증후군을 최소화시킨다.

일정 기간(2주 또는 1개월) 팀이 할 수 있는 업무 규모에 대해 암묵적인 동의가 이루어진 상태이기 때문에 버퍼를 확보할 필요가 없고, 확보도 어려워진다. 또한 규칙적인 리듬에 따라 일을 하기 때문에 마감일에 임박해 일을 하는 학생 증후군이 줄어든다.

● 릴리즈 주기가 짧으면 비효율적 요소를 제거할 수 있다.

릴리즈 주기가 짧아지면 각종 비효율(불필요 문서, 단계별 검토의 비효율 등) 요소를 제거할 수 있다. 짧은 릴리즈 주기를 유지할 수 있는 조직일수록 상품개발의 비효율이 줄어든다.

11.5 프로젝트 일정지연 관리

프로젝트 계획 일정이 앞당겨지는 일은 드물다. 계획을 앞당기기도 힘들지만 일찍 끝냈다는 사실을 팀원들이 알려주지 않기 때문이다. 반면 일정지연은 흔히 볼 수 있다. 일정지연 사유도 요구사항 변경, 핵심 인력 이탈, 예상 못했던 품질 이슈, 낙관적인 계획수립 등 다양하다.

이번 섹션에서는 프로젝트 일정이 지연되는 이유, 일정만회 방법, 일정버퍼 활용 방안을 설명한다.

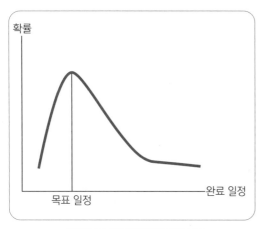

그림 11.24 프로젝트 완료 일정 분포

1) 프로젝트 일정이 지연되는 이유

상품개발이 계획보다 빨리 끝날 가능성은 낮고 단축할 수 있는 기간은 매우 짧다. 반면 지연될 가능성은 높고 지연 기간도 길어질 수 있다. 그 결과 프로젝트 완료 일정은 그림 11.24와 같이 오른쪽이 긴 비대칭형 그래프가 된다.

상품개발이 지연되기 쉬운 이유는 그림 11.25와 같이 다양하다.

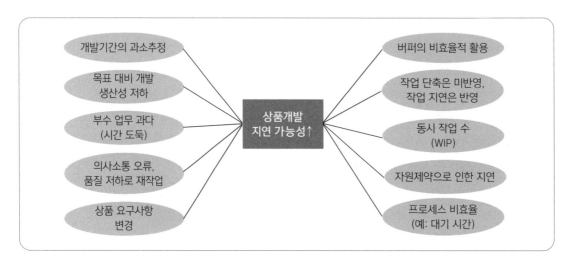

그림 11.25 상품개발이 지연되기 쉬운 이유

개발 일정이 지연되기 쉬운 이유 중 상세 설명이 필요한 내용은 다음과 같다.

● 개별 작업에 버퍼를 반영하지만 효과를 보지 못한다.

일정지연을 예방하는 대표적인 방법은 작업에 버퍼를 반영하는 것이다. 프로젝트 관리자가 팀원에게 어떤 작업을 맡기면서 얼마 만에 해낼 수 있느냐고 물었다. 팀원이 "5일의 기간을 주세요"하고 대답했을 때 5일을 지킬 수 있는 확률은 몇 퍼센트 정도일까? 사람에 따라 다르겠지만 이 대답은, 약속을 지킬 수 있도록 여유 시간을 포함했기 때문에 신뢰도가 80~90%일 것이다. 이는 50%의 확률보다 30~40% 이상의 여유 시간(버퍼)을 추가한 것이다. 50%를 기준으로 삼는 이유는 50%에서는 납기 지연의 기댓값이 0이므로 버퍼가 0이기 때문이다. 프로젝트 관리자가 전체 프로젝트 기간을 50% 가능성으로 추정하라는 의미가 아니다. 예를 들어 낮 12시에 출발하는 외국행 비행기를 타려면 집에서 몇 시에 출발해야 할까? 집에서 도보, 시내버스, 공항버스를 타고 공항에 도착한다고 가정해보자. 각 작업별 예상 시간이 그림 11.26과 같다면 2시간 45분이 소요된다. 그렇다면 당신은 9시 15분에 집에서 출발할 것인가?

그림 11.26 집에서 비행기 탑승까지 작업 및 예상 시간

위의 계획에서는 시내버스와 공항버스가 도착할 때까지 기다리는 대기 시간과 교통 체증을 고려하지 않았다. 또한 출국 수속과 심사에서 발생할 수 있는 비상상황도 고려하지 않았다.

변수가 거의 없는 도보를 제외하고 작업별 버퍼를 감안하면 그림 11.27과 같이 총 65분의 버퍼가 추가된다. 그렇다면 9시 출발이 아닌 8시에 출발할 것인가?

그림 11.27 집에서 비행기 탑승까지 작업 및 버퍼를 고려한 예상 시간

앞에서 설명한 그림 11.27은 비행기를 놓치지 않기 위해 교통 체증 등을 감안하여 최대한 보수적으로 버퍼를 반영했다고 가정하자. 세 가지 작업의 버퍼 반영 후 일정 준수 가능성이 90%라면 비행기 탑승 지연 가능성은 1,000분의 1이다(0.1×0.1×0.1). 따라서 위의 일정대로 진행하면 99.9%는 비행기 탑승구 앞에서 대기하는 시간이 발생한다. 집에서 몇 시에 출발할 것인가는 위험에 대한 개인의 성향, 즉 비행기를 놓칠 가능성 또는 공항에서 기다리는 시간에 대한 참을성에 따라 달라질 것이다.

위의 예시에서 각 작업의 수행 기간과 버퍼는 독립적이다. 즉 공항버스 도착 전에 반영한 버퍼 시간(15분)이 실제 버스가 도착하는 시간에 영향을 미치지 않는다. 그러나 사람이 개입되면 문제는 달라진다. 위의 예가 4개 작업과 3개의 버퍼로 구성된 소프트웨어 개발 프로젝트라면 작업별 버퍼와 작업 수행 기간이 독립적일까? 즉 프로젝트가 지연될 가능성이 1,000분의 1일까? 현실은 작업의 버퍼가 작업 수행 기간에 영향을 미친다. 그 이유는 다음과 같다.

- **파킨슨의 법칙(Parkinson's law)**

  모든 작업은 주어진 기간을 모두 사용한다(역설적으로 말하면 빨리 끝낼 수 있어도 천천히 수행해서 주어진 기간을 다 사용한다).

- **자기 방어(Self- protection)**

  작업을 빨리 완료하면 관리자는 다른 업무를 지시하거나 다음 번에는 짧은 납기를 기대하기 때문에 작업을 빨리 완료해도 작업 완료를 숨긴다.

- **다음 주자의 준비 부족(Dropped baton)**

  작업을 빨리 완료해도 관련된 후속 작업을 착수하지 못해 전체 프로젝트 일정이 단축되지 않는 경우다. 이러한 현상이 발생하는 이유는 후속 작업을 수행할 사람이 버퍼를 감안한 일정에 선행 작업이 완료될 것이라 생각하고 작업을 준비했기 때문이다.

- **학생 증후군(Student syndrome)**

  많은 학생들이 시험이 임박하면 공부를 시작한다. 프로젝트 업무도 목표일이 다가오면 일을 시작하고 예상 못 했던 문제가 발생하면 일정이 지연된다.

  개별 작업에 버퍼를 반영해도 효과를 보지 못 하고 납기가 지연되는 사유를 정리하면 그림 11.28과 같다.

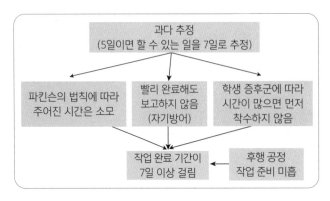

그림 11.28 버퍼를 추가해도 납기가 지연되는 사유

● 기간 단축은 반영되지 않고 기간 지연만 반영된다.

특정 작업을 착수하기 위해 N개의 작업이 완료되어야 할 때 그 중에 한 개 작업만 늦게 끝나도 나머지 N-1개의 작업이 빨리 끝난 효과가 없다. 그림 11.29와 같이 실적이 5일에서 3일로 당겨졌다고 해서 일정이 단축되지는 않지만, 5일에서 7일로 지연되면 일정이 지연된다.

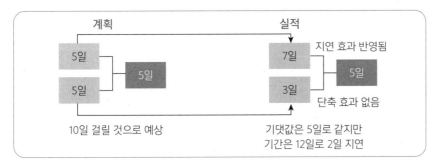

그림 11.29 기간 단축과 기간 지연의 영향력

● 작업을 수행할 수 있는 자원의 제약으로 일정이 지연된다.

작업을 수행할 수 있는 자원에 대한 제약이 있다면 프로젝트 일정이 지연될 수 있다. 그림 11.30에서 자원제약을 반영하지 않고 주경로만 고려하면 5개의 작업을 끝내는 데 16일이 걸리지만, 작업을 수행할 수 있는 자원을 고려하면 19일이 걸린다.

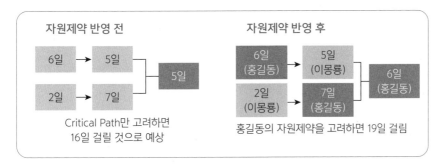

그림 11.30 자원제약 고려시 일정지연 사례

● 내부 프로세스 비효율로 상품출시가 지연된다.

상품 요구사항의 요청부터 배포까지의 흐름은 다음과 같다.

  상품 개선 요청 → 승인 → 기술 검토 → 코딩&테스트 → 검증 → 배포

상품 개선 요청부터 배포까지 소요되는 시간은 '고객에게 가치를 제공하는 시

간'과 '낭비 시간'으로 나누어진다. 《린 소프트웨어 개발의 적용》(2007)에서 인용한 예(그림 11.31)에 의하면 총 가치시간은 160분이이지만 대기를 포함한 낭비 시간은 '6주 + 4시간(60,720분)'이다. 따라서 프로세스의 효율은 0.3%이다(160분 / 60,880분).

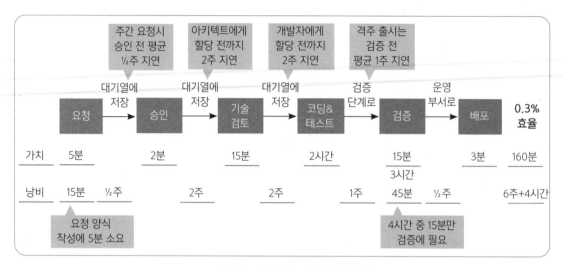

그림 11.31 비효율 프로세스의 가치흐름도

반면 대기 시간을 최소화하여 효율을 높이면 그림 11.32와 같이 33%(160분/485분) 까지 향상시킬 수 있다.

상품기획부터 최종 배포까지 모든 작업의 비효율을 제거해야 고객 관점의 일정지연을 최소화할 수 있다. 모든 조직에는 상품개발 또는 개선을 요청받아 배포하는 프로세스가 있고, 각 작업을 수행하는 시간과 작업과 작업 사이에 대기하는 시간이 있다. 이를 그림 11.32와 같이 가치흐름도로 시각화하여 낭비 요소를 제거하면 상품개발 일정지연을 줄일 수 있다.

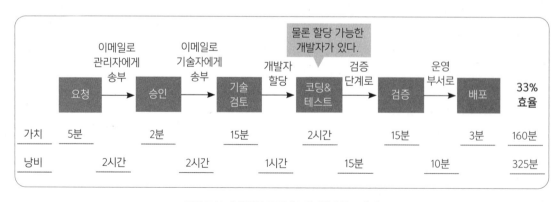

그림 11.32 효율적인 프로세스의 가치흐름도 예시

《린 소프트웨어 개발의 적용》은 소프트웨어 개발이 오래 걸리는 이유를 다음과 같이 설명한다.

- 프로젝트 승인까지 수개월 기다리기
- 개발자가 배정될 때까지 기다리기
- 배정된 개발자가 가용한 상태가 될 때까지 기다리기
- 골치 아픈 변경승인 프로세스 (대기 시간이 늘어날수록 변경 가능성은 높아짐)
- 전체 시스템이 완성될 때까지 기다리기
- 코드가 테스트를 통과할 때까지 기다리기

2) 지연된 프로젝트 일정을 만회하는 방안

상품개발은 여러 가지 이유로 지연되기 쉽다. 상품개발 일정지연은 계획을 변경하거나 미래의 생산성을 높여서 줄일 수 있다(그림 11.33).

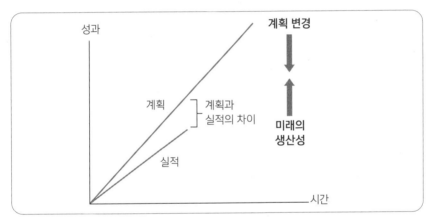

그림 11.33 일정지연에 대한 접근 방법

계획 변경 및 미래의 생산성을 높이는 방법은 그림 11.34와 같다.

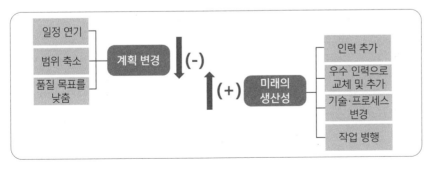

그림 11.34 일정지연에 대한 접근 방법

① 계획 변경을 통해 일정을 만회하는 방법

일정지연에 대응하기 위한 계획 변경은 일정 연기, 범위 축소, 품질목표를 낮추는 방안이 있다.

● 일정 연기

상품출시 일정을 연기하는 방법이다. 상품개발 팀과 이해관계자의 입장에서는 반갑지 않은 선택이지만 상품출시를 위한 최소한의 기능이나 품질을 확보하지 않은 상황에서 출시를 강행하면 더 큰 비용을 치를 수 있다. 프로젝트의 납기를 연장할 때에는 연기한 일정은 지킬 수 있는 기간을 확보해야 한다. 납기 연장을 짧게 해야 한다는 압박을 받아 사막에서 신기루를 보는 것처럼 조금만 더 하면 될 것 같은 착각을 할 수 있기 때문에 유의해야 한다.

● 품질목표를 낮춤

10장에서 설명한 카노 모델의 감동적인 품질요소는 제공되지 않아도 고객의 불만을 초래하지 않을 수 있기 때문에 품질목표 수준을 낮출 수 있다. 고객 입장에서 허용 가능한 품질목표(예: 성능)를 확인하고 납기를 위해 희생 가능한 품질특성이 있는지 확인한다. 품질보다 납기가 중요한 경우는 흔치 않다. 품질목표를 낮추는 것은 바람직하지 않지만 절대적으로 중요한 출시일 준수를 위해서는 고려할 수 있다. 물론 품질 이슈는 출시후 빨리 해결해야 한다.

● 범위 축소

일정지연을 최소화하기 위해 가장 바람직한 대처 방안이다. 출시일 지연은 상품개발 팀의 사기를 꺾기 때문에 힘들더라도 예정된 일정에 상품을 출시하는 것이 바람직하다. 일정 준수를 위해 품질을 희생할 수도 없고 인력을 추가해도 일정을 준수한다고 보장할 수 없다.

상품관리자와 프로젝트 관리자는 현재까지 완료된 상품 요구사항을 고객 관점에서 검토한 후 출시 범위를 결정할 수도 있다. 상품 요구사항의 우선순위를 제대로 관리했다면 출시 범위를 줄여도 고객에게 최소한의 가치를 제공할 가능성이 높다. 중요도가 낮은 상품 요구사항은 출시 이후에 반영할 수 있다.

② 미래의 생산성을 높여 지연된 일정을 만회하는 방법

일정이 지연된 프로젝트의 팀원들이 그 때까지의 생산성보다 높은 생산성을 달성하기 쉽지 않다. 미래의 생산성이 현재까지와 달라질 것이라는 객관적인 근거 없이 생산성이 높아지길 바라는 순진한 희망을 꿈꾸어서는 안된다. 미래의 생산성을 높일 수 있는 방안은 다음과 같다.

● 인력을 추가하거나 우수 인력으로 교체

인력의 양을 늘리거나 기존인력을 우수 인력으로 교체하여 일정을 당기는 방법이다. 우수 인력으로 교체한다면 대부분 생산성이 높아지지만 인력 추가는 유의해야 한다. 일정을 단축하기 위해 인력을 추가 투입할 때 유의할 사항은 다음과 같다.

● **인력을 추가할수록 생산성은 낮아진다.**

인력을 추가할수록 생산성이 낮아지는 이유는 수확 체감의 법칙(law of diminishing returns) 때문이다. 수확 체감의 법칙은 투입물이 증가하는 것보다 결과물의 증가가 낮아진다는 이론이다. 인력의 추가 투입시 수확 체감의 법칙이 적용되는 이유는 다음과 같다.

· 인원 수가 많을수록 의사소통 비용 증가
· 프로젝트 지식을 교육하기 위한 시간 필요
· 특정 역할자의 부족이 전체 생산성을 결정(예: 상품기획, UX 인력의 증가 없이 개발자만 충원)

일정이 지연된 프로젝트 후반부에 일정 만회를 위해 검증되지 않은 인력을 투입하면 프로젝트가 생각대로 진행되지 않거나 진행 속도가 더뎌진다. 프로젝트 후반부는 모두가 바쁠 시기이기 때문에 누구를 가르쳐가며 프로젝트를 진행할 수 없다. 프로젝트 팀의 성숙도가 낮고 전략이 부실한 상황에서 인력만 추가 투입하여 프로젝트를 끝내려는 생각은 위험하다.

● **작업 병행(Fast tracking)**

작업 병행은 작업의 수행 순서를 조정해서 두 가지 이상의 작업을 병행하는 것을 뜻한다. A작업 완료 후 B작업 착수를 계획했지만, A와 B를 병행 추진한다면 전체 작업 기간은 줄어들 것이다. 작업 병행은 기간을 단축할 수 있지만, 재작업으로 인해 기간이 오히려 늘어날 위험이 있다.

● **기술·프로세스 변경**

프로젝트가 자주 지연되면 개발기술 변경 또는 프로젝트 수행 프로세스를 변경할 수 있다. 일정지연의 위험을 최소화하기 위해 애자일 방법론을 적용하는 것이 대표적인 예이다. 프로젝트 수행 도중 기술이나 프로세스를 변경하는 것은 많은 부작용을 초래하기에 신중하게 결정해야 한다.

3) 프로젝트 버퍼 활용 방안

개별 작업에 버퍼를 반영하면 파킨슨 법칙, 학생 증후군, 자기방어 등으로 개별 작업에서 버퍼를 사용하는 것을 앞서 확인하였다. 이에 대한 대안이 개별 작업은 80~90%의 달성 가능성이 아니라 50%의 달성 가능성으로 계획을 수립하고, 개별 작업에서 단축한 기간을 프로젝트 버퍼로 활용하는 것이다. 즉, 그림

11.35와 같이 개별 작업의 버퍼를 모은 뒤 개별 작업이 지연되면 버퍼를 활용한다.

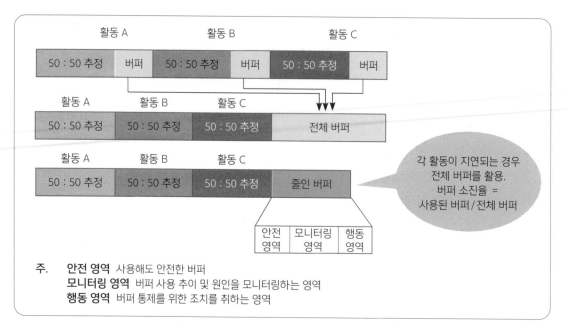

그림 11.35 버퍼를 활용한 일정 위험관리

프로젝트 버퍼 소진률을 통해 프로젝트 위험을 모니터링할 수 있다. 프로젝트 버퍼는 안전 영역, 모니터링 영역, 행동 영역으로 나누어 관리한다. 버퍼가 줄어들어 안전 영역에서 모니터링 영역으로 넘어가면 시정 조치 등을 고려해야 한다.

버퍼를 효과적으로 관리하려면 버퍼 소진률을 프로젝트 공정 진척률과 비교해야 한다. 예를 들어 프로젝트가 75% 진행된 상태에서 프로젝트 버퍼가 50% 쓰였다면, 프로젝트의 일정 상태는 비교적 좋은 것이다. 반대로 프로젝트가 25% 진행된 상태에서 버퍼가 50% 쓰였다면 프로젝트의 일정지연의 위험이 높아진다.

프로젝트 버퍼를 계산하는 방법은 다음과 같다.

먼저 작업별로 50%와 90%의 달성 가능성을 각각 추정한다. 다음에 그 차이를 제곱하고 제곱 합의 제곱근을 구한다. 표 11.3의 예에서는 제곱의 합이 109이므로 제곱근은 10.4이다. 프로젝트 일정은 프로젝트 버퍼와 추정치(50%)의 합으로 계산한다. 예제에서 프로젝트 버퍼10을 50% 추정치 13일에 더하면 23일이다. 90% 추정치의 합은 30일이므로 7일을 단축한 일정계획이 된다.

프로젝트 버퍼=Σ(90% 추정치-50% 추정치)2=64+36+9=109

프로젝트 기간=Σ50% 추정치+√프로젝트 버퍼=13+√109=23

구분	추정치(50%)	추정치(90%)	(90% - 50%) 제곱
A1	5	13	64
A2	3	9	36
A3	5	8	9
계	13	30	109

표 11.3 프로젝트 버퍼의 계산 예시

《불확실성과 화해하는 프로젝트 추정과 계획》(2008)에서는 버퍼에 대해 다음과 같은 가이드를 하고 있다.

- 90% 추정치를 계산하기 힘들다면 50% 추정치 합의 절반을 버퍼로 반영한다.
- 10개 이상의 작업이 있을 때 프로젝트 버퍼를 반영한다.
- 프로젝트 버퍼는 전체 프로젝트 기간의 최소 20%는 되어야 한다.

11장 핵심요약

11.1 WBS 정의
- WBS는 Work Breakdown Structure의 약어로 '작업분류체계'라고도 하며 프로젝트에서 수행할 작업을 계층적으로 정의한 문서이다.
- 일정관리에서 WBS가 필요한 이유
  - 추정의 정확성을 높인다.
  - 책임과 역할을 명확히 한다.
  - 모니터링 및 통제를 용이하게 한다.

11.2 일정관리 개요
- 완성된 일정계획의 활용 방안
  - 팀원들이 맡은 일을 언제까지 끝내겠다는 약속을 공유한다.
  - 작업 진척 상황을 판단하는 기준으로 활용한다.
  - 팀원들이 맡은 일에 대한 계획과 진척을 공유하는 수단으로 활용한다.
  - 이해관계자 기대수준을 관리할 수 있다.
  - 불확실성을 관리할 수 있다.
- '달성할 수 있는 일정'을 정확하게 분석한 후 '달성해야 하는 일정'과의 차이를 줄여야 한다.
- 일정계획이 협상의 대상이 되는 것을 예방하려면 상품개발 팀과 이해관계자들이 달성 가능한 일정이 어떤 근거에서 도출되었고, 어느 정도 신뢰성이 있는지를 공감해야 한다.
- 일정계획 수립시 유의할 사항
  - 정밀한 일정이 정확한 일정은 아니다.
  - 빠른 출시가 능사가 아니다.
  - 상품개발 규모를 최소화한다.
  - '할 수 있는 일정'과 '해야 하는 일정'을 절충한다.
  - 프로젝트가 불확실할수록 마일스톤은 자주, 많이 계획한다.
  - 납기를 연말이나 반기말로 하는 것에 유의한다.

11.3 CPM
- 주공정이란 '특정 작업이 지연될 때 프로젝트 기간이 지연되는 작업의 연결'이다.
- 전진계산을 통해 끝낼 수 있는 일정을 계산하고 후진계산을 통해 끝내야 하는 일정과의 차이를 구하면 그것이 플롯(float)이 된다.
- 주공정은 플롯이 '0'인 작업을 연결한 경로다.

11.4 프로젝트 진척관리
- 상품개발과 관련된 이해관계자들이 궁금해하는 진척률에는 두 가지 개념이 있다.
  - 공정 진척률: 특정 시점까지 전체 업무 중 몇 %를 완료하였는가?
  - 공정 준수율: 특정 시점까지 완료하기로 계획된 업무를 완료하였는가?
- 공정 준수율 해석시 유의사항
  - 프로젝트 초반의 공정 준수율과 프로젝트의 후반의 공정 준수율은 해석을 달리 해야 한다.
  - 공정 준수율 외 지연일을 보조 지표로 같이 활용해야 한다.

11장 핵심요약

- 공정 준수율은 과대 평가 되기 쉽다.
- 계획일을 변경하면 공정 준수율이 좋게 보일 수 있다.
- 업무가 추가되면 공정 진척률이 낮아질 수 있다.
- 프로젝트 진척률 관리시 유의사항
  - 프로젝트 진척률은 프로젝트 현황 이해를 위한 참조 자료로 활용한다. 공정 진척률 90% 이상이 되면 정체 현상이 발생한다.
  - 진척률을 측정하고 관리하는 것보다 진척률을 좋게 만드는 방법에 집중한다.
  - 개별 작업의 완료 기준을 명확하게 한다.
- 번다운(burndown) 차트는 기간별로 남은 작업(remaining work)의 양을 보여준다. 번다운 차트를 보면 특정 시점 기준으로 완료된 작업의 양, 남은 작업의 양, 팀의 속도(기울기가 가파를수록 속도가 높다), 예상되는 출시 일자를 파악할 수 있다.
- 번업(burnup) 차트는 번다운 차트의 반대로 기간별로 종료된 작업(completed work)의 양을 누계로 보여준다.
- 칸반보드는 '미착수(to do)' '진행 중(in progress)' '완료(completed)'로 작업 상태를 구분하는 것이 일반적이다. 칸반보드를 적용하면 스프린트 계획을 수립하지 않아도 되며, 개발자가 수행 작업을 결정하여 진행할 수 있다.
- 일정한 주기로 상품을 릴리즈하는 것을 타임박싱(Time boxing) 또는 기차 모델이라고 한다.
- 릴리즈 주기는 고객이나 영업이 진행 중인 스프린트가 끝날 때까지 기다릴 수 있을 정도로 짧아야 하지만, 품질도 확보하면서 지속 가능한 페이스를 유지할 수 있을 만큼은 길어야 한다.
- 동일 주기의 릴리즈 유지시 장점
  - 개발 팀 내부에 지속 가능한 리듬을 만든다.
  - 상품기획, 영업, 마케팅 업무도 반복적인 리듬을 따른다.
  - 예측 가능성이 높아진다.
  - 품질 수준이 높아진다.
  - 일정 준수를 위한 버퍼 확보나 학생 신드롬을 최소화시킨다.
  - 릴리즈 주기를 짧게 가져가면 비효율을 제거할 수 있다.

11.5 프로젝트 일정지연 관리
- 상품개발 완료일이 당겨질 가능성은 매우 낮고 단축할 수 있는 기간도 짧지만, 지연될 가능성은 높고 지연 기간도 길어질 수 있다.
- 완료 일정이 지연되기 쉬운 이유
  - 개별 작업에 버퍼를 반영하지만 효과를 보지 못한다.
  - 기간 단축은 반영되지 않고 기간 지연만 반영된다.
  - 진행 중인 작업 수가 많으면 일정이 지연된다.
  - 작업을 수행할 수 있는 자원의 제약으로 일정이 지연된다.
  - 내부 프로세스 비효율로 상품출시가 지연된다.
- 일정 만회를 위한 계획 변경에는 일정 연기, 범위 축소, 품질 목표를 낮추는 방안이 있다.
- 일정 만회를 위한 생산성 향상 방안에는 우수 자원 투입, 작업 병행, 기술 또는 프로세스 변경 등이 있다.
- 프로젝트 버퍼 소진율을 통해 프로젝트 위험을 모니터링할 수 있다.

12

품질관리

12장은 소프트웨어 품질에 대해 설명한다. 다양한 기능을 제공하는 상품을 고품질의 상품으로 착각해서는 안된다. 고품질은 소프트웨어가 제공하는 기능이 정확하고 일관되게 작동하는 상태이다. 상품개발 팀이 감당하기 힘들 정도로 납기를 당기면 눈에 보이지 않는 품질부터 희생된다. . 사소한 결함이 많아지면 상품의 평판이 나빠질 뿐 아니라 치명적인 품질 이슈가 발생할 가능성이 높아진다.

고품질의 소프트웨어를 개발하기 위해서는 상품개발 팀의 능력을 고려한 개발도구를 적용하고, 개발 일정을 부여해야 한다. 보다 빨리 체계적으로 테스트할수록 상품개발 속도는 빨라진다.

12.1 품질 개요

소프트웨어 상품은 품질로 흥하기는 힘들지만, 품질 때문에 망하기는 쉽다. 품질은 성공을 위한 필요조건이지 충분조건이 아니다. 이번 섹션에서는 품질의 정의, 기술부채에 대해 설명한다.

1) 품질의 정의
품질에 대한 일반적인 정의는 '고객이나 사용자를 만족시킬 수 있는 제품이나 서비스의 특성'이다. 다기능 상품을 고품질 상품과 혼돈하기 쉽지만 상품의 기능이 많은 것과 품질이 좋은 것은 다르다. MS 워드와 윈도 메모장을 비교해보자. 메모장을 사용하면서 원하는 기능을 수행하지 못한 경험이 있는가? 반면 MS 워드는 원하지 않는 필요 이상의 기능을 수행한다. 뿐만 아니라 막상 원하는 기능을 찾으려면 복잡하고, 기능을 모르는 메뉴도 많다. 한 번도 사용하지 않는 기능도 있다. MS 워드는 메모장과 비교가 되지 않을 정도로 많은 기능이 있지만, MS 워드를 메모장보다 고품질이라고는 이야기할 수 없다.

품질의 유형은 그림 12.1과 같이 '고객 니즈'와 '기능의 정확성' 관점에서 네 가지로 구분할 수 있다. 고객에 따라 자주 사용하는 기능과 사용하지 않는 기능이 다르기 때문에 품질에 대한 인식도 절대적이지 않고 상대적이다. 많은 고객이 자주 사용하는 기능의 품질에 집중해야 하겠지만, 품질관리의 첫 단추는 고객의 활용도가 낮은 기능 수를 줄이는 것이다.

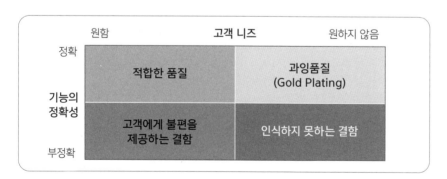

그림 12.1 기능의 정확성 및 고객 니즈 관점에 따른 품질 유형

- **적합한 품질** 고객이 원하는 기능이 제대로 동작함
- **과잉 품질** 고객이 원하지 않는 기능이 제대로 동작함 (자동차에 금도장을 하는

것에 비유하여 골드 플레이팅(gold plating)이라고 함)

- **고객에게 불편을 제공하는 결함** 고객이 원하는 기능이 제대로 동작하지 않음
- **인식하지 못하는 결함** 고객이 원하지 않는 기능이 제대로 동작하지 않음

기업 관점에서는 제공하는 기능의 결함이 없는 것이 높은 수준의 품질이다. 고객 관점에서는 원하는 기능의 결핍이나 과잉은 없고, 결함이 없는 상태가 높은 품질이다.

〈ISO / IEC 25010〉은 소프트웨어의 사용품질과 상품품질의 품질특성과 부특성을 표 12.1과 표 12.2와 같이 정의하고 있다(품질 부특성에 대한 상세 내용은 검색하면 쉽게 찾을 수 있다). 모든 내용을 정확하게 이해하지 않아도 독자가 개발하는 소프트웨어 상품과 관련된 품질특성을 체계적으로 정리할 때는 유용하다.

품질특성	내용	품질 부특성
효과성 (Effectiveness)	사용자가 명시된 목표를 달성하기 위해 요구되는 정확성(Accuracy)과 완전성(Completness)	
효율성 (Efficiency)	사용자가 정확하고(Accuracy), 완전하게(Completness) 목표를 달성하기 위해 필요한 자원과 효과 간의 관계	
만족도 (Satisfaction)	상품 혹은 시스템이 명시된 사용환경에서 사용자 요구가 만족되는 정도	유용성(Usefulness)
		신뢰(Trust)
		즐거움(Pleasure)
		편안함(Comfort)
위험 회피도 (Freedom from Risk)	상품 혹은 시스템의 경제적 상황, 인간 생활, 건강 혹은 환경의 잠재적 위험요소를 완화하는 정도	경제적 위험요소 완화 (Economic Risk Mitigation)
		건강 및 안전 위험요소 완화 (Health and Safety Risk Mitigation)
		환경 위험 완화 (Environmental Risk Mitigation)
상황 커버리지 (Context Coverage)	상품 또는 시스템이 처음에 명시적으로 식별되지 않고 사용함에 있어 특별한 상황하에 효과, 효율성 정도	상황 완전성 (Context Completeness)
		유연성(Flexibility)

표 12.1 사용 품질특성과 부특성

품질특성	품질특성 내용	품질 부특성
기능 적합성 (Functional Suitability)	상품(시스템)이 명시된 조건에서 사용될 경우 명시적, 묵시적 요구를 충족시키는 정도	기능 성숙도(Functional Completeness)
		기능 정확도(Functional Correctness)
		기능 타당성(Functional Appropriateness)
수행 효율성 (Performance Efficiency)	주어진 조건에서 자원의 양에 따른 성능	시간 반응성(Time Behavior)
		자원 활용(Resource Utilization)
		기억 용량(Capacity)
호환성 (Compatibility)	다른 제품과 함께 동일한 SW(HW) 환경을 공유하면서 필요한 기능을 수행할 수 있는 정도	상호 공존성(Coexistence)
		상호 운용성(Interoperability)
사용성 (Usability)	명시된 사용 환경에서 상품(시스템)이 사용자에 의해 유효성, 효율성 및 만족의 목적을 달성하는 정도	타당성 식별력(Appropriateness Recognizability)
		학습성(Learnability)
		사용자 오류 보호(User Error Protection)
		사용자 인터페이스 미학(User Interface Aesthetic)
		접근성(Accessibility)
신뢰성 (Reliability)	상품(시스템, 구성요소)이 명시된 기간과 조건하에서 명시된 기능을 유지하는 정도	성숙도(Maturity)
		가용성(Availability)
		오류 허용성(Fault Tolerance)
		회복 가능성(Recoverability)
보안 (Security)	상품(시스템)이 정보(데이터)를 보호하는 정도	기밀성(Confidentiality)
		무결성(Integrity)
		부인방지(Non-Repudiation)
		책임성(Accountability)
		인증성(Authenticity)
유지보수성 (Maintainability)	상품(시스템)을 효과적이고 효율적으로 의도한 대로 변경할 수 있는 정도	모듈성(Modularity)
		재사용성(Reusability)
		분석성(Analyzability)
		수정 가능성(Modifiability)
		시험 가능성(Trialability)
이식성 (Portability)	상품(시스템, 구성요소)이 다른 다양한 환경(SW/HW/Network) 등으로의 전환이 용이한 정도	적합성(Adaptability)
		설치 가능성(Installability)
		대체성(Replaceability)

표 12.2 상품 품질특성과 부특성

2) 기술부채(Technical debt)

미래에 갚기로 하고 돈을 빌리는 것을 금융부채라 한다면, 미래에 수정할 예정으로 지금 급하게 코딩한 것을 기술부채라 한다. 당장 결함을 유발하지는 않지만 미래 유지보수가 어려워지는 스파게티 코드(소스 코드가 복잡하게 얽힌 모습을 스파게티의 면발에 비유한 표현), 과도하게 복잡한 논리, 표준 미준수 등이 이에 해당한다.

기술부채에 대한 이자는 유지보수 담당자가 지급한다. 일정 준수를 위해 기술부채를 많이 사용할수록 미래의 개발 속도는 저하된다. 아파트 부실공사가 붕괴라는 큰 사고로 이어질 수 있듯이, 소프트웨어 기술부채도 방치하면 큰 사고가 발생할 수 있다. 기술부채의 이자도 시간이 지날수록 증가한다. 기술부채는 평소에 꾸준히 갚아 나가야 이자부담을 줄일 수 있으며 이를 리팩토링(refactoring)이라고 한다.

기술부채가 증가할수록 통합 테스트의 기간이 증가한다. 개발기간은 2개월인데 테스트를 1개월 하는 상황이 올 수도 있다.

12.2 품질에 영향을 미치는 요인들

품질에 영향을 주는 요인들은 많다. 이번 섹션에서는 납기, 도구, 조직의 규율이 품질에 미치는 영향을 설명한다.

1) 납기가 품질에 미치는 영향

납기는 품질을 저하시키는 대표적인 요인이다. 많은 경우 프로젝트 종료일은 반드시 그날이어야 하는 명확한 이유가 없다. 달성 가능성을 고려하지 않은 경영층의 지시 또는 개발 팀의 순진한 낙관주의가 무리한 납기를 만든다. 우주선 챌린저호의 비극도 1986년 1월 28일을 맞추기 위해 품질이 희생된 대표적인 예이다.

프로젝트 상황실에서 '납기는 생명, 품질은 자존심'이라는 현수막을 본 적이 있다. 현수막을 붙인 사람은 납기도 중요하고, 품질도 중요하다는 메시지를 전달하고 싶었을 것이다. 그러나 생명과 자존심을 바꿀 수 있는 사람이 몇이나 되겠는가? 역설적으로 이 말의 뜻은 '자존심이 상해도 일단은 살고 보자(납기를 위해서 품질을 희생하자)'는 것이 아닐까?

현실에서도 그러한 생각이 만연해 있다. 관리자가 납기를 재촉하면, 개발자는 프로그램의 품질을 희생한다. 이러한 행위를 '모서리 자르기(corner cutting, 필요한 코드 중 일부를 생략한다는 의미로 예외사항 미반영이 대표적인 예)' 혹은 '지뢰를 만드는 작업'에 비유한다. 지뢰 수가 적을 때는 터질 가능성이 낮지만, 납기에 쫓길수록 지뢰의 양은 많아지고 큰 폭발이 발생할 가능성이 높아진다. 감당하기 힘든 품질 이슈는 재설계, 프로젝트 관리자 교체 등 프로젝트 팀원들에게 정신적, 육체적 상처를 남긴다. 이러한 상황을 《애자일 프랙티스》(2007)에서는 다음과 같이 이야기하고 있다.

근시안적으로 보면 땜질식 수정이 잘 동작하는 것 같다. 그러나 조금만 멀리 보면 땜질은 지뢰밭을 가로질러 뛰어가는 것과 같다.

이상은 납기를 위해 품질을 희생하는 이야기이다. 최초 상품출시는 납기를 위해 기술부채를 만들 수 있지만, 품질이 뒷받침되지 않으면 유지보수의 대응속도가 느려진다. 속도를 위해 품질을 희생하는 것이 일상이 되어서는 경쟁력이 없다. 속도를 위해 품질을 높이는 기업이 경쟁에서 살아남는다.

2) 도구가 품질에 미치는 영향

자동화 도구를 활용하면 소프트웨어 품질과 생산성을 향상시킨다는 주장은 경영층을 유혹한다. 그러나 《맨먼스 미신》(2007)에서 이야기했듯이 소프트웨어의 생산성과 품질을 극적으로 향상시키는 은총알(silver bullet)은 없다. 은총알의 원래 뜻은 늑대인간을 잡을 수 있는 유일한 무기로, 소프트웨어 개발비용을 급격히 떨어뜨려줄 수 있는 마법과 같은 만병통치약을 의미한다.

극적인 품질향상이 아닌 약간의 품질향상을 기대하는 것이 현실적이다. 소프트웨어 품질향상을 위하여 사용하는 자동화 도구(빌드, 형상관리, 테스트, 요구사항 관리)는 잘 사용하면 도움이 되지만 잘못 사용하면 부작용이 더 크다. 또한 도구의 도입 비용 못지않게 도구를 교육하고 적용하는 비용도 비싸다. 자동화 도구를 사용할 때 유의할 사항은 다음과 같다.

● 중요한 프로젝트에 새로운 도구를 사용하지 않는다.

개발기간이 짧은 프로젝트 혹은 기술적으로 복잡한 프로젝트는 팀원들이 익숙한 도구를 사용하는 것이 좋다. 도구를 원활하게 사용하기 위해서는 팀원의 숙련도가 중요하다. 팀원들에게 익숙하지 않은 도구는 교육에 많은 시간을 들여야 하며 시행착오 비용도 발생된다. 익숙하지 않은 도구는 적용하다가 흐지부지해지기 쉬우며, 그 결과 나쁜 경험만 남긴다.《소프트웨어 아키텍트가 알아야 할 97가지》(2011)는 새로운 도구를 사용할 때 유의할 사항을 다음과 같이 설명하고 있다.

> 여러분들이 익숙하고 믿음직한 무기에 너무 빨리 손을 떼지는 마십시오. 이전과 유사한 시행착오를 통해 검증되지 않는 한 여러분의 무기를 던져버린다는 것은 위험천만한 생각입니다. 거품이 가라앉기를 기다리고 기술이 업계에 널리 유용하게 사용되는지 살펴보십시오. 많은 기술들이 사라지는 것을 확인할 수 있습니다. 여러분들이 사용할 무기를 주의 깊게 선택하고, 신중하게 내려놓으십시오.

● **도구 적용에는 공짜가 없다.**

'공짜 점심은 없다'는 말은 도구 적용에도 유효하다. 도구에서 자동화한 결과를 얻기 위해서는 무언가를 도구에 입력해야 한다. 예를 들어 테스트 자동화를 위해서는 스크립트를 입력해야 한다. 보기에 그럴싸한 결과물 뒤에 숨어있는 노력이 무엇인지 파악해야 한다. 팀원들의 동의를 구하고 시행착오를 고려한 뒤 도구 적용을 결정해야 한다.

● **도구를 올바르게 사용하는 능력이 중요하다.**

《프로젝트가 서쪽으로 간 이유는》(2009)에서 톰 드마르코(Tom DeMarco)는 "미켈란젤로가 집어들기 전까지 조각 칼은 단순히 날카로운 금속조각에 지나지 않았다"라고 하였다. 도구는 도구일 뿐이다. 도구를 선정할 때는 도구학습을 위해 필요한 기간, 팀원의 숙련도, 전문부서 지원을 고려해야 한다.

3) 규율이 품질에 미치는 영향

모든 방법론에는 준수해야할 규율이 있다. 사람들이 모여서 일하는 방법을 정의하는 데 규율이 없을 수 없다. 규율이 없다는 것은 각자가 마음대로 작업하는 것을 허용하는 것이다. 규율 없이 일정 수준의 품질을 유지하는 것은 불가능에 가깝다. 하나의 방법론이나 프로세스를 모든 프로젝트가 준수하도록 하는 것도 규율이고, 각 프로젝트에서 테일러링하여 적용하도록 하는 것도 규율이다.

프로젝트 상황에 따라 품질향상에 효과적인 규율은 다르다. 예를 들어 테스트 주도 개발은 품질향상을 위해 매우 효과적인 기법이지만 개발 팀의 역량이나 조직문화가 뒷받침되지 않으면 적용효과가 낮다. 테스트 자동화, 코드 리뷰도 마찬가지이다. 프로젝트 팀에서 효율적이고 효과적인 품질활동을 규율로 정의하고 준수할 때 품질이 좋아진다. 개발 후반부에 집중하는 테스트 활동은 시간이나 비용 관점에서는 비효율적이지만 품질 성숙도가 낮은 조직에서는 그렇게 하는 것이 최선이다.

12.3 소프트웨어 테스트

테스트는 소프트웨어 오류를 발견하기 위한 활동이다. 이번 섹션에서는 테스트의 원칙, 테스트 유형, 테스트 유의사항을 설명한다.

《소프트웨어 테스팅 법칙 293가지》(2004)에 따르면 소프트웨어 불량을 표현하는 용어로 장애, 버그, 결함이 있는데, 조금씩 의미가 다르다.

- **장애(Fault)** 프로그램의 설계 또는 구현상 오류나 실수를 의미하며 오류(error)도 장애이다.

- **버그(Bug)** 소프트웨어가 무엇인가 잘못된 것을 이야기할 때 포괄적으로 이용어를 사용한다. 보고하는 사람은 버그를 장애, 오동작으로 이야기하기도 한다. 버그가 불량을 의미하는 의미로 사용하게 된 배경에는 1940년대 미국 하버드대에서 그레이스 호퍼라는 사람이 컴퓨터의 오작동을 발견했는데 그 원인이 나방이었다는 데서 비롯되었다.

- **결함(Defect)** 이 용어는 법적 책임을 수반한다. 결함은 상품에서 명백하게 잘못된 무언가를 의미한다. 따라서 몇몇 기업에서는 결함이라는 용어 대신 '예외 상황' '문제점'이라는 용어를 사용한다.

이 책에서는 일반적으로 많이 사용하는 '오류'와 '결함'을 구분 없이 사용하겠다.

1) 일곱 가지 소프트웨어 테스트 원칙

많이 알려진 소프트웨어 테스트 일곱 가지 원칙은 다음과 같다.

- **테스트는 결함이 존재함을 밝히는 활동이다.**

테스트는 결함이 존재함을 밝히는 활동이지 결함이 없다는 것을 증명하기 위한 활동이 아니다. 더 이상 결함을 발견할 수 없는 상태라 해도 결함이 없다는 것을 증명할 수는 없다. 시간이 지나 언제든지 결함이 발생할 수 있기 때문이다. 《안티프래질》(2013)의 저자 나심 탈레브(Nassim Nicholas Taleb)가 이야기 했듯이 '증거의 부재'가 '부재의 증거'는 아니다. 품질이 완벽하지 않다는 것은 결함 한 개만 발견하면 입증할 수 있지만, 품질이 완벽하다는 것은 입증이 불가능하다.

- **완벽한 테스트(exhaustive test)는 불가능하다.**

이는 원칙 1과 연관된다. 완벽한 테스트가 불가능하기 때문에 결함이 없다는 입증도 불가능하다. 예를 들어 계산기의 기능이 정확하다는 테스트를 어떻게 할 수 있을까? 입력 가능한 모든 수에 대해 사칙연산을 해야 하는가? 워드의 글꼴 지정 테스트도 글꼴 30개, 크기 21종, 색 100개, 밑줄, 스타일 등을 고려하면 모든 경우의 수를 테스트하기 힘들다. 완벽하게 테스트하려는 시도는 불가능할 뿐 아니라 불필요하다.

● 테스트는 개발 초기에 시작해야 한다.

결함은 조기에 발견할수록 해결 비용이 작다. IBM System Science Institute에 의하면 설계단계 결함수정 비용을 1이라고 하면, 코딩 시점의 수정 비용은 6.5, 테스트 시점은 15, 운영 시점에서는 100 이상이라고 한다.

● 결함은 특정 영역에 집중된다.(defect clustering)

20%의 원인에서 80%의 결과가 나온다는 파레토 법칙처럼 적은 수의 모듈에서 대다수의 결함이 발견된다. 많은 결함이 발견되는 모듈의 특징은 다음과 같다.

● 복잡한 구조 또는 인터페이스를 가진 모듈

● 난이도가 높고 최신 기술을 적용한 모듈

● 재사용이 아닌 신규개발 모듈 또는 경험이 낮은 개발 팀에서 개발한 모듈

● 살충제 패러독스(pesticide paradox)에 유의한다.

살충제를 사용하여 잡을 수 있는 벌레는 한정되어 있다. 테스트 케이스도 마찬가지이다. 동일한 테스트 케이스를 활용한 반복적 테스트로 발견 가능한 결함은 한계가 있다. 보다 많은 결함을 발견하기 위해서는 테스트 케이스를 정기적으로 리뷰하고 개선해야 한다.

● 테스트는 상황(context)에 의존적이다.

상품의 특성, 사용하는 환경에 따라 최적의 테스트 방법은 달라져야 한다.

● 오류-부재의 궤변(absence of errors fallacy)에 유의한다.

수많은 결함을 발견하고 수정했다고 해서 무결함이나 고객만족을 보장하는 것은 아니다. 품질이 좋은 많은 상품들이 시장에서 실패한다. 편집이 잘되고 보기 좋은 책이라고 잘 팔리지 않는 것과 같은 이치이다.

2) 애자일 테스트

애자일 방법론을 적용하면 테스트에 대한 접근방법도 달라야 한다. 폭포수 방법론 테스트와 애자일 방법론 테스트의 차이는 표 12.3과 같다. 폭포수 방법론 테스트는 개발을 완료한 시점에서 별도의 테스트 담당자가, 주어진 스크립트를 활용하여, 결함을 찾을 목적으로 진행한다. 반면 애자일 방법론 테스트는 개발 도중에 개발 팀과 테스트 담당자가 함께, 시스템에 대한 이해를 기반으로, 자유롭게 결함을 예방하기 위한 목적으로 진행한다.

항목	폭포수 방법론 테스트	애자일 방법론 테스트
시점	개발완료 후 테스트	개발과 테스트 병행
품질책임	품질담당자가 품질을 책임	개발 팀
역할	별도 테스트 조직	개발 팀도 참여
방법	스크립트 테스트	탐색적 테스트
목적	결함 찾기	결함예방

표 12.3 전통적 테스트와 애자일 테스트의 비교

《애자일 테스팅》(2012)에서는 10가지 애자일 테스트 원칙을 설명한다. 다음은 테스트를 전담으로 하는 테스터에게 제시하는 원칙이다.

● 지속적인 피드백 제공

애자일 테스터는 테스트 결과를 프로젝트 팀에게 지속적으로 제공해야 한다. 테스터는 개발자 뿐만 아니라 상품관리자, 디자이너와 긴밀하게 소통해야 한다.

● 고객가치 창출

상품을 개발하는 목적은 고객에게 가치를 제공하는 것이다. 그 원칙은 테스트 에서도 마찬가지이다.

● 대면 소통 활성화

상품책임자, 디자이너, 개발자와 대면으로 소통하여 혼란과 오류를 최대한 줄 여야 한다.

● 용기

테스트에 도움이 되는 새로운 기술을 배울 수 있는 용기, 모르는 것을 물어보 는 용기가 있어야 한다. 또한 실수를 두려워 해서도 안된다. 실수하지 않고 교 훈을 배울 수 없다.

● 단순함 유지

테스트 결과와 오류는 가능한 간단하고 명확하게 기록해야 한다. 간단하게 설 명하지 못하는 것은 충분히 이해하지 못한 것이다.

● 지속적인 개선

테스트 역량을 향상시키는 도구를 찾고, 새로운 기술을 배워 더 가치 있는 작 업에 더 많은 시간을 할애해야 한다.

● 변경에 대응

애자일 방법론은 변경을 수용한다. 애자일 테스터는 상품개발 팀과 협력하여 변경을 수용해야 한다.

● 자기 조직화

애자일 팀은 팀원이 품질을 책임진다. 품질 문제는 테스터를 포함한 프로젝트 팀원 모두의 문제이다.

● 사람 중심

테스터, 개발자, 상품책임자, 디자이너는 모두 동일하게 존중받고 존중해야 한다.

● 즐기기

고객에게 가치를 제공하는 소프트웨어를 제공하기 위해 팀과 협력하는 것을 즐겨야 한다.

3) 테스트 유형

《애자일 테스팅》에서는 테스트 유형을 그림 12.2와 같이 사분면으로 나누어 설명한다.

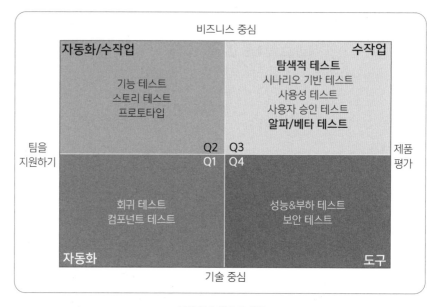

그림 12.2 테스트 유형

네 가지 테스트 유형 중에서 제품과 비즈니스를 중점으로 테스트하는 Q3영역의 탐색적 테스트와 알파/베타 테스트, 개발자를 지원하는 Q1영역의 자동화 테스트인 회귀 테스트에 대해 살펴보겠다.

● **탐색적 테스트의 장점**

탐색적 테스트는 스크립트에 의존하지 하고 테스터의 경험과 직관에 따라서 자유롭게 테스트하며 다음과 같은 장점이 있다(탐색적 테스트 결과는 테스터의 역량을 많이 받는다).

- 테스트 준비사항이 없어 짧은 시간에도 적용할 수 있다.
- 갑작스런 요구사항 변화에 대응할 수 있다.
- 치명적 버그를 발견할 수 있다.
- 모든 테스트 레벨에서 수행할 수 있다.
- 자동화된 테스트에서 발견하지 못한 결함들을 발견할 수 있다.

● **알파, 베타 테스트**

● **알파 테스트**

상품출시 전 회사 내에서 수행하는 테스트이다. 일명 개밥 먹기(dog fooding)라고도 한다. 이는 알포사료 회장인 론 그린이 의심 많은 대중을 상대로 광고를 하면서 자기 개에게도 알포사료를 준다고 말한 데서 유행했으며, 마이크로소프트에서 사용되는 용어다.

● **베타 테스트**

베타 테스트는 알파 테스트 결과를 보완하여 상품출시 직전에 실제 사용자를 대상으로 수행하는 테스트다. 표 12.4와 같이 테스트 목적에 따라 사용자 유형, 테 스트 시점이 달라질 수 있다.

목적	내용
디자인	디자인 적정성을 판단하기 위해 실시하며 개발 초기에 실시
마케팅	상품을 구매할 고객을 설득할 목표로 실시하며 품질을 최대한 확보한 시점에 실시
호환성	다양한 하드웨어, 소프트웨어, 플랫폼에서 상품의 기능과 성능이 제대로 동작함을 검증하기 위해 실시하며 너무 늦지 않은 시기에 실시

표 12.4 베타 테스트의 다양한 유형

카카오 브런치는 2015년 6월 베타 테스트를 오픈한 후 2019년 8월까지 4년 이상의 베타 버전을 운영했다. 이와 같이 완성품에 대해 충분한 시간을 갖고 베타 테스트를 통해 얻어진 정보를 바탕으로 상품을 다시 수정하기를 반복하는 사용자 테스트를 감마 테스트라고도 한다. 구글에서는 시장에서 품질검증을 위해 퍼머넌트 베타(permanent beta) 버전으로 상품을 출시한 후 문제가 없을 때 베타 딱지를 뗀다.

● **단위 테스트를 자동화하는 회귀 테스트를 적용할 때에는 다음을 고려해야 한다.**

- OS와 디바이스 업그레이드에 따라 호환성 테스트를 해야 하는 경우엔 회귀 테스트를 적용하는 것이 바람직하다.

- 회귀 테스트는 상품 안정화 기간과 중요한 변경을 거친 후 적용하는 것이 바람직하다.
- 프로그램 변경이 있는 경우에는 회귀 테스트 시나리오를 수정하거나 삭제해야 한다.
- 자동화된 회귀 테스트를 적용하기 전에 프로그램 완성도를 높여야 한다.

4) 테스트 수행시 유의사항

- 제한된 자원, 시간으로 테스트 효과를 높이기 위해서는 다음에 유의한다.
  - 변경된 기능과 변경으로 인해 영향받는 기능을 테스트한다.
  - 일반 기능보다 핵심기능을 먼저 테스트한다. 상품이 동작하기 위해 중요한, 널리 사용되는 기능을 먼저 테스트한다.
  - 신뢰성보다 기능성을 먼저 테스트한다. 기본적인 상황에서 기능동작을 확인한 후 다양한 조건에서 해당 기능이 잘 동작하는지 확인한다.
  - 발생 가능성이 낮은 위험보다 일반적인 위험을 먼저 테스트한다.
- 품질은 개발자가 만드는 것이지 테스터가 만드는 것이 아니다.

페이스북이 별도 QA 조직을 운영하지 않는 것도 품질에 대한 이러한 철학을 반영한 것이다. 테스트를 통해 품질을 보증하려는 생각은 옳지 않다. 품질이란 상품을 개발하는 사람이 만드는 것이다.

- 재현 불가능한 오류는 시한폭탄이 될 수 있다.

원인을 밝히기 힘들거나 재현이 힘든 오류를 가벼이 여겨서는 안 된다. 큰 사고로 이어질 가능성이 있기 때문에 해결될 때까지 별도 목록으로 관리하여야 한다.

- 테스트 자동화에 유의한다.
  - 테스트 자동화는 테스트 비용 절감보다 개발 속도 향상을 목표로 적용한다.
  - 100% 자동화를 맹신하지 말고 효과가 있는 수준까지 적용한다.
  - 테스트 시나리오의 품질이 중요하다. 자동화는 좋지 않은 테스트를 더욱 빨리 실행시킨다.
  - 변경 가능성이 높은 프로그램은 자동화 테스트를 유지하기 어렵다.
- 과거 결함 데이터를 분석한 체크리스트를 활용한다.

동일 조직에서는 유사한 결함이 발생하기 쉽다. 따라서 이전 프로젝트에서 발생한 결함 유형을 정리하여 체크리스트로 만들면 결함 예방에 유용하다.

- 개인보다 결함에 집중한다.

나쁜 것은 결함이지 사람이 아니다. 결함의 발생원인을 찾을 때 '누구 때문에'가 아니라 '무엇 때문에'에 집중해야 한다.

● 프로젝트 후반까지 남은 결함은 고치기 힘든 결함이다.

사람들은 간단하고 고치기 쉬운 결함부터 고치는 경향이 있다. 여러 파트와 관련되어 있고 수정하기 힘든 결함은 차일피일 미루기 쉽다. 그렇게 미루다 보면 프로젝트 종료 시점에는 해결하기 어려운 결함들만 남게 된다. 결함 수정에 필요한 시간을 충분히 확보하지 않으면 낭패를 보기 쉽다.

● 테스트 완료라는 말에 유의한다.

테스트 완료는 모든 결함을 발견하고 수정한 상태가 아니다. 테스트 완료는 개인이나 조직에 따라 의미가 다를 수 있다. 테스트 시나리오를 모두 수행하고 결함보고서를 제출한 상태를 테스트 완료라 할 수도 있고 결함 수정을 확인한 상태를 테스트 완료라 할 수도 있다.

● 상품출시 후 결함을 분석하여 테스트 프로세스를 개선한다.

상품출시 후 발생한 결함을 분석하면 테스트 프로세스가 잘못되어 결함을 발견하지 못했는지 또는 테스트 시나리오 일부가 누락되어 결함이 생긴 것인지 확인할 수 있다. 예를 들어 호환성 관련 결함을 발견했다면 그 원인을 상세하게 분석하여 테스트 프로세스를 개선해야 한다.

● 프로그램이 제대로 동작한다는 말에 유의한다.

프로그램이 제대로 동작한다고 말할 때는 동작이 잘되는 상황을 명확히 해야 한다. 어떤 상황에서도 잘 동작 하는 것과 기본적인 상황에서 잘 동작하는 것은 다르다. 대표적인 예가 '동시 사용자 수'이다. 동시 사용자 100명일 때 잘 동작하는 것과 동시 사용자 100,000명일 때 잘 동작하는 것은 큰 차이다.

● 상품결함을 100% 제거하는 것은 불가능에 가깝다.

결함이 발생하는 원인은 복잡하여 이를 뿌리뽑는 것은 매우 힘들다. 상품개발 팀의 자존심을 지키고 고객의 신뢰를 얻기 위해 노력할 뿐이다.

12장 핵심요약

12.1 품질 개요
- 품질은 '고객이나 사용자를 만족시킬 수 있는 제품이나 서비스의 특성'이다.
- 상품의 기능이 많은 것과 품질이 좋은 것은 다르다.
- 고객이 원하지 않는 기능을 고품질로 제공하는 것을 자동차에 금도장을 하는 것에 비유하여 골드 플레이팅(gold plating)이라고 한다.
- 스파게티 코드, 과도하게 복잡한 논리, 표준 미준수와 같은 기술부채는 당장 결함을 유발하지는 않지만 장기적인 개발 속도 저하를 초래한다.

12.2 품질에 영향을 미치는 요인들
- 소프트웨어 프로젝트는 시간 압박이 무분별한 지름길로 가지 않도록 한다.
- 품질을 위해 속도를 희생할 때도 있지만, 그것이 일상이 되어서는 경쟁력이 없다. 속도를 내기 위해 품질을 내재화해야 기업이 경쟁에서 살아남는다.
- 소프트웨어의 생산성과 품질을 극적으로 향상시키는 은총알(silver bullet) 도구는 없다.
- 자동화 도구 사용시 유의할 사항
  - 중요한 프로젝트에 새로운 도구를 사용하지 않는다.
  - 도구 적용에는 공짜가 없다.
  - 도구를 올바르게 사용하는 기술이 중요하다.
- 모든 방법론에는 준수해야 할 규율이 있다. 방법론마다 규율이 다를 뿐이다.
- 프로젝트에서 가장 효율적이고 효과적인 품질활동을 규율로 정의하고, 정의한 규율을 철저히 준수할 때 품질 수준은 높아진다.

12.3 소프트웨어 테스트
- 일곱 가지 소프트웨어 테스트 원칙
  - 원칙 1: 테스트는 결함이 존재함을 밝히는 활동이다.
  - 원칙 2: 완벽한 테스트는 불가능하다.
  - 원칙 3: 테스트는 개발 초기에 시작해야 한다.
  - 원칙 4: 결함은 특정 영역에 집중된다. (Defect clustering)
  - 원칙 5: 살충제 패러독스(pesticide paradox)에 유의한다.
  - 원칙 6: 테스팅은 정황(context)에 의존적이다.
  - 원칙 7: 오류-부재의 궤변(absence of errors fallacy)에 유의한다.
- 애자일 테스트는 개발 도중에 개발 팀과 테스트 담당자가 함께 시스템에 대한 이해를 기반으로 자유롭게 결함을 예방하기 위한 목적으로 진행한다.
- 탐색적 테스트는 스크립트에 의존하지 않고 테스터의 직관이나 경험에 따라 자유롭게 테스트하는 방식으로 짧은 시간 내에 중요한 결함을 발견할 수 있다.
- 알파 테스트는 상품출시 전 회사 내에서 수행하는 테스트이다.
- 베타 테스트는 알파 테스트 결과를 보완하여 상품출시 전에 실제 사용자를 대상으로 수행하는 테스트이다.
- 감마 테스트는 베타 테스트를 통해 얻어진 정보를 바탕으로 완성품에 대해 충분한 시간을 갖고 상품을 다시 수정하기를 반복 실시하는 사용자 테스트이다.

12장 핵심요약

- 테스트시 유의사항
  - 품질은 개발자가 만드는 것이지 테스터가 만드는 것이 아니다.
  - 재현 불가능한 오류는 시한폭탄이 될 수 있다.
  - 테스트 자동화에 유의한다.
  - 과거 결함 데이터를 분석한 체크리스트를 활용한다.
  - 프로젝트 후반까지 남은 결함은 고치기 힘든 결함이다.
  - 테스트 완료라는 말에 유의한다.
  - 상품출시 후 테스트 프로세스를 정기적으로 검토한다.
  - 프로그램이 제대로 동작한다는 말에 유의한다.

상품개발 팀 관리

13장의 주제는 상품개발 팀의 구성과 관리에 관한 것이다. 상품개발 팀의 조직 구조와 관리 방식은 해당기업의 조직구조와 관리방식을 반영한다. 상품개발 팀을 구성하고 관리할 때 상품관리자나 프로젝트 관리자의 영향력은 제한적이다. 따라서 13장은 기업의 인사 팀이나 경영층이 읽어야 할 주제도 다룬다. 상품개발 팀은 기능조직 중심으로 운영하거나, 전담 팀을 운영하거나, 하이브리드 형태인 매트릭스 조직으로 운영할 수 있다.

조직의 규모가 커질수록 기업은 관료화되고 상품혁신의 DNA는 사라지기 쉽다. 효율과 통제를 중시하는 조직에서는 조직원들이 경영층을 기쁘게 하기 위해 노력한다. 신상품 성공을 위해서는 수평적인 소통을 장려하고 고객을 기쁘게 하기 위해 노력하는 조직문화를 구축해야 한다.

구글, 페이스북, 아마존 등은 고유의 상품개발 문화를 가지고 있다. 멋있어 보이는 혁신회사의 외형을 따라하기는 쉽지만 효과를 보기는 힘들다. 구글처럼 사무실에 먹을 것과 탁구장을 준비하고 자기 시간의 20%를 본인이 하고 싶은 프로젝트에 투입한다고 해서 구글의 혁신이 나오는 것은 아니다. 혁신 기업의 조직문화를 공부하는 이유는 각 기업에 적용하여 효과를 볼 수 있는 아이디어를 얻기 위함이다.

신상품 개발 과정에서 많은 의사결정을 해야 하고 그 과정 또는 결과에 따라 이해관계자들 사이에서 갈등이 발생하기 때문에 상품관리자와 프로젝트 관리자는 의사결정과 갈등관리 역량을 높여야 한다.

🔗 13.1 상품개발 조직의 유형

상품개발을 위해서는 상품개발 팀을 구성해야 한다. 상품개발 팀을 구성한다는 것은 팀원에게 역할을 할당하고, 팀원들의 협업방식을 정의하고, 의사결정 및 보고방식을 결정하는 것이다. 상품의 특성과 조직문화에 적합한 상품개발 팀을 구성할수록 상품의 성공 가능성은 높아진다. 이번 섹션에서는 상품개발 팀에 적용할 수 있는 조직설계 유형의 내용과 장단점을 설명한다.

1) 조직설계 개요

조직은 '전문화'와 '통합'을 고려하여 설계한다. 전문화를 강조하는 조직은 효율을 추구하고, 통합을 강조하는 조직은 효과를 추구한다. 효율은 목표 달성 과정의 생산성을 중요시하고, 효과는 목표 달성의 결과를 중요시한다. 효율이 중요한 대표적인 조직은 제조공장이고, 효과가 중요한 대표적인 조직은 연구조직이다.

전문화(효율성)과 통합(효과성)의 상세 내용은 다음과 같다.

● 효율성을 강조하는 조직

효율성을 강조하는 조직은 부서의 전문성에 집중한다. 이를 기능조직(functional organization)이라 하며 다음의 특징을 가지고 있다.

- 표준화된 프로세스에 따라 업무를 수행한다.
- '규모의 경제' 효과를 얻을 수 있으며, 부서원들도 '동일한 업무' '동일한 문화'를 가진다.
- 부서 사이에 갈등이 발생할 가능성이 높고, 조직의 목표보다 부서의 목표를 우선시한다.

● 효과성을 강조하는 조직

효과성을 강조하는 조직은 목표 달성을 위한 협업에 집중한다. 보통 전담 TF(full-time Task Force)로 구성되는 상품 혹은 프로젝트 조직이 대표적인 예이며, 다음의 특징을 가지고 있다.

- 목표 달성을 위한 전담조직을 구성하고 목표 달성 후 해체한다.
- 조직 전체로 보면 인력과 장비의 중복이 발생하고, 다른 부서에서 투입된 사람들 사이에 갈등이 발생할 수 있다.
- 수행업무의 표준화가 어렵다.
- 프로젝트 관리자가 전체 팀원을 통제하기 때문에 팀원 소속 부서의 이익보다 프로젝트의 이익을 우선할 수 있다.

● 효율성과 효과성을 혼합한 조직

두 조직의 장점을 살린 혼합(hybrid) 조직이다. 이를 매트릭스 조직(matrix organization)이라 하며 다음의 특징을 가지고 있다.

- 기능조직과 프로젝트(상품) 조직의 장점을 살리기 위한 조직이다.
- 명령체계(command of control)가 일원화되지 않아 갈등 발생 가능성이 높다 (팀원은 기능조직의 관리자와 프로젝트 관리자의 지시를 동시에 받는다).
- 조직 내 전문가들을 효율적으로 활용 가능하다.

2) 기능조직 형태의 상품개발

상품개발에 참여하는 각 역할자의 관리자를 기능부서장(FM, Functional Manager) 이라고 한다. 기능조직(functional organization) 형태로 수행하는 상품 개발 프로젝트에서는 기능부서장의 권한이 프로젝트 관리자의 권한보다 강하 다. 우선순위가 낮은 상품개발 또는 유지보수 업무는 기능조직 형태로 운영할 수 있다. 기능조직 형태로 상품개발을 하는 경우는 드문데, 그 이유는 기능조 직에서는 프로젝트 목표보다 부서 목표가 중요하기 때문이다. 기능조직 형태로 상품을 개발할 때의 장점과 단점은 그림 13.1과 같다.

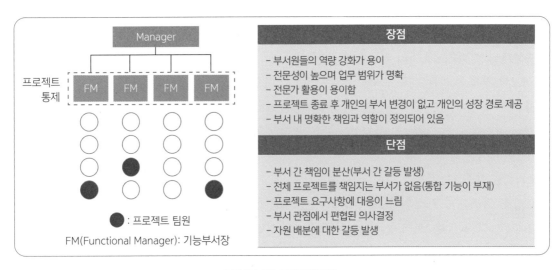

그림 13.1 기능조직의 장단점

기능조직 형태의 소프트웨어 상품개발은 다음과 같은 단점이 있기 때문에 적 용하지 않는 것이 바람직하다.

● 순차적 개발 방법론을 적용하게 된다.

상품 요구사항 대부분은 단일 기능조직이 구현할 수 없기 때문에 기능조직 사이에 업무 이관을 위한 낭비와 일정지연이 발생한다.

● 학습기회가 제한된다.

기능조직 중심으로 상품개발을 진행하면 팀원들은 제한된 업무만 하기 때문에 새로운 것을 보고 배울 기회가 적다.

● 더 가치 있는 일보다는 더 쉬운 업무에 더 집중하게 만든다.

기능조직 중심으로 상품을 개발하면 가치를 제공하는 기능보다 개발하기 쉬운 기능을 먼저 개발한다. 기능조직의 리더는 해당 팀이 바쁜 것처럼 보이기 위해 중요도가 낮은 일을 만들기도 한다. 그 결과 모든 사람들이 바쁘지만 전체 성과는 미흡한 국지적 최적화가 발생한다.

● 계획과 조정이 어렵다.

상품개발과 관련된 기능조직이 많을수록 일정계획 수립과 이슈 발생시 조정이 어려워진다. 그 결과 고객에게 가치를 전달하는 시기도 지연된다.

3) 상품조직 형태의 상품개발

상품조직(product organization)은 1920년대 듀퐁(Du Pont)사에서 적용된 조직유형이다. 상품개발에 상품조직을 적용하면 상품개발을 위한 팀원이 모두 한 장소에서 상품 개발업무만 수행한다. 중요도가 높은 상품을 개발할 때는 상품조직을 적용하는 것이 바람직하다. 상품조직 형태로 중심으로 상품을 개발할 때의 장점과 단점은 그림 13.2와 같다.

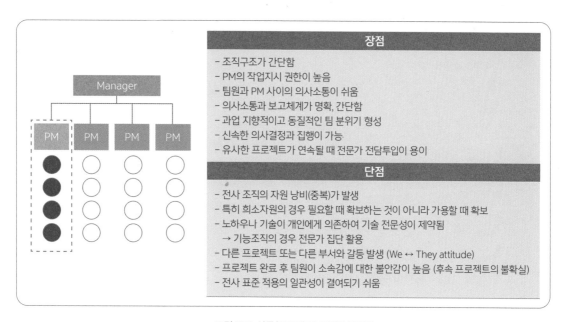

그림 13.2 상품(프로젝트) 조직의 장단점

4) 매트릭스 조직 형태의 상품개발

기능조직의 장점과 상품조직의 장점을 혼합한 조직이 매트릭스 조직(matrix organization)이다. 매트릭스 조직에서는 기능조직의 종적 관리와 다양한 역할자들의 횡적 통합을 동시에 고려한다. 매트릭스 조직에서는 프로젝트 팀원들이 프로젝트 관리자와 기능부서장에게 보고하고 지시를 받는다. 물론 두 명의 관리자가 동일한 비중으로 관리하는 것이 아니라, 대부분 주 관리자가 있다. 매트릭스 조직 형태로 상품을 개발할 때의 장점과 단점은 그림 13.3과 같다.

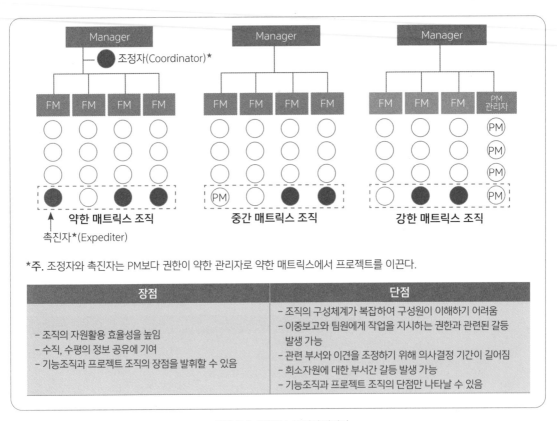

장점	단점
− 조직의 자원활용 효율성을 높임 − 수직, 수평의 정보 공유에 기여 − 기능조직과 프로젝트 조직의 장점을 발휘할 수 있음	− 조직의 구성체계가 복잡하여 구성원이 이해하기 어려움 − 이중보고와 팀원에게 작업을 지시하는 권한과 관련된 갈등 발생 가능 − 관련 부서와 이견을 조정하기 위해 의사결정 기간이 길어짐 − 희소자원에 대한 부서간 갈등 발생 가능 − 기능조직과 프로젝트 조직의 단점만 나타날 수 있음

그림 13.3 매트릭스 조직의 장단점

상품개발은 대부분 매트릭스 조직형태로 진행한다. 기능부서의 인력은 여러 개의 프로젝트(또는 유지보수)를 동시에 수행한다. 매트릭스 조직의 프로젝트 관리자는 기능부서 인력을 지원받아 프로젝트를 진행하며, 각 인력은 기능부서 업무와 프로젝트 업무를 병행하여 수행한다. 프로젝트 관리자의 권한이 기능부서장의 권한보다 높으면 강한 매트릭스 조직(strong matrix), 둘의 권한이 비슷하면 중간 매트릭스 조직(balanced matrix), 기능부서장의 권한이 프로젝트 관리자의 권한보다 높으면 약한 매트릭스 조직(weak matrix)이다.

매트릭스 조직에서는 팀원이 기능부서장과 프로젝트 관리자 모두에게 수행 업무를 보고해야 하므로 정보의 흐름이 복잡하다.

매트릭스 조직은 기능조직과 상품조직의 장점을 취하고자 만들어졌지만, 현실에서 기능조직과 상품조직의 단점만 나타날 수 있다. 그럼에도 상품개발은 대부분 매트릭스 조직형태로 운영된다. 《네이키드 애자일》(2019)에서 인텔의 명예 회장이었던 앤드루 그로브는 다음과 같이 말했다.

> 인텔에서 모든 것을 시도해 보았지만 매트릭스 조직이 아닌 모델은 비록 모호함은 덜했지만 제대로 작동하지 않았다. 엄격한 기능조직은 조직을 시장과 동떨어지게 하고 고객이 무엇을 원하는지 알 수 없게 만들었다. 반면 지나치게 미션(상품) 중심적인 조직은 과도한 업무분산으로 심각한 비효율과 전반적 성과저하를 낳았다. 매트릭스 조직과 이에 수반되는 이중보고 체계는 마치 민주주의처럼 그 자체로 완벽하지는 않다. 그저 비즈니스를 조직화하는 최상의 방법일 뿐이다.

기능조직, 매트릭스 조직, 상품 조직의 특징을 정리하면 표 13.1과 같다.

항목	기능 조직	매트릭스 조직	상품 조직
PM 권한	거의 없음	기능부서장과 공유	매우 강함
주요 특징	- 기능 전문성 강조 - 의사결정 지연	- 자원의 효율적 활용 - 자원 관련 갈등 발생가능	- 프로젝트 목표 달성 - 자원 낭비 발생, - 소속감 결여
팀원 참여도	매우 낮음	파트타임	전담
프로젝트 통제권한	기능부서장	혼합	PM

표 13.1 기능조직, 매트릭스 조직, 상품조직의 특징

5) 교차기능 팀 형태의 상품개발

교차기능 팀(cross functional team)은 다양한 역할자들이 모인 상품개발 팀이다. 소프트웨어 상품개발은 상품관리자, 디자이너, 설계자, 아키텍트, 테스터, 개발자 등이 교차기능 팀을 구성한다. 교차기능 팀은 매트릭스 조직 또는 상품조직으로 운영할 수 있다. 스크럼 팀처럼 프로젝트 처음부터 끝까지 교차기능 팀원들이 한곳에 모여서 진행하면 이를 홀 팀(whole team)이라고 한다.

대규모 상품개발을 위해서는 상품개발 팀을 몇 개의 하위 팀으로 나누어야 한다. 하위 팀은 콤포넌트 관점(예: 모바일 앱, 웹, 서버 개발) 또는 피처(상품 요구사항) 관점에서 구성할 수 있다(그림 13.4).

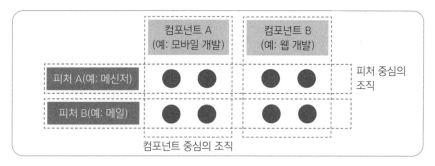

그림 13.4 컴포넌트 조직과 피처조직

컴포넌트 관점은 앞서 설명한 기능조직과 유사하며, 피처 관점은 상품조직과 유사하다. 컴포넌트 팀은 그림 13.5와 같이 하나의 요구사항(item)을 고객에게 제공하기 위해 여러 팀이 협업해야 하기 때문에 가치 제공 관점에서 복잡도가 높다. 반면 피처 팀은 여러 컴포넌트를 포함하기 때문에 가치 제공 관점에서 복잡도가 낮다.

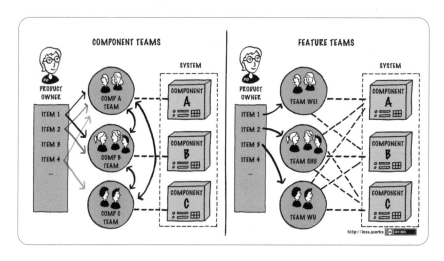

그림 13.5 컴포넌트 팀과 피처 팀의 상품개발(출처: LeSS(Large Scale Scrum) 프레임워크)

컴포넌트 팀과 피처 팀의 차이는 표 13.2와 같다. 컴포넌트와 피처 둘 중 무엇을 중심으로 상품개발 팀을 구성할 것인가에 대한 정답은 없다. 피처 팀이 장점이 많다고 판단할 수 있지만 조직 운영이 뒷받침되지 않으면 장점을 발휘할 수 없다. 또한 모든 팀을 피처 팀으로 운영할 수도 없다. 재사용 컴포넌트 관리, 기술 아키텍처 구성과 유지를 위해서는 별도의 컴포넌트 팀이 필요하다.

구분	컴포넌트 팀	피처 팀
목표	최대한 많은 코드 개발에 집중	최대한 많은 고객가치 전달에 집중
조정 필요성	컴포넌트 팀 간의 조정 필요성 높음	피처 팀 내부에서 조정이 이루어져 조정 필요성 낮음
조직 운영	전통적인 조직 운영 방식이라 익숙함(웹 개발, 서버 개발, 디자인, QA)	피처 중심의 조직 운영은 익숙하지 않아 실패하기 쉬움
학습	동일한 기술을 사용하는 역할자들이 모여 전문성을 향상시킬 수 있음	다양한 엔지니어들과 함께 프로젝트를 수행하여 여러 가지 관점의 기술 습득 가능
업무 이관	컴포넌트 팀 간의 업무 이관 비용과 시간 증가	업무 이관 비용과 시간 최소화
책임 소재	문제발생시 컴포넌트 팀 간의 책임 소재를 규명하기 위한 갈등 발생	피처팀 내부에서 문제를 해결하여 갈등 발생 가능성 낮음
개발 스피드	조정, 통합을 위한 시간 증가로 스피드 저하	개발 스피드 높음

표 13.2 컴포넌트 팀과 피처 팀의 특징

6) 스포티파이의 상품개발 조직

스포티파이(spotify)는 스웨덴의 온라인 뮤직 서비스 회사로 애자일 혁신의 대표적인 사례로 자주 인용된다. 그림 13.6은 스포티파이의 상품개발 조직이다.

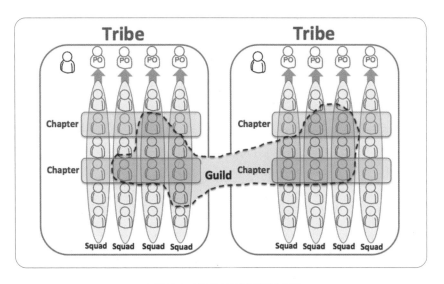

그림 13.6 스포티파이의 상품개발 조직
(출처: https://blog.crisp.se/wp-content/ uploads/2012/11/SpotifyScaling.pdf)

이하는 그림 13.6의 출처에 있는 내용을 요약했다.

● 스쿼드(Squad)

• 스크럼 팀과 유사하며, 개발자, 디자이너, QA 등이 동일 장소에서 근무한다.

• 일하는 방식, 애자일 적용기법은 스스로 결정한다.

• 각 스쿼드는 장기적인 미션을 가진다. 안드로이드용 클라이언트 개발, 청구

시스템, 백엔드(back end) 시스템 등이 그 예다.

- 린 스타트업의 MVP를 적용한다.
- 별도의 업무 리더는 없으며 상품책임자(product owner)가 개발 우선순위를 정하고 로드맵을 관리한다.
- 각 스쿼드에 속한 사람들을 대상으로 분기별로 설문조사하여 개선점을 도출한다. 조사항목은 상품책임자, 애자일 코치, 협업방식, 릴리즈 용이성, 조직의 지원 등이다.
- 운영 조직과 개발 조직은 다른 스쿼드로 구성한다.

● 트라이브(Tribe)

- 트라이브는 업무 관련성이 높은 스쿼드의 집합이다. 예를 들어 뮤직 플레이어(music player), 백엔드 인프라가 이에 해당한다.
- 1개의 트라이브는 한 사람이 유의미한 사회적 관계를 유지할 수 있는 100명 이내로 유지한다. 〔이 개념을 창안한 로버트 던바(Robert Dunbar)는 150명을 제안했다〕
- 트라이브에 속한 사람들은 같은 장소에서 근무한다.
- 스쿼드의 업무는 독립적인 것이 바람직하지만 상호의존적일 수 있다. 상호의존적인 스쿼드는 같은 트라이브일 수도 있고, 다른 트라이브일 수도 있다(그림 13.7).

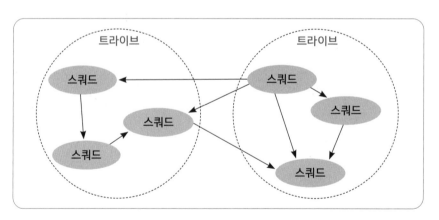

그림 13.7 스쿼드 간의 업무 의존성

- 스쿼드 간의 업무 의존성을 관리하기 위해 전체 스크럼 미팅(scrum of scrums)를 운영한다. 업무 의존성을 파악하고 관리하는 예시는 표 13.3과 같다.

스쿼드	의존관계	상태	진행현황	트라이브
안드로이드	백엔드 1	이상 무		A
iOS	백엔드 2	지연 중	성능저하 현상 개선 필요	A
백엔드 1	안드로이드	이상 무		A
백엔드 2	iOS	지연 중	API 보완 필요	B

표 13.3 스쿼드 간 업무 의존성 관리 예시

● **챕터(Chapter)**
- 챕터는 동일한 트라이브 내 같은 역할자들의 조직으로 앞서 설명한 기능조직과 유사하다. (예: 웹 개발자 챕터, QA 챕터, UX 챕터)
- 챕터 구성원들은 정기적으로 모여 역량강화 활동을 한다. 챕터의 리더는 별도로 있다.

● **길드(Guild)**
- 트라이브와 상관없이 공통 관심을 가진 사람들의 커뮤니티이다. 챕터는 길드로 확산할 수 있고 하지 않을 수도 있다. (예: 애자일 코치 길드, AI 길드)
- 길드는 코디네이터가 리더 역할을 수행한다.

스포티파이 조직의 기본 체계는 매트릭스 조직에 가깝지만, 다음의 차이점이 있다.
- 매트릭스 조직은 기능조직(길드)이 기본이고, 프로젝트 조직(스쿼드)을 가변적으로 운영한다. 반면 스포티파이는 프로젝트가 공식 조직이고 기능조직은 비공식 조직에 가깝다.
- 매트릭스 조직원은 기능부서장과 프로젝트 관리자의 지시를 받지만 스포티파이의 조직원은 기능부서장의 지시는 없고 상품책임자가 정의한 우선순위에 따라 업무를 진행한다. 무엇을 할 것인가는 트라이브와 스쿼드의 가이드를 받고, 어떻게 잘 할 것인가는 챕터와 길드의 도움을 받는다.

스포티파이의 조직 모델은 업종이 다른 금융회사(네덜란드 ING)에서도 적용할 만큼 널리 알려졌지만, 실패 사례나 비판도 많다. 팀의 자율성을 지나치게 강조한 나머지 팀 간 협업이 부족하여 성과창출을 하지 못했다는 비판이 대표적이다. 섹션 〈8.3 애자일 방법론 적용〉에서 설명했듯이 특정 조직에서 성공했던 모델을 다른 조직에서 그대로 적용해서 성공하길 바라면 안 된다. 트라이브, 스쿼드, 챕터, 길드라는 말을 사용했지만 스포티파이의 조직은 매트릭스 조직형태에 애자일의 개념을 적용한 것이다. 매트릭스 조직은 장점도 분명하지만 단점도 분명하다. 전문화와 통합의 밸런스를 유지해야 하기 때문에 매트릭스 조직을 적용하는 것이다. 적용 방식에 따라 장점이 부각될 수도 있고 단점이 부각될 수도 있다.

13.2 팀 빌딩

팀 빌딩은 다양한 환경, 배경, 동기를 가진 프로젝트 팀원을 이끌어 응집력 있는 팀워크를 만들고 유지하기 위한 활동이다. 상품개발을 위해 상품개발 팀을 한시적으로 운영할 때에는 팀 빌딩의 중요성이 높아진다. 이번 섹션에서는 팀 빌딩의 개요와 팀 빌딩 방법을 설명한다.

1) 팀 빌딩 개요

상품개발 팀의 팀 빌딩을 위해서는 팀원들이 훌륭한 상품을 개발한다는 비전에 공감하고, 팀원들이 상품개발에 몰입할 수 있는 환경을 제공해야 한다. 상품에 대한 상품관리자의 열정이 상품개발 팀에 전염된다면 팀 빌딩의 절반은 완성된 것이다.

우수한 팀은 효과적인 동시에 효율적이다. 효과적이지만 효율적이지 못한 조직은 목표를 향해 더디게 나아간다. 효율적이지만 효과적이지 못한 조직은 바쁘게 우왕좌왕한다. 그런 상태에선 효율이 커질수록 목표로부터 더 멀어지게 된다. 운영 조직에서는 효율성이 중요하지만 프로젝트 조직에서는 효과성이 중요하다.

다음은 비효과적인 팀(ineffective team)의 대표적인 징후이며 조치를 취하지 않으면 성공적인 상품개발은 힘들어진다.
- 상품의 성공보다 팀원이 속한 부서의 성공이 우선일 때
- 잘하려고 하는 사람보다 잘못하지 않으려는 사람이 많아질 때
- 목표가 불명확하여 팀원들이 공감하지 않을 때
- 팀원들이 책임을 회피하고 남 탓만 할 때
- 회의가 진행 중일 때는 해결해야 할 갈등을 외면하고 회의 후 험담이 무성할 때

구글은 2012년부터 2016년까지 4년에 걸쳐 우수한 팀의 특징을 분석하는 '아리스토텔레스' 프로젝트를 수행했다. 프로젝트에서 도출된 우수한 팀의 다섯

가지 특징은 '심리적 안전감' '신뢰성' '조직구조와 투명성' '일의 의미' '일의 영향력'이다.

● 심리적 안전감(Psychological safety)

아리스토텔레스 프로젝트에서 도출된 다섯 가지 특징 중 생소하지만 중요한 개념이 '심리적 안전감'이다. 심리적 안전감이란 팀원이 본인의 발언이나 행동으로 본인이나 다른 사람들이 피해를 보지 않을 것이란 믿음이 있는 상태를 의미한다. 심리적 안전감을 확보하지 않으면 회의시 수직적 지시사항만 전달되고 팀원은 침묵한다. 침묵하지 않는 경우는 본인을 방어하는 발언을 할 때이다. 상품개발 팀의 리더들은 각종 회의체에서 팀원들이 심리적 안전감을 손상하지 않도록 배려해야 한다.

● 신뢰성(Dependability)

신뢰성은 상대방이 주어진 업무를 제 시간에 정확하게 해낼 수 있다고 믿는 것이다. 상품개발 과정에서 상대방에 대한 신뢰 없이는 협업하기 힘들다. 상대방을 신뢰하지 않는 상황에서는 내가 상대방에게 신뢰감을 주기 위해 최선을 다할 가능성이 낮기 때문이다 야구의 더블 플레이, 축구의 패스와 같이 상대를 믿는 플레이를 해야 한다.

● 조직구조와 투명성(Structure & Clarity)

조직구조와 투명성은 팀원이나 각 부서가 명확한 책임과 역할을 가진다는 것을 의미한다. 이는 신뢰성과도 관련된 개념이다. 상품개발 팀에 참여하는 여러 역할자들이 어떤 책임과 역할을 수행하는지 모든 팀원과 이해관계자들이 명확하게 이해해야 한다.

● 일의 의미(Meaning)

일의 의미는 내가 수행하는 일이 다른 팀원 누군가에게 필요한 일이라고 믿는 것이다. 내가 수행하는 일이 다른 사람들에게 필요하다는 믿음이 없다면 그 일에 정성을 다하기 힘들다. 내가 진 짐이 가장 무겁게 느껴지듯이 나의 일이 다른 사람의 일보다 중요하고 우선순위가 높다는 생각을 하기 쉽다. 그런데 나의 일만큼 다른 사람의 일도 중요하다고 믿고 행동할 때 상호작용의 수준이 높아진다. 일종의 업무 공감능력이라고 할 수 있다.

　'일의 의미'는 조직 내부 팀원을 기쁘게 하는 일을 의미하고, 뒤에 설명하는 '일의 영향력'은 조직 외부 즉 고객을 기쁘게 하는 일을 의미한다.

● 일의 영향력(Impact)

상품개발 팀이 만든 결과물이 사회나 고객을 기쁘게 만든다면 좋은 영향력을 가지고 있는 것이다. 상품개발 팀원에게 일의 영향력은 상품의 비전이다. 상품관리자는 상품개발 팀원에게 상품의 비전을 명확하게 설명하고 납득시켜야 한다. 경영층이 지시했다는 이유로는 상품개발 팀의 마음을 설레게 할 수 없다.

2) 팀 가동률이 팀 빌딩에 미치는 영향

개발 조직을 프로젝트 형태로 운영하면 가동률의 이슈가 발생할 수 있다. 예를 들어 특정 시점에서 개발 인력이 100명이고 80명이 프로젝트에 투입되어 있으면 가동률이 80%가 된다. 인적자원의 효율적 운영에 초점을 두면 100%에 가깝게 가동률을 높이고자 할 수 있다. 서버 CPU의 부하가 80%이면 시스템 운영이 위험하듯이, 조직의 가동률도 일정 수준 이상이면 업무 생산성에 차질이 발생할 수 있다. 코로나 확진자가 증가했던 2021년 12월에는 병실 가동률이 80% 수준이면 병실의 여유가 없어 사회적 이슈가 되었다. 왜냐하면 입원과 퇴원 수속을 하는 환자가 있기 때문에 특정 시점 기준으로 병실을 100% 채우기는 불가능하기 때문이다. 개발 팀 가동률도 마찬가지이다. 출산 휴가, 병가, 프로젝트 외 중요한 업무수행 등으로 프로젝트에 투입할 수 없는 사람을 제외하면 가동률 80%는 실제로는 100%에 가까운 의미이다. 가동률 80%에서는 약간의 변동(예상 못한 경조사, 휴가, 병가 등)만 발생해도 팀원이 부족한 현상이 발생한다. 자원운영의 효율만 생각하는 경영층은 가동률 80%인데 사람이 부족한 현상을 이해하기 힘들어하고 실무 리더는 그것을 설명하느라 답답하다. 그 결과 정작 중요하고 우선순위가 높은 업무에 자원을 투입하지 못하는 현상이 발생한다.

'자원 효율성'보다 '흐름 효율성'이 중요하다. 자원 효율성은 모든 사람이 바쁘게 일하는 것이고 흐름 효율성은 업무가 중단 없이 진행되는 것이다. 자원 효율성은 '수용량(capacity)'을 강조하고 흐름 효율성은 '처리량(throughput)'을 강조한다. 중요한 것은 수용량이 아니라 처리량이다. 얼마나 '많은 사람들이 프로젝트에 투입되어 있는지'보다 '얼마나 많은 결과물들이 나오는지'가 중요하다. 수용량을 강조하면 고속도로에 빈 곳 없이 차량을 가득 채우려고 하는 것과 같다. 개발 팀 가동률은 대표적인 '수용량' 지표이다.

업무는 담아두는 것이 아니라 흐르는 것이다. (《퍼스널 애자일, 퍼스널 칸반》, 2020)

3) 상품관리자와 프로젝트 관리자의 권력

리더십이란 원하는 성과를 달성하기 위해 팀원들을 자발적으로 움직이게 만드는 힘이나 과정이다. 사람들을 움직이는 힘이라는 측면에서 리더십은 권력(power)과 유사하지만 '자발성'이라는 측면에서 둘은 다르다.

강제성을 띤 권력은 즉각적으로 다른 사람을 움직일 수 있는 힘이 있지만, 리더십은 조직원의 자발적인 추종과 리더에 대한 몰입을 전제로 한다. 관리자의 권력이란 팀원들이 관리자가 원하는 일을 수행하도록 하는 능력을 의미한다. 관리자가 가지는 권력의 원천은 표 13.4와 같이 구분할 수 있다.

직위권력(position power)은 관리자의 자리가 보장하는 권력으로 타인에게 양도할 수 있지만, 개인권력(personal power)은 관리자 개인이 가지고 있는 권력으로 타인에게 양도할 수 없다.

직위권력(Position Power)	개인권력(Personnel Power)
- 공식적 권력: 작업지시 권한 - 보상 권력: 작업수행 결과에 대한 보상 - 페널티 권력: 작업수행 결과에 대한 페널티	- 전문가 권력: 프로젝트 관리자가 보유한 전문지식 - 준거 권력: 프로젝트 관리자의 인간미

표 13.4 권력의 원천

관리자가 조직원들을 움직일 수 있는 권력(파워)에는 작업지시 권한과 같은 직위권력과 관리자 개인의 인성이 조직원들의 마음을 움직이는 개인권력이 있다. 리더십은 후자인 개인권력에 주로 의존한다. 《프로젝트가 서쪽으로 간 까닭은》 (2010)에서 톰 드마르코는 리더십을 다음과 같이 이야기하였다.

> 권한의 부재는 실패에 대한 좋은 변명거리다. 충분한 권한이 리더십의 필수조건은 결코 아니다. 충분한 권한이라는 건 사실 존재하지 않는다. 리더십이란 충분한 권한이 주어지지 않는 상황에서 성공할 수 있는 역량이다. 진정한 리더십이란 바로 여러분에게 주어진 공식적인 권한의 범위 밖에 있는 누군가를 참여시키는 것이다.

상품관리자나 프로젝트 관리자가 가지는 다섯 가지 권력은 다음과 같다. 보상이나 페널티 권력은 조직에 따라 관리자에게 주어지지 않을 수 있다. 대부분의 상품관리자는 직위권력이 부족하기 때문에 상품에 대한 열정, 전문지식, 대인관계 기술에 기반한 개인권력이 중요하다.

● 공식적 권력(Formal/Legitimate power)
권위(authority)와 같은 말로 공식적인 직위로부터 나오는 권력을 의미하며 조직으로부터 부여받는다. 이는 조직에서 관리자에게 부여하는 권력이며 관리자들이 가장 많이 활용하는 권력이다. 상품관리자는 상품 요구사항 개발의 우선순위와 요구사항을 정의할 권한이 있고, 프로젝트 관리자는 팀원에게 업무를 부여할 권한이 있다.

● 보상 권력(Reward power)

승진, 급여 인상, 특별 휴가 등 팀원에게 보상을 기대하게 하여 통솔하는 방법으로, 프로젝트를 종료한 후 프로젝트 팀원을 평가하는 권한이 이에 해당한다. 프로젝트 관리자가 팀원을 평가할 권한이 없으면 힘 빠진 관리자가 되기 쉽다.

● 페널티 권력(Penalty/Coercive power)

팀원에게 불이익을 당할 수 있다는 암시를 주어 통제하는 방법이다. 일반적으로 가장 좋지 않은 방법으로 알려져 있다. 그러나 조직의 기강을 잡기 위해서는 불가피하게 사용해야 하는 경우가 있다.

● 전문가 권력(Expert power)

관리자가 전문가의 역량을 보임으로써 팀원에게서 얻는 권력이다. 프로젝트 관리자의 경우 업종 지식, 기술 지식, 프로젝트 관리 지식 등이 대표적인 전문가 지식이다. 상품관리자의 경우 시장과 고객에 대한 이해, 상품기획 역량, 마케팅 지식, 이해관계자 조정 역량 등이 대표적인 전문가 지식이다. 전문기술이 특히 중요한 프로젝트에서 프로젝트 관리자의 전문성은 높은 권력을 가지게 한다.

● 준거 권력(Referent power)

준거 권력은 인간적인 매력으로 정의할 수 있다. 한마디로 어떤 프로젝트든 같이 하고 싶은 인생의 선배 같은 프로젝트 관리자가 가진 권력이다. 다섯 가지 권력 유형 중에서 가장 영향력이 크다.

4) 상품개발에 집중하는 조직문화

《애자일 조직》(2020)에서는 조직의 문화를 다음과 같이 정의한다.

> 문화는 인간 행동의 양식을 지배하는 신념이나 규범 또는 일하는 방식으로 정의할 수 있다. 따라서 회의가 어떻게 진행되고, 권력이 어떻게 행사되고, 무엇을 하면 보상을 받고, 누가 승진하는지 같은 것들은 모두 문화의 단면들이다.

대부분의 조직원들은 각자에게 주어지는 보상을 극대화하기 위해 행동한다. 개인에게 주어지는 보상을 극대화하기 위해 스타트업에서는 '개인의 승진'보다 '조직의 성장'에 집중하며, 대기업에서는 '조직의 성장'보다 '개인의 승진'에 집중한다. 스타트업에서는 조직원 수가 작아 회사 규모를 키울수록 개인에게 돌아오는 몫이 많아지며, 대기업에서는 조직원 수가 많아 회사의 성장보다 개인의 직위가 높을수록 개인의 몫이 많아지기 때문이다.

개인의 승진에 집중하면 조직원들은 일보다 사내 정치에 신경 쓰고, 혁신 상품 개발의 위험을 회피한다. 그 기간이 길어지면 한때는 혁신적인 기업이었다고 해도 쇠퇴의 길을 걷는다. 노키아, 코닥, 폴라로이드와 같은 혁신 기업들이 대표적인 예이다(그림 13.8).

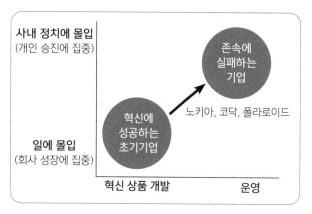

그림 13.8 일에 몰입하는 조직과 사내 정치에 몰입하는 조직

사내 정치는 선의의 경쟁을 유발하기도 하지만, 조직을 위한 협업보다 개인(부서)의 이익에 집중하게 만든다. 승진에 따른 급여나 인센티브가 많아질수록 사내 정치의 동기는 높아진다. 사내 정치의 부작용을 최소화하기 위해서는 사내 정치 동기를 낮추거나 부작용의 영향력을 줄여야 한다.

혁신에 성공한 기업이 지속적으로 성장하기 위해서는 혁신 상품을 개발하는 조직문화와 운영 효율성을 높이는 조직문화의 공존이 필요하다. '아마존의 운영' '구글의 혁신'처럼 둘 중 어느 하나를 강조할 수는 있어도, 둘 중 하나가 다른 하나를 지배하는 기업은 실패한다. 예를 들어 신상품을 개발할 때 효율성만 강조한다면 어떻게 될까? 혁신적인 상품개발보다는 작은 개선에 집중하여 작은 실패는 피하지만 큰 성공은 하기 어려울 것이다. 장기간 큰 성공을 하지 못한다면 이는 결국 큰 실패로 이어진다.

두 가지 조직문화 중 유지가 어려운 쪽은 혁신 상품을 개발하는 조직문화이다. 운영 효율성 유지는 전문 경영인들에게 익숙한 영역이라 운영에 실패해서 몰락하는 기업은 드물다. 운영을 잘못하면 이익 규모가 작아지고 성장률이 낮아질 뿐이다. 혁신 상품의 공급 없이 운영을 잘하긴 힘들다. 물론 대형 유통점처럼 비즈니스의 본질이 운영 원가 절감인 조직은 예외다.

《룬샷》(2020)에서는 조직의 문화를 기체, 액체, 고체에 비유한다. 특정 물질이 두 가지 상태를 동시에 가질 수 없듯이 조직의 문화도 마찬가지다. 특정 조직이 '혁신 상품개발'과 '운영' 모두를 잘할 수 없다. 연구소는 혁신 상품 개발에 적합한 조직문화(기체 상태와 유사)를 가져야 하고, 생산부서는 운영에 적합한 조직문화(고체 상태와 유사)를 가져야 한다.

상품개발에 성공하여 조직 규모가 커진 기업이 지속적으로 성장하기 위해서는 사내 정치 동기를 최소화하여 직원들이 일에 몰입할 수 있게 하고, 상품혁신과 상품운영의 조직이 공존하고 협업하는 조직문화를 갖추어야 한다(그림 13.9). 상품혁신과 상품운영의 조직문화가 공존하기 위해서는 두 조직을 연결하는 사람 또는 조직의 역할이 중요하다. 그 사람은 상품개발의 결과를 운영으로

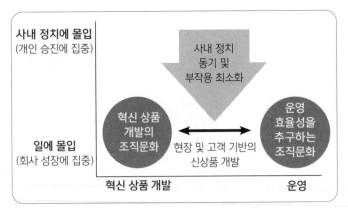

그림 13.9 지속적으로 성장하는 조직의 특징

넘기고, 운영의 경험을 상품기획에 피드백하는 고리 역할을 한다. 상품 관리자가 이 역할을 잘 수행하면 상품개발은 성공할 가능성이 높아진다.

조직원이 추구하는 보상은 금전적 보상과 비금전적 보상으로 구분된다. 비금전적 보상은 내재적 보상과 외재적 보상으로 나누어진다. 내재적 보상은 자기만족이나 자아실현과 관련된 보상이며, 외재적 보상은 외부에서 자기를 인정해주는 보상이다. 사무실 크기, 무료 주차와 같이 직위에 따라 조직이 제공하는 혜택 또는 조직의 동료나 선후배의 인정이 외재적 보상의 대표적인 유형이다.

조직이 제공하는 보상의 유형에 따라 동일한 사람이 상품개발에 집중할 수도 있고, 사내 정치에 집중할 수도 있다. 금전적 보상 또는 비금전적 보상이 상품개발에 미치는 영향은 다음과 같다.《룬샷》의 내용을 요약 정리했다.

● 금전적 보상이 상품개발 또는 사내 정치에 미치는 영향

조직원이 받는 보상은 급여, 성과 인센티브, 스톡옵션이 있다. 스타트업의 조직원들이 낮은 급여나 인센티브를 받고도 고강도의 업무를 견디는 이유는 스톡옵션 때문이다. 상품 개발에 성공하면 큰 보상을 받기 때문에 사내 정치를 할 이유가 없다.

그러나 신상품 개발에 성공하여 조직의 규모가 커지면 이야기는 달라진다. 내가 수행하는 프로젝트가 큰 성공을 한다고 해도 나에게 돌아오는 몫의 차이는 거의 없다. 물론 실패해도 금전적으로 개인이 책임질 일도 거의 없다.

대기업에서는 상품개발에 기여한 정도에 따라 인센티브를 배분하기 힘들다. 이런 조직에서 나에게 돌아오는 금전적 보상의 크기를 높이는 방법은 프로젝트를 성공시키는 것이 아니라 보다 빨리 승진하는 것이다.

● 비금전적 보상이 상품개발 또는 사내 정치에 미치는 영향

프로젝트 업무에 집중을 유도하는 비금전적 보상은 프로젝트 성과에 대한 동료, 선후배의 인정이다. 본인 업무에 자율성이 주어지고 자기 역량에 대한 자신감이 있다면 외부의 인정은 더욱 효과적이다. 이렇게 성취욕구가 높은 사람에게 비금전적 보상이 제공되면 사내 정치보다 업무에 집중할 가능성이 높아진다.

성취욕구가 높은 사람은 프로젝트 성공에 집중할 가능성이 높고, 권력욕구

가 높은 사람은 승진을 위한 사내 정치에 집중할 가능성이 높다. 또 조직의 구조나 문화가 관료적일수록 사내 정치에 대한 집중은 빨라진다. 기업 규모가 커질수록 조직이 관료화되어 사람들이 상품개발보다 사내 정치에 집중하는 것을 막을 수 없다. 다만 이를 늦추거나 당길 수는 있다. 그림 13.10의 ⓐ는 조직 내 관료주의를 완화시켜 조직 규모에 비해 신상품 성공에 집중하는 사람이 많은 상황이고 ⓑ는 반대이다.

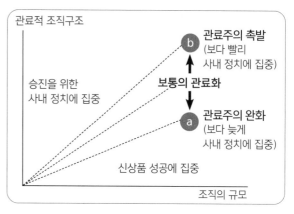

그림 13.10 신상품 성공에 집중하는 조직문화에 영향을 미치는 요인

사내 정치 집중을 더디게 만드는 방법은 다음과 같다.

● **인센티브 제도를 재구축한다.**

인센티브를 받으면 팀원들은 즐거워하지만, 인센티브가 팀원들의 열정을 불러일으키기는 힘들다. 열정을 키우기 위해서는 금전 이상의 무엇이 필요하다. 고객에게 큰 도움이 되는 상품을 개발하거나, 본인이 성장하는 일을 할 때 열정과 동기가 생긴다. 인센티브의 부작용중 하나는 몫을 나누는 공정한 방법이 없기 때문에 갈등이 발생한다는 것이다. 인센티브의 부정적인 영향력을 줄이기 위해서는 다음에 유의해야 한다.

● **잘못된 결과를 유도하는 인센티브를 설계하지 않는다.**

예를 들어 출시된 신상품의 개수 또는 임상에 들어간 신약품의 개수로 보상한다면 리콜 또는 임상실험 실패비용이 증가할 수 있다. 상품개발 팀을 납기 준수율로만 보상하는 것도 잘못된 인센티브의 예이다.

● **임원과 일반 직원의 보너스나 급여 차이를 줄인다.**

20세기 후반부터 주주가치 극대화가 경영의 최대 목표로 부각되고, 이를 유도하기 위해 임원들에게 스톡옵션을 제공하면서 임원과 직원의 급여 차이는 더 커지고 있다. 미국은 직원과 CEO의 급여 차이가 특히 크다. 《린 마인드셋》(2014)에 따르면, 1976년 미국 CEO의 소득은 직원 평균임금의 36배였지만 1993년에는 131배가 되었고 2010년에는 369배로 증가했다.

● **관리자가 관리할 직원 수를 상황에 맞게 조정한다.**

관리자 수는 부작용이 없는 범위에서 줄이는 것이 바람직하다. 조직의 규모가 동일하다고 가정할 때 관리자에게 배정된 인원 수가 작을수록 관리자의 수는 많아진다. 관리자 수가 많아지면 그만큼 승진할 기회도 많고 승진 주기도 짧아진다. 결과적으로 승진을 위한 사내 정치에 집중하게 된다.

또한 부서 수가 많아지면 협업보다 부서의 이익에 집중하는 사이로(Silo) 현상이 나타난다. 그렇다고 부서의 직원 수를 무한정 늘리면 관리가 어려워진다. 미세한 통제를 해야 하는 업무는 팀 인원 수를 줄이는 것이 바람직하며, 자율적이고 협업을 강조하는 엔지니어 업무는 팀 인원 수를 늘리는 것이 바람직하다.

● 개인의 능력에 맞는 직무를 배정한다.

개인의 능력에 적합하지 않은 직무를 부여해놓고 프로젝트에 집중할 것을 요청할 수 없다. 능력에 맞지 않은 직무를 배정받은 개인은 살아남기 위해서 실제보다 많은 일을 하는 것처럼 포장하거나 프로젝트가 하루 빨리 끝나기를 기다리며 자포자기한다. 개인에게 너무 어렵거나 너무 쉬운 업무는 프로젝트 몰입을 저해한다.

● 프로젝트에 집중할 수 있는 비금전적 보상을 발굴하여 제공한다.

엔지니어들은 기술적인 성취에 동기부여가 되는 경우가 많다. 기술적인 성취에 대한 동기부여는 동료나 선후배의 존경과 인정이 있을 때 가능하다. 조직에서 이를 제공할 수 있다면 적은 비용으로 많은 효과를 볼 수 있다. 기술적 성취를 달성한 사원에게 배지와 같은 상징물을 제공하거나 사내 인트라넷에서 직원을 검색할 때 별도의 표식을 붙여두는 것도 좋은 방법이다.

5) 고객 중심의 조직문화

많은 기업들이 구호로는 고객 제일 또는 고객 중심을 외치지만 그것을 실행하는 기업은 드물다. 기업 중심의 사고가 만연한 조직에서는 경영층을 기쁘게 하는 데 몰입한다. 반면 고객 중심의 사고를 실천하는 조직에서는 고객이 지갑을 기꺼이 여는 혁신 상품을 지속적으로 개발한다. 지구를 중심으로 태양이 움직인다고 믿었던 천동설에서 벗어나 지구가 태양의 주위를 움직인다는 지동설을 믿기 어려웠듯이, 기업 중심의 기업이 고객 중심의 기업이 되기 위해서는 코페르니쿠스적 전환이 필요하다(그림 13.11).

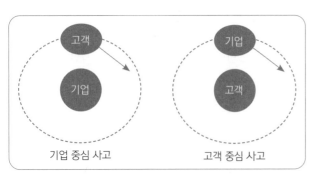

그림 13.11 기업 중심의 사고와 고객 중심의 사고
(출처: 《애자일, 민첩하고 유연한 조직의 비밀》, 2019)

고객 중심의 사고를 실천하는 조직의 특징은 다음과 같다.

● 돈을 벌기보다 고객가치 창출에 집중한다.

고객을 기쁘게 하기 위해 출시하는 상품은 성공할 가능성이 높고 돈을 벌기 위해 출시하는 상품은 실패할 가능성이 높다. 돈을 벌기 위한 상품기획은 복잡한 분석으로 가득하지만 고객의 마음은 움직이지 않는다. 반면 고객가치에 집중하는 상품기획은 아마추어 같을 수 있지만 고객의 고개를 끄덕이게 만든다.

기업들이 돈을 벌기 위해 집중하는 대표적인 이유는 경영층이 주주가치 극대화를 최우선 목표로 생각하기 때문이다. 상장회사는 분기별로 재무성과를 발표해야 하고 그 성과가 주가에 반영된다. 따라서 경영층은 단기 재무성과에 집착한다. 장기적인 주주가치는 고객가치와 동일하지만 단기적인 주주가치는 고객가치와 상충될 가능성이 높다(그림 13.12). 예를 들어, 콜센터 상담원 수를 줄이기 위해 고객당 응답시간이 짧은 상담원을 시상하면 콜센터 운영비용은 줄어들지 몰라도 그 기업에서 이탈하는 고객은 늘어날 것이다.

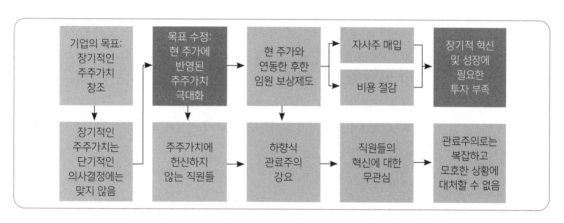

그림 13.12 가치 착취의 악순환(출처: 《애자일, 민첩하고 유연한 조직의 비밀》, 2019)

주주가치 극대화가 틀렸다는 이야기가 아니다. 고객가치를 훼손하면서 단기 주주가치에 집중하는 것은 장기적으로 주주가치를 높이는 방법이 아니라는 것이다. 출시한 상품에 대해 기뻐하는 고객이 늘면 자연스럽게 주주가치가 상승한다(그림 13.13).

그림 13.13 장기적 가치창출의 선순환(출처: 《애자일, 민첩하고 유연한 조직의 비밀》, 2019)

경영층도 그 사실을 알고 있다. 그럼에도 실천이 어려운 이유는 결과가 불확실하고, 불안하기 때문이다. 예를 들어, 고객에 대해 이미 잘 알고 있는데 시간과 돈을 들여 고객가치 검증을 하는 것은 낭비라고 생각하는 것이다. 지금은 테일러 이후 추구해왔던 관리 중심의 경영과 결별하지 않으면 기업 생존이 위태로운 시기이다. 테일러는 조직원을 도구로 생각하고 작업을 표준화하려고 했다. 그러나 상품개발에 성공하기 위해서는 상품개발 팀을 상품개발의 도구로 관리하지 않고 상품개발의 주체로 존중해야 한다.

● 모든 부서가 고객가치 창출에 집중한다.

고객을 중시하는 기업은 상품개발과 관련된 모든 부서들이 '내가 하는 활동이 고객에게 어떤 가치를 제공하는가?'를 질문하고 고객에게 가치를 제공하지 않는 활동은 중단한다. 특히 재무부서(CFO의 소속 부서)가 단기이익에 집중하면 고객가치 창출을 위한 상품기획이 어려워진다.

재무부서에서도 '고객가치 현황'을 분석하고, 그것에 전통적인 손익계산서만큼의 비중을 두어야 한다. 고객가치 현황에 포함될 수 있는 지표는 다음과 같다.

● 고객 수 (신규 고객, 기존 고객)

● 신규 고객 증가 수

● 고객생애 가치(CLV, Customer Lifecycle Value)
  특정 고객이 최초 상품구매 후 이탈까지 발생한 총매출

● 고객당 매출 (기존 고객, 신규 고객)

● 고객 코호트 당 매출 추이
  동일한 경험(예: 특정 시기에 가입)을 한 고객들의 매출 추이

베인앤드컴퍼니에서 개발한 고객가치 평가방법은 그림 13.14와 같다.

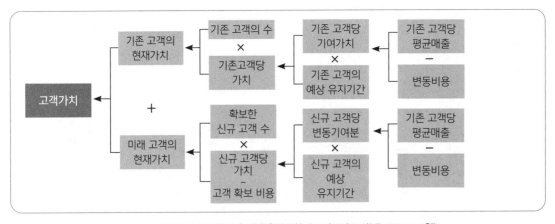

그림 13.14 고객가치 측정법(출처: 《하버드 비즈니스 리뷰》, 2020 1~2월)

● 수평적 의사결정을 장려한다.

기업 중심으로 사고하는 기업에서는 수직적으로 의사결정하고, 고객 중심으로 실천하는 기업에서는 수평적으로 의사결정한다. 고객가치에 대한 정보는 경영 층에서 내려오는 것이 아니라 고객에게 다가가야 파악할 수 있기 때문이다. 고 객으로부터 파악한 정보를 기반으로 무엇을 개발할지, 무엇부터 개발할지를 교 차기능 팀이 결정해야 한다. 《애자일, 민첩하고 유연한 조직의 비밀》(2019)에서 는 이렇게 설명한다.

하향적인 혁신은 질서정연하지만 어리석고, 상향적인 혁신은 혼란스럽지만 현명하다.

수평적 의사결정을 장려하기 위해서는 내부 조직을 고객 중심으로 설계해야 한다. 전통적인 사일로(Silo) 기능조직에서 수평적 의사결정은 불가능에 가깝다. 사일로 조직에서는 관리자의 관심에 집중하며 고객의 관심에 집중하지 않는다. 그 결과 기업 내부 기능부서들은 목표를 달성하지만 고객들은 나쁜 경험을 한 다. 고객 중심의 조직을 운영하는 것은 쉽지 않다. 통제권을 포기해야 하는 관 리자들의 저항뿐만 아니라 고객 중심의 조직으로 전환하는 과정에서의 시행착 오가 두렵기 때문이다.

● 작게 개발하고 빨리 검증한다.

고객이 원하는 것을 파악하기 위해서는 시행착오가 필수적이다. 시행착오를 최 소화하기 위해서는 작게 개발하여 빨리 검증하고 수정해야 한다. 마치 바다에 서 여러 대의 쾌속정이 난관을 피해가며 목표지점에 빨리 도착하는 것과 같다. 반면 기업 중심으로 사고하는 기업의 상품개발은 큰 함정과 같아서 속도도 느 리고 방향전환도 쉽지 않다.

다음은 《린 마인드셋》(2014)에 나오는 고객가치를 강조하는 CEO들의 발언들 이다.

한눈에 봐도 주주가치는 세상에서 제일 바보 같은 생각이다. 주주가치는 결과이지 전략 은 아니다. 기업의 기반은 직원, 고객, 제품이다. 다시 말해 주주가치에는 신경 쓰지 말고 열정적인 직원, 만족스러운 고객, 획기적인 혁신을 이루는 데 집중하는 것이 최선의 방 법이다. 이것이 제대로 되면 그 결과 주주가치도 높아질 것이다. (전 GE회장 잭 웰치)

아마존은 장기적인 관점에서 의사결정을 내릴 것이며 따라서 단기이익을 원하는 투자 자는 아마존에 투자하지 않는 것이 좋을 것입니다. (아마존 회장 제프 베이조스)

우리는 돈을 벌기 위해 서비스를 구축하는 것이 아니라 서비스를 구축하기 위해 돈을 번다. (페이스북의 상장 서류에서)

13.3 구글, 페이스북, 아마존의 조직문화

신상품 개발을 성공으로 이끄는 조직문화에 대한 하나의 정답은 없다. 조직의 전략, 최고경영자의 가치관에 적합한 조직문화를 갖추는 것이 중요하다. 이번 섹션에서는 구글, 페이스북, 아마존의 조직문화와 상품관리를 연관지어 설명한다. 《구글은 어떻게 일하는가》(2014), 《구글의 아침은 자유가 시작된다》(2015), 《아마존웨이》(2017), 《나는 아마존에서 미래를 다녔다》(2019), 《카오스멍키》(2017) 등을 참고한다.

다음의 내용은 특정 기업의 상대적으로 차별화된 조직문화라고 해서 그 기업만 보유한 조직문화는 아니라는 점에 유의한다. 기업의 차별화된 조직문화(예: 자율과 복지)를 단편적으로 이해해서는 안되고 종합적으로 이해해야 한다. 예를 들어 어떤 기업이든 성과에 대한 책임과 보상은 엄격하게 적용된다.

필자가 참고한 책에서는 기업문화의 우수한 점을 주로 설명하기 때문에 과장된 내용도 있을 수 있고, 독자가 책을 읽는 시점에는 내용이 많이 바뀌었을 수도 있음을 밝혀 둔다.

● 고객 집착(아마존)

아마존에서는 고객만족이라는 단어로는 고객의 중요성을 설명하기 힘들어 '고객 집착'이라는 용어를 만들었다.

아마존의 회의실에는 고객을 위한 좌석이 별도로 있다. 실제로 고객이 참석하지 않더라도 고객의 입장에서 판단하는 것을 강조하기 위해 좌석을 배치했다. 아마존에서 가장 많이 하는 이야기 중 하나는 '거꾸로 고객으로부터 시작하라(Start with the customers and work backward)'이다. 지금은 일반화되었지만 아마존은 고객 리뷰를 도입할 때 좋지 않은 리뷰로 매출이 떨어질 수도 있다는 우려도 있었지만 고객 리뷰 제도를 적용했다.

● 열 배로 생각하기(10 x thinking, 구글)

10×는 인텔의 회장이었던 앤디 그루브의 저서 《승자의 법칙》(2003)을 통해 알려진 용어이다. 구글의 창업자인 래리 페이지(Larry Page)도 10%의 향상보다 10

배의 향상을 강조했다. 10%의 향상은 현재의 상황에서 약간만 개선하면 되지만, 10배의 향상을 위해서는 근본적으로 다른 방식의 해결이 필요하다. 이러한 긴장감은 새로운 아이디어를 내는 데 효과적이어서 큰 성과를 창출하기도 한다. 대표적인 예가 경쟁사들의 웹 메일이 제공하던 저장공간의 100배 제공을 목표로 시작한 지메일이다.

● 데이터 기반의 결정(구글, 아마존)

데이터 기반의 결정은 감에 의한 의사결정을 줄일 수 있다. 성공적인 상품을 출시하는 기업일수록 고객가치를 측정하는 데이터를 축적하고 활용한다.

《구글은 어떻게 일하는가》에 따르면 구글의 회의실에 프로젝터가 두 대 있는 경우, 한 대는 화상회의나 회의 내용을 보기 위한 용도이고 나머지 한 대는 데이터를 위한 것이다.

● 개방성(구글, 페이스북)

구글과 페이스북은 직원들에게 정보를 공유하는 시스템을 갖추고 경영층도 직원들과 열린 소통을 하는 것으로 유명하다. 구글의 직원들은 자신의 업무 시간 중 20%는 현재 자신이 맡고 있는 업무와 직접적으로 관련이 없는 프로젝트에 투입할 수 있다. 구글은 '공유할 수 있는 것은 모두 공유한다'의 원칙 하에 사내 시스템(MOMA)을 통해 각자 수행 중인 프로젝트 정보를 공유한다. 이러한 개방성은 프로젝트에 대한 조언을 구할 사람을 찾는 훌륭한 도구가 된다.

페이스북에서는 'Code wins(코드가 이긴다)'라는 말이 있다. 이는 직급, 경력에 상관없이 더 좋은 코드를 쓴 사람의 의견이 우선적으로 반영된다는 뜻인데 이를 위해서는 많은 사람들이 소스코드에 접근할 수 있어야 한다.

● 완벽보다는 완성(페이스북)

완벽보다 완성이 낫다는 것은 실행이 언쟁을 이긴다는 마크 주커버그의 신념이다. '최선은 차선의 적'이라는 말이 있다. 최선을 다하느라 많은 시간을 소비하는 것보다 차선을 실행하는 것이 낫다.

우리는 "해보는 것이 완벽한 것보다 낫다"라는 문장을 벽에 써놓아 우리를 항상 일깨우도록 합니다. 《마크 주커버그가 페이스북을 상장하면서 주주들에게 보냈던 편지》, 2012)

● 미래 언론 보도자료(아마존)

아마존에서는 상품기획 초기에 언론에 신상품 개발을 홍보하는 형식의 문서로 상품기획서를 작성하여 동료 검토를 실시한다. 《아마존웨이》에서 설명한 다음 내용은 미래 언론 보도자료의 특징을 잘 설명한다.

내가 아마존에 재직하면서 산문 형식의 에세이를 작성하고, 수정하고, 다듬는 일에 얼마나 많은 주말을 갖다 바쳤는지 기억하기도 힘들다. 여하튼 회의가 시작되면 나는 그 문서를 참석자들에게 나눠주고, 그들이 나의 작품을 읽는 10분간 조용히 앉아 있어야 했다.

《나는 아마존에서 미래를 다녔다》에서는 미래 언론 보도자료의 구성이 주로 다음의 구조를 따른다고 설명한다.

1. 배경과 질문
2. 질문에 답하기 위한 접근방식(누가, 어떻게, 그리고 예상되는 결과)
3. 예상 결과
4. 앞으로 취할 행동. 그리고 그 결과가 어떻게 고객과 회사에 혁신을 가져올 것인지에 대한 설명

● 성선설(구글)

구글의 조직문화는 사람이 본디 선하다고 생각한다. 상품개발 문화도 개발자의 아이디어를 존중하는 상향식 방식이 많다. 통제보다는 개발자들의 자율을 존중한다. 개발자들의 근무시간 중 20%를 현재 수행 중인 업무 외에 투입하는 제도도 그 배경에서 나왔다.

구글에서는 관리자가 다음과 같은 사항을 일방적으로 결정할 수 없다.

● 고용, 해고, 성과측정, 연봉 인상, 상여금 혹은 스톡 수준, 우수자 선정, 승진, 탑재 가능한 코드의 품질 정도, 최종 디자인

구글에서는 고마움을 표시할 사람의 이름을 치고 '칭찬하기'를 누른 다음 내용을 입력하여 메시지를 보낼 수 있다. 보낸 메시지는 모두에게 공개적으로 게시된다. 여기에 어떤 직원이든 자기가 원하면 회삿돈으로 다른 직원에게 현금 20만원의 상여금을 줄 수 있다. 결제 과정도 없다. 무려 10년 넘게 실시 중이며 이도 일부 우려처럼 오남용 되지 않는다. 《구글의 아침은 자유가 시작된다》

● 자율(구글, 페이스북)

자율은 조직원들이 수행할 업무와 수행하는 방식을 각자가 정하는 것을 의미한다. 물론 관리자와 협의는 하지만 하향식 지시보다 상향식 추진이 일반적이다. 《구글은 어떻게 일하는가》에서는 다음과 같이 이야기한다.

우수상품을 개발하는 최선의 방법은 계획서를 작성하는 것이 아니라 가능한 한 최고

수준의 엔지니어를 고용해 그들을 방해하지 않는 것임을 이해하게 되었다.

구글, 페이스북, 아마존의 조직문화를 설명하는 미션과 핵심가치는 다음과 같다.

● 구글의 미션과 십계명

● 미션

세상의 정보를 조직해 누구나 쉽게 접근하고 사용할 수 있도록 하는(Organize the world's information and make it universally accessible and useful)

● 십계명

- 사용자에게 초점을 맞추면 나머지는 저절로 따라온다.
- 한 분야에서 최고가 되는 것이 최선의 방법이다.
- 느린 것보다 빠른 것이 낫다.
- 인터넷은 민주주의가 통하는 세상이다.
- 책상 앞에서만 검색이 가능한 건 아니다.
- 부정한 방법을 쓰지 않고도 돈을 벌 수 있다.
- 세상에는 무한한 정보가 존재한다.
- 정보의 필요성에는 국경이 없다.
- 정장을 입지 않아도 업무를 훌륭히 수행할 수 있다.
- 대단하다는 것에 만족할 수 없다.

● 페이스북의 미션과 핵심가치

● 미션

사람들에게 세상을 더 가깝게 만들고 커뮤니티를 만들 수 있는 힘을 제공(Give people the power to build community and bring the world closer together)

● 핵심가치

- 용감하라. (Be bold).
- 성과에 집중하라. (Focus on impact).
- 빠르게 움직여라. (Move fast).
- 개방하라. (Be open).
- 사회적 가치를 만들어라. (Build social value).

● 아마존의 미션과 14개 리더십 원칙

● 미션

고객이 사고 싶어 하는 물건을 어떤 것이든 온라인으로 찾아 구매할 수 있도록 세상에서 가장 고객 중심 회사가 되는 것(To be Earth's most customer-centric company where people can find and discover anything they want to buy online.)

● **리더십 원칙**

· 고객에 집착하라.

· 주인의식을 가져라.

· 발명하고 단순화하라.

· 리더는 정확하고 옳아야 한다.

· 배우고 호기심을 가져라.

· 최고의 인재를 뽑아 육성하라.

· 최고의 기준을 추구하라.

· 크게 생각하라.

· 신속하게 판단하고 실행하라.

· 절약하라.

· 신뢰를 구축하라.

· 깊게 파고들어라.

· 강골기질: 반대하되 헌신하라.

· 결과를 만들어내라.

 # 13.4 갈등관리

갈등(葛藤)은 갈나무와 등나무가 얽혀서 꼬인 것을 설명한다. 갈등은 생각이 다른 개인이나 집단 사이에서 발생한다. 상품을 개발할 때 갈등이 문제가 되는 것은 특정 개인이나 집단이 추구하는 목표를 다른 개인이나 집단이 방해하기 때문이다. 고객의 사용성을 중시하는 디자이너와 기술 구현 용이성과 품질을 중시하는 엔지니어와의 갈등, 출시일을 맞추어야 하는 상품관리자와 출시보다 품질이 중요한 QA와의 갈등이 대표적이다. 잘 관리되는 적정 수준의 갈등은 상품 혁신을 촉진하지만 관리되지 않는 갈등이 심해지면 파벌싸움으로 이어져 상품 개발이 힘들어진다. 이번 섹션에서는 갈등의 순기능과 역기능, 갈등의 발생원인과 해결방안을 설명한다.

1) 갈등의 순기능과 역기능

다양성을 존중하는 건강한 조직에서는 갈등의 역기능 없이 순기능만 발생할 수 있다. 상품개발의 성공 가능성을 높이기 위해서는 갈등의 부작용은 최소화하고 순기능은 최대화해야 한다.

신상품 개발 과정에서 개인이나 집단 간에 이견이 없을 수는 없다. 만약 그렇다면 그 팀은 죽은 조직이고 죽은 조직은 신상품을 성공시킬 수 없다. 상품개발 과정에서 갈등의 순기능은 다음과 같다.

● **혁신적인 풍토를 조성한다.**

팀원들이 다양한 의견을 부담 없이 제시할 수 있는 조직에서는 창의적이고 혁신적인 아이디어가 나올 수 있다.

● **품질의 문제점을 조기에 발견한다.**

품질 문제에 관해서도 상품개발 초기에 자유롭게 토의할 수 있어야 한다. 누군가가 품질에 대해 의구심이 있다면 이를 공개하여 이슈를 검증해야 한다. 품질뿐만 아니라 상품개발 프로세스의 문제점도 토의하여 개선할 수 있다.

● **상호작용하고 협업하는 팀워크를 만든다.**

갈등을 허용하는 조직에서는 누구라도 다양한 의견을 이야기할 수 있고, 제시한 의견은 존중받는다. 이런 조직에서는 팀원들의 상호작용을 통한 협업이 증가한다.

특정 조직에서는 창의적인 아이디어가 다른 조직에서는 허황된 아이디어가 될수 있다. 특정 조직에서는 프로세스를 개선하는 아이디어가 다른 조직에서는 특정 조직을 비난하는 말이 될 수 있다. 갈등의 순기능과 역기능은 의견의 내용에 따라 달라지는 것이 아니라 조직문화에 따라 달라진다. 상품개발 과정에서 갈등의 역기능은 다음과 같다.

● **집단 간 파벌의식을 조장한다.**

상품개발 과정에서 가장 흔하게 발생하는 갈등은 부서 이기주의 때문에 생긴다. 갈등이 심해지면 협업을 통해 달성해야 할 상위목표는 사라지고 각 부서 목표 달성만 추구하게 된다.

● **수직적 지시에 의존한다.**

집단 간 갈등은 전쟁으로 발전한다. 전쟁에서 승리하기 위해서는 장수의 지휘 아래 일사불란하게 움직여야 한다. 개인의 의견은 사라지고 집단사고와 상명하복만 남는다.

● **팀원들을 침묵하게 만든다.**

갈등의 역기능을 경험한 팀원들은 문제를 일으키기 싫어서 다른 의견이 있어도 본인이나 자기가 속한 집단에 큰 피해가 되지 않는다면 침묵한다. 심지어는 잘 못되는 것을 알고 있어도 다른 집단과 관련된 것이라면 말하지 않는다.

2) 상품개발 과정에서 발생하는 갈등의 원인

상품개발 과정에서 발생하는 갈등의 원인은 다음과 같다.

● 업무 의존성

개인이나 집단 간에 업무 의존성이 없으면 갈등이 발생하지 않는다. 업무 의존성의 유형은 '순차적 의존성'과 '상호 의존성'이 있다. 순차적 의존성은 'A → B'의 유형으로 A업무의 산출물이 B업무의 투입물이 된다. 디자인과 코딩의 관계가 대표적이다. 주로 B 업무를 수행하는 개인이나 집단이 A업무의 일정지연, 품질, 재작업 때문에 불만이 생긴다. 상호 의존성은 'A ↔ B'의 유형으로 A업무와 B업무의 산출물을 서로 활용한다. 상품관리자와 UX(CX) 디자이너의 관계가 대표적이다. 상호 의존성은 높은 수준의 협업을 요구하기에 갈등이 발생할 가능성도 높다.

● 일정

일정은 상품관리자와 상품개발 팀 간 갈등의 요인도 되지만, 상품개발 팀 내부 갈등의 요인이 되기도 한다. 일정과 관련한 갈등은 '할 수 있는 일정'과 '해야 하는 일정'의 차이 때문에 발생한다. '할 수 있는 일정'은 개발 팀(원)의 일정이고 '해야 하는 일정'은 상품관리자 또는 경영층이 원하는 일정이다. 특히, 상품개발 팀(원)이 동의하지 않는 일정을 관리자가 일방적으로 밀어붙여 납기를 정한 뒤 상품개발 팀(원)에게 일정지연에 대한 책임을 따질 때 갈등은 커진다.

일정과 관련된 갈등의 가장 큰 문제는 남 탓을 한다는 것이다. 관리자는 약속을 지키지 않는 팀(원)을 탓하고, 팀(원)은 무리한 일정을 밀어붙이는 관리자를 원망한다. 일정에 대한 갈등은 상품개발 후반부로 갈수록 커진다.

● 요구사항 변경

요구사항 변경은 상품관리자와 상품개발 팀 간, UX 디자이너와 상품개발 팀 간 갈등의 요인이다. 상품개발 도중 전략고객의 요구사항을 추가하는 것이 대표적인 예이다. 상품 요구사항 변경은 역기능의 갈등을 초래하며 대부분 일정 갈등으로 확대된다

● 자원배분

자원은 인적 자원과 물적 자원 모두를 포함하는 예산을 의미한다. 자원배분에 대한 갈등은 주로 상품개발 초기에 발생한다. 조직 내부에서 여러 개의 상품을 개발할 때 프로젝트 간 자원배분, 프로젝트 업무와 운영업무의 자원배분, 상품개발 팀 내부에서 업무 간 자원배분 등이 갈등의 요인이다. 자원배분의 갈등은 자원의 양 때문에 발생하기도 하고 우수 자원의 확보 때문에 발생하기도 한다.

● 업무수행 방식

업무수행 방식은 기술문제 또는 관리 프로세스 때문에 발생하는 갈등요인이다. 기술문제는 목표 달성 또는 문제해결을 위한 기술적 접근방법이 다를 때 생기는 갈등이다. 관리 프로세스는 상품개발 프로세스 또는 산출물의 종류 또는 양식과 관련된 갈등이다. 업무수행 방식과 관련된 갈등은 교차기능 팀과 같이 한 장소에서 여러 역할자가 근무할 때 발생할 가능성이 높다. 토론할 때는 격렬한 논쟁을 하지만 토론이 끝난 결론에는 깨끗하게 승복을 하고 훌훌 털어버리는 조직에서 업무수행 방식과 관련된 갈등은 순기능으로 작용한다.

● 대인관계

대인관계의 갈등은 개인의 성격차이 또는 위에서 언급한 갈등이 장기화되면서 개인 간에 좋지 못한 감정이 고착화될 때 발생한다. 대인관계의 갈등은 초기 원인과 상관없이 특정 개인이 싫어지는 상태로 발전하기 때문에 조직생활에서 가장 견디기 힘든 갈등이 되고 극복하기 힘든 마음의 상처를 남기기도 한다.

3) 갈등을 해결하는 방안

갈등을 해결하기 위해서는 의견차이를 없애거나 최소화해야 한다. 갈등해결 방안에는 다섯 가지 전략이 있다. 이하 예는 상품관리자 관점에서 정리한 것이다.

● 회피

갈등해결을 위해 아무것도 하지 않는 방안이다. 의견은 대립되나 필요한 정보가 부족하거나 해결이 힘든 상황에서는 대립되는 의견을 그대로 두는 것도 갈등을 키우지 않는 방법이다. 상처가 곪을 때까지 기다리는 것과 같다. 최종 의사결정까지 시간의 여유가 있을 때 적용할 수 있다. 사소한 갈등은 우선순위가 낮아 그대로 방치할 수 있다.

● 수용

상대의 주장을 수용하는 방안이다. 자신이 합리적이라는 것을 보여주고 상대의 신뢰를 얻고자 할 때 수용전략을 적용한다. UX 디자이너 의견을 반영하여 상품 요구사항을 변경하거나 개발 팀의 의견을 받아들여 상품 릴리즈시 반영할 상품기능을 결정하는 것이 예가 된다.

● 강요

수용의 반대로 나의 주장을 상대에게 관철시키는 방안이다. 긴급한 의사결정을 해야 하거나, 나의 판단이 옳다고 판단할 근거가 명확하고 중요한 사안들에 대해 강요전략을 적용한다. 상품관리자가 결정하는 상품 콘셉트, 요구사항 우선순위 등이 예가 된다.

● 타협

나도 양보하고 상대방도 양보하는 방안이다. 배타적인 의견을 가진 상대와 권력이 비슷하고, 시간은 없고 설득이 힘들 때 적용한다. 상품관리자와 개발 팀이 협의하여 상품 릴리즈 일정을 중간으로 결정하는 상황을 예로 들 수 있다.

● 협업

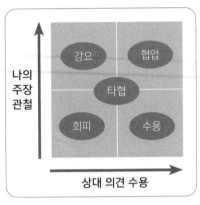

그림 13.15 갈등해결 방안

나와 상대방 모두 만족할 수 있는 해결책을 찾는 방안이다. 협업을 통해 도출되는 해결책은 쌍방이 주장했던 내용과 다른 새로운 답이 되어야 한다. 매우 중요한 사안에 대해 서로의 주장이 합리적이며 타협을 통해 절충하는 것이 답이 되지 않을 때 적용한다. 타협이 제로섬(zero sum) 협상이라면 협업은 플러스섬(plus sum) 협상이다. 마케팅부서와 상품기획이 협업하여 목표고객을 결정하고 상품가격 정책을 결정하는 것이 예가 된다.

이상 다섯 가지 갈등해결 전략을 정리하면 그림 13.15와 같다.

갈등해결 방안을 적용할 때 다음을 고려하면 더욱 효과적이다.

● 상대방의 신념을 바꾸려고 하지 않는다.

사람들은 대부분 업무수행 방법에 대해 옳다고 믿는 신념 같은 것이 있다. 관리자에게는 자기의 신념을 관철하려고 하지 않지만 다른 부서 사람들에게는 자기의 신념을 굽히지 않는다. 따라서 상대방이 틀렸다는 것을 논리적으로 설명할수록 상대방의 신념은 굳어진다. 그 결과 시간은 낭비하고 상대방과의 관계도 악화된다. 객관적인 데이터를 제시했다고 상대방이 생각을 바꿀 것이라고 기대해서는 안 된다. 상대와 갈등을 줄이려면 논쟁은 그만두고 상대방을 작은 일부터 참여하게 만드는 것이 좋은 방법이다. 상대가 가지는 거부감은 투입한 시간에 반비례한다. 예를 들어 상품관리자가 아키텍처 문제로 서비스가 중단된다고 하면 개발 팀이 반발하지만, 서비스 중단이 발생한 사례를 선정하여 그 원인을 함께 분석하다 보면 문제해결의 실마리를 찾을 수도 있다. 《설득의 심리학》(2013)의 저자인 로버트 치알디니(Robert Cialdini)는 다음과 같이 말했다.

사람들은 아무리 작은 것이라도 일단 행동을 취하면 그 경험이 아주 부담스럽지 않은 한 계속 후속행동을 취하려 한다.

● 지식을 자랑하는 사람에게는 내용을 상세하게 설명하게 한다.

영향력 있는 이해관계자가 문제점에 대한 잘못된 해결방안을 피상적으로 제시할 때 그것을 이해시키기 힘들 때가 있다. 이때 많은 사람들이 참석한 자리에서 "내용을 잘못 이해하고 있습니다"와 같이 면박을 주면 안 된다. 반대로 그 사람에게 발언권을 넘겨 문제에 대한 해결방안을 상세하게 설명하게 하면 본인이 막히는 곳을 느낄 수 있다. 가르치거나 설득하는 것보다 훨씬 효과적일 수 있다.

● 상대방에게 지금 또는 미래에 이점이 되는 것이 있다면 설득이 용이하다.

특정 사안이 상대방의 시간을 줄여주거나 평판을 높여줄 수 있다면 그것을 강조한다. 반대로 특정 사안이 상대방의 시간을 잡아먹거나 평판을 낮춘다면 설득은 힘들다. 상위 관리자에게 에스컬레이션해야 한다.

● 이메일로 논쟁하지 않는다.

많은 사람들이 수신하는 메일에서 자기의 생각이 틀렸다는 내용을 읽고 가만히 있을 사람은 없다. 메일이 여러 번 오갈수록 감정은 격화된다. 이때 관리자는 팀원이 메일 공방을 중단하고 대면 대화를 통해 갈등을 해결하도록 조정해야 한다. 메일로 오가는 감정적인 논쟁은 바람직하지 않으므로 신속하게 수습해야 한다. 왜냐하면 메일로 논쟁을 하여 해결될 가능성은 낮고, 해결된다 해도 기간이 오래 걸리고 어느 한 사람의 감정이 상할 가능성이 높기 때문이다.

● '다름'과 '틀림'을 구분한다.

의외로 많은 사람들이 나와 생각이 다르다고 상대방이 틀렸다고 생각한다. 누군가와 논쟁이 있을 때 나와 생각과 다르다고 흥분하는 것은 아닌지 살펴봐야 한다.

● 업무규칙은 상품개발 초기에 명확히 한다.

업무규칙(ground rule) 정의가 미흡하여 발생하는 갈등은 없어야 한다. 상품개발 초기에 팀 워크숍을 통해 주간회의, 이슈 보고, 도구 적용, 휴가, 출퇴근, 파일관리, 명명규칙 등 기본규정으로 정의할 항목을 도출하고 상세 내용을 정의한 뒤 공유한다. 업무규칙이 미흡하여 발생하는 갈등은 사소해 보일 수 있지만 개인 간 감정대립으로 발전할 수 있으니 유의해야 한다.

● 갈등 발생시 상위목표에 집중한다.

상품관리자는 상품개발 팀 내부 또는 외부 조직과 갈등이 발생할 때 갈등과 관련된 당사자들이 상위목표 관점에서 판단할 수 있도록 유도해야 한다. 특히 단계별 검토와 같은 내부 보고를 할 때에는 부서의 위상이나 목표 때문에 고객과 무관한 많은 갈등이 발생한다.

● 상품관리자가 조정하기 힘든 갈등해결은 상위 관리자에게 조정을 요청한다.

당사자끼리 조정이 안 되는 갈등은 상품관리자가 개입해야 한다. 그러나 상품관리자가 조정하기 힘들거나 시간이 걸리는 갈등도 있다. 그러한 갈등은 상위 관리자에게 갈등해결 조정을 요청해야 한다.

● **품격 있는 대화를 유지한다.**

품격 있는 대화는 말투보다 내용이 중요하다. 품격 있는 대화란 다음과 같다.

- 상대를 판단하기보다 배려하고 공감한다.
- '미안합니다' '나의 실수입니다'라는 말을 부담 없이 한다.
- 나를 합리적이라 생각하는 만큼 상대방도 합리적이라 생각한다.

🔅 13.5 의사결정

의사결정이란, 문제를 해결하거나 기회를 잡기 위하여 선택할 수 있는 여러 가지 대안 중 한 가지를 선택하는 것이다. 상품개발의 의사결정 대상은 목표고객, 상품기능, 가격, 개발 일정, 마케팅 전략 등 대부분 기회추구와 관련되어 있다. 대안을 분석하고 최선의 안을 도출하는 역량은 상품관리자와 프로젝트 관리자가 갖추어야 할 핵심역량이다. 이번 섹션에서는 의사결정의 대상, 의사결정 유형, 의사결정 프로세스, 의사결정을 할 때 유의사항을 설명한다.

1) 의사결정의 대상 및 특징

상품개발 의사결정의 대상은 '무엇을 만들 것인가?' '어떻게 만들 것인가?' '어떻게 판매할 것인가'로 나누어진다. 무엇을 만들 것인가는 상품관리자가 리딩하는 의사결정 영역이고, 어떻게 만들 것인가는 프로젝트 관리자의 영역이고, 어떻게 판매할 것인가는 상품 마케터의 영역이다(표 13.5).

구분	의사결정 내용
무엇을 만들 것인가?	목표시장, 목표고객
	상품 기능
	품질목표(성능)
어떻게 만들 것인가?	개발 일정(출시 일정)
	개발방법론
	개발 도구, 아키텍처
	개발 조직(CFT) 및R&R
	단계별 Go/No 결정
어떻게 판매(서비스)할 것인가?	채널활용 계획
	상품홍보 및 판촉 계획
	가격정책

표 13.5 상품개발의 의사결정 내용

상품개발 의사결정의 특징은 다음과 같다.

● **의사결정 영역이 서로 관련되어 있다.**

무엇을 만들고, 어떻게 만들고, 어떻게 판매할 것인가는 상호 연관되어 있다. 무엇을 만들 것인가는 나머지 의사결정 영역에 영향을 미친다.

● **대부분 개인이 아닌 그룹이 의사결정한다.**

각 영역의 의사결정을 리딩하는 사람은 다른 영역의 이

해관계자와 협의하여 결정해야 한다. 대부분의 기업에서는 기획심의, 설계검토, 출시심의와 같이 그룹 의사결정을 공식화하기 위한 협의체를 운영한다.

● 의사결정 과정을 프로세스로 정의한다.

상품개발과 관련된 의사결정은 조직에 큰 영향을 미치기 때문에 실수를 최소화하기 위한 프로세스를 정의하여 적용한다. 상품개발의 중요한 의사결정은 정형화된 보고서를 작성하여 이해관계자들과 협의한다.

● 계획에 대한 결정과 변경에 대한 결정으로 구분된다.

상품개발 계획이나 목표에 대한 결정 못지 않게 변경에 대한 결정도 중요하다. 목표를 변경할 타이밍을 놓치거나 변경을 잘못하면 계획을 잘못한 것과 같다. 따라서 변경으로 인한 부작용이 작을 때 의사결정을 해야 한다.

● 상품개발의 불확실성에 적합한 의사결정을 한다.

기존 시장에 없는 상품과 관련된 의사결정을 할 때에는 참조할 데이터가 없어 직관에 많이 의존한다. 반면 기존 출시된 상품을 개선하는 상품인 경우 데이터에 기반한 분석적인 의사결정을 할 수 있다.

2) 의사결정의 유형별 고려사항

의사결정 유형에 따라 의사결정 고려사항은 다음과 같다.

● 정형적(programmed) 결정, 비정형적(non programmed) 결정

정형적 결정은 반복적 업무의 일상적인 결정을 의미하고, 비정형적 결정은 기존에 경험하지 못한 업무의 복잡한 의사결정을 의미한다. 비정형적 업무를 정형적인 업무로 판단하여 일상적인 의사결정을 하면 안 된다. 예를 들어 상품 개선을 위한 개발 우선순위 결정과 신상품 개발의 우선순위 결정은 다르다. 정형적, 비정형적 의사결정의 특징은 표 13.6과 같다.

구분	정형적 의사결정	비정형적 의사결정
반복성	유사하고 반복되는 업무	새로운 업무
복잡성	익숙하고 복잡성 낮은 업무	새롭고 복잡한 업무
불확실성	예측 가능하고 불확실성 낮음	예측이 힘들고 불확실성 높음
의사결정 기준	- 기존 의사결정 기준 적용 가능 - 의사결정 데이터 충분	- 정해진 의사결정 기준이 없거나 기존의 기준을 적용하기 힘듦 - 의사결정 데이터 불충분
사례	- 상품출시 전 QA 통과 결정 - 상품 개선시 개발 우선순위 결정 - 스프린트 주기 결정	- 목표고객 정의 - 핵심 고객가치 결정 - 상품 포지셔닝 정의

표 13.6 정형적 의사결정과 비정형적 의사결정의 특징

● 개인 의사결정, 집단 의사결정

의사결정 주체에 따라 개인 의사결정과 집단 의사결정으로 나눌 수 있다. 상품을 개발할 때 개인 의사결정은 주로 리스크가 낮은 의사결정에 적용하고 집단 의사결정은 리스크가 높은 의사결정에 적용한다. 개인의 역량이 뛰어난 사람이 리스크가 높은 의사결정을 할 수 있다면 좋지만 역량이 뛰어나다는 것을 입증하기도 힘들고 항상 올바른 의사결정을 한다는 보장이 없기에 기업의 규모가 클수록 집단 의사결정을 선호한다.

집단 의사결정의 대표적인 부작용에는 집단 양극화(group polarization)와 집단사고(group think)가 있다. '집단 양극화'는 집단 토의 후에 개인들이 양극단으로 이원화되는 현상이다. 사회 정치적 이슈에 관해 토론하다 보면 중간은 없어지고 양극단만 남은 현상을 흔히 볼 수 있다. 토의를 통해 집단 양극화가 발생하는 이유는 토의과정에서 선택적으로 정보를 받아들이고 해석하여 토의 전보다 개인 의견에 대한 확신이 높아지기 때문이다.

상품개발 과정에서 집단 양극화는 주로 대립되는 부서의 이해관계 때문에 발생한다. 상품혁신을 추구하는 조직과 재무건전성 또는 재무안전성을 추구하는 조직, 완벽한 품질을 주장하는 조직과 빠른 출시를 주장하는 조직 간에 이러한 양극화가 발생할 수 있다. 상품관리자는 사안에 대한 입장을 결정한 후 이해관계자 또는 경영층을 설득할 수 있는 논리와 백데이터를 준비하여 양극화 상황이 지속되지 않도록 해야 한다.

'집단사고'는 동일한 목소리를 강요하는 조직의 분위기 때문에 잘못된 결정을 내리는 현상으로 주로 응집력 높은 조직에서 발생한다. 단일조직(예: QA, 디자인)은 해당 조직의 이해관계, 조직 내 위상 때문에 집단사고에 빠지기 쉽다. 단일조직의 집단사고는 상품관리자가 조정해야 하고, 여의치 않으면 빨리 해당 부서의 요청을 수용해야 한다. 특정 조직의 이해관계는 다른 조직에서 조정하기 힘들기 때문이다. 반면 교차기능 팀(CFT) 전체가 집단사고에 빠지면 매우 위험하다. 긴박한 상황에서 경영층이 지지하는 상품을 개발할 때 이런 집단사고에 빠지기 쉽다. 교차기능 팀이 집단사고에 빠지면 잘못된 길로 들어서고 있다는 것을 판단하기 힘들다.

개인 및 그룹 의사결정의 특징은 표 13.7과 같다.

구분	개인 의사결정	그룹 의사결정
신속성/비용	신속하고 낮은 비용	의사결정의 시간과 비용 증가
창의성	창의적인 의사결정 가능	창의적 의사결정이 어려움
의사결정 수용성	의사결정에 대한 합의 어려움	의사결정에 대한 수용성 높음
책임 소재	의사결정의 책임 소재 명확	의사결정의 책임 소재 불명확
의사결정의 질	개인의 역량에 따라 의사결정의 질이 좌우	많은 정보, 다양한 시각을 고려한 의사결정 가능
타협/갈등	타협이 힘들고, 갈등 발생 가능	타협이 용이하고 갈등해결 용이
사례	- 경영층 주도 상품기획 - 프로젝트 관리자 주도 개발 일정 결정	- 교차기능 팀(CFT)의 개발 우선순위 결정 - 교차기능 팀의 개발 일정 결정

표 13.7 개인 의사결정과 그룹 의사결정의 특징

● 확정적 의사결정, 반복적 의사결정

확정적 의사결정은 시간과 비용이 허용하는 한도에서 한 번의 완벽한 결정을 추구하며 분석할 데이터가 충분한 상황에 적용한다. 반복적 의사결정은 분석 데이터가 부족할 때 실행을 통한 데이터를 추가 확보하여 의사결정의 완성도를 높인다. 불확실성이 높은 상품개발의 경우, 초기에는 반복적인 의사결정을 추구하고 불확실성이 낮아지는 시점에서 의사결정을 확정한다. 검토 정보가 충분하고 검토 시간의 여유가 있다면 합리성에 기반한 확정적 의사결정이 바람직하다. 반복적 의사결정을 적용해도 최종 확정을 해야 하는 시점에서는 확정적 의사결정을 해야 한다.

확정적, 반복적 의사결정의 특징은 표 13.8과 같다.

구분	확정적 의사결정	반복적 의사결정
목표 변동성	목표 확정 후 변동 최소화	목표 가변적, 변동 수용
의사결정 기준	최대한의 대안분석 후 최적화	약간의 대안분석 후 점진적 개선
적용 방법론	계획을 중시하는 전통적 방법론	변경을 수용하는 애자일 방법론
상품개발 단계	상품 구현 및 출시 단계	상품기획 단계
사례	- 상품 성능 결정 - 상품출시 전 가격결정	- MVP 방식의 상품개발

표 13.8 확정적 의사결정과 반복적 의사결정의 특징

3) 의사결정 프로세스

의사결정 프로세스는 '문제 정의 → 대안개발 → 대안분석 → 의사결정 → 실행과 피드백'의 순서로 진행된다. 의사결정의 중요도에 따라 일부 프로세스는 생략하거나 통합하여 진행할 수 있다. 신상품 개발의 성공을 결정짓는 중요한 의사결정에 관해서만 이 프로세스들을 모두 적용하는 것이 바람직하다. 《의사결정의 함정》은 다음과 같이 말한다.

> 파레토법칙처럼 20%의 의사결정이 80%의 영향을 끼친다. 나머지 30%의 의사결정에서는 15%의 영향을, 50%의 의사결정은 5%의 영향을 끼친다.

❶ 문제 정의

문제 정의는 의사결정의 첫 번째 단계이다. 의사결정의 유형은 새로운 기회를 찾거나 기존의 문제점을 해결하는 것으로 구분된다. 상품관리자는 주로 새로운 기회를 찾기 위한 의사결정을 하고 프로젝트 관리자는 문제해결을 위한 의사결정을 주로 한다. 문제 정의를 잘못하면 잘못된 목표를 달성하기 위한 대안개발과 대안평가에 집중하게 된다. 이는 마치, 어디로 갈지 모르거나 도착지를 잘못 설정하고 열심히 노를 젓는 배와 같다. 문제를 정의할 때 발생하기 쉬운 오류는 다음과 같다.

- **불확실성을 과소평가한다.**

  상품관리자가 매출과 수익성에 대해 근거 없는 확신을 가지거나, 프로젝트 관리자가 '나는 할 수 있다'는 근거 없는 낙관주의를 가질 때 잘못된 문제를 정의하거나 문제 자체를 인식하지 못하는 경우가 발생한다.

- **객관적 사실보다는 개인적 경험에 의존한다.**

  《왜 똑똑한 사람이 어리석은 의사결정을 내릴까?》는 "사람들은 외부 관점(객관적 데이터)은 과소평가하고 내부 관점(의욕, 생산성에 대한 주관적 판단)은 낙관적으로 보는 경향이 있다"고 했다.

  외부 관점을 선호하지 않는 이유는 자기 자신은 주변의 사람들과 다르거나 더 낫다고 생각하기 때문이다. 다른 사람들이 수행하는 업무의 납기추정은 잘하지만 본인이 수행하는 업무의 납기추정에 실패하는 것도 같은 맥락이다. 상품개발에 성공한 경험이 있는 상품관리자나 프로젝트 관리자가 과거의 힘들었던 경험과 운을 망각하고 성공한 결과만 기억한다면 미래에 대해 근거 없는 확신을 가지기 쉽다. 성공의 경험이 많은 상품관리자나 경영층일수록 상품기획의 문제점을 제시해도 새로운 의사결정이 성공할 것이라는 믿음을 가진다.

대개의 성공은 재능과 노력, 운이 합쳐진 결과이다. 운만으로 성공을 기대하는 것은 도박의 영역이다. 재능이 성공을 결정하는 업무는 상품개발의 엔지니어링 영역이 대표적이다. 엔지니어링 업무의 성공은 운이 차지하는 비중이 상대적으로 작다. 재능과 운이 함께 성공을 결정하는 대표적인 예는 상품 포지셔닝이다. 따라서 **상품관리자는 성공에 겸손해야 하고 운을 자주 만나기 위해 평소에 노력해야 한다.**

운이 작용하는 영역에서는 '평균수렴'의 법칙이 작용한다. 예를 들어 야구선수들의 시즌 초반 타율은 편차가 크지만 시즌 종료 시점에서는 편차가 크지 않다. 상품관리자가 이전의 성공에 취해 있다는 것은 시즌 초반 4할 5푼을 치는 선수가 시즌 종료까지 그 기록이 지속된다고 믿는 것과 같다. 4할을 넘긴 타자는 오히려 2할 초반의 타율에 대비해야 한다. 그게 합리적이다.

자기 확신이 강한 프로젝트 관리자도 마찬가지이다. 프로젝트 생산성이 낮거나 공정 진척률이 낮다는 객관적인 적신호를 제시해도, 자기 확신이 강한 프로젝트 관리자는 개인의 판단이나 경험에 근거하여, 낮은 생산성은 학습효과로 커버할 수 있고 낮은 공정 진척률은 진척률 평가기준이 잘못되어 실제보다 나쁘게 보인다는 식으로 문제를 과소평가한다.

● **문제의 원인을 외부에서 찾는다.**

근본 원인에 대한 깊은 성찰 없이 어설픈 진단을 내리고, 그것을 해결하기 위해 집중하는 오류다. 상품이 시장에서 실패하면 다양한 평계를 댈 수 있다. 상품관리자, 프로젝트 관리자, 상품 마케터가 각각 상품 실패의 원인을 외부에서 찾는다면 어떻게 될까? 예를 들어 프로젝트 관리자는 일정지연의 원인을 '인력 부족'이라고 쉽게 판단해서는 안 된다. 일정지연이 인력 부족에 기인한 것일 수 있지만, 근본 원인은 팀워크 부족, 관리 부재, 프로세스 비효율 때문일 수도 있다.

● **너무 광범위한 문제 혹은 너무 작은 문제를 제기한다.**

너무 광범위한 문제를 제기하면 의사결정 과정이 복잡해지고, 너무 작은 문제는 의사결정 과정을 적용하기에 비효율적이다. 비정형적이고 리스크가 높은 의사결정 문제를 정의해야 한다. 정형적이고 리스크가 낮은 의사결정은 일상의 업무로 수행하면 된다.

❷ **대안개발**

대안개발은 식별한 문제를 해결하거나 기회를 추구하기 위해 대안을 찾는 단계이다. 대안을 찾기 위해서는 상당한 몰입이 필요하다. 특히 기회를 추구하는 상품기획의 대안개발은 문제해결을 위한 프로젝트 관리의 대안개발보다 창의성을 요구한다. 쉽게 생각할 수 있는 방법 중에서는 적합한 대안이 없을 때가 많다. 훌륭한 대안은 몰입의 결과이다. 대안을 개발할 때 유의할 사항은 다음과 같다.

● **이것이냐 저것이냐의 양자택일 구도**

처음부터 이것이냐 저것이냐의 양자택일의 구도를 생각하는 것은 좋지 않다. 양자택일의 구도에서는 둘 중 어느 한 가지를 포기해야 한다. 먼저 두 개 모두를 선택할 수는 없는지 생각해야 한다. 양자택일의 구도는 의사결정은 쉬워 보이지만, 문제의 본질을 왜곡하기 쉽다. 느린 엘리베이터 속도 때문에 고객의 불만을 듣던 엘리베이터 회사가 있었다. 고객의 불만이 점차 커져가자 회사는 속도와 원가 중 양자택일을 하는 대신 엘리베이터 내에 거울을 설치하였다. 고객의 관심을 속도에서 거울로 돌려 문제를 해결하려고 한 것이다.

상품개발에서는 납기와 품질이 대표적인 양자택일 구도이다. 좋은 대안은 납기와 품질의 희생을 최소화하는 방안이다. 품질을 위해 납기를 희생하거나, 납기를 선택하여 품질을 희생하는 식의 단순한 대안은 쉽게 생각할 수 있다. 다른 대안으로 상품기능 축소나 우수 인력 투입도 생각해야 한다.

● **정답을 정한 후 대안개발**

시간에 쫓긴 의사결정을 할 때 정답을 정해놓고 보고서 작성을 위한 들러리 대안들을 개발할 수 있다. 보고서 작성자 또는 경영층이 선호하는 대안이 있을 때 이런 상황이 발생한다. 선호하는 대안은 있을 수 있지만 객관적이고 합리적인 분석과정을 통해 대안을 검증해야 한다.

● **대안개발과 대안분석을 동시에 수행**

대안개발과 대안의 장단점 분석이 머릿속에서 동시에 이루어지는 것을 막을 수는 없다. 그러나 중요한 의사결정은 대안개발과 대안분석을 구분하는 것이 좋다. 대안도출이 제대로 되었는지 확인 후 대안분석을 수행해야 한다. 물론 간단한 의사결정은 대안도출과 장단점 분석을 동시에 수행해도 무방하다.

● **너무 많은 대안개발**

대안 스크리닝 시점에서는 가능한 대안을 모두 발굴해야 하지만, 대안분석 관점에서 대안이 많으면 부담이 된다. 3~5개 정도로 대안을 압축하여 분석하는 것이 좋다.

● **쉽게 생각할 수 있는 대안만 개발**

대부분의 문제들은 깊은 고민을 하지 않아도 논리적으로 쉽게 생각할 수 있는 한두 가지 대안이 있다. 예를 들어, 지연된 일정을 만회하기 위해서 쉽게 생각할 수 있는 대안은 자원을 추가하거나 잔업을 하는 것이다. 평범한 대안만 발굴하는 것은 그만큼 몰입이 부족하기 때문이다. 해결해야 할 문제나 기회에 대한 몰입이 없는 상태에서는 좋은 대안이 떠오를 수 없다. 필자의 경험으로는 혼자 걸으면서 생각하는 것도 몰입에 좋다. 점심식사 후 30분정도 정도 걷다 보면 사무실에서 떠오르지 않았던 대안들이 생각나는 경우가 많다. 중요한 문제는 며칠 동안 시간을 두고 고민하면 정리가 잘된다.

❸ 대안분석

대안분석은 의사결정을 위한 정보를 정리하는 단계이다. 의사결정을 위한 정보는 '가중치' '평가항목' '평가결과'로 구분할 수 있다. 예를 들어 납기준수를 위한 대안분석의 평가항목은 '품질' '예산' '일정'이다. 품질의 평가결과는 '대' '중' '소'로, 예산과 일정의 평가결과는 수치로 계량화할 수 있다. 평가결과는 5점 척도를 적용할 수도 있다. 의사결정을 위한 데이터는 대안분석 단계에서 완성된다. 다음 단계인 의사결정 단계에서는 대안분석 결과를 검토하고 이해관계자들의 합의를 구한다.

대안분석 단계에서 평가결과를 계량화하는 것은 쉽지 않다. 예를 들어 목표시장의 매력도를 분석할 때 시장의 크기, 성장률, 점유율을 평가항목으로 결정하는 것은 논리적이지만 계량화하기는 힘들다. 계량화가 힘든 상황에서는 대, 중, 소와 같은 범례를 사용하여 대안들을 분석할 수 있다.

《의사결정의 함정》에 따르면 대안을 분석할 때 유의할 사항은 다음과 같다.

● 장단점 비교의 함정

주어진 대안들의 장점과 단점 비교는 대안을 직관적으로 쉽게 평가할 수 있기 때문에 일반적으로 가장 많이 활용하는 방법이다. 장단점 비교는 다음과 같은 이유로 잘못된 의사결정을 유도할 수 있다.

첫째, 장점이나 단점의 숫자가 많은 것을 기준으로 의사결정하기 쉽다. 예를 들어 장점은 한 가지이고 단점이 네 가지인 장단점 비교표는 보는 사람에게 장점보다 단점을 돋보이게 만들 수 있다. 그러나 하나의 장점이 사소한 네 가지의 단점보다 중요할 수 있다.

둘째, 두세 가지 대안에 집중하여 다른 대안을 배제한다. 장단점을 비교할 때 대안들을 많이 설정하면 판단하기가 힘들기 때문에 보통 두 개의 대안을 놓고 비교한다. 의사결정자가 미리 선호하는 답을 정해놓고, 이를 합리화하기 위해 장단점을 비교하는 경우가 많다.

셋째, 표면적인 분석만 하기 쉽다. 장단점 비교를 할 때는 쉽게 생각할 수 있는 장점이나 단점만 나열하기 때문에 형식적인 대안평가에 그치기 쉽다.

● 중복되거나 과다한 평가기준 수립

대안을 평가하기 위한 평가기준은 중복되지 않아야 하며, 항목별 상세화 수준이나 평가항목 수를 맞추어야 한다. 예를 들어 일정 관련한 평가항목은 하나이면서 원가 관련한 평가항목을 인건비, 경비, 재료비 등으로 세분화한다면 원가에 대한 평가기준이 많이 반영될 것이다. 이런 오류는 평가자가 중요하게 생각하는 평가항목을 많이 만들 때 발생한다. 이런 오류를 범하지 않기 위해서는 평가항목 그룹별로 평가항목의 개수를 비슷하게 하는 것이 좋다.

● **평가항목 중요도(가중치)를 주관적으로 결정**

대안을 평가하기 위해서는 평가항목별로 가중치를 부여해야 하는데 개인적인 판단에 따라 중요도를 정하면 잘못된 가중치를 부여할 수 있다. 평가항목의 가중치는 항목별 쌍대비교를 적용하는 것이 좋다. 표 13.9는 퇴직 이후 삶의 의사결정을 위해 돈, 건강, 가족, 친구의 중요도를 고려하여 가중치를 비교한 쌍대비교의 예이다.

쌍대비교는 N개의 평가항목이 있을 때 두 개의 평가항목을 선정하여 두 가지 중에서 더 중요한 항목에 1점을 부여하고(다른 항목은 0점을 부여한다) 두 가지 항목의 중요도가 비슷하면 둘다 0.5점을 부여하여 특정 평가항목이 받은 점수를 더해 가중치를 결정한다. 표 13.9는 열의 관점(열이 행보다 중요하면 1)에서 중요도를 평가해 점수를 기록하였다.

평가항목	돈	건강	가족	친구
돈	1	1	1	0.5
건강	0	1	0	0
가족	0	0.5	1	0
친구	0.5	1	1	1
계	1.5	3.5	3	1.5

표 13.9 가중치 결정을 위한 쌍대비교 예시

상품기획과 관련된 의사결정을 할 때 평가항목과 가중치를 조직의 표준으로 정의할 수 있는데 평가항목은 공통적으로 적용할 수 있어도 평가 가중치는 상품의 유형, 조직 내부/외부의 상황을 고려하여 결정하는 것이 바람직하다. 예를 들어 재무상황이 좋을 때의 매출 불확실성에 대한 가중치와 재무상황이 좋지 않을 때의 매출 불확실성에 대한 가중치는 달라야 한다.

● **정량적 데이터에 지나친 의존**

100% 정량적 데이터에 기반한 의사결정은 힘들 뿐 아니라 정량적 평가만을 고집하다 보면 혁신적인 대안을 놓칠 수 있다. 정량적으로 평가할 수 없는 대안을 제외해서는 안 된다. 정량적 분석을 강조하는 조직문화에서는 데이터가

있다는 이유로 중요도 낮은 평가항목을 선택하기 쉽다.

- **배제기준을 고려하지 않음**

  특정 평가기준은 아예 대안 자체를 무효로 만들 수도 있다. 의사결정 사안에 따라 배제기준이 있는지 검토한 다음 이를 적용해서 불필요한 대안을 검토하는 일이 없도록 한다. 예를 들어 개인정보 보호와 같은 컴플라이언스 요건을 충족시키지 못하는 대안은 제외해야 한다.

❹ 의사결정

상품개발의 중요한 의사결정은 대부분 회의체에서 보고서를 검토하면서 이루어 진다. 중요한 의사결정을 앞두고는 유관부서 실무자와 사전협의를 하는 것이 바람직하다. 최종 의사결정을 할 때 유의할 사항은 다음과 같다.

- **침묵이 동의를 의미하지 않는다.**

  의사결정안에 대해 이해관계자들이 침묵한다고 동의하는 것은 아니다. 표면으로 드러난 대립은 해결할 수 있지만 숨겨진 이해관계는 의사결정을 실행할 때 장애요인이 된다. 의사결정 회의를 주관하는 관리자는 최종 의사결정을 내리기 전에 이해관계자들이 의사결정 내용에 대해 자유롭게 토론할 수 있는 분위기를 만들어야 한다.

- **히포(Highest Paid Person's Opinion)가 정확한 결정을 내리지는 않는다.**

  히포는 의사결정에 영향을 미치는 경영층을 은유적으로 표현한 약어이다. 상품개발 과정에서 히포가 큰 목소리를 내면 그대로 따라가기 쉽다. 잘 들리지 않지만 우선적으로 따라야 할 것은 고객의 소리이다. 《구글은 어떻게 일하는가》에서는 다음과 같이 말한다.

  > 히포의 말에 귀를 기울이는 습관을 멈추고 나면 여러분은 실력주의를 만들어내기 시작할 것이다. "중요한 것은 아이디어의 질적 수준이지 누가 말했느냐가 아니다"

- **조직은 이익추구보다 손실회피를 우선한다.**

  동일한 규모의 수익을 얻는 것과 손실을 보는 것은 같지 않다. 동일한 금액의 손실로 인한 고통은 수익의 2.5배로 알려져 있다. 따라서 상품관리자는 기댓값이 0보다 크다는 이유로 상품개발에 투자하는 결정을 해서는 안 된다.

- **최종 의사결정 전 위험을 점검한다.**

  의사결정 결과를 실행하기 전에 위험을 점검해야 한다. 타임머신을 타고 미래로 갔을 때 상품이 실패한 원인을 상상해 보는 것도 좋다. 이러한 활동을 사후평가(post-mortem)에 비유하여 사전평가(pre-mortem)라고 한다. 의사결정 위험을 점검할 항목은 다음과 같다.

- 의사결정안의 실행을 힘들게 만들거나, 실행효과를 약하게 만드는 조직 내외부 요인은 없는가?
- 의사결정안이 직관에 부합하는가? 불안한 요소는 없는가?
- 의사결정 내용을 실행하기 위한 자원을 확보하였는가?

● **시간의 압박 속에 내리는 의사결정에 유의한다.**

상품개발 도중 시간에 쫓겨 긴급한 의사결정을 하면 의사결정의 품질이 낮아지기 때문에 유의해야 한다. 시간에 쫓기면 종합적으로 판단하기 힘들고 외형적으로 그럴듯한 결정을 내리기 때문에 심각한 오류를 포함하기 쉽다. 연간업무에서 계획된 상품의 기능보다 고객 요청으로 긴급하게 상품기능 반영여부를 결정하는 것이 그 예다.

긴급한 의사결정을 할 때에는 시급성을 먼저 확인해야 한다. 시급성이 외부에 있지 않고 내부에 있다면 정치적인 이유와 관련되어 있을 가능성이 높다. 긴급한 의사결정이라도 의사결정 목표, 의사결정 대안, 의사결정 기준의 적정성을 확인해야 한다.

시간의 압박 속에 의사결정을 내릴 때는 현재 이해관계자의 압박에 맞서는 부담과 부실한 의사결정이 주는 미래의 부담을 고려해야 한다.

● **때로는 현상유지도 방안이다.**

의사결정자는 반드시 무엇인가를 변화시켜야 한다는 압박감에 사로잡힐 수 있다. 현상유지를 처음부터 배제하지 말고, 최종 의사결정의 대안 중에 한 가지로 고려해야 한다.

● **의사결정 근거를 기록한다.**

별도의 보고서를 여러 사람들이 검토하고 의사결정한다면 보고서에 의사결정 근거가 담겨있다. 의사결정과 관련된 별도의 문서나 결재가 없다면 상품관리자나 프로젝트 관리자는 의사결정의 근거와 결과를 기록으로 남겨야 한다. 상품출시 후 교훈으로 정리하거나, 추후 유사한 의사결정을 할 때 활용하기 위함이다. 기록할 내용은 다음과 같다.

- 의사결정의 목표
- 의사결정의 유발인자 (문제, 기회)
- 의사결정 기준들 (중요도)
- 대안 및 평가결과
- 의사결정 결과

● **모든 대안이 마음에 들지 않을 때도 있다.**

좋은 대안이 나오지 않았지만 더 이상 다른 대안을 만들어낼 수 없는 상황은 이전의 의사결정 프로세스를 잘못 수행했기 때문일 수 있다. 또 주어진 프로젝트 상황에서는 더 나은 대안이 없다고 스스로 잘못 생각할 수도 있다. 이런 현상은 의사결정을 위한 충분한 기간이 주어졌는데, 이런 저런 핑계로 의사결정을 미룰 때 흔히 나타난다.

● **인과관계와 상관관계를 구분한다.**

의사결정에서 중요한 것은 X가 Y를 초래하는 인과관계이다. 반대로 X와 Y가 비례관계에 있는 것은 상관관계이다. 광고와 매출증가는 인과관계일 수도 있고 상관관계일 수도 있다. 상관관계를 인과관계로 판단하면 잘못된 결정을 내릴 수 있다.

2020년 10월에 독감백신 주사 후 사망기사가 보도되자 시민들이 백신과 사망이 인과관계가 있는 것으로 판단하여 독감접종을 기피한 것이 대표적인 예다(2020년 독감 백신은 맞은 사람 중 3,670명이 사망하였지만 백신을 맞지 않아도 인구수 대비 그 정도 사망 비율은 된다).

❺ **실행과 피드백**

실행은 의사결정한 내용을 이행하는 프로세스이고, 피드백은 이행하는 과정에서 계획 대비 실적을 모니터링하여 문제점을 보완하는 프로세스이다. 실행과 피드백 프로세스에서 유의할 사항은 다음과 같다.

● **일관된 추진과 유연한 대응**

의사결정한 내용을 실행하는 과정에서 생각하지 못했던 암초를 만날 수 있다. 그렇다고 해서 의사결정의 큰 방향을 바꾸거나 중단하는 것은 바람직하지 않다. 여러 사람이 고민 끝에 결정한 내용이므로 일관되게 추진하는 것이 중요하다. 프로젝트를 진행할 때 이것저것 기웃거리다 보면 아무런 결과도 내지 못할 수가 있기 때문이다. 그러나 확실하게 잘못되고 있다는 것을 느끼는 상황에서는 방향을 바꿀 결단력도 있어야 한다. "무언가 잘못되어 가고 있다"는 느낌을 받고 있으면서 자존심 때문에 선택한 대안이 최적안이라는 것을 증명하기 위한 정보만을 찾고 있어서는 안 된다. 이러한 상황에 처한 관리자들은 문제해결이 점점 어려워지면서 과민반응을 하게 되고 다시 무리한 의사결정을 계속하는 악순환을 되풀이한다.

● **남 탓하지 말기**

실행이 잘 되지 않는 경우라도 상품관리자나 프로젝트 관리자는 외부로 그 원인을 돌려서는 안 된다. 모든 것은 내 탓이라는 자세로 실행해야 한다. 물론 많은 항목이 이해관계자의 지원이 있어야 실행할 수 있는 일인 것은 맞다. 그러나 이해관계자의 협조를 얻어내는 것 자체가 상품관리자나 프로젝트 관리자가 할 일이다.

● **이행사항 정기점검**

중요한 의사결정이 자체의 동력으로 움직이기까지는 많은 보살핌과 관심이
필요하다. 인공위성이 대기권을 벗어나 본 궤도에 도달할 때까지 몸체 대부
분을 태우듯이 중요한 의사결정도 초기 이행이 힘들다. 매일 혹은 매주 진행
현황을 모니터링하고 관련된 이해관계자들을 독려해야 한다.

13장 핵심요약

13.1 상품개발 조직의 유형

- 전문화를 강조하는 조직은 효율을 추구하고, 통합을 강조하는 조직은 효과를 추구한다. 효율은 경제성을, 효과는 목표 달성을 중요시한다.
- 기능조직 형태로 수행하는 상품개발 프로젝트에서는 기능부서장의 권한이 프로젝트 관리자의 권한보다 강하다.
- 소프트웨어 상품개발에서 기능조직 적용의 단점
  - 순차적 개발 방법론과 사고방식을 가지게 만든다.
  - 업무 이관의 낭비가 발생한다.
  - 학습기회가 제한된다.
  - 더 가치 있는 일보다는 더 쉬운 업무를 하게 만든다.
  - 계획과 조정이 어렵다.
- 상품조직 형태로 수행하는 상품개발 프로젝트에서는 프로젝트 관리자의 권한이 강하다. 중요도가 높은 상품을 개발할 때 상품조직을 적용한다.
- 매트릭스 조직에서는 팀원이 기능부서장과 프로젝트 관리자 모두에게 수행업무를 보고해야 하므로 정보의 흐름이 복잡하다.
- 교차기능 팀이란 다양한 기능을 대표하는 사람들의 그룹이다. 교차기능 팀의 협업방식은 매트릭스 조직 형태 또는 상품조직 형태가 가능하다.
- 컴포넌트 팀은 하나의 요구사항을 고객에게 제공하기 위해 여러 팀이 협업해야 한다. 단일 팀 관점에서는 단순하지만 요구사항 구현 관점에서는 복잡도가 높다. 반면 피처 팀은 여러 컴포넌트를 포함하여 단일 팀 관점에서는 복잡하지만 요구사항 구현 관점에서는 복잡도가 낮다.
- 대규모 상품개발에 애자일을 적용할 때는 '의사소통의 복잡성'에 특히 유의해야 한다. 의사소통의 복잡성을 줄이기 위해서는 '착수 전 준비' '개발 팀 간 협업 강화' '적절한 통제제도 운영'이 필요하다.
- 대규모 상품개발시 의사소통 복잡성을 줄이는 구체적인 방안은 다음과 같다.
  - 상품개발 팀이 지켜야 할 규칙(ground rule)을 확정한다.
  - 복수의 스크럼 또는 전체 스크럼에 해당되는 이슈가 발생할 때 이를 조정하는 리더를 지정한다.
  - 고객 중심으로 의사결정하는 조직문화를 구축한다.
  - 전체 개발 팀원을 가까운 장소에서 근무하게 한다.
  - 다른 개발 팀과 업무를 협의하는 정기·비정기 회의체를 운영한다.
  - 스프린트 계획은 2단계(전체 및 팀별)로 나누어 운영한다.
  - 스프린트 리뷰는 전체 스크럼 팀을 통합하여 운영한다
  - 전체 통합 빌드를 운영한다.
  - 품질오류가 일정 수준 이상이면 품질부터 안정화한다.

13.2 팀 빌딩

- 팀 빌딩은 응집력 있는 팀워크를 만들고 지키기 위한 활동으로, 다양한 환경, 배경, 동기를 가진 프로젝트 구성원을 이끌어 프로젝트를 성공적으로 완수해 나가는 일련의 과정을 말한다.
- 사람들을 움직이는 힘이라는 측면에서 리더십은 권력(power)과 유사하지만 자발적이라는 측면에서는 다르다.
- 상품관리자나 프로젝트 관리자가 가지는 다섯 가지 권력은 다음과 같다.

13장 핵심요약

- 공식적 권력(Formal/Legitimate power)
- 보상 권력(Reward power)
- 페널티 권력(Penalty/Coercive power)
- 전문가 권력(Expert power)
- 준거 권력(Referent power)
- 상품개발의 불확실성이 높고, 결과에 대한 보상(또는 페널티)이 클수록 정치활동은 많아지고 커진다.
- 스타트업에서는 '개인의 승진'보다 '기업의 성장'에 집중하며, 대기업에서는 '기업의 성장'보다 '개인의 승진'에 집중한다.
- 혁신에 성공한 기업이 지속적으로 성장하기 위해서는 혁신 상품을 개발하는 조직문화(또는 조직구조)와 운영 생산성을 높이는 조직문화의 공존이 필요하다.
- 대기업에서 사내 정치로의 집중을 더디게 만드는 방법은 다음과 같다.
  - 잘못된 결과를 유도하는 인센티브를 설계하지 않는다.
  - 임원과 일반 직원의 보너스나 급여 차이를 줄인다.
  - 효과가 없는 보상을 줄인다.
  - 부작용이 없는 한 관리자 수를 줄이는 것이 바람직하다.
  - 개인의 능력에 맞는 직무를 배정한다.
  - 프로젝트에 집중할 수 있는 비금전적 보상을 발굴하여 제공한다.
- 고객 중심의 사고를 실천하는 조직의 특징은 다음과 같다.
  - 돈을 벌기보다 고객가치 창출에 집중한다.
  - 모든 부서가 고객가치 창출에 집중한다.
  - 수평적 의사결정을 장려한다.
  - 작게 개발하고 빨리 검증한다.
- 엔지니어 조직의 가동률이 높아질수록 약간의 변동만 발생해도 프로젝트 인력운영과 팀 빌딩에 부정적인 영향을 미친다. 팀 효율을 높이기 위한 활동이 효율을 낮출 수 있다.

13.4 갈등관리

- 갈등은 서로 다른 개인이나 그룹 사이에 생각이나 관점이 다를 때 생긴다.
- 상품개발 프로젝트에서 발생하는 갈등의 원인은 일정, 요구사항 변경, 자원배분, 업무수행 방식, 업무 의존성, 대인관계이다.
- 상품개발 과정에서 갈등의 순기능은 다음과 같다.
  - 혁신적인 풍토를 조성할 수 있다.
  - 품질의 문제점을 조기에 발견할 수 있다.
  - 상호작용하고 협업하는 팀워크를 만들 수 있다.
- 상품개발 과정에서 갈등의 역기능은 다음과 같다.
  - 집단 간 파벌의식을 조장한다.
  - 수직적 지시에 의존한다.
  - 팀원들을 침묵하게 만든다.
- 갈등을 해결하기 위해서는 의견차이를 없애거나 최소화해야 한다. 갈등해결 방안에는 회피, 수용,

450 고객 중심의 상품기획과 프로젝트 관리

강요, 타협, 협업이 있다.
- 갈등해결 방안 적용시 다음을 고려하면 더욱 효과적이다.
  - 상대방의 신념을 바꾸려고 하지 않는다.
  - 지식을 자랑하는 사람에게는 내용을 상세하게 설명하게 한다.
  - 이메일로 논쟁하지 않는다.
  - '다름'과 '틀림'을 구분한다.
  - 규칙, 프로세스, 책임과 역할은 상품개발 초기에 명확히 한다.
  - 갈등 발생시 상위목표에 집중한다.
  - 상품관리자가 조정하기 힘든 갈등해결은 상위 관리자에게 부탁한다.
  - 품격 있는 대화를 유지한다.

13.5 의사결정

- 의사결정이란 문제를 해결하거나 기회를 잡기 위하여 선택할 수 있는 여러 가지 대안 중 한 가지를 선택하는 것이다.
- 상품개발 의사결정의 대상은 '무엇을 만들 것인가?' '어떻게 만들 것인가?' '어떻게 판매할 것인가'로 나누어진다.
- 상품개발 의사결정의 특징은 다음과 같다.
  - 의사결정 영역이 서로 관련되어 있다.
  - 대부분 개인이 아닌 그룹이 의사결정을 한다.
  - 의사결정 기준을 정의한다.
  - 계획에 대한 결정과 변경에 대한 결정이 있다.
  - 상품개발의 불확실성이 의사결정 방식에 가장 큰 영향을 미친다.
- 정형적 결정은 반복적 업무의 일상적인 결정을 의미하고, 비정형적 결정은 기존에 경험하지 못한 업무의 복잡한 의사결정을 의미한다.
- 개인 의사결정은 주로 리스크가 낮은 의사결정에 적용하고, 그룹 의사결정은 리스크가 높은 의사결정에 적용한다.
- 그룹 의사결정의 대표적인 부작용은 집단 양극화(group polarization)와 집단사고(group think)가 있다.
- 확정적 의사결정은 시간과 비용이 허용하는 한도에서 완벽한 결정을 추구하며 분석할 데이터가 충분한 상황에 적용한다. 반복적 의사결정은 분석 데이터가 부족하여 실행을 통해 의사결정의 완성도를 높여나간다.
- 의사결정 프로세스는 '문제 정의 → 대안개발 → 대안분석 → 의사결정 → 실행 → 피드백'의 순서로 진행된다.
- 문제 정의시 발생하기 쉬운 오류는 다음과 같다.
  - 불확실성을 과소평가한다.
  - 객관적 사실보다는 개인적 경험에 의존한다.
  - 문제의 원인을 외부에서 찾는다.
  - 너무 광범위한 문제 혹은 너무 작은 문제를 제기한다.
  - 의사결정을 위한 시간이 부족하다.

13장 핵심요약

- 대안개발시 유의할 사항은 다음과 같다.
  - 이것이냐 저것이냐의 양자택일 구도
  - 정답을 정한 후 대안개발
  - 대안개발과 대안분석을 동시에 수행
  - 너무 많은 대안개발
  - 쉽게 생각할 수 있는 대안만 개발
- 대안분석시 유의할 사항은 다음과 같다
  - 장단점 비교의 함정.
  - 중복되거나 과다한 평가기준 수립
  - 평가항목 중요도(가중치)를 주관적으로 결정
  - 정량적 데이터에 지나친 의존
  - 배제기준을 고려하지 않음
- 최종 의사결정시 유의할 사항은 다음과 같다.
  - 침묵이 동의를 의미하지 않는다.
  - 히포(Highest Paid Person's Opinion)가 정확한 결정을 내리지는 않는다.
  - 최종 의사결정 전 위험을 점검한다.
  - 시간의 압박 속에 내리는 의사결정에 유의한다.
  - 때로는 현상유지도 방안이다.
  - 의사결정의 근거를 기록한다.
  - 모든 대안이 마음에 들지 않을 때도 있다.
- 실행과 피드백 프로세스에서 유의할 사항은 다음과 같다.
  - 작은 수정, 일관된 추진
  - 남 탓하지 말기
  - 이행사항 정기점검

14

의사소통 관리

14장은 상품관리자와 프로젝트 관리자의 의사소통에 관해 설명한다. 신상품을 개발할 때 상품관리자와 프로젝트 관리자는 의사소통을 위해 대부분의 시간을 쓴다. 의사소통을 잘하면 상품개발에서 실패할 가능성이 현격하게 줄어들고 마음고생도 덜한다.

의사소통을 잘하려면 의사소통 대상인 이해관계자를 식별하고 그들의 관심사항을 파악해야 한다. 상품관리자는 커뮤니케이션 스킬, 보고서 작성 역량, 프레젠테이션 역량을 지속적으로 향상시켜야 한다.

14.1 의사소통 개요

의사소통이란 상대방(개인이나 그룹)의 행위를 변화시킬 의도를 가지고, 두 사람 이상이 정보를 표현하고 이해하는 과정이다. 상품관리자나 프로젝트 관리자는 80~90% 이상의 시간을 의사소통을 위해 사용하며, 상품개발 실패의 이면에는 대부분 의사소통 문제가 있다.

의사소통은 효과성(effectiveness)과 효율성(efficiency)의 개념으로 설명할 수 있다. 효과적인 의사소통은 정확한 소통을 의미하고, 효율적인 의사소통은 의도한 내용만 전달하는 소통을 의미한다. 효과적이고 효율적인 의사소통은 핵심 메시지를 간결하고 정확하게 전달하고 이해한다. 비효과적인 의사소통은 '동문서답'형이 되고, 비효율적인 의사소통은 '횡설수설'형이 된다. 효과적인 의사소통을 못하면 역량이 부족한 관리자로 인식되며, 효율적인 의사소통을 못하면 영리하지 못한 관리자로 인식된다. 물론, 엉뚱한 메시지를 간결하게 전달하는 것보다 정확한 메시지를 복잡하게 전달하는 것이 낫다

이번 섹션에서는 의사소통의 모델과 의사소통 수단에 관해 설명한다.

1) 의사소통 모델

좋은 의사소통은 수신자의 이해(understand)를 넘어 수용(acceptance)을 유도한다. 의사소통 후 상대방의 침묵을 수용으로 착각해서는 안 된다.

> 통하는 소통은 전달의 역순서로 진행한다. '송신자 → 메시지 → 수신자'가 아니라 '수신자 → 메시지 → 송신자'의 순서로 송신자가 수신자의 상황을 먼저 이해하고 메시지를 전달하여, 수신자가 송신자에게 오게 만들어야 한다. (《인문학으로 광고하다》, 2009)

의사소통의 핵심은 송신자가 의도를 정확하게 전달하고, 수신자가 송신자의 의도를 정확하게 이해하는 것이다. 잡음은 의사소통의 전(全)과정에서 발생할 수 있다. 수신자가 정보를 올바로 이해했는지 확인할 책임은 송신자에게 있으며, 수신 확인 알림을 보내거나 적절하게 회답할 책임은 수신자에게 있다. 의사소통 모델의 구성요소는 그림 14.1과 같다

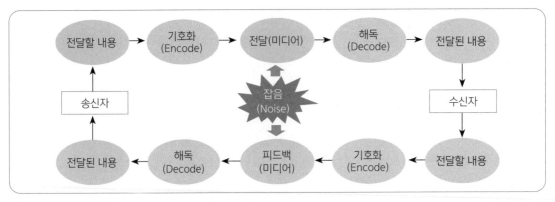

그림 14.1 의사소통 모델

의사소통을 할 때 잘 전달하고 잘 이해하는 것도 중요하지만, 이를 방해하는 다음과 같은 '잡음'도 최소화해야 한다.

- 정보가 여러 사람을 통해 전달되면 왜곡 전달될 수 있다.《프로젝트가 서쪽으로 간 까닭은》(2009)에서는 이를 '뉴스 세탁'이라고 하였으며, 대표적인 예는 다음과 같다.

  1월까지 불가능합니다. (팀 리더).
  1월까지 조금 무리입니다. (프로젝트 관리자)
  1월까지 다소 어렵지만… (프로그램 관리자)
  1월까지 충분합니다. (CEO)

- 수신자의 배경지식이 부족해도 의사소통이 왜곡된다. 송신자는 수신자의 배경지식과 관심사항을 고려하여 내용을 전달해야 한다.
- 수신자는 자기에게 유리한 정보만 선택하여 인식하는 경향이 있다. 동일한 보고서를 보더라도 각자의 관심사항에 따라 정보를 선택적으로 지각한다.
- 송신자가 전달하고자 하는 메시지가 불명확하거나 표현을 잘못하면 잡음이 발생한다.
- 송신자가 수신자에 대한 선입견이 있다면 메시지를 임의로 판단한다.
- 수신자와 송신자의 태도(예: 피드백, 교감)가 나쁘면 의사소통의 잡음을 발생시킨다.
- 물리적 잡음도 소통의 효과를 저하시킨다. 시끄러운 환경에서 중요한 이야기를 하지 않는 것이 좋다.

2) 의사소통 수단의 유형별 특징

의사소통 내용과 대상에 따라 적합한 의사소통 수단(communication channel)을 선택해야 한다. 의사소통 수단에 따라 전달하는 정보의 질(richness)은 달라진다. 의사소통의 질이 높아지는 순서로 의사소통 수단을 설명하면 다음과 같다.

❶ 메일

메일은 많은 사람에게 짧고, 간단한 '사실(fact)' 중심의 내용을 알릴 때 유용하다. 정보의 신속한 배포와 취합이 메일의 가장 큰 장점이다. 그러나 메일은 개봉 여부만 확인할 수 있을 뿐 수신자가 내용을 어떻게 이해했는지 알 수 없다. 복잡한 내용을 메일로 보내고 내가 전달하고 싶었던 내용을 상대방이 이해하길 기대해선 안 된다. 메일 내용을 정확하게 이해 못하거나 기억 못한다고 상대방을 탓하는 사람은 배려가 부족한 사람이다. 메일은 전화나 대면 미팅과 함께 사용할 때 의사소통의 질이 높아진다. 본문을 출력했을 때 1페이지가 넘고 첨부파일이 많은 메일은 송신자의 욕심일 뿐이다. 메일을 사용해도 안심할 수 있는 소통은 회의 일정과 회식 일정을 공지하는 것과 같이 단순한 정보를 공유할 때이다.

❷ 문서

복잡한 내용은 문서를 작성하여 소통해야 한다. 문서는 논리적, 체계적으로 생각을 정리하는 데 적합하다. 예를 들어 통합 테스트 계획은 구두로 소통하기 힘들고, 해서도 안 된다. 문서는 메일의 첨부로 보낼 수도 있고 대면 미팅을 할 때 출력하여 활용할 수도 있다.

❸ 메신저

급하지 않은 정보는 메일을 활용하고, 급한 내용을 공유하거나 여러 사람들의 간단한 의견을 구할 때는 메신저가 유용하다. 예를 들어 회의 일정을 결정하거나 품질 이슈가 발생했을 때 메신저는 처리상황을 실시간으로 공유하기에 유용하다. 메신저로 소통할 때 경영층을 대화에 포함시키면 별도의 문서작업을 하지 않고 신속한 의사결정을 유도할 수 있다. 최근 협업 메신저 도구의 기능이 좋아져 파일 첨부, 메시지 장기보관 등이 가능해지면서 프로젝트 수행에 많은 도움이 되고 있다.

❹ 전화

즉각적 피드백을 구할 때 유용하다. 메일이나 메신저를 활용하게 되면서 전화를 불편하게 여기는 사람들이 많은데, 정보를 전달하고 피드백을 확인하는 측면에서 전화는 메일이나 메신저보다 유용하다. 전화가 부담스러워 메신저를 선호할 수 있지만, 대면이 힘들 때는 전화를 많이 활용하는 것이 소통의 질을 높일 수 있다.

❺ 대면(Face to face)

대면 의사소통은 가장 많은 정보를 소통할 수 있다. 대면 소통을 하면 글이나 목소리로 표현하기 힘든 상대방의 표정을 알 수 있을 뿐 아니라, 의사소통의 집중력도 높일 수 있다. 특히 프로젝트의 민감한 사항이나 나쁜 소식은 직접 만나서 소통해야 한다. 관리자가 발품을 파는 만큼 이해관계자와 '통(通)'할 가능성이 높아진다. 상황과 메시지 내용에 상관없이 대면은 최고의 의사소통 수단이다.

14.2 이해관계자 분석

상품관리자는 상품개발에 영향을 미칠 수 있는 이해관계자를 식별하고 분석하여 긍정적인 영향력은 최대화하고 부정적인 영향력은 최소화해야 한다. 이해관계자와 의사소통하기 위해서는 이해관계자의 관심사항을 분석해야 한다.

이번 섹션에서는 이해관계자의 유형, 이해관계를 분석하는 방법, 이해관계자 참여를 관리할 때 유의사항에 관해 설명한다.

1) 이해관계자 정의와 이해관계자 유형

상품개발의 이해관계자는 '**상품개발 결과에 영향을 받기 때문에 상품개발 과정에 영향을 미치려고 하는 개인이나 그룹**'이다. 상품개발 프로젝트를 정치에 비유하는 것은 다양한 이해관계자들을 조율하는 것이 어렵고 중요하기 때문이다. 《죽음의 행진》(2005)은 이해관계자 관리를 결혼에 비유하여 다음과 같이 설명하고 있다.

> 프로젝트는 결혼과 비슷하다. 시작할 때는 희망과 순진한 기대로 가득 차 있지만 서서히 현실을 깨닫게 되면서 각자의 기대치를 조정해야 한다.

신상품 개발의 대표적인 이해관계자는 다음과 같다.

- **상품관리자(Product manager)** 상품기획, 출시를 총괄적으로 책임지는 사람
- **프로젝트 관리자(Project manager)** 정해진 일정/예산 내 상품개발을 책임지는 사람
- **프로젝트 팀(Project team)** 상품을 개발하는 팀
- **고객(Customer)** 상품을 구매하는 사람
- **사용자(User)** 상품을 사용하는 사람

- **실행부서(Performing organization)** 상품개발 팀원들의 원 소속 부서 (디자인 부서, 품질부서, 개발부서, 아키텍트 부서 등)
- **지원부서(Supporting organization)** 상품개발을 지원하는 부서 (법무, 구매, 마 케팅, 재무, 영업부서 등)
- **스폰서(Sponsor)** 상품개발을 후원하고 자금 지원을 담당하며, 외부로부터 상품개발 팀을 보호하는 사람. 상품관리자와 함께 상품개발의 최종 성과를 책임짐.
- **포트폴리오 검토위원회(Portfolio review board)** 포트폴리오 검토위원회는 프로젝트 투자 수익, 프로젝트 가치, 프로젝트 위험을 평가함.

상품개발의 불확실성이 높고, 결과에 대한 보상(또는 페널티)이 클수록 정치활동은 많아지고 커진다. 조직이나 개인이 권력을 획득하기 위한 정치활동에는 순기능과 역기능이 있다.

● **정치활동의 순기능**

특정 조직이 권력을 획득하기 위해 조직의 전문성을 높이며 다른 조직과 긴밀하게 협업하고, 논리적인 보고서를 작성하는 활동은 정치활동의 순기능이다. 이는 조직에서 자원과 성과를 보다 많이 차지하기 위한 건전한 활동으로 스포츠 경기의 경쟁과도 같다. 정치활동의 순기능을 활성화하면 건전한 상품 개발 문화를 유지할 수 있다.

● **정치활동의 역기능**

건전한 경쟁이 아니라 잘못된 재판처럼 상대의 약점을 잡고, 부적절한 타협을 하고, 파벌을 형성하고, 정보를 통제하고, 권력자에게 아부하여 조직의 권력을 획득하는 것은 정치활동의 역기능이다. 기획심의와 출시 심의가 정치활동의 장으로 변질되면 상품개발은 성공하기 힘들다.

상품관리자는 상품개발 정치활동의 중심에 있는 사람이며 다음에 유의해야 한다.

● **상품개발과 관련된 조직의 이해관계와 역학관계를 이해한다.**

상품개발의 이해관계는 성공과 실패에 따라 달라진다. 성공의 과실은 상품개발 팀과 사업 팀에게 주로 돌아간다. 실패의 책임은 품질 이슈, 잘못된 기획, 사업 이슈와 같이 실패 사유에 따라 달라진다. 많은 조직들이 성공으로 인한 보상보다 실패에 따른 질책을 두려워하기 때문에 현재를 고수하는 보수적인 입장이 된다. 상품관리자는 혁신적인 상품을 만들고 싶어하지만, 보수적인 부서의 입장에서 봤을 때 혁신적인 상품은 위험 투성이다. 상품관리자는 이러한 입장의 보수적인 조직을 설득할 수 있어야 한다.

● **상품관리자의 열정과 전문성이 가장 큰 정치 자산이다.**

상품관리자는 공식적인 권력이 거의 없고 상품관리자가 속한 조직도 다른 조직에 행사할 수 있는 권력이 약하다. 실력 있는 상품관리자의 열정은 다른 조직들을 움직일 수 있는 가장 큰 자산이다.

상품관리자에게 상품개발과 관련된 이해관계자 관리나 정치활동은 중요하지만 이러한 활동을 잘 해내기란 쉽지 않다. 그 이유는 다음과 같다.

- 이해관계자의 이해관계는 때로는 상충된다. 프로젝트 결과는 특정 이해관계자에게는 긍정적 영향을 미칠 수 있지만 다른 이해관계자에게는 부정적 영향을 미칠 수도 있다.
- 조직 내부 상황과 외부 상황이 변하면 이해관계자의 이해관계와 영향력이 달라진다.
- 부정적 영향을 받는 이해관계를 식별하지 못하면 프로젝트에 악영향을 미친다. 이해관계자가 프로젝트를 잘되게 하기는 힘들어도 잘못되게 하기는 쉽다.

2) 이해관계자를 분석하는 방법

이해관계자 분석은 이해관계자의 관심사항, 기대수준, 영향력을 체계적으로 정리하는 활동으로 우호적인 이해관계자뿐 아니라 부정적인 이해관계자도 포함해야 한다.

● **이해관계자 분석 절차는 다음과 같다.**

❶ 이해관계자들의 역할, 관심사항, 기대수준, 상품개발에 미치는 영향력을 파악한다.

❷ 이해관계자 분석정보를 활용하여 상품개발 팀에 대한 태도(우호, 중립, 적대)를 정의한다.

❸ 이해관계자의 분석정보와 태도를 고려하여 부정적인 영향력은 최소화하고 긍정적인 영향력은 최대화하는 이해관계자 관리전략을 수립한다.

그림 14.2는《PMBOK》5판이 제시하는 이해관계자 유형별 이해관계자 관리전략의 예이다.

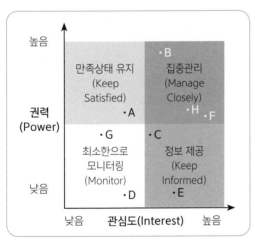

그림 14.2 이해관계자 유형에 따른 관리 전략
(출처: 《PMBOK》 5판, 2012)

던컨(W. Jack Duncan)의 조직 환경 불확실성을 설명하는 이론을 상품개발의 이해관계자 분석에 대입하면

그림 14.3과 같이 네 가지 유형으로 정리할 수 있다.

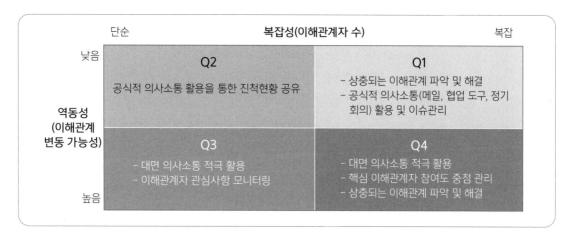

그림 14.3 이해관계자의 역동성과 복잡성을 고려한 의사소통 전략

이해관계자의 복잡성은 이해관계자 유형이나 수를 의미하고, 이해관계자의 역동성은 이해관계자의 이해관계가 명확하지 않거나 상황에 따라 변하는 정도를 의미한다. 각 사분면에 속하는 이해관계자 유형의 내용은 다음과 같다.

- Q1 이해관계자 유형은 많지만 이해관계가 비교적 안정적(예: 기존에 출시된 중요한 상품의 큰 개선). 상충되는 이해관계를 가진 집단을 파악하여 이를 조정한다. 일반적인 의사소통은 메일이나 정기회의와 같이 공식적인 협의체를 활용한다.
- Q2 이해관계자 유형도 적고 이해관계가 안정적(예: 기존에 출시된 상품의 소규모 개선). 이해관계자들 사이에서 갈등이 발생할 가능성이 낮기 때문에 정기적인 진행상황 공유를 위주로 의사소통하고 이슈가 발생할 때는 별도로 대응한다.
- Q3 이해관계자 유형은 적지만 이해관계가 역동적(예: 전략적으로 중요한 상품개발의 파일럿 프로젝트). 대면 의사소통 적극 활용하여 이해관계자 관심사항을 모니터링 한다.
- Q4 이해관계자의 유형이 많아 복잡하며 이해관계도 역동적(예: 조직의 미래를 좌우할 중요한 신상품 개발). 핵심 이해관계자의 관심사항을 파악하고 프로젝트 참여도와 영향력을 관리한다. 이해관계자 수가 많고 복잡하기에 상충되는 이해관계가 발생할 가능성이 높다. 부정적인 갈등이 커지기 전에 이를 조정한다.

3) 이해관계자 관리시 유의사항

● 초반부에 이해관계자의 이해관계를 식별한다.

상품기획 초기부터 상품관리자와 프로젝트 관리자는 이해관계자와의 소통전략을 고민해야 한다. 소통하려면 상대방의 관심사항을 알아야 하고 그러기 위해서는 이해관계자를 만나 상대방이 이번 상품개발에서 "무엇을 바라는지" "무엇을 걱정하는지"를 직접 들어야 한다. 상품개발과 관련된 이해관계자들이 조직 내에서 자주 바뀌지는 않기 때문에 익숙한 이해관계자보다 신규 이해관계자의 이해관계 식별에 유의한다. 상품관리자와 프로젝트 관리자는 서로에게 중요한 이해관계자다.

● 이해관계자들의 요구사항을 파악한다.

이해관계자별로 "무엇을 원하는가?" "그 요구사항이 프로젝트 진행 단계별로 달라지지는 않는가?" "각 요구사항의 기대수준은 어느 정도인가?"와 같은 요구사항을 파악해야 한다. 예를 들어 가격에 관심이 많은 사업 부서장, 신기술 적용에 관심이 많은 개발부서장, 시장의 트렌드를 따라가고자 하는 기획부서장, 더 완벽한 보안체계를 갖추고자 하는 품질부서장 등 이해관계자들의 요구사항은 다양할 수 있다. 상품관리자나 프로젝트 관리자가 임의로 이해관계자의 요구사항과 기대수준을 가정하면 안 되며, 핵심 이해관계자는 직접 만나서 그들의 이야기를 청취해야 한다. 핵심 이해관계자 관심사항의 정확한 이해는 상품개발 성공을 위한 마중물과 같은 역할을 한다.

● 중요한 이해관계자별로 소통전략을 수립한다.

상품관리자나 프로젝트 관리자가 직접 대응하고 관리해야 할 이해관계자를 식별한 다음에는 이해관계자와의 소통전략을 수립한다. 소통전략의 핵심은 어떤 정보를, 언제, 어떻게 제공할 것인가다. 중요한 이해관계자일수록 상대방이 원하는 정보를 사전에 공유하고 조언을 받아야 한다.

● 중요한 이해관계자들에게는 기획 심의, 중간 검토(또는 게이트 리뷰), 출시 심의 전에 미리 발표 내용을 설명한다.

이해관계자들과 사전에 협의하는 과정에서 새로운 요청이 있을 수 있다. 그러한 요청이 공식회의에서 거론되면 큰 부담이 될 수 있다. 중요한 이슈는 공식회의 전에 파악하여 대응하는 것이 불편한 상황을 피하고 부작용도 줄인다.

● 쟁점사항은 쉽게 해결되지 않는다.

이해관계자끼리 서로 상충되는 의견이 있을 때는 특정 이해관계자나 그룹이 일시적으로 양보를 하는 것처럼 보여도 상품개발 도중 불씨가 다시 살아나기 쉽다. 사람들은 중요하다고 생각하는 사안을 쉽게 양보하지 않는다. 잠시 숨을 고르다가 때가 오면 다른 명분을 만들어 패자부활전을 요구한다. 상품관리자나 프로젝트 관리자는 쟁점이 되었던 사항들을 꺼진 불이라 생각하지 않고 상대방의 입장을 헤아림과 동시에 지속적으로 관심을 가져야 한다.

● **상품관리자와 프로젝트 관리자는 프로젝트 내용을 숙지해야 한다.**

상품관리자와 프로젝트 관리자는 장소, 상대를 불문하고 프로젝트 핵심내용을 이해하고 암기하여 설명할 수 있어야 한다. 톰 피터스(Tom Peters)는 《리틀 빅 씽》(2010)에서 관리자는 다음의 질문에 언제든지 답할 수 있어야 한다고 했다.

- 현재 자신의 프로젝트를 한 문장으로 설명할 수 있는가? 차별화 포인트와 프로젝트가 가져올 이익을 말할 수 있는가?
- 그 프로젝트를 하는 이유를 13~15살짜리 아이들이 완벽하게 이해하도록 설명할 수 있는가?
- 파워포인트 없이 9분 동안 CEO에게 완벽하게 프로젝트에 대해 설명할 수 있는가? 경영진에 따라 파워포인트 첫 장을 넘기기 전에 본인이 궁금한 내용에 대해 속사포와 같은 질문을 할 수 있다. 이때 해당 페이지로 이동하지 않아도 간단한 대답을 할 수 있는가?
- 프로젝트 팀의 가장 막내 사원이 프로젝트에 흥미를 가지게끔 할 수 있는가?
- 프로젝트 재정을 컴퓨터를 켜지 않고 직접 종이에 적을 수 있는가?
- 자신이 왜 그 프로젝트에 적합하고, 자신이 고른 전략이 왜 옳은지 간단하게 설명할 수 있는가?
- 프로젝트 실행과정에서 뛰어넘어야 할 벽 다섯 가지와, 그 벽을 어떻게 뛰어넘을 것인지에 대한 계획을 말할 수 있는가?

● **논리적 설명보다 정서적 공유를 중요하게 생각한다.**

상품개발 과정에서 상품개발 팀과 상반되는 주장을 하는 이해관계자도 있다. 대부분의 사람들은 설득당하기보다 설득하기를 좋아한다. 상대를 변화시키려고 하면 관계가 깨질 수 있다. 정서가 공유되지 않은 상황에서는 얽힌 실타래를 풀 수 없어 아무것도 할 수 없다. 합리적인 말로 상대방을 설득하기보다는 상대방 입장에서 그 사람이 어떤 감정을 느끼고 있는지 이해하고 공감하는 것이 중요하다. 정서의 교감이 있으면, 논리적인 설득이 훨씬 쉬워진다. 반대로 정서의 교감 없이는 논리적 설득이 힘들다. 겉으로 보기에 설득된 것처럼 보일 뿐이다. understand는 상대방보다 아래(under)에 서는 것(stand)이다.

● **좋은 소식과 나쁜 소식을 전달할 때 유의한다.**

《결정적인 순간에 써먹는 선택의 기술》(2011)에서는 소식을 전달할 다음과 같은 상황에 유의하라고 한다.

- 여러 가지 나쁜 소식은 반드시 한 번에 발표한다.
- 여러 가지 좋은 소식은 나누어 발표한다.
- 크게 좋은 소식과 조금 나쁜 소식은 동시에 발표한다. 좋은 소식에 나쁜 소식이 묻힐 수 있기 때문이다.
- 크게 나쁜 소식과 조금 좋은 소식은 나누어 발표한다. 좋은 소식이 나쁜 소식에 묻히기 때문이다.
- 나쁜 소식은 경영층에게 빨리 보고한다. 좋은 소식은 내일 들어도 좋지만, 나쁜 소식은 내일 들으면 더욱 나쁜 소식이 된다.

● **중요한 메시지는 반복적으로 강조한다.**

상품관리자나 프로젝트 관리자가 중요하다고 생각하는 핵심 메시지는 반복적으로 강조하는 것도 좋다. 핵심 메시지를 바꾸지 않는다면 이해관계자 유형에 따라 이해하기 쉽도록 내용을 수정해도 무방하다. 신상품의 핵심 콘셉트가 대표적인 예이다.

● **도구를 활용한 의사소통에만 의존하지 않는다.**

협업 도구(예: Jira, Confluence, Slack)가 널리 사용되면서 이해관계자 간 소통을 도구에 많이 의존한다. 기획자끼리 사용하는 도구, 기획자와 개발자가 사용하는 도구, 개발자끼리 사용하는 도구가 따로 있을 정도이다. 도구는 분명 효율적이지만 효율 이상은 아니다. 도구를 활용하는 소통은 쉽고 빠르지만 공감과 합의를 위한 의사소통에는 적절하지 않다. 바로 옆자리 팀원에게도 메신저로 소통하는 상품개발 팀은 의사소통을 제대로 못하는 팀이다. 건강한 프로젝트 팀은 조금 시끄러운 것이 정상이다.

14.3 개인의 의사소통 역량 향상

개인의 의사소통 역량을 향상시키는 방법을 다룬 책은 많지만 실제 적용은 쉽지 않다. 이번 섹션에서는 상품관리자와 프로젝트 관리자의 의사소통 역량을 향상시키기 위해 필요한 잘 듣는 방법, 피드백을 잘하는 방법, 메일 작성 방법, 의사소통을 할 때 유의사항에 관해 설명한다.

1) 잘 듣는 방법
입이 하나인데, 눈과 귀가 두 개인 이유는 그만큼 듣고 보는 것이 중요하기 때문이다. 잘 보고 잘 듣는 것은 잘 말하기만큼 힘들다. 학교 수업이 말하고 쓰기에 집중되어 보고 듣는 것을 가르치지 않는 것도 의사소통을 어렵게 만드는 요인이다.

● 집중하여 듣고 있다는 메시지를 전달한다.

들을 때엔 말하는 사람의 눈을 자주 맞추고, 이해하고 있다는 신호(예: 고개 끄덕임)를 보여주면 말하는 사람이 더욱 의사소통에 더욱 집중할 수 있다.

● 오픈 마인드로 청취한다.

성격이 급한 사람은 다른 사람이 대화나 발표를 시작하자마자 자기 이야기를 하고 싶어 머릿속이 복잡해진다. 그런 사람은 대화나 발표 자리에서 단기적으로는 돋보일지 모르지만, 장기적으로는 본인이 원하는 목적을 성취하기 힘들다. 상대방의 관점에서 상대방 이야기를 청취하면 그 느낌은 상대방에게도 전달된다.

● 상대방의 느낌 등 의사소통 상황을 종합적으로 이해하려고 노력한다.

말이나 글을 액면 그대로 이해하지 말고, 의사소통의 환경을 종합적으로 이해해야 한다. 한마디로 '눈치'가 있어야 한다. 상대방이 말하는 단어에만 귀 기울일 것이 아니라 상대방의 입장에서 '상대방 마음의 저편'으로 깊숙이 파고들어, 그 말을 할 수밖에 없는 '입장과 상황'을 읽어내야 한다. 상대방이 지금 어떤 상황에서 어떤 감정으로 이야기하는지를 파악해야 밀어붙일 때와 침묵할 때를 구분할 수 있다. 예를 들어 경영층과 대화할 때, 좋은 분위기에서는 어려운 이야기도 의외로 쉽게 풀릴 수 있다. 반대상황에서는 쉬운 이야기도 잘 풀리지 않는다.

● 상대방의 대화를 자르지 않는다.

가급적 상대방의 대화를 자르지 않는다. 한 사람이 지엽적인 주제로 회의를 지배하면 대화를 자를 수밖에 없지만, 그때도 "말씀 중에 죄송하지만"이라고 예의를 갖추는 것이 좋다. 좋은 소통을 하려면 품격을 지켜야 한다.

2) 피드백을 잘하는 방법

● 이해한 내용을 피드백한다.

이야기를 듣고 나서는 본인이 이해한 내용을 요약해서 상대방에게 확인을 받는다. 그래야 의사소통의 '잡음'이 제거된다. 특히 상사로부터 작업 지시를 받거나 고객에게 중요한 내용을 들을 때는 대화 끝에 본인이 이해한 내용을 확인하는 것이 바람직하다.

● 질문의 답을 장황하게 하지 않는다.

"~을 어제 완료했습니까?"라는 질문에는 간단히 예, 아니오로 답하고, 상대방이 추가 질문을 할 때 부연설명을 하는 것이 좋다. 그렇지 않고 핑계부터 대거나 상대방이 궁금해하지 않는 장황한 부연설명을 하면, 상대방은 짜증이 나기 시작한다.

● "당신은~(You statement)" 대신에 "나는~(I statement)"을 사용한다.

팀원의 성과를 피드백할 때 "당신은"으로 시작하면 말하는 사람의 부정적 감정이 담겨 상대방의 마음에 상처를 주기 쉽다. "나는~"으로 시작하면 감정을 배제하고 사실 중심의 대화를 할 수 있다. "○○ 씨는 보고서 납기를 지키지 못했어요" 대신에 "보고서 납기가 지연되어 나의 업무에 차질이 있어요"라고 이야기하는 것이 바람직하다.

● 피드백을 제공할 때에는 최근의 구체적 사례를 중심으로 이야기한다.

피드백을 제공할 때 옛날 이야기를 싸잡아 상대방을 비난하는 것은 바람직하지 않다. 부부싸움을 할 때에도 싸움의 발단이 된 사항을 벗어난 옛날이야기가 문제를 키운다. 최근 발생한 구체적인 사례를 중심으로 피드백한다.

● 긍정적 피드백도 소홀히 하지 않는다.

많은 사람들이 부정적인 피드백보다 긍정적 피드백에 인색하다. "수고했어요"라는 한마디의 긍정적인 피드백이 팀원의 사기를 북돋운다.

● 말 이외의 제스처, 표정, 목소리에도 유의한다.

말로 전달되는 정보는 7%에 불과하고 나머지는 말 이외의 요소라는 통계가 있다. 특히 얼굴 표정이 55% 이상 전달한다. (《한국형 프레젠테이션의 완성》, 2010)

소리 높여 엄한 표정으로 이야기한다고 팀원들이 더 잘 받아들인다고 생각하는 것은 오산이다. 진정한 카리스마는 조용하지만 단호한 목소리와 차분한 표정으로 이야기할 때 나온다.

3) 이메일을 효과적으로 사용하는 방법

● 수신과 참조를 구분한다.

수신과 참조를 구분하지 않으면 누구에게 업무를 부탁하거나 지시하는지가 명확하지 않다. 수신인이 많은 메일은 일반 공지성이다. 업무 협조를 위한 메일은 수신인을 최소화하되, 수신인에 따라 요청사항을 명확히 한다. 참조 인원 설정은 조금 어렵다. 부족하지 않고 과하지 않아야 한다. 꼭 알아야 할 사람보다는 많은 것이 좋지만 전체를 대상으로 보내면 스팸 메일이 된다.

● 두괄식으로 결론부터 제시한다.

업무성 메일은 결론부터 요약하는 것이 좋다. 읽는 사람에게는 본문 내용의 이해를 돕는 장점이 있고, 보내는 사람의 입장에서는 본인이 하고 싶은 말을 간결하게 정리하는 장점이 있다.

● 메일 발송 전에 내용을 검토한다.

메일을 보고서와 달리 가볍게 생각하는 사람이 많다. 그러나 메일을 업무용으로 많이 사용하기 때문에 발송 버튼을 누르기 전에 내용을 읽어보기 바란다. 중요한 메일은 발송하기 전에 출력하여 내용을 검토하는 것도 좋다. 출력물로 읽어보면 고칠 부분이 눈에 잘 띈다.

● 가독성을 고려한다.

서체와 글자 크기, 행간, 길이 등을 고려한다. 요즘은 모바일에서 메일을 확인하는 경우도 많고 노트북의 화면 크기도 다양하기 때문에, 메일을 보내는 사람이 볼 때와는 달리 읽는 사람의 환경에서는 보기 힘들 수 있다. 특히 노안을 겪기 시작하는 연령대의 사람에게 보내는 메일의 글자 크기는 12포인트가 적당하다. 모바일로 메일을 보는 사람이 많다면 PC 기준으로 한 줄의 길이를 반 정도 짧게 하는 것이 좋다.

● 메일 제목은 내용을 쉽게 파악할 수 있도록 작성한다.

급하게 보내다 보면 '○○ 팀장께' 식으로 메일 제목을 붙일 때가 있다. 역으로 생각해보자. 대부분의 사람들이 매일 많은 메일을 받는다. 열어보고 싶은 마음이 들도록 제목에서 정확한 메시지를 전달하는 것이 좋다. 제목이 너무 길면 사용자 우편함에서 글자가 잘리기 때문에 짧고도 메시지가 명확한 제목이 바람직하다. 짧은 글로 메일 제목을 정하는 것은 쉽지 않다. 그러나 그것은 소통하고자 하는 상대에 대한 예의다.

● 부정적 답변은 신중하게 작성한다.

수신인이 많은 답장 메일에서 특정인인 내가 보낸 메일의 내용을 비난하면 감정이 격해지기 쉽다. 그런 메일에 바로 감정적으로 답하지 않고 상대방을 찾아 커피 한잔하면서 오해를 푸는 것이 슬기로운 직장생활의 방법이다. 말과 달리 글은 기록이 남고, 유통이 가능하다. 그럼에도 답장 메일을 보내지 않고서는 못 참겠다면 감정이 격한 상태에서 바로 답장하지 않도록 한다. 특히 근무시간 이후 밤에 적는 글은 감정적으로 작성하기 쉽기 때문에, 다음날 아침에 답장하는 것이 좋다. 두 사람 사이에 오가는 논쟁성의 메일을 보는 사람들의 기분을 헤아리자. 부정적인 논쟁은 갈등을 불러일으킬 뿐 아니라, 조직에 전염되기 쉽다. 반대로 상대방에게 고마움을 표현하고, 상대방을 칭찬하는 긍정적인 답장은 많을수록 좋다.

● Re- Re- Re- Re -Re -Re- Re—는 자제한다.

여러 사람이 의사소통하여 Re나 Fw가 많을 때 Re(7)과 같이 Re의 개수를 요약하면 메일 제목을 읽기 쉬워진다. Re나 Fw를 여러 번 하는 과정에서 최초 메일 작성자의 제목과 메일 내용이 달라졌다면 효과적인 소통을 위해 제목을 새롭게 변경하여 답장하는 것도 좋다. 예를 들어 상품개발 예산절감에 대한 논의로 시작한 메일이 상품 요구사항 변경으로 의견이 모아지면 메일 제목을 '상품 요구사항 변경(○○외)'와 같이 변경하여 가독성을 높일 수 있다.

● 미사여구의 글은 자제한다.

업무성 메일은 수필이 아니라 정보 공유나 의사결정을 위한 수단이다. 본인의 의견을 관철시키기 위해 혹은 본인의 화려한 글솜씨를 자랑하기 위해 필요 이상의 감성에 호소하는 내용은 바람직하지 않다. 길이도 스크롤이 생기지 않는 정도가 적당하다.

● 복잡한 내용은 주제를 요약하여 정리한 뒤 작성한다.

복잡한 내용을 설명하거나 설득하는 글을 머릿속으로 정리하지 않은 상태에서 작성하면 내용이 길어지고 횡설수설하기 쉽다. 복잡한 내용은 전달할 내용의 주제와 논리전개를 먼저 정리한다.

● 가급적 신속하게 답장을 보낸다.

경영층에 보낸 메일에 팀원이 바로 답장을 받으면 기분이 어떨까? "알겠습니다. 수고하셨습니다(감사합니다)"라는 답처럼 짧아도 상관없다. 며칠 동안 메일 미개봉 상태가 계속되면 바쁘다는 의미인지, 관심 없다는 의미인지 알 수 없다. 메일을 개봉했어도 답이 없으면 알겠다는 의미인지, 그대로 하면 된다는 의미인지 알 수 없다.

불가피하게 답장이 늦었다면 최신 메일부터 답장하는 것이 좋다. 오래된 메일은 다른 누군가가 처리했거나 중요하지 않기에 별도 확인요청이 없었을 가능성이 높다.

● 비밀 참조를 최소화한다.

비밀 참조는 자제하는 것이 좋다. 수신자를 공개하거나 메일을 보내지 않는 편이 낫다. 불가피하다면 사전 또는 사후에 비밀 참조인에게 양해를 구한다.

4) 의사소통의 장애요소

다음과 같은 의사소통 장애요소를 최소화해야 한다.

● 상대방의 배경지식을 고려하지 않는 소통

상대방이 알고 있는 지식을 장황하게 설명하면 지루하고, 상대방이 모르는 개넘을 설명하면 이해하기 힘들다. 특히 후자는 소통의 장애요인이 된다. 약어나 전문 용어는 상대방이 정확히 알고 있을 때는 유용하지만 그렇지 않을 때는 소통을 방해한다. 자기의 지식을 과시하고자 어려운 용어나 약어를 사용하는 것은 금물이다.

● **해결되지 않는 말싸움**

의사소통을 하다 보면 분위기가 격앙되어 수습이 힘들 때가 있다. 이때 적용할 수 있는 방법은 다음과 같다.

- 입증하려 하지 말고 핵심만 짧게 대답할 수 있는 폐쇄형 질문을 던진다.
- "당신은 어떻게 했으면 좋겠습니까?"같은 태도를 취하며 해결책을 모색하는 방향으로 논쟁을 전환시킨다.
- 차분히 논쟁의 목표를 다시 이야기하고 공감한 뒤 분위기를 전환시킨다.
- 신랄하게 비방하는 상대방의 이야기에서 동의할 것을 찾아 분위기를 전환시킨다.
- 더 이상 상황을 악화시키지 말고 각자 생각해본 뒤 다시 협의하자고 제안한다.

14.4 보고서 작성시 유의사항

상품개발을 진행하면서 상품관리자나 프로젝트 관리자는 많은 보고서를 작성한다. 이슈 보고 및 해결을 위한 보고서는 보고 형식이 사전에 정해지지 않을 뿐 아니라 보고 후 결과도 중요하다. 보고서를 잘 작성하지 못해 고생하는 상품관리자 또는 프로젝트 관리자가 많다. 보고서 작성과 관련해서는 시중에 많은 책들이 나와 있으니 참조하면 도움이 될 것이다. 책만 읽어서는 안된다. 읽고, 적용하고, 느끼고, 개선할 때 실력이 는다. 이번 섹션에서는 보고서 작성에 관해 알아야 할 핵심내용과 유의사항을 그림 14.4의 순서로 설명한다.

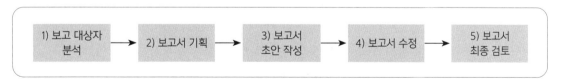

그림 14.4 보고서 작성 순서(출처: 《Business Communication》, 2009)

1) 보고 대상자 분석

보고서는 보고받는 사람을 설득할 목적으로 작성하기 때문에 보고 대상자의 성향, 관심사항, 배경지식 이해가 중요하다. 보고 대상자를 분석할 때 고려사항은 다음과 같다.

● 보고 대상자의 성향을 고려하여 두괄식 보고서 또는 미괄식 보고서를 결정한다.

보고 대상자가 보고 주제에 긍정적인 인식을 가지고 있으면 결론부터 보고하는 두괄식으로, 부정적인 인식을 가지고 있으면 결론 도출과정을 논리적으로 설명하는 미괄식으로 작성하는 것이 바람직하다. 보고 주제를 부정적으로 인식하는 보고 대상자에게는 논리와 설득력이 중요하므로 전문가의 의견, 백 데이터, 여러 개의 사례를 준비한다. 여러 개의 사례와 백데이터 중 논리가 가장 튼튼한 것을 보고서에 포함시키고 기대효과를 명확히 한다. 보고 대상자가 보고 주제나 보고자에 대해 부정적인 인식을 가지고 있을 때 어설픈 내용을 보고하면 역효과를 초래하기 때문에 사전에 철저하게 준비해야 한다.

● 보고 대상자가 보고 주제에 관해 알고 있는 지식을 파악한다.

보고 대상자가 보고 주제에 관해 알고 있는 지식의 수준에 따라서 보고서에 사용할 용어나 논리 전개를 달리한다. 특히 기술적 내용을 다루는 보고서는 사전에 보고 대상자의 지식을 파악하여 수준에 맞는 용어를 선택해야 한다. 구두로 내용을 충분히 설명할 수 있으면 함축적으로 작성해도 되지만, 그렇지 않다면 상세 데이터나 내용을 준비한다. 여러 명을 대상으로 보고서를 작성한다면, 의사결정자의 이해수준에 맞추어 보고서를 작성한다.

● 보고 대상자의 개인적 성향이나 관심사항을 파악한다.

보고 대상자가 특별히 관심을 기울이고 있는 내용을 사전에 파악하여 상세하게 준비하면 보고 분위기가 좋아진다. 보고서는 보고 대상자가 궁금해하는 내용에 대한 답과, 보고 대상자가 궁금해하지 않더라도 설득해야 하는 내용으로 구분할 수 있다. 보고 대상자가 궁금해하는 내용을 먼저 설명한 뒤, 보고 대상자를 설득하는 내용을 설명하는 것이 좋다.

● 이전에 보고했던 내용을 파악한다.

이전에 보고했던 내용의 연장선에서 작성하는 보고서라면 이전에 보고했던 내용을 사전에 숙지해야 한다. 이전에 보고한 내용과 지금 작성하는 보고서 내용이 일관성을 유지하는지 확인하고 이전에 보고할 때 보고 대상자가 관심을 보였던 주제에 대해 업데이트된 내용을 보고서에 포함시켜야 한다.

2) 보고서 기획

보고서 기획은 보고서의 틀을 결정하는 단계로 보고서에서 주장하거나 의사결정할 내용을 명확하게 도출해야 한다. 예를 들어 출시 일정지연에 관한 대책 보고라면 일정지연을 최소화할 방법에 관해 핵심 메시지를 정의해야 한다. 보고서의 핵심 메시지는 두 줄 이내의 문장으로 요약하여 적어보는 것이 좋다. 머릿속에 떠오르는 생각을 글로 정리하다 보면 더 선명해진다. 흔히 이야기하는 '엘리베이터 30초 보고'처럼 말하고 싶은 핵심을 정리할 수 있어야 한다.

보고서의 핵심 메시지를 정리했다면 다음에는 보고서 목차와 목차별 핵심 내용을 정리한다. 보고서 목차는 두괄식 보고 또는 미괄식 보고에 따라 달라진다. 보고서 목차와 핵심 메시지가 실제 보고서를 작성하는 과정에서 많이 변경된다고 해도 보고서 기획 시점에서 여러 사람의 의견을 청취한 뒤 결정하는 것이 바람직하다. 보고서 기획을 완료하면 '스토리 보드'가 완성된다. 보고서 목차를 정의할 때 사용할 수 있는 틀은 다음과 같다.

● 현상 진단 → 문제 분석 → 대안 제시

주요 이슈의 해결책을 제시하는 보고서에서 많이 활용하는 틀로 가장 익숙한 보고서 목차다. 많은 사람들이 '문제점 및 대책' 방식에 익숙하다.

● 투자 → 결과 → 기대효과 분석

인력이나 시설 투자, 장비 교체를 보고할 때 유용한 틀이다. 어떤 자원을 투자하여 어떤 기대효과를 볼 것인가를 설명할 때 활용할 수 있다.

● 일의 순서(계획 → 실행 → 통제)

변화관리, 프로세스 변경을 설명할 때 유용한 틀이다. 어떤 일을 어떻게 계획하여, 누가, 어떻게 실천하여, 주요 이슈를 어떻게 통제할 것인가를 설명할 수 있다. 이 틀은 변화관리나 프로세스 개선의 경과보고에도 적용할 수 있다.

● 시간의 흐름(과거 → 현재 → 미래)

다이어트 전 모습과 다이어트 후 모습을 사진으로 비교하는 것처럼, 과거와 미래의 모습을 명확하게 설명할 수 있다면 매우 효과적이다.

● 관점(숲 → 나무)

보고서를 작성하는 사람은 해당 주제에 오랫동안 집중했기 때문에 바로 나무에 관한 설명을 하기 쉽다. 그러나 보고받는 사람의 입장을 생각했을 때 전체 숲에 관한 설명을 하고, 보고서 내용이 그 중 어디에 해당하는지를 먼저 짚은 뒤 본론으로 들어가는 것이 바람직하다. 상품관리자는 비즈니스 모델 캔버스의 아홉 가지 블록을, 프로젝트 관리자는《PMBOK》의 성과영역을, 전체 숲을 짚어보는 도구로 활용할 수 있다.

이상에서 설명한 보고서의 틀은 복합적으로 사용할 수 있다. 예를 들어 '현상 진단 → 문제 분석 → 대안 제시'의 순서로 이슈를 도출한 뒤 '투자 → 결과 → 기대효과 분석'의 순서로 보고서 논리를 전개할 수 있다.

3) 보고서 초안 작성

보고서 초안은 무에서 유를 창조하는 작업이다. 많은 사람들이 보고서 초안 작성이 부담스러워 차일피일 미루다 일정에 쫓겨 낮은 품질의 보고서를 작성한다. 보고서 초안을 작성할 때 유의할 사항은 다음과 같다.

● **완벽에 대한 부담감을 없애자**

머릿속에 떠오른 대로 보고서 초안을 작성한다. 작성자의 취향에 따라 워드나 파워포인트를 활용하거나 종이에 직접 작성해도 좋다. 일단 초안 작성을 시작했으면, 채울 수 있는 내용을 끝까지 작성한 뒤 수정하는 것이 좋다. 보고서 초안을 상품에 비유하면 MVP와 같다. MVP를 만들어야 다른 사람들의 의견을 구할 수 있다. 중요한 보고일수록 여러 번의 검토를 거쳐야 한다. 빠른 시간 내 보고서 초안을 빨리 완성해야 검토 횟수가 늘어난다.

● **초안 작성에 몰입한다.**

보고서 초안 작성은 힘들다. 며칠 동안은 보고서 작성에 몰입하는 것이 좋다. 아이디어가 잘 떠오르지 않으면 주변을 산책하는 것도 좋다. 걷고 있을 때 괜찮은 아이디어들이 나오는 경우가 많다. 꼭 사무실 자리에서만 몰입하지 않아도 된다.

보고서를 작성하다 보면 막히는 순간이 온다. 그때 보고서 작업을 미루고 다른 업무를 하는 것은 바람직하지 않다. 미루다 보면 논리와 내용이 부족해지기 때문이다. 논리가 부족하니 적기 싫고, 적기 싫으니 내용이 부실해지는 악순환에 빠질 수 있다. 일단 보고서 작성을 시작했으면 인내심을 가지고 집중해야 한다.

● **작업 전 여러 사람의 의견을 청취한다.**

보고서 작업 전에 여러 사람에게 보고서 내용에 관해 의견을 물어 다양한 의견을 청취하는 것도 유용하다.

● **키워드 중심으로 정리하는 것도 유용하다.**

바로 문장을 적을 수도 있지만 떠오르는 중요한 개념이나 용어를 먼저 기록해 두는 것도 좋다. 마인드맵과 같은 도구에 익숙한 사람들은 보고서의 주요 내용을 마인드맵 도구로 정리하는 것도 도움이 된다.

4) 보고서 수정

보고서 수정은 보고서 초안 작성보다는 부담이 적다. 훌륭한 보고서는 여러 번의 수정 끝에 완성된다. 보고서를 수정할 때 유의할 사항은 다음과 같다.

● **보고서 초안 작성 후 시간을 두고 수정한다.**

보고서 납기에 여유시간이 있을 때 바로 수정에 들어가지 말고, 며칠은 잊고 지낸 후 다시 보고서를 읽어보는 것도 좋다. 초안을 작성할 때에는 개인의 논리나 감정에 몰입되기 때문에 일정한 시간 뒤에 보고서를 다시 보면 생각하지 못했던 아이디어가 떠오르거나 보고서의 약점을 발견할 수 있다.

● **동료 검토를 적극 활용한다.**

한 사람이 생각할 수 있는 것은 한계가 있기 때문에 놓치기 쉬운 논리 오류나 좋은 아이디어를 동료로부터 얻는 것이 바람직하다. 여러 명이 보고서 작업에 참여했다면 동료 검토가 쉽지만, 혼자 작성한 보고서일 경우 팀원들의 소중한 시간을 얻어내기 위해서는 격식을 갖추어 검토를 요청해야 한다. 메일로 보고서 초안을 첨부하고 "언제까지 검토해주세요"라고 요청해서는 좋은 의견이 돌아올 수 없다. 보고서를 검토하는 미팅을 만든 후 관련자를 초청하여 보고서 내용을 설명하고 의견을 구한다. 바쁜 사람들을 미팅에 초대하는 것이 부담스러울 수 있지만 보고서 수정을 위해서는 꼭 필요하다. 사람들에게 보고서 내용 설명을 준비하는 과정에서 보고서 품질도 향상된다.

● **보고서를 소리 내어 읽어본다.**

보고 대상자에게 보고하는 것처럼 소리 내어 보고서를 읽다 보면 잘 읽히지 않는 내용 또는 논리적으로 어색한 내용을 발견할 수 있다. 말하는 사람의 호흡이 자연스럽지 않으면 보는 사람이 읽기도 힘든 문장이기 때문에 수정하는 것이 좋다.

● **보고서 수정시 점검할 체크리스트**

- 첫 도입부에서 읽는 사람의 관심을 끌 수 있는 메시지를 제공하는가?
- 보고 대상자의 보고서 내용에 대한 성향(긍정, 부정)에 맞게끔 논리 전개를 하였는가? (두괄식 vs 미괄식)
- 보고 대상자의 관심사항은 무엇이며, 그에 대한 답이 보고서 내용에 있는가?
- 작성한 노력이 아까워 삭제하지 못하는 '사족' 혹은 중언부언하는 내용은 없는가?
- 보고서 분량을 채우기 위한 내용은 없는가?
- 보고서 페이지를 줄이기 위해 단순히 내용만 요약하지는 않았는가?
- 핵심을 간결하게 표현했는가?

- 보고 대상자가 앞에 있다고 생각하고 지금 보고를 한다고 할 때 막히거나 꺼림칙한 내용은 없는가?
- 불필요한 수동형의 문장은 없는가? (능동형의 문장이 보고자의 의지가 잘 나타난다)
- 주어와 동사의 관계가 명확한가? (의외로 주어가 없거나 주어와 동사의 대구가 맞지 않는 경우가 많다)
- 약어에 대한 주석은 달았는가?
- 보고 대상자가 "이게 무슨 말인가?"라는 의문이 들 내용은 "그것은 이런 말입니다"라고 설명하는 내용으로 바꾼다.
- 만연체의 문장은 없는가? (한 문장은 한두 줄이 가장 바람직하다)
- 긍정형으로 바꿀 부정형의 문장은 없는가?

● **보고서의 데이터 점검 체크리스트**

- 표나 그래프의 활용이 적절한가? 표는 구체적 값이 중요할 때나 복잡한 데이터 속에서 특정 항목을 강조할 때 사용한다. 값보다 추세나 비교가 더 중요한 때는 그래프를 활용한다.
- 표를 사용할 때 '단위'를 명시하였는가?
- 표를 사용할 때 칼럼 명이 너무 함축적이지 않는가?
- 표 제목에서 표 내용이 의미하는 바를 명확하게 하였는가?
- 원천 데이터를 가공한 지표들에 대한 산출식을 명시하였는가?
- 표에서 중요한 값은 강조했는가? (동그라미 혹은 굵은 상자로 표현)
- 그래프에서 활용하는 범례는 구분 가능한가? (흑백으로 출력했을 때도 범례를 구분할 수 있도록 유의)
- 데이터의 단위가 적절한가? 예를 들어, 경영층에게 보고하는 손익 숫자는 '억' '백만' 정도가 적당하다.
- 하나의 표에 너무 많은 메시지를 전달하지는 않는가? 처음 보는 사람의 입장에서 복잡도를 최소화한다. 보고서 작성에 몰입하다 보면 이것저것 알려주고 싶은 생각에 과다한 정보를 포함하기 쉽다. 정보 과잉은 정보 부족만큼이나 나쁘다. 예를 들어 일정, 일정, 품질 정보를 하나의 표에 표현했다고 하자. 표는 복잡해지고, 이해하기도 힘들어 질 것이다.
- 통계 데이터를 활용한다면 백 데이터의 신뢰성을 점검했는가? 데이터 작업 전 몇 가지 샘플링을 통해 원천 데이터의 신뢰성을 점검하고 나서 본격적인 작업에 들어가는 것이 바람직하다. 고생해서 작업했는데 원천 데이터가 잘못되어 재작업하는 황당한 일이 없도록 한다.

- 보고서 재작업에 대비해 데이터 정의와 계산식을 별도로 정리하였는가? 보고서 작업 후 백 데이터와 계산식을 정리해 두지 않으면, 나중에 다른 사람 또는 본인이 보고서 수정작업을 할 때 고생하게 된다. 보고서 작업을 끝낸 뒤에는 관련 백 데이터를 깔끔하게 정리해두는 것이 좋다. 가공된 데이터를 엑셀의 피벗테이블이나 함수로 저장해두면 백 데이터와 계산식을 별도로 정리할 필요가 없다.

- 이해관계자의 기억에 남을 숫자는 무엇인가? 그 숫자에 신뢰도가 있는가? 대부분의 경영층은 유효시장 규모, 경쟁상품의 성능지표와 같이 중요한 숫자를 잘 기억한다(보고자가 사소하다고 생각한 숫자를 중요하다고 생각하여 기억할 수도 있다). 이해관계자가 중요하다고 생각한 숫자는 생명력이 있어 다양한 사람들이 인용한다. 보고 후 수치가 잘못된 것을 발견하면 바로 수정하여 공유해야 한다. 잘못된 수치를 수정할 타이밍을 놓치면 잘못된 수치를 계속 보고해야 하거나 더 큰 부담을 안고 수치를 수정해야 한다.

- 추정치를 활용할 때 이를 명시했는가? 보고서 작성에 필요한 정확한 데이터를 구할 시간이 없을 때는 추정치 혹은 전문가 의견을 반영한 숫자를 활용할 수 있다. 이 경우 추정치 혹은 실무자 의견임을 밝혀둔다.

- 출처가 불분명한 데이터는 없는가? 특히 인터넷에 떠도는 근거를 확인할 수 없는 데이터를 활용하지 않도록 한다. 중요한 보고서에 개인의 블로그에 인용된 숫자를 사용해서는 안 된다.

5) 보고서 최종 검토

보고서 최종 검토를 할 때는 오탈자, 서체, 행간 등을 확인한다.

- 오탈자는 문서 작성기에서 제공하는 맞춤법 기능을 활용하여 수정한다. 보기 좋은 음식이 먹기에도 좋듯이 내용이 좋아도 오탈자가 있으면 보고서에 대한 신뢰도가 떨어진다.

- 띄어쓰기는 일관성을 유지한다. '명사+명사'는 띄어쓰기의 정답이 없다. 붙여 쓸 수도 띄어 쓸 수도 있는데 같은 용어는 띄어쓰기 일관성을 유지한다.

- 서체나 행간은 좋은 보고서 템플릿을 활용하는 것이 가장 좋다. 특히 여러 사람이 나누어서 보고서 작업을 한다면, 작성표준이 다르기 때문에 문서 통합에 시간이 많이 걸리지 않도록 유의한다.

- 작성한 보고서의 파일 이름은 명명규칙에 따라 부여한다. 조직 내부에서 정의한 명명규칙을 따르면 파일의 내용과 형상에 대한 정보를 쉽게 파악할 수 있어 의사소통에 유용하다. 파일 명명규칙의 예는 '상품기획서_v0.9_

홍 길동_200809(보고서명_버전_작성자_날짜)'와 같다. 버전 부여에 대한 기준은 v0.7(담당자 작성), v0.8(유관부서 토의자료), v0.9(토의시 검토된 내용 보완), v1.0(최종 보고)와 같이 사전에 협의하여 정의한다. 특정 버전에서 여러 번 수정하면 v0.91, v0.92와 같이 소수점을 추가한다.

14.5 프레젠테이션 유의사항

상품관리자와 프로젝트 관리자는 상품개발 과정에서 여러 번의 프레젠테이션을 하며 그 결과는 상품개발뿐만 아니라 상품개발 팀의 사기에도 큰 영향을 미친다. 이번 섹션에서는 발표 자료 작성시와 발표시의 유의사항을 설명한다.

1) 발표 자료 작성시 유의사항
프레젠테이션 자료 작성은 파워포인트를 많이 활용한다. 파워포인트를 작성할 때도 앞서 설명한 보고서 작성의 원칙이 대부분 적용되지만, 추가적으로 유의할 사항은 다음과 같다.

● 기본은 지켜야 한다.

디자인, 색상, 폰트로 승부하지는 않아야 하지만 그것 때문에 신뢰를 잃어서는 안 된다. 사람들의 신뢰를 얻기는 어렵지만 신뢰를 잃기는 쉽다. 디자인만으로 신뢰를 얻기는 힘들지만 수준 이하의 디자인은 신뢰를 잃는다. 조직 내에 주요 보고서 중 최근에 작성된 보고서 하나를 선택하여 형식을 참고한다면 기본은 지킬 수 있다.

● 2분당 1장의 슬라이드가 적합하다.

많은 사람들이 발표 자료의 양에 강박관념이 있다. 제안서도, 프레젠테이션 자료도 양이 적으면 불안해한다. 그래서 분량을 채우다 보면 사족이나 중언부언이 있기 마련이다. 프레젠테이션을 들은 경험을 생각해보라. 발표 시간이 짧다고, 발표 자료의 페이지 수가 적다고 실망한 적이 있는가? 오히려 페이지는 많은데 이해하기 힘들 정도로 설명이 짧거나 혹은 설명 없이 넘어갈 때 불편함을 느끼지 않았는가?

발표를 하다 보면 질문도 받기 때문에 발표시간은 5~10분 정도 일찍 끝나도록 발표 자료를 준비하는 것이 좋다. 질문이 없어 빨리 끝나더라도 그게 좋다. 그렇다고 처음부터 페이지 수를 줄여 단순화하라는 이야기는 아니다. 단순화는 디테일하게 준비했을 때 가능한 작업이다. 여러 페이지를 만들어 자료를 수정하는 과정에서 줄이고 줄여 더 이상 삭제할 페이지가 없을 정도로 압축하는 과정에서 디테일하면서도 단순한 자료가 만들어진다. 더 이상 추가하고 싶은 페이지가 없을 정도로 발표 자료를 많이 만드는 것은 최악이다.

● 파워포인트의 화면비율은 16:9로 설정한다.

보통 4:3의 화면비율을 많이 사용하는데 16:9로 화면비율을 설정하면 가로가 넓어져 보다 많은 정보를 표현할 수 있다. 화면비율 설정은 '디자인 → 페이지 설정'에서 할 수 있다.

● 대비를 활용하여 청중에게 주장하는 내용을 확실하게 각인시킨다.

파워포인트는 화면을 좌우로 나누어 전과 후를 비교하는 메시지 전달에 유용하다. 개발 중인 상품이 없는 현재와 상품이 개발된 미래의 대비나 비교를 잘 활용하면 청중에게 확실한 이미지를 심어줄 수 있다.

대비에서의 핵심은 '현재의 고통'과 '미래의 혜택'을 비교하는 것이다. 발표에 자신이 있으면 스티브 잡스처럼 대비의 이미지를 그림 혹은 사진과 핵심 숫자로만 구성된 간결한 화면으로 설명하는 것도 좋다.

● 리딩 메시지는 간결하면서도 명확하게 작성한다.

파워포인트의 각 슬라이드에서 발표 자료 윗부분에 주장하는 바를 리딩 메시지로 제시하여, 청중들이 눈으로 보면서 발표자의 말을 듣도록 하는 것이 좋다. 이때 리딩 메시지에 형용사와 부사는 사용하지 않는다는 마음가짐으로 자료를 작성한다.

예를 들어 '최신의' '최적의' '신속히' '최대한(최소한)' '효율적(경제적)'과 같은 단어들은 숫자나 명사로 구체화하는 것이 바람직하다. 핵심 숫자는 만들기 힘든 만큼 임팩트도 크다. 리딩 메시지는 한 줄로 요약하고 파워포인트에서 제공하는 '눈금자' 기능을 활용하여 모든 페이지에서 위치를 동일하게 한다.

● 슬라이드는 복잡하게 구성하지 않는다.

너무 요란한 배경화면은 본문 내용을 이해하는 데 장애가 된다. 단색의 배경화면이 좋다. 미적 감각에 자신이 없으면 배경화면을 사용하지 않고 흰색으로 두는 것이 오히려 좋다. 또한 복잡한 표나 다이어그램도 단순화시켜야 한다. 복잡한 다이어그램은 청중들에게 짜증을 유발하게 하고 발표자의 목소리가 들리지 않게 만든다. 슬라이드 자체로 쉽게 이해할 수 있도록 작성해야 하며 서체의 종류, 색깔도 1~2개로 한정하여 처음 보는 사람이 부담을 느끼지 않도록 만들어야 한다. 프레젠테이션은 청중들의 시선, 귀를 집중시킬 수 있어야 한다.

● 한 장의 슬라이드에는 주장 한 가지, 이를 설명하는 근거 두세 가지가 적당하다.

전체를 요약할 때는 여러 가지 이야기를 할 수 있지만, 본문에서는 하나의 주장과 이를 뒷받침하는 근거 두세 가지가 적당하다.

● 질문에 대비한 별첨자료를 준비한다.

예상 질문에 대한 자료를 준비하여 해당 페이지에 설명 내용을 링크로 연결한 뒤 질문이 있을 때 사용한다.

● 마지막 슬라이드는 첫 페이지(발표제목, 발표자)를 띄워놓는다.

마지막에 '감사합니다'라는 페이지를 띄워놓는 경우가 많다. 질문도 유도할 겸, 오늘 이야기한 주제를 명확히 하는 목적에서, 첫 페이지를 띄워 두는 것도 좋다.

● 설명하는 내용이 전체의 어디에 해당하는지 표시한다.

지금 설명하는 내용이 전체 내용 중 어디에 해당하는지를 알려주면 좋다. 슬라이드 상단의 좌측과 우측을 활용하여 대제목과 소제목을 구분하거나, 흐름도(flow chart) 또는 다이어그램의 형태로 목차를 구성한다면 설명하는 주제를 색깔로 강조할 수도 있다. 하단의 페이지도 ○/○로 표시하여 전체 몇 페이지 중 몇 페이지를 설명하고 있는지 알 수 있도록 한다.

● 그래프는 단순화한다.

선 그래프에서 모든 값을 표현하면 복잡하고 시선이 분산된다. 강조를 위해서는 중요한 값 2~3개만 큰 글씨로 보여주는 것이 좋다. 엑셀이나 파워포인트에서 제공하는 기본 기능을 그대로 사용하면 가독성이 낮다. 막대그래프 혹은 파이 차트를 사용할 때도 파워포인트에서 제공하는 기본기능 그대로 범례를 옆이나 아래에 두면 청중이 눈으로 매핑을 해야 하기 때문에, 그래프에서 직접 범례를 수작업으로 만드는 것이 좋다. 연도별 매출 추이와 같이 간단한 그래프는 직접 그리는 것도 무방하다.

2) 발표시 유의사항

상품관리자가 상품기획, 중간 검토, 출시와 관련된 발표를 할 때 유의할 사항은 다음과 같다.

● 상품의 기본정보를 숙지한다.

상품의 중요한 기능, 고객, 시장, 채널, 매출, 경쟁사 현황 같은 최신 정보에 대한 질문은 모든 페이지에서 나올 수 있기 때문에 자료 없이도 설명할 수 있도록 암기하는 것이 좋다. 숫자는 정확하지 않고 근사치로 기억해도 무방하다. 상품관리자나 프로젝트 관리자 기억하지 못하는 내용은 참석자 중 답할 수 있는 사람을 지정하여 답변하도록 한다.

- **상품의 중요한 기능**

  이전 버전의 중요한 기능이 무엇이었고 그에 대한 고객의 평가를 설명할 수 있어야 한다. 또한 발표 중인 상품의 중요한 기능을 어떻게 도출했는지 '고객 VOC / 경쟁상품 / 사업전략'의 관점에서 명확하게 설명할 수 있어야 한다. 경쟁상품 대비 상품기능의 품질이나 성능은 숫자로 비교할 수 있으면 좋다.

- **고객 및 시장**

  목표시장의 선정 논리, 고객의 불편사항(pain point), 세그먼트별 규모, 성장률, 경쟁사의 시장점유율도 별첨으로 준비하거나 중요한 내용을 기억하면 좋다. B2B 상품은 중요한 사업기회(고객명, 사업 규모)를 기억해야 한다.

- **채널**

  Top 5 채널의 매출, 채널별 유통구조, 채널의 인센티브 정책을 기억한다.

- **매출**

  정확한 숫자가 아니라도 과거 3년 정도와 내년의 예상 매출, 수익률을 성장률과 함께 기억한다. 세분시장별 수치는 별첨으로 준비해 둔다.

- **조직 내부 상품 시연시 다음에 유의한다.**

  상품 시연은 '상품 개발배경 → 발표 시나리오 → 시연 → 요약'의 순서로 진행한다. 맥락 없이 개발한 기능을 순서대로 모두 시연하는 것은 최악이다. 상품개발 팀의 관점이 아니라 고객의 관점에서 의미 있는 시나리오를 선택한다.

- **상품 개발배경**

  보고받는 사람의 상품이해도를 고려하여 시연상품의 개발배경을 간단히 설명한다. 특히 핵심기능의 기획 근거와 중요한 이해관계자가 관심을 가지는 사항은 반드시 짚어야 한다.

- **발표 시나리오**

  시연을 통해 설명하고자 하는 고객가치를 명확하게 전달한다. 어떤 고객이, 어떤 상황에서, 무엇 때문에 시연상품을 사용하는지 설명한다. 또한 다양한 디바이스(노트북, 태블릿, 스마트폰)에서 사용하는 상품이라면 이를 연계한 시나리오를 개발하는 것도 좋다. 예를 들어 사용자는 스마트폰으로 상품 정보를 조회하고, 매장 직원은 태블릿으로 고객에게 상품을 설명하고, 매장 관리자는 노트북으로 매출을 조회하는 형식이다.

- **시연**

  각 화면마다 설명하고자 하는 포인트를 명확하게 정해놓는다. 시나리오와 관련되지 않는 기능은 스킵한다.

- 요약

  시연 후엔 시연 내용을 유즈케이스(use case)형태로 간단히 요약한다. 상품출시, 마케팅에 대한 질문이 나올 수 있기에 관련 자료도 미리 준비해 둔다.

- **B2B 상품의 고객 시연시 다음에 유의한다.**

- **고객이 사용하는 용어를 사용한다.**

  고객을 대상으로 하는 상품 시연은 고객의 업무상황을 구체적으로 설정한 뒤 고객에게 익숙한 용어로 상품이 고객에게 제공하는 가치를 설명한다. 이를 위해서 도입부에 고객의 비즈니스 상황과 시연상품과의 관계를 간단히 설명한다.

- **레퍼런스가 부족한 상품을 시연할 때는 곤란한 질문이 많을 수 있다.**

  해당 업종에서 상품 적용 레퍼런스가 없다면, 고객은 시범 적용 대상이 되기 싫다거나, 상품품질이 의심된다는 등 곤란한 질문을 많이 할 수 있다. 당황하지 않고 고객을 안심시킬 수 있는 답변을 준비한다.

- **고객 업무수행을 폄하하지 않는다.**

  상품을 홍보하기 위해 고객의 업무수행을 비하하지 않도록 한다. 예를 들어 '고객사의 데이터 품질이 낮아 분석을 할 수 없다'와 같은 표현은 '분석을 위해 고객사 데이터 정제가 필요하다'는 식으로 설명한다.

- **시연하는 상품을 고객이 선택해야 하는 이유(compelling reason)를 명확히 밝힌다.**

  '오랜 경험' '시장점유율'과 같이 모호한 이유보다 고객이 시연상품을 선택해야 하는 구체적인 이유를 명확히 설명한다. 레퍼런스를 확보하기 위한 상품 시연을 한다면 고객에게 특별히 제공할 수 있는 혜택이 있어야 한다.

- **발표 자료의 슬라이드는 듣는 것을 도와주는 도구다.**

  발표 자료를 그대로 읽는 것은 최악이다. 발표자가 청중에게 전달할 것은 메시지이지 파워포인트 내용이 아니다. 자료를 읽는다고 청중에게 등을 보이는 것은 예의가 아니다. 발표 내용을 사전에 충분히 소화하여 발표 자료에는 키워드를 담고, 발표자는 청중을 보면서 보충설명을 해야 한다.

- **사전에 충분한 리허설을 실시한다.**

  중요한 발표는 사전에 충분한 리허설을 해서, 출력물을 손에 들고 발표하지 않도록 한다.

- **슬라이드와 슬라이드의 연결은 자연스럽게 한다.**

  새로운 슬라이드를 시작할 때 '연결 어구'를 미리 생각하여 슬라이드와 슬라이드의 흐름을 자연스럽게 한다. 예를 들어 "본 발표의 주제는~" "이상의 내용을 종합해 볼 때 개선방안은 다음과 같습니다" 등의 연결 어구를 미리 준비한다.

● 새로운 슬라이드를 시작할 때는 잠깐 쉰다.

새로운 슬라이드를 시작할 때는 잠깐 쉬는 시간을 두어 청중이 제목을 이해할 시간을 제공한다.

● 목소리는 크고 자신 있게 한다.

목소리는 약간 크게 하여 청중들이 발표자의 확신과 자신감을 느끼게 한다.

● 프레젠테이션 도구를 사용한다.

- 슬라이드를 자동으로 넘기는 도구를 준비하여 "다음"이라는 말을 사용하지 않도록 한다. 슬라이드를 자동으로 넘기는 도구는 손바닥 안에 감싸 외부로 노출을 최소화한다.

- 레이저 포인트는 필요할 때만 사용한다. 설명할 내용에 레이저 포인트의 빛을 빙빙 돌리면 청중은 어지러워진다. 강조를 위한 레이저 포인트의 빛은 해당 내용에서 잠깐 멈춘다.

- 움직이면서 발표를 할 때는 빔 프로젝트의 빛을 막지 않도록 유의한다.

● 시간에 쫓기지 않는다.

시간제약 때문에 빨리 이야기하지 않도록 한다. 청중으로 하여금 시간에 쫓기는 느낌을 주어서는 안 된다. 시간이 모자라면 아예 페이지를 그냥 넘기는 것이 좋다. 앞 발표 때문에 본인 발표시간이 줄어드는 상황이 있을 수 있다면 발표자료 요약본을 준비하는 것도 좋다.

● 질문에 대한 대응

- 곤란한 질문을 혼자서 많이 하는 사람에게는 별도로 답변을 드리겠다고 하여 전체 시간을 조절한다.

- 질문을 받았을 때 해당 질문의 내용을 요약하여 설명한 뒤 답변하면 청중들이 질문의 내용을 정확하게 이해할 수 있다.

- 잘 모르는 질문은 솔직히 인정하고, 별도로 답변을 드리겠다고 한다.

- 초반에 질문이 있다는 것은 그만큼 청중이 내용에 관심 있다는 것이다. 다만, 전체 시간에 지장이 없는 만큼 초반 질문을 허용한다.

● 청중 모니터링

- 청중들이 너무 어려워하거나 따분해하면 발표자가 적절하게 대응해야 한다. 청중의 집중도에 따라 해당 슬라이드의 내용을 상세하게 설명할 수도, 아니면 가볍게 건너뛸 수도 있다.

- 눈 맞춤을 적절하게 활용한다. 여러 청중에게 골고루 시선을 주는 것이 좋다. 한 사람의 눈을 집중적으로 보면 상대방이 부담을 느끼기 때문에 두세 명의 얼굴에 초점을 두고 시선을 움직이는 것이 바람직하다.

● 잘못된 발표 자료에 대한 대응

프레젠테이션 도중 내용에 오류가 있으면 사과하기보다는 침착하게 잘못된 내용을 바로잡고 설명을 이어나간다. 당황하여 사과를 하는 모습은 자신감이 없어 보인다. 청중이 알기 힘든 오류라면 언급할 필요도 없다.

● 자기의 실력을 과시하려는 사람은 가볍게 인정한다.

고위층 앞에서 자기의 실력을 과시하고자, 핵심을 벗어난 문제점을 지적하는 참석자가 있을 수 있다. 이때 발표자가 상세한 답변이나 논쟁을 하는 것은 좋지 않다. 자기 실력을 과시하고자 하는 사람은 발표자의 답변에는 관심이 없다. 좋은 의견이라고 인정하고, 향후 검토해보겠다고 한 뒤 다음으로 넘어가도록 한다. 시간을 끌고 논쟁하다 보면 동조세력이 생길 수 있다.

● 장비는 사전에 점검한다.

발표 장소에 30분 정도 여유를 가지고 도착하여, 마이크, 동영상, 폰트 등이 제대로 작동되는지 확인한다. 원격회의 참석자가 있다면 온라인 참석자의 음성, 화면 제어도 사전에 확인한다.

● 완료보고회(또는 출시 보고) 참석자를 신중하게 선정한다.

완료보고회의 참석자는 그 동안 프로젝트에 참여했던 이해관계자에 국한하는 것이 좋다. 프로젝트에 참여하지 않은 사람일수록 원점에서 프로젝트를 바라보기 때문에, 프로젝트 관리자에게 당혹스러운 질문을 던지기 쉽다.

다음 내용은《사람에 대한 100가지 사실》(2012)을 참고하여 정리한, 발표할 때 유의할 사항이다.

● 일시 정지는 청중의 집중을 돕는다.

주의를 집중하기 위해서는 프레젠테이션 흐름을 청중이 예측할 수 없도록 한다. 질문을 하고, 움직이는 것도 도움이 되지만 짧은 시간 동안의 일시 정지도 유용하다. 일시 정지는 방금 한 말, 혹은 이제 할 말을 강조하는 효과가 있다. 어색하지 않게 일시 정지를 하려면 녹음을 통해 연습하고 직접 들어봐야 한다.

● 청중들이 멀티태스킹을 하지 않도록 만든다.

청중들이 프레젠테이션 도중 컴퓨터를 사용하거나, 필기에 집중하는 것은 바람직하지 않다. 자세한 내용의 유인물을 사전에 배포하면 그것을 읽느라 프레젠테이션에 집중하지 않는다. 또 상세 유인물을 나중에 공유 받는다는 사실을 알지 못하면 필기에 집중한다. 따라서 유인물은 최대한 간단하게 배포하고 프레젠테이션 상세 자료를 별도 제공한다고 프레젠테이션 시작 시점에 알린다. 발표자가 프레젠테이션을 장악하기 위해서는 참석자들이 노트북 또는 모바일폰에 집중하지 않도록 명확하게 요청해야 한다. 참석자의 20% 정도만 다른 업무를 해도 발표장의 분위기는 금방 오염된다.

● **발표 장소 좌석의 3분의 2 이상을 채운다.**

발표 장소 내 빈 좌석이 적을수록 청중의 집중도가 높아진다. 좌석의 절반 이상이 빈 발표장에서는 청중의 집중도가 낮아진다. 적어도 좌석의 3분의 2 이상을 채울 수 있는 발표 장소를 선정한다. 참석자가 적으면 작은 회의실이 적합하다.

● **슬라이드를 돋보이게 하려고 발표 장소 조명을 너무 어둡게 하지 않는다.**

슬라이드를 잘 보이게 하려고 발표 장소의 조명을 어둡게 하지 않는다. 청중이 발표자를 잘 볼 수 있도록 하는 것이 중요하다. 뿐만 아니라 참석자들이 자기 메모와 자료를 볼 수 있어야 한다.

● **도입부에 자신 있는 모습을 연출한다.**

다른 사람이 발표자를 소개하는 자리라면 사회자가 본인을 설명할 자료를 사전에 전달한다. 발표자 소개자료는 경험과 신뢰성을 내세우되 짧고 말하기 쉬워야 한다. 사람들은 발표자의 첫 보디랭귀지에 반응한다. 걸음걸이, 선 자세, 표정, 시선 맞추기 등은 당신이 초조한지, 자신 있는지, 신이 났는지에 대한 여부를 청중에게 전달한다. 청중을 바라보며 약간의 미소를 짓고 심호흡을 한 뒤 발표를 시작한다. 본인에게는 긴 시간처럼 느껴지겠지만 청중에겐 그렇게 보이지 않는다.

● **손동작에도 의미가 있다.**

● 손을 펴서 손바닥을 위로 하는 것은 청중들에게 무엇을 요구한다는 의미이다.
● 손을 펴서 손바닥을 45도 각도로 기울이는 것은 당신이 정직하다는 의미이다.
● 손가락을 모은 채 손을 90도 각도로 세우는 것은 자기가 하는 말에 확신과 전문지식이 있다는 의미다.
● 양손을 앞쪽에서 잡는 것은 불안하거나 망설인다는 의미다.
● 양손을 허리춤에 올린 자세는 지나치게 공격적인 자세다.
● 자기 몸보다 큰 손동작은 통제 불능인 것처럼 보인다.

● **상품의 실물을 보여준다.**

예를 들어 단계별 검토를 위한 발표 자리에서는 해당 단계에서 가장 완성도 높은 실물을 보여준다. 실물을 보여줄 수 없는 소프트웨어 상품은 실물에 가장 가까운 동영상을 준비한다.

14장 핵심요약

14.1 의사소통 개요
- 효과적인 의사소통은 원하는 내용을 정확하게 전달하는 것이고, 효율적인 의사소통은 원하는 내용만 전달하는 것이다.
- 바람직한 의사소통은 수신자의 이해(understand)를 넘어 수용(acceptance)을 유도하는 것이다.
- 의사소통할 내용과 상대방에 따라 적합한 의사소통 수단을 선택하는 것이 중요하다.

14.2 이해관계자 분석
- 이해관계자는 '프로젝트 결과에 영향을 받기 때문에 프로젝트 수행과정과 프로젝트 팀원에 영향을 미치려고 하는 개인이나 그룹'이다.
- 부정적인 영향력은 최소화하고 긍정적인 영향력은 최대화하는 이해관계자 관리전략을 수립해야 한다.
- 이해관계자 관리시 유의사항
  - 초반부에 이해관계자의 이해관계를 식별한다.
  - 중요한 이해관계자는 각각 별도로 소통전략을 수립한다.
  - 중요한 이해관계자들에게는 기획심의, 중간 검토, 출시 심의 전에 미리 발표 내용을 설명한다.
  - 쟁점사항은 쉽게 해결되지 않는다.
  - 논리적 설명보다 정서적 공유를 중요하게 생각한다.
  - 좋은 소식은 나누어 전달하고 나쁜 소식은 한 번에 전달한다.
  - 중요한 메시지는 반복적으로 강조하는 소통을 한다.

14.3 개인의 의사소통 역량 향상
- 잘 듣는 방법
  - 집중해서 듣고 있다는 메시지를 전달한다.
  - 오픈 마인드로 청취한다.
  - 상대방의 느낌 등 의사소통 상황을 종합적으로 이해하려고 노력한다.
  - 상대방의 대화를 자르지 않는다.
- 피드백을 잘하는 방법
  - 이해한 내용을 피드백한다.
  - 질문의 답을 장황하게 하지 않는다.
  - "당신은~(You statement)" 대신에 나는~(I statement)"을 사용한다.
  - 피드백을 제공할 때에는 최근의 구체적 사례를 중심으로 이야기한다.
  - 긍정적 피드백도 소홀히 하지 않는다.
  - 말 이외의 제스처, 표정, 목소리에도 유의한다.
- 이메일을 효과적으로 사용하는 방법
  - 두괄식으로 결론부터 제시한다.
  - 전송 전에 내용을 검토한다.
  - 스마트폰으로 메일을 볼 때의 가독성을 고려한다.
  - 메일 제목은 내용을 쉽게 파악할 수 있도록 작성한다.
  - 부정적 답변은 신중하게 작성한다.
  - Re-Re-Re-Re-Re-Re-Re―는 자제한다.

14장 핵심요약

- 가급적 신속하게 답장을 보내라.
- 비밀 참조를 최소화한다.

14.4 보고서 작성시 유의사항

- ●보고 대상자를 분석할 때 고려할 사항
  - 보고 대상자의 성향에 따라 두괄식 보고서와 미괄식 보고서를 결정한다.
  - 보고 대상자가 보고 주제에 관해 알고 있는 지식을 파악한다.
  - 보고 대상자의 개인적 성향이나 관심사항을 파악한다.
  - 이전에 보고했던 내용을 파악한다.
- ●보고서 목차를 정의할 때 사용할 수 있는 틀
  - 현상진단 → 문제분석 → 대안 제시
  - 투자 → 결과 → 기대효과 분석
  - 일의 순서 (계획 → 실행 → 통제)
  - 시간의 흐름 (과거 → 현재 → 미래)
  - 관점 (숲 → 나무)

14.5 프레젠테이션 유의사항

- ●발표 자료 작성시 유의사항
  - 2분당 한 장의 슬라이드가 적합하다.
  - 대비를 활용하여 청중에게 주장하는 내용을 확실하게 각인시킨다.
  - 한 장의 슬라이드에는 주장 한 가지, 이를 설명하는 근거 두세 가지가 적당하다.
  - 일반적인 서체를 사용한다.
  - 그래프는 단순화한다.
- ●B2B 상품의 고객 시연시 유의사항
  - 고객의 상황에서 고객이 사용하는 용어를 사용한다.
  - 레퍼런스가 부족한 상품 시연시 곤란한 질문이 많을 수 있다.
  - 현 고객의 업무수행을 깎아 내리지 않도록 해야 한다.
  - 시연하는 상품을 고객이 선택해야 하는 이유를 명확히 한다.
- ●발표시 일반적인 유의사항
  - 발표 자료의 슬라이드는 듣는 것을 도와주는 도구다.
  - 사전에 충분한 리허설을 실시한다.
  - 슬라이드를 넘길 때는 잠깐 쉰다.
  - 목소리는 크고 자신 있게 한다.
  - 시간에 지배되지 않도록 조절한다.
  - 장황한 답변 혹은 논쟁은 피하도록 한다.
  - 자기의 실력을 과시하려는 사람은 가볍게 인정한다.
  - 완료보고회 참석자를 신중하게 선정한다.
  - 발표 장소 좌석의 3분의 2 이상을 채운다.
  - 도입부에 자신 있는 모습을 연출한다.

15

위험관리

15장에서는 상품개발의 위험관리를 설명한다. 상품개발의 '위험'이란 상품관리자의 의도나 가설대로 되지 않을 가능성을 의미한다. 위험관리는 '위험식별 → 위험분석 → 위험대응 계획수립 → 대응계획 이행 → 위험통제'의 순서로 진행된다. 상품관리자가 수행하는 대부분의 활동이 신상품 개발의 위험을 식별하고 줄이기 위한 활동이다. 대표적인 활동이 상품기획에 대한 가설을 출시 전에 검증하는 것이다.

15장에서는 안티프래질의 개념, 위험을 식별하는 방법, 식별된 위험의 우선순위를 결정하는 방법, 위험에 대응전략의 유형 및 대응 계획수립시 유의사항, 위험을 모니터링하는 방법, 상품개발 단계별 검토(gate review)를 운영할 때 유의사항을 설명한다.

15.1 위험관리 개요

상품을 개발하는 것은 위험하지만 개발하지 않는 것은 더 위험하다. 자전거에서 내리지 않는 한 자전거를 멈추고 있는 것은 더 위험하기에 계속 페달을 밟아야 하는 것과 같다. 따라서 상품개발의 위험은 피할 대상이 아니라 관리할 대상이다. 이번 섹션에서는 위험의 기본 개념을 이해하기 위해 위험의 정의, 질병과 위험의 공통점, 신상품 위험관리 개요, 안티프래질을 설명한다.

1) 위험의 정의

상품개발의 위험은 사업위험과 기술위험으로 나눌 수 있다. 사업위험은 비즈니스 목표를 달성하지 못할 위험이며, 기술위험은 상품개발의 납기, 품질목표를 달성하지 못할 위험이다. 사업위험은 상품관리자의 책임이고, 기술위험은 프로젝트 관리자의 책임이다. 사업위험은 기술위험을 포함하는 상위의 개념이다.

위험의 정의는 '프로젝트 또는 사업목표에 긍정, 부정적인 영향을 끼치는 불확실한 사건이나 조건'이며 핵심개념은 '불확실성'과 '긍정, 부정적인 영향'이다.

● 불확실성

상품기획서와 상품개발 계획서에서는 불확실한 것을 그대로 표현하기 힘들기 때문에 불확실성을 극복하고 목표를 달성하겠다는 의지를 담는다. 상품관리자는 매출/수익을 달성 가능하다고 가정하며, 프로젝트 관리자는 상품개발의 납기와 품질목표를 달성 가능하다고 가정한다(그림 15.1).

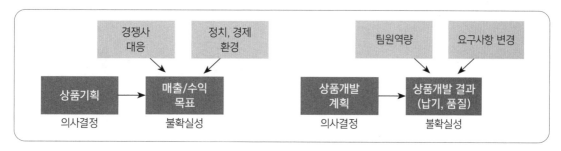

그림 15.1 상품개발의 불확실성 예시

《불확실성 경영》(2009)에서는 사업의 미래 시나리오에 따라 불확실성의 유형을 아래와 같이 구분한다.

● 예측 가능한 명확한 미래 미래 상황을 예측할 수 있으며 의사결정이 용이한 상

황. 저가 항공사 진입에 대한 기존 항공사의 대응 전략 수립이 이에 해당한다.

- **선택 대안이 있는 미래** 몇 개의 시나리오에 대해 확률 평가를 할 수 있는 상황. 정부의 규제 또는 법률의 변화, 경쟁사의 설비확장 시나리오 등이 이에 해당한다. 어떤 결과가 발생할지 예측은 힘들지만, 시나리오와 확률을 알기 때문에 최적의 안을 선택할 수 있다.

- **발생 가능한 범위만 파악 가능한 미래** 발생 가능한 범위만 파악할 수 있고 전체 시나리오 파악이 힘든 상황. 완전히 새로운 상품/서비스 출시의 결과가 이에 해당한다.

- **완전히 모호한 미래** 시나리오의 범위조차 파악되지 않는 상황. 인터넷 초기, 스마트폰 초기 때 관련 사업의 영역이 이에 해당한다.

이상의 네 가지 유형을 정리하면 그림 15.2와 같다.

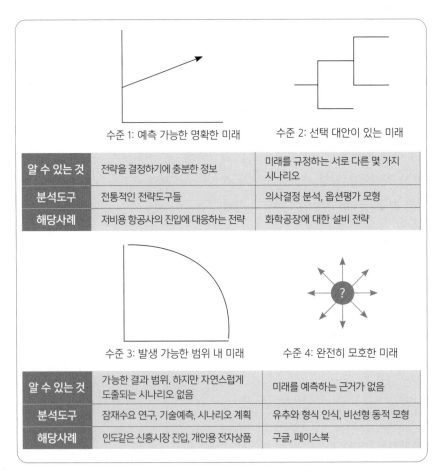

수준 1: 예측 가능한 명확한 미래 / 수준 2: 선택 대안이 있는 미래

알 수 있는 것	전략을 결정하기에 충분한 정보	미래를 규정하는 서로 다른 몇 가지 시나리오
분석도구	전통적인 전략도구들	의사결정 분석, 옵션평가 모형
해당사례	저비용 항공사의 진입에 대응하는 전략	화학공장에 대한 설비 전략

수준 3: 발생 가능한 범위 내 미래 / 수준 4: 완전히 모호한 미래

알 수 있는 것	가능한 결과 범위, 하지만 자연스럽게 도출되는 시나리오 없음	미래를 예측하는 근거가 없음
분석도구	잠재수요 연구, 기술예측, 시나리오 계획	유추와 형식 인식, 비선형 동적 모형
해당사례	인도같은 신흥시장 진입, 개인용 전자상품	구글, 페이스북

그림 15.2 불확실성의 유형(출처: 《불확실성 경영》, 2009)

● 긍정, 부정적인 영향

세상에 불확실한 사건은 많고 같은 사건이라도 프로젝트에 미치는 영향력은 다르다. 예를 들어 소프트웨어 개발 프로젝트에서는 날씨가 위험요소가 되지 않지만, 아파트를 건설하는 프로젝트에서는 날씨가 중요한 위험요소이다. 기술목표, 사업목표에 영향을 끼치지 못하는 불확실성은 위험이 아니다.

2) 질병과 위험의 공통점

위험을 질병에 비유해보면 위험의 정의 혹은 위험관리를 더 쉽게 이해할 수 있다. 질병과 상품관리 위험의 공통점은 다음과 같다.

- 큰 병으로 발전하기 전에 징후가 있다. / 상품개발의 문제로 전이되기 전에 징후가 나타난다.
- 병의 예방이 중요하다. 사후관리는 늦다. / 상품개발의 위험예방이 문제해결보다 중요하다.
- 자각 또는 객관적 진단을 통해 징후나 위험을 인식한다. / 체크리스트를 활용하여 상품개발의 위험을 식별한다.
- 지구온난화, 미세먼지, 바이러스 등 개인이 통제하기 힘들지만 질병을 유발하는 위협이 있다. / 전쟁, 경제위기, 기술혁신, 비즈니스 모델 변화 등 개별기업이 대응하기 힘든 위협이 있다.
- 질병은 합병증이 있다. / 상품개발에는 결합위험이 있다.
- 질병의 원인, 병, 수명으로 구분할 수 있다. / 위험의 원인, 위험, 영향력으로 구분할 수 있다.
- 모든 질병을 원천적으로 예방하는 것은 거의 불가능하다. / 모든 프로젝트가 많은 위험에 노출되어 있다.
- 질병을 치료하는 과정에서 부작용이 생기기도 한다. / 위험관리를 하는 과정에서 파생위험이 발생한다.
- 여러 질병이 있다면 치료 우선순위를 결정한다. / 여러 위험이 있다면 위험대응 우선순위를 결정한다.
- 같은 질병이라도 환자의 상태에 따라 심각한 정도가 달라진다. / 같은 위험이라도 기업의 재무건전성에 따라 위험의 정도가 달라진다.
- 질병의 상태는 고정되어 있는 것이 아니라 역동적으로 변한다. / 위험은 내부 외부 상황에 따라 역동적으로 변한다.

3) 상품개발 위험관리의 특징

상품개발의 단계별 검토활동과 '콘셉트 테스트, 사용성 테스트, 시장 테스트'는 신상품 위험을 최소화하기 위한 활동이다. 상품출시 후 발생 가능한 위험을 파악하기 위해서는, 타임머신을 타고 미래로 가서 무엇 때문에 실패했는지 생각해 보는 시간을 가지는 것이 좋다.

상품기획은 검증되지 않은 가정으로 가득하다. 다음과 같은 가정들은 반드시 검증해야 한다.

- 고객들은 우리 상품의 가치에 공감하고 지갑을 열 것이다.
- 고객들은 부담 없이 구매처를 기존 구매처에서 우리 회사로 바꿀 것이다.
- 채널들은 우리 상품을 판매하기 위해 노력할 것이다.
- 경쟁사는 가격 인하와 같은 비합리적인 대응은 하지 않을 것이다.
- 회사 내 이해관계자들은 우리 상품의 가치를 인정하고 지지할 것이다.

《신제품 개발 바이블》(2016)에 나오는 상품개발의 위험관리 원칙을 정리하면 다음과 같다.

- 상품개발의 불확실성이 높은 단계에서는 위험(투자)금액을 낮게 유지하라.
- 불확실성이 감소할 때 위험금액을 증가시킨다. 어디로 향하는지 알게 되면 좀 더 크게 움직인다(그림 15.3).
- 각 단계를, 불확실성을 줄이는 수단으로 간주한다. 추가 정보 확보가 불확실성 감소의 열쇠이다.
- 시기 적절한 평가와 결정, 중단 지점을 제공해야 한다.

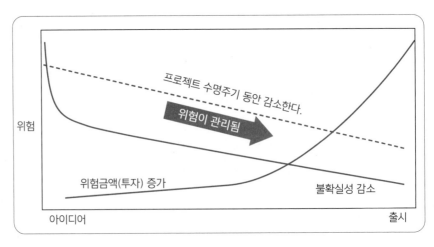

그림 15.3 상품개발의 단계별 불확실성과 투자(출처: 《신제품 개발 바이블》, 2016)

4) 안티프래질

2008년 금융위기를 예측한 《블랙스완》(원서 2007, 번역 2018)의 저자인 나심 탈레브(Nassim Nicholas Taleb)는 불확실성에 대한 연작물을 저술하였는데 대표작으로는 《안티프래질》(2013)이 있다. 상품개발의 위험관리 영역에서 참조할 수 있는 《안티프래질》의 내용은 다음과 같다.

● **안티프래질(antifragile)의 개념**

안티프래질은 사전에 없는 단어이다. 프래질(fragile)은 유리와 같이 '충격에 약한'것을 의미한다. 안티프래질은 프래질의 반대말로 '충격을 받을수록 강해지는'이라는 의미이다('충격에 강한'이 아니다).

일반적으로 물체는 충격을 받으면 모양이 깨지거나 파괴된다. 그러나 생태계나 유기체의 속성을 가지고 있는 것은 충격을 받을수록 강해질 수 있다. 인류가 진화를 해온 것이나 문명을 이룩한 것은 모두 위협(충격)에 대응하여 더 강해진 결과라고 할 수 있다. 우리 주변에서 안티프래질 개념을 적용할 수 있는 것은 많다. 단식, 웨이트 운동은 신체에 충격을 주어 몸을 건강하게 만드는 안티프래질의 개념이다. 주식이 금융위기에 약한 프래질 상품이라면, 옵션은 금융위기가 클수록 큰 수익을 볼 수 있는 안티프래질 상품이다. 출시 후 상품의 큰 개선은 상품을 프래질하게 만들지만, 출시 전 상품의 개선은 상품을 안티프래질하게 만든다. 상품기획 단계에서 고객에게 충격을 많이 받을수록 상품은 안티프래질해진다.

● **미래를 예측하지 못해도, 충격에 프래질해서는 안된다.**

상품개발의 결과를 예측하는 것은 힘들다. 그러나 상품개발의 결과에 따라 기업이 망할 정도가 되어서는 안 된다. 포트폴리오 관리를 할 여유가 없는 스타트업은 예외이다. 개인의 자산관리도 마찬가지이다. 실패를 예측하는 노력보다 실패의 크기를 제한하는 것이 중요하다.

● **작은 산불은 큰 산불을 예방한다. (작은 실패를 용인하고 장려하라)**

작은 산불은 큰 산불을 예방한다. 작은 산불이 낙엽이나 나뭇가지처럼 인화성 물질을 없애기 때문이다. 실제로 호주 원주민들은 덤불에 작은 불을 붙여 태우는 방식으로, 큰 화재가 발생했을 때 불이 번지는 것을 막는다. 상품개발도 마찬가지다. 상품개발의 작은 실패에서 배운 교훈을 적용하면 큰 실패를 예방할 수 있다. 작은 실패도 허용하지 않기 위해 프로세스와 관리체계를 복잡하게 운영하면 작은 실패에는 강하지만, 큰 실패에는 취약하다. 정부의 복잡한 규제가 초래하는 부작용이 대표적인 예이다.

● 지나치게 많은 정보는 해롭다.

데이터를 자주 볼수록 유의미한 신호보다 의미 없는 잡음을 많이 접한다. 금융거래는 하루를 기준으로 볼 때 5%의 신호를 제외한 95%가 잡음이다. 매일, 자주 듣는 건강정보도 자주 섭취하는 설탕과 같이 정신건강에 좋지 않다. 건강정보에 집중할수록 잡음에 근거한 의사결정 확률이 높기 때문이다. 고객이 상품을 구매하는 이유는 복잡하지 않다. 찾아내기가 어려울 뿐이다. 인터넷 정보를 분석하는 시간을 줄이고 상품의 본질을 고민하는 시간을 늘리는 것이 성공으로 가는 지름길이다.

● 양극단을 추구하는 바벨(역기) 전략이 때로는 유용하다.

개인의 자산관리에 비유하면 90%의 재산은 안전한 상품으로 보유하고, 10% 재산은 위험이 매우 높은 상품에 투자하는 것이다. 중간 정도의 위험에 모든 자산을 투자하면 큰 위기에 매우 취약해진다. 이는 상품 포트폴리오 운영에서도 마찬가지이다. 위험이 매우 높은 상품의 포트폴리오를 일정비율 유지하는 것이 바람직하다. 사내 벤처제도가 대표적인 예이다. 안정적인 직업이 있는 개인이 퇴근 후 본인이 정말 좋아하는 일(창작, 유튜버)을 하면 큰 실패를 할 확률이 없으면서도 큰 성공을 할 수도 있다.

● '증거의 부재'가 '부재의 증거'는 아니다.

건강검진을 통해 암을 발견하지 못했다고 암이 없다는 증거가 되지는 않는다. 마찬가지로 상품이 성공한다는 증거가 없다고 해서 실패한다는 것을 의미하지는 않으며 반대의 경우도 마찬가지다. 경영진이 요청하는 성공의 근거를 제시하지 못한다고 그 상품이 실패하는 것은 아니다. 특정 주장이 옳다는 것을 입증하기는 무척 힘들지만 특정 주장이 틀렸다는 것은 반대 사례 하나만 있으면 충분하다. 세상의 백조가 모두 흰색이라는 것(긍정적 지식)은 입증하기 힘들지만, 세상의 백조가 모두 흰색은 아니라는 것(부정적 지식)은 다른 색깔의 백조 한 마리면 충분하다.

● 개체가 프래질해야 전체가 안티프래질하다.

생태계가 건강하려면(안티프래질하려면) 생태계를 구성하는 개별은 프래질해야 한다. 개별 인간은 프래질하지만, 인류는 안티프래질하다. 경제가 안티프래질하려면 개별 기업은 프래질해야 한다. 개별 기업의 프래질은 국가 경제의 안티프래질을 위해 필요하다. 상품개발도 마찬가지다. 실패를 받아들이고 프래질한 상품을 쉽게 중단할 수 있어야 전체 상품 포트폴리오가 건전해진다.

● 어설픈 개입은 해롭다.

무언가를 하는 것이 하지 않는 것보다 쉽다. 환자에게 아무것도 하지 않는 의사는 무능력해 보일 수 있다. 그러나 의사가 섣불리 치료를 하지 않는 이유는 우리 몸에는 자가치유력이 있어 어설픈 개입이 해가 될 수 있기 때문이다. 상품 개발도 경영층이나 관리 부서가 지나치게 개입하고 통제하면 부작용이 많아진 다. 경영층이 개입하지 않은 상태에서 상품개발 팀원들이 협업하고 소통하며 문제를 해결하는 것이 단기적으로는 느리게 보여도 장기적으로는 조직을 안티프래질하게 만든다.

● 승부의 책임(skin in the game)을 장려한다.

의사결정에 대한 책임은 져야 한다. 로마시대에 다리를 만든 사람은 일정기간 동안 다리 아래에 집을 짓고 살았다. 상품개발과 관련된 이해관계자를 닭과 돼지로 은유하기도 한다. 아침 식사를 만들 때 닭은 자신이 희생되지 않는 대신 계란을 내어주고 돼지는 자신의 살을 도려내어 베이컨을 준다. 프로젝트 결과를 책임지는 상품개발 팀은 돼지로, 품질보증 팀과 재무 팀은 닭에 비유하는 경우가 많다. '돼지'들이 열심히 창의적으로 일할 수 있는 프로젝트 환경을 제공하고 '닭'들이 의사결정에 미치는 영향이 적도록 해야 한다.

금융기업에서는 다른 사람을 프래질하게 만든 대가로 본인이 안티프래질 해지는 사례가 많다(예: 노인들에게 고위험 파생상품을 판매). 상품개발 팀을 프래질하게 만들수록 안티프래질해지는 부서는 기업 내부에 없어야 한다.

아래는 필자가 《안티프래질》에서 좋아하는 문구이다.

> 바람은 촛불은 꺼뜨리지만 모닥불은 살린다. 무작위성, 불확실성, 카오스도 마찬가지다. 나는 당신이 이런 것들을 피하지 않고 활용하기를 원한다. 불이 되어 바람을 맞이하라.

5) 케네빈 프레임워크(Cynefin framework)

케네빈 프레임워크는 IBM에 재직했던 스노덴(Dave Snowden)이 2007년 《하버드 비즈니스 리뷰》에 게재한 후 널리 알려진 개념으로, 불확실한 정도를 다섯 가지 유형으로 나누어 그에 적합한 의사결정 방안을 제시하고 있다(그림 15.4). 케네빈 프레임워크에 의하면 조직이 학습할수록 불확실성은 시계방향인 '혼돈 → 복잡 → 복합 → 단순'으로 전환된다. 이는 암묵지가 형식지로 전환되는 과정과 유사하다(Cynefin은 스노우덴의 고향인 웨일스의 단어로 '우리가 이해할 수 없는 방법으로 우리에게 영향을 미치는 환경과 경험'을 의미한다).

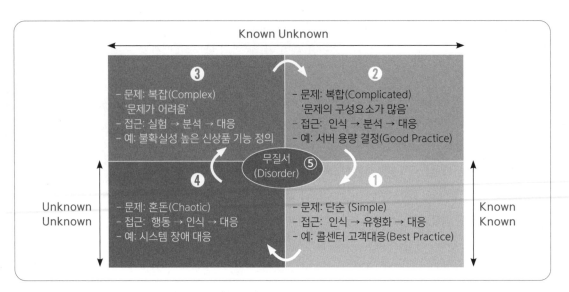

그림 15.4 케네빈 프레임워크(출처:《하버드 비즈니스 리뷰》, 2007)

❶ 단순한 문제(Simple): 모범사례의 영역

불확실성이 거의 없는 known known(불확실성이 있다는 것도 알고, 불확실성의 내용도 안다는 의미)의 상황이다. 이런 유형의 문제는 정해진 매뉴얼에 따라 대응하면 된다. 상황을 인식하고, 적용할 문제해결의 유형을 결정하고 모범사례(best practice)를 적용하면 된다. 그러나 과거의 성공 경험에 안주하다 보면 그림 15.4처럼 바로 옆 '혼돈'으로 이어질 수 있다. 나심 탈레브는 이를 '검은 백조(black swan)'에 비유했다.

❷ 복합적인 문제(Complicated) : 전문가의 영역

복합적(complicated) 문제와 복잡한(complex) 문제는 구분해야 한다. 복합적 문제는 고려할 구성요소가 많고 상호작용이 많아서 불확실해지고, 복잡한 문제는 구성요소의 수나 상호작용에 상관없이 문제 자체가 불확실하다. 자동차의 문제는 복합적이고, 생태계의 문제는 복잡하다. 복합적인 문제는 정답을 찾기 어렵지만 답은 존재한다.

복합적 문제는 전문가가 시간을 가지고 분석하면 만족스러운 의사결정을 내릴 가능성이 높다. 의사, 변호사, 엔지니어의 업무가 그에 해당하며 전문 아키텍트가 서비스 거래량을 고려하여 최적의 서버 용량을 결정하는 것이 그 예다. 반면 복잡한 문제는 겉으로는 간단해 보이지만 최적의 의사결정이 어려운 경우가 많다. 불확실성이 높은 신상품의 기능을 결정하는 것이 그 예다. 복합적인 문제를 해결하기 위해서는 폭포수 방법론 적용이 가능하지만, 복잡한 문제를 해결하기 위해 폭포수 방법론을 적용하면 실패할 가능성이 높다.

복합적인 문제는 구성요소들의 상호작용을 신중하게 분석하여 대응해야 한다. 상황을 인식하고, 분석하여 발굴한 우수사례(good Practice)를 적용하면 된다. 복합적인 문제는 변호사, 의사, 엔지니어와 같은 전문가가 잘 대응하며 인공지능을 적용했을 때 성공 가능성이 높다.

그러나 복합적 문제를 대하는 전문가들은 그들만의 자부심 때문에 일반 사람들의 창의적인 아이디어를 거부할 위험이 있다. 문제가 복합적일수록 검토해야 할 사안이 많아 의사결정까지 시간이 오래 걸릴 수 있다. 또한 상황 분석을 위한 데이터가 부족할수록 복합적인 문제가 복잡한 문제로 바뀐다.

❸ 복잡한 문제(Complex): 창발(emergence)의 영역

복잡한 문제는 known unknown(불확실성이 있다는 것은 알지만, 불확실한 내용을 모른다는 의미), unknown unknown(불확실성이 있다는 것도 모르고, 불확실한 내용도 모른다는 의미) 상황 모두 가능하다. 린 스타트업의 방법론처럼 '실험하고, 분석하고, 대응하는' 시행착오 방식이 적합하다. 이 유형의 문제에 대응하기 위해서는 리더가 실패를 수용해야 한다. 복잡한 문제를 통제하려는 리더는 실패하지만, 실패를 수용하고 조금 뒤로 물러나서 실패의 기회를 제공하는 리더는 문제해결을 위한 실마리를 찾을 수 있다. 참고로 '창발'은 새로운 기회의 출현을 의미한다.

❹ 혼돈스러운 문제(Chaotic): 신속한 대응의 영역

혼돈스러운 상황에서는 발생한 이슈에 먼저 대응해야 한다. 시스템이나 서비스의 장애가 발생한 상황이 대표적이다. 시장에서 대량의 품질불량이 발생하면, 불량의 원인을 분석하기에 앞서 리콜부터 해야 한다. 문제로 인한 피해를 최소화한 뒤 문제의 원인을 분석하고 해결책을 마련해야 한다. 혼돈의 상황은 대부분 위기와 관련되기 때문에 지시형 리더십을 적용하는 것이 바람직하다. 뛰어난 리더는 위기를 해결하는 팀과 문제를 개선하는 팀을 동시에 가동시켜 위기를 기회로 전환한다. 위기가 끝날 때까지 기다리면 위기는 위기로 끝나고 기회는 사라지기 쉽다.

❺ 무질서한 문제(Disorder)

무질서한 상황에 대응하는 방법은 없다. 주어진 문제를 분할하여 위에서 설명한 네 가지 유형중 하나로 매칭하여 문제를 해결해야 한다.

15.2 상품개발의 위험식별

위험식별은 위험관리의 시작이다. 식별되지 않은 위험은 예방할 수도, 통제할 수도 없다. '시작이 반이다'라는 말이 있듯이 위험을 정확하게 식별했다면 위험 관리의 절반 이상을 했다고 해도 과언이 아니다. 이번 섹션에서는 위험식별의 원칙과 위험식별에 도움이 되는 체크리스트를 설명한다.

1) 위험식별의 원칙
위험식별을 할 때 유의할 사항은 다음과 같다.
● 위험의 조기 식별(빨리!)
위험은 빨리 식별할수록 좋다. 위험식별이 늦어질수록 위험에 대응하기 위한 예방계획이나 비상계획을 위한 비용이 높아지기 때문이다. 예방계획은 위험의 발생 가능성을 줄이는 데 초점을 두며, 비상계획은 발생한 위험이 상품개발에 미치는 영향력을 줄이는 데 초점을 둔다.
● 효율적인 위험식별(싸게!)
체크리스트를 활용하면 짧은 시간에 적은 비용으로 위험을 식별할 수 있다. 조직에서 축적된 상품개발의 성공 및 실패의 교훈들을 분석한 체크리스트가 있다면 유용하다.
● 효과적인 위험식별(정확하게!)
위험을 정확하게 이해해야 의사결정 포인트를 분명하게 구분할 수 있다. 이론적인 위험은 발생할 수 있는 위험이고, 실질적인 위험은 발생할 것 같은 위험이다. 효과적인 위험식별을 위해서는 실질적인 위험을 많이 식별해야 한다.
● 지속적인 위험식별(업데이트!)
위험식별은 상품기획 초기 단계부터 상품출시까지 지속적으로 수행해야 한다. 상품개발 단계별로 신규 위험이 발생할 수도 있고, 기존에 식별한 위험의 내용이 변경될 수도 있기 때문이다.

2) 위험식별 체크리스트
체크리스트를 활용한 위험식별은 사용하기 편리하고, 빠르다는 장점이 있다. 조직의 경험을 반영한 체크리스트는 위험식별을 할 때 유용하다.

상품기획의 가장 큰 위험은 고객과 시장을 잘못 이해하는 것이다. 《질문을 디자인하라》(2013)에서 설명하는 다양한 분야의 질문 중 고객과 시장에 관한 질문은 다음과 같다.

- **고객가치 정의**

- 의도하지 않았던 방식으로 상품을 사용하는 사람은 누구이고 어떻게 사용하는가?

- 우리 상품을 반드시 사용해야 한다는 사실에 불만을 느끼는 고객과 우리 상품이 있어서 도움이 된다고 감사하게 생각하는 고객 사이의 차이점을 말할 수 있는가?

- 우리의 상품을 사용하면서 얻게 되는 정서적, 심리적, 상황적 이점은 무엇인가?

- 우리의 상품은 사용자에게 감정적인 반응을 고취시키는가? 사용자들은 우리 없이는 일을 할 수 없다고 생각하나 ? 그렇다면 왜, 아니라면 왜?

- 80퍼센트 정도의 빈도수로 사용되는 우리 상품의 기능은 무엇인가? 나머지 기능은 필요한 것인가? 아니면 없어도 될 것인가?

- 예상치 못한 상품의 용도로 도움을 받는 고객이 있는가?

- 우리 상품을 가장 독특하게 활용하는 경우는 무엇인가? 우리 상품이라 서비스를 색다르게 활용하는 방법을 찾아내는 방법은 무엇일까?

- 고객이 우리 상품을 구매한 근본적인 이유는 무엇인가? 우리가 제공하는 것은 우리 고객이 다른 데서는 볼 수 없는 반드시 필요한 것인가?

- 고객의 불편을 없애주고 유일무이한 이득을 줄 수 있는 방법은 무엇인가?

- 우리 상품이 마음에 들지 않아 구매하지 않는 이유는 무엇인가?

- 우리 상품에서 의외의 불편한 점은 무엇인가?

- 우리 상품에 대해 고객이 불편하다고 생각하는 점을 어떻게 알아내고 있는가?

- 지금 당장 생각나는 대로 우리 회사에 대한 가장 흔한 불만사항이 무엇인지 말할 수 있는가?

- **VOC 분석**

- 고객들에게 물어보지도 않고 그들이 원하는 것을 내 마음대로 결정한 것은 아닌가?

- 기존 고객을 어떻게 규정할 것인가? 그들이 상품을 사용하는 방식을 관찰할 방법은 무엇인가?

- 고객이 경쟁사 상품 대신 우리 상품을 선택한 이유를 알고 있는가? 고객 행동의 동기가 무엇인지 실제로 조사해본 적이 있는가?

- 우리 상품을 구매하지 않는 이유를 파악하는 데 도움이 되는 비고객을 어떻

게 찾을 수 있을까?

● **시장 예측**

- 현재는 존재하지 않지만 5년 후에는 등장할 고객 세그먼트는 무엇인가?
- 지난 5년 동안 우리 고객의 세그먼트는 어떻게 변화해 왔는가?
- 향후 5년 이내에 우리 고객이 될 사람들은 현재 무엇에 열광하고 있는가?
- 향후 5년 동안 우리의 고객이 될 사람들은 누구이고 그들에게 다가갈 방법은 무엇인가?
- 향후 5년 동안 경쟁자들을 앞질러 선두 자리에 서기 위해 개발해야 하는 제품과 서비스는 무엇인가?
- 혁신의 속도가 두 배로 빨라진다고 하면 지금 우리는 어떤 결정을 내려야 할까?
- 향후 5년 이내에 사회, 경제, 인구 통계화 관련된 변화가 우리 고객에게 어떤 영향을 미치게 될까?
- 우리 업계와 유사한 다른 산업은 무엇이 있으며 우리는 무엇을 배워야 하나?

 ## 15.3 위험대응 전략 수립

위험을 식별한 뒤에는 위험을 분석하고 대응전략을 수립해야 한다. 이번 섹션에서는 위험대응의 우선순위를 결정하는 방법, 위험대응 전략의 유형, 경영층에게 이슈 보고를 할 때 유의할 사항을 설명한다.

1) 위험대응의 우선순위를 결정하는 방법

위험대응의 우선순위가 높은 위험은 영향력이 크고 발생 가능성이 높은 위험이다. 영향력과 발생 가능성은 정량적으로 평가하기 어렵기 때문에 정성적으로 평가하여 위험대응의 우선순위를 결정해도 무방하다. 정량적인 위험분석이 필요한 프로젝트도 있지만 대부분은 정성적인 위험분석으로 충분하다.

위험의 발생 가능성과 영향력을 종합한 개념을 '위험 심각성' 또는 '위험 노출도(risk exposure)'라고 하며 구체적인 평가방법은 다음과 같다.

● **'발생 가능성 × 영향력'으로 평가하는 방법**

위험 심각성을 평가하는 직관적인 방법은 '발생 가능성 × 영향력'으로 계산하는 것이다. 발생 가능성은 확률의 개념이므로 0에서 1 사이의 값을 부여할 수 있으며 영향력은 수익성, 성장률, 시장점유율, 기업 이미지 등으로 결정한다.

위험의 영향력 평가는 5점 척도(매우 심각 → 심각 → 보통 심각 → 조금 심각 → 전혀 심각하지 않음) 중 하나를 선택하는 것이 일반적이다. 그러나 평가의 객관성을 높이기 위해 5점 척도에 대한 기준을 사전에 정의하는 것이 바람직하다. 예를 들어, 사람에 따라 '심각'을 다르게 해석할 수 있기 때문에 일정, 예산, 품질에 미치는 영향이 어느 정도이면 '심각'인지를 사전에 정의한다.

● **위험 등급을 활용하여 위험 심각성을 평가하는 방법**

발생 가능성이나 영향력을 상·중·하와 같은 등급으로 구분하여 위험 심각성을 평가할 수 있다. 그림 15.5는 위험 심각성 등급을 네 가지 그룹으로 관리하는 예이다.

영향력 \ 발생 가능성	매우 낮음	낮음	보통	높음	매우 높음
매우 높음	L	M	M	H	H
높음	L	L	M	H	H
보통	L	L	M	M	M
낮음	VL	M	M	M	M
매우 낮음	VL	VL	L	M	M

위험 등급 심각성 H High M Middle L Low VL Very Low

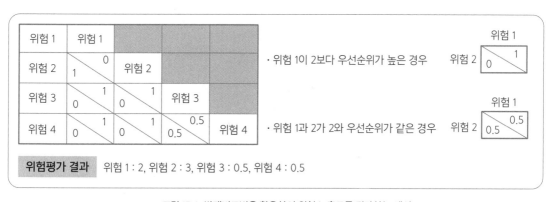

그림 15.5 위험 심각성 등급분류 예시

● **쌍대비교법을 활용하여 위험 심각성을 평가하는 방법**

두 가지의 위험을 비교하여 더 심각한 위험을 평가하는 것은 쉽다. 예를 들어 그림 15.6과 같이 위험 1과 위험 2를 비교하여 위험 1이 상대적으로 더 위험하다고 생각되면 위험 1은 1점을, 위험 2는 0점을 부여한다. 두 가지 위험이 비슷하다고 생각되면 두 위험 모두 0.5점을 부여한다. 위험 심각성은 특정 위험이 획득한 점수의 합으로 결정한다. 이러한 위험분석 방법을 쌍대비교법이라고 한다(0과 1이 아니라 0.7과 0.3과 같이 다른 가중치를 부여할 수도 있다).

그림 15.6 쌍대비교법을 활용하여 위험 노출도를 평가하는 예시

2) 위험대응 계획수립시 유의사항

위험대응 계획수립은 식별된 위험에 대해 누가, 언제, 무엇을, 어떻게 할 것인가를 정의하는 활동이다. 위험대응 계획은 실천을 염두에 두고 수립해야 하며 유의사항은 다음과 같다.

● **위험은 제거하는 것이 아니다.**

위험은 제거하는 것이 아니라 일정 수준 이하로 줄이는 것이다. 매우 심각한 위험이면 제거할 수도 있지만 대부분의 위험은 일정 수준 이하로 줄이는 것이 목표다. 이때 위험 해결(마감)에 대한 객관적인 기준을 사전에 정의해야 한다.

● **모든 위험에 대응하지 않는다.**

식별된 모든 위험에 대응하는 것은 불가능하다. 일정 수준 이하의 위험은 그대로 수용할 수 있다.

● **위험은 상호 연계되어 있다.**

위험은 상호 연계되어 상품개발에 영향을 미친다. 따라서 개별 위험으로 분리하여 관리할 것이 아니라, 통합적인 관점에서 위험대응 계획을 수립해야 한다.

● **비용 대비 효율적이어야 한다.**

위험 심각성에 따라 대응 계획 이행과 위험 모니터링 활동에 자원을 할당해야 한다. 위험대응 계획실행이 더 큰 위험을 만들면 안 된다.

● **위험대응 계획수립 시기를 놓쳐서는 안 된다.**

위험 심각성이 높아지기 전에 대응 계획을 수립하고 조치해야 한다.

● **실현할 수 있는 현실적인 계획이어야 한다.**

할 수 있는 것 이상의 계획을 수립하는 것은 잘못이다. 화려한 계획보다 실천이 중요하다.

● **위험대응 계획에 대하여 이해관계자들의 합의를 얻어야 한다.**

수립된 대응 계획은 이해관계자들이 합심하여 이행해야 한다. 그러기 위해서는 위험을 식별·분석할 때뿐 아니라 대응 계획을 수립할 때도 이해관계자들이 참여하고 공감대를 형성해야 한다.

3) 위험대응 전략 결정을 위한 원칙

부정적 위험에 대응할 수 있는 전략을 결정하기 위한 원칙은 다음과 같다.

● **식별된 위험의 분석정보가 충분하지 않으면 의사결정을 미룬다.**

위험에 대한 정보를 충분히 파악하지 않고 위험에 대응하는 것은 설익은 과일을 따거나 충분히 곪지 않은 상처를 치료하는 것과 같다.

너무 빨리 위험을 해결하려 하다가 위험을 더 크게 만들 수도 있다. 위험에 대한 분석정보가 부족하면 대응 계획수립이 가능할 때까지 별도의 목록으로만 관리하며 지켜본다.

● 심각한 위험은 위험의 발생 가능성을 원천적으로 제거한다.

심각한 위험은 계획 자체를 변경하여 발생 가능성을 제거한다. 특정 아키텍처가 시스템 다운의 위험이 있다면 기술 아키텍처를 바꾸어 시스템 다운의 위험을 원천적으로 제거하는 것이 이에 해당한다.

● 일정 수준 이하의 위험은 수용한다.

정성적 위험분석의 결과 위험 심각도가 일정 수준 이하라면 별도의 대응 계획을 수립하지 않고, 위험이 실제로 발생할 때 대응한다.

● 외부 전문가에게 위임할 위험도 있다.

프로젝트 팀 외부에서 위험에 대응하는 것이 더 효과적이라면 위험예방 활동을 외부 전문조직에 위임한다. 보험도 이러한 유형이다.

● 경영층에서 대응해야 하는 위험도 있다.

프로젝트 관리자의 통제범위를 벗어나 경영층이 대응해야 하는 위험이 있다(톰 드마르코는 이러한 위험을 프로젝트를 중단시킬 수 있는 show stopper라 하였다). 상품관리자나 프로젝트 관리자가 통제하기 힘든 위험은 상품개발에 큰 영향을 미친다. 이러한 위험은 식별되는 즉시 경영층에게 보고하여 경영층이 대응하도록 해야 한다. 필요할 경우 예비비나 예비기간을 확보할 수 있다.

● 위험대응의 적기가 있다.

상품개발의 위험은 너무 빨리 행동해도, 너무 늦게 행동해도 문제가 커진다. 대표적인 예가 상품출시 시점이다. 상품을 너무 빨리 출시하여 실패하는 경우가 많다. 불확실성을 줄이고 싶은 마음에 주어진 시간을 전부 사용하지 않고 결정을 내리는 것이다. 결정을 내릴 때 중요한 위험은 시간이 허락하는 범위에서 최대한 많은 정보를 확보한 뒤 대응해야 한다.

《PMBOK》에서 제시하는 부정적 위협에 대한 대응전략은 그림 15.7과 같다.

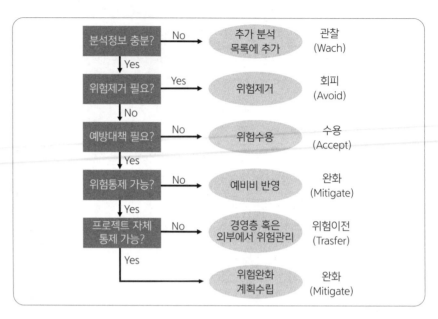

그림 15.7 위험대응 전략

● 회피(Avoid)

심각한 위험은 프로젝트 계획 변경을 통해 위험의 발생 가능성을 제거한다. 일정 연장, 프로젝트 중단, 상품요건 변경 등이 해당한다.

● 이전(Transfer)

위험예방이나 위험관리의 책임을 프로젝트 외부 전문가에게 넘기는 전략이다. 위험대응 계획실행을 이전하기 위해서는 비용을 부담해야 하며, 이를 '위험 프리미엄(risk premium)'이라 한다. 상품개발의 일부를 전문 파트너에게 맡기는 것이 이에 해당한다.

● 완화(Mitigate)

위험의 발생 가능성이나 영향력을 줄여서, 허용할 수 있는 수준으로 위험의 심각성을 줄이는 전략이다. 위험이 실제 이슈로 변하기 전에 줄여야 위험대응 비용을 줄일 수 있다. '테스트 강화' '적격업체 선정'과 같이 발생 가능성과 영향력을 동시에 줄이는 방법과 '시스템 장애 발생에 대비한 백업 준비'와 같이 영향력만 줄이는 방법 등이 해당한다.

● 수용(Accept)

모든 위험을 제거하는 것은 불가능할 뿐 아니라 바람직하지도 않다. 만일 그렇게 하려고 하면 그 시도 자체가 큰 위험이 된다. 소극적 수용은 위험을 문서화만 하고 아무 조치를 취하지 않는 것이며, 적극적 수용은 예비원가와 예비일정을 편성하는 것이다.

4) 경영층에게 위험(이슈) 보고시 유의사항

상품관리자나 프로젝트 관리자가 중요한 위험대응을 위해 경영층을 설득할 때 유의할 사항은 다음과 같다.

● **과거에 대한 핑계보다 미래에 대한 대책 중심으로 보고한다.**

상품관리자나 프로젝트 관리자는 계획을 준수하지 못한 이유를 외부로 돌려 자기 잘못이 아니라는 주장을 하고 싶을 것이다. 그러나 경영층은 과거의 원인보다 미래의 대책이 궁금하다. 상품관리자와 프로젝트 관리자는 관리자의 관리 미흡을 깔끔하게 시인하고 남은 기간 동안 어떻게 정상화하겠다는 의지와 구체적인 실천계획을 설명하는 것이 바람직하다.

● **체계적인 분석 틀을 활용한다.**

상품관리자나 프로젝트 관리자는 해당 프로젝트 내용을 잘 알지만 경영층은 그렇지 않다. 경영층의 프로젝트 이해 수준을 고려해서 보고서를 작성한다. 전체 숲의 구조, 나무의 특성, 나뭇가지, 나뭇잎의 순서로 설명한다.

프로젝트 현황을 설명할 때는 전체를 아우르면서도 중복되지 않는 분류체계를 설정하여 어디는 나쁘고 어디는 좋다고 설명한다. 보고를 받는 사람의 머리를 맑게 해주는 보고인지 머릿속을 복잡하게 만드는 보고인지에 따라 경영층의 참여도가 달라진다.

● **상품개발 팀에서 할 일과 지원을 요청하는 일을 명확하게 구분한다.**

프로젝트 위험이나 이슈 보고는 불편한 이야기를 하는 자리이다. 불편한 이야기는 한꺼번에 보고하는 것이 바람직하다. 프로젝트 팀원들이 해야 할 일도 있지만 경영층에 요청하는 일도 있을 것이다. 지원 요청은 육하원칙에 따라, 누가, 언제, 무엇을, 어떻게 도와달라고 구체적으로 요구한다. 보고하는 사람은 경영층의 지원을 받았을 때 약속할 수 있는 내용을 명확히 설명해야 한다.

● **현실적인 계획을 보고한다.**

보고하는 불편한 순간을 피하고자 장밋빛 계획을 보고해서는 안 된다. 대책보고 후 실행을 고민해야 한다. 특히 프로젝트 후반부에 남은 결함이나 이슈들은 해결하기 어렵거나 여러 조직이 협업해야 해결할 수 있다. 개발 팀의 생산성과 여러 위험을 종합적으로 고려해 달성 가능한 계획을 보고한다.

15.4 위험통제

위험의 대응 계획수립 이후에는 대응 계획을 이행하고 위험 진척상황을 모니터링하고 통제해야 한다. 이번 섹션에서는 위험을 통제하는 목적과 위험을 통제할 때 유의할 사항을 설명한다.

1) 위험을 통제하는 목적
위험을 통제하는 목적은 다음과 같다.
● 위험대응 계획의 이행 여부를 점검
아무리 좋은 대응 계획도 이행하지 않으면 의미가 없다. 복잡하고 바쁜 프로젝트 상황에서는 계획만 수립하고 실행을 소홀히 하기 쉽다.
● 위험대응 계획의 효과성 평가
위험대응 계획의 효과(발생 가능성이나 영향력이 줄어들고 있는지)를 평가한다. 발생 가능성이나 영향력이 줄어들지 않거나 오히려 늘어나고 있으면 대응 계획이 잘못되었다는 의미이므로 새로운 위험대응 계획수립을 검토해야 한다.
● 프로젝트 가정의 변경 여부 점검
가정이란 불확실한 프로젝트 상황에 대하여 임의로 설정한 사항으로, 그대로 되지 않을 경우에는 프로젝트의 위험요소가 된다.
● 위험 심각성 추이 모니터링
위험대응 계획의 효과성을 판단하기 위해서는 위험 심각성을 지속적으로 모니터링 해야 한다.
● 신규 위험의 발생 여부 모니터링
위험식별은 착수할 때 한 번만 하는 것이 아니다. 언제든지 새로운 위험이 발생할 수 있기 때문에 신규 위험을 지속적으로 모니터링해야 한다.

2) 위험통제를 위한 의사결정시 유의사항
위험통제를 위한 의사결정을 할 때 유의할 사항은 다음과 같다.
● 상품개발의 속도나 품질보다 방향을 먼저 검토해야 한다.
잘 진행되는 것처럼 보이던 프로젝트에 잘못된 계획, 간과된 작업, 잘못된 가정들이 한꺼번에 터져 나오는 순간이 있다. 그때 어떤 의사결정을 하느냐에 따라 팀에 도움이 될 수도 있고, 팀을 더디게 할 수도 있다. 이러한 상황에서 중요한 것은 프로젝트의 방향성을 점검하는 것이다.

프로젝트 방향성을 파악하지 못한 상태에서의 의사결정은 표면적인 조치에 그치기 쉽다. 프로젝트의 방향성 점검은 고객이 원하는 상품을 개발 중인지 확인하는 활동이다. 항해 중인 배의 방향을 모른 채, 단순히 항해 거리와 속도만 측정해서는 안 되는 것과 같다. 지금까지의 문제가 방향성과 관련된 문제라면 단순히 프로젝트 일정이나 품질관리에 집중해서는 미래의 불확실성을 제거할 수 없다. 상품개발의 방향을 먼저 제대로 잡은 뒤 일정이나 품질 문제를 해결해야 한다.

방향성의 불확실성을 제거하고 나면 생산성의 불확실성을 제거해야 한다. 생산성의 불확실성은 대부분 투입인력의 양이나 질과 관련된 문제다. 투입인력의 양과 질을 바꾸지 못한다면, 지금까지의 속도로 미래를 전망하는 것이 안전하다.

● 프로젝트 내부 여러 팀의 일정이 지연될 때 문제파악에 유의한다.

프로젝트가 지연되면 여러 팀의 업무가 지연 중일 가능성이 높다. 이때 표면적으로 가장 큰 원인을 제공하는 팀이 희생양이 될 때가 있다. 가장 큰 원인을 제공한 팀을 제외한 나머지 팀들이 모든 잘못을 그 팀의 책임으로 돌리고 자기 팀에는 이상이 없는 것처럼 행동하는 경우다. A팀의 업무가 B팀의 업무수행을 위해 끝나야 할 때 B팀이 일정지연을 A팀의 업무지연에 물타기를 해서 보고하는 상황을 예로 들 수 있다.

프로젝트 내부에서 "A팀 때문에~(또는 A이슈 때문에)"라는 전염병이 퍼지는 순간이다. 나머지 팀들은 A팀이 충분한 시간을 벌어주기를 기대하면서 내부적으로 미흡한 업무를 보완한다. 그러다 A팀의 문제가 해결되고 안개가 걷히면 준비가 안된 B팀, C팀이 새로 나와 관리자를 당혹스럽게 만든다. 이런 현상은 인터페이스가 복잡한 대형 프로젝트에서 발생할 수 있다.

● 소탐대실해서는 안 된다.

프로젝트 정상화를 위한 대책을 수립할 때 눈앞의 작은 이익 때문에 큰 것을 놓쳐서는 안 된다. 원가가 초과되고 일정이 지연된 상황에서 더 이상의 원가초과와 일정지연을 최소화하는 것은 당연하다. 그러나 궤도를 이탈하고 있는 프로젝트에서는 좀 더 안전한 조치가 필요하다. 암 수술을 할 때 실제 종양이 있는 부위보다 크게 제거하듯이 프로젝트에서도 약간 과한 듯한 의사결정이 적절하다. 예산 초과와 기간연장을 결정할 때 조금 넉넉하게 의사결정 하는 것이 종료시점의 전체 예산과 기간을 줄인다.

● 정상화를 위한 계획수립시 프로젝트 팀원을 충분히 참여시킨다.

프로젝트 정상화를 위한 일정·원가·인력 등의 계획을 일방적으로 위에서 아래로 전달하는 것은 피해야 한다. 프로젝트 정상화를 위한 계획수립에 대해 팀원들이 공감해야 한다.

시간이 걸리더라도 약간 돌아가더라도, 정상화를 위한 계획을 팀원과 함께 수립해야 한다. 그것이 정상화 계획에 명분과 권위를 주는 것이다.

● 기준선과 계획의 변경은 신중하게 한다.

기준선(baseline)과 현재 계획(current plan)은 다르다. 기준선은 프로젝트의 계획 대비 실적의 성과를 평가하는 기준이며 현재 계획은 현재 계획대로 프로젝트가 진행되고 있는가를 확인하는 기준이다.

계획을 너무 자주 변경하면 계획의 권위가 없어지고, 계획을 변경하지 않으면 목표로서의 기능을 상실한다. 일정이 2~3개월 이상 지연되면 따라잡는 계획으로서의 의미가 없으니 변경할 것을 권고한다. 반면 1개월 이내의 지연이라면 만회활동을 통해 계획을 따라잡는 것이 중요하다. 잦은 계획 변경은 팀원을 힘들게 할 뿐 아니라, 새로운 계획수립을 위한 시간도 많이 소요된다.

● 상품개발 후반부의 속도는 초반보다 느리다

상품개발 후반부의 속도는 초반보다 느리기 때문에 일정과 관련된 의사결정을 할 때 유의해야 한다. 상품개발 후반부에 속도가 느린 이유는 다음과 같다.

● 프로젝트 후반부에 남은 결함은 고치기 힘든 결함이 많다.
● 상품출시를 앞두고 예상하지 못했던 업무가 많이 추가된다. (예: 마케팅 지원, 각종 문서 작성)
● 기능들을 통합하면서 예상하지 못했던 새로운 이슈들을 발견한다.
● 이전 단계에서 100% 완료하지 않은 작업들을 처리해야 한다.

 ## 15.5 단계별 검토

단계별 검토는 상품개발의 위험관리를 위해 수행한다. 단계별 검토 내용은 시장, 품질, 고객, 전략, 환경, 수익성 등이며 이슈가 있다면 문제점을 보완한 후 다음 단계를 이행해야 한다. 이번 섹션에서는 단계별 검토 개요, 잘못된 단계별 검토의 모습, 단계별 검토의 효율적 운영방안을 설명한다.

1) 단계별 검토 개요

상품개발 프로세스는 단계와 단계별 검토(gate review)로 구성된다. 단계는 상품개발 과정을 분할한 것이고, 단계별 검토는 각 단계를 제대로 이행했는지 검토하고 다음 단계 이행을 승인하는 활동이다. 단계별 검토는 다음 단계 이행 여부를 결정한다는 의미에서 'go/no 결정'이라고도 한다.

B2B 소프트웨어 상품개발 단계와 단계별 검토의 예는 그림 15.8과 같다.

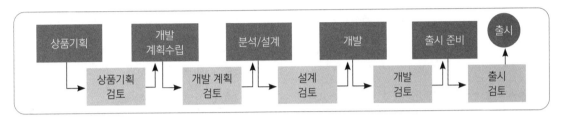

그림 15.8 B2B 소프트웨어 상품개발 단계와 단계별 검토의 예시

소프트웨어 상품유형에 따라 상품개발 단계는 조금씩 다르다. 예를 들어 게임 소프트웨어 상품개발 단계는 그림 15.9와 같다.

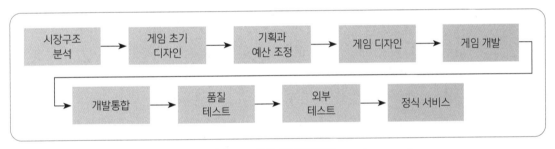

그림 15.9 게임 소프트웨어 개발 단계(출처: www.joyon.com)

단계별 검토가 필요한 이유는 상품개발을 제대로 하고 있는지 확인하고 적절한 조치를 취하기 위함이다. 단계별 검토가 효과적으로 작동하는 기업에서는 상품개발 중단 또는 개발 방향 전환이 용이하다. 반면 단계별 검토가 제대로 작동하지 않는 기업에서는 단계별 검토를 위한 문서는 많이 만들면서도 기존의 잘못된 계획을 그대로 유지한다.

단계별 검토의 '투입물, 수행 방법, 산출물'은 다음과 같다.
- **투입물(Input)** 이전 단계 산출물 (상품기획 단계 예: 시장분석, 상품 요구사항, 경쟁분석, 가격 정책, 포지셔닝 전략, 사업성 분석 결과 등)
- **수행 방법(체크리스트)** 이전 단계 산출물을 평가하기 위한 체크리스트 ('상품기

획 검토 항목: '요구사항 적정성' '가격 적정성' '수익성 분석' 체크리스트)

- **산출물(Output)** 단계별 검토 결과는 다음을 포함한다.
- · 검토 결과: 승인, 조건부 승인, 중단(drop), 보류(hold, 우선순위 조정)
- · 다음 단계 실행계획

2) 상품개발의 단계별 검토 유형과 점검항목

'스테이지 게이트'의 창시자 로버트 쿠퍼(Robert G. Cooper)의 단계별 검토 모형은 그림 15.20과 같다.

그림 15.10 스테이지-게이트 프로세스(출처: 《신제품 개발 바이블》, 2016)

❶ 게이트 1(G1): 아이디어 심사

상품기획에 자원을 투입하기 위한 첫 번째 결정이다. 기업전략 부합성, 프로젝트 실행 가능성, 시장매력도, 상품의 장점 등을 가볍게 검토한다. 이 단계에서 경제성 분석은 검토 대상이 아니다.

- **게이트 1 승인 후 수행단계: 심사**

  기술과 시장의 장점을 간략히 분석하는 일종의 예비 상품기획 단계이다. 1개월 이내에 최소한의 비용으로 마케팅과 엔지니어의 소수 인원이 아래와 같은 활동을 수행한다.
- · **예비 시장평가** 인터넷과 문헌조사를 통해 시장 규모, 잠재력을 결정하고 고객 인터뷰를 통해 고객가치(상품 콘셉트)를 확인한다.
- · **예비 기술평가** 기술적 구현 가능성, 가능한 실행시간과 비용을 개략적으로 파악한다.
- · **예비 사업평가** NPV와 같은 상세분석은 아니라도 투자금액 회수기간과 같은 개략적인 평가를 실시한다.

❷ 게이트 2(G2): 2차 심사

게이트 1과 심사항목은 비슷하지만 추가 확보된 정보를 활용한 검토를 수행한다. 경제성 분석을 통해 본격적인 상품기획 착수를 위한 의사결정을 내린다.

- **게이트 2 승인 후 수행단계: 사업사례(business case) 구축**

  상품기획을 상세하게 정의하는 단계이다. 이어지는 게이트에서는 개발 착수 여부를 결정하기 때문에 다음과 같은 결과물을 정리해야 한다.

  · **상품정의** 목표시장, 고객가치(상품 콘셉트), 가치제안, 상품개발 요구사항
  · **마케팅** 포지셔닝, 가격 정책, 채널 계획, 홍보 계획
  · **프로젝트 사업성** 경제성 분석, 가격 정책, 위험평가
  · **실행계획** 상세 개발 계획

❸ **게이트 3 (G3): 개발 단계로 진행**

개발 착수 전 마지막 게이트로 일반적으로 '상품기획 심의'라고 한다. 본격적인 지출을 결정하는 검토활동이기에 경제성 분석이 중요하다(그런 관점에서 게이트 3을 'money gate'라고도 한다). 일단 개발에 착수하면 중단되는 프로젝트는 급격히 작아져 터널로 이어지기 때문에 깔때기(funnel)라고도 한다.

- **게이트 3 승인 후 수행단계: 개발**

  소프트웨어 상품은 '분석, 설계, 개발, 내부/외부 테스트(알파, 베타 테스트)' 등을 수행한다. 개발 단계에서도 지속적으로 고객의 VOC를 수렴하여 개발에 반영하고 출시를 위한 마케팅도 준비한다. 하드웨어 상품은 양산 준비 상황도 점검한다. 규제 및 개인정보 위반 여부 확인, 특허 침해 확인, 특허 출원과 같은 법무와 관련된 업무도 상품개발 단계에서 수행한다. 특허와 같이 시간이 오래 걸리는 활동은 개발 착수와 동시에 진행해야 한다.

❹ **게이트 4(G4): 평가 단계로 진행**

개발 완료 여부를 확인하고 품질검증 착수를 위한 의사결정을 내린다.

- **게이트 4 승인 후 수행단계: 시험 및 검증**

  프로젝트 개발 결과에 대한 최종 검증을 한다. 검증 대상은 상품 품질, 생산(서비스) 계획, 마케팅 계획이다. 상세 활동은 다음과 같다.

  · 기업 내부 상품평가 (실험실 검사, 알파테스트)
  · 고객을 대상으로 실제 사용 환경에서 상품평가 (필드테스트라고도 한다)
  · 시험적이거나 제한적인 시범운영 및 보완
  · **테스트 마켓 시험 판매** 출시계획의 유효성 평가 (예상 시장점유율, 수익률 판단)
  · 사업의 성장 가능성 및 경제성 확인

❺ **게이트 5(G5): 출시 단계로 진행**

마지막 단계별 검토로 흔히 상품출시 심의라 한다. 상품 품질, 마케팅, 사업성, 특허 등 사업수행을 위한 전반을 검토하고 출시 여부를 결정한다.

● 게이트 5 승인 후 수행단계: 출시

상품출시 심의에서 승인된 모든 계획들을 실행한다.

3) 잘못된 단계별 검토의 모습

단계별 검토활동을 잘못 운영하는 기업에서 흔히 발견할 수 있는 모습은 다음과 같다.

● 단계별 검토를 품질 검토와 같은 것으로 인식한다.

소프트웨어를 개발할 때 각 단계 종료 전에 공식적으로 수행하는 품질 검토는 전통적인 소프트웨어 공학에서 강조하는 활동이다. 품질 검토는 소프트웨어를 사양대로 정확하게 개발하여 불량이 없는지를 중점적으로 검토하는 활동이다. 단계별 검토활동에서는 상품을 제대로 개발했는지 외에도 제대로 된 상품을 개발하고 있는지를 검토하는 것도 중요하다. 그래서 쿠퍼도 총 다섯 개의 게이트 중 세 개의 게이트를 상품개발 착수 전에 배치했다. 기업마다 다르겠지만 개발 착수 이전에 적어도 두 번의 검토를 하는 것이 바람직하다. 품질 검토활동은 단계별 검토활동의 일부이다.

● 단계별 검토활동시 계획 준수를 중요하게 평가한다.

상황이 바뀌면 상품개발 목표가 바뀔 수 있다. 타당한 이유가 있다면 상품 콘셉트, 목표시장, 수익성 목표 등을 변경할 수 있다. 그러나 많은 기업에서 상품개발 목표변경을 엄격히 통제한다. 계획 준수를 최우선의 가치로 신봉하는 조직문화에서는 번거로운 보고를 피하고자 상황이 바뀌어도 불필요한 개발을 할 수도 있다. 네비게이션에서 "경로를 재탐색합니다. 교통이 막혀서 경로가 바뀌었습니다"라는 안내가 나와야 하는 상황에 "교통정보가 바뀌어 교통이 막히지만 기존의 경로를 유지합니다"라는 메시지를 제공하는 격이다.

● 프로젝트 팀에게 어려운 질문을 하는 것으로 검토자의 존재감을 과시한다.

단계별 검토가 상품 성공을 위한 방안을 토의하는 자리가 아니라 검토자의 존재감을 과시하기 위한 자리로 변질할 수 있다. 이런 상황에서는 상품관리자와 상품개발 팀은 피고가 되고 검토자는 검사가 된다. 자기 전문 분야와 관련하여 "○○가 발생한다면 대책은 준비되어 있습니까?"와 같이 상품관리자가 답하기 어려운 날카로운 질문을 하는 것은 어렵지 않다. 그러나 제한된 자원, 제한된 시간을 가지고 전과목에서 100점을 받기란 힘들다는 점을 염두에 두어야 한다.

● 유관부서와 사전 조율을 위한 시간과 노력이 증가한다.

단계별 검토가 불편한 자리가 되는 것을 피하려면 유관부서들이 원하는 요구사항을 충족시켜야 한다. 실무자끼리 사전에 협의해도 부서장에게 보고하는 과정에서 보완사항이 추가로 발생할 수 있다. 기업의 규모가 커질수록 관련된 유관부서의 수도 많아지고 체크리스트도 복잡해져 준비할 내용이 많아진다. 결과적으로 총 개발공수의 적지 않은 비중을 단계 말 검토 준비에 투입하게 된다.

● 단계별 검토 회수를 줄이고자 대규모 개발을 한다.

정상적인 상황이라면 두 번으로 나누어 상품기획을 하는 것이 바람직하지만 유관부서의 검토가 부담되어 두 개 과제를 통합한 상품기획을 하기도 한다. 그 결과 위험이 증가한다.

4) 단계별 검토를 효과적으로 운영하는 방안

단계별 검토를 효과적으로 운영하기 위한 방안은 다음과 같다.

● 상품의 위험수준을 고려한 단계별 검토를 적용한다.

투자 규모가 크고 기술적, 상업적 불확실성이 높을수록 상품의 위험수준은 높아진다. 상품의 위험수준이 높다면 단계별 검토항목을 예외 없이 적용하는 것이 좋다. 반면 투자 규모가 작고 불확실성이 낮은 기존 상품 개선은 품질 중심으로 단계별 검토를 간략히 진행하는 것이 바람직하다.

● 단계별 검토를 위한 산출물을 최소화한다.

위험을 회피하려는 관리자들은 상황을 통제할 수 있다는 확신을 얻기 위해 여러 가지를 검토한 보고서를 요청한다. 그러나 보고서의 양이 상품개발의 위험을 줄이지는 않는다. 특히 정보가 부족한 상품기획 초기에 작성하기 힘든 문서 또는 필요 이상의 백데이터 준비를 최소화해야 한다. 직접 고객을 만나고 인터뷰하는 것이 아닌 시장분석, 경쟁사 분석, 경제성 분석 등은 부정확한 과잉정보를 양산하기 쉽다.

● 책임부서의 의견을 존중한다.

단계별 검토에서는 책임부서의 의견을 존중하는 것이 바람직하다. 중요한 의사결정에는 책임이 따라야 한다.

● 단계별 검토에서 사용하는 데이터의 신뢰성을 확인한다.

단계별 검토에서 활용하는 데이터는 변동 가능성이 낮은 것이 좋다. 변동 가능성이 높은 데이터를 활용한 단계별 검토는 많은 낭비를 초래할 수 있다. 쿠퍼는 그림 15.21과 같이 정보를 신뢰성과 안정성 측면에서 구분하고, 신뢰성과 안정성이 낮은 정보는 중요한 결정에 활용하지 않도록 가이드하고 있다.

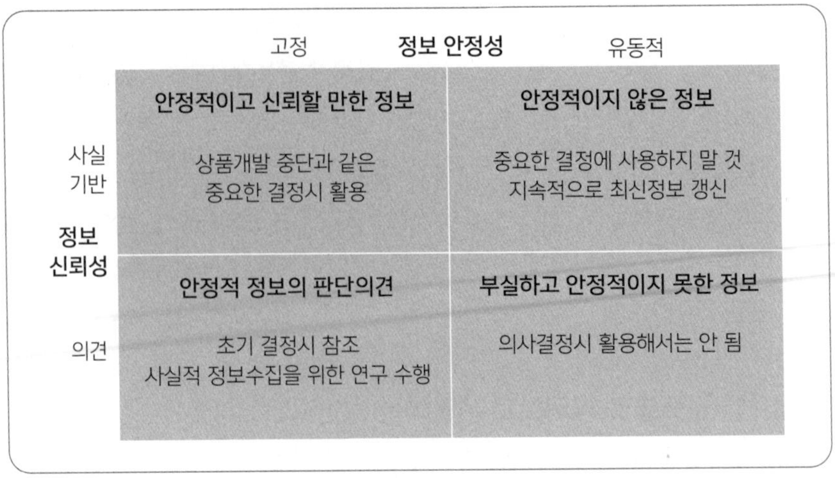

	고정	정보 안정성	유동적
사실 기반	**안정적이고 신뢰할 만한 정보** 상품개발 중단과 같은 중요한 결정시 활용		**안정적이지 않은 정보** 중요한 결정에 사용하지 말 것 지속적으로 최신정보 갱신
의견	**안정적 정보의 판단의견** 초기 결정시 참조 사실적 정보수집을 위한 연구 수행		**부실하고 안정적이지 못한 정보** 의사결정시 활용해서는 안 됨

정보
신뢰성

그림 15.11 정보 유형별 단계별 검토시 활용가이드

● 상품개발 중단을 위한 규정을 준비한다.

상품개발 중단은 쉽지 않다. 시간이 지날수록, 투입비용이 많을수록 상품개발 팀원들의 열정과 성공에 대한 확신이 높아지기 때문이다. 프로젝트 중단을 주장해야 하는 검토위원들도 여러 가지 정치적 이유로 프로젝트 중단을 주장하는 것이 부담스럽다. 상품개발 중단을 주장할 수 있는 데이터나 근거 제시가 힘들기 때문이다. 《신제품 개발 바이블》에서는 상품개발 중단이 힘든 상황을 다음과 같이 설명하고 있다.

대부분의 프로젝트는 게이트에서 중단되는 경우가 거의 없다고 봐야 한다. 어느 임원이 말했듯이 프로젝트는 무작정 선로를 따라 달리고, 가끔 역(게이트)에서 속도를 늦추는 듯하지만 결국 최종 목적지(시장)까지 절대로 멈추지 않고 달리는 급행열차와 같다. 신상품개발 과정은 일단 들어가면 보이지 않지만 반드시 나오는 어두운 터널이 되어버린다.

상품개발 중단이 힘든 만큼 상품개발 중단에 해당되는 조건을 정의하고 엄격하게 적용해야 한다. 특히 상품개발 시작 전의 검토에서 중단하는 것이 중요하다.

15장 핵심요약

15.1 위험관리 개요
- 위험은 '프로젝트 또는 사업목표에 긍정, 부정적인 영향을 끼치는 불확실한 사건이나 조건'이다.
- 상품 위험관리가 어려운 이유는 불확실성을 사전에 분석하여 최적의 의사결정을 하기 힘들기 때문이다.
- 상품의 각 단계별로 추가 정보를 확보하여 불확실성을 줄여야 한다.
- 안티프래질은 프래질의 반대말로 '충격을 받을수록 강해지는'의 의미이고 다음의 개념이 중요하다.
  - 상품개발의 실패를 예측하는 노력보다 실패의 크기를 제한하는 것이 중요하다.
  - 작은 산불은 큰 산불을 예방한다. (작은 실패를 용인하고 장려하라)
  - 지나치게 많은 정보는 해롭다.
  - 양극단을 추구하는 바벨(역기) 전략이 때로는 유용하다.
  - '증거의 부재'가 '부재의 증거'는 아니다.
  - 조직의 개별 상품을 쉽게 중단하거나 단종할 수 있어야 전체 상품 포트폴리오가 건전해진다.
  - 상품개발 과정에 경영층이 지나치게 개입하고 통제하면 부작용이 많아진다.
  - 상품개발의 결과를 책임지는 조직의 의견을 존중해야 한다.

15.2 상품개발의 위험식별
- 위험식별의 원칙
  - 위험의 조기 식별 (빨리!)
  - 효율적인 위험식별 (싸게!)
  - 효과적인 위험식별 (정확하게!)
  - 지속적인 위험식별 (업데이트!)

15.3 위험대응 전략 수립
- 위험대응의 우선순위를 결정하는 방법
  - '발생 가능성 × 영향력'으로 평가하는 방법
  - 위험 등급을 활용하여 위험 심각성을 평가하는 방법
  - 쌍대비교법을 활용하여 위험 심각성을 평가하는 방법
- 위험대응 계획수립시 유의사항
  - 위험은 제거하는 것이 아니다.
  - 모든 위험에 대응하는 것이 아니다.
  - 위험은 상호 연계되어 있다.
  - 비용 대비 효율적이어야 한다.
  - 대응 계획수립시기를 놓쳐서는 안 된다.
  - 실현할 수 있는 현실적인 계획이어야 한다.
  - 위험대응 계획에 대하여 이해관계자들의 합의를 얻어야 한다.
- 위험대응 전략 결정을 위한 원칙
  - 식별된 위험의 분석정보가 충분하지 않으면 의사결정을 내리지 않는다.
  - 심각한 위험은 위험의 발생 가능성을 원천적으로 제거한다.
  - 일정 수준 이하의 위험은 수용한다.

15장 핵심요약

- 통제 불가능한 위험에 대비한다.
- 위험대응을 외부 전문가에게 위임한다.
- 경영층에서 대응해야 하는 위험이 있다.
- 위험대응의 적기가 있다.
- ● 경영층에게 위험(이슈) 보고시 유의사항
- 과거에 대한 핑계보다 미래에 대한 대책 중심으로 보고한다.
- 체계적인 분석 틀을 활용한다.
- 프로젝트에서 할 일과 지원을 요청하는 일을 명확하게 구분한다.
- 현실적인 계획을 보고한다.

15.4 위험통제

- ● 위험을 통제하는 목적
  - 위험대응 계획의 효과성(effectiveness) 평가
  - 프로젝트 가정의 변경 여부 점검
  - 위험 심각성 추이 모니터링
  - 신규 위험의 발생 여부 모니터링
- ● 위험통제를 위한 의사결정시 유의사항
  - 상품개발의 속도나 품질보다 방향을 먼저 검토해야 한다.
  - 프로젝트 내부 여러 팀의 일정이 지연된다면 문제파악에 유의한다.
  - 소탐대실해서는 안 된다.
  - 정상화를 위한 계획수립시 프로젝트 팀원을 충분히 참여시킨다.
  - 기준선과 계획의 변경은 신중하게 한다.
  - 상품개발 후반부의 속도는 초반보다 느리다.

15.5 단계별 검토

- ● 상품개발 프로세스는 단계와 단계별 검토(gate review)로 구성된다. 단계는 상품개발 과정을 분할한 것이고, 단계별 검토는 각 단계를 제대로 이행했는지 검토하고 다음 단계 착수를 결정하는 활동이다.
- ● 단계별 검토가 필요한 이유는 상품개발을 제대로 하고 있는지 확인하고 필요할 때 적절한 조치를 취하기 위함이다.
- ● 단계별 검토활동을 잘못 운영하는 기업에서 흔히 발견할 수 있는 모습은 다음과 같다.
  - 단계별 검토를 품질 검토와 같은 것으로 인식한다.
  - 단계별 검토활동시 계획 준수 여부를 중요하게 평가한다.
  - 프로젝트 팀에게 어려운 질문을 하는 것으로 검토자의 존재감을 과시한다.
  - 유관부서와 사전 조율을 위한 시간과 노력이 증가한다.
  - 단계별 검토 회수를 줄이고자 대규모 개발을 한다.
- ● 효과적인 단계별 검토를 운영하기 위한 고려사항은 다음과 같다.
  - 상품의 위험수준을 고려하여 단계별 검토를 적용한다.
  - 단계별 검토를 위해 필요한 산출물을 최소화한다.

15장 핵심요약

- 책임부서의 의견을 존중한다.
- 단계별 검토에서 사용하는 데이터의 신뢰성을 확인한다.
- 상품개발 중단을 위한 규정을 준비한다.

상품출시

16장에서는 상품출시를 위해 점검할 사항과 출시 후 성과를 평가할 지표를 설명한다. 상품출시 전에는 품질점검, 고객센터 대응준비, 마케팅 전략 점검, 고객지원물을 점검해야 한다. 준비를 아무리 해도 출시 후엔 예상하지 못했던 이슈들이 발생한다. 이때 상품관리자는 상품의 조기 안정화를 위해 적절하고도 빠른 대응을 해야 한다.

출시 후에는 상품의 성과를 모니터링할 수 있는 지표를 선정하여 관리해야 한다. 성과지표는 과정지표와 결과지표로 구분되는데, 모든 이해관계자가 이해하기 쉽고 이해관계자의 행동변화를 이끌어낼 수 있는 나침반과 같은 지표를 선정해야 한다.

16.1 상품출시 준비 및 출시 후 안정화

기존에 출시된 상품을 개선하는 것과 신상품을 처음 릴리즈하는 것은 다르다. 신상품을 처음 릴리즈하는 상품관리자는 마음의 준비를 단단히 해야 한다. 대부분 상상 이상의 고난이 있기 때문이다. 이번 섹션에서는 적정 출시 주기, 상품출시 전 점검사항과 출시 후 상품 안정화를 설명한다.

1) 적정 출시 주기

아이폰은 매년 9월 신상품을 출시한다. 9월로 정한 이유는 우리와 달리 미국에서는 9월에 신학기가 시작되기 때문이다. 다른 경쟁사들은 아이폰보다 더 자주, 불규칙적으로 출시하지만 애플을 따라잡지 못한다. 스피드만 강조하면 잦은 출시가 상품의 경쟁력을 높인다고 생각할 수 있다. 그러나 새로운 상품을 개발하는 기업이나 상품을 받아들이는 고객이 준비되어야 한다. 불규칙적으로, 자주 상품을 출시할수록 기업의 성과는 악화될 가능성이 높다.

《가장 효과적인 제품 출시속도는?》(Harvard Business Review, 18년 7~8월호)에 의하면 상품을 출시할 준비가 되었다는 것을 판단하기 위해 이전에 출시한 상품에서 습득한 통찰력을 다음 상품에 반영하는 '출시 → 학습 → 개선'의 사이클을 적용할 시간이 필요하다고 하였다.

고객 입장에서는 신상품의 수용능력을 고려해야 한다. 특히 B2B 소프트웨어 상품을 기업에 적용하기 위해서는 상품구매 비용 외에 직원 교육, 프로세스 개선 등을 위한 많은 투자를 해야 한다. 출시 주기를 규칙적으로 유지할 때의 장점은 〈11.4 프로젝트 진척관리〉에서 설명하였다.

2) 상품출시 전 점검사항

상품을 출시할 준비가 되었는지 점검할 사항은 다음과 같다.

● 실제 사용환경에서 품질검증을 철저히 한다.

소프트웨어 상품의 품질은 디바이스(스마트폰, 태블릿, 노트북, 와이파이 공유기)와 운영 소프트웨어의 종류뿐만 아니라 네트워크 속도에 따라서도 영향을 받을 수 있다. 특히 글로벌을 타깃으로 출시하는 상품은 다양한 사용환경에서 품질을 검증해야 한다. 별도의 환경을 구축하여 테스트할 수도 있지만 반드시 고객의 사용환경에서 필드 테스트를 하는 것이 좋다. 병원 시스템과 같이 중요한 솔루션은 출시 전에 사전 리허설을 충분히 해야 예상하지 못한 이슈를 발견할 수 있다.

- **롤백(roll back)에 대한 기준을 정의한다.**

기존에 서비스 중인 상품이 있는 상황에서 개선 상품을 출시했는데, 품질이나 성능에 큰 문제가 발생한다면 기존 시스템으로 신속하게 전환하여 고객 불편을 최소화해야 한다. 롤백은 중요한 결정이기 때문에 사전에 그 기준을 명확하게 정의해야 한다.

- **출시 전 수정할 결함과 안정화 기간에 수정할 결함을 결정한다.**

출시를 앞두고 재현이 잘되지 않고 간헐적으로 발생하는 결함은 해결이 힘들다. 이때 상품관리자는 출시를 미룰 정도의 결함인지 아닌지를 판단해야 한다. 출시 전에 발견한 결함은 모두 수정하는 것이 좋지만, 특수한 경우에 발생하고 그로 인한 영향력이 크지 않은 결함인데 수정하기 힘들다면 출시 이후에 결함을 수정할 수 있다.

- **고객센터에 고객응대 자료를 배포하고 교육한다.**

출시 직후 가장 바쁜 조직은 고객센터일 것이다. 고객센터 응대원들에게는 출시하는 상품의 내용이 낯설기 때문에 충분한 교육을 하지 않으면 고객 문의에 정확한 가이드를 하기 힘들다. 문의 유형별로 답변 스크립트를 작성하여 사전에 교육해야 한다. 출시 후 일주일 정도 지났을 때, 사전에 고려하지 못한 질문이 있는지 답변에 대해 수정할 내용이 없는지 파악하여 스크립트를 업데이트해야 한다.

- **마케팅 전략을 검증한다.**

마케팅 전략(go to market strategy)을 검증할 때 고려할 사항은 다음과 같다.

- **시장 및 고객에 대한 변경 내용 검토**

  상품을 기획할 때 반영했던 여러 가정들이 출시 시점에도 유효한지 확인해야 한다. 시장의 경쟁구도, 고객가치에 큰 변화가 있다면 출시를 연기하거나 중단해야 한다.

- **상품가격 확정**

  경쟁상품의 가격구조, 당사 상품의 가격결정 조건(기기, 수량, 사용자 수, 사용량 등)의 적정성, 채널 파트너의 가격 등을 검토하여 가격정책을 최종 확정한다.

- **출시 시기**

  경쟁사 동향, 계절적 요인은 출시 시기를 결정할 때 고려할 기본 요소이다. 자사 기존 상품에 영향을 미치는 자기잠식(cannibalization) 상품은 기존 상품의 매출을 고려하여 출시 시기를 결정한다. 품질검증을 완료한 상태에서 출시 시기를 공개적으로 발표한다.

- **출시 지역**

글로벌 동시 출시를 진행할 수도 있고, 특정 지역에서 선 출시 후 판매를 확대할 수 있다. 특정 지역에서 먼저 출시하는 것은 품질 또는 성능을 확인하고 보완한 후 다른 지역으로 판매를 확대하기 위함이다. 특정 사용자들에게만 신규 기능을 오픈하여 문제를 보완한 뒤, 출시 범위를 확대하는 'dark launching' 기법도 일괄 출시의 위험을 관리하기 위한 전략이다(사용자들이 모르는 상태에서 대부분의 사용자는 기존 기능을 사용하고 일부 사용자는 신규 기능을 사용한다는 의미로 dark라는 용어를 사용한다).

- **광고**

타깃에 적합한 메시지 선정, 광고 매체 유형별 광고 횟수, 광고 시점을 결정한다.

- **판매 촉진**

채널 지원을 위한 활동과 소비자 판촉활동을 위한 예산을 결정한다.

- **기술지원 체계 및 마케팅 문서**

AS를 위한 서비스 조직, 상품 소개를 위한 마케팅 문서, 온라인 사이트의 상품 내용 업데이트를 확인한다.

3) 상품출시 후 안정화

고생하여 키운 자식과 같은 상품이 시장에 나가는 순간 상품관리자와 프로젝트 관리자에게는 설렘과 불안이 교차한다. 출시된 상품이 많은 사람들의 관심과 사랑을 받아 무럭무럭 자라기를 원하지만 그렇지 못한 경우도 많기 때문이다. 특히 외부 고객의 VOC보다 내부 직원들의 VOC가 더 무섭다. 사내 게시판에 출시상품에 관해 좋지 못한 글과 댓글이 올라오기 시작하면 상품관리자와 상품개발 팀은 기운이 빠진다. 상품출시 직후 상품관리자는 멘탈을 강하게 관리해야 한다. 출시 직후 힘든 시기를 잘 넘겨야 상품개발을 위해 헌신했던 많은 사람들의 땀을 헛되게 하지 않는다.

상품출시 후 안정화를 위해 유의할 사항은 다음과 같다.

- **일정 기간 동안 VOC를 모니터링한다.**

상품관리자는 출시 후 안정화까지 일일 VOC를 모두 읽어보는 것이 좋다. 로봇이 고객센터에 등록된 VOC를 엑셀로 추출하여 자동으로 배포하기 때문에 VOC 공유는 쉬워졌다. 문제는 VOC를 대하는 사람들의 마인드다. 상품관리자가 일주일에 한 번 오전 또는 오후에 고객센터에 근무하면서 고객의 육성을 직접 들어보는 것도 좋다. 문자로 정리된 VOC와 전화기 너머로 들리는 고객의 육성은 느낌이 다르다.

시간이 없다고 고객센터에서 조치하지 못하는 VOC만 분석해서는 안 된다. 시간이 남아 고객센터에 전화하거나 웹에 불편을 등록하는 고객은 없다. 대부분의 고객들은 웬만한 불편 정도는 참고 지나간다. 직접 전화를 하거나 온라인으로 불편사항을 접수해준 고객의 VOC는 소중하다. 불편사항을 읽어보고 고객들이 상품관리자의 의도를 어떻게 느끼는지 파악해야 한다. 고객들의 목소리에서 고객가치에 대한 통찰을 얻어야 한다.

● VOC 진행상황은 상세하게 공유한다.

조직의 규모가 크면 1선 대응, 2선 대응, 3선 대응의 상세 역할을 정의하고 시스템을 통해 VOC를 처리한다. 1선 대응은 고객센터가 고객의 문의에 대응하는 것이고, 2선 대응은 상품운영 조직이 대응하고, 마지막 3선 대응은 상품개발 팀이 상품을 개선하는 것을 의미한다.

조직의 상황에 따라 VOC를 관리하는 체계나 시스템화 수준은 다르겠지만 VOC 접수부터 해결까지의 전 단계를 모든 이해관계자들이 투명하게 공유해야 한다. 지라(Jira)는 큰 투자 없이 VOC를 관리할 수 있는 좋은 도구다.

● 재현하기 힘든 VOC에 유의한다.

앱스토어나 웹에 등록된 고객의 불만은 거칠지만 구체적이지 않다. 어떤 환경, 어떤 기기에서, 어떤 화면에서, 어떤 불편을 경험하였는지 파악하기 힘들고 화가 잔뜩 난 고객의 마음만 느껴진다. 최악은 유사한 불편을 등록하는 고객이 하나 둘 늘어나는 것이다. 소프트웨어 기기와 환경이 다양하여 원인을 찾기 힘든 복합적인 결함이 증가하고 있다. 정보가 부족하니 상품개발 팀 내부에서는 재현이 힘들어 고객의 사용 미숙인지, 프로그램 오류인지 판단하기 힘들다. 상품개발 팀은 이런 VOC일수록 끈기를 가지고 원인을 파악하여 고쳐야 한다. 사내 사용자 커뮤니티를 만들어 근본 원인을 찾아낼 수도 있다.

16.2 신상품 성과평가를 위한 지표

이번 섹션에서는 신상품 성과를 평가할기 위한 지표의 조건, 지표유형, 과정지표와 결과지표를 설명한다.

1) 좋은 지표의 조건

신상품 출시 이후에는 목표 달성 수준을 평가할 수 있는 지표를 관리해야 한다. 좋은 지표가 갖추어야 할 조건은 다음과 같다.

● 지표 실적에 영향을 받는 사람이 많아야 한다.

지표에 영향을 받는 사람이 많을수록 좋은 지표다. 지표에 영향을 받는 사람들은 지표 실적에 관심이 많고 지표의 실적 개선을 위해 노력한다. 이해관계자나 팀원들이 관심 없는 지표를 관리하면 지표관리에 투입되는 비용은 낭비다.

● 핵심지표에 집중한다.

지표가 너무 많으면 집중력이 낮아진다. 모든 이해관계자와 팀원들이 관심을 가져야 할 대표지표를 선정해야 한다. 관리하는 지표가 많아질수록 부분 최적화의 오류에 빠질 가능성이 높아진다.

● 상품기획의 가설을 검증해야 한다.

상품기획서에 담겨있는 가치 가설과 성장 가설을 검증할 수 있는 지표이어야 한다 .

● 단순하고 이해하기 쉬워야 한다.

이해관계자들이 지표를 보고 의문이 들어서는 안된다. 지표명도 직관적이어야 하고, 지표측정 기준도 단순한 것이 좋다.

《PMBOK》은 'SMART'로 좋은 지표의 특징을 설명한다.

- **구체적(Specific)** 측정 내용을 상세하게 설명해야 한다.
- **유의미(Meaningful)** 목표 달성이나 성과 개선과 관련된 지표를 측정한다.
- **성취 가능(Achievable)** 프로젝트 상황을 고려했을 때 달성 가능한 지표를 선정해야 한다.
- **관련성(Relevant)** 프로젝트 가치 제공, 의사결정과 관련되어야 한다.
- **시기 적절(Timely)** 지표제공 시점이 시기 적절해야 한다.

2) 지표의 유형

지표의 유형은 다음과 같다.

● 정성적 지표와 정량적 지표

정량적 데이터가 '무엇' '얼마나'에 대한 답을 제공한다면 정성적 데이터는 '왜'에 대한 대답을 제공한다. 고객 VOC와 같은 정성적 데이터에서도 통찰력을 얻을 수 있다.

● 실질지표와 허무지표

실질지표는 성과를 정확하게 파악하게 하는 지표이고 허무지표는 성과를 착각하게 만드는 지표이다. 욕조로 유입되는 수돗물이 점점 줄어들어도 욕조물의 총량은 계속 늘어나는 것처럼 누적지표는 대부분 허무지표이다. 예를 들어 '사이트 가입자 수'나 '활동 사용자 수'와 같은 누적지표는 허무지표가 될 수 있다. 신상품 성공을 제대로 평가할 수 있는 실질지표를 발굴하는 것이 중요하다. '가입자 중 활동 사용자 비율'은 대표적인 실질지표이다.

● 선행지표와 후행지표

후행지표는 과거의 문제를 분석하는 지표(예: 고객 이탈률)이며, 선행지표는 미래의 성과를 예측하는 지표(예: 신규 고객의 매출비율)이다.

이번 섹션에서는 신상품 성과를 평가할 수 있는 과정지표와 결과지표를 설명한다.

3) 과정지표

과정지표는 신상품 성과를 창출하는 요인이기 때문에 조직에서 집중해야 할 지표이다. 배가 바다를 항해할 때 나침반이나 등대 역할을 했던 북극성에 비유하여 신상품의 성장을 확신할 수 있는 지표를 '북극성 지표'라고도 한다.

'요기요의 배달 승인율' '이베이의 거래량' '에어비앤비의 숙박 수'는 성장을 평가하는 대표적인 과정지표이다. 《아마존웨이》(2017)에 따르면 아마존에서 적용하는 과정지표는 다음과 같다.

● 주문결함 비율(Order defect rate)

거래 취소, 교환, 낮은 평점의 비율 (1% 미만 목표)

● 사전 주문 취소 비율

배송 이전 취소한 주문 비율 (2.5% 미만)

● 배송지연 비율

배송이 지연된 주문의 비율 (4% 미만)

많은 지표를 관리하면 지엽적인 숫자 속에서 방향을 잃기 쉽다. 실제 행동으로 반영되지 않을 숫자를 보고하고 의견을 나누느라 성장을 주도하는 북극성을 잃어버리지 않아야 한다.

《린 분석》(2014)에서는 **가장 중요한 한가지 지표**(OMTM, One Metric That Matters)의 중요성을 다음과 같이 설명한다.

- OMTM은 가장 중요한 질문에 대한 답을 제시한다.
- OMTM을 이용하면 분명한 목표를 가지게 된다.
- OMTM은 조직원들이 한 가지에 집중하게 한다.
- OMTM은 실험문화를 조성한다. (구축→측정→학습)
- 특정 단계의 OMTM을 최적화한 뒤에는 다음 단계 OMTM에 집중한다.

예를 들어 상품출시 초기에는 매출확대를 위해 마케팅에 많은 투자를 하지만 시장점유율이 일정 수준 이상 되었다면 고객당 비용 절감으로 초점을 이동하는 것이다.

《진화된 마케팅 그로스 해킹》(2017)에서 제시하는 주요 성장방정식은 다음과 같다.
- 이베이의 성장방정식

아이템을 등록한 판매자의 수 × 등록된 아이템의 수 × 구매자의 수 × 성공적인 거래의 수 = 총 매출량 성장
- 아마존의 성장방정식

상품 종류 확장 × 상품 종류당 재고 × 상품 페이지당 트래픽 × 구매로의 전환 × 평균 구매가치 × 반복 구매행동 = 매출 성장
- 쇼핑몰 성공방정식

설치 회수 × 월간 활성 사용자 수 × 구매자 수 × 평균 발주량 × 반복 구매율 = 성장량

알아두면 좋을 주요 지표를 정리하면 다음과 같다. (일부 지표들은 앞서 언급되었다)
- 고객생애가치(CLV, Customer Lifecycle Value)

고객이 특정 서비스 사이트(앱)에 가입하여 이탈까지 발생시키는 평균매출이다.
- 고객획득비용(CAC, Customer Acquisition Cost)

고객 한 명을 특정 서비스 사이트(앱)에 가입시키기 위해 지출한 평균비용이다. 고객획득비용은 고객생애가치보다 낮아야 한다.
- 고객당 평균매출(ARPU, Average Revenue Per User)

특정 기간 동안 고객이 발생시킨 매출로 고객생애가치의 평균을 기간으로 나눈 지표이다.
- 일일 서비스 이용자 수(DAU, Daily Active Users)

하루 동안 해당 서비스를 이용한 순수한 이용자의 수를 의미하며 한 명이 여러 번 서비스를 이용해도 한 명으로 계산한다. 일일 서비스 이용자 수는 충성고객

과 같은 개념이다. 월간 서비스 이용자 수는 MAU(Monthly Active Users) 라 한다.

● 순추천 고객지수(NPS, Net Promoter Score)

순추천 고객지수는 베인 컴퍼니의 컨설턴트였던 프레드 라이켈트(Fred Reichheld)가 2003년《하버드 비즈니스 리뷰》에서 처음 소개한 개념이다. P&G, GE, 이베이, 인튜이트, 애플 같은 기업들이 모두 NPS를 이용한다. 순추천 고객지수는 고객에게 다른 사람에게 제품이나 서비스를 추천할 의향이 있는 정도를 측정한다. 순추천 고객지수는 브랜드, 제품 또는 서비스에 대한 고객충성도를 평가하는 대표적인 지표이다. "친구나 동료에게 저희 회사를 추천하시겠습니까? 0부터 10까지 평가해 주시기 바랍니다."라는 질문을 한 뒤 고객들을 '추천고객(9~10)' '중립고객(7~8)' '비추천 고객(0~6)'으로 나눈다. 여기서 추천고객 비율에서 비추천 고객비율을 빼면 NPS 값을 얻을 수 있다. 그 지수가 50~60%라면 고객충성도가 높은 축에 속한다.

● 전환률(CVR, Conversion Rate)

고객에게 기대했던 행동을 고객이 수행하는 비율(구매, 다운로드, 설치)을 의미한다. 예를 들어 웹사이트 전환율은 사이트 접속 고객 중 상품을 구매하는 고객의 비율을 의미하고 이메일 전환율은 이메일을 통해 사이트에 가입한 사람을 이메일 발송 수로 나눈 비율을 말한다. 일반적인 커머스 사이트의 전환률은 1.2% 수준으로 알려져 있다. 단계별 전환률은 고객이 상품을 인지한 단계부터 최종 구매까지의 깔대기 전환율을 정리한 것이다.

● 이탈률(Bounce rate)

웹사이트에 들어온 고객이 아무것도 안하고 나가는 비율을 의미한다. 이탈률이 높은 단계는 이탈 고객을 대상으로 설문조사와 인터뷰를 진행해 이탈 원인을 분석하여 기능 또는 서비스 개선의 아이디어를 찾아야 한다.

상품의 가치가 낮을수록 조금만 고객을 귀찮게 해도 고객은 이탈하기 때문에 불필요한 정보 요청(예: 상품평가), 결제의 어려움 등을 꼼꼼히 분석해야 한다. 이탈률을 낮추고 전환률을 높이기 위해서는 상품의 가치를 높이거나 상품구매의 저항을 줄여야 한다. 상품가치를 곧바로 높이기는 힘들기 때문에 구매에 저항이 되는 요소부터 줄여야 한다(전환률 = 상품의 가치－구매 저항).

퍼널분석은 단계별 분석 또는 깔대기 분석이라고 한다. 고객이 사이트에 접속한 후 상품구매까지의 단계를 분석하는 활동이다. 각 단계에서 다음 단계로 전환률을 최대한 높이는(즉 이탈률을 최소화하는) 것이 퍼널분석의 목적이다. 퍼널(단계)이 많을수록 상품구매에 대한 저항도 높아지기 때문에 퍼널 개수는 최소화해야 한다. 아마존의 도서 구매 과정은 국내 온라인 서점에서 도서를 구매하는 단계보다 단순하다.

4) 결과지표

결과지표는 신상품의 성공을 평가할 수 있는 지표로, 신상품에 부여된 수익목표뿐만 아니라 특정 상품 출시로 인한 기존 상품의 매출잠식도 고려해야 한다. 신상품 출시 후 상품라인에 속한 전체 상품의 이익이 신상품을 출시하기 전 상품라인의 이익보다 증가해야 한다. 상품수명주기 초기엔 수익률보다 매출 규모나 성장률이 중요하며, 성장기를 지나서는 수익성이 중요하다. 모든 상품에 공통적으로 적용 가능한 지표는 '이익확보까지의 기간(TTP, Time To Profit)'이 있다. TTP는 특정 월 기준으로 매출이 운영비용을 초과하는 시점을 의미할 수도 있고, 특정 시점까지 누적 매출이 누적비용을 초과하는 시점을 의미할 수도 있다. 먼저 특정 월 기준의 TTP를 달성하고 누적기준의 TTP를 달성해야 한다. TTP는 모든 신상품에 적용해야 할 결과지표이다. 특정 기간 동안 누적기준의 TTP를 달성하지 못하면 해당 상품의 단종을 고려해야 한다.

16장 핵심요약

16.1 상품출시 전 점검사항
- 상품을 출시할 준비가 되었는지 검증하기 위해 점검할 사항
  - 실제 사용환경에서 품질검증을 철저히 한다.
  - 롤백(roll back)에 대한 기준을 정의한다.
  - 출시 전 수정할 결함과 안정화 기간에 수정할 결함을 결정한다.
  - 고객센터에 고객응대 자료를 배포하고 교육한다.
  - 마케팅 전략을 검증한다.
- 상품출시 후 안정화를 위해 유의할 사항
  - 일정 기간 동안 VOC를 모니터링한다.
  - VOC 진행상황은 투명하게 공유한다.
  - 재현하기 힘든 VOC에 유의한다.

16.2 신상품 성과평가를 위한 지표
- 과정지표는 신상품 성과를 창출하는 요인이기 때문에 조직에서 집중해야 할 지표이다.
- 가장 중요한 한 가지 지표(OMTM, One Metric That Matters)의 중요성
  - 사업 진행단계에 따라 바뀌는 가장 중요한 한 가지 지표를 선정해 집중한다.
  - 많은 지표를 동시에 개선하지 못한다.
- '수익확보까지의 기간(TTP: Time To Profit)'은 모든 신상품에 적용해야 할 중요한 결과지표이다.

References
&
Indices

참고문헌

찾아보기

참고문헌

1. 린 스타트업

게리 바이너척, 이시은 옮김,《스타트업 3개월 뒤 당신이 기필코 묻게 될 299가지》,
　리더스북, 2016.

권도균,《권도균의 스타트업 경영 수업》, 로고폴리스, 2015.

김지호,《어느 창업가의 고백 Startup risks》, 밤열한시, 2018.

다니엘 아이젠 버그, 유정식 옮김,《하버드 창업가 바이블》, 다산북스, 2014.

데이비드 블랜드/알렉스 오스터왈더, 유정식 옮김,《비즈니스 아이디어의 탄생》,
　비즈니스 북스, 2020.

로라 클라인, 김수영/박기석 옮김,《린 스타트업 실전 UX》, 한빛미디어, 2014.

박준기/이해정,《스타트업 레시피》, 생각과사람들, 2017.

빌 올렛, 백승빈 옮김,《MIT 스타트업 바이블》, 비즈니스 북스, 2014.

션 엘리스/모건 브라운, 이영구/이영래 옮김,《진화된 마케팅 그로스 해킹》, 골든어페어, 2017.

스티브 블랭크/밥 도프, 김일영/박찬/김태형 옮김,《기업창업가 매뉴얼》, 에이콘, 2014.

신디 앨버레즈, 박주훈/이광호 옮김,《린 고객 개발》, 한빛미디어, 2015.

알렉산더 오스터왈더/예스 피그누어, 유효상 옮김,《비즈니스 모델의 탄생》, 타임비즈, 2011.

알렉스 오스터왈더/예스 피그누어, 조자현 옮김,《밸류 프로포지션 디자인》,
　아르고나인미디어그룹, 2016.

애시 모리아, 위신주 옮김,《Running Lean》, 한빛미디어, 2012.

에릭 리스, 이창수/송우일 옮김,《린 스타트업(The Lean Startup)》, 인사이트, 2012.

엘리스테어 크롤/벤저민 요스코비츠, 위선주 옮김,《린 분석》, 한빛미디어, 2014.

제프 고델프/조시 세이던, 김수영 옮김,《린 UX》, 한빛미디어, 2013.2

2. 애자일

NIPA,《애자일 SW개발 101》, NIPA, 2013.

노나카 이쿠지로/히라나베 겐지, 이명교 옮김,《애자일 개발과 스크럼》, 한빛미디어, 2014.

데이비드 J. 앤더슨, 조승빈 옮김,《칸반》, 인사이트, 2014.

린다 홀비치, 구기욱 옮김,《애자일 조직》, 쿠퍼북스, 2020.

마이크 콘, 황상철/최효근/이기영 옮김,《경험과 사례로 풀어낸 성공하는 애자일》,
　인사이트, 2012.

메리 포펜딕/톰 포펜딕, 엄위상/심우곤/한주영 옮김,《린 마인드셋》, 한빛미디어, 2014.

메리 포펜딕/톰 포펜딕, 엄위상/심우곤/한주영 옮김,《린 소프트웨어개발의 적용》,
　위키북스, 2007.

스콧 앰블러/마크 라인스, 김영기 옮김,《엔터프라이즈 애자일 솔루션 개발》, 에이콘, 2014.

스티븐 데닝, 박설영 옮김,《애자일, 민첩하고 유연한 조직의 비밀》, 어크로스, 2018.

알렌 C. 워드, 강신철/김진호 옮김,《린 신제품 및 프로세스 개발》, 한국린경영연구원, 2010.

어제이 레디, 김경기 옮김,《스크럼반》, 에이콘, 2016.

이재왕,《애자일 & 스크럼 프로젝트 관리》, 길벗, 2016.

장재웅/상효이재,《네이키드 애자일》, 미래의 창, 2019.

제이크 냅, 박우정 옮김,《스프린트》, 김영사, 2016.

제프 패튼, 백미진/허진영 옮김,《사용자 스토리 맵 만들기》, 인사이트, 2018.

짐 벤슨/토니안 드마리아 배리, 박성준 옮김,《퍼스널 애자일 퍼스널 칸반》,
 KOOFA BOOKS, 2020.

캔트 벡/신시아 안드레스, 김창준/정지호 옮김,《익스트림 프로그래밍》, 인사이트, 2006.

켄 슈와버/마이크 비들, 박일/김기웅 옮김,《스크럼》, 인사이트, 2008.

크레이그 라만/바스 보드, 문관기/전정우/천은정 옮김,《린과 애자일 개발》, 케이엔피IT, 2012.

3. 마케팅/신상품개발

Greg Geracie/Steven D.Eppinger, *Product Management and Marketing Body of Knowledge*, Association of International Product Marketing and Management, 2013.

김근배,《끌리는 컨셉 만들기》, 중앙북스, 2018.

김성한,《프로덕트 오너》, 세종, 2020.

김종훈,《고객가치》, 크라우드나인, 2019.

라피 모하메드, 엄성수 옮김,《숨은 1%의 이익을 잡는 가격 결정의 기술》, 지식노마드, 2014.

로버트 쿠퍼, 류강성/박상진/신동영 옮김,《신제품 개발 바이블》, 진성북스, 2016.

마티 케이건, 배장열 옮김,《인스파이어드》, 제이펍, 2012.

마티 케이건, 황진수 옮김,《인스파이어드 개정판》, 제이펍, 2018.

박종윤,《내 운명은 고객이 결정한다》, 쏭북스, 2019.

박찬수,《마케팅 원리》, 법문사, 2018.

박흥수/하영원/우원/강성호,《신상품 마케팅 2판》, 박영사, 2019.

세스 고딘, 김태훈 옮김,《마케팅이다》, 쌤앤파커스, 2019.

이티마르 시몬슨/엠마뉴엘 로젠, 고영태 옮김,《절대 가치》, 청림출판, 2014.

잭 트라우트/알 리스, 안진환 옮김,《포지셔닝》, 을유문화사, 2002.

전동균/오은주/신용필/오현주,《B2B 마케팅 원리》, 학현사, 2009.

제갈현열/김도윤,《기획에서 기획을 덜어내라》, 천그루숲, 2018.

제프리 A. 무어, 윤영호 옮김,《제프리 무어의 캐즘 마케팅》, 세종서적, 2015.

필립 코틀러/발데마 푀르치, 김민주/김선희 옮김,《B2B 브랜드 마케팅》, 비즈니스 맵, 2006.

필립 코틀러/케빈 켈러, 조호현/신종철/홍성태/김동진 옮김,《핵심 마케팅 관리》, 피어슨, 2012.

한상만/하영원/장대련,《경쟁우위 마케팅전략》, 박영사, 2018.

4. 프로젝트 관리

PMI,《PMBOK guide 6th》, PMI, 2018.

게일 라크만 맥도웰, 배장열 옮김,《PM 인터뷰의 모든 것》, 제이펍, 2015.

김병호/유정근,《PM+P 개정7판》, 소동, 2022.

김병호,《통통통 프로젝트 관리》, 소동, 2013.

리처드 몬순 하펠,《소프트웨어 아키텍트가 알아야 할 97가지》, 지앤선, 2011.

하버드경영대학원,《시간을 지배하는 타임 매니지먼트》, 웅진윙스, 2008.

5. 혁신, 전략

강경희/신호진,《디자인 씽킹 for 컨셉노트》, 성안당, 2017.

나심 니콜라스 탈레브, 안세민 옮김,《안티프래질》, 미래엔, 2013.

나심 니콜라스 탈레브, 이건 옮김,《행운에 속지 마라》, 중앙북스, 2016.

네이선 퍼/제프 다이어, 송영학/장미자 옮김,《이노베이터 메소드》, 세종서적, 2015.

래리 킬리/라이언 피켈/브라이언 퀸/헬렌 월터스, 유효상 옮김,《비즈니스 모델의 혁신》, 마로니에 북스, 2013.

마이클 모부신, 김정주 옮김,《왜 똑똑한 사람이 어리석은 의사결정을 내릴까?》, 정림출판, 2010.

모리카와 아키라, 김윤수 옮김,《심플을 생각한다》, 다산북스, 2015.

박정준,《나는 아마존에서 미래를 다녔다》, 한빛비즈, 2019.

사피 바칼, 이지연 옮김,《룬샷》, 흐름출판, 2020.

서성교,《크리에이티브 R》, 와이즈비리, 2017.

수잔 웨인쉔크, 정경훈 옮김,《모든 기획자와 디자이너가 알아야 할 사람에 대한 100가지 사실》, 위키북스, 2017.

수잔 웨인쉔크, 홍은주 옮김,《사람에 대한 100가지 사실》, 위키북스, 2012.

스콧 엔서니/마크 존슨/조셉 신필드/엘리자베스 알트먼, 이성호/김길선 옮김,《파괴적 혁신 실행 매뉴얼》, 옥당, 2011.

안토니오 가르시아 마르티네스, 문수민 옮김,《카오스 멍키》, 비즈페이퍼, 2017.

에런 샤피로, 박세연 옮김,《유저》, 민음사, 2012.

에릭 슈밋/조너선 로젠버그, 박병화 옮김,《구글은 어떻게 일하는가》, 김영사, 2014.

이지훈,《단(버리고, 세우고, 지키기)》, 문학동네, 2015.

이형규,《디시전 메이킹》, 메디치, 2011.

장윤희,《커넥트 에브리씽》, 넥서스Biz, 2016.

제프 다이어/할 그레거슨/클레이튼 M. 크리스텐슨, 송영학/김교식/최태준 옮김,《이노베이터 DNA》, 세종서적, 2012.

존 로스만, 김정혜 옮김,《아마존 웨이》, 와이즈맵, 2016.

짐 콜린스/모튼 한센, 김명철 옮김,《위대한 기업의 선택》, 김영사, 2012.

카이 위르겐 리츠, 두행숙 옮김,《의사결정의 함정》, 비즈니스 맵, 2008.

클레이튼 M. 크리스텐슨/마이클 E. 레이너, 딜로이트 컨설팅 코리아 옮김,《성장과 혁신》,
  세종서적, 2005.

클레이튼 M. 크리스텐슨, 현대경제연구원 옮김,《불확실성 경영》, 21세기북스, 2009.

탈레스 S. 테이셰이라, 김인수 옮김,《디커플링》, 인플루엔셜, 2019.

패티 맥코드, 허란/추가영 옮김,《파워풀 넷플릭스 성장의 비결》, 한국경제신문, 2020.

필 매키니, 김지현 옮김,《질문을 디자인하라》, 한국경제신문, 2012.

호리키리 도시오, 현대차 글로벌경영연구소 옮김,《도요타의 원가》, 한국경제신문, 2017.

고객 중심의 상품기획과 프로젝트 관리

초판 펴낸날 | 2022년 8월 4일
지은이 | 김병호

펴낸곳 | 소동
등록 | 2002년 1월 14일(제 19-0170)
주소 | 경기도 파주시 돌곶이길 178-23
전화 | 031·955·6202, 070·7796·6202
팩스 | 031·955·6206
전자우편 | sodongbook@gmail.com

펴낸이 | 김남기
편집 | 시옷공작소
디자인 | 시옷공작소
마케팅 | 남규조

ISBN 978 89 94750 98 9(13320)
값 34,000원